泉州市志

（1991—2010）

第一册

中共泉州市委党史和地方志研究室 编

方志出版社
Publishing House of Local Records

图书在版编目（CIP）数据

泉州市志：1991—2010 / 中共泉州市委党史和地方志研究室编. — 北京：方志出版社，2020.12
ISBN 978-7-5144-4667-8

I. ①泉… II. ①中… III. ①泉州—地方志—1991-2010 IV. ①K295.73

中国版本图书馆CIP数据核字（2020）第263144号

泉州市志（1991—2010）

编　　者： 中共泉州市委党史和地方志研究室
责任编辑： 王　娜

出 版 者： 方志出版社
地　址　北京市朝阳区潘家园东里9号（国家方志馆4层）
邮　编　100021
网　址　http://www.zgfzcb.cn
发　　行： 方志出版社图书经销中心
电话（010）67110500
经　　销： 各地新华书店
印　　刷： 福州报业鸿升印刷有限责任公司

开　　本： 889×1194　1/16
印　　张： 187.5
字　　数： 5344千字
版　　次： 2020年12月第1版　2020年12月第1次印刷
印　　数： 0001～3000册

ISBN 978-7-5144-4667-8　定价：2280.00元

泉州市地方志编纂委员会成员和《泉州市志（1991—2010）》编审人员名单

泉州市地方志编纂委员会成员

主　　任：王永礼

副 主 任：季翔峰　肖汉辉　廖国文　傅天宝　王克思　张惠评

委　　员：邓安娜　吴达平　廖良结　黄万成　张翼翔　陈恬波　郑国防　叶燕民
赖畅水　吴建生　黄碧煌　陈　晖　曾焕楷　陈爱民　庄玉海　柯跃峰
黄振奋　黄黎波　张荣宝　黄世界　夏丽清　黄雄彪　王文郴　林　强
陈文堃　杨昌文　黄国富　黄景生　王连生　杜朴生　黄继业　李清景
刘曙庆　刘文发　李国坤　钟文成　刘德旺　蔡龙群　林华伟　傅春添
丁　峰　陈惠平　叶一帆　陈金忠　刘烨明　骆振军　陈劲松　李建芳
蔡天守　王家声　李跃民　林琪伟　肖惠中　陈德庆　陈进平　施国宾
李德雄　黄辉灿　侯守水　李瑞阳　陈凤华　沈文罡　王茂泉　杨凤翔
庄灿霞　陈晓玉　陈严辉　章金良　肖一鸣　李培德　白碧英　林　荣
赖永文　沈家骏　詹启刚　苏延辉　高金全　颜丽明　颜朝晖　黄春辉
张文贤　张桂森　赖清正　吴毓舟　吕建成　黄文捷　林荣川　林清泉
叶芬蓉　高友土　林龙海　许晓松

曾任泉州市地方志编纂委员会主任、副主任

2012 年 4 月至 2013 年 4 月

主　　任： 黄少萍

副 主 任： 陈庆宗　陈荣洲　吕炜民　苏汉庭　吴友才　张惠评

2013 年 4 月至 2014 年 1 月

主　　任： 郑新聪

副 主 任： 陈庆宗　陈荣洲　吕炜民　苏汉庭　吴友才　张惠评　林龙海　许晓松

2014 年 1 月至 2015 年 11 月

主　　任： 郑新聪

副 主 任： 陈庆宗　林万明　吴友才　苏汉庭　廖国文　张惠评　林龙海　许晓松

2015 年 11 月至 2017 年 10 月

主　　任： 康　涛

副 主 任： 陈庆宗　林万明　吴友才　陈文聪　廖国文　张惠评　林龙海　许晓松

2017 年 10 月至 2019 年 10 月

主　　任： 康　涛

副 主 任： 陈铁晗　肖汉辉　廖国文　陈文聪　黄文捷　张惠评　林龙海　许晓松

2019 年 10 月至 2020 年 12 月

主　　任： 王永礼

副 主 任： 季翔峰　肖汉辉　廖国文　傅天宝　王克思　张惠评

《泉州市志（1991—2010）》总编室

2012年12月至2018年12月

主　　编：张惠评

副 主 编：林龙海　许晓松

执行主编：林龙海

编　　辑：陈雪娥　郭延杰　郑泽虹　苏艳艳　陈晓婷

特邀编辑：周益民　胡华兴　王明健　何长龙　郑亚鸿　陈子明　陈鹏鹏　黄安全　陈楚材　李朝灿　李启厚　王建设　许伙努

编　　务：陈雄南　谢晓艺　刘志家　周　芸　陈建强　刘楷彬　吴远鹏　吴远峰　郑燕红　高　磊　何佳媚　陈生才　甘伟进　陈建伟　杜世清　谢小美

2019年1月至2020年12月

主　　编：张惠评

副 主 编：尤剑国　叶芬蓉　高友土　林龙海　许晓松

执行主编（总纂）：许晓松

统　　稿：陈雪娥

编　　辑：陈雪娥　刘志家　吴秀芝　高　磊　郑泽虹　吴寿民

特邀编辑：吕秋心　刘剑星　游友荣　胡华兴　王明健　何长龙　郑亚鸿　陈鹏鹏　陈楚材　陈子明　黄绳维

编　　务：张树盛　郑新锋　胡新尚　谢晓艺　陈雄南　林国贤　黄种生　周　芸　和秀鹏　刘楷彬　陈建强　郑燕红　郭延杰　何佳媚　吴远鹏　郑　莹　黄泽聪　柯　峥　陈建伟　洪珊虹　刘长庆　杜世清　谢小美

中共福建省委党史研究和地方志编纂办公室
《泉州市志（1991—2010）》审查验收工作小组

组　长： 黄　誌

副组长： 林　浩　王盛泽　曹宛红（执行）
汪一朝　俞　杰　戴振华　钟健英

成　员： 黄超凡　王　晖　林慧冬　张维义　凌文斌
杨占城　温雪勇　张朝阳　曹　斌　欧长生
钟兆云　郑香福　胡志明　游友荣　孙洁斐
田保家

主要承编单位及提供资料部门

（按全志承编顺序排列，不重复列名）

市委党史和地方志研究室
市资源规划局
泉州水文水资源勘测分中心
市妇联
市住建局
市交通运输局
泉州港口发展中心
泉州晋江机场
泉州无线电管理局
泉州联通公司
市农业农村局
市林业局
市工信局
泉州供销社
泉州烟草专卖局
市民政局
泉州气象局
市卫健委
市生态环境局
国网泉州供电公司
市公路局
泉州海事局
泉州电信公司
泉州移动公司
市发改委
市海洋与渔业局
市水利局
市商务局
泉州盐务局
市城管局

市财政局
泉州税务局
中国人民银行泉州市中心支行
中国银行泉州分行
泉州银行
市统计局
市审计局
泉州海关
市委办
市委组织部
市委宣传部
市委政法委
市委老干部局
市委改革办
市政府办
市信访局
中国国民党革命委员会泉州市委员会
中国民主建国会泉州市委员会
中国农工民主党泉州市委员会
九三学社泉州市委员会
市总工会
市科学技术协会
市台联
市文联
市计生协会
市红十字会
市法学会
泉州消防救援支队
泉州监狱
市检察院
市司法局
市人防办
市委编办
市人社局
华侨大学
泉州黎明职业大学
市科技局
市文旅局

市国资委
市金融监管局
工商银行泉州分行
农业银行泉州分行
建设银行泉州分行
市农村信用社　农商银行
市市场监管局
市应急管理局
市纪委监委
市直机关工委
市委统战部
市委文明办
市委党校
市人大常委会
市行政服务中心管委会
市政协
中国民主同盟泉州市委员会
中国民主促进会泉州市委员会
中国致公党泉州市委员会
台湾民主自治同盟泉州市委员会
共青团泉州市委员会
市侨联
市工商联
市残联
市国际贸易促进会
市中华职教社
市公安局
泉州边检站
泉州森林公安局
市中级法院
泉州军分区
泉州库区移民局
市委事业单位登记管理局
市教育局
泉州师院
泉州医学高等专科学校
市地震局
泉州广播电视台

泉州晚报社
市档案馆
泉州学研究所
市农民体育协会
市台港澳办
市宗教局
市图书馆
市社科联
市体育局
市老年人体育协会
泉州华侨历史博物馆

《泉州市志（1991-2010）》图片主要来源

一、摄影作者

成冬冬　庄清泉　刘　鸣　刘伯怡　陈小阳　陈凤阳　陈天座　陈志明　陈英杰
陈桂生　陈晓东　陈起拓　张九强　张梓昌　杨永和　杨贻生　杨湘贤　李宏图
李芸生　李荣鑫　苏德辉　吴刚強　吴寿民　吴华明　吴炯雯　郑伟伟　郑燕东
卓天然　林劲峰　林思宏　林朝阳　洪　旭　洪　泓　洪本专　姚德纯　黄必贤
康庆平　谢晓艺　廖平和　蔡学农　颜华杰　魏文枢

二、单位供稿

市委宣传部、泉州市档案馆、泉州晚报社、东南早报、泉港区委史志研究室、晋江市委史志研究室、南安市委史志研究室、惠安县委史志研究室、安溪县委史志研究室、永春县委史志研究室等

三、资料图片、画册翻拍

泉州市地图

比例尺 1：870 000

编制单位：福建省地图出版社 审图号：泉S〔2020〕5号 资料截至：1991年12月

泉州市城区图

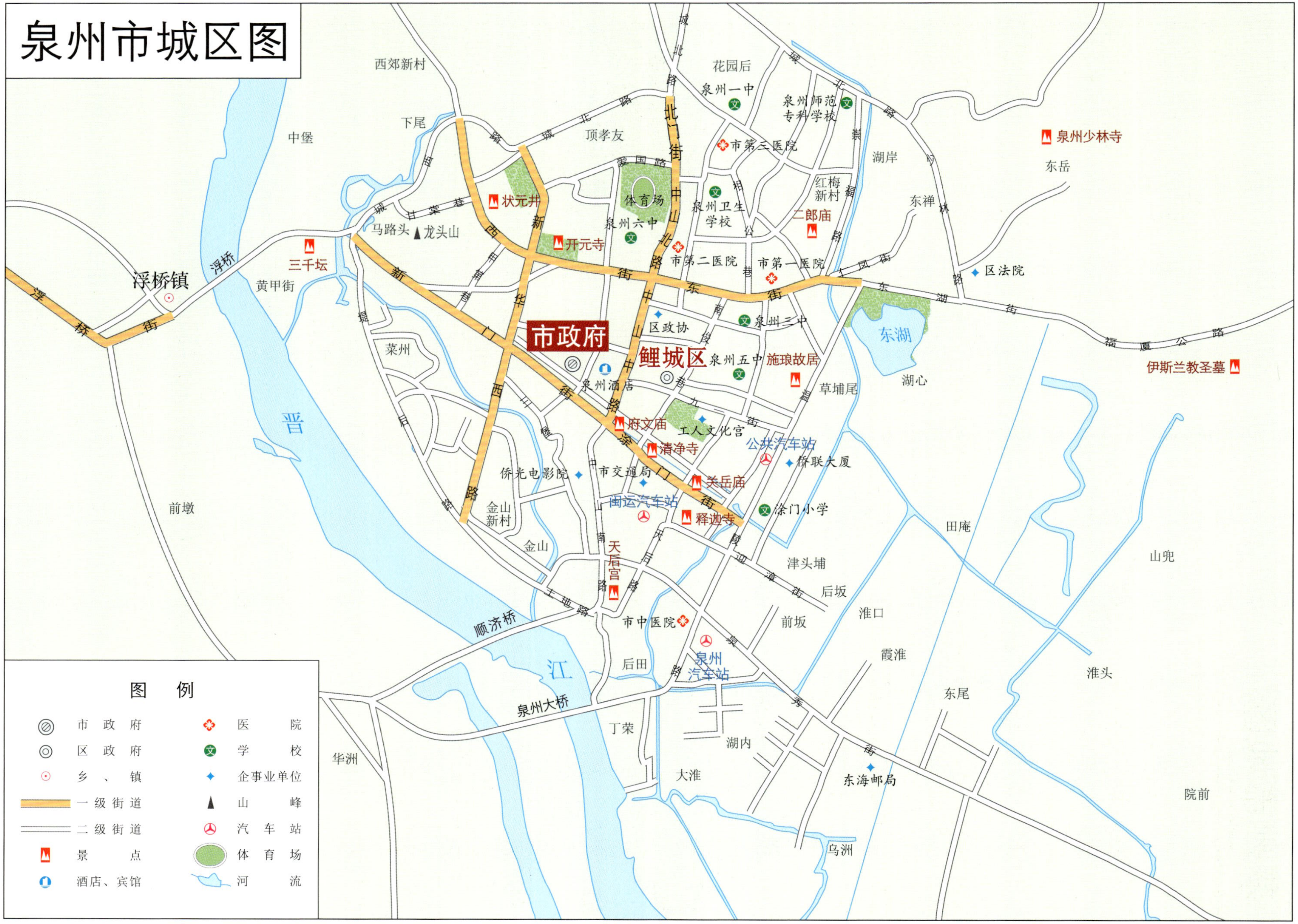

编制单位：福建省地图出版社　审图号：泉S〔2020〕5号　资料截至：1991年12月

泉州市地图

比例尺 1：870 000

编制单位：福建省地图出版社　审图号：泉S〔2020〕5号　资料截至：2010年12月

泉州市城区图

编制单位：福建省地图出版社　审图号：泉S〔2020〕5号　资料截至：2010年12月

泉州市交通旅游图

比例尺 1：870 000

编制单位：福建省地图出版社　审图号：泉S〔2020〕5号　资料截至：2010年12月

海 丝 泉 州

【海丝史迹】

作为全国首批历史文化名城的泉州，是联合国教科文组织认定的“海上丝绸之路”起点，被列入国家“一带一路”倡议的21世纪“海上丝绸之路”先行区。这里丰富的历史文化遗存，展示了宋元海洋贸易带来的经济繁荣，以及中外多元文化的交流融合，显示出泉州独有的特质和风骨。

泉州开元寺（2010年拍摄）

【海丝史迹】

泉州府文庙（2008年拍摄）

清净寺（2009年拍摄）

天后宫（2010年拍摄）

德济门遗址（2006年拍摄）

【海丝史迹】

老君岩造像（2010年拍摄）

九日山祈风石刻（1992年拍摄）

真武庙（2010年拍摄）

伊斯兰教圣墓（1991年拍摄）

【海丝史迹】

草庵摩尼光佛造像（1991年拍摄）

磁灶窑系金交椅山窑址（2010年拍摄）

洛阳桥（1999年拍摄）

江口码头遗址（2003年拍摄）

【海丝史迹】

六胜塔（1996年拍摄）

万寿塔（2006年拍摄）

石湖码头（2010年拍摄）

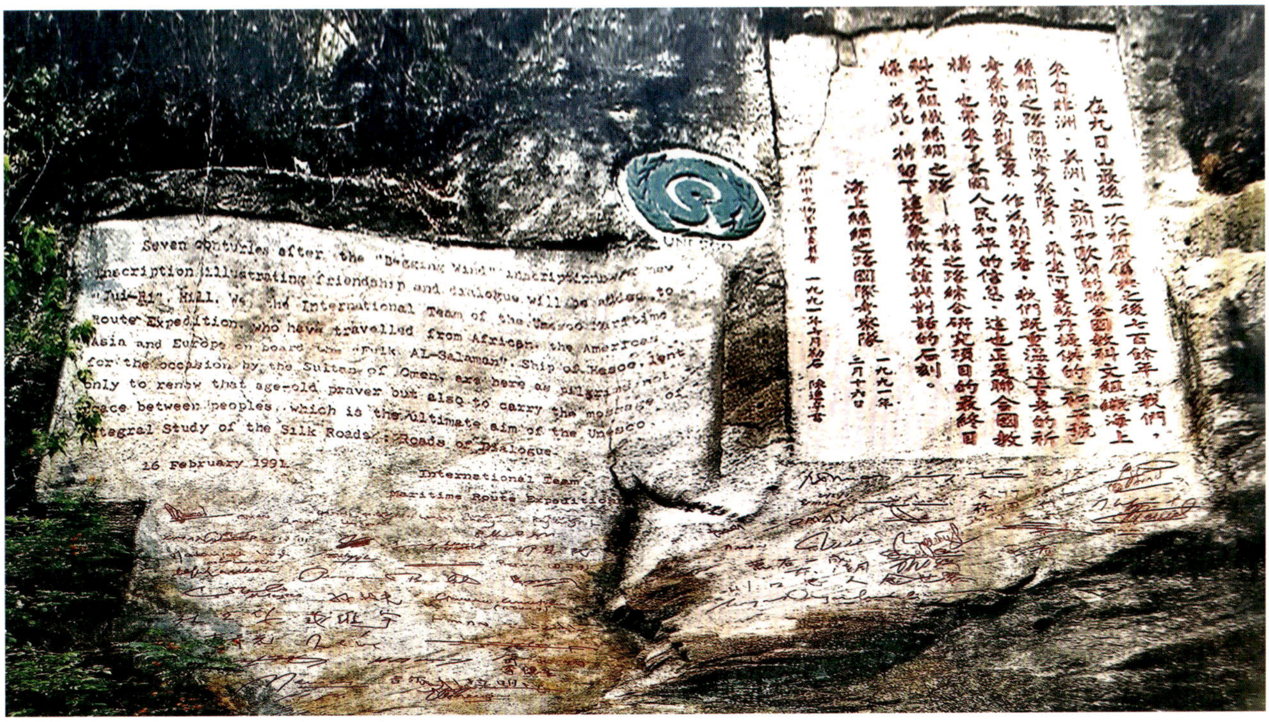

九日山“海上丝绸之路国际考察队”中英文纪事石刻（1991年拍摄）

【海丝交流】

1991年2月14日，联合国教科文组织“海上丝绸之路”考察团到泉州进行综合考察活动。图为“和平方舟”号考察船抵达泉州后渚港盛况

1991年2月16日，联合国教科文组织“海上丝绸之路”考察团到九日山考察

1991年2月17—20日，泉州“中国与海上丝绸之路”国际学术讨论会在华侨大学陈嘉庚纪念堂举行

2001年7月18日，出席泉州伊斯兰历史文化陈列馆奠基仪式的16个伊斯兰国家驻华使节和中央、省、市有关领导到清净寺参观

2001年7月18日，“中国舟船世界”陈列馆开馆仪式在泉州海交馆举行

美丽泉州

泉州，倚山面海，山清水秀，地灵人杰，历史文化灿烂辉煌，名胜古迹星罗棋布，文化遗产举世瞩目，有“光明之城”的美誉，郭沫若曾有“地下看西安，地上看泉州”的评价。至2010年，泉州拥有国家AAAA级旅游景区5处，国家AAA级旅游景区9处，国家级工农业旅游示范点6个，省级工业旅游示范点11个。

泉州中心市区远眺（2010年拍摄）

【县域风采】

鲤城区西街一隅（1996年拍摄）

丰泽区丰泽广场（2010年拍摄）

洛江区万安街道一角（2010年拍摄）

泉港区临港岸线码头泊位群（2010年拍摄）

【县域风采】

晋江市区一隅（1996年拍摄）

石狮市“东方醒狮”城雕（2010年拍摄）

西溪流过南安市区（2012年拍摄）

科山上俯瞰惠安县城（1999年拍摄）

【县域风采】

蓝溪拥抱安溪县城（2010年拍摄）

永春县城一瞥（2007年拍摄）

德化县城一瞥
（2009年拍摄）

泉州经济技术开发区城标
（2003年拍摄）

泉州台商投资区风光
（2010年拍摄）

【泉州十八景】

2002年12月，泉州市开展“泉州十八景”评选活动，最终确定十八景如下：双塔凌空（开元寺）、崇武听涛（崇武古城）、洛阳潮声（洛阳桥）、文庙生辉（府文庙）、牛姆探幽（牛姆林）、清水仙景（清水岩）、清源鼎峙（清源山）、西湖烟霞（西湖公园）、深沪海韵（深沪湾）、天后流芳（天后宫）、黄金海岸（黄金海岸）、仙公观日（仙公山）、岱仙飞瀑（岱仙瀑布）、成功丰碑（郑成功史迹）、古厝大观（蔡氏古民居）、安平飞虹（安平桥）、东湖荷香（东湖公园）、清真夕照（清净寺）。

双塔凌空（2002年拍摄）

【泉州十八景】

崇武听涛（1992年拍摄）

洛阳潮声（2010年拍摄）

文庙生辉（1992年拍摄）

牛姆探幽（1990年拍摄）

【泉州十八景】

清源鼎峙（1991年拍摄）

清水仙景（1999年拍摄）

西湖烟霞（2001年拍摄）

【泉州十八景】

深沪海韵（1996年拍摄）

天后流芳（1999年拍摄）

黄金海岸（2001年拍摄）

仙公观日（1999年拍摄）

【泉州十八景】

岱仙飞瀑（2001年拍摄）

成功丰碑（1996年拍摄）

古厝大观（1995年拍摄）

【泉州十八景】

安平飞虹
（1996年拍摄）

清真夕照
（2006年拍摄）

东湖荷香（2005年拍摄）

开放泉州

泉州发改革开放之先声，以“敢为天下先”的勇气和胆魄，发挥侨台港澳优势，聚集海内外力量，招商引资、创业兴企，巩固传统市场，开拓新兴市场，优化出口商品结构，推动对外贸易持续健康发展。泉三高速公路、福厦铁路、斗尾港30万吨级码头等重大交通设施投入运营，泉州港、肖厝港成为首批两岸海上直航口岸，泉州晋江机场获准对外开放，建设服务海西的东出西进综合通道。空港、海港、陆港、铁路、高速齐建，为开放铺路奠基。泉州市被列入全国18个改革开放典型地区之一，获“中国外贸百强城市”“中国最具投资潜力50强”等称号。

1993年12月，泉州晋江机场扩建改造，1996年12月12日通航。图为泉州晋江机场航站楼

1995年5月18日，泉州刺桐大桥动工兴建，1996年12月28日通车

1996年11月，福泉高速公路泉州段动工建设，1999年10月1日正式通车。图为福泉高速泉州西福互通

1997年5月27日，笋江大桥动工建设，1998年12月6日正式通车

【交通发达】

1998年12月29日，泉州市晋江围头港区万吨闽台贸易码头试营业暨国际集装箱航班首航开通

2002年5月，经国务院批准增开泉州港为对台通航港口。9月，泉州丰泽船务公司货轮按一般贸易方式，由泉州后渚港直航金门。图为泉州港后渚港区

2005年9月30日，泉三高速公路泉州段正式动工，2009年3月15日通车

2007年7月9日，泉州市首座立交桥——泉州大桥南立交桥正式通车

2007年9月29日，漳泉肖通港铁路通车

2010年4月26日，福厦铁路泉州站建成运营暨客运动车组开通仪式举行，图为泉州站夜景

【积极探索】

1992年9月16日，泉州中侨（集团）股份有限公司成立

2003年2月26日，惠泉啤酒集团股份有限公司6300万元人民币普通股在上海证券交易所上市交易

2006年4月28日，泉州市出口加工区动工建设；12月22日通过封关验收，2009年1月16日正式运作。图为加工区入口处

1997年11月15日，第三届世界安溪乡亲联谊大会在安溪召开

2005年，由泉州市人民政府主办的2005泉州·香港投资项目推介洽谈会在香港举行。图为开幕式

2009年10月16日，第五届世界惠安泉港同乡联谊会庆典大会在惠安举行

2010年2月28日，首届世界泉州同乡恳亲大会、世界泉商大会暨世界泉州青年联谊会成立大会在泉州举行

【泉台交流】

2002年7月23日—8月11日，澎湖妈祖信众460多人乘“超星级”号客轮，分4批从澎湖马公港直航泉州后渚港，迎送泉州天后宫妈祖赴澎湖会香。图为盛大的欢迎场景

2002年11月18日，南安市石井港区货轮直航金门首航仪式举行

2006年6月8日，泉州港石井港区对台客运码头（直航金门）首航仪式举行

2007年12月11日，2007泉台产业合作投资洽谈会在泉州举行

2008年7月27日，泉台“百家姓”族谱联展开幕式在中国闽台缘博物馆举行

【泉台交流】

2008年9月30日，大陆居民经金门、马祖、澎湖赴台湾旅游首次成行。图为泉州首发团在石井港码头合影

2010年2月27日，海峡两岸闽南文化节大型文艺晚会在泉州举办

2010年6月19日，第二届海峡论坛·海峡两岸体育交流大赛开幕式暨传统武术交流大赛在泉州举行。图为开幕式

2010年6月22日，纪念关帝诞辰1850周年暨台湾关帝庙信众谒祖会香祭祀大典在泉州通淮关岳庙举行，台湾关帝庙信众2000多人到泉州谒祖

品牌泉州

解放思想、攻坚克难、政企一心的好传统，成就了“一县一品”，打造出品牌泉州。面对国际金融危机的严重冲击，全市上下坚定信心、顽强拼博，泉州民营企业在危机中逆势而上，发展壮大，民营经济地位更加突出。至2010年，全市亿元企业、上市企业、驰名商标数量分别达1096家、61家和54件，比2005年分别增加713家、41家和38件。泉州市获“中国十大品牌城市”“中国品牌之都”“国家商标战略实施示范城市”等称号。

1996年9月9日，首届泉州“9.9”商品交易会在泉州展览城举行。图为展览城广场一瞥

1998年6月，位于田安路与丰泽街路口的丰泽商城动工建设，1999年主体工程竣工。图为丰泽商城广场

1998年8月1日，位于南安市水头镇的闽南建材第一市场建成开业

2000年3月，中国茶都——安溪全国茶叶批发市场动工兴建，2004年年底全部竣工。该市场被中国茶叶流通协会定为全国重点茶市。图为安溪“中国茶都”广场

【展会兴市】

2002年12月，石狮服装城动工建设，2005年4月一期工程竣工投入使用。2006年3月，石狮服装城被评为中国十大服装批发市场之一。图为服装城鸟瞰

2003年7月，位于南安市仓苍镇的中国水暖城动工建设，2004年首期工程竣工。该水暖城是中国建筑卫生陶瓷协会命名的第一个专业市场。图为水暖城开业庆典

2007年11月17日，首届海峡两岸茶业博览会开幕式在泉州举行

2008年6月21日，首届中国“海丝”工艺品博览会暨首届中国美术陶瓷技艺大赛在南安水头举行。图为博览会会标

2008年9月6日，首届海峡两岸（泉州）农产品采购订货会在泉州举行。图为开幕典礼

【展会兴市】

2009年4月9日，中国·海峡项目成果交易会暨2009年福建省光伏产业（南安）项目对接会在南安举行。图为开幕式

2009年4月16日，第十一届中国（晋江）国际鞋业博览会在晋江市开幕。图为博览会现场

2009年11月8日，第十届中国（南安）水头国际石材博览会在南安市举行。图为展会现场

2009年11月18日，首届海峡印刷技术展览会在晋江市举行。图为开幕式现场

【县域特色】

鲤城“中山路整治与保护”项目获联合国教科文组织亚太地区遗产保护优秀奖（2001年拍摄）

丰泽树脂工艺品（2000年拍摄）

洛江双阳华侨农场（1990年拍摄）

泉港福建炼油化工有限公司（2000年拍摄）

【县域特色】

石狮服装厂生产车间（2000年拍摄）

晋江鞋企生产车间（2000年拍摄）

南安水头石材产品展销（2009年拍摄）

惠安石雕（2000年拍摄）

【县域特色】

安溪茶农采茶场景（2009年拍摄）

永春芦柑丰收场景（2009年拍摄）

德化陶瓷（2001年拍摄）

泉州开发区国家高新技术企业孵化基地（2005年拍摄）

泉州台商投资区台商创业园（2007年拍摄）

海洋泉州

泉州市推动海洋经济强市建设，构建“一核两翼三带五岛十区”的总体框架，科学开发利用岸线、海域、海岛等资源，发展特色鲜明的湾区经济，扶持建设渔港经济区和现代海洋产业基地，引导现代海洋产业集聚发展。提升发展海洋渔业、海洋食品业、海洋精细化工业等优势产业，整合发展临海石化、海工装备、海洋能源等高端临海产业，培育发展海洋生物医药、海水综合利用、海洋可再生能源等海洋新兴产业、加快发展现代海洋服务业。

泉州围头金沙湾蓝天碧海的滨海风光（1991年拍摄）

【港口经济】

1992年5月22日，国家批准肖厝10万吨级油码头为国家一类口岸。图为码头一景

1993年4月11日，石狮市祥芝渔港被列为国家一级渔港，成为全省第一个国家一级渔港。图为渔港一角

2003年1月12日，泉州港深沪港区对外国籍船舶开放，晋升为国家一类口岸。图为港区一瞥

【港口经济】

2000年3月1日，福建泉州船厂奠基典礼举行

2009年2月16日，福建联合石油化工有限公司青兰山30万吨级原油码头开港仪式举行

2009年12月，泉州港集装箱吞吐量达125.1万标箱，居全国第十二位。图为石湖港集装箱港区

泉州港后渚港区（2009年拍摄）

丰泽蟳埔渔港（2010年拍摄）

惠安崇武渔港（2009年拍摄）

【养殖捕捞】

泉州海洋膏蟹养殖场景
（2010年拍摄）

石狮渔货到港场景
（2010年拍摄）

祥芝古浮村紫菜种植场景
（2010年拍摄）

泉州辖区伏季休渔期结束，数千艘渔船全面开渔（2010年拍摄）

泉港惠屿岛海上渔排（2010年拍摄）

【海洋文化】

沿海渔村传统民俗“送王船”。图为石狮蚶江渔民护卫“王爷船”出海仪式

（2010年拍摄）

1992年10月，福建深沪湾海底古森林遗迹自然保护区被国务院确定为国家级自然保护区。2004年1月29日，获批为国家地质公园

九日山举行仿古祈风祭海仪式场景（2009年拍摄）

航海日取水仪式（2010年拍摄）

2010年7月11日，2010中国航海日庆祝大会在泉州举行。图为开幕式

活力泉州

改革开放为泉州发展注入前所未有的生机和活力，爱拼敢赢、积极进取的泉州人坚持解放思想，以发展为第一要义，抢抓机遇先行先试，走出一条有泉州特色的发展道路。规划先行、港城联动、区域调整、项目带动、结构优化，使泉州大地充满创新活力、创业活力、创造活力，成为全省乃至全国最具活力的地区之一。2010年，泉州地区生产总值3673.06亿元，连续12年居全省首位。

泉州市坚持古城提质、新城集聚，城乡面貌焕然一新。图为中心市区丰泽街

1992年3月14日，国务院批复同意晋江撤县建市，图为
月1日晋江市成立庆典大会现场

1993年5月12日，国务院批准南安撤县设市。图为1998年10月南安市建市五周年庆典大会现场

1997年6月3日，泉州市区行政区域由原鲤城区一分
为三，新设立鲤城、丰泽、洛江3个区。图为2006年鲤城
区政府机关迁址江南新区现场照

新设立的丰泽区政府办公大楼（1997年拍摄）

1997年9月29日，洛江区举行党政机构授牌仪式

2000年12月28日，泉港区成立庆典大会现场

【项目带动】

1992年12月，泉州市区华联商厦动工兴建，1994年竣工，成为当年泉州市区最高的大楼

1997年5月16日，全省首家邮电通信交易中心在泉州创办并投入使用。图为泉州邮电通信交易中心（泉州信息广场）

2005年1月12日，泉州市汽车制造基地奠基，2006年3月建成投产。图为奠基典礼

2005年7月8日，福建炼油乙烯一体化合资工程项目开工仪式在泉港举行

2007年12月7日，由世界贸易中心总部国际理事会主办的“2007全球世界贸易中心泉州峰会”在泉州召开

【项目带动】

2008年10月15日，深圳航空公司“泉州号”客机正式落户泉州。图为冠名接机仪式

2008年12月26日，泉州市政府与微软（中国）有限公司签署《战略合作备忘录》。2009年6月19日，泉州微软技术中心成立揭牌

2008年12月30日，泉州晋江大桥通车运营

泉州市中心市区晋江两岸城市风貌

和谐泉州

以人为本、开放包容、安定和谐，泉州市坚持教育优先，加快医药卫生改革发展，不断完善社会保障体系，建设各类保障性住房和改造危旧房，深化社会治安综合治理，依法严厉打击违法犯罪活动，为泉州人民改革开放、安居乐业提供和谐温馨的良好环境。泉州市先后获首届“中国十佳和谐可持续发展城市”“中国优秀旅游城市”“中国园林绿化先进城市”“国际花园城市”“国家园林城市”“国家环保模范城市”“全国双拥模范城”等称号。

2001年1月，泉州市获“中国优秀旅游城市”称号。图为国家旅游局颁发的奖杯

【教育先行】

1994年3月29日，泉州师范专科学校调整更名为“泉州师范高等专科学校”。2000年3月，升格为泉州师范学院。图为原泉州师范专科学校大门

1994年7月，仰恩学院作为国家教育改革试点，改制为私立仰恩大学。图为校园一瞥

1999年，泉州市实验小学被确立为“福建省示范小学”，2003年被评为“福建省课改实验基地校”。图为泉州实验小学教学楼

2002年3月，泉州第一中学被泉州市政府评为第八届文明学校。图为教学楼“一峰楼”

【教育先行】

2003年，泉州第五中学被确立为福建省首批示范性高中。图为泉州第五中学桂坛校区鸟瞰

2005年，黎明职业大学获“全国职业教育先进单位”称号，2008年入选福建省首批示范性高职院校建设单位。图为黎明大学校门

2010年7月1日，国务院侨务办公室与泉州市政府签署第四轮共建华侨大学协议。同年，入选国家“特色重点学科项目”建设高校。图为华侨大学“陈嘉庚纪念堂”

泉州师范学校附属小学是泉州市唯一一所列入“全国百所奥林匹克教育示范校”的学校。图为泉州师院附属小学校园（2010年拍摄）

1997年10月1日，福建省第一个住宅试点小区、泉州市第一个经济适用房小区——云谷住宅小区全面竣工并投入使用。图为小区一角

1997年12月，泉州市政府组织建设的经济适用房圣湖小区。图为小区绿化景观

1999年11月，宝洲污水处理厂一期工程动工建设，2001年6月28日投入运行。图为厂区俯瞰

2003年6月29日，惠屿岛帮扶项目竣工，从此告别用电难、通信难、吃水难、行路难的历史

【民生保障】

2003年9月1日，西北洋滞洪区排涝工程获“2002年度联合国改善人居环境最佳范例奖”，并获联合国“迪拜国际改善人居环境最佳范例奖”。图为西北洋滞洪区工程的重要组成部分泉州西湖公园

2004年12月，泉州市获“国家卫生城市”称号。图为泉州古代城门之一——朝天门

2005年起，泉州市持续开展包专列、包机、包车送外来工平安返乡活动。图为2010年搭乘“诚信泉州·畅通返乡路”专列的外来工候车场景

2007年12月1日，第20个“艾滋病日”暨生育关怀宣传服务活动在鲤城区浮桥街道王宫社区举办

2008年2月1日，惠安县县城获建设部命名“国家园林县城”。图为草木葱茂的惠安科山公园景色

2009年5月18日，泉州市获颁全国社会治安综合治理最高奖“长安杯”

【文体旅游】

1992年12月，泉州侨乡体育中心动工建设，1994年1月完工。图为陈延奎体育馆

1993年2月5日，首届中国泉州南少林武术节在泉州举办。图为南少林武术表演现场

1997年5月，泉州市文化艺术中心动工建设，1998年5月竣工并投入使用，为当时泉州市规模最大的多功能大型文化设施

1997年6月10 日，南安郑成功纪念馆、泉州海交馆被列入全国100个爱国主义教育示范基地名录。图为郑成功纪念馆

2002年9月，泉州市博物馆新馆动工建设，2005年元旦建成并对外开放

2002年11月2日，泉州被联合国教科文组织选为全球第一个世界多元文化展示中心。图为世界多元文化展示中心广场

2003年9月9日，以“弘扬海丝文化·展示惠女风情”为主题的第五届泉州旅游节在惠安崇武举办

2005年1月25日，中国闽台缘博物馆奠基，2006年5月27日竣工

【文体旅游】

2005年2月7日，泉州市木偶剧团在纽约联合国总部礼堂参加2005年联合国中国春节文艺晚会演出。图为演出现场

2005年11月9日，泉州市海峡体育中心兴建，2008年7月19日落成。图为主场馆俯瞰

2006年2月26日，梨园古典剧院动工兴建，2008年10月落成

2006年5月20日，泉州南音等11个项目入选第一批国家级非物质文化遗产名录。图为泉州南音演唱现场

2007年6月，文化部批准设立闽南文化生态保护实验区。图为6月21日泉州市庆祝大会现场

2007年10月26日,泉州市第八届运动会开幕式在侨乡体育中心举行

2008年10月26日，第六届全国农民运动会开幕式在泉州海峡体育中心举行

【文体旅游】

2009年4月11日，全国百城旅游宣传周暨"欢乐海峡·爱在福建"海西旅游年泉州市启动仪式举行

2010年6月8日，中央电视台特别节目《天下端午》在泉州西湖畔录制。同月16日（农历五月初五），在央视综艺频道首播。图为节目录制现场

高甲戏传统剧目《管甫送》演出剧照（2010年拍摄）

梨园戏传统剧目《陈三五娘》广场表演现场（2010年拍摄）

前言

“最古之史，实为方志”。地方志是中华民族特有的文化瑰宝，是传承和彰显中华文明的重要载体。“国有史，邑有志”。泉州是中国首批历史文化名城之一，地灵人杰，被誉为“海滨邹鲁”，素有修志之传统，宋有嘉定《清源文集》、淳祐《清源志》，元有至正《清源续志》，明有嘉靖、隆庆、万历三部《泉州府志》，清有乾隆《泉州府志》，所辖之邑，历朝历代更是修志无数。卷帙浩繁的志书为泉州城市发展变迁留存了丰富的历史宝藏。

盛世修志，志载盛世。中华人民共和国成立后，泉州市开展了两轮修志。第一轮修志完成于20世纪末，所修成的《泉州市志》，上起事物发端，下至1990年，全面记述泉州建置沿革、古今要事、地理山川、自然环境，涵盖自然、经济、政治、文化、社会、民生的方方面面，构成了值得珍藏的历史长卷。

第二轮修志始于2007年，历经十三载，于2020年完成。作为续志，根据《地方志工作条例》关于二十年一轮修志的规定，本轮修志记述上限为1991年，下限至2010年。编纂完成的《泉州市志（1991—2010）》，客观翔实记录20年间泉州市自然、经济、政治、文化和社会的历史与现状；备载20年间，泉州历届党委、政府带领全市人民，以爱拼敢赢的勇气，探索和创造具有鲜明时代特色的城市发展“泉州模式”，弘扬和践行“求是、团结、务实、创新”的“泉州精神”，实践和培育“晋江经验”的伟大历程；全面反映了这一时期泉州改革开放全面推进、经济发展突飞猛进、社会政治保持稳定、城市面貌日新月异、人民生活显著改善、综合实力不断增强的壮阔历史。

以史为鉴，资政育人。地方志具有存史、资政、育人的独特作用，不仅要记述历史、传承文明，更要服务当代、启迪未来，其所谓“郡之有志，所以资政治也”。《泉州市志（1991—2010）》全书分5册，500多万字，可谓横陈百科，是保存泉州这一历史断面城市记忆的有效载体。修志为用，该书的出版面世，旨在为人们了解熟悉泉州市情提供资料性文献，为党政科学决策提供参考，为经济社会发展提供历史智慧和现实依据。

“了解历史的可靠的方法就是看志”。党的十八大以来，以习近平同志为核心的党中央高度重视修史修志。习近平总书记具有浓厚的方志情怀，喜欢读志、善于用志、重视修志，发表了一系列关于地方志工作的重要论述，为新时代地方志事业发展指明了方向。2014 年 2 月，习近平总书记在考察首都博物馆时指出：“要在展览的同时高度重视修史修志，让文物说话，把历史的智慧告诉人们，激发我们的民族自豪感和自信心，坚定全体人民振兴中华、实现中国梦的信心和决心。”希望全市广大干部群众牢记嘱托，珍惜得之不易的修志成果，读志用志，从中鉴往知来，汲取力量，以更加饱满的热情、更加务实的作风，为夺取新时代中国特色社会主义伟大胜利、实现中华民族伟大复兴的中国梦做出新的更大贡献。

本志编委会

2020 年 12 月

凡 例

一、本志以马克思列宁主义、毛泽东思想、邓小平理论、“三个代表”重要思想、科学发展观、习近平新时代中国特色社会主义思想为指导，坚持辩证唯物主义和历史唯物主义的立场、观点、方法，力求实事求是，全面、系统、准确、客观记载断限内泉州市自然、经济、政治、文化和社会发展变化状况，突出泉州市改革开放、开拓创新、锐意进取过程中经济社会发展的成功实践和成就经验，突出时代特色和地方特色，力求做到思想性、科学性和资料性的统一。

二、本志为《泉州市志》续志，以1991—2010年泉州市行政区划为记述范围，泉州市及其所属组织、泉州籍组织、乡亲组织、泉州籍人物关联区域辅之。另设县（市、区）概况，概括反映其主要情况。所辖金门县因情况特殊，暂不收录。作为全国著名侨乡和台胞主要祖籍地、泉商发源地，本志兼记这一阶段泉州人与海内外、台港澳交流交往和创业情况。

三、本志记述时间上限为1991年，下限至2010年。为方便读者了解泉州发展脉络，做好与首部《泉州市志》的衔接工作，总述、大事记和一些重要事项适当上溯与下延。

四、本志采用述、记、志、传、图、表、录等体裁，以志体为主。按事以类从、横排门类的原则，全志共设49卷，卷下一般设章、节、目等层次。

五、本志遵循“生不立传”原则，人物传收录与泉州关系密切、对泉州有较大贡献和影响的已故各界代表人物，按传主生年先后排列。其他入志人物一般采用人物表形式，或以事系人的方法加以记载。记述时除首次出现点明身份外，一般直书姓名。

六、本志采用现代语体文、记述体。除总述和卷、章的无题概述外，一般据事直书、述而不论。文风力求严谨、朴实、简洁、流畅。本志中所涉具有特定时代特征和地域特点、阶段性约定提法的缩略语、专有名词、熟语等，一般用注释形式予以说明和阐释。

七、本志采用公元纪年。民国及民国以前历史纪年，采用历史纪年括注公元纪年的方式。民国纪年以阿拉伯数字表示。1949 年 10 月 1 日后一律用公元纪年。

八、本志行文凡涉政区、组织机构、职衔、地名等，均按当时称谓记述，一般用全称。“省”“全省”均指福建省，“市”“全市”指泉州市行政区划范围，“市区”指原鲤城老市区，今为鲤城、丰泽二区，“省委”“省政府”分别指“中国共产党福建省委员会”“福建省人民政府”，“市委”“市政府”分别指“中国共产党泉州市委员会”“泉州市人民政府”，“党员”均指中国共产党党员。

九、本志数字用法遵循《出版物上数字用法》（GB/T 15835—2011）；标点符号用法遵循《标点符号用法》（GB/T 15834—2011）；量和单位的名称及符号遵循国家标准《量和单位》（GB3100 ～ 3102—93），个别地方沿用“亩”作为计量单位。货币名称不另注明的，均指人民币。

十一、本志节、目下内文以“泉州市”为主体词外，各分目或段落开头，一般以所记主体或承前省略。

十二、本志有些节、目下出现的县（市、区）主体词，均为泉州市辖下的县（市、区），主要体现其在全市的代表性典型性事件或做法等。

十三、本志采用的国民经济和社会发展相关数据，凡列入统计部门统计的，以统计部门提供的为准。未列入统计部门统计的，采用部门核实后的数据。因统计口径不尽相同，请读者引用时注意。凡直录文献及数据，一般注明来源出处，尊重原作。

十四、本志资料主要来自各部门单位档案、地方志、年鉴、报刊，部分由编辑人员采编，所用资料经鉴别考证后入志，不一一注明出处。表格中缺失的资料以空格表示，无资料以“—”表示。

总 目 录

第一册

第二册

第三册

第四册

第五册

目　录

第一册

总述

大事记

专记　开放与探索

卷一 政区 环境

卷二 人口

卷三 国土资源管理

卷四　环境保护

卷五　城乡建设

卷六　电力

卷七 交通

卷八 邮政 通信

总 述

泉州地处福建省东南部，东与台湾隔海相望，南与厦门市的同安区、翔安区接壤，西与漳州市的华安县、长泰县和龙岩市的漳平市毗邻，北与三明市的大田县、尤溪县和福州市的永泰县及莆田市的仙游县界连。总面积22375平方千米，其中，陆域面积11015平方千米（包括金门县），海域面积11360平方千米。2010年，泉州市辖鲤城、丰泽、洛江、泉港4个区，石狮、晋江、南安3个市，惠安、安溪、永春、德化、金门5个县和泉州经济技术开发区、泉州台商投资区。常住人口812.85万人（不含金门县），绝大多数为汉族，有回族、畲族、蒙古族等41个少数民族，全域通行普通话和闽南方言。

1991—2010年间，泉州历届党委、政府团结带领全市人民，立足泉州实际，发挥泉州优势，解放思想，抢抓机遇，深化改革，扩大开放，敢为人先，爱拼善赢，闯出了一条“以市场经济为主、外向型经济为主、股份合作制为主，多种经济成分共同发展”的具有侨乡特色的经济社会发展路子，形成了享誉海内外的“泉州模式”“晋江经验”，成为全国18个改革开放典型地区之一和福建省三大中心城市之一，铸就泉州新的辉煌。

一

泉州地处东南沿海，具有地理条件优越、气候环境适宜、物产资源众多等自然优势。同时，泉州是国务院公布的首批历史文化名城之一，是“海上丝绸之路”起点城市之一，具有历史文化底蕴深厚、对外交流源远流长、侨台资源丰富等人文优势。

枕山面海，地理条件优越。泉州西北背靠素有“闽中屋脊”之称的戴云山脉，东南面对海域辽阔的台湾海峡。陆地辖区东西最大距离149.3千米，南北最大距离158.6千米。整个地势西北高、东南低，呈阶梯状下降。境内地貌类型复杂多样，以山地和丘陵为主，由中低山向丘陵、台地、平原递变。溪流密布，流域面积100平方千米以上的河流有34条，以晋江、洛阳江为主，其中，晋江为福建省第四大河。全市有大中型水库5座，总库容1.78亿立方米。泉州大陆海岸线长达541千米，沿岸港湾众多，岛屿星罗棋布，自北向南形成以湄洲湾、大港湾、泉州湾、深沪湾、围头湾、安海湾等港湾为主的海港群，很多港湾为深水良港，可建万吨级码头。

气候适宜，物产资源众多。泉州位于北纬24° 30′～25° 56′、东经117° 25′～119° 05′，属亚热带海洋性季风气候，年平均气温19.5℃～21℃，气候适宜，四季如春。自然环境质量状况总体良好。2010年，全市环境空气质量优良率达97%，空气质量综合指数达到国家一级标准；晋江流域国、省控断面第一至三类水质比例、集中式饮用水水源地第一至三类水质达标率保持良好状态；近岸海域国、省控站位一、二类水质达到省考核目标要求。

泉州有众多的物产资源。全市探明能源、金属、非金属等矿产资源46种，至2010年已开发利用35种，以煤、铁、金、水泥用灰岩、陶瓷土、建筑石料等矿种为主。全市有野生动物4000多种，野生植物2000多种。地方特产中，茶叶类主要有铁观音（中国十大名茶之一）、本山、黄金桂、毛蟹、佛手等品种；果蔬类主要有龙眼、芦柑、荔枝、梨、淮山、黄花菜等品种；美食类主要有肉粽、壶仔饭、面线糊、炒米粉、浮粿、粉团、白鸭汤、马鲛羹、海蛎煎、鱼丸、牛肉羹、润饼菜、鸡卷、洪濑鸡爪、崇武鱼卷、姜母鸭、满煎糕、石花膏、橘红糕、绿豆饼、麻糍、榜舍龟、花生汤、土笋冻、柿饼、四果汤等特色品种。

历史悠久，文化底蕴厚重。泉州具有悠久的历史，古时有“温陵”“刺桐”“清源”“泉南”等别称。早在旧石器时代，泉州就有人类生息繁衍。吴永安三年（260年），置东安县；唐景云二年（711年），开始有泉州建制。泉州是国务院公布的首批24个历史文化名城之一、古代“海上丝绸之路”起点城市，闽南文化的发祥地和核心区之一，文化积淀深厚，素有“海滨邹鲁”之誉。泉州有上千年的海外交通史。自唐代开始，泉州就成为中国四大对外通商口岸之一。宋元时期，泉州成为中国的世界海洋商贸中心，以“刺桐港”之名驰誉世界，呈现出“市井十洲人”“涨海声中万国商”的繁荣景象，被誉为“东方第一大港”“世界最大港之一”。泉州有“世界宗教博物馆”之誉，拥有道教、佛教、伊斯兰教、基督教、印度教、摩尼教等众多珍贵史迹，2001年联合国教科文组织在泉州设立了全球首个“世界多元文化展示中心”。历史上泉州人才辈出，涌现了许多政治家、思想家、军事家、文学家和科学家，著名历史人物有欧阳詹、曾公亮、韩琦、苏颂、蔡清、俞大猷、李贽、郑成功、李光地、施琅等，著名当代人物有张文裕、谢希德、黄荣辉、林俊德等。泉州拥有中国现存最早的伊斯兰教清真寺、世界唯一的摩尼光佛像石刻、中国最大的老君石刻造像、葬有唐代到泉州传教的穆罕默德门徒三贤四贤的灵山圣墓、千年古刹开元寺及东西塔、记载古代海上交通和贸易的九日山祈风崖刻、妈祖天后宫、民族英雄郑成功史迹与陵墓、宋代蔡襄倡导组织修建的洛阳桥、号称“天下无桥长此桥”的安平桥等众多的文物史迹，保留着蜚声海内外的晋唐古乐余韵南音、宋元南戏“活化石”梨园戏、中国一绝“提线木偶”及高甲戏、打城戏等弥足珍贵的戏曲文化遗产。至2010年，全市共有全国重点文物保护单位20处，省级文物保护单位76处，各级不可移动文物3811处；有国家级“非遗”项目27项，省级“非遗”项目57项，市级“非遗”项目134项；有国家级“非遗”传承人33人，省级“非遗”传承人134人（含国家级33人），市级“非遗”传承人263人（含省级101人）。丰富的人文景观、别具一格的民俗风情和秀出东南的自然风光交相辉映，使泉州成为全国乃至国际性的旅游胜地。

著名侨乡，侨亲资源丰富。泉州市是全国著名侨乡，泉州人出国历史悠久，至2010年，泉州籍华侨华人有750万人，分布在世界130多个国家或地区，90%居住在“海上丝绸之路”沿线国家和地区。旅外泉州籍乡亲，在当地有较强的经济实力、政治影响力和社会活动能力，是推动中国与“海丝”国家开展经贸文化交流合作的纽带和桥梁，同时也热心家乡各项公益事业，为家乡的社会经济发展慷慨解囊、出资出力，极大促进全市文教、卫生、基础设施等社会事业发展。

台胞祖地，“五缘”关系密切。泉州是台湾汉族同胞的主要祖籍地，据史料记载，有900多万台湾同胞祖籍泉州，占台湾汉族同胞的44.8%。泉州与台湾具有地缘相近、血缘相亲、文缘相承、商缘相连、法缘相循的“五缘”优势。由于这种特殊的历史、地域和文化渊源关系，泉台两地在经贸交往、人员往来、文化交流等联系十分密切。

二

1991—2010年，泉州市委、市政府坚持以经济建设为中心，紧密结合泉州实际，勇立潮头，爱拼敢赢，深化改革，扩大开放，积极构建社会主义市场经济体系，推动全市经济跨越式发展，使泉州经济实力快速增长，发展水平迅速提升。

经济总量跃居全省首位。改革开放以来，泉州利用侨乡的“三闲（闲人、闲房、闲散资金）”起步，大力发展乡镇企业，逐步确立起以工业为主导的经济体系。进入20世纪90年代，市委、市政府坚持跳出争议搞改革，一心一意谋发展，国民经济持续高速增长，经济总量不断跃上新台阶。1991—1998年，泉州地区生产总值由79.32亿元增至773.59亿元，年均递增32.6%，1993年更是创出66.2%的最高增幅。1992年，泉州地区生产总值实现比1980年翻两番的目标，1995年实现翻四番的目标。这一时期，泉州成为全省经济增长最快的地区，地区生产总值年均增幅比全省高出16.1个百分点。1999年，泉州地区生产总值达952亿元，经济总量首次跃居全省首位。进入新世纪，泉州把加快经济结构调整和提升产业竞争力作为战略重点，先后出台一系列扶持工业企业发展的政策措施，运用先进技术改造传统产业，积极培育新兴产业，逐步形成纺织服装、建筑建材、食品饮料、工艺品制造、机械制造五大传统支柱产业，培育出石油化工、修船造船、汽车及配件、电子信息、生物医药等新兴产业，全市经济持续快速发展。至2010年，泉州地区生产总值达3673.06亿元、财政总收入达400.28亿元、一般预算收入达181.53亿元、全社会固定资产投资达1250.81亿元，分别是1991年的45倍、54倍、24倍和50倍，经济总量连续12年位居全省第一。

民营经济迅速壮大。改革开放后，随着乡镇企业的发展和推进土地成片开发，泉州的支柱产业和各行业骨干企业加快成长，形成以工业为主的经济格局。其中，民营企业成长迅速，占比不断增加。1991年，全市规模以上工业总产值34.87亿元，其中规模以上民营工业产值达20.82亿元，占到59.7%。1992年，邓小平南方谈话后，泉州抓住成为全国首批综合配套改革试点城市的历史机遇，积极探索公有制的多种实现形式，放手发展多种所有制经济，确立了民营企业的市场主体地位。引导私营企业转变家族式管理方式，建立现代企业制度，通过实施“规模经营、科技兴企、市场拓展、结构调整、争创名牌、制度创新”六大战略，推动民营经济进入总量扩大、结构优化、效益提高、后劲增强的快车道。1997年，全市规模以上工业总产值308.39亿元，其中规模以上民营工业产值达240.39亿元，占比达77.9%。1998年后，面对亚洲金融危机的挑战和中国加入世界贸易组织的新形势，泉州通过实施名牌发展战略、扶持企业改制上市等战略举措，使泉州的民营经济由数量扩张步入以质取胜的品牌发展阶段。2008年，全市民营工业产值达4100.46亿元，占全市规模以上工业总产值的96.0%。此后，受国际金融危机冲击和国内经济运行困难的挑战，泉州的民营经济受到较大影响，但在规模以上工业总产值中的占比都在八成以上。民营经济迅速发展壮大，是这一时期泉州最大的特色和亮点，成为泉州经济发展新的竞争优势。

县域经济竞相发展。1991—2010年，泉州利用中央和省委、省政府赋予的一系列富民政策，扩大县级经济管理自主权，鼓励各县（市、区）因地制宜，挖掘潜力，发挥优势，选准培育好县域经济支柱，做大做强特色产业规模，使下辖各县（市、区）的经济竞相发展，县域经济竞争力不断提升。形成鲤城电子信息，丰泽、洛江树脂工艺，泉港石油化工，安溪乌龙茶、藤铁工艺，永春芦柑，德化工艺陶瓷，石狮纺织服装，晋江鞋帽、服装漂染、陶瓷建材、食品饮料、玩具、电子机械，南安石材加工、水暖、消防器材，惠安石雕、建筑、石油化工等各具特色的支柱产业。丰泽、晋江、石狮、南安、惠安、安溪、德化等县（市、区）相继获得“中国树脂之乡”“中国鞋都”“中国休闲服装名城”“中国建材之乡”“中国石雕之乡”“中国乌龙茶（名茶）之乡”“中国工艺陶瓷之乡”等全国区域特色称号。1998年后，泉州所辖各县（市）均进入全省经济实力十强或经济发展十佳行列，晋江、南安、惠安、石狮、安溪多次入选全国县域经济百强县市和县域基本竞争力百强县市。县域经济迅速崛起，成为这一时期泉州的又一大特点，让泉州成为全省乃至全国发展最快和最具活力的地区之一。

外向型经济格局基本形成。改革开放初期，泉州利用侨乡优势，积极开展对外经贸合作，是全省开展对外来料加工最早、发展最快的地区，引进外资、对外经济技术合作走在全省前列。1991年后，泉州继续发挥侨台优势，通过出台扶持外贸出口、对外经济合作、外商台胞投资等优惠政策，改善投资环境，拓展国际市场，将市直国有工业企业一揽子嫁接外资，把引进侨资侨力与发展乡镇企业、建设加工区、工业区结合起来，利用外资侨资改造提高民营企业，走出一条以市场经济和外向型经济为主的侨乡特色发展之路。2010年，全市的进出口总额达112.56亿美元。其中，出口82.82亿美元，进口29.74亿美元。全年批准境外投资企业43家，签订对外经济技术合作合同12352项，派出劳务人员5702人，实际利用外资14.93亿美元。全市累计投产或开业的外商投资企业1.15万家。外向型经济格局基本形成，外向型经济加速发展。

全国18个改革开放典型地区之一。改革开放以来，泉州人民高举中国特色社会主义伟大旗帜，创造性地贯彻执行党的路线方针政策，把握机遇，发挥优势，艰苦创业，经济社会发生了历史性巨变。期间，泉州的发展经历了从1978—1985年大力发展乡镇企业，实现产业结构从以农业为主向以工业为主转变；从1986—1991年通过创办开发区，大力引进侨资，实现工业由散向聚、由内向外发展；从1992—1997年深化改革、扩大开放和优化产业布局，夯实经济发展制度基础和经济基础；从1998—2003年实施科教兴市战略和名牌战略，实现经济结构转型升级；从2004—2008年贯彻落实科学发展观，推进经济社会又好又快发展等几个历史阶段，闯出了一条以市场化为制度基础、民营经济与外向型经济互相促进为最大特色、县域经济发达为突出亮点、品牌化为突出优势的适合自身实际的发展道路，形成了“泉州模式”“晋江经验”，创造出许多的全国和全省第一。如全国第一批股份合作制企业、第一批引进外商进行土地成片开发、第一个引进外资一揽子嫁接改造国有企业、第一家台商投资企业在国内上市、全国第一批“投资硬环境40优”城市、第一批技术创新试点城市，等等；成立全省第一家民营股份有限公司、第一家农业股份合作制企业，在全省最早实现民营企业在证券市场上市，在香港上市的企业数居全省第一，等等。2008年，在庆祝改革开放30周年之际，泉州由于充分发挥侨的优势，着力打好“侨牌”，以“三来一补”起步，带动乡镇企业发展，培育优势特色产业，形成众多知名品牌，大力增强县域经济实力，实现城乡协调发展，被中央政策研究室等部门选定为全国18个改革开放典型地区之一。

三

1991—2010年，随着经济快速发展，泉州的基础设施建设、城市建设和农村建设也得到不断加强，侨乡面貌发生翻天覆地的变化。

基础设施不断完善。1991—2010年，泉州市按照基础设施建设必须与经济和社会发展水平相适应，与其他产业协调同步发展的要求，采取项目运作办法，多渠道、多形式、多元化筹集资金投入交通运输、能源、水利、邮电通信等基础设施建设，使全市的基础设施快速发展、不断完善。交通设施方面，完成境内公路主干道的全面拓宽改造，实现村村通水泥公路，公路密度居全省之首；高速公路从无到有，泉厦高速、福泉高速、泉三高速全线开通；漳泉肖铁路、福厦铁路建成并投入使用。1993年泉州晋江机场动工建设，1996年正式通航，至2010年共开通航线24条，跻身全国50个大空港之列。全力建设现代化工贸港口，大力加强港区建设，1991—2010年共建成投产码头69个、泊位93个，跨入国家大型港口行列。至2010年，一个以港口为枢纽，海陆空运输相衔接，四通八达快捷高效的立体交通网络基本形成。能源方面，加大供电设施和电网建设，电力工业总体水平显著提高，年供电量居全省首位。水利方面，完成晋江下游防洪堤工程等重点水利设施建设，防洪抗灾能力进一步提高。通信方面，信息化、数字化、智能化步伐加快，提前两年实现村村通电话目标，泉州本地通信网成为全国规模容量最大、技术水平最高的本地网之一。

城市建设日新月异。改革开放以来，随着经济社会的快速发展，泉州的城市化水平显著提高。1992年，市委、市政府实施大泉州发展战略，通过调整区划、拓展新区、改造旧区等措施，加大加快城市群建设，一个以泉州中心城市为核心，以晋江、石狮等次中心城市为骨干，二三十个卫星城镇为依托的城市群初具雏形。1998年后，市委、市政府提出并推进“半小时城市群”建设，从加强城市的规划、建设和管理入手，通过加快旧城（村）改造、新区（村）建设和小城镇建设，不断增强和完善城市群的综合功能。中心市区坚持“东进，南下，西拓”，东海、城东、江南等城市新区相继崛起，市政配套设施日渐完善，采用BOT形式完成刺桐大桥等一批市政道路工程建设，西湖公园等一批大中型市政公用设施建成投入使用，海湾型大城市加速形成。古城保护提升工作有序推进，先后完成涂门街、东街、湖心街等旧城区改造。城市绿化美化水平不断提高，全市绿化覆盖率走在全省前列。20年间，中心城区面积扩大到150平方千米，泉州作为全省三大中心城市之一的地位更加突出。积极推进环湾沿江区域开发和县域城关、小城镇建设，各县县城及一大批小城镇迅速崛起。先后获得国家卫生城市、国家园林城市、国家环保模范城市等众多荣誉。

新农村建设成效显著。改革开放初期，泉州的多数农村属于贫困地区，市委、市政府举全市之力，攻贫困之坚，积极推进脱贫致富工作。至1992年，全市脱贫率达90.16%，基本解决群众温饱问题，消除绝对贫困。此后，开始全面推进农村小康建设，1997年，泉州成为全省首个通过农村小康建设验收的地级市，并于2005年在全省率先实现基本宽裕型小康目标。2005年起，泉州市根据《中共中央、国务院关于推进社会主义新农村建设的若干意见》精神，按照“生产发展、生活富裕、乡风文明、村容整洁、管理民主”要求，提出并实施新农村建设“规划、发展、基础、素质、保障”五大工程，开展“百村示范、全面整治”行动，每年抓好20个市级典型示范村和若干个县级典型示范村建设，探索形成产业带动、侨资引领、文化先导、造福搬迁、生态保护等多种新农村建设模式，树立一批新农村建设典型，有力促进社会主义新农村建设。至2010年，全市共有889个村列入省、市、县新农村试点示范村，其中，市级试点示范村有100个。

四

1991—2010年，在经济快速发展的基础上，泉州市坚持物质文明和精神文明一起抓，统筹推进政治、经济、文化、社会建设，使全市各项事业繁荣进步，社会面貌发生深刻变化，人民生活水平显著提升。

人民生活水平全面提高。1991—2010年，泉州市委、市政府始终把实现和维护最广大人民群众的根本利益作为一切工作的出发点和落脚点，团结带领全市人民，实现了脱贫致富、在全省率先基本实现小康和率先实现宽裕型小康的三大历史性跨越。全市上下高度重视民生，注重解决事关群众切身利益的热点难点问题，下大力气提高群众收入水平，改善群众生产生活环境和衣食住行条件，完善社会保障体系，建立健全防灾减灾体系，努力让人民群众共享改革开放成果，使人民群众的生活水平全面提高。2010年，泉州市的城镇居民人均可支配收入达25155元、农村居民人均可支配收入达9296元，分别是1991年的13倍和10倍。全市的消费品零售总额由1991年的43.32亿元提升到2010年的1234.43亿元。全市就业充分，物价稳定，社会和谐，百姓安居乐业。

精神文明建设不断提升。改革开放初期，泉州就开始群众性精神文明创建活动。1991年以来，全市坚持一手抓物质文明建设，一手抓精神文明建，做到“两手抓”“两手硬”。坚持以德治国和依法治市相结合，以创建“卫生城市”“文明城市”为突破口，大力加强思想道德建设，深入开展社会公德、职业道德和家庭美德教育，推动群众性精神文明创建活动深入开展。进入新世纪，泉州坚持以社会主义先进文化为引领，牢牢把握正确舆论导向，构建社会主义核心价值体系，营造积极健康向上的主流舆论。深入学习实践社会主义核心价值观，扎实推进公民道德建设和未成年人思想道德建设，把群众性精神文明创建活动与和谐社会创建活动结合起来，大力弘扬“求是、团结、务实、创新”的泉州精神，不断提高人的思想道德素质，在全社会形成团结互助、平等友爱、诚实守信、共同前进的良好风气，为全市改革开放和经济社会发展提供强大的精神动力和智力支持。2002年、2008年，泉州市两度荣获“创建全国文明城市先进城市”称号。2009年，被省委、省政府授予“福建省第二届（2006—2008年度）文明城市”称号。

1991—2010年，泉州积极发挥历史文化名城、著名侨乡、台胞祖地的独特优势，发扬泉州整合中西文化、古今文化的优良传统，坚持“二为”方向和“双百”方针，通过增加文化投入、完善文化设施，改革文化体制、发展文化产业，实施精品工程、繁荣文艺创作，保护闽南文化、扩大对台交流、对外交流等举措，使得泉州的文化设施和服务网络不断完善，文化事业和文化产业蓬勃发展，文化品位显著提升。1991年后，泉州先后建成泉州海外交通史博物馆、泉州博物馆、中国闽台缘博物馆等一批重点文化设施。文学艺术精品层出不穷，戏剧创作多次获得“五个一工程”奖，《董生与李氏》《节妇吟》《钦差大臣》等文艺作品荣获全国奖项。发挥闽南文化优势，加强文化交流，成功举办国际民间艺术节、南少林武术节、闽南文化节、2010 年中国航海日等大型国内和国际文化交流活动。闽南文化生态保护实验区成为全国第一个国家级文化生态保护实验区。南音入选世界非物质文化遗产名录，“海上丝绸之路：泉州史迹”列入《中国世界文化遗产预备名单》。1995 年，被文化部授予“全国文化模范市”称号。

社会事业协调发展。1991—2010 年，泉州市坚持从人民群众的切身利益出发，站在构建社会主义和谐社会的高度，通过增加财政投入、实施科教兴市战略、深化社会体制改革等举措，大力发展社会事业，使全市的科技、教育、卫生、体育等各项事业协调发展、全面进步。科技事业方面，科技体制改革持续深化，创新体系不断健全，科学研究和技术推广工作进一步加强，产学研合作更为密切，获得“全国科技进步先进市”七连冠。教育事业方面，始终把教育摆在优先发展的战略地位，全面实施素质教育，集中力量打好教育翻身仗，所有县（市、区）实现教育“两基”达标和“双高普九”；大力普及高中阶段教育，高中升学率达 58%；积极发展职业教育、成人教育、高等教育，泉州卫校等 4 所学校升格为大专，泉州师范学院通过教育部本科教学工作水平评估；深化教育体制改革，鼓励社会力量办学，创办仰恩大学，成为全国第一所具有颁发国家本科学历证书和授予学士学位资格的民办大学；优化教育资源，改善农村办学条件，全市的教育结构和布局不断优化。卫生事业方面，完成卫生体制改革，基本完成疾病预防控制、医疗救治和卫生监督体系建设；新型农村合作医疗试点工作顺利推进；抗击“非典”取得重大胜利，高致病性禽流感等重大传染病得到有效防治；建立和完善人口计生工作新机制，实现稳定低生育水平，人口素质不断提高。体育事业方面，完成侨乡体育馆等一批体育设施建设，成功举办福建省第十一届运动会、第六届全国农运会、世界女排大奖赛（泉州站）等重大赛事。“双拥”工作方面，坚持党的领导，不断加大国防教育和双拥宣传力度，增强全民国防意识，拓宽军民共建路子；各级党委积极支持部队的改革和建设，驻泉部队全力支持地方经济社会建设，双拥工作成效显著；1994—2010 年，泉州荣获全国双拥模范城“六连冠”。平安建设方面，积极开展法制宣传教育，不断加强社会治安综合治理，扎实推进平安泉州建设，人民群众的安全感幸福感日益增强，2009 年，泉州荣获全国社会治安综合治理最高奖“长安杯”，成为全省首个获此殊荣的城市。

党的建设不断加强。1991—2010 年，泉州市各级党委注重加强和改进党的建设，坚持用邓小平理论、“三个代表”重要思想、科学发展观武装头脑、指导实践、推动工作。先后开展“三讲”、“三个代表”重要思想、保持共产党员先进性、科学发展观等学习教育活动，使党的思想理论建设不断加强。加强党的基层组织建设，提升机关、农村、社区、企业及科研院所等基层组织的建设水平，非公企业党建工作走在全国前列，农村党建工作成效突出，涌现出美岭村、凤竹集团、钻石公司等一批全国、全省党建工作先进典型，党的工作基础进一步夯实。加强干部队伍和领导班子建设，深化干部人事制度改革，坚持“四化”方针和德才兼备原则选准用好干部，不断提高各级领导班子的能力和水平，干部工作科学化、民主化、制度化水平有效提升。积极推进党风廉政建设，扎实开展机关效能建设，不断深化行政审批制度改革，全面推行公开办事制度，使党密切联系群众的优势得到进一步发挥。坚持党要管党、从严治党，反腐败工作深入开展，查办一批违纪违法案件，腐败现象得到有效遏制。

五

1991—2010 年，是泉州经济社会发展最快、城乡面貌变化最大、人民生活水平提升最快的历史时期。泉州市勇立潮头的创新、创造、创业实践，是一个充分发挥改革开放动力、民营经济活力、特色经济实力、创业文化魅力、统筹发展合力、政府服务效力的过程，是全国改革开放的具体写照和生动缩影。在这一过程中所形成的以“求是、团结、务实、创新”为核心的泉州精神，是泉州人爱拼敢赢精神特质和精神风貌的科学总结，是社会主义核心价值观的生动体现，是泉州人民宝贵的精神财富。

这20年，泉州取得瞩目成绩、丰硕成果，也存在着一些困难和问题，突出体现在第三产业发展较慢，自主创新能力不强，资源环境压力日益加大，开放水平有待提升，中心城市辐射带动能力较弱，群众生活方式、价值取向、利益诉求日益多元，对美好生活期待越来越高等方面，需要泉州人民以更加昂扬的斗志，更加务实的举措给予解决。

成就已经载入史册，新的起点需要新的担当。在新的征途上，面对新形势下的机遇和挑战，泉州将始终保持蓬勃朝气、昂扬锐气、浩然正气，不断践行“泉州精神”“晋江经验”，与时俱进，开拓创新，持续全面协调推动经济、政治、文化、社会、生态文明建设和党的建设迈上新台阶，为全面建成小康社会、实现中华民族伟大复兴而努力奋斗。

大事记

1991年

1月11—13日，国务委员陈俊生在泉州考察，走访仰恩学院、开元寺、泉州海外交通史博物馆（简称“泉州海交馆”），以及石狮市场和部分企业，听取市政府有关“两个文明建设”情况汇报。

2月13—17日，全国人大常委会副委员长王汉斌在泉州视察，走访石狮、惠安、晋江、南安等县（市），并出席在泉州举办的“中国与海上丝绸之路”国际学术研讨会开幕式。

2月14日，由30多个国家和地区的50多名外交官以及专家、记者组成的联合国教科文组织“海上丝绸之路”考察团乘坐“和平方舟”号轮船到泉州进行为期5天的考察。其间，考察组成员到伊斯兰教圣墓、洛阳桥、九日山摩崖石刻、开元寺、草庵摩尼教寺等进行实地考察，并在华侨大学举行以“中国与海上丝绸之路”为主题的联合国教科文组织“海上丝绸之路”综合考察泉州国际学术研讨会。

2月17日，福建省委书记、省对外友协名誉会长陈光毅在泉州会见联合国“海上丝绸之路”综合考察团全体成员和随船新闻记者，阿曼、卡塔尔、巴林三国驻华大使，“和平方舟”船长，以及参加泉州“中国与海上丝绸之路”国际学术讨论会的外国学者。

2月底，泉州市委决定，用3年时间在全市农村开展社会主义思想教育活动。3月6日，全市抽调5773名干部组成工作队，分赴136个乡（镇、场）788个建制村开展社会主义教育活动。

3月16—20日，政协第七届泉州市委员会第一次会议（简称“市政协七届一次会议”）召开。会议选举林文麟为市政协主席。

3月17—21日，泉州市第十一届人民代表大会第一次会议（简称“市十一届人大一次会议”）召开。会议选举王继超为市人大常委会主任、林大穆为市长。

4月2日，德化县陶瓷博物馆动工兴建，占地面积5.47公顷。1993年8月8日竣工，投入使用。该馆建筑面积5700平方米，为福建省第一家大型陶瓷博物馆。

4月，泉州市委常委会会议研究决定成立泉州学研究所。11月8日，举行泉州学研究所成立大会。

5月20日，福建省委书记陈光毅在泉州市就土地成片开发进行专题调研，省人大常委会副主任、泉州市委书记张明俊参加调研。

6月5日，福建省鼓励外商开发经营成片土地工作座谈会在泉州召开。省委书记陈光毅和省长贾庆林到会讲话，省人大常委会副主任张明俊、副省长游德馨等领导出席。

6月6日，安平工业综合开发区开工奠基，标志着泉州市外商开发经营成片土地有了突破性进展。

6月6—7日，福建省委书记陈光毅，省长贾庆林，省人大常委会副主任、泉州市委书记张明俊在泉州考察，先后仰恩学院、马甲引进良畜试验区、晋江县青阳镇高霞村考察。

6月8日，福建省委书记陈光毅、省长贾庆林、省人大常委会副主任黄长溪，省人大常委会副主任、泉州市委书记张明俊，副省长游德馨，省政协副主席许集美、凌青等领导参加蟠龙工业综合开发区开工典礼。

8月，泉州市各县（市、区）首次配备科技副县（市、区）长。

9 月 10 日，福建省委书记陈光毅，省人大常委会副主任、泉州市委书记张明俊同安溪县旅外爱国侨胞李尚大、曾星如到安溪看望一线教师。

10 月 20 日，石狮新湖集团实行股份制改造，改制为福建省新湖集团石狮新发股份有限公司，成为福建省首家股份制乡镇企业。该集团为全省首家乡镇企业集团，于 1990 年 5 月 4 日成立。

10 月 27 日，福建省委书记陈光毅，省人大常委会副主任、泉州市委书记张明俊，副省长施性谋等领导视察福建炼油厂工地。

11 月 22—24 日，首届“中国泉州——东南亚中医药学术研讨会”在泉州市区召开，中国和新加坡、印度尼西亚、菲律宾、马来西亚等国家的有关专家、学者应邀参加。

11 月 23 日，泉州市委、市政府决定在鲤城区城东乡仕公岭蔡厝山坡顶建泉州革命烈士纪念碑。1996 年 4 月，泉州市革命烈士纪念碑及其附属设施竣工，占地面积 3 公顷。2001 年 3 月，革命烈士纪念馆开馆。

12 月 12 日，国务委员、国家计划生育委员会（简称“国家计生委”）主任彭珮云到泉州考察，并在市计生协会代表大会上讲话。

12 月 25—26 日，国务院副总理吴学谦视察惠安、晋江、南安、鲤城等县（区）部分开发区和马甲仰恩系列工程、福建炼油厂，听取市委、市政府有关对台工作情况汇报。

至 12 月底，全市经济总量 79.32 亿元，按可比价计算，比 1985 年的 25.16 亿元累计增长 110%，年增长 13.2%；人均地区生产总值 1347 元，比 1985 年的 493 元增长 82.0%，年增长 10.5%；财政总收入 7.47 亿元，比 1985 年的 1.99 亿元增长 2.75 倍。

至 12 月底，泉州市外向型经济发展迅速，全市进出口总额 6.3 亿美元，比 1985 年的 0.82 亿美元增长 6.7 倍。

至 12 月底，全市有高等学校 4 所，各类高校在校生 4807 名，中等专业学校在校生 7866 名，高中阶段在校生 23018 名，技工学校和职业中学在校生分别为 1762 名、11823 名。

同年，晋江首次入选全国县市社会经济综合指数前 100 名（简称“全国百强县”）评比榜单，位居第五十五位。2005 年，名列全国百强县（市）第五位；至 2010 年，连续 17 年位居福建省县域经济总量第一位，并连续 10 年跻身全国县域经济基本竞争力排行前十位。

1992 年

1 月 14 日，泉州市建成 200 套廉价房，出售给市区人均居住面积 3 平方米以下、无经济能力购买商品房的“双困户”（指家庭人均居住面积小于 15 平方米、人均月收入低于 1000 元的困难家庭）。

1 月 22—23 日，全国政协副主席钱正英在泉州视察，走访惠安肖厝杂货码头、福建炼油厂，以及石狮市小商品市场等，了解乡镇企业、“三资”（中外合资经营企业、中外合作经营企业、外商独资经营企业）企业发展状况。

1 月 31 日，全国政协副主席陈再道视察石狮市，听取石狮市委、市政府有关建市 3 年来工作情况汇报。

1 月，福建省政府批准在晋江深沪台轮停泊点与东石台轮停泊点之间海域设立海上民间贸易交货点——围头海上民间贸易交货点。围头成为全省第一个对台民间贸易交货点。

至 1 月，泉州石狮市和晋江、南安、惠安、安溪、永春、德化、金门 7 个县电话全部实现程控化。

2 月 11—12 日，国务委员兼中国人民银行行长李贵鲜在泉州考察，先后走访石狮部分企业、马甲仰恩系列工程，以及福建炼油厂。

2 月 23—25 日，全国政协副主席程思远在泉州视察，先后到石狮市区、华侨大学、惠安县城等实地考察，听取泉州市委、市政府工作情况汇报。

2 月，泉州市与美国蒙特利公园市结成友好城市。

3 月 14 日，国务院批复同意晋江撤县建市（省辖县级市，由泉州市代管）。5 月 1 日，晋江撤县建市，福建省政府确定晋江市进行改革开放综合实验。

3月，国家教委下文给福建省政府，称“经国务院批准，同意你省在仰恩学院基础上建立仰恩大学”。1994年7月，仰恩学院作为国家教育改革试点，正式改制为私立仰恩大学，成为全国第一所具有颁发本科学历文凭和授予学士学位资格的民办大学。

4月26—27日，全国人大常委会副委员长彭冲在泉州视察。其间，到马甲视察仰恩系列工程，听取泉州市委工作情况汇报。

4月30日，福建省政府决定，赋予晋江改革开放综合试验15条政策措施和相当于地级市的经济管理权限。

5月12日，福建炼油厂10万吨级专用油码头建成，7月11日正式交付使用。

5月22日，国务院批准肖厝10万吨级油码头为国家一类口岸。10月，该码头首次接卸从印度尼西亚杜麦港驶来的“桂河”号承载的原油。

5月26—28日，福建省委书记陈光毅在泉州调研，考察成洲、安平、东海垵、振狮、福埔、蟠龙等工业开发区，蚶江镇工业小区，石狮商业市场，以及部分企业。

6月10—16日，文化部在泉州举办全国“天下第一团”优秀剧目展演（南方片），全国有9个省（自治区）18个“天下第一团”（珍稀剧种）参加，700多人参演，30个省（市、自治区）派人观摩，不少海外戏剧爱好者专程赶来观看。

7月4日，国务院副总理朱镕基到石狮市区和石狮商品市场视察。

7月起，泉州养老保险改革，实行国家、企业和个人共同负担，纳入养老保险社会统筹的企业职工按工资总额的2%缴纳养老保险费。

9月7日，经国务院批准，福建省第一条地方铁路——漳（漳平）泉（泉州）铁路湖（湖头）泉（泉州）肖（肖厝）段动工。1996年5月1日投入临时营运，结束泉州没有铁路的历史。该铁路全长143.8千米。

9月13日，泉州市国有资产投资经营公司开业。该公司经营范围包括负责市属工交、流通、城市公用企业的国有资产经营，从事投资、改造、参股、控股、租赁、转让、承包业务。

9月16日，泉州中侨（集团）股份有限公司正式开业。该公司是泉州市直37家国营工业企业与香港中策投资有限公司合资组建的大型综合性企业。

9月24日，泉州市政府发出《关于粮油购销体制改革的决定》，粮油购销价格放开，全市停止发行和使用粮油票证。

9月30日，福建炼油厂建成投产，年设计能力加工原油250万吨。该工程于1990年6月17日奠基开工。

10月13日，泉州少林寺举行复建典礼，邀请中国台湾、香港等地区和亚洲、欧洲、大洋洲的7个国家的乡亲参加。

10月，福建深沪湾海底古森林遗迹自然保护区被国务院确定为国家级自然保护区。2004年1月29日，获批为国家地质公园。

同月，泉州市政府在市属外商投资企业实施医疗保险试点。2001年1月，全市正式实施医疗保险制度改革。

11月7日，泉州市民俗文化交流访问团赴台湾开展为期15天的访问和交流。

11月26日，泉（泉州）厦（厦门）高速公路晋江段2.7千米软基试验路段奠基。1994年6月3日，泉厦高速公路泉州段动工建设，1997年9月试通车，12月15日正式通车。为泉州市第一条高速公路。

12月17日，泉州市被评为全国首批“城市投资硬环境40优”城市。

12月26—30日，中共泉州市第七次代表大会召开。会议选举新一届中共泉州市委，陈营官为市委书记。

12月，泉州侨乡体育中心动工建设，1994年1月建成。该体育中心占地面积18.67公顷，建筑面积7万平方米，有一场九馆，可承办省级综合运动会和全国、国际单项赛事比赛。

同月，泉州市区华联商厦动工兴建，1994年竣工。该工程占地面积0.4公顷，建筑面积2.5万平方米，高 28 层，为当时泉州市区楼层最高的大楼。

至 12 月底，晋江市财政收入 2.2 亿元，是全省第一个财政收入超过 2 亿元的县级市。

1993 年

1 月 8 日，泉州首家专营证券业务的股份制金融机构——福建闽发证券泉州有限公司开业。

1 月，泉州市首次获全国双拥工作领导小组、民政部、解放军总政治部联合命名的“全国双拥模范城”荣誉称号。

2 月 5—6 日，首届中国泉州南少林武术节在泉州举行，中国、英国、荷兰和东南亚等 20 多个国家和地区的武术选手参加。其间，泉州市举办元宵节花灯展、第五届闽南金三角戏剧展演、泉州科技项目洽谈会等活动。

2 月 8 日，泉州第三水厂首期工程正式动工，设计日供水量 10 万吨。1994 年 12 月竣工并试运行；1995 年 2 月正式供水。至此，市自来水公司日供水能力达 16.5 万吨，基本满足市区用水需求。

同日，国家文物局下拨 500 万元支持全国重点文物保护单位洛阳桥维修工程。1996 年 10 月 8 日，洛阳桥维修工程竣工。

同日，福建省政府重点基本建设项目之一的湄洲湾南岸（肖厝）供水工程动工。1998 年 9 月，该工程全线建成通水。

3 月 25 日，经国家体改委批复同意，泉州市列为第五个全国综合配套改革试点城市。

4 月 11 日，石狮市祥芝渔港被农业部列为国家一级渔港，成为全省唯一、国家五个一级渔港之一。

4 月 24 日，泉州市政府赋予 34 个重点乡、镇、街道利用外贸项目的部分审批权限。

4 月 19 日，福建省委书记陈光毅在泉州会见马来西亚拿督、实业家林玉唐。

5 月 12 日，国务院批准南安撤县设市（省辖县级市，由泉州市代管）；10 月 16 日，南安市人民政府正式挂牌办公。

6 月 8 日，泉州市政府授予晋江青阳镇等 20 个镇“泉州市奔小康先行镇”称号。同日，“福建粮食城”在南安市官桥镇动工兴建，占地面积 80 公顷。

8 月 9 日，中共中央政治局委员、国务院副总理邹家华到泉州视察福建炼油厂，听取泉州市委、市政府工作情况汇报。省长贾庆林、副省长刘明康参加考察。

8 月 16 日，省委书记陈光毅到南安调研，先后到蟠龙开发区和部分乡镇企业考察，察看南安的市政建设。

同日，省委书记陈光毅在泉州会见以马来西亚中华大会堂联合会总长、马来西亚福建社团联合会总会长、丹斯里林玉静为顾问，拿督林玉唐为团长的马来西亚福建社团联合会代表团。

9 月 17 日，石狮黄金海岸度假村动工。1995 年 9 月下旬，首期工程竣工。该度假村占地面积 400 公顷，为当时全省最大规模的旅游建设工程。

9 月 23—27 日，中共中央政治局候补委员、全国人大常委会副委员长王汉斌在泉州视察。走访南安、晋江、石狮、惠安、鲤城、安溪 6 个县（市、区），并参加 1993 中国惠安石文化节暨第五届亚洲惠安社团联谊会活动。

9 月 26 日，福建省政府授予泉州市政府“乡镇企业工作先进单位”称号。

11 月 21—30 日，石狮市政府首次向社会公开选拔女副市长，经向全省公开招聘和竞选，来自厦门大学财经系 28 岁的女讲师、经济学博士研究生周真平获得最高票数。11 月 30 日，周真平被石狮市人大常委会任命为石狮市政府副市长。

12 月 5—6 日，全国政协副主席、中共中央统战部部长王兆国在泉州视察。走访鲤城、晋江、南安等市（区）部分企业，听取泉州市政府工作情况汇报。

12月6日，豪盛（福建）有限公司首次公开发行3500万股人民币普通股(A)，并在上海证券交易所挂牌上市。这是泉州市发行的第一只股票，当日泉州出现万人空巷排队购买股票现象。

12月25日，泉州华侨历史博物馆动工兴建，1996年3月4日落成。该馆占地面积0.7公顷，建筑面积6523平方米。

12月，泉州晋江机场进行扩建改造，飞行区按4D级，跑道长度大于或等于1800米，航行区按2005年旅客吞吐量134万人次、货物吞吐量1.85万吨设计施工。1996年9月8日，机场扩建工程通过验收；9月10日成功试航北京；12月12日，泉州晋江机场正式通航。

1994年

2月12—16日，全国人大常委会副委员长王丙乾在泉州视察。走访晋江、鲤城、石狮等市（区）部分企业，了解民营经济发展情况；并听取泉州市委、市政府汇报。

2月20—21日，全国政协副主席杨汝岱在泉州视察。走访石狮部分企业，并听取泉州市委、市政府有关泉州市社会经济情况汇报。

2月22—26日，联合国教科文组织丝绸之路项目机构、中国联合国教科文组织全国委员会、福建省政府、泉州市政府等联合主办的“海上丝绸之路与伊斯兰文化”国际学术讨论会在泉州举行。来自18个国家近80名代表出席大会，会议确立了泉州作为“海上丝绸之路”重要节点的地位。

3月6日，泉州电话号码升至7位，形成全省最大的、第一个完整以地区电话网为中心的C3网，电话号码资源增加10倍。2004年8月9日零时起，泉州固定电话（含小灵通）号码由7位升至8位。

3月29日，经福建省教育厅批准，泉州师范专科学校调整、更名为“泉州师范高等专科学校”；1997年12月，泉州师专、教育学院、泉州师范学院合并，组建新的泉州师专。2000年3月，经教育部批准，泉州师范高等专科学校正式升格为“泉州师范学院”。该学院系福建省第一所省属地方本科高校。

4月26日，澳大利亚总督比尔·海登偕夫人等一行访问泉州，参观泉州海交馆、开元寺。

4月，文化部第四届“文华奖”揭晓，泉州市高甲戏剧团《大河谣》获文华大奖，蔡友辉获文华表演奖。

5月8日，泉州港祥芝港区万吨级码头奠基。

6月9—10日，中共中央政治局委员、全国人大常委会副委员长田纪云在泉州视察。其间，听取市委、市政府汇报，考察泉州部分历史文化古迹、石狮市政建设和部分企业。省委书记贾庆林、省人大常委会副主任袁启彤参加考察。

6月24—25日，中共中央总书记、国家主席江泽民在泉州视察。先后考察石狮市、鲤城区部分合资企业，了解企业生产情况；参观开元寺弘一法师纪念馆、清源山老君岩造像等历史文化遗迹，观看地方戏曲木偶表演、南音演唱。在泉州期间，江泽民对泉州古城丰富的历史文化积淀以及泉州的市政建设、经济发展、群众生活变化给予充分肯定，强调要进一步坚持以邓小平同志建设有中国特色社会主义理论为指导，不断发挥侨台优势和文化优势，为改革开放和社会主义现代化建设服务。福建省委书记贾庆林、省长陈明义和南京军区司令员、省军区司令员陪同视察。

7月，泉州市委、市政府制定《关于奔小康建新村计划的实施意见》，提出1996年全市基本实现小康。

8月8日，福建省委决定丘广钟任中共泉州市委书记。

9月，泉州市政府被国务院授予“民族团结进步模范集体”称号。

10月17日，中共中央政治局委员、全国人大常委会副委员长田纪云出席第二届世界安溪乡亲联谊大会。福建省委书记贾庆林、省政协主席游德馨等领导出席开幕式。

10月22—23日，泉州市委、市政府在北京首都宾馆召开泉州市综合配套改革方案论证会，论证通过《泉州市综合配套改革总方案》和7项分方案。

10月22—26日，全国政协副主席孙孚凌在泉州视察，听取市政府工作汇报，走访石狮、晋江、鲤城等市（区）企业、学校，了解泉州非公所有制经济和教育发展情况。

10月下旬，全国政协副主席钱伟长率领全国政协教育文化委员会、建设部、国家文物局等部门组成的历史文化名城保护考察团到泉州考察历史文化名城保护情况。其间，考察团听取市委、市政府汇报，到洛阳桥、泉州天后宫等全国重点文物保护单位进行实地考察。

10月31日，泉州市首次列入全国40个地区生产总值超过200亿元的城市名单。

11月9—10日，福建省委书记贾庆林、省长陈明义等率领省直有关部门负责人在泉州检查国道324线泉州段拓宽改造和泉厦高速公路建设情况。

12月20—25日，中国农村发展道路（晋江）研讨会在晋江召开，“泉州模式”上升为中国农村工业化样本，与苏南、温州、珠江模式并称为全国农村发展“四大模式”。

12月21日，惠安县崇武镇建成广播电视共缆传输网络。该网络为全省首家乡镇广播电视共缆传输网络。

至12月底，泉州市有36个亿元村。石狮市新湖村和晋江市青阳、洋埭村获得福建省“十佳亿元村”称号。

至12月底，泉州市基本消灭麻风病。

同年，泉州地区生产总值从1978年的7.79亿元增至375.97亿元，首次跃居全省第一。

1995年

1月8日，泉州刺桐大桥奠基，5月18日动工兴建。1996年11月18日竣工，12月28日正式通车。该大桥长1530米、宽27米，接线公路2285米，匝道2400米。是国内首个民资参与的PPP项目（指公共部门通过与私人部门建立伙伴关系提供公共产品或服务的一种方式），也是全省第一个BOT路桥工程，由泉州市名流实业股份有限公司董事长陈庆元等民营企业家共同开创民营资本参与国有基础设施建设先河。

2月4—6日，中共中央政治局委员、国务委员李铁映在泉州视察，先后到泉州海交馆、仰恩大学、石狮市区等实地考察，并听取泉州市委、市政府工作汇报。

2月7日，中共中央政治局常委、国务院总理李鹏到泉州，就如何搞好国有企业、加强农业基础地位、稳定物价和发展两岸经贸合作等问题开展调研。

2月13—15日，1995年中国泉州广场民间艺术节在泉州举办，菲律宾、印度尼西亚、马来西亚、新加坡等国家和中国香港、澳门地区以及其他省（市）25个代表团共3400多人参加。

2月15—17日，全国人大常委会副委员长王光英视察泉州部分民营企业和石狮市，并出席1995年中国泉州广场民间文化艺术节闭幕式。

2月，晋江市安海工业区列入农业部首次评定的50个乡镇企业小区，为全国乡镇企业示范区。

3月20—23日，市政协七届五次会议召开。会议选举傅圆圆为市政协主席。

3月21—25日，市十一届人大六次会议召开。会议选举尤垂镇为市人大常委会主任。

3月24日，中共中央政治局常委、全国人大常委会委员长乔石到泉州调研农业工作并视察部分国有企业。

3月28日，陈埭镇电话用户达10674户，成为全省首个电话万户镇。

3月，安溪县被农业部命名为“中国乌龙茶（名茶）之乡”。

3月，南安市高甲戏剧团《大汉魂》获第五届文华新剧目奖。

4月17日，泉州市获文化部、人事部授予“全国文化模范市”称号。

5月1日，晋江市围头港区万吨闽台贸易码头动工建设。1997年10月，主体工程完工。1998年12

月29日，码头试营业暨国际集装箱航班首航开通。

6月30日至7月2日，福建省委书记贾庆林等到泉州考察。先后走访晋江市中辉建材有限公司、SM广场等和石狮市黄金海岸开发区、日东升体育用品制造有限公司、湖北专用汽车制造厂福建石狮融盛联营厂、文博集团公司等。

7月10日，中共中央政治局委员、中央书记处书记、国务院副总理吴邦国视察石狮市部分企业，参观开元寺、清源山老君造像，以及泉州海交馆，并听取泉州市政府、石狮市政府工作情况汇报。福建省委书记贾庆林，省长陈明义等领导参加视察。

9月30日至10月1日，福建省委书记贾庆林等在福建炼油厂考察。

10月31日，福建省委书记贾庆林到泉州考察。先后走访中侨集团公司总部、侨乡体育中心、泉州刺桐大桥工地。

11月10日，泉州市委印发《关于开展向美岭党总支学习的决定》，在全市基层党组织中开展向永春县美岭村党总支学习活动。1996年2月5日，中共福建省委发出《关于开展向美岭村党总支学习的通知》，在全省基层党组织中开展向美岭村党总支学习活动。

11月10—12日，全国人大常委会副委员长倪志福视察石狮市、晋江市部分“三资”企业，参观泉州海交馆和部分全国重点文物保护单位，并听取泉州市委、市人大常委会工作汇报。

12月17—19日，全国政协副主席、中共中央统战部部长王兆国视察福建炼油厂和石狮、晋江、南安等市部分企业，并听取泉州市委工作汇报。

12月22日，南安市与日本平户市正式缔结为友好城市。南安成为福建省第一个与国外缔结友好城市的县级市。

至12月底，全市县（市、区）财政收入实现超亿元目标。

至12月底，全市乡镇企业总产值达678亿元，连续3年保持全省第一。

至12月底，全市有54.2%的乡（镇）和69.5%的建制村基本实现小康，晋江市、石狮市全面实现小康。

同年，泉州实现地区生产总值496.39亿元，按可比口径，是1991年的352.17%。经济总量大幅度提高，晋江、石狮、南安3个市进入全国百强县行列。

1996年

1月7—8日，中共中央政治局委员、全国人大常委会副委员长田纪云视察晋江市部分企业和泉州晋江机场。

1月18日，泉州市、鲤城区和晋江市政府共同投资兴建的泉州展览城奠基，8月建成，9月9日正式开馆。该展览城拥有800个国际标准展位。1998年1月，跻身全国展览馆“五强”行列。

至1月中旬，晋江市所有建制镇均建立商会，在全国、全省率先实现镇镇建商会目标。

1月28日，经国际小行星中心和国际小行星命名委员会批准，中国科学院紫金山天文台发现的国际编号为3609号小行星正式命名为“李陆大星”，以表彰安溪籍新加坡实业家、慈善家李陆大对帮助中国贫困地区发展经济和文化教育事业、支援贫困农民摆脱贫困所做的贡献。

2月4日，经国际小行星中心和国际小行星命名委员会批准，中国科学院紫金山天文台发现的国际编号为3335号小行星正式命名为“泉州星”。

2月6—8日，福建省委书记贾庆林，省委常委、秘书长黄瑞霖到永春县美岭村考察。

2月，晋江市安海镇列入首届“中国乡镇投资环境100强”名单。

3月，泉州建成全国首个程控电话、无线寻呼双百门地级市本地通信网。

3月26—30日，市政协八届一次会议召开。会议选举傅圆圆为市政协主席。

3月27—31日，泉州市十二届人大一次会议召开。会议选举涂瑞南为市人大常委会主任，何立峰为市政府市长。

4月21日，经省委、省政府批准，泉州市肖厝经济开发管理委员会（简称“肖厝管委会”）成立。2000年4月12日，国务院批准肖厝经济开发区改为泉港区；12月28日，泉港区人民政府正式挂牌办公。

4月，泉州市开始实施城市居民最低生活保障暂行规定。2010年，全市城乡“低保”做到动态管理下的“应保尽保”，实现低保金社会化发放。

5月23日，市政府制定《泉州市推行国家公务员制度实施意见》，6月6日付诸实施。

5月，文化部第六届“文华奖”揭晓，安溪县高甲戏剧团《玉珠串》获文华新剧目奖、文华创作奖、文华导演奖、文华表演奖。

5月，德化县民营企业东方陶瓷研究所研制成功轻质窑变黑陶新产品，填补福建陶瓷品类的一项空白。

6月8日，泉州市政府举办第一届社会科学优秀成果评奖活动，奖励在社会科学事业方面做出突出贡献的集体和个人。1997年4月8日，市政府发出《泉州市人民政府关于颁发泉州市首届社会科学优秀成果奖的决定》，公布获奖名单。

6月30日，泉州市清濛科技工业区动工建设。1998年4月23日，被省政府确认为省级开发区。2003年9月3日，更名为“泉州经济技术开发区”。2010年6月，升格为国家级经济技术开发区。

7月3—5日，福建省委书记贾庆林，省委常委、秘书长黄瑞霖在泉州开展精神文明建设专题调研。

7月7日，泉州市首次打破区域和身份界限，公开招考党的机关工作人员和国家公务员。

7月27日，福建省委书记贾庆林，省长陈明义，省委常委、秘书长黄瑞霖，副省长施性谋到泉州出席福建炼化公司与外方合作意向书签字仪式。

8月19—23日，福建省委副书记习近平率领省直有关部门负责人在泉州调研。习近平一行深入鲤城、石狮、晋江、德化、永春等5个县（市、区），了解改革开放和两个文明建设情况，重点考察已经进入攻坚阶段的农村小康建设进展情况。

8月，泉州海洋电子公司开发的车辆跟踪定位导航通信系统（VTS系统）获国家科委、国家专利局颁发的金奖；12月，该通信系统被评为世界优秀专利。

9月9日，泉州市区3块国有土地（总面积0.97公顷）使用权有偿出让公开竞投，总成交价1400万元。这是泉州首次将国有土地使用权有偿出让、公开竞投。

9月10日，中共中央政治局候补委员、全国人大常委会副委员长王汉斌，省委书记贾庆林，省委副书记林兆枢，省委常委、组织部部长陈营官，省人大常委会副主任袁启彤，副省长施性谋参加泉州晋江机场竣工暨首航典礼。

9月9—15日，首届泉州“9·9”商品交易会在泉州展览城举行。交易会共设500个国际标准摊位，10个省（市、自治区）的17个地（市）610家企业的7100多种产（商）品参展，总成交额24.44亿元。

10月16日，位于泉州市区温陵路与泉秀路、义全街交叉处的“飞天迎宾”城雕落成。城雕高25.8米、立柱上塑有8尊紫铜造的“妙音鸟”，柱体下端设蓄水池。该城雕为泉州市区标志性建筑物。

10月28日，经中国人民银行总行批准，泉州市城市合作银行成立。

11月21—22日，泉州市委、市政府召开宽裕型小康指标体系讨论会。至年底，全市有2016个建制村、112.28万户通过验收，在全国率先迈开宽裕型小康建设步伐。

11月，晋江草庵石刻被国务院列入第四批全国重点文物保护单位。

同月，福泉高速公路泉州段动工建设。1999年10月1日，该路段正式通车。该路段长41290米，宽26米。经评比，福泉高速公路泉州段工程获得福建省高速公路建设唯一的“项目优胜奖”。

12月27日，经福建省人民政府批准，福建省惠泉啤酒集团股份有限公司成立。2003年2月26日，该公司公开发行6300万股人民币普通股（A）股，并在上海证券交易所挂牌上市，成为福建省首家啤酒集团股份有限公司，实现泉州市国企改制上市零的突破。

12月28日，全国政协副主席孙孚凌、中共中央统战部副部长郑万通、全国工商联副主席胡德平、农业部乡镇企业局副局长刘占同，福建省委常委、组织部部长陈营官，副省长施性谋，省政协副主席、省委统战部部长金能筹，省政协副主席陈增光等领导出席刺桐大桥通车典礼。

12月31日，第一次全国农业普查结果公布，泉州市农村住户111.57万户，其中纯农户12.37万户，人口553.28万人。

同年，泉州乡镇企业集团发展到96家，占福建省192家乡镇企业集团的一半。

1997年

1月15日，省委书记陈明义，省委副书记、代省长贺国强带领省直有关部门负责人到泉州面粉厂调研，了解企业生产情况，慰问困难职工。

1月，泉州工业品批发市场建成并投入使用。该市场总建筑面积2.8万平方米，设有店面208间，是当时泉州最大的工业品贸易集散中心。

1月，500千伏泉州变电所动工建设，1998年3月正式投产。该变电所位于南安市官桥镇东头村，是全省首座500千伏枢纽变电所。

3月20日至4月3日，泉州道教文化交流团到台湾地区进行文化交流活动，这是福建省道教界人士首次赴台交流。

3月23日，全国人大常委会副委员长吴阶平视察石狮市部分服装企业，并分别听取泉州市人大常委会和中共石狮市委工作情况汇报。

4月8日，中共中央政治局委员、国务院副总理钱其琛到泉州石狮、晋江、鲤城等市（区）视察重点项目建设情况，参观华侨大学、泉州海交馆等，并听取泉州市政府工作情况汇报。福建省委书记陈明义，省长贺国强，省委常委、秘书长黄瑞霖，省委常委、副省长张家坤等参加视察。

4月21日，泉州市被国家科委列入全国首批技术创新工程试点城市。2004年1月17日，泉州市被科技部列为全国首批技术创新示范城市。

同日，省侨办管理的双阳、雪峰、北硿华侨农场分别移交鲤城、南安、永春等3个县（市、区）政府管辖。

4月30日至5月3日，全国人大常委会副委员长铁木尔·达瓦买提视察石狮市、鲤城区部分工厂、农村，出席在晋江市举行的世界晋江同乡总会成立大会暨第一届会员大会并致辞。

5月16日，泉州邮电通信交易中心投入使用。该交易中心位于泉州市区刺桐西路，总建筑面积2000平方米，由泉州市邮电局投资建设，为全省首家邮电通信交易中心。

5月，泉州市文化艺术中心动工建设，占地面积2公顷，建筑面积1.2万多平方米，为泉州市规模最大的多功能大型文化设施。

同月，全省第一家县级法律援助中心——晋江市法律援助中心成立。

6月3日，国务院批准泉州市区增设丰泽区、洛江区，原鲤城区一分为三。9月29日，新设立的鲤城、丰泽、洛江3个区政府正式挂牌成立。

6月7日至7月4日，泉州市第一届全民健身节举办，2.5万名市民参加。此后，每年举办1届。

6月上旬，中共南益集团（福建）有限公司委员会成立，为全省首个建立中共组织的跨县（市）外商企业。

6月10日，泉州海交馆、南安郑成功纪念馆被中共中央宣传部列入全国100个爱国主义教育示范基地名录。

6月24日，中共中央政治局委员、国务院副总理邹家华到泉州视察部分企业和肖厝经济开发区。福建省委书记陈明义，省长贺国强，省委常委、秘书长黄瑞霖，省委常委、常务副省长王建双等参加视察。

6月28日，泉州市第一家地方性股份制商业银行——泉州市商业银行成立。

7月15日，纪念郑成功收复台湾335周年大会在泉州召开，福建省政协主席游德馨、省委副书记习近平等领导和海内外宾客500多人出席纪念大会。

8月9日，泉州市公安局鲤城分局女子巡逻中队上街执勤。该中队是全省第一支女子巡逻中队。

9月5日，市政协以主席会议建议案形式，向市政府提出《关于在泉州市区设置纪念民族英雄郑成功永久性标志的建议案》。2002年，位于市区大坪山顶的郑成功塑像动工兴建。2004年5月1日落成。

9月21日，晋江市陈埭镇横坂村裕华鞋厂发生特别重大火灾，造成32人死亡，4人受伤，直接财产损失80.4万元。当天下午，福建省委书记陈明义、副书记林兆枢和省人大常委会副主任黄文麟到晋江察看火灾现场，看望受伤工人。

9月25日，安溪县龙涓乡后田村11千米通村公路贯通。至此，泉州市在全省率先实现村村通公路。

9月26日，安溪县福田乡白桃村程控电话开通。至此，泉州成为全省首个村村通电话的地级市。

10月1日，福建省第一个住宅试点小区、泉州市第一个经济适用房小区——云谷住宅小区全面竣工并投入使用。该小区总建筑面积11.73万平方米，其中住宅34幢，可居住1146户人家，小区建设为全市及全省的住宅建设提供样板。

10月19—20日，全国政协副主席阿沛·阿旺晋美率全国政协民族和宗教委员会成员到泉州，调研泉州改革开放、经济发展、民族团结和社会进步等情况，并视察石狮市部分企业。

10月24日，泉州市成为福建省首个通过农村小康建设验收的地级市。

11月16—17日，全国人大常委会副委员长卢嘉锡在泉州视察。其间，听取市委、市政府工作情况汇报，并出席1997年惠安渔区文化节。

11月22—24日，福建省委副书记习近平在泉州调研，先后到惠安走马埭现代农业示范园、中绿农业开发公司、净峰特种养殖场，南安市鸽业养殖公司、永顺轻工实业有限公司和安溪钢铁厂考察。

11月30日，泉州市所有乡（镇、场）通往县城的公路全部铺就高级或次高级路面，成为全省第一个实现乡乡通县城公路硬化目标的设区市。

12月1—3日，联合国教科文组织丝绸之路项目机构、中国联合国教科文组织全国委员会、泉州市人民政府、福建省社会科学院等联合在泉州举办“中国与东南亚”国际学术研讨会，联合国教科文组织官员，以及法国、美国、加拿大、荷兰、英国、马来西亚、泰国和中国学者130多人参加研讨会。

12月3—5日，中共泉州市第八次代表大会召开。会议选举新一届中共泉州市委，丘广钟为市委书记。

12月28日，泉州港年货物吞吐量首次突破千万吨大关，达1006万吨，跨入国家大型港口行列。

1998年

1月4日，泉州市委、市政府将“在全市350个行政村实行合作医疗制度”列为1998年为民兴办12件实事内容之一。至2010年，全市参合人数548.57万人，覆盖率100%，农民参合率98.36%。

1月13日，泉州市公安局与供水、供电、卫生、邮电、城监等12个部门联合组建“110”社会联动系统。

1月30日，省委书记陈明义，省长贺国强，省委常委、秘书长黄瑞霖到泉州市区考察，参观市邮电局东海机房并慰问春节期间坚守岗位的干部职工。

1月，泉州市比全省提前1年、比全国提前3年实现“人人享有卫生保健”规划目标，标志着泉州市实现农村初级卫生保健目标。

2月1日，国务委员、国家民族事务委员会主任司马义·艾买提到石狮市部分企业和黄金海岸、全国重点文物保护单位泉州伊斯兰教圣墓、开元寺等地考察。

2月15日，福建省委决定何立峰任中共泉州市委书记。

2月中旬，晋江市安海镇程控电话达到20077户，成为全省第一个程控电话超过2万户的乡镇。

3月1日，泉州市政府启动“中山路整治与保护”项目，全面整修中山路。1999年4月，项目竣工。

2001年，该项目获得联合国教科文组织颁发的亚太地区遗产保护优秀奖。

3月24—29日，泉州市十二届人大四次会议召开。会议选举施永康为市政府市长。

4月2—3日，全国政协副主席卢嘉锡视察泉州市政建设和部分企业。

4月28日，全国政协副主席、台盟中央主席张克辉视察泉州黎明职业大学，听取该校教学和建设等情况汇报。

5月7日，泉州电话用户在全省率先达到100万户。其中，固定电话用户70.3万户，移动电话用户29.7万户，平均6.4人拥有1部电话，电话普及率居全国领先水平。

同日，泉州被科技部评为“全国科教兴市先进城市”。

5月10—12日，全国人大常委会副委员长吴阶平视察南安、鲤城、丰泽、晋江等市（区）部分民营企业。

5月27日，新笋江大桥动工建设。12月6日，建成通车。该桥长247.89米，宽15米。

5月，清濛220千伏送变电工程动工建设。该变电站为当时全省最大的220千伏变电站。

6月，丰泽商城动工建设。1998年9月，主体工程竣工。商城集商业广场、步行购物街、中心商场、多层主体停车场和豪华住宅区于一体。

7月19日，省委书记陈明义、副省长汪毅夫到德化县西北部戴云山脉九仙山顶，看望九仙山气象站工作人员。

8月1日，位于南安市水头镇的闽南建材第一市场动工建设，占地面积53.33公顷。1999年5月，市场建成投入使用，经营面积30万平方米，是当时中国最大的“建材超市”。2005年4月，该市场被中国建材工业协会批准为首批“五星级”建材市场。

8月28日，福建省委副书记习近平到山美水库等地调研指导工作。

9月3日，福建省委副书记习近平到泉州考察洛江区企业生产经营和农村新村建设情况，并前往泉州少林寺等地调研。

同日，顺济新桥开工建设。1999年7月1日，新桥建成并通车。该桥长927.5米，宽15.5米。

9月14—16日，全国政协副主席卢嘉锡在泉州视察。其间，会见厦门大学、华侨大学负责人。

10月15—17日，全国人大常委会原副委员长王汉斌，全国人大常委会副委员长、全国妇联主席彭珮云夫妇到泉州市妇女儿童活动中心、福建炼油化工有限公司、肖厝开发区、惠安县崇武镇和南安市部分企业考察，并参加第四届世界南安同乡联谊会恳亲大会暨南安建市5周年庆典大会。

10月15—17日，全国政协副主席张思卿视察南安市梅山镇光前学村、惠安县崇武古城，并参加第四届世界南安同乡联谊会恳亲大会暨南安建市5周年庆典大会有关活动。

10月18—25日，福建省第十一届运动会在泉州侨乡体育中心举行，全省9个地（市）和10个行业系统的19支代表团共4100多名运动员参加。省委书记陈明义、省长贺国强、省人大常委会主任袁启彤、省政协主席游德馨，省委副书记何少川等领导出席开幕式。

10月19—25日，全国政协副主席、台盟中央主席张克辉视察泉州部分企业、学校，参加在安溪县举办的纪念中共龙门地下党组织重建60周年活动，参观南安市部分文化、体育设施。

11月1—4日，全国政协副主席、致公党中央主席罗豪才，全国政协副主席、台盟中央主席张克辉率全国政协港澳台侨委员会调查组在泉州视察海峡两岸文化交流情况，听取市委、市政府和华侨大学相关情况汇报，探讨加强泉台两地文化交流新路子。

11月3—5日，全国政协副主席杨汝岱视察石狮市部分企业以及泉州开元寺、伊斯兰教圣墓等全国重点文物保护单位。

11月11日，中共中央政治局常委、全国政协主席李瑞环到泉州视察，听取市委、市政府工作情况汇报，视察石狮市部分企业。省委书记陈明义，省长贺国强，省政协主席游德馨等领导参加视察。

12月8—12日，1998年中国国内旅游交易会在泉州举办，这是国家旅游局首次在地级市举办旅游交易会，香港特别行政区和澳门、台湾地区首次组团参加。交易会共设810个展台，接待正式代表5600多人、旅游客商3万多人。

12月25—27日，全国政协副主席李贵鲜在泉州视察，先后走访泉州海交馆和石狮市部分企业。

12月29日，泉州晋江机场开通香港临时包机航线。2008年6月1日，中国国际航空公司开通泉州至北京航线。2009年9月7日，泉州晋江机场开通至香港、马尼拉航线。

至12月底，全市地区生产总值773.59亿元，比1991年增长622.0%，年均递增39.0%。泉州成为福建省经济增长最快的地区，地区生产总值年均增幅比全省高出33个百分点，比福州、厦门分别高出11.5个百分点和14.4个百分点，泉州占全省经济总量的比重24.5%。泉州乡镇企业总产值居全省首位，约占全省乡镇企业总产值的三分之一。

至12月底，泉州在全省率先开通高速宽带多媒体通信网，实现全市乡乡通数据通信。2008年11月30日，泉州在全省率先实现所有建制村通宽带和TV互动电视，85%建制村通光纤。

至12月底，全市有各类学校5074所，比1991年增加833所；在校学生总数达到165.42万名，比1991年增长58.4%。中师、普高、初中、小学、幼儿园和特殊教育的办学规模居全省首位。

1999年

1月，泉州市委、市政府决定在全市开展“市场开拓年”活动。至2000年年底，全市共举办或组织参加240场大型经贸商展、招商活动，参加企业达1.8万家次，签订贸易合同、交易协议、投资项目2871个，签约金额640.93亿元，现场销售17.23亿多元，新增经销网点900多个。

2月中旬，国家重点工程泉州（肖厝）中央直属储备粮库动工建设。2000年1月竣工，并通过验收。该粮库为自动化、智能化的储备粮库。

2月28日至3月4日，市政府举办首届泉州旅游节，10个国家或地区29个代表团620多人参加，接待游客3万多人次。

3月1日，泉州企业信息网开通。该网为泉州市首家政府上网工程、福建省乡镇企业系统首家企业信息化和电子商务网络平台。

4月9—10日，全国人大常委会副委员长蒋正华到泉州视察计生工作和农工党党务工作，听取市委、市政府和农工党泉州市委会工作汇报。

4月13日，福建省委书记陈明义、副省长潘心城带领省直有关部门负责人到泉州调研“科教兴省”有关工作。

4月14—16日，民主党派中央、全国工商联领导人和无党派人士对台工作考察团到泉州考察台资企业和闽台关系史博物馆，听取泉州对台工作情况汇报。全国人大常委会副委员长、全国工商联名誉主席王光英，全国人大常委会副委员长、民建中央主席成思危，全国政协副主席、民建中央名誉副主席万国权，全国政协副主席、全国工商联主席经叔平，全国政协副主席、台盟中央主席张克辉，全国政协副主席、中共中央统战部部长王兆国等领导参加考察。

5月13—15日，全国政协副主席孙孚凌率全国政协调研组到泉州调研中小企业发展情况和存在问题，考察部分学校、企业。

5月，泉州被确定为中国首批“百家省市级政府上网工程试点单位”之一。12月31日，首版泉州公众信息网正式发布。

6月27日至8月31日，泉州市级领导班子和领导干部开展“讲学习、讲政治、讲正气”集中教育活动。

6月，泉州市西北洋滞洪区排涝工程正式动工，占地面积100公顷；至年底首期工程竣工。2003年9月1日，该工程入选“2002年度联合国改善人居环境最佳范例奖”40强，并获联合国“迪拜国际改善人居环境最佳范例奖”。

7月29日，全国人大常委会副委员长、民建中央主席成思危视察华侨大学，并在刚落成的民建培训中心福建分中心为来自全国近100名民建学员作专题讲座。

7月31日，鲤城区成立退役士兵就业服务站。该服务站为福建省首家。

8月3日，晋江市公安局刑警大队获国务院授予“特别能战斗的刑警队”荣誉称号，获公安部记集体一等功。

8月15日至10月21日，泉州市第六届运动会举行，各县（市、区）共11个代表团、2312名运动员参赛。晋江市、鲤城区、安溪县分获团体总分前三名。

8月25日，省委副书记、代省长习近平到泉州考察，先后察看省重点工程项目建设和福建炼油化工有限公司生产情况。

8月26日，文莱国家元首哈桑纳尔·博尔基亚苏丹参观泉州伊斯兰教圣墓；考察肖厝石化工业基地投资环境和合作项目，访问福建炼油化工有限公司，听取相关合作项目介绍。

9月4日，省委书记陈明义，省委副书记、代省长习近平，省委副书记、宣传部部长何少川到仰恩大学考察。

9月4—6日，第三届世界福建同乡恳亲大会在泉州举行，38个国家或地区的340个社团代表团参加恳亲活动。全国政协副主席卢嘉锡、罗豪才，省委副书记、代省长习近平出席开幕式，习近平致开幕词。

9月22日，首届泉州市刺桐文艺奖颁奖典礼举行。2001年6月18日，市政府第三次常务会议原则通过《泉州市刺桐文艺奖评奖暂行规定》，从此，泉州市刺桐文艺奖成为市政府主办的全市最高级别的综合性文艺大奖。

9月28日，泉州市政府主办的首届泉州国际互联网名优特新产品博览会开幕，全市1137家企业集体上网开拓市场。博览会为期1年，在省内尚属首次。

10月18日，省委书记陈明义，省委副书记、代省长习近平率省直有关部门负责人到泉州调研。其间，调研组听取市委、市政府工作汇报，到华侨大学、泉州师专、泉州市第一医院、泉州市文化艺术中心等地考察。

11月12日，中共中央政治局委员、中央书记处书记、国务委员、中央政法委书记罗干到泉州视察，看望晋江市公安局刑警大队干警。

11月，泉州市室仔前垃圾卫生填埋场一期工程动工兴建，设计有效库容105万立方米。2000年11月投入运行。2004年11月，二期工程施工，设计有效库容165万立方米；2005年12月投入使用。该填埋场总占地面积25.54公顷，是泉州首座无害化垃圾填埋场。

同月，泉州市宝洲污水处理厂一期工程动工建设，设计日处理污水5万吨。2001年6月28日投入运行。2004年8月，二期工程动工，设计日处理污水10万吨；2005年9月30日投入运行。宝洲污水处理厂总占地面积8.87公顷，处理后的水质达到国家颁定的污染物排放一级标准。

至12月底，泉州市地区生产总值849.82亿元，位居福建省第一位，占全省地区生产总值24.89%。

2000年

1月初，泉州市被中共中央组织部和中央党建工作领导小组秘书组确定为非公有制企业党建工作联系点。至2006年年底，不含个体工商户，全市共有非公有制企业2.2万多家，建立党组织2931个，覆盖率90.73%。泉州成为全国第一批在非公有制企业建立党组织的城市。

1月6日，泉州市生产力促进中心被科学技术部确定为国家级示范生产力促进中心。

1月10日，晋江获批设立“福建晋江科技园区企业博士后科研工作站”。这是全国首个县（市）级博士后科研工作站。

1月26日，泉州市区千亿大厦获1999年度中国建设工程最高奖——鲁班奖。该大厦是福建省小高层建筑首项国家优质工程。

2 月 22—27 日，泉州市十二届人大六次会议召开。会议选举薛祖亮为市人大常委会主任。

2 月 26—27 日，安提瓜和巴布达议会议长约瑟夫率代表团在泉州访问。

2 月，泉州市委、市政府把华侨农场侨居造福工程列入为民办实事项目。市财政共拨出 213 万元专款，所在县（市、区）也相应拨款支持，在洛江双阳、永春北硿 2 个镇和南安雪峰华侨农场兴建侨居楼，解决归侨侨眷住房问题。

3 月，福建省委决定刘德章任中共泉州市委书记。

同月，中国茶都——安溪全国茶叶批发市场动工兴建，工程占地面积 16.66 公顷，分 3 期建设。2004 年年底全部竣工。该市场被中国茶叶流通协会定为全国重点茶市。

同月，泉州市区涂门街获国家工商行政管理总局授予全国“打假维权消费者满意街”称号。2004 年，涂门街被中共中央宣传部、中央文明办等部门确定为全国“百城万店无假货”活动示范街。

4 月 12 日，国务院批准肖厝经济开发区为县一级行政区，定名为泉港区。

5 月 19 日，菲律宾总统约瑟夫·埃斯特拉达在中国进行国事访问后到达泉州，参观考察祖籍在晋江市罗山镇上郭村的菲律宾民族英雄扶西·黎刹史迹。

5 月，《泉州市志》出版，这是中华人民共和国成立后泉州第一部地市级志书。9 月 27 日，市委、市政府举行《泉州市志》首发式暨《泉州年鉴》编纂动员大会。

6 月 6 日，福建省委书记陈明义带领省直有关部门负责人到泉州调研，视察晋江下游防洪堤建设工程。

6 月 17—19 日，全国人大常委会副委员长许嘉璐率全国人大常委会执法检查组在泉州检查《中华人民共和国文物保护法》执行情况，检查组先后走访开元寺、清净寺、洛阳桥、崇武古城等全国重点文物保护单位和泉州海交馆、泉州南建筑博物馆等，并听取市委、市人大常委会、市政府汇报，了解泉州文物保护与开发利用情况。

6 月，中国工商银行泉州分行在全省率先加入全球银行清算系统，支持出口创汇企业缩短汇款到账时间。

7 月 28 日，泉州市“万家企业上网工程”启动。该工程为全国首家由政府主办的乡镇企业上网工程。

至 9 月 4 日，泉州市因特网用户突破 10 万户，达 10.02 万户，位居全省首位。

9 月 6 日，台湾工业总会福建经贸考察团与泉州市政府签约建立永久性经贸合作关系。

9 月 11 日，泉州市政府印发《泉州市科学技术奖励暂行规定》《泉州市社会科学优秀成果奖励暂行规定》。

9 月 16 日，中共中央政治局委员、全国人大常委会副委员长田纪云到泉州视察。

同日，福建省委书记陈明义到华侨大学调研。

11 月 1 日，全市进行全国第五次人口普查登记工作。当日零点登记结果：全市总人口 728.07 万人（包括外来人口，不含金门县）。

11 月 1—2 日，福建省委书记陈明义在泉州调研，其间，参加华侨大学建校 40 周年庆祝大会，并考察福建炼油化工有限公司和仰恩大学。

11 月 13—15 日，全国人大常委会副委员长、民建中央主席成思危到泉州参加泉州南少林武术学校建校 5 周年庆祝大会，并为在泉州举行的全国民建中央“邓小平理论研修班”授课。

11 月 21 日，多米尼加革命党总书记、政府内务部长拉斐尔·苏贝尔维·博尼利亚率代表团到泉州访问。

12 月 31 日，实行 40 多年的公费医疗制度终止。2001 年 1 月 1 日，泉州市城镇职工基本医疗保险制度改革正式实施，首批参保 16.8 万人。至 2010 年 12 月底，参加职工医保 71.16 万人，参加城市居民医保 37.49 万人，参加新农合农村居民 82.85 万人。

12 月，泉州市委印发《关于在全市党员中开展“三个代表”教育活动的通知》，决定用 2 年左右时间开展教育活动。至 2002 年 8 月，分乡（镇、街道）、县（市、区）部门、村（社区）和站所 3 个批次开展“三个代表”教育活动，6034 个单位、7.41 万名党员参加。

2001 年

1 月 5 日，泉州市获国家旅游局授予“中国优秀旅游城市”称号。

2 月 6 日，泉州 12 名 65 岁以上的金门同胞和福建省沿海地区 80 多名金门同胞一起乘坐泉州客轮直航金门省亲祭祖，为中华人民共和国成立后第一次。

4 月 5—7 日，全国人大常委会副委员长、民建中央主席成思危参加在泉州举行的民建中央邓小平统战理论研修班培训活动，并为第六期研修班授课。

4 月 18—20 日，福建省委副书记、省长习近平在泉州考察，先后到石狮市、德化县、晋江市、泉州师院新校区、三峡库区移民安置点、中国古代船舶发展史陈列馆、伊斯兰文化陈列馆等地考察。其间，在石狮市召开打假工作专题汇报会，听取整顿和规范经济秩序工作情况汇报。

4 月 24—28 日，泉州市政协九届一次会议召开。会议选举傅圆圆为市政协主席。

4 月 25—29 日，泉州市十三届人大一次会议召开。会议选举薛祖亮为市人大常委会主任，施永康为市政府市长。

4 月，泉州移动开通国内第一个商用移动宽带接入网。

5 月 19—21 日，全国人大常委会副委员长布赫在泉州视察外向型农业、高新技术农业和农业产业化发展情况，走访惠安走马埭现代农业示范片、崇武石雕工艺博览园和晋江市部分企业。

6 月 7 日，台湾云林县“萧太傅进香谒祖团”一行 385 人乘船从高雄港出发，途经金门、厦门，于 9 日抵达泉州城南富美宫祖庙谒祖进香，并参加萧太傅学术讨论会。这是台湾地区信众首次通过海上直航到泉州。

6 月 27 日，由泉州市依法治市办公室主办，市司法局、泉州电信公司协办的泉州刺桐法制教育网正式开通，这是福建省第一个普法宣传教育网。

6月28日，福建省重点建设项目后渚大桥动工建设，2003年6月29日竣工。大桥及连接线全长4343米，是当时泉州市境内桥梁中长度最长、单跨最大、净空最高的公路桥。

6 月，清源山石造像群、泉州府文庙、蔡氏古民居建筑群被国务院列入第五批全国重点文物保护单位。

6 月起，泉州市文化局、文管办配合市政府南片区整治工作中发掘泉州天后宫南面的元代德济门遗址，出土 13—14 世纪碑刻及明清时期的铁炮等。

7 月 18 日，泉州伊斯兰历史文化陈列馆奠基暨“中国舟船世界”陈列馆开馆仪式在海交馆举行，16 个伊斯兰国家驻华使节和中央、省、市有关领导出席。

7 月 29—31 日，全国政协副主席、台盟中央主席张克辉率台盟中央考察调研团在泉州开展“农业产业结构及农村税费改革”专题调研，听取泉州市农业农村工作汇报，视察南安市洪濑镇新发果林综合场、惠安县走马埭现代农业示范区等。

9 月 9 日，中共中央政治局委员、国务院副总理吴邦国视察石狮市部分企业和福建炼油化工有限公司。

9 月 24—26 日，中共泉州市第九次代表大会召开。会议选举新一届中共泉州市委，刘德章为市委书记。

9 月，中共中央组织部、中共福建省委确定泉州市为在新的社会阶层中发展中共党员工作试点单位。2004 年 4 月，全国在新的社会阶层中发展党员试点工作汇报会在泉州召开，中共中央政治局委员、书记处书记、中共中央组织部部长贺国强出席会议。

10 月 20 日，第一条移动多媒体信息在泉州移动发送成功，标志着中国首个移动多媒体信息服务系统（MMS）在泉州正式开通。

11 月 9 日，泉州市党政机构改革正式启动，党委机构精简行政编制 20%，政府部门精简行政编制 30%。

11 月 21—24 日，全国政协副主席任建新到泉州视察城市建设情况和石狮市、晋江市部分企业。

12 月 15—20 日，全国政协副主席张思卿在泉州视察城市建设情况。其间，走访石狮市、晋江市部分企业，出席在安溪举行的中国海峡两岸茶文化交流会。

12 月下旬，中共中央政治局常委、国务院副总理李岚清到泉州视察。省委书记宋德福、省长习近平等领导参加视察。

2002 年

1 月 5—25 日，泉州市第一医院主管检验师王明泉发现 4 例染色体核型，经中国医学遗传学国家重点实验室确认，此系世界首报核型。

1 月 9 日，全国政协副主席、台盟中央主席张克辉到泉州视察，走访天后宫及闽台关系史博物馆、德济门遗址挖掘现场和南建筑博物馆。

2 月 10—14 日，全国政协副主席钱伟长在泉州视察，实地走访泉州开元寺、府文庙、老君岩造像等全国重点文物保护单位，了解泉州历史文化名城保护情况，并走访华侨大学。

2 月 25—26 日，首届中国泉州“海上丝绸之路”文化节在泉州举行，美国、加拿大、韩国、日本、新加坡、菲律宾等国家和中国香港、澳门、台湾等地区的宾客参加。

3 月 8 日，台湾轮船“银波 12 号”在南安石井大佰岛附近作业时发生火灾，船上 8 人全部落水。经泉州市台办、边防支队组织人员与厦门海关“903 艇”乘员合力抢救，落水船员全部脱险。

4 月 15—16 日，中共中央政治局常委、中央纪委书记、中华全国总工会主席尉健行在泉州视察。

4 月 20 日，全国政协副主席、中共中央统战部部长王兆国到泉州视察，走访南安市蟠龙开发区、闽南第一建材市场等，参观在晋江市举办的第四届晋江鞋业国际博览会。

4 月 26—29 日，福建省委书记宋德福，省委副书记黄瑞霖，副省长、泉州市委书记刘德章到永春、德化、安溪、惠安等县开展调研活动。

5 月 8 日，泉州市政府第 23 次常务会议研究确定晋江西溪至一都溪尾溪北支流源头——安溪县桃舟乡达新村梯仔岭东南坡为晋江源。2003 年 3 月 29 日，泉州母亲河——晋江源揭牌仪式在梯仔岭东南坡举行。

5 月 9 日，洛江区蔬菜同业工会成立，为全省首家蔬菜同业工会。

5 月 14 日，中共中央政治局委员、全国人大常委会副委员长田纪云到泉州视察城市市政设施和绿化美化建设项目，以及清濛科技工业园区、惠安崇武古城等。

5 月 22 日，福建省委决定施永康任中共泉州市委书记。

5 月 25—27 日，福建省政府、泉州市政府等单位在泉州联合举办郑成功收复台湾 340 周年纪念大会、祭奠郑成功陵墓等活动，全国政协副主席、台盟中央主席张克辉出席活动。

5 月 27 日，泉州中心市区排洪排涝工程入选 2002 年度联合国改善人居环境最佳范例奖 40 强。

5 月 31 日，国务院批准泉州港为对台通航港口。11 月 18 日，泉州南安市石井港区—金门货运直航航线开通。

5 月，晋江市地税局成功尝试 ISO 9001 国际标准质量管理体系认证。该局成为全省首个通过该项体系认证的地税部门。

同月，泉州在全省率先推行村务民主听证会。

6 月 14 日，泉州市首期农电“两改一同价”（农村电网、城市电网改造，农村、城市同一电价）工程全面竣工，全市 10 个县（市、区）全部通过省政府验收。

6 月 14—15 日，福建省委副书记、省长习近平在泉州调研。先后走访永春县溪滨南路市政工程、榜德工业园、制药厂、联盛纸品有限公司、芦柑批发市场建设工地、蔬菜示范基地、五里街道大羽村等和晋江市紫华药业项目建设工地、三力机车公司、锦兴化纤公司、浔兴拉链公司。在这次调研中，习近平第一次正式提出“晋江经验”，并与泉州市、晋江市领导一起探讨新形势下“晋江经验”的发展、创新问题，同时听取泉州市委、市政府的工作汇报。

6月17日，泉州渔船打捞的台湾“华航”CI611客机空难残骸和遗物，由省红十字会在石狮祥芝台轮停泊点转交给台湾红十字会。

6月，泉州亿力电力工程公司通过中国质量管理协会质量保证中心福建省审核中心验收，成为省电力系统首家获得2000版ISO 9001质量管理体系认证的送变电施工单位。

7月23日至8月11日，澎湖妈祖信众460多人次乘“超星级”号客轮，分4批从澎湖马公港直航泉州后渚港，迎送泉州天后宫妈祖赴澎湖会香，泉州组织18人护驾团随行。

7月，泉州五金机电商城动工。2004年年底，完成首期工程6.67公顷。该商城为全省首家五金批发商城、全国工商联五金商会定点批发市场，被列为全国五金机电物流中心之一。

8月20日，福建省委副书记、省长习近平在《人民日报》刊发《研究借鉴晋江经验 加快县域经济发展——关于晋江经济持续快速发展的调查与思考》一文；10月4日，又在《福建日报》发表《研究借鉴晋江经验 加快构建三条战略通道——关于晋江经济持续快速发展的调查与思考》一文，总结提出以“六个始终坚持”和“正确处理好五大关系”为主要内涵的“晋江经验”。10月5日，新华网全文转发。从此，“晋江经验”成为新世纪以来晋江、泉州乃至全省改革发展的制胜法宝和行动指南。

9月30日，泉州丰泽船务公司所属“泉丰169号”货轮装载建材等商品，在后渚港区举行后渚港直航金门首航仪式。

9月，位于泉州市区西湖公园北侧的泉州市博物馆新馆动工建设。2005年元旦，新馆建成并对外开放。新馆建筑面积1.6万多平方米，主体建筑共4层，设有泉州历史文化、泉州南音·戏曲艺术等陈列馆。

10月10—12日，全国政协副主席孙孚凌出席在丰泽区举办的第四届中国特产文化节开幕式和经贸洽谈会剪彩仪式，参加中国特色经济论坛暨特产之乡开发建设经验交流会，并到泉州西湖公园、泉州海交馆实地考察。

10月29日，泉州市获“全国创建文明城市工作先进城市”称号。

10月30日至11月1日，全国政协副主席罗豪才率全国政协侨界委员赴闽视察团在泉州视察贯彻《中华人民共和国归侨侨眷权益保护法》的情况，听取泉州市经济社会发展情况汇报，考察南安市蟠龙开发区、永春县侨捐工程、泉州华侨历史博物馆、泉州海交馆和华侨大学等。

11月2日，泉州被联合国教科文组织选为全球第一个“世界多元文化展示中心”。

11月24—25日，全国人大常委会副委员长周光召在泉州视察，走访部分全国重点文物保护单位。

11月25—26日，全国人大常委会副委员长姜春云视察石狮市市容市貌、服装小商品市场等，以及清濛科技工业区泉州市高新技术企业孵化基地。

12月4—6日，泉州市十三届人大三次会议召开。会议选举何团经为泉州市人民政府市长。

12月13日，中共中央政治局常委、全国人大常委会委员长李鹏到泉州视察福建炼油化工有限公司。

12月18日，全国政协副主席、台盟中央主席张克辉出席在晋江举行的撤县建市10周年庆典。

12月18—20日，由联合国技术信息促进系统中国国家分部、中国茶叶流通协会和泉州市政府联合主办，安溪县政府承办的“中华茶产业国际合作高峰会”在安溪中国茶都召开。

12月21日，省委书记宋德福到泉州出席华侨大学第五届董事会第一次会议，并出任第五届董事会董事长。省委副书记黄瑞霖、副省长汪毅夫参加会议。

12月23日，泉州南音、梨园戏、木偶戏作为中国口头和非物质文化遗产的典型代表，入选亚太文化中心，列入传统民间表演艺术数据库。

12月起，全市开展评选“泉州十八景”活动，52.6万名市民参与投票。2003年9月中旬，市委、市政府批准经专家审定的结果：双塔凌空（开元寺）、崇武听涛（崇武古城）、洛阳潮声（洛阳桥）、文庙生辉（府文庙）、牛姆探幽（牛姆林）、清水仙景（清水岩）、清源鼎峙（清源山）、西湖烟霞（西湖公园）、深沪海韵（深沪湾）、天后流芳（天后宫）、黄金海岸（黄金海岸）、仙公观日（仙公山）、岱仙飞瀑（岱仙瀑布）、成功丰碑（郑成功史迹）、古厝大观（蔡氏古民居）、安平飞虹（安平桥）、东湖荷香（东湖公园）、清真夕照（清净寺）等十八景入选。

12月，晋江、南安、惠安、石狮、安溪进入全国基本竞争力百强县（市）行列。

12月，石狮市垃圾综合处理厂动工兴建。2004年，首期工程完成并投入运行，日处理垃圾400吨。2005年，垃圾综合处理厂扩建。2008年8月完工，日处理垃圾1400吨，为全省首家规模最大的垃圾处理企业。

同月，石狮服装城动工建设，总占地面积73.94公顷。2005年3月9日，主体工程封顶，中心区建筑面积45万平方米。2006年3月，石狮服装城被评为“中国十大服装批发市场”之一。

12月底起，集体商品林林权制度改革试点工作在永春县坑仔口镇诗元村和洛江区罗溪镇三村村开展。2003年4月起，全市逐步推广林权制度改革。至2006年，全市有改革任务的1661个建制村全部完成改革。

至12月底，全市电话用户总数超过200万户，成为全省首个、全国第三个电话用户超过200万户的地级市；小灵通用户超过60万户。

至12月底，泉州电业局完成年售电量102.44亿千瓦时，成为福建省首个年售电量超百亿千瓦时的地级市电业局。

2003年

1月2日起，泉州市委发动全市开展“泉州人的再思考”大讨论。

1月23日，菲律宾众议院议长德维尼西亚到泉州访问，并到晋江市罗山镇上郭村向菲律宾民族英雄扶西·黎刹纪念塑像敬献花圈。

2月3日，全国政协副主席陈锦华到泉州视察晋江下游防洪岸线整治一期工程、后渚大桥建设工地和泉州城市建设、重点建设项目情况。

2月14—16日，中国侨联、福建省政府主办，省侨联承办的中国民系（闽南）文化节暨第二届中国泉州“海上丝绸之路”文化节在泉州举行。国务院副总理钱其琛宣布文化节开幕，全国政协副主席、致公党中央主席罗豪才，省委书记宋德福，省委副书记、省长卢展工等领导出席开幕式。

2月14—16日，国务院副总理钱其琛到泉州视察华侨历史博物馆、海交馆泉州百个家族移民台湾族谱展等。省委书记宋德福，省委副书记、省长卢展工等领导陪同视察。

2月，泉州市完成县际海域勘界试点任务，全市6条、共长约130千米的县际海域行政界线划定。

3月27日，泉州沿海大通道项目全面动工。2006年年底，全线建成通车。该项目是省、市“十五”重点建设项目之一，起点位于国道324线（泉州泉港与莆田仙游交界处），途经泉港、惠安、丰泽、石狮、晋江、南安等沿海6个县（市、区），终点在泉州南安与厦门翔安交界处的前坂，以“一线串珠”的形式，串联出泉州6个县（市、区）近280平方千米的沿海黄金带。道路宽60米，主线长220千米，复线长42千米，全长263千米，被称为“泉州历史上最长的道路建设工程”。

4月20日，位于晋江市陈埭镇的“中国鞋都”奠基。2004年12月底，“中国鞋都”竣工，总建筑面积近20万平方米。

4月30日，市委、市政府成立泉州市防治“传染性非典型肺炎”（简称“非典”）指挥部，市委书记任总指挥，统一领导全市防控“非典”工作。其间，泉州实现省委、省政府提出的“三无”（无发生二代感染、无发生医护人员感染、无发生死亡病例）目标任务，获得全省推广。

5月17—20日，中共中央政治局委员、全国人大常委会副委员长王兆国在泉州视察，先后走访福建炼油化工有限公司，察看泉州市区丰泽街、津淮街、江滨路和城市建设新貌。

5月26日，经省政府批准，泉州清濛科技工业区更名为“泉州经济技术开发区”。

5月底，全国人大常委会副委员长盛华仁率《中华人民共和国固体废物污染环境防治法》执法检查组，检查泉州市执法情况，考察一些工业企业、居民小区、城市垃圾处置厂等。

6月29日，惠屿岛帮扶项目竣工剪彩仪式在泉港区举行，标志着全市唯一的海岛建制村惠屿村告别用电、通信、吃水、道路等生产生活困难历史。

6月，位于德化县水口镇昆坂村坂里的中共福建省委旧址陈列馆正式开馆。该馆被省委、省政府列为全省爱国主义教育基地。

6月，南安市官桥镇“福建粮食城”提升为省级粮食批发市场。2005年，粮食城被农业部批准为国家级定点市场，年交易量6亿千克。

7月28日，泉州汽车客运中心站动工兴建。2005年9月30日投入运营，建筑面积2.87万平方米，设置29个标准发车位，日发班车1400班。

7月，位于南安市仑苍镇的中国水暖城动工建设，总规划面积67.94万平方米。2004年年底，首期工程竣工交付使用，建筑面积9.28万平方米。该水暖城是中国建筑卫生陶瓷协会命名的第一个专业市场。

8月9—11日，福建省建设厅与泉州市政府共同召开泉州湾城市群概念规划国际咨询方案研讨会。专家组赞同行政中心迁址东海组团方案，建议在更大范围内研究泉州湾城市群规划与发展。

8月，惠安县进行液化气储气库特许经营权拍卖，开创福建省县级燃气特许经营权公开拍卖先例。

9月5日，泉州港石湖港区晋升为国家一类口岸。2006年6月15日，泉州港石湖作业区直达日本航线开通仪式举行。这是石湖港区开通的第一条国际集装箱直达航线。

9月5—6日，中共中央政治局委员、国务院副总理吴仪在泉州视察，先后走访清净寺、开元寺等全国重点文物保护单位。

9月9日，主题为“弘扬海丝文化·展示惠女风情”的第五届泉州旅游节在惠安崇武举办，全国政协副主席、台盟中央主席张克辉出席开幕式。

9月13日，泉州市政协和福建省炎黄文化研究会联合举办第二届闽南文化研讨会，全国政协副主席、台盟中央主席张克辉出席开幕式。

9月16—19日，永春籍台湾著名诗人、散文家、学者余光中偕夫人范我存等到泉州寻根谒祖，并到永春“原乡行”。

10月4—6日，在荷兰佩尔顿市举行的2003年度国际花园评选决赛中，泉州市获金奖，并获“遗产管理”单项奖，成为继深圳市、厦门市之后中国第三个获国际“花园城市”决赛金奖的城市。

10月9日，泉州市政府主办的泉州侨乡商品展洽会在新疆乌鲁木齐市国际博览中心开幕，展出名优新特产品近2000种。

10月12—18日，泉州市第七届运动会举行。市属11个县（市、区）代表团4200多名运动员和11个行业系统代表团600多名运动员参加。该届运动会产生396枚金牌，晋江市代表团、市直政法系统代表团分别获得县（市、区）组、行业组总分第一名。

10月28日，福建省非公有制经济组织精神文明建设工作座谈会在泉州召开，为全省首次。

11月7—9日，全国人大常委会副委员长布赫在泉州视察。先后走访晋江市、石狮市部分企业，参观磁灶宋代古窑址，听取泉州市政府有关经济社会发展情况汇报。

11月11—13日，抗倭民族英雄俞大猷500周年诞辰纪念活动在其故乡洛江区河市镇举行。

11月12日，经国务院批准同意，深沪港区对外国籍船舶开放，晋升为国家一类口岸。

11月18—19日，中华全国台湾同胞联谊会、中国社科院学术交流委员会、泉州市政府主办，晋江市政府承办的纪念施琅暨清廷统一台湾320周年大会在晋江市举行。其间，在晋江市龙湖镇衙口村举行施琅纪念馆（新馆）落成、施琅将军雕像揭彩仪式。

11月21日，印度尼西亚前总统瓦希德偕夫人到泉州访问。瓦希德曾签署的《返乡寻根问祖委托书》称：“本家族上祖，伊斯兰教长老陈金汉，祖籍中国福建省泉州市晋江地区，数百年前漂洋过海来到印度尼西亚爪哇岛谋生、繁衍，开拓业绩。”

11月28日，首届福建省网上投资洽谈会开幕式在泉州举行，网上展示服务期为1年。第三届中国企业网络营销合作洽谈会及第五届泉州名优特新产品网上博览会同时开幕。

11 月 30 日，首届海峡两岸高新技术成果（产品）博览会暨招商引资签约大会在石狮市举办，全国政协副主席、台盟中央主席张克辉出席开幕式。

11 月，国家质量监督检验检疫总局通过“安溪铁观音”原产地认定公示。2005 年 12 月 29 日，“安溪铁观音”地理标志证明商标被国家工商行政管理总局认定为中国驰名商标。这是全国证明商标中首枚涉茶的驰名商标。

同月，中国工商银行泉州分行在全省率先开办网上贷款业务。

12 月 1 日起，泉州市民可按需申领护照。

12 月 12 日，市人大常委会审议通过《关于同意市政府迁移到丰泽区东海街道办事处辖区的决定》。2004 年 1 月 18 日，泉州新行政中心选址东海街道区域。

12 月 13 日，泉州市 20 家企业入选全省首届“最佳信用企业”，占上榜企业 41%。

12 月，泉州市“名城保护与建设”项目获建设部颁发的中国人居环境范例奖。

至 12 月底，全市经济总量达 1214.11 亿元，占全省经济总量的四分之一；财政总收入突破 100 亿元，占地区生产总值的比重达到 8.6%。县域经济发展迅速，全市所辖 7 个县（市）均连续位居福建省经济实力十强或经济发展十佳行列，晋江、石狮和惠安进入全国最发达 100 县（市）行列。

2004 年

1 月 20 日，福建深沪湾海底古森林遗迹自然保护区被国土资源部国家地质公园评审领导小组评审后正式命名为“福建晋江深沪湾地质公园”。这是泉州市首个国家级地质公园。

2 月 4—6 日，约旦、阿曼、也门、叙利亚、印度尼西亚、巴林、伊朗、巴勒斯坦、文莱、利比亚、伊拉克、科威特、苏丹 13 个国家的驻华大使或临时代办访问泉州，参加第三届中国泉州“海丝”文化节暨“海丝”国际风情节系列活动。

2 月 6 日，泉州市劳动力中心市场建成并启用，有 100 多个国际标准展位，展馆面积 2000 多平方米。该市场是全市唯一市级就业服务中心。

2 月 6—15 日，全国人大常委会副委员长李铁映在泉州视察，先后走访德化县有关陶瓷企业、民营瓷研所。

2 月 10 日，“清源山号”旅客列车编入全国铁路运行图。

2 月 26 日至 3 月 2 日，泉州市十三届人大五次会议召开。会议选举郑道溪为市政府市长。

3 月 1 日，泉州船舶工业有限公司成立；12 月 16 日，泉州船厂修船项目举行动工典礼。2007 年 12 月 14 日，该公司制造的第一艘万吨双壳油轮“泰山荣誉”号交付使用。

3 月 21 日，中共远太集团（福建）有限公司委员会经选举产生，成为泉州市首个台资企业党委会。

4 月 7—13 日，全国人大常委会副委员长李铁映在泉州视察。其间，看望泉州市人大常委会机关干部，考察德化县陶瓷业发展情况。

4 月 16 日，泉州市被文化部确定为中国第二批民族民间文化保护工程综合性试点城市。

4 月 18 日，中共中央政治局委员、书记处书记、中共中央组织部部长贺国强出席中共中央组织部在泉州举行的发展党员工作汇报座谈会，并到晋江凤竹集团有限公司参加基层党员代表座谈会。

5 月 17 日，泉州经济技术开发区非公企业协会成立，系全国首家非公企业协会。

5 月 19 日，中共中央政治局委员、书记处书记、中共中央宣传部部长刘云山到泉州开展非公企业党建和文化建设调研活动。

6 月 7 日，全国政协副主席、致公党中央主席罗豪才率全国政协常委视察团到泉州视察加快海峡西岸经济区建设情况和部分企业。

6月11—12日，中共中央政治局常委、国家副主席曾庆红在泉州视察部分国有企业和非公有制企业，看望困难群众，并听取市委、市政府相关情况汇报。福建省委代理书记、省长卢展工参加视察。

7月7日，泉州七匹狼、惠泉、柒牌、安踏、特步、劲霸、九牧王、虎都8个品牌入选2004年“中国500最具价格品牌”，占福建省入选总数的36.36%。

7月30日，泉州、厦门、漳州三城市联盟第一次联席会议在厦门召开，三市领导签署《厦泉漳城市联盟宣言》。

8月6日，福建七匹狼实业股份有限公司在深圳证券交易所中小企业板上市，为泉州市首家上市服装企业。

8月15日，泉州外走马埭围垦工程动工，总面积3433.5公顷。该工程被列为福建省“十五”计划重点项目，也是全国最大的农用地围垦项目。

8月16日，中共中央政治局常委、中央纪委书记吴官正到泉州视察党风廉政建设和行政监察工作情况。

9月19日，首届泉州十佳（优秀）外来工评出。10人获“泉州市十佳外来工”称号，30人获“泉州市优秀外来工”称号。

10月2日，泉州市委、市政府举行欢迎仪式暨表彰会，表彰在第十二届雅典残奥会女子F42-F46级铁饼比赛中夺得金牌、打破残奥会该项比赛纪录的泉州市运动员郑宝珠，向她颁发奖金77.5万元。

10月12日，泉州市在中央电视台“2004年度中国魅力城市展示”活动中，入选全国10个“最佳中国魅力城市”之首。

10月17日，中共中央政治局常委、全国政协主席贾庆林，全国政协副主席、台盟中央主席张克辉到泉州部分台资、侨资、中外合资企业调研。福建省委代理书记、省长卢展工参加调研。

10月21—22日，全国政协副主席、民革中央常务副主席周铁农率全国政协无党派界常委视察泉州经济技术开发区、晋江市五里工业区等，听取泉州市委、市政府相关情况汇报，了解国土资源管理工作情况。

11月中旬，中共中央政治局常委、全国人大常委会委员长吴邦国，中共中央政治局委员、全国人大常委会副委员长王兆国，全国人大常委会副委员长兼秘书长盛华仁等到泉州视察，走访部分企业、社区，并听取市委、市政府工作情况汇报。

11月17日，全国人大常委会副委员长、农工党中央主席蒋正华到泉州视察，走访泉港区沙格码头、洋屿石化码头群、福建炼油厂厂区等，听取市委、市政府汇报，了解泉州港口经济发展情况。

同日，第六届世界安溪乡亲联谊大会在安溪中国茶都举行，全国政协副主席、致公党中央主席罗豪才出席开幕式。

11月24日，中共中央政治局常委李长春到泉州视察，走访部分企业、学校和爱国主义教育基地，并听取市委、市政府工作情况汇报。

11月，国家开放福建居民赴金门、马祖、澎湖旅游，市政府决定增设石井码头作为与金门直接往来客运码头。

12月17—20日，第六届中国泉州旅游节在鲤城区举办，全国政协副主席张怀西出席开幕式暨大型音舞史诗“刺桐赋”广场文艺表演。

12月21日，福建省梨园戏实验剧团创作、排演的《董生与李氏》入选2003—2004年度国家舞台艺术精品十大精品剧目。2005年2月28日，省政府在福州大戏院召开表彰会，授予该团奖牌及颁发100万元奖金。

12月28日，泉州市被国家知识产权局批准为“国家知识产权试点城市”。

12月30日，福建省委书记卢展工、副省长王美香率省直有关部门负责人到泉州考察，并出席泉州师院俊秀图书馆落成揭牌剪彩仪式。

12月，泉州市被全国爱国卫生运动委员会命名为“国家卫生城市”。

12月，由泉州市总工会组织、泉州移动公司出资举办的第一届“百万真情关怀外来务工人员”活动正式启动，给外来务工人员提供存话费、送话费、上保险、免费换长途电话卡等优惠。至2005年4月，在泉州的16.2万名外来务工人员获得总保额超过27.6亿元太平洋保险单、614万元移动通信话费和价值76.7万元、17951张长途电话卡。

2005年

1月1日，泉州市开始对全市35.5万家企业进行经济普查。普查对象占全省23.4%，法人、产业单位5.3万个，个体经营户30.2万户。

1月3日，台湾海峡交流基金会董事长、国民党中央评议委员会主席团主席辜振甫在台北病逝，享年89岁。泉州市人民政府、泉州辜氏宗亲向辜振甫家属发去唁电。辜振甫祖籍福建省惠安县螺阳镇上坂村，台湾彰化县人。

1月12日，泉州市汽车制造基地举行奠基典礼。制造基地首期引进福建新福达汽车工业有限公司异地扩建项目，2006年3月项目建成投产，12月12日，第一批新华旭专用汽车产品正式下线。

1月25日，中国闽台缘博物馆奠基，占地面积10.28公顷；3月，主体建筑进入施工阶段，建筑面积2.33万平方米。2006年5月27日竣工开馆，中共中央政治局常委、全国政协主席贾庆林，中共中央宣传部等发来贺信。

1月28日，中国、德国、澳大利亚、俄罗斯4个国家女子足球锦标赛在泉州举行。这是泉州首次举办国际A级体育赛事。中国队获得该届比赛第一名，澳大利亚、德国、俄罗斯分列第二至四名。

1月，中共泉州市委成立保持共产党员先进性教育活动领导小组，并出台《关于开展保持共产党员先进性教育活动的实施意见》，决定从2005年1月起分3个批次开展，每批次半年时间左右。至2006年6月，该教育活动基本结束，全市10634个党组织、219610名党员参加。

2月7日，泉州市木偶剧团在美国访问演出期间，应联合国国际交流合作与协调委员会邀请，在纽约联合国总部礼堂举行2005年联合国中国文艺晚会专场演出，联合国高级官员与190多个国家的常驻代表、外交使节、政商要人、社会名流出席观看。

2月上旬，泉州市总工会联合铁路、航空、汽车等10个部门联合开展“和谐泉州·平安返乡”畅通农民工返乡路活动，为在泉州务工人员返乡过年提供包机、专列、专车服务。此后，每年春节前夕都开展此类活动。

2月10日，市委、市政府将贫困残疾人安居工程列为2005年为民办实事项目之一，并组织实施。至年底，共投资930万元，在全市11个县（市、区）建成310套贫困残疾人安居工程，每户建筑面积60～80平方米。

2月11日，中共中央政治局常委、国务院副总理黄菊到泉州视察经济建设和社会发展情况，看望节日期间坚守岗位、辛勤工作的干部职工，慰问生活困难家庭。

2月19日，全国政协副主席胡启立到泉州视察，走访市区部分全国重点文物保护单位，并听取市委关于泉州经济社会发展情况汇报。

2月，惠安县对建筑业进行改制，成立以福建闽南建筑工程有限公司为核心企业的福建省闽南建筑工程（集团）有限公司；11月21日，该公司晋升为房建特级资质企业，为全省首个民营建筑特级企业。

4月18日，第八届海峡两岸纺织服装博览会暨2005年休闲服装博览会开幕式在石狮市举行，全国政协副主席张思卿、阿不来提·阿不都热西提出席开幕式。

4月23—26日，泉州市政协九届五次会议召开。会议选举林荣取为市政协主席。

4月25—29日，泉州市十三届人大六次会议召开。会议选举傅圆圆为市人大常委会主任。

5月20日，在北京参加第三届世界华侨华人社团联谊会的世界各国和地区的376个社团以及500多名海外华侨华人社团负责人到泉州，开展“海峡西岸行”活动。

5月26日，福建省委书记卢展工带领省直有关部门负责人到永春县慰问受暴雨袭击的重灾区干部群众，并到部分企业调研。

5月，泉州晋江大桥动工建设，长3600米（包括延伸部分），宽36米。主梁采用等高度预应力混凝土双波浪鱼腹式梁体新技术，为国内首创。2008年12月30日，大桥竣工通车。

6月3日，国务院批准设立泉州出口加工区，泉州首次具有国家级对外开放功能区。

6月24日，圣多美和普林西比解放运动——社会民主党主席波赛尔·达科斯塔率代表团访问泉州。

6月30日，福建省委决定郑道溪任中共泉州市委书记。

7月8日，福建炼油乙烯一体化合资工程项目动工仪式在泉港举行。中共中央政治局常委、全国政协主席贾庆林，中共中央政治局委员、书记处书记、中共中央组织部部长贺国强发来贺信，全国人大常委会副委员长兼秘书长盛华仁，省委书记卢展工，省委副书记、省长黄小晶出席动工仪式。

7月8—9日，全国人大常委会副委员长、全国妇联主席顾秀莲在泉州视察，先后走访福建炼油化工有限公司、市妇女儿童活动中心等。

7月9日，省委书记、省人大常委会主任卢展工，省委常委、厦门市委书记何立峰等视察中国闽台缘博物馆建设情况。

7月23日，戴云山被国家林业局、环保总局联合评定为国家级自然保护区。

7月23—24日，泰国上议院议长素春率代表团访问泉州，参观开元寺、泉州海交馆，与华侨大学商谈开展华文教育合作事宜。

8月3日，泉州市政府主办的2005泉州·香港投资项目推介洽谈会在香港会展中心举行，香港工商界500多人参加。该洽谈会共签约152个项目，投资总额45.45亿元，拟利用外资23.6亿美元。

8月27—28日，全国政协副主席李兆焯在泉州视察，听取市委建设海峡西岸经济区和现代化工贸港口城市主要思路汇报，参观泉州市博物馆、泉州海交馆等。

9月9日，中共中央政治局委员、国务院副总理曾培炎视察泉州经济技术开发区。

9月12日，泉州市木偶剧团被联合国南南合作网示范基地确定为木偶艺术项目示范基地。

9月13日，2005年中国城市论坛北京峰会首次发布《中国城市生活质量报告》名单，泉州市位居第三十二位。

9月19—20日，全国政协副主席、台盟中央主席张克辉出席在南安市仑苍镇举行的中国水暖城开业典礼暨中国水暖产业创名牌推进会，并到安溪视察。

9月26—29日，全国人大常委会副委员长蒋正华带领全国人大常委会《中华人民共和国农业法》执法检查组，检查泉州贯彻落实《中华人民共和国农业法》《中华人民共和国水法》情况，考察小型农田水利设施建设、乡镇农机推广站、优质粮食生产、粮食购销站、农资销售市场等，并与基层干部和农民代表座谈。

9月30日，泉（泉州）三（三明）高速公路泉州段正式动工，主线长114.65千米，泉州至永春互通立交路基宽33.5米，永春互通立交至三明路基宽24.5米。2008年3月15日，泉州段通车。

10月27—29日，全国政协副主席张克辉率全国政协视察团在泉州视察。视察团走访晋江市博物馆、垃圾焚烧发电厂和石狮市、晋江市部分企业，并召开泉州市海峡西岸经济区建设情况汇报会，了解有关情况。

10月，惠安县崇武镇、永春县一都镇美岭村被评为第一批“全国文明村镇”。

同月，泉州经济技术开发区高科技园博士后科研工作站被人事部和全国博士后管理委员会评为“全国优秀博士后科研工作站”。这是福建省唯一获此荣誉的博士后科研工作站。

11月4日，泉港区涂岭镇区至寨后村石峡里公路完成硬化。至此，全市有2154个建制村建成水泥公路，达99.68%，泉州基本实现村村通水泥公路。

11月9日，泉州市海峡体育中心奠基，占地面积33.34公顷。2008年7月19日，举行落成典礼。该体育中心建筑面积3.2万平方米，能满足承办国际单项赛事的功能要求。

11月10—12日，全国人大常委会副委员长、民革中央主席何鲁丽率执法检查组在泉州检查《中华人民共和国劳动法》贯彻实施情况，检查组走访部分企业，并听取泉州市、晋江市政府汇报。

12月28日，中国石油和化学工业协会、福建省经济贸易委员会、泉州市政府、台湾塑胶制品商业同业公会共同主办的首届福建省石油和化学工业展洽会暨海峡石化产业发展论坛在泉港区举行。两岸石化界专家学者及企业人士150多人围绕“海峡两岸石化产业优势互补、合作共赢前景展望”等议题进行研讨。

12月30日，南安农村合作银行正式成立。该行是股份合作制社区型地方金融机构，为全省第一家农村合作银行。

同年，泉州市全面取消农业税，地区生产总值1561.18亿元，经济总量继续保持全省第一。所辖晋江、南安、惠安、石狮、安溪五县（市）进入第五届“全国县域经济基本竞争力百强县（市）”。

2006年

1月3—6日，泉州市十三届人大七次会议召开。会议选举朱明为市政府市长。

1月14日，泉州市“外来工”维权新模式获得由中共中央编译局比较政治与经济研究中心、中共中央党校世界政党比较研究中心和北京大学中国政府创新研究中心联合举办的第三届(2005—2006年度)“中国地方政府创新奖”优胜奖（最高奖）。

1月26日，泉州市第一个专属台资企业投资区——台商创业基地服务中心在惠安县黄塘镇落成。

2月15日，泉州市统计局公布，泉州2005年人口抽样调查主要数据通过省统计局审核评估，全市总人口762万，居全省设区市首位。

2月26日，梨园古典剧院正式动工，占地面积0.5公顷。2008年10月落成，建筑面积6272平方米。该剧院是福建省内设备最齐全的综合性大型戏曲剧院之一。

3月2日，安溪珍田茶叶合作社成立，为全国首家村级茶叶合作社。

4月12—13日，全国人大常委会副委员长韩启德率全国人大常委会执法检查组在泉州检查《中华人民共和国归侨侨眷权益保护法》贯彻实施情况。

4月15日，建设部在北京召开《国务院关于加强城市绿化建设的通知》颁布5周年纪念暨城市园林绿化先进表彰会，泉州获“国家园林城市”奖牌。

4月19日，在晋江市主办第八届中国（晋江）国际鞋业博览会，全国政协副主席张克辉出席开幕式。

4月26日，泉州市人大常委会召开第三十九次会议，决定泉州撤地设市起始日定为1986年1月6日。

4月28日，泉州市出口加工区动工建设，规划面积300万平方米，首期251.08万平方米；12月22日通过封关验收。2009年1月16日，正式投入使用。

5月20日，泉州南音等11个项目入选第一批国家级非物质文化遗产名录。2008年6月7日，泉州打城戏等17项入选国务院公布第二批国家级非物质文化遗产名录和第一批国家级非物质文化遗产扩展项目名录。

5月21—22日，中共中央政治局委员、国务院副总理回良玉在泉州参加全国地质灾害群测群防现场会，考察泉州农业和农村工作，了解特色农业和农业产业化经营情况。

5月22日，福厦铁路泉州段紫岭隧道工程动工。2008年6月9日，该隧道贯通。该隧道全长2424米，是福厦铁路最长的隧道。

5月，南坑窑址（归入屈斗宫德化窑），磁灶窑址（包括金交椅山窑址），德济门遗址，泉州港古建筑（关锁塔、六胜塔、真武庙等），安溪文庙，陈埭丁氏宗祠，施琅宅、祠、墓等被国务院列入第六批全国重点文物保护单位。

6月2日，晋江市东石镇一家制伞企业制造的直径16.2米、高9.6米、重3吨的泉州伞成为“世界上最大的伞”，并成功申报吉尼斯世界纪录，载入《吉尼斯世界纪录大全》。

6月8日，南安至金门客运航线开通，标志着双方实现客货运直航。至2010年年底，客运航线共完成2114航次，载运旅客突破10万多人次。

6月10日，南安市水头镇举办第三届海峡两岸农业合作交流洽谈会暨首届海峡两岸（泉州）农产品展洽会。台湾企业家携带9种台湾水果和300多种农副产品参加展洽会，并在泉州商场举办直销活动。这是台湾农产品第一次在泉州直销。

6月18日，福建省政府在泉州港石井作业区举行货运直航澎湖首航仪式，启运福建省赴澎湖举办福建商品展销会的展品。这是中华人民共和国成立50多年来福建沿海与澎湖首次货运直航。

6月29日，全市最后4户“无电户”住宅通电。至此，泉州市实现户户通电工程。

7月10—13日，中国国民党台南县委员会参访团一行40人到泉州访问。这是继2005年8月国共两党开展第一批基层党际交流活动后，在两党第二批基层交流活动中第一个抵达福建的代表团。

7月29日，沃尔玛深国投百货有限公司晋江店工会在罗山成立。该工会是全球最大连锁零售店沃尔玛在中国首个工会组织。

7月31日，泉州市行政服务中心投入运行，以“一个窗口受理、一条龙服务、一站式办结、一次性收费”为基本运作模式。

9月2日，历时两个多月、53万多人参与投票的“十佳魅力乡村”“十佳古民居”评选结果揭晓，晋江市龙湖镇衙口村等10个村被评为泉州“十佳魅力乡村”，南安市蔡氏古民居等10个古民居被评为泉州“十佳古民居”。

10月25日，经国家环保总局审定，泉州市获“国家环保模范城市”称号。

10月25—27日，中共泉州市第十次代表大会召开。会议选举新一届中共泉州市委，郑道溪为市委书记。

10月28日，菲律宾总统罗丽亚·马卡帕加尔·阿罗约夫妇一行访问泉州，到晋江市新塘街道上郭社区扶西·黎刹广场，向扶西·黎刹塑像敬献花圈。福建省委书记卢展工、省长黄小晶、省政协主席梁绮萍等领导陪同。

10月，泉州市考古队在南安市丰州黄冠山发现六朝古墓群。这一考古发现对于奠定泉州的音乐史、佛教史、陶瓷生产历史，以及六朝时期丰州作为政治、经济、文化中心的繁荣状况具有实物参考价值。

11月5—7日，美国圣迭戈郡政委员会副主席朗·罗伯茨率圣迭戈商界、教育界代表团到泉州考察，并与泉州签署两地建立友好市郡关系协议书。

11月12日，省道306线永春路段内格大桥修复通车。该大桥高93米，总长228米，单跨120米，是全省最高的桥梁。

12月1日，共青团泉州市委在全国共青团系统率先建立志愿者服务社会应急救助联席会议制度，设立未成年人应急救助专项资金，用于救助遭遇突发事件伤害的青少年。

12月2日，泉州市全社会用电量首次突破200亿千瓦时大关，达200.5亿千瓦时。同月6日，泉州市举行泉州有电百年暨电量超200亿千瓦时庆典大会暨晋江、南安、惠安、安溪四家供电有限公司组建协议签字仪式。

12月14日，全国政协副主席黄孟复到泉州开发区国家级高新技术企业孵化基地和部分民营企业视察，了解民营企业创新和发展情况。

12月24日，中共中央政治局常委、全国政协主席贾庆林到泉州高新技术企业孵化基地、鲤城区伍堡新风小区、石狮服装城和中国闽台缘博物馆视察。福建省委书记卢展工，省委副书记、省长黄小晶，省政协主席梁绮萍等参加视察。

12月27日至2007年1月1日，泉州市政协十届一次会议召开。会议选举林荣取为市政协主席。

12月28日至2007年1月2日，泉州市十四届人大一次会议召开。会议选举傅圆圆为市人大常委会主任，朱明为市政府市长。

2007年

1月，晋江市移动电话用户超百万户，成为全省首个移动电话超百万户的县级市。

3月4日，泉州旅游协会与澎湖县旅游发展协会签署《建立旅游市场合作和交流关系协议》。

3月28日，泉州市政府公布全市第一批市级非物质文化遗产名录，共九大类68项。其中，民间文学2项，民间美术7项，民间音乐12项，民间舞蹈5项，传统戏剧7项，杂技与竞技7项，传统手工技艺13项，传统医药2项，民俗13项。

5月12日，泉州电视台四套——闽南语频道开播。

6月9日，文化部在北京全国政协礼堂为“闽南文化生态保护实验区”颁授牌匾。该实验区包括福建的泉州、漳州、厦门三地，是中国第一个国家级文化生态保护区。

6月9日，建设部、文化部和国家文物局联合在北京举办第三批中国历史文化名镇（村）授牌仪式，晋江市金井镇福全村代表接受授牌。福全村成为泉州市第一个获得“中国历史文化名村”称号的村。

同日，中国侨联和省政府主办的闽南文化节暨第二届中国“海上丝绸之路”文化节在泉州举行，90多个国家和地区的300多名宾客参加。国务院副总理钱其琛、全国政协副主席罗豪才等出席开幕式。

6月19日，泉州市获首届中国城市创新论坛大会授予的“中国优秀创新型城市”称号。

6月20日，晋江市安海镇许书典在80寿辰之际向晋江市慈善总会捐赠99999999元。这笔捐款是福建省慈善系统接受的最大一笔个人捐赠。

6月，泉州市委、市政府举办首届“泉州市杰出人才奖”评选活动，授予王仁杰、陈永水、徐西鹏3人“泉州市首届杰出人才奖”，每人发放奖金50万元。

7月2日，泉州—莆田市际海域行政区域界线协议书签字仪式在福州举行，结束泉州市际海域无界的历史。

7月31日至8月8日，福建省委书记卢展工在泉州开展省委“四个专题”调研，并专程考察第六届全国农运会筹备工作。

8月13日，福建省委书记卢展工、副省长李川等到泉州考察省属国有企业。

8月19日凌晨2时，2007年度第九号超强台风“圣帕”登陆惠安，正面掠过泉州。至20日上午8时，“圣帕”造成泉州11个县（市、区）126个乡（镇）受灾，全市直接经济损失2.41亿元。

8月21日，第二届两岸青年联欢节·海峡西岸行活动在泉州举行，1000多名台湾青少年和1500多名福建青少年参加。

9月6日，中国城市论坛奥运大讲堂办公室主办“奥运中国·品牌城市”评选活动，泉州市获“感动世界的中国品牌城市”称号。

9月19日，泉州清净寺新礼拜堂动工兴建，阿曼苏丹全额捐资，礼拜堂占地面积近0.08公顷，建筑面积480平方米。2009年10月30日，举行落成庆典，阿曼驻华大使阿卜杜拉·萨阿迪出席。

9月29日，漳泉肖通港铁路（漳泉线肖厝铁路支线至肖厝港码头的延伸线，长6.04千米）建成通车。

9月30日起，泉州参加第三次全国文物普查。至2010年8月，复查文物点1318处，新发现文物点2493处。

10月6日，泉州市考古队在德化与永春交界的寮田尖山发现商周时期原始青瓷窑址。这一发现对于考究泉州古代陶瓷生产起源有着重要价值。

10月12日，农业部发布《特色农产品区域布局规划（2006—2015年）》，泉州特色蔬菜、特色果品、特色饮料、特色花卉、特色猪禽蜂、特色水产六类14种特色产品被纳入规划。

10月26日至11月1日，泉州市第八届运动会在市体育中心举行，全市各县（市、区）、市直各部门及中央、省属企业34个体育代表团参加。晋江市、泉州市直教育系统分别获得县（市、区）组、行业组团体总分第一名，南安市、泉州市直教育系统分别名列县（市、区）组、行业组金牌榜第一名。

11月10日，永春县达埔移动电话最后一个基站竣工。至此，泉州市建制村实现通信网络全覆盖，标志着泉州移动电话“村村通”工程竣工。

11月16—20日，福建省政府主办、泉州市政府承办的首届中国海峡两岸茶业博览会在泉州举行，全国政协副主席罗豪才、张克辉等出席开幕式。该届博览会有近400家企业、214个项目参加签约，总额达41.19亿元，利用外资3.04亿美元。

同月，洛江区俞大猷公园被省政府命名为福建省国防教育基地。

12月11—12日，2007年泉台产业合作投资洽谈会在泉州举行，商务部和中共中央台湾工作办公室、国务院台湾事务办公室有关领导及台湾岛内各界知名人士、台商等1000多名宾客参加。

12月28—31日，泉州赴澎湖民俗文化交流考察团一行71人护送妈祖金身巡游金门、澎湖。这次巡游活动，标志着泉州与澎湖民众之间的妈祖文化交流，由单向交流变成双向互动。

2008年

1月13日，全国政协副主席张思卿到泉州视察部分民营企业，了解民营经济发展情况。

1月4日，全国双拥工作领导小组、民政部、中国人民解放军总政治部在北京召开全国双拥模范城（县）命名表彰大会。泉州市获“全国双拥模范城”六连冠，晋江市和石狮市分获“全国双拥模范城”四连冠、“全国双拥模范城”三连冠，南安市首次获“全国双拥模范城”称号。

2月1日，惠安县县城获建设部命名“国家园林县城”，成为全省首个国家园林县城。

2月9—11日，全国政协副主席郝建秀在泉州视察。其间，听取市委、市政府工作情况汇报，并到中国闽台缘博物馆等地视察。

2月20—21日，全国人大常委会副委员长许嘉璐到泉州视察中国闽台缘博物馆、泉州开元寺并与宗教界人士座谈，了解泉州市宗教文化发展情况。

2月29日，国家级非物质文化遗产项目代表性传承人颁证仪式在北京举行。泉州有14人入选7个国家级非物质文化遗产项目代表性传承人。

3月1日起，全市开展环保系统规范行政处罚自由裁量权试点工作。10月21—22日，环境保护部环境监察局调研队到泉州调研，认为泉州经验值得在全国推广。

3月29日，福建省委宣传部、省文化厅、省文联和泉州市委、市政府联合主办，惠安县委、县政府承办“他始终为光明歌唱”大型活动，纪念人民音乐家吴文季90周年诞辰。

4月20日，惠安县医保中心投入使用门诊特殊病种计算机应用软件。惠安县成为全省首个实施门诊特殊病种补偿的县份。

4月25日起，泉州市开展“海西骄子·名城之光——庆祝改革开放30周年泉州市杰出、优秀经济人物”评选活动。2009年1月，评出泉州杰出经济人物30名、泉州优秀经济人物20名。

5月12日，举行北京2008奥运“祥云”火炬接力泉州站传递活动，108名火炬手参加传递。

同日，四川汶川发生8.0级大地震，泉州市委、市政府立即组织开展支援灾区抗震救灾工作。至5月29日，仅泉州企业界捐赠现金及物资总额超过2.72亿元。

5月18日，中国闽台缘博物馆和泉州海交馆入选国家文物局确定的首批国家一级博物馆。

6月1日，南安市新农民培训学校自主研发的农民信息软件服务平台“世纪之村”在南安市20个建制村启用。该平台为全国首个农民信息软件服务平台。

6月2日，泉州的劲霸、柒牌、特步、鸿星尔克、七匹狼、PIN拼牌、德尔惠、361°、奈步、腾达、雄豹狼、达利、金莱克、旗牌王、九牧王、虎都16个品牌入选世界品牌实验室主办的2008世界品牌大会发布的2008年（第五届）“中国500最具价值品牌”排行榜。

6月18日，泉州获福建省第一个“中国品牌之都”城市称号。

6月23日，中共福建恒安集团有限公司纪律检查委员会成立。这是福建省第一个非公企业纪委。

7月9日，经中国银监会和省银监会批准，福建首家村镇级银行——石狮农村合作银行出资组建的建瓯石狮村镇银行在建瓯市挂牌营业。

7月30日，长275米、宽32.3米、可满载4250标箱的“中河”轮首航泉州港石湖作业区，创泉州港有史以来最大集装箱轮船停靠纪录。

8月8日，泉州市木偶剧团4名演员在北京第二十九届奥运会开幕式上篇《灿烂文明》戏曲篇章中表演提线木偶《四将开台》。

8月，泉州市委、市政府决定成立《泉州文库》整理出版委员会，整理、点校各个历史时期的泉州历史人物的重要著作。12月底，确定150种典籍，辑成《〈泉州文库〉初选书目》。

9月19日，泉州市获得由新华社、经济参考报社主办的首届“中国十佳和谐可持续发展城市”称号。

9月20日，泉州市江南片区污水开始进入晋江市仙石污水处理厂处理，标志着泉州在全省率先实现以城市联盟进行污水处理。

9月26—27日，全国人大常委会副委员长华建敏带领执法检查组到泉州检查贯彻实施《中华人民共和国劳动合同法》情况，听取市法院、市总工会相关情况汇报，并走访部分企业。

9月，全国首个青少年事务社会工作者联合会——泉州市青少年事务社会工作者联合会成立。

10月7日，泉州市委常委会会议研究制定《中共泉州市委关于开展深入学习实践科学发展观活动试点方案》。至2009年2月，学习实践活动基本结束。

10月9日，泉州市委文明办、泉州军分区政治部、市总工会、团市委、市妇联联合组织开展的全市道德模范评选表彰活动揭晓，授予陈欠水等25人“泉州市首届道德模范”称号。

10月13日，安溪县城厢镇所辖建制村（社区）及魁斗镇魁斗村共26个建制村在全市率先成立村（社区）级纪检工作小组。

10月15日，深圳航空公司“泉州号”客机正式落户泉州。这是泉州首张“空中名片”。

10月23日，经省政府批准，全省第一家小额贷款公司——晋江市恒诚小额贷款有限公司成立。

10月26日至11月1日，第六届全国农民运动会在泉州举办，31个省（自治区、直辖市）的3000多名运动员参加，台湾体育代表团36名运动员参加部分项目比赛。中共中央政治局委员、国务院副总理回良玉出席开幕式并讲话，全国政协副主席阿不来提·阿不都热西提，省委书记卢展工、省长黄小晶，省政协主席梁绮萍等领导出席开幕式。

10月，泉州市被列为18个全国改革开放典型地区之一。同月29日，新华社播发长篇专题报道《利用侨资带动经济起飞——福建省泉州市经济社会发展调查》。文章指出，泉州人民经过不懈探索，闯出适合自身实际的发展道路，创造了“泉州模式”。

10月30日，晋江市红桥创业投资有限公司开业运营。该公司是福建省首家由政府参股引导、多家知名民营企业共同投资的企业。

11月4日，海协会会长陈云林与海基会董事长江丙坤在台北签署4项协议。其中，《海峡两岸海运协议》提出，大陆方面现阶段将开放63个港口与台湾11个港口进行海上直航。泉州港、肖厝港名列其中。

11月16日，中共中央政治局常委李长春到泉州视察中国闽台缘博物馆。省委书记卢展工、省长黄小晶参加视察。

11月21日，福建省首个有关计算机信息网络安全的社团组织——南安市计算机信息网络安全协会成立。

11月25日，“阿拉伯——波斯人在泉州”专题馆开馆仪式及“海上交通和伊斯兰文化”学术研讨会开幕式在泉州海交馆举行。阿拉伯国家驻华使节，以及参加学术研讨会的近100名中外学者参加开幕式。

11月29日，在北京召开的全国2008年创新型城市论坛上，泉州市被列入“中国城市综合创新力五十强”

名单。

12月5日，泉州市委、市政府召开千名企业家大会，研讨如何应对国际金融危机，谋划新一轮发展。

12月15日，泉州港正式开通与台湾主要港口间的海上集装箱班轮和散杂货不定期双向航线。是日，两艘货轮从泉州港石井作业区分别驶向台湾台北港、安平港。

同日，泉州市邮电部门正式受理两岸全面直接通邮业务，首日45件邮件直邮台湾。

12月20日，省委书记卢展工在泉州会见马来西亚凯业集团董事长李深静一行。

12月26日，泉州市政府与微软（中国）有限公司在北京微软中国总部签署《战略合作备忘录》。2009年6月19日，泉州微软技术中心正式揭牌开业。

同日，中共中央台湾工作办公室、国务院台湾事务办公室和国家文物局、福建省政府共同主办的涉台文物保护工程启动仪式在泉州举行。福建省首批启动的保护工程项目15个，泉州天后宫，施琅宅、祠、墓，安溪清水岩3个项目入选。

至12月底，泉州所辖的9个县（市、区）全面实行新型农村合作医疗制度，参合人数495.17万人，参合率96%。全市参与城镇居民及个体工商户基本医疗保险人数达23.88万人。

2009年

1月1日，世界著名品牌大会和世界品牌组织、美中经贸投资总商会、环球城市电视台世界企业研究中心推选的“2008年度影响世界的中国力量品牌500强排行榜”发布，泉州铁观音茶叶，劲霸、七匹狼服装，特步、361°、安踏、匹克运动服，特步、361°、安踏、乔丹、匹克运动鞋，富贵鸟皮鞋，鸿星尔克、乔丹、361°体育用品共16个品牌入选。

1月9日，泉州在中国管理科学院组织的全国城市创新效能测评中，获“建设创新型国家（2008）十强市”称号，晋江、南安、惠安、石狮4个县（市）获“建设创新型国家百强县”称号。

1月20日，中央精神文明建设指导委员会召开全国精神文明建设工作表彰大会，泉州市获“全国创建文明城市工作先进城市”称号，德化县获“全国文明县城”称号。

1月21日，国际木偶联会中国中心、中国木偶皮影艺术学会2009年年会在泉州召开。泉州市木偶剧团被授予“艺术交流泉州实验基地”称号，成为全国唯一的提线木偶艺术交流实验基地。

3月17—19日，全国政协副主席李金华在泉港、德化、晋江等地调研，了解农村金融服务情况，参观农村金融网点自助服务区设施，走访部分中小企业和小额贷款农户，座谈金融单位服务“三农”与中小企业的情况。

4月初，中共中央政治局常委、中央纪委书记贺国强到泉州视察。

4月8日，泉州市台资企业转型升级培训基地授牌仪式暨品牌交流与经管提升策略论坛举行，大陆首个台企转型升级培训基地在泉州揭牌成立。

4月27—28日，全国人大常委会副委员长、农工党中央主席、中国工程院院士桑国卫带领中直有关部门负责人到泉州，开展“如何更好发挥福建优势，加快推进两岸经贸合作”等专题调研，考察石井对台客运码头、闽台农产品市场，听取关于泉州市情和对台合作交流情况汇报。

5月8日，泉州市委印发《关于开展“弘扬惠女精神提振创业激情促进科学发展”活动的决定》，要求全市共产党员，特别是党员干部都要学习和弘扬惠女精神，学习惠女艰苦奋斗的意志、尊重科学的态度、无私奉献的品格和拼搏创业的激情。

5月9日，中共中央政治局常委、国务院总理温家宝到泉州视察，走访晋江市社会保险综合服务大厅等处。省委书记卢展工、省长黄小晶参加视察。

5月15日，中共中央政治局常委、全国政协主席贾庆林到泉州福建炼油乙烯一体化项目和惠安台商创业基地视察。省委书记卢展工、省长黄小晶、省政协主席梁绮萍参加视察。

5月15—16日，全国人大常委会副委员长、民革中央主席周铁农到泉州福炼一体化基地、中国闽台缘博物馆等视察，听取相关情况汇报。

5月18日，泉州市获中央综治委、中共中央组织部颁发的全国社会治安综合治理最高奖“长安杯”。

7月2—3日，全国人大常委会副委员长、民建中央主席陈昌智率民建中央调研组到泉州，就“加快海峡西岸经济区建设，促进两岸经贸交流合作先行先试”进行专题调研。其间，走访民建会员企业中国粮食城等，听取民建泉州市委会工作情况汇报。

7月21—23日，全国政协副主席厉无畏到泉州市鲤城区部分企业视察，并为中共泉州市委中心组作“文化创意的产业化与产业创新”专题讲座。

8月10日，泉州市获品牌中国产业联盟授予的“2009中国十大品牌城市”称号，晋江市作为唯一的县级市代表获“品牌城市特别奖”。

8月25日，全国政协副主席、科技部部长万钢率党外领导干部赴闽考察团到福建联合化工有限公司、泉港石油化工园区等企业，以及中国闽台缘博物馆等地视察。

9月26—27日，全国人大常委会副委员长路甬祥带领执法检查组，到泉州检查贯彻实施《中华人民共和国食品安全法》的情况，视察部分食品加工企业，检查企业贯彻落实食品安全法情况。

9月30日，南音（泉州弦管）入选联合国教科文组织公布的《人类非物质文化遗产代表作名录》。

10月15日，福厦高速铁路泉州段铁轨铺通，全长86千米。

10月28日，新加坡国务资政吴作栋带领政府及企业代表团到泉州访问，首次回到其祖籍地永春县湖洋镇吴岭村谒祖。

10月29日，第二届海峡两岸文化产业博览交易会在泉州举办，全国政协副主席孙家正出席开幕式。

11月1日，泉州市列入由美中经贸投资总商会和世界品牌组织主办的2009年中国特色魅力城市两百强高峰论坛公布的“共和国60年中国最具投资潜力城市”名单。

2010年

1月12—16日，泉州市十四届人大五次会议召开。会议选举李建国为泉州市政府市长。

1月29日，祖籍永春县的全国政协第六、第七、第八届委员，澳门特别行政区筹备委员会委员、澳门特别行政区第一届政府推送委员会委员梁披云逝世，享年105岁。

2月17日，中共中央政治局委员、全国人大常委会副委员长、中华全国总工会主席王兆国到泉州视察，走访部分企业，看望、慰问春节期间坚守工作岗位的职工，听取有关部门工作汇报，了解泉州社会经济发展情况。福建省委书记孙春兰，省委副书记、省长黄小晶参加考察。

2月27日至3月1日，泉州市人民政府、台盟中央、中国闽台缘博物馆、台湾成功大学、中华闽南文化研究会在泉州联合举办首届海峡两岸闽南文化节，中共中央政治局常委李长春发来贺信。

2月27日至3月1日，全国政协副主席、台盟中央主席林文漪在泉州会见中国国民党副主席林丰正一行，出席首届海峡两岸闽南文化节开幕式，先后考察德化县陶瓷业生产运行情况和安溪县茶产业、藤铁工艺业发展情况。

2月，南安市梅山镇蓉中村被列为第一个全国村级“中央级文艺院团联系群众基地”。

3月2—3日，柬埔寨国王诺罗敦·西哈莫尼到泉州访问，考察部分企业，参观开元寺，观看泉州木偶、南音、梨园戏等地方戏曲演出。

3月8日，福建省政府正式批准设立泉州台商投资区管理委员会，作为省政府的派出机构，惠安县洛阳镇、东园镇、张坂镇、百崎乡和惠南工业园区委托其管理。

3月25日，泉州台商投资区党工委、管委会、纪工委揭牌。

4月15日，全国政协副主席郑万通带领全国政协专题调研组到泉州开展“促进区域经济协调发展中的若干重大问题”专题调研，视察福建炼油乙烯一体化合资项目。

4月26日，福厦铁路泉州站建成运营暨客运动车组开通仪式举行，标志着泉州跨入高速铁路时代。

5月5—11日，泉州经贸文化交流团赴台，考察部分行业和企业，洽谈签约产业对接台资项目23个，总投资5.3亿美元；泉州有关单位与台湾有关方面签订文化交流协议。

6月5日，福建省委书记孙春兰、省长黄小晶带领全省各设区市党政主要领导和省直有关部门负责人到泉州开展工作检查。

6月8日，中央电视台特别节目《天下端午》在泉州录制。海内外学者、社会名人聚集泉州西湖，围绕“中国与世界对话”这一主题，交流如何把中国文化推向世界，让世界更多的人关注中国文化。同月16日（农历五月初五），《天下端午》在中央电视台综艺频道（三套）首播。

6月22日，第二届海峡论坛·台湾百家关帝庙信众福建谒祖会香暨泉州首届海峡两岸关帝文化节举行，台湾关帝庙信众2000多人到泉州通淮关岳庙谒祖。

6月29日至7月1日，全国政协副主席阿不来提·阿不都列西提率全国政协委员视察团，视察泉州执行《加强水资源合理配置与节约保护问题》的情况。

7月11日，主题为“海洋·海峡·海员”的2010中国航海日庆祝大会在泉州举行。中共中央政治局委员、国务院副总理张德江发来贺信，全国人大常委会副委员长陈至立、省委书记孙春兰、省长黄小晶、省政协主席梁绮萍等参加庆祝大会。

7月31日至8月6日，“中国泉州电视周”在菲律宾首都马尼拉开幕。各节目围绕“海丝文化”这一主线，突出泉州“东方千年大港、海丝之路起点、闽台缘同胞情”的特点，反映泉州人文资源、物产风光，展示泉州经济文化、社会发展成就。

8月6—8日，中央党的建设工作领导小组秘书组联系点工作暨课题研究成果交流座谈会在泉州召开，福建省委书记孙春兰，省委副书记于广洲，省委常委、秘书长杨岳出席。

9月24日，“欢乐泉州 走进金门”文化交流团到金门县演出，并举行文艺交流座谈会。

9月30日，泉州举行“五大战役”（重点项目建设战役、新增长区域发展战役、城市建设战役、小城镇改革发展战役、民生工程战役）项目开（竣）工奠基仪式，省委书记孙春兰，省委副书记、省长黄小晶等领导出席仪式。

10月22日，以“弘一大师佛学思想和爱国精神研究”为主题的纪念弘一大师诞辰130周年系列活动在泉州举行。

10月26日，中国科学院信息技术科学部、中国科学院技术科学部和泉州市人民政府主办的“半导体与新能源”技术科学论坛系列活动在泉州举行。中国科学院22名院士及北京大学、清华大学、中国科技大学等知名高校、科研机构13名专家学者参加。

11月5日，澳门特别行政区政府行政长官崔世安乘坐澳门至泉州首架定期直航班机到泉州访问。

11月6日，华侨大学举行建校50周年庆典。中共中央政治局常委、全国政协主席贾庆林，中共中央政治局委员、国务委员刘延东，全国政协副主席何厚铧，全国政协原副主席张克辉，泰国总理阿披实·维乍集瓦、泰国国会主席猜·奇触分别发来贺信。

11月21日，由惠安籍将军陈保定少将牵头，乡贤企业家捐资的惠安将军希望小学落成典礼在张坂镇玉霞村举行。该小学为福建省第一所将军希望小学。

12月29日，全国政协副主席何厚铧出席在晋江市安海镇举行的建镇880周年暨安海侨联成立60周年庆典大会。

至12月底，经过新一轮政府机构改革，49个工作机构缩减至40个，159项市级审批事权下放各县（市、区），41个市直单位行政执法事项授权泉州台商投资区，部分县（市、区）行政审批事权下放乡镇。

至12月底，全市11个县（市、区）全部通过省“双高普九”评估验收，盘活泉州医高专、泉州儿童发展职业学院旧校区以及泉州市实验小学、泉州幼师附属幼儿园等优质教育资源，中小学校舍安全工程开工建设面积 112 万平方米，完成创建义务教育阶段标准化学校 306 所。

至 12 月底，全市投入重点流域水环境综合整治资金 9.83 亿元，完成整治项目 106 个，省下达 16 个重点流域整治项目全部完成。重点流域水环境综合整治工作在全省年度重点流域水环境综合整治考核中位列第一。

同年，泉州市地区生产总值 3673.06 亿元、财政总收入 400.28 亿元、一般预算收入 181.53 亿元、全社会固定资产投资 1250.81 亿元，是 2005 年的 2.4 倍、2.6 倍、2.4 倍和 2.9 倍；经济总量连续 12 年居全省首位。所辖 7 个县（市）均跻身福建省经济实力十强或经济发展十佳县（市），晋江、石狮、南安、惠安、安溪五县（市）连续多年入围全国县域经济基本竞争力百强县（市）。

专记 开放与探索

第一章 发展历程

第一节 深化改革 小康建设（1991—1998 年）

1991—1998 年，泉州市经济建设以“市场调节为主，外向型经济为主，股份合作经济为主，多种经济成分共同发展”。全市推广“晋江模式”，带动区域经济发展，拓展成为“泉州模式”。泉州综合实力迅速提升，乡镇企业迅猛发展，工业主导地位牢固确立，三次产业结构由“二、一、三”转变为“二、三、一”格局。

一、综合经济实力跃上新台阶

中共十四大提出建立社会主义市场经济体制，泉州市委、市政府以改革促进发展，以发展破解难题，实现国民经济持续高速增长，经济总量跃上新台阶，综合实力明显增强。地区生产总值由 1991 年的 79.32 亿元增至 1998 年的 773.59 亿元，年均递增 31.5%，1993 年更是创出 64.3% 的最高增幅。1992 年，全市地区生产总值达 127.11 亿元，提前 8 年实现比 1980 年翻两番的目标。1995 年，又实现地区生产总值比 1980 年翻四番。泉州成为全省经济增长最快的地区，地区生产总值年均增幅比全省高出 15.4 个百分点，比福州和厦门分别高出 9.9 个百分点和 10.6 个百分点，占全省经济总量的比重由 1991 年的 12.8% 提升到 1998 年的 24.5%。人均地区生产总值由 1991 年的 1347 元增至 1998 年的 11843 元，在全省的位次由第七位跃居第三位。经济结构优化升级，三次产业比重由 1991 年的 27.8 ∶ 45.1 ∶ 27.1 调整为 1998 年的 10.2 ∶ 56.1 ∶ 33.7，产业结构由“二、一、三”转变为“二、三、一”格局。财政实力不断增强，财政总收入于 1992 年突破 10 亿元大关，1998 年达到 42.26 亿元，6 年实现翻两番。1998 年，全市金融机构人民币存款余额和贷款余额分别达到 503.66 亿元和 312.75 亿元，均比 1991 年翻了三番。

二、农村经济蓬勃发展

泉州市委、市政府深化改革、依靠科技、增加投入，保证粮食稳定增产，增强农业综合开发能力，推动乡镇企业规范化发展，农村经济日趋活跃，全市农民走上致富道路。农业生产稳定发展，农林牧渔业总产值由 1991 年的 34.91 亿元提高到 1998 年的 131.35 亿元；耕地面积稳定在 200 万亩以上。1998 年，全市粮食总产量达到 119.39 万吨，创历史新高，粮食亩产量由 1991 年的 278 千克提高到 1998 年的 318 千克。农业产业结构优化，种植业与林牧渔业的产值比例由 1991 年的 43.7 ∶ 56.3 调整为 1998 年的 38.1 ∶ 61.9。农村电气化水平提高，农村用电量由 1991 年的 5.06 亿千瓦时提高到 1998 年的 20.92 亿千瓦时，用电总量居全省首位。市委、市政府坚持“积极扶持、合理规划、正确引导、加强管理”方针，稳定对乡镇企业的各项扶持政策，乡镇企业开始由“遍地开花”向区域化、集群化转变，成为泉州市农民增收创收的重要渠道、县乡财政收入的重要来源和吸纳剩余劳动力的重要场所，在泉州国民经济中居“五分天下有其四”的重要地位。1991—1998 年，全市乡镇企业数由 5.23 万家增加到 9.37 万家，从业人员由 65.44 万人增加到 145.04 万人，乡镇企业总产值由 66.57 亿元增至 1485.34 亿元。1998 年，全市乡镇企业缴纳税金 26.80 亿元，占全市财政总收入 63.4%，成为全市财政的重要支撑。1993 年，泉州市人民政府获福建省“乡镇企业工作先进单位”称号。1998 年，泉州市乡镇企业总产值居全省首位，约占全省乡镇企业总产值的三分之一。

三、工业主导地位牢固确立

泉州市围绕“立支柱、上规模、创名牌、争第一”的战略目标，深化企业改革，优化资源配置，推动工业企业规模化、品牌化。1992—1998 年，为改革开放以来泉州工业经济发展速度最快、成效最为显著的时期。工业增加值占生产总值比重由 1991 年的 38.4% 提高到 1998 年的 51%，高速发展的工业成为泉州经济增长的主要动力，“工业立市”战略成效初现。1992 年，泉州市工业产值 159.93 亿元，突破百亿元大关。至 1998 年，全市工业总产值跨过千亿大关，达 1170 亿元，年均增速高达 43.9%，其中 1993 年实现 99.6% 的历史最高增幅。泉州工业总产值占全省工业总产值的比重由 1991 年的 13.1% 提高到 1998 年的 36.4%，总量从全省第四位跃居全省首位。通过深化企业改革，全市国有工业不断搞活壮大。1998 年，国有工业企业户均产值达到 6773 万元，比 1991 年增长 16.23 倍；非国有制工业迅猛发展，企业户数由 1991 年的 2.41 万家增加到 4.67 万家，企业产值由 1991 年的 83.81 亿元提高到 1103.62 亿元。在产业发展区域化、集群化过程中，培植和发展五大支柱产业，1998 年，石油化工、纺织服装、食品饮料、建材陶瓷和工艺制品五大支柱产业的规模以上工业企业实现产值 169.34 亿元，占全市规模以上工业产值的比重达到 51.2%。实施品牌战略，创名牌促发展，1998 年，全省认定的 58 个著名商标中，泉州占 16 个，居全省各地市首位。

四、县域经济做大做强

发展壮大县域经济，逐步形成县域经济板块，成为泉州经济发展强大的组合引擎和“泉州模式”的突出亮点。1998 年晋江市、石狮市、南安市、惠安县获“福建经济实力十强县（市）”称号；安溪县、德化县、永春县获“福建经济发展十佳县（市）”称号。1992—1998 年，全市县域经济总量年均递增 32.7%，高于全省经济平均增速 16.2 个百分点。7 个县（市）经济总量占全省经济总量的比重从 1991 年的 10.6% 提高到 1998 年的 19.2%。推动产业集中布局、配套发展，加强专业园区和特色产业基地建设，引导企业向专业园区和产业基地集中，形成经济区域和重点产业带。沿海地区发挥华侨多、信息灵、基础设施好等优势，发展外向型经济，形成以市区为中心，肖厝（现泉港区）、石狮为两翼的较为发达的沿海经济带，带动全市经济快速发展。山区发挥各自资源富集的优势，开展同沿海经济发达地区的横向经济技术联合，培育和发展一批具有山区特色的产业和产品，促进山区经济发展。1993 年，首届“中国德化国际陶瓷节”举办，德化名瓷享誉海内外。1995 年，安溪县获“中国乌龙茶之乡”称号，1998 年茶叶产量达到 1.3 万吨，占全市茶叶产量的 71.2%，占全省茶叶产量的 10.9%。永春县获“中国芦柑之乡”称号，1998 年芦柑产量达到 18.26 万吨，占全市柑橘产量的 74.4%，占全省柑橘产量的八分之一。以泉州市区为中心，以晋江、石狮、南安 3 个市区和惠安县城为次中心，以港口为依托，以沿海、沿江、沿路的重点城镇为支撑，一个具有闽南侨乡特色的大泉州“半小时城市群”初步形成。

五、基础设施和城区建设快速发展

1992年，泉州市被评为全国首批“城市投资硬环境40优”之一。泉州市委、市政府在此基础上，做好公路、水运、铁路、民航、供水、电力等方面基础设施规划，多渠道、多形式、多元化筹措资金投入基础设施建设。至1998年，海陆空立体交通网络基本形成，供电、供水能力增强，通信设施完善。1996年年底，泉州刺桐大桥投入运营，大桥的建设以少量的国有资金引导大量的民营企业资金投资，开福建省民营经济投资基础设施建设之先河，是全国采用BOT投融资方式的成功范例。1992—1998年，泉州市全社会固定资产投资累计达775.19亿元，占改革开放20年累计数的88.1%，年均递增33.5%。拓宽改造境内公路主干道，1997年在全省率先实现行政村村村通公路，1998年公路通车里程达到9006千米，公路密度82.9千米／百平方千米，公路密度居全省前列。1997年年底，泉厦高速公路投入运营，结束福建和泉州没有高速公路的历史，提高泉州交通运输的辐射能力。1996年，泉州晋江机场通航，至1998年开通十几条国内航线，跨入全国40个吞吐量最大的空港行列。形成以肖厝港为龙头，后渚港为中心，大中小并举的港口运输网。1998年年底，泉州港拥有港口码头24座，泊位39个，年吞吐能力1581万吨，当年港口货物吞吐量达到1111万吨，比1991年增长7.87倍。1993年始，泉州电力建设规模跃居全省第一，1995年年底实现行政村村村通电，1996年年底全市户通电率达99.41%，1998年泉州市建成全省首座500千伏枢纽变电站，承担全市近2/3的供电负荷，提高全市的供电能力和供电可靠性，基本形成以500千伏泉州变电站为中心，以220千伏为主体的供电网络，当年供电量51.68亿千瓦时。1998年，市区水厂日供水能力超过16.5万吨，各县（市、区）和不少乡镇均建有自来水厂。通信事业超前发展，1996年泉州建成全国第一个程控电话、无线寻呼双百万门的地级市本地通信网，1997年实现行政村村村通电话，1998年在全省率先开通高速宽带多媒体通信网，实现全市每个乡镇均通数据通信。至1998年年底，泉州移动电话交换容量55万门，居全省首位。1997年，泉州中心市区行政区划由原来一市带一区（鲤城区）调整为一市带三区（鲤城区、丰泽区、洛江区），促进中心市区的发展。遵循“东进、南下、西拓”的方针。至1998年年底，市区控制性详规覆盖面积达41.71平方千米。旧城区的打锡街、涂门街、津淮街、新门街等一批古旧街道先后拓宽改造，特别是西街、东街、中山街、新华路坚持“修旧如旧”原则，较好地保存文化名城风貌，体现时代鲜明特征。在东片区加快开发的同时跨江向南拓展，北片区迅速崛起。城市人居环境不断改善，市区新增园林绿地155.73公顷、公共绿地365.53公顷，绿化覆盖率达到31.2%，人均公共绿地面积达到6.07平方米，城镇人均住房建筑面积达到23.9平方米，比1992年增加7.2平方米。

六、对外开放全方位拓展

泉州市委、市政府实施全方位对外开放政策，制定“深交老朋友、广交新朋友”和“大中小项目都欢迎”的方针，坚持全方位招商，扩大招商范围，从东南亚拓展到世界各地。泉州市引进外资快速发展，对外贸易大幅增长，对外经济技术合作不断取得新成果。1992年全市新批“三资”企业980家；1993年骤增到1527家，创下泉州历史上年度新批外资企业数的最高纪录。1992—1998年，全市批准外商投资项目5580个，总投资额103.08亿美元，合同外资83.06亿美元，开业投产外资企业3816家，实际利用外资46.34亿美元，分别占改革开放20年累计数的79.7%、90.9%、91%、81.3%和94.2%。1994—1998年，泉州市实行外资引进结构调整，积极稳步发展，1998年户均合同外资规模达到169万美元，是1991年的2.2倍。1998年，通过因特网向世界各地招商，首批推出招商项目59个，总投资21.36亿元；在厦门举行的第二届中国投资贸易洽谈会上签订223个外商投资项目，总投资9.89亿美元，其中利用外资8.94亿美元。1992—1998年，累计实现出口商品总值66.73亿元。

七、市场化新型流通体制建立

泉州市贯彻落实中共十四大提出的“建立起以市场形成价格为主的价格机制”要求，明确价格改革的目标，着力价格机制的转换，建立以市场形成价格为主，政府调控为辅的价格机制。随着价格改革的推进，房地产、流通等与价格密切相关的产业迅速发展，社会经济日趋活跃，出现投资膨胀、经济较热的趋势，多年积累的深层矛盾逐步释放，受市场供应不畅和农产品紧缺等因素影响，形成了以农产品为龙头，带动价格总水平结构性大幅度上涨的局面。1992—1996 年泉州市居民消费价格指数上涨 92.1%，年均涨幅达 13.9%，其中 1994 年上涨 24.1%，为改革开放以来的最高涨幅。通货膨胀压力下，泉州市贯彻党中央、国务院《关于当前经济情况和加强宏观调控的意见》，采取经济、法律、行政等多种手段相结合的综合治理办法，1996 年年底实现经济“软着陆”，1997 年有效抑制通货膨胀，当年居民消费价格指数上涨 2.8%；1998 年居民消费价格指数涨幅进一步回落到 0.8%，价格恢复平稳运行，国民经济仍保持较高增速。随着市场化价格调控体系的建立，泉州市逐步形成以公有制经济为主体，多种经济成分共存的新型流通格局。在建立市场化流通体制的同时，推进综合配套改革，城市住房制度改革和以扩大养老保险覆盖面为主的社会保险制度改革等重大改革措施取得实质性进展，为经济体制转变中实现社会的稳定提供坚实的保障。市场化的推进促进消费市场规模的迅速扩张，1992—1998 年全市社会消费品零售额年均增长达 29.6%。非公有流通企业发展迅速，比重不断上升。1998 年，全市非公有流通企业实现社会消费品零售额 190.59 亿元，比 1991 年增长 7.25 倍，年均增长 35.2%，占社会消费品零售总额的比重由 1991 年的 48.4% 上升为 71.6%。

八、人民生活提前实现小康

泉州市委、市政府作出“举全市之力，攻贫困之坚”的决策，加强山海协作，推动山海联动发展，提前一年基本实现消除绝对贫困目标，转入“宽裕型小康”建设，1997 年，泉州市成为全省首个通过农村小康建设验收的地级市。城乡居民收入快速增长，1998 年城镇居民人均可支配收入和农民人均纯收入分别达到 6873 元和 4003 元，分别是 1991 年的 3.7 倍和 4.4 倍。居民消费结构升级，城乡居民恩格尔系数分别由 1991 年的 61.7% 和 56.8% 下降到 1998 年的 50% 和 51.5%；1998 年市区居民人均交通通信、娱乐、教育、文化、居住支出 1958 元，占消费支出的比重达 30.5%，比 1991 年提高 12.9 个百分点。居民耐用消费品趋向高档化、现代化，彩电、冰箱、洗衣机三大件日益普及，空调、移动电话、影碟机也开始进入居民家庭。1998 年，每百户市区居民拥有电冰箱 103 台、彩色电视机 139 台、洗衣机 93 台、空调 58 台、移动电话 29 部、影碟机 30 台。在农村，摩托车逐步替代自行车成为日常交通工具，1998 年每百户农村居民拥有摩托车 76 辆，自行车拥有量则由 1991 年的 137 辆下降到 1998 年的 121 辆。

九、社会事业全面发展

泉州市实施科教兴市战略，促进社会事业全面发展。全市财政的文教科卫经费支出从 1991 年的 2.47 亿元，增加至 1998 年的 10.96 亿元，年均增速达 23.7%。科技投入增加尤为显著，1998 年，全市财政的科技三项费用支出 3098 万元，是 1991 年的 13 倍。出台泉州市加速高科技走廊区建设系列优惠政策措施，颁布《泉州市高新技术产业开发区建设细则》，至 1998 年，全市有 41 家高新技术工业企业通过省科委认定。企业的主导产品技术含量较高且企业规模较大，市场竞争能力较强。其中，产值超亿元的工业企业 5 家，5000 万元以上 10 家，1000 万元以上 25 家。41 家企业年创产值 20 亿元，创利税 6 亿元，创汇 2000 多万美元。1998 年，泉州被科技部评为“全国科技兴市先进城市”。教育事业稳步推进，至 1998 年，泉州市中师、普高、初中、小学、幼儿园和特殊教育的办学规模均位居全省首位。全市共有各类学校5074所，比1991年增加833所。在校学生总数达到165.42万人，比1991年增长58.4%。各级各类全日制学校教职工总数达到7.62万人，比1991年增长45.1%。1998年，全市11个县(市、区)全部通过政府组织的“两基”达标评估验收。文化事业欣欣向荣。发挥历史文化名城优势，组织实施“百花计划”“芳草计划”和“海峡西岸文化走廊”建设，成功举办多届南音大会唱、木偶节、南少林武术节、广场民间艺术节等大型国际性文化艺术交流活动。戏剧创作持续繁荣，《金魁星》《玉珠串》等4台剧目获“文华奖”“五个一工程”奖，《大汉魂》等5个剧本获曹禺戏剧文学奖。广播电视事业方兴未艾，新建、扩建和改造电视转播台（站）180多座，卫星电视收转站736个，建立全市有线电视网络，全市广播综合人口覆盖率达96%，电视人口覆盖率达96.1%。卫生事业日益发展。1998年年底全市拥有各类医疗机构226个，医院病床总数1.42万张，各类卫生技术人员1.12万人。加大卫生设施投入，逐步完善医疗卫生设备，建成全市“120”急救网络;全面完成农村卫生三项建设任务，基本实现人人享有卫生保健的目标。群众性体育和竞技性体育协调发展。全市拥有市级行业体协、单项运动协会25个，各种俱乐部、武术馆校60多个，功拳操辅导站200多个。1998年，泉州市成功承办福建省第十一届运动会，泉州市代表团获地市组团体总分和金牌总数第三名。体育场馆设施建设得到加强。全市共有体育场地2670处，标准体育馆13座，体育场13座，位居全省前列。

第二节 科教兴市 结构调整（1999—2003年）

在20世纪与21世纪交替之际，泉州经济发展进入转型升级的关键时期。面临突如其来的“非典”疫情、多种自然灾害和亚洲金融危机带来的严峻考验，以及中国申请加入世界贸易组织（World Trade Organization，简称“WTO”）所必经的调适，泉州市把加快经济结构调整和提升区域经济整体竞争力作为战略重点，实施体制、技术、管理三大创新和科教兴市、产业升级、外向带动、山海联动、可持续发展五大战略，推进经济体制和经济增长方式两大转变，促进民营经济和外向型经济互动发展，有效地应对各种风险和挑战，丰富和拓展“泉州模式”内涵，实现经济社会发展的新提升。

一、提质增效增强抗风险能力

面对世界经济“寒流”、国内买方市场形成、通货紧缩趋势加剧以及各种自然灾害等种种困难，泉州市国民经济保持持续平稳快速增长。这一时期，全市国民经济增长速度有所放缓，经济增长的稳定性增强，结构调整迈出较大步伐。2003年，全市经济总量比1998年增长56.9%，年均增长率11.7%，分别比全省、全国同期年均增幅高出1.8个百分点和3个百分点。增幅最高的年份与最低年份间增幅差距仅为3.5个百分点。产业结构和区域经济结构调整优化。三次产业比例由1998年的10.2 ∶ 56.1 ∶ 33.7调整为2003年的6.9 ∶ 56.9 ∶ 36.2。第一产业有所调减，第二产业保持稳定，第三产业加快发展。实施山海联动战略，促进资源要素在全市范围内梯次转移。5年间，沿海县（市）经济总量年均增长10.6%，市辖区年均增长11.8%，山区县年均增长14.5%，山区县年均增幅比沿海县（市）高出3.9个百分点，区域经济发展更趋平衡。全市经济总量从1999年起稳居全省首位，2002年地区生产总值突破千亿元大关，到2003年达1214.11亿元，占全省近1/4。经济增长质量和效益显著提高。全市财政总收入从1998年的不足50亿元增至2003年突破100亿元，财政总收入占生产总值的比重稳步上升，2003年达到8.6%，比1998年提高 3.7个百分点。县域经济活力竞相迸发，全市所辖7个县（市）均连续位居福建省经济实力十强或经济发展十佳行列。其中，晋江、石狮、南安、惠安、安溪等5个县（市）名列全国县域经济基本竞争力百强，晋江、石狮和惠安进入全国最发达100个县（市）行列。

二、转型升级拓展产业发展空间

产业转型升级成为世纪之交泉州市经济发展的主旋律。全市农业结构向优质化、多样化方向调整，农业产业化稳步推进。1999—2003年，泉州市农林牧渔业总产值年均增长23.1%。农林牧渔四业比例从38.1%：2.9%：28.7%：30.3%调整为34.5%：1.6%：29.3%：34.6%；粮食和经济作物种植比例由1998年的74.6：25.4调整为69：31；水果、蔬菜、花卉、茶叶、食用菌等优势农产品产值占农业产值的比重从44.3%上升到63%。推进“252”“4121”“1168”等农业产业化工程，建设惠安走马埭万亩综合开发区、洛江泉美花卉等一批特色农业产业化基地。惠安、晋江、南安3个县（市）列为全省首批农业现代化试点县（市）；安溪、永春、德化3个县的水电化建设项目被列入全国400个农村水电化县建设项目规划内；永春被评为“全国食用菌生产先进县”；安溪被定为“全国无公害农产品生产基地县”。2002—2003年度全市省级农业产业化龙头企业达14家。

工业转型升级。全市运用先进适用技术改造、提升纺织鞋服、建筑建材、食品饮料、工艺制品、机械制造等五大传统产业，促其呈现出规模化、集群化、品牌化发展趋势。2003年，五大传统产业规模以上企业完成产值731.43亿元，是1998年174.88亿元的4.2倍，年均递增33.1%，占全市规模以上工业的比重从52.9%上升到64.2%。培育发展石油化工和电子信息两大新兴产业。2002年，福建炼油化工一体化项目可行性研究报告获国务院批准。2003年，两大新兴产业合计完成产值175.12亿元，是1998年64.19亿元的2.7倍，现价年均递增22.2%。工业企业规模快速扩张，规模以上工业产值占全部工业总产值比重从1998年的28.3%提高到2003年的57.6%；规模以上工业企业平均每年增加330多家，单个企业平均规模增长61.2%。全市规模以上工业总产值占全省的比重从1998年的16.3%上升到2003年的23%，大中型企业数占全省比重从11.1%提高到28.4%。产业集群化发展成效显著。南安市被命名为“中国建材之乡”，晋江市获“中国鞋都”（旅游•运动鞋），石狮获“中国休闲服装名城”，德化、惠安、鲤城分别获“中国瓷都”“中国石雕之都”“中国民间工艺品之都”称号。出台《关于争创驰名、著名商标和名牌产品工作的通知》，企业品牌创建高潮迭起。全市拥有的注册商标从2000年的1.3万件增加到2003年的1.5万件。其中，中国驰名商标从2件增加到6件，省著名商标从54件增加到119件；到2003年末，全市共拥有7项中国名牌产品，97项福建省名牌产品。中国驰名商标数和中国名牌产品数位居全国地级市前三名、福建省首位，为2005年泉州获得中国品牌经济城市打下坚实的基础。

市场体系建设和流通业结构战略性调整。泉州市通过股份制改造、吸引民间与市外省外投资、发展连锁经营、组建企业集团等形式，促进流通业资本集中和经营业态创新。2003年全市限额以上批发零售贸易企业达261家，年末资产达83.72亿元，分别比1998年增长2.03倍和2.66倍，全市社会消费品零售总额从1998年的284.03亿元增加至2003年的502.19亿元，年均增长15.3%。以专业市场、会展和大型商贸活动为载体增强市场辐射力，先后举办首届南安全国建材贸易洽谈会、首届晋江国际鞋业博览会、首届泉州国际互联网名优特新产品博览会、首届全国陶瓷石材晋江博览会、首届中国铁观音乌龙茶节、首届海峡两岸高新技术成果产品博览会，泉州展览城国际贸易中心正式运转，石狮服装城奠基。至2003年，全市拥有各种专业市场41个，市场营业面积达52.8万平方米，当年成交额60.25亿元，比1998年增长72.9%。

三、深化改革提高市场化程度

2003年，泉州探索所有制的多种实现形式，为发展提升民营经济提供良好契机，全市进一步深化国有企业产权改革，发展多种所有制经济，理顺产权关系，引导民营企业转变家族式管理方式，建立现代企业制度，提升民营经济发展层次。全市民营企业中有规范化股份有限公司32家、有限责任公司2万多家、企业集团170多家。促进民营经济和外向型经济互动发展，2003年非公有制经济（民营和“三资”

经济）在全市全社会固定资产投资、规模以上工业总产值及社会消费品零售额中，所占比重分别达到76.6%、89.6%、92.5%，分别比1998年提升8.0个百分点、9.7个百分点、1.1个百分点。全市99%的国有企业完成改制，改制为股份有限公司和有限责任公司的有76家、股份合作制的有43家，国有企业下岗职工实现全部分流安置。融资体制、社会保障体制和住房分配制度等各项改革不断深化，13家企业在境内外上市融资，城镇职工基本医疗保险制度正式实施。农村改革继续深化，城乡二元结构开始出现变化，2002年全市首期农电“两改一同价”（农村电网、城市电网改造，农村、城市同一电价）工程竣工；2003年农村税费改革稳步推进；取消专门针对农民征收的各种统筹、集资，仅2003年这两项改革就减轻农民负担3.5亿元。政府职能转变取得新进展。至2003年全市累计减少审批项目618项，下放合并220项，减少面达52.7%。劳动力市场、产权交易市场、房地产交易市场等要素市场逐步建立完善。整顿和规范市场经济秩序取得阶段性成果，制假售假和走私贩私违法活动得到有效遏制，市场经济秩序有较大改观。通过这一时期的改革攻坚，市场体系和市场机制逐步健全，市场配置资源的基础性作用日益明显。

四、扩大对外开放增强发展活力

应对加入世贸组织的准备，泉州市实施外向型经济多元化战略和“走出去”发展战略，采取一系列应对国际贸易壁垒、宏观经济环境变化的措施，提升招商引资层次，推进货源大市向出口大市转变，扶持和引导企业到境外设立销售窗口、办事机构，推动外向型经济持续发展。对外贸易规模继续扩大，2003年全市实现进出口总值27.25亿美元，比1998年增长56.4%，年均增长率9.4%。其中，出口总值19.16亿美元，年均增长13.1%；进口总值8.09亿美元，年均增长2.7%。

泉州市出口贸易从改革开放初期的来料、进料加工贸易，逐渐转变为与国际接轨的一般贸易。全市一般贸易出口额，从1998年的4.72亿美元上升到2003年的14.44亿美元，年均增长26.2%，同时，加工贸易额从1998年的5.66亿元下降到2003年的4.72亿元，年均下降3.6%。出口贸易对象，从东南亚拓展到世界各地，特别是世界经济龙头的美国。2003年，泉州对亚洲出口贸易值5.34亿美元，对美国出口贸易值为3.5亿美元。

泉州市不断拓宽对外开放通道，外商直接投资增长较快、质量提高。1998—2003年间，新签外商直接投资合同项目从487项增加到904项，年均递增13.2%；投资总额从10.84亿美元增加到23.32亿美元，年均递增16.6%；合同外资和外商实际到资分别从8.23亿美元和7.08亿美元增加到20.91亿美元和9.94亿美元，分别年均递增19.7%和7%，5年累计实际利用外资38.08亿美元。外资项目规模不断扩大，2003年，合同外资单项规模比1998年增长36.9%，当年投资总额超千万美元项目达64个。外向型经济与民营经济良性互动，全市“三资”企业总产值，从1998年405.88亿元增至2003年的731.95亿元，增长80.3%。2003年，全市规模以上工业产值中，“三资”企业产值占57.6%，全社会固定资产投资中，外资占12.4%；对外承包工程、劳务合作和境外旅游继续发展，全方位、多层次、宽领域的对外开放格局基本形成。

五、城市化进程明显加速

泉州市以项目带动和载体建设推进“半小时城市群”规划深入实施，加强交通、能源、水利、通信等建设，基础设施保持适度超前。先后投资建设后渚大桥、江滨大道、沿海大通道、晋江市快速通道、石湖3万吨级码头、泉州湾通道航道整治工程、晋中220千伏变电站、福建南埔电厂、城市数字化工程等项目，肖厝港、石湖港获批为国家一类口岸，泉州成为全省首个、全国第三个城乡电话超过百万户地级市。1999—2003年，累计完成全社会固定资产投资总额141.7亿元，是1979—1998年总额的1.3倍。

泉州市委、市政府按照“打开大门、治理两江、保护古城、建设新区”的城市发展思路，促进城市骨架快速撑大，城市化水平加速提升。中心城市建成区面积从1998年的23平方千米快速扩张到2003年的58.2平方千米，5年新增建成区面积，是前20年累计增加的2.16倍。全市城镇化率，从31%提升到41.3%。这一时期，成为改革开放以来泉州城市化进程最快的阶段。古城保护建设再上新台阶，完成城西环路、城北环路拓改，中山路保护与整治项目获联合国教科文组织亚太地区文化遗产保护优秀奖，朋山隧道、大坪山隧道及接线道路工程等新区建设重点工程开工。通过开展“城市管理年”“排洪排涝大会战”、创建国家级卫生城市等活动，提升城市管理水平，改善人居环境。中心城市建成区绿化覆盖面积从30.5%提升到34.2%，市区饮用水源水质达标率从77.5%提高到97%。市区排洪排涝工程获首届“中国人居环境范例奖”，西北洋排洪排涝工程获联合国“改善人居环境最佳范例奖”，泉州市区暴雨过后洪涝成灾成为历史。城市品位显著提高，相继获得“中国优秀旅游城市”“全国园林绿化先进城市”“国际花园城市”等称号。

六、“科教兴市”战略有效实施

泉州市政府出台《泉州市科教兴市战略实施方案》，科技投入大幅增加，科技竞争力进一步提高。1999—2003年，全市累计实施国家、省、市各类科技计划项目1563项，投入科技经费超过3亿元，一大批科研成果获国家、省、市奖励。新建晋江、石狮、南安3个博士后科研工作站。全市累计拥有国家“火炬计划”重点高新技术企业3家、省级高新技术企业112家、省级制造业信息化示范企业5家，市级以上行业技术开发中心33家。“星火计划”和“火炬计划”稳步推进，有力地促进了经济结构调整，大大提高了全市产业的技术层次。2003年，全市签订各类技术合同487项，合同金额1.5亿元，分别比1998增长2.03倍和2.21倍，年均增速分别达24.8%和26.2%。出台《泉州市知识产权管理和保护暂行规定》和《泉州市专利申请资助资金管理办法》，2003年全年专利授权数比1998年增长1.8倍。高等教育跨越式发展，职业中学和技工学校通过改制升级，逐步转变为普通高等学校和中等专业学校。2003年全市普通高等学校、中等专业学校和普通中学达到13所、57所和118所，分别是1998年的3.3倍、4.4倍和1.1倍。这三类学校的在校生总共为55万人，比1998年增加了3万人，年均增长为1.1%。泉州医高专、福建电力职业技术学院、德化陶瓷学院相继成立并招生。2003年，全国高校录取泉州市高考考生3.02万人，录取率达到72.7%，比1998年提高25个百分点。举办多届中国泉州“海上丝绸之路”文化节，“海丝”和“南音”被列为中国申报联合国非物质文化遗产备选名录的第一位。设立泉州市“刺桐文艺奖”，文艺创作成果斐然。梨园戏《董生与李氏》剧目入选国家舞台艺术精品工程，一批文艺作品获第十二届伊朗国际传统戏剧节“金小丑奖”和全国首届“红梅奖”、第二届“金狮奖”、第三届“蒲公英奖”、第十二届“群星奖”等奖项。南音、梨园戏、木偶戏被亚太文化中心录入传统民间表演艺术数据库。市博物馆新馆、伊斯兰文化陈列馆等一批文化设施竣工。对外文化交流广泛开展。推进“诚信泉州”建设，经济与文化、物质文明与精神文明互动共荣水平不断提升。医疗卫生服务体系进一步健全，医疗水平进一步提高。推进卫生机构规范化建设。2003年，全市卫生机构322个，工作人员达到1.54万人，分别比1998年增长42.5%和14.6%。农村有医疗点的自然村占总数93.5%，乡村医生和卫生员达3674人。

七、推进宽裕型小康建设提高人民生活水平

1996年，泉州市提前4年实现奔小康的战略目标后，1998年，市委、市政府制定出台《关于加快农村宽裕型小康建设步伐的实施意见》。2002年国家全面建设小康社会，泉州宽裕型小康进程进一步加快，城乡居民生活品质有很大提升。

截至2003年，全市累计有54个乡镇（街道）、1091个村实现宽裕型小康。城镇居民人均可支配收入，从1998年的6873元增加到2003年的11155元，年均递增10.2%，提前两年实现“十五”预期目标；

农民人均纯收入，从1998年的4003元增加到2003年的5182元，年均递增5.3%。2003年末，城乡居民储蓄存款余额达711.35亿元，比1998年末增加329.82亿元，年均递增13.3%。汽车、旅游、电子产品等成为居民消费的新宠。食物性消费支出比重持续下降，2003年，城乡居民家庭恩格尔系数分别为38.1%和42.3%，比1998年分别降低11.9个和9.2个百分点。居民家庭耐用消费品基本普及并随着电器产品的升级加紧更新换代，生活信息化进程全省领先。2003年末，全市城乡固定电话用户达266.82万户，移动电话用户达214.36万户，分别比1998年净增189.22万户和189.46万户；计算机互联网用户达到70万户以上。随着住房分配制度的改革和收入的提高，城乡居民居住条件进一步改善，人均住房面积分别达到33.74平方米和42.3平方米，分别比1998年提高9.84平方米和15.3平方米。在改善生活条件的同时，以扩大就业和加强社会保障为重点，保持社会和谐与稳定。出台实施《泉州市保障外来务工人员合法权益暂行规定》，城镇登记失业率连续多年处于全省最低水平，2003年为1.06%，比1998年降低了2.04个百分点。养老、失业、医疗、工伤、生育5项社会保险覆盖范围进一步扩大，2003年年底预计参保人数分别达35.59万人、40.07万人、30万人、21.32万人和21.29万人。城乡居民享受最低生活保障人数从1998年年底的1.83万人增加到2003年的6.2万人。深入开展社会治安综合治理，实现群众社会治安满意率和刑事案件发案率“一升一降”目标，荣获“全国社会治安综合治理优秀城市”称号，社会安定和谐。

第三节　科学发展　和谐社会（2004—2010年）

2004—2010年，泉州市全面贯彻中央关于树立和落实科学发展观及构建社会主义和谐社会等一系列重要战略思想，主动呼应、服务和融入海峡西岸经济区建设大局，拓宽发展思路，创新发展理念，采取一系列重大举措，进一步深化“泉州模式”科学内涵，开创又好又快持续发展新局面，实现经济社会发展新飞跃。坚持以人为本，推进社会主义和谐社会建设，在社会各项事业蓬勃发展的同时，围绕“学有所教、劳有所得、病有所医、老有所养、住有所居”的民生新蓝图，改善民生，促进社会和谐。

一、先行先试推动科学发展

泉州市委、市政府确立建设海峡西岸经济区现代化工贸港口城市的目标，推进“四大建设”（富裕民主的海峡西岸社会主义新农村、更富竞争力的海峡西岸经济强市、先进繁荣的海峡西岸文化名城、和睦安定的海峡西岸和谐泉州）。到“十一五”期末实现“五个基本”：基本实现全面建设小康社会，地区生产总值年均增长11.5%以上，一般预算收入年均增长16%以上，财政总收入突破350亿元，资源利用效率显著提高，单位生产总值能耗继续低于全省平均水平；基本形成大城市框架，中心城市建成区面积180平方千米，城镇化率达60%；基本建成全省乃至全国重要的先进制造业基地和物流中心，实施“228”［重点培育2个产值超千亿元（石化、纺织服装）、2个超500亿元（鞋业、建材）和8个超100亿元的产业集群］产业集群发展规划。2010年，产业集群总产值超5000亿元；基本建成亿吨大港，成为中国东南沿海重要港口、全国内贸集装箱枢纽港；基本建成文化旅游强市，发挥历史文化名城和多元文化中心的优势，加大闽南文化生态的保护力度，提高文化、旅游业竞争力。发挥“六大作用”：在全省发展中发挥产业发展的支柱作用、民营经济的示范作用、县域经济的引领作用、对台工作的前沿作用、对外开放的先行作用、中心城市的辐射作用。在“四个方面”先行先试：在转变经济发展方式上先行先试，在深化综合配套改革上先行先试，在构建和谐社会上先行先试，在推动两岸区域合作先行先试，争当建设“科学发展的先行区、两岸人民交流合作的先行区”排头兵。泉州市坚持“以市场化为制度基础、民营经济与外向型经济互相促进为最大特色、县域经济发达为突出亮点、品牌化为突出优势的具有侨乡特色的经济发展路子”，抓住“海西”战略建设的历史机遇，按照“集聚、提升、拓展”思路，加快产业结构调整和转型升级，扶持龙头企业品牌化发展，推动优势产业基地建设，整合提升传统优势产业，培育拓展新兴产业，全力打造海西先进制造业基地。2004年后，全市工业生产快速增长，企业数量和层次同步提升；2005年，规模以上工业产值突破2000亿元；2007年，突破3000亿元；2008年，突破4000亿元，居全省首位。实施“规模以下企业成长工程”，推动有潜力的规模以下企业通过技术进步、增资扩营，成长为规模以上企业。2008年，规模以上工业企业数达到5064家，比2003年增加1881家，其中2008年亿元企业804家，比2003年197家翻两番多。

2010年，全市地区生产总值3673.06亿元，按可比价格计算，比2009年增长12.8%，经济总量连续12年保持全省第一。人均地区生产总值45291元（折合6904美元），比2009年增长11.6%。晋江、惠安、石狮、南安、安溪入围全国县域经济基本竞争力百强县（市）。泉州市继续获“国家卫生城市”称号，获“转型·2010中国经济十大领军城市”、中国外贸百强城市、国家商标战略实施示范城市等荣誉。

二、改善民生促进社会和谐

泉州市委、市政府落实科学发展观，坚持以人为本，推进社会主义和谐社会建设，围绕“学有所教、劳有所得、病有所医、老有所养、住有所居”的民生新蓝图，加快推进以改善民生为重点的社会建设，完善社会保障和救助制度，社会各项事业在国民经济快速发展的同时蓬勃长足进展，呈现经济社会同步发展的良好局面。构建城乡一体的就业服务体系，加强农村劳动力的培训，引导农村劳动力向城镇及二、三产业有序转移，组织农村劳务输出，有效促进农民增收；同时建立起相对健全的城镇居民就业服务体系，城镇居民就业条件不断改善，就业渠道不断拓宽，城乡居民就业人数和收入水平不断提高。中科院公布2008年度中国城市就业率排行中，泉州以98.83%的就业率位居全国第一。

2005年，泉州市在全省率先试点开发5个限价普通商品住房项目，供地6.6公顷，可建成1700套住房。2007年，泉州销售全省首例限价房“江南雅园”楼盘。2008年，全面实施造福工程，完善住房保障体系，推进限价房和廉租住房建设，改进和规范经济适用房制度，解决困难群众的住房问题。市区、南安、晋江等县（市、区）先后推出经济适用房，全市经济适用住房在建项目8个，约62万平方米6300多套。2010年，建设各类保障性住房和改造危旧房22580套（户）。

2006年，泉州市全面免除农村义务教育阶段学生学杂费。2008年春季学期开始，再免除市区、县城所有义务教育阶段学生（含进城务工人员随迁子女接受义务教育的学生）学杂费。同时发展职业教育，提高高等教育质量，加大对贫困生的资助力度，人人上得起学的目标逐步得到实现。

2008年，泉州就业人员达489.48万人，在岗职工平均工资为22225元。

2009年，泉州市加快医药卫生改革，组织实施9项基本、5项重大公共卫生服务项目，所有公立基层医疗机构均配备使用基本药物；7个县（市、区）实施药品零差率销售改革试点；市一院城东院区、泉州市传染病院投入使用，福建医科大学附属二院东海分院、市三院新院建设顺利推进；重点支持边远困难乡镇卫生院建设，全市所有乡镇卫生院基本达到国家建设标准和省设备配置标准。随着《泉州市城镇居民基本医疗保险暂行规定实施意见》及《关于城镇个体工商户等从业人员参加城镇职工基本医疗保险有关问题的通知》相继出台，全市城镇居民及个体工商户基本医疗保险开始实施。同年，参加职工“五险”人数增加34.26万人次，参加新农合人数、城镇居民医保人数分别增至548.6万人和161.37万人，新增低保参保人数0.45万人；新型农村社会养老保险试点工作扎实推进，职工医保实行市级统筹，制发社保卡202.2万张。

第二章 发展规划

第一节 大泉州发展战略

1992年，泉州市委、市政府召开泉州发展研讨会，提出建设大泉州发展战略。这一战略的思路是：全面深入贯彻党的路线、方针、政策，弘扬“求是、团结、务实、创新”的精神，团结海内外2200多万泉州人，围绕在全省率先基本实现现代化的宏伟目标，坚持“泉州模式”，推进经济体制、经济增长方式两个根本转变，创造性地开展经济、文化、城市三大范畴工作，建设湄洲湾南岸、晋江口三角洲、围头湾地带、东西溪沿岸四大经济区域，实施科教兴市、产业升级、转型外向、山海联动、可持续发展五大战略，处理好平衡与协调、量与质关系，处理好改革、发展、稳定各方面关系，不断提高综合实力和竞争力，把泉州建设成为经济发达、政治清正、民生宽裕、社会稳定的社会主义新侨乡和现代化的工贸旅游港口城市。此后，历届市委、市政府致力于推进大泉州发展战略的深入实施。

1994年，中共泉州市委提出“一个中心、两翼、三路、四湾和十一个外向型经济区”的发展战略布局，以“一个中心”即建设好中心城市，发挥其带动“两翼”“三路”“四湾”“十一个外向型经济区”的协调发展功能，促进大泉州发展战略的实现。

2002年起，中共泉州市委提出要发展大泉州经济、弘扬大泉州文化、建设大泉州城市，抓好体制、技术、管理三大创新，提高发展后劲、科技推动、城镇建设、民生宽裕、行政管理五大竞争力，推进经济、文化、城市三大建设齐头并进，实现物质、政治、精神三大文明互动共荣，促进改革、发展、稳定三大关系协调统一。

2003年，中共泉州市委提出要走以项目带动推进载体建设，以载体建设形成块状效应，以块状效应提升发展平台的路子，全力建设高新技术孵化、民生产品制造、石油化学工业、特色农业产业、生产要素集散五大基地。

2004年，围绕实现“两个率先”和在“更高站位、更高层次、更高平台上实现新的起飞”的目标，中共泉州市委提出要坚持工业立市、农业稳市、环境活市、人才强市四大工作方针，按照提速、增效、蓄势和强基稳势、协调发展的要求，推动经济社会发展。10月，中共泉州市委九届九次全会提出要以科学的发展理念为指导，以经济的快速发展为根本，以文化的充盈勃发为动力，以城市的科学布局为平台，以执政的廉洁高效为保障，建设海峡西岸经济区，构筑泉州湾滨海城市。

2005年，泉州市委、市政府围绕全省新一轮发展的基本构想、基本思路、基本态势、基本格局，加快构建民营经济、开放创新、城市发展、先进文化、和谐社会五大跃升平台，加快推进现代工贸港口城市建设。1月，市委九届九次全会通过《中共泉州市委贯彻〈中共中央关于加强党的执政能力建设的决定〉的实施意见》，为建设海峡西岸经济区、实施大泉州发展战略、做大做强泉州湾滨海城市提供坚强的政治保证。4月，市委第135次常委（扩大）会议确定“一二三四”城建项目方案，即确定位于城东组团中心区及附近用地作为全国第六届农运会新建的“一场一馆”及相关设施的建设用地；决定加快城市一环路、城市二环路、泉州大桥南立交桥及晋江大桥建设；把泉州大桥南片区、东海片区、城东片区，晋江、洛阳江两岸及沿海大通道两侧景观带建设列为市重点建设工程；进一步做好中心城市的规划工作，加快对社区、中心城市街道立面整治及公共基础设施改造。该方案是对以往历届领导班子提出的大泉州发展战略的继承和完善，也是“东进、南下、西拓”城市发展战略的具体化。

第二节 泉州城市总体规划编制

2003年年底，泉州市政府有关部门聘请中国城市规划设计研究院承担新一轮城市总体规划修编工作。根据市委、市政府和省建设厅的工作要求，2005年年底，规划部门配合省建设厅组织召开《泉州市市域城镇体系规划》《泉州市都市区协调发展规划》《泉州市城市总体规划（修编）纲要》3个规划技术审查会，经过讨论和交流，专家和地方有关部门组成的技术审查组通过对城市总体规划修编纲要成果审查。2007年2月底至3月初，规划部门邀请邹德慈院士等专家对总体规划进行论证后，中规院根据各方意见对总体规划进行补充、修改和完善，6月底提交正式成果。2007年7月28日，泉州市委召开第二十三次常委（扩大）会议，研究审查泉州市城市总体规划编制成果。

总体规划期限远期为2006—2020年；远景为2020年以后的20～30年。城市规划区包括鲤城区、丰泽区、洛江区（罗溪镇、虹山除外）、泉港区、晋江市、石狮市、惠安县和南安市的12个乡镇和街道，总面积约3021平方千米。

规划的总体发展目标为：立足泉州自身特色和优势，发挥城市对区域的支撑带动作用，建设成为专业性的国际化地区和海峡西岸的中心城市。经济发展目标为：至2010年，基本实现全面建设小康社会，规划区地区生产总值达到2600亿元，人均地区生产总值达到5900美元。到2020年，基本实现现代化，规划区地区生产总值达到5600亿元，人均地区生产总值达到11000美元。

规划的城市性质为：国家历史文化名城、国际消费品制造业名城、海峡西岸的现代化工贸港口、旅游城市。城市职能为：产业职能和服务职能，即巩固优势，发挥产业的区域支撑和带动作用，做精做强传统优势产业链，形成具有国际影响力的制造业基地；培育壮大新兴产业集群，建设区域性的新兴产业基地。抓住机遇，完善城市公共服务平台的建设，形成全国性专业会展及信息发布中心、全国性专业技术服务与研发基地、区域性专业物资流通中心、区域性商业旅游服务中心。

规划的城市人口规模为：至2010年规划范围内总人口577万左右，其中城镇人口360万左右；至2020年规划范围内总人口650万左右，其中城镇人口490万左右。城市用地规模为：远期规模为规划期内城市建设用地583.68平方千米，人均城市建设用地119.1平方米；远景发展规模按城市人口680万人控制，城市建设用地约680平方千米。

总体规划在功能组团布局上将构建一个组合型中心区（环泉州湾组合城区），发展三大门户型次区域（南部门户——安海水头城镇组合；北部门户——惠安新城；西部门户一南安城区），并培育三类城镇组团［一是综合型城镇组团，主要包括由泉州主城区中心片区、晋江片区和石狮片区，共同构成的环泉州湾组合城市，以惠安片区、泉港片区为主体的环湄洲湾部分地区，以安海水头组合城市为主体的环围头湾部分地区，以及作为西部重要支点的南安片区等；二是产业型城镇组团，主要包括环围头湾地区的官桥——内坑——磁灶城镇组团，环湄洲湾地区的泉港北片区和泉惠片区；三是特色型城镇组团，主要包括崇武组团、石狮东部组团、晋南组团（金井、英林、深沪、龙湖）、东石——石井组团和洛江北部组团（河市、双阳、马甲）、洪濑组团］。

依据总体规划，泉州的总体空间结构形成“一湾两翼三带”空间布局结构。“一湾”：整合强化核心，构成主体以泉州、晋江和石狮主城区为主。“两翼”：面向区域支点，环湄洲湾南岸地区的构成主体以惠安、泉港为主；环围头湾地区的构成主体以安海、水头为中心。“三带”：支撑带动纽带，即战略提升带、战略预留带、战略辐射带。泉州的空间发展将从沿江时代走向环湾时代，最终走向面海时代，建成环泉州湾海湾型山水园林城市。

第三节 区域设置调整

一、石狮建市

1987 年 12 月，国务院批准晋江县石狮镇、永宁镇、蚶江镇和祥芝乡设立石狮市（县级）。

1988 年 9 月，石狮顺利建市。石狮建市，激发石狮经济发展的巨大潜力，形成“市场经济为主、民营经济为主”的经济格局，实现了石狮经济发展质的飞跃。石狮从此由一个地处海防前线，国家投入极为有限，公有制经济相当薄弱的农村小镇迅速发展为名闻全国、市场经济发达的服装商品批发、生产重要基地。

二、晋江撤县建市

1992 年 3 月 14 日，泉州市第十一届人民代表大会第一次会议通过《关于改革县建制，成立晋江市的决议》，根据国务院、省人民政府关于撤销晋江县，设立晋江市批复精神，市委下发《关于晋江撤县建市有关问题的批复》。1992 年 5 月 1 日，晋江市党政群等机构正式挂牌办公。晋江撤县建市，标志着晋江经济社会进入高速发展的崭新时期。

三、南安撤县建市

1993 年 5 月，国务院批准南安撤县设市（县级市）。1993 年 10 月 6 日，南安市党政群机构正式挂牌办公。南安撤县建市，是南安发展的里程碑，对于进一步推动南安经济社会快速发展，具有十分重要的意义。

四、鲤城区划调整

1997 年，为适应中心城市发展的需要，市委、市政府提出鲤城区行政区划调整方案，由原来一市带一区调整为一市带三区的行政管理体制，并上报国务院批准。为保证行政区划调整工作平稳顺利进行，市委按照“宜快不宜慢、宜粗不宜细、宜简不宜繁”的指导思想，本着有利于促进各区经济和社会发展，有利于充分调动市、区两级积极性的原则，指导、协调和推动有关筹备工作。6 月，国务院批准从鲤城区析出东海、北峰、城东 3 个镇和华大、东湖、丰泽、泉秀 4 个街道设立丰泽区；从鲤城区析出河市、马甲、罗溪 3 个镇和虹山乡设立洛江区。9 月 29 日，鲤城、丰泽、洛江 3 个新区正式挂牌运作，理顺了市、区行政管理体制，有力地推动中心城市经济和社会各项事业持续稳定发展。

五、设立泉港区

1998 年 6 月 26 日，泉州市人大常委会审议通过《关于同意设立泉州市泉港区的决议》。2000 年 4 月，经国务院、省政府批准，在原肖厝开发区基础上设立泉港区。同年 12 月 28 日，泉港区党政群机构正式挂牌办公。泉港区作为全省石化产业重要基地，在建设海峡西岸经济区中肩负着重要的历史使命，它的设立为泉州乃至福建发展注入了强劲的动力。

第三章　改革创新

第一节　农村经济体制改革

一、第二轮土地承包

1998年起，泉州市组织农村第二轮土地承包经营，开展延长农村土地承包期30年工作，发放土地承包经营权证书，签订承包合同，进一步明确土地的集体所有制与农户的承包经营权，稳定家庭承包关系。11月，在永春县举行泉州市农村土地承包经营权证首发式，东平镇太平村14个村民小组的510户村民首批领到再延长30年的土地承包经营权证。同时，兑现独生子女双份田的奖励政策，对“二女户”按实际人口承包口粮田。1999年年底，全市完成土地承包经营权证书发放。2000年，全市完成土地承包合同签订工作，全市99%的村民小组、98.9%的农户签订耕地承包合同。

2002年，泉州出台《关于做好农村土地承包经营权流转工作的意见》，全市推行农村土地承包经营权流转制度，促进农村劳动力转移和农业规模化经营。

2003年，全市农村土地承包经营权流转面积达2.29万公顷，涉及农户23.07万户，占全市实行家庭承包农户20%。全市农村土地承包经营权流转面积、涉及农户数分别占家庭承包耕地面积和家庭承包农户总数的15.35%、18.98%。

二、农村乡镇企业体制创新

1991年，泉州市委、市政府贯彻福建省委、省政府《关于促进乡镇企业继续健康发展的若干规定》，鼓励和支持农民集资创办股份合作企业。认定农民股份合作企业是社会主义劳动群众集体所有制经济。凡3户以上农民按照协议，以资金、实物、劳力等作为股份组成，财产属于举办该企业劳动群众集体所有，实行自主经营、自负盈亏、民主管理、共同劳动，按劳分配为主，适当分红的原则，有公共积累的，享受集体企业的各种待遇。

1996年，泉州市委、市政府出台《关于加快乡镇企业发展的决定》，明确各级乡镇企业主管部门职能和服务范围内容、乡镇企业工作重点和相应的措施、部门的扶持措施以及规范乡镇企业生产经营活动等，为乡镇企业改革发展提供良好的政策环境。

1998年，泉州市委、市政府出台《关于大力推进乡镇企业改革、发展和提高的决定》，鼓励乡镇企业推进多种经济成分共同发展，支持乡镇企业实施科技创新、制度创新、管理创新、质量兴企和名牌战略；加强对乡镇企业的财政、金融、税收、土地、人才、科技等方面的扶持；规范乡镇企业的收费，推动乡镇企业体制、机制创新。

2004年2月，泉州市委、市政府出台《关于进一步提升民营经济发展水平的若干意见》，从放宽市场准入、扶持上规模上档次、支持发展外向型经济、推进科技创新、改善融资服务、提高用地保障、优化人才用工环境、规范市场经济秩序等11个方面确保民营经济的发展，坚决清除一切对民营企业的政策歧视，保障民营企业平等的法律地位和发展权利，确保民营企业在投融资、税收、价费、土地使用、能源供应、对外贸易、劳动保障和资金扶持等方面享有平等待遇，推动民营企业股份制改革，建立企业集团，摆脱家族经营限制，建立现代企业制度，并到境内外上市。

三、农村税费改革

2003年，泉州市委、市政府贯彻执行省委、省政府关于缓征除烟叶以外的农业特产税政策，当年泉州市缓征农业特产税达6400多万元。

2004年起，泉州市种粮耕地免征农业税，全市农民负担减少2400多万元；同时停止征收乡统筹、村提留和教育集资等面向农民征收的行政事业性收费和政府基金、集资，开展预收“三提五统”清退工作；根据国务院和省政府要求，泉州市取消16项涉农收费项目，推行村级公益事业“一事一议”制度。

2005年起，全面取消农业税，全市减轻农民负担800多万元。自2003年开展农村税费改革后，泉州市减免、取消农业税，农业特产税和停收“三提五统”，分别减轻农民负担9600多万元和3.64亿元。为防止税费改革后农民负担反弹，泉州市全面实行涉农税收、价格和收费公示制，农民中小学义务教育收费“一费制”，村级组织订阅报刊费用限额制、涉及农民负担案（事）件“责任追究制”等4项制度。农村税费改革从根本上治理对农民的各种乱收费，切实减轻农民负担。

四、农村最低生活保障制度

1996年，泉州市开展建立最低生活保障制度试点；1998年，开始逐步在全市建立城乡一体的最低生活保障制度，2004年年底，基本实现全市农村低保的“应保尽保”工作目标。2005年，全市享受最低生活保障的农村居民81827人，基本覆盖农村特困家庭，实现农村特困群体的应保尽保。至2007年末，全市享受低保的农村居民87576人，月人均差额补助62元；享受低保的城市居民24982人，月人均差额补助97元。

2010年，全市城市低保和农村低保月人均补差分别是183元、103元，位居全省第二位和第一位；农村“五保”每人每月平均补助306元，居全省第一位。

第二节　国企改革　嫁接外资

1992年起，泉州市国有企业改革的重点转移到推进现代企业制度建设和公司制度改造方面。1月，泉州机器厂率先实行全员劳动合同制。2月28日，市政府宣布12家企业为推行全员劳动合同制试点单位。3月，批转《关于安置国有企业富余、待业职工的施行意见》；批准泉州线厂兼并泉州麻纺厂，成立国有企业泉州力生公司。在全国率先推出市属国企一揽子嫁接外资的做法。9月，市国有资产投资经营公司与香港中策投资有限公司签署合同，合资组建大型综合性企业“泉州中侨（集团）股份有限公司”。该公司总投资10亿元，注册资本4亿元，市国有资产投资经营公司以市属37家工业企业的厂房设备等固定资产（不包括土地）评估作价1.6亿元入股，拥有40%的股权；香港中策投资有限公司出资2.4亿元（外汇折合人民币），拥有60%的股权。9月16日，泉州中侨（集团）股份有限公司正式开业。

截至1993年，全市135家国有企业分别采用“三资”企业管理办法或采取中外合资合作经营、厂内职工承包经营、合股经营等灵活多样形式，加快经营机制的转换；有20家企业通过合作、兼并进行结构调整；组建股份有限公司5家；实行法人持股和内部职工持股相结合的有限责任公司30家。

1997年7月，《泉州市人民政府关于深化国有企业改革壮大国有经济的实施意见》颁布，要求培植一批大公司，壮大国有经济，放开搞活小企业，加快产权改革步伐，实现国有经济的新发展。贯彻落实中共十五届四中全会精神，市政府召开全市国有企业改制工作现场会，以国有企业三年改革脱困为目标，按照“有进有退，有所为有所不为”的方针，确定以放小为主，加大对公有制实现形式的探索力度，推行以股份合作制为主的改革形式，采取多种形式，提出力争用两年左右的时间基本完成泉州市国有企业改制工作。1998年，《泉州市人民政府关于批转市国有企业改革领导小组〈关于加快国有中小企业股份合作制改革的实施意见〉的通知》《泉州市人民政府关于批转市国有企业改革领导小组〈关于加快推进国有企业改革的若干意见〉的通知》《泉州市人民政府关于批转市劳动局等部门〈关于国有企业改革中职工分流安置和养老保险问题的实施意见〉的通知》相继出台，促进改革工作走上规范化轨道。

2000年9月，泉州市政府颁布《关于进一步加快国有企业改革和发展的通知》，提出按照巩固改革成果，进一步攻坚、深化和完善的要求，建立现代企业制度，实施战略性调整、进行综合配套改革和建立国资经营管理新体制等意见，作为国有企业改制工作的指导性文件。

2001年，根据国务院全国企业兼并破产和职工再就业领导小组〔2000〕28号、36号文件精神，加大关闭“五小”（小煤矿、小炼油、小水泥、小玻璃、小火电）企业力度，对泉州华恒实业有限公司和南安糖厂（含大盈糖厂、洪濑糖厂）实施政策性破产，核销银行呆坏账；对生产规模小，产量低的南安化肥厂和安溪化肥厂实施关闭，全市的国有经济从小制糖、小食品、小化工、小纺织等一般竞争性领域退出，产业结构得到优化，国有经济的主导作用得到加强。根据《福建省人民政府关于分离国有企业办社会职能的通知》精神，做好分离企业办社会工作，把属于社会的职能从企业分离出去，移交给政府的各职能部门，减轻企业负担，推进企业改革。

至2005年年底，全市国有工业企业累计有169家（含实行二次改制企业13家）实施改革，占应改革企业的96%，涉及职工46745人，安置职工19657人，支付安置费3.59亿元。改制形式因企制宜，一厂一策，灵活多样。其中，实行中外合资39户、关闭解散41户、出售转让28户、转为股份合作16户、实施破产15户、承包经营10户、租赁经营10户、转为有限责任公司8户、兼并及整体上划2户。至此，泉州市的国有企业改革工作基本完成。

第三节　乡镇企业加快发展

1992—1995年，泉州市委、市政府贯彻落实邓小平南方谈话精神，以“三个有利于”“发展才是硬道理”为理论依据，提出乡镇企业要“把握机遇，加快发展，加快提高”。泉属各县开展“乡镇企业年”活动，大兴办、大投入、大联合成为发展的新趋势。1992年和1993年，乡镇企业总产值、工业产值、出口交货值连续翻番，跃居全省各地市首位，在全市国民经济中居“五分天下有其四”的重要地位。

1996—2000年，泉州市委、市政府出台《加快乡镇企业发展的决定》和《大力推进乡镇企业改革、发展和提高的决定》两份文件，明确各级乡镇企业主管部门的职能和服务范围、乡镇企业工作重点和相应措施、部门的扶持措施以及对乡镇企业经营活动的规范，对乡镇集体企业产权制度进行改革，引导企业从内部组织、章程、管理、分配制度等方面逐步完善，建立科学的管理制度。全面开展乡镇企业估产核资、甄别工作，明晰企业产权；进行股份合作制的改造，规定、完善企业的组织制度；推进企业间的联合、兼并、参股、租赁，优化资源配置，促进多种所有制和产权组织并存，共同发展，逐步建立适应社会主义市场经济的企业组织形式和产权制度。至“九五”末，全市乡镇股份合作企业2.9万家，有15家乡镇企业改制为股份制公司，3家在境内外上市。全市乡镇企业致力在把握机遇、深化改革、面向市场、优化结构、依靠科技、科学管理上做好文章，认真实施“六大发展战略”（即结构战略、规模经营战略、外引内联战略、科技兴企战略、产品名牌战略、制度创新战略），加快推进“实现两个根本性转变”，扎实推动新一轮创业。同时，紧跟新经济时代步伐，推进企业信息化。1999年初建立“中国泉州企业信息网”，在全省乡镇企业系统率先以政府上网带动，以企业上网入手，以电子商务引导，实施“万家企业上网工程”，举办网上博览会。2000年，乡镇企业增长的科技贡献率由1995年的30%提高到40%。乡镇企业投入资金总量中60%以上用于科技、新产品开发和技术改造，促进设备改造更新和产品科技含量的提高。规模经营不断发展，年营业收入超千万元以上的规模企业占全市乡镇企业经济总量的比重达32%。

2001年后，全市乡镇企业在中国加入世贸组织和经济全球化加快发展的新形势下，抢抓机遇，应对挑战，在更大范围、更广领域、更高层次参与国内国际市场的竞争。乡镇企业发展突出“五个创新”，即观念创新、体制创新、机制创新、科技创新、管理创新；抓好“四个重点”，即规模经营、结构调整、市场开拓、外向拓展；实施“三个工程”，即名牌工程、人才工程、上网工程；实现“两个转变”，即由粗放型为主向集约型为主转变，由速度效益型向质量效益型转变，全面提高乡镇企业经济总量、运行质量、整体素质、经济效益。

2005 年，全市乡镇企业完成总产值 3353 亿元，工业产值 2702.4 亿元，出口交货值 698 亿元，实现营业收入 3106 亿元，缴纳税金 89.53 亿元纳入统计的 107642 家乡镇企业，职工 242.1 万人，全年发放职工工资 205.14 亿元。乡镇平均机动财力、村集体平均纯收入和农民人均纯收入中，70%以上来自乡镇企业。全市拥有自营进出口权乡镇企业 800 多家。全市形成轻纺、建材、工艺雕塑、日用品、食品、玩具、电子、机械等 25 个出口生产基地，建立石狮纺织服装，晋江鞋帽、食品、玩具、建陶，南安建材，惠安石雕、啤酒，安溪茶叶、竹藤，永春芦柑、蔬菜，德化工艺陶瓷等特色产业基地，形成 25 个各具特色的经济板块，产业链逐步完善。有近 30 大类 3000 多个品种的产品远销世界近 100 多个国家和地区。

2005 年后，为理顺工业经济管理体制，改变过去按所有制、按部门隶属关系和属地管理工业的一贯制，乡镇企业局改设为中小企业局。乡镇企业改制后，原来的乡镇企业管理体制自然消失，产权属性发生重大变化，很多转为民营企业；同时，鼓励企业向城镇集聚，许多进入工业开发区，隶属关系发生变动，统计口径也发生变化。

第四节 改善投资环境

改革开放后，泉州市委、市政府顺应新形势新任务的需要，成立泉州市对外经济贸易委员会，并相继批准成立一些国有对外经济贸易公司。泉州开始迈出对外贸易经济合作的新步伐，尤其是率先担负起对港澳台经济贸易的担子，初步形成泉州的对外经贸格局。

1990 年，泉州市成立“台、侨、外资引进领导小组”，由市委、市政府主要领导和各有关部门领导组成，负责泉州市吸引外商投资重大项目、重大事项的决策，把泉州市对外贸易经济合作和吸引外商投资项目作为市委、市政府工作重中之重来抓。4 月，泉州市政府编印《泉州市吸引台胞投资的优惠政策》，加强对外宣传，吸引台胞投资。同年，泉州市新批准“安平”“蟠龙”和“罗马河”3 个综合开发区，总投资额近 5 亿港元。

1991 年，泉州市批准晋江福埔、金田，石狮振狮、德辉 4 个外商投资经营成片土地开发项目，开发面积 202.8 公顷，总投资 4.24 亿元，吸引外资工作进入一个新的发展时期。5 月，市经贸代表团参加第二届香港亚太地区国际投资贸易洽谈会，共签订外商投资项目 77 个，总投资 4.1 亿美元。

1992 年，泉州市被评为全国首批“投资硬环境 40 优城市”之一。南安石井港获省政府批准，成为对台小额贸易点，扩大对台贸易。

1993 年 4 月，泉州市对外加工装配公司与福建炼油厂、香港平阳有限公司签订 24 万吨原油加工合同，可收入工缴费 348 万美元，为泉州市历年来最大宗的加工业务。6 月，市经贸代表团参加“6·28”香港招商会，共签订项目 894 个，总投资达 44.64 亿美元，其中利用外资 40.53 亿美元。加上会前签约项目，共签约 1143 个，总投资 51.12 亿美元，利用外资 46.33 亿美元。

1994 年 5 月中旬至 6 月初，泉州市组团先后参加福建省赴新加坡招商洽谈会、香港 1994 年中国贸易投资洽谈会和 1994 年福建（香港）国际招商暨城市改造成果展示会，3 次招商洽谈活动，共签约 558 个项目，总投资额 22.5 亿美元，协议利用外资 19.2 亿美元，签订项目数占全省 1/3 强。

1995 年 6 月，泉州市后渚港被省政府批准为泉州市桐城贸易公司对台短期渔工劳务合作经营口岸，成为泉州市继崇武港之后的又一个对台渔工劳务合作经营口岸。

1996年3月，泉州市外经贸局参加香港“3·18”福建省“九五”规划招商说明会，泉州市共与外商签订项目122个，投资总额3.75亿美元，利用外资2.82亿美元。5月，泉州市外商投资企业投诉协调中心成立，为改善泉州市外商投资软环境服务。5月8日，泉州市外经贸局和泉州市贸促会协助香港贸易发展局举办“架起泉州——香港经贸之桥”研讨会，促进泉州市和香港的经贸信息交流，加强两地的联系和往来。

1997年，泉州市政府先后出台《关于进一步改善外商投资环境的决定》《关于进一步鼓励外商投资的若干规定》，使泉州市对外开放的政策从中央赋予型向地方自我开放型转化，增强对外商的吸引力。6月，泉州市外经贸委组织参加香港1997年中国贸易投资洽谈会，共签订18个项目，总投资1.01亿美元，其中利用外资7800万美元。同年，成立于80年代初期的泉州五矿公司改制为泉州五矿（集团）公司，公司净资产达9800多万元。

1998年5月，泉州市政府成立应对亚洲金融危机联络工作小组。6月，泉州市政府出台《关于加强外商投资软环境建设的规定》。同月，市外经贸委组织参加香港1998年中国贸易投资洽谈会，共签订项目74个，投资总额3.93亿美元，合同外资3.69亿美元。8月，市政府出台《关于鼓励外贸出口若干规定》，采取措施应对亚洲金融危机影响，改善外贸出口经营环境，鼓励企业扩大出口，促使泉州市对外经贸经营活动在困境中得以发展。同年，泉州市泉港区肖厝港获省政府批准，成为对台小额贸易点。

1999年6月，根据台商对大陆五大经济区域投资吸引力调查分析，福厦漳泉地区投资受欢迎程度排行第二；根据台商对大陆18个城市投资风险评价，泉州在生产方面风险最低。

2000年，泉州市政府发布《泉州市人民政府关于鼓励招商引资的暂行规定》，鼓励社会各方面力量参与招商引资工作。贯彻落实省政府《关于促进外商投资进一步发展的若干规定》和《关于印发福建省涉及外商投资企业税外收费项目目录的通知》文件要求，制止针对外商投资企业的各类乱收费、乱摊派、乱集资，切实改善投资软环境。

2001年5月，泉州市委、市政府出台《关于进一步加快开发型经济发展若干问题的决定》。8月，市委、市政府在深圳举行泉州市2001投资推介会，东南亚各国，中国台湾、香港、澳门和珠江三角洲等地企业界300多人参加会议。9月7日，泉州市举行“9·7”泉州乡亲恳谈会，会上签约项目19项，总投资额9532万美元，其中合同外资额8278万美元。10月26—31日，省政府在香港举办面向跨国公司的招商活动，市府办、外经贸局、外办、计委和泉港区有关人员组成市招商分团，随省政府企业代表团参加招商活动。

2002年6月，台湾纺织业投资考察团到泉州考察投资环境，市外经贸局组织10多家企业与之座谈。11—12月，市委书记施永康率泉州招商分团参加省政府在香港举行闽港经济合作论坛以及闽港台金融合作座谈会、闽港经贸合作项目洽谈会、闽港台旅游推广会等系列活动，并在香港召开中国石化基地（福建泉港）石化中下游配套项目推介会。

2003年11月，泉州市政府在晋江市举办纪念施琅将军平台320周年活动，并举行泉州招商项目推介暨外商投资项目签约仪式。

2004年1月，泉州港务集装箱股份有限公司通过与香港万隆国际物流有限公司股权并购，转制为中外合资股份有限公司，注册资本3.48亿元，成为泉州市首家外资并购国有控股企业而成立的中外合资企业。7月30日，市政府印发《关于进一步加强泉港澳经济合作的工作方案》，成立加强与港澳交流合作工作领导小组。同年，市政府在南安石井镇举办海峡两岸（泉州）农产品展销会，设300个国际标准展位。其间，举行台农产品展示展销，经贸和农业合作项目推介、洽谈、签约等活动。此后，每年举行1届。同年，泉州市晋江深沪港获省政府批准，成为对台小额贸易点。至此，泉州市共获批6个对台小额贸易点，分别为后渚港、惠安崇武港、南安石井港、泉港肖厝港、晋江深沪港、石狮梅林港。

2005年7月，中央人民政府驻澳门特别行政区联络办经济部一行3人到泉州调研市输往澳门劳务情况。8月，市政府主办“8·3”泉州·香港投资项目推介洽谈会，香港工商界500多人到场，共推出投资项目179个。其中，工业项目95个，基础设施项目9个，农业项目13个，旅游项目36个，商贸流通项目20个，社会事业项目6个；签约项目152个，投资总额45.45亿美元，协议利用资金23.6亿美元。9月，泉州市被台湾机电与电业公会《2005中国大陆地区投资环境与风险调查》列为“值得推荐城市”。12月15—27日，首届两岸优良家庭用品博览会在台湾台中市举行，这是大陆首次组织企业赴台湾举办的展销会，泉州市组织13家企业参加。同年，泉州市对台贸易额为361万美元。

至2005年，泉州市形成2个台湾商品批销市场。即以泉州市南安石井为主的闽台农产品市场批销市场，该市场与台湾地区50多家企业、多个行业协会和20多家省级农业龙头企业建立密切的合作关系，为承接台湾农产品、水果进入，辐射大陆市场，发挥交流平台作用；以泉州市晋江围头为主的台湾商品批销市场，从深沪购进台湾机电、化工原材料等产品，主要经围头销往广东、江苏、浙江、上海及省内各地。

2006年，泉州市继续完善外经贸支持服务体系，建立健全出口预警和应对技术壁垒工作机制，抓好海关总署支持“海西”22条政策落实，泉州出口加工区项目奠基。全年外贸出口32亿美元（海关口径），同比增长21%。新增投资超过千万美元项目122个，外商实际到资9.2亿美元，同比增长29.8%。

深化泉州与香港合作八大平台建设，推进泉州与澳门四项合作。组织企业参加“5•18”“6•18”“9•8”及广交会、中国—东盟博览会、深圳高交会，继续举办“鞋博会”“海博会”“海洽会”等经贸活动。

2007年，泉州市外向型经济向更高层次发展，对外开放力度进一步加大。全市实际利用外资（验资口径）10.85亿美元，增长17.9%。新批投资（含增资）总额超千万美元项目124个。泉州出口加工区建成并进入选资阶段。全年实现出口商品总值（海关口径）49.81亿美元，增长23.4%。

2008年，泉州市积极应对严峻的国际经济形势影响，转变外贸发展方式，实现出口额（海关口径）58亿美元、出口交货值119亿美元，分别增长16%和11%。实际利用外资（验资口径）17亿美元，增长56.7%；新批投资总额（含增资）超千万美元项目83个。

第五节 改革完善体制机制

一、行政区管理体制改革

（一）泉州市升为地级市，实行市管县体制

1985年5月14日，国务院批准撤销晋江地区，泉州市升为地级市，实行市管县的体制，原晋江地区的晋江、惠安、南安、安溪、永春、德化、金门7个县划归泉州市管辖。原县级泉州市的建制改设为鲤城区（后析为鲤城、丰泽、洛江3个区），同年12月31日，鲤城区人民政府正式挂牌办公。1986年1月6日，泉州市第十届人民代表大会召开，一级地方政权正式建立，泉州市人民政府挂牌办公。至1986年年底，共辖1个市辖区、7个县（含金门县）、5个街道办事处、35个镇、90个乡、115个居委会、2129个村委会。至2010年，泉州市设有鲤城、丰泽、洛江、泉港4个市辖区，代管石狮、晋江、南安3个市（县级），并辖惠安、安溪、永春、德化、金门5个县，下设30个街道、106个镇、27个乡（其中民族乡1个）、3个居委会、404个社区居委会、2058个村民委员会。

（二）增设市辖区

1986年，泉州市直辖一个鲤城区。1997年6月3日，国务院批准泉州市增设丰泽区、洛江区，行政区域由原鲤城区一分为三；同年9月29日，鲤城、丰泽、洛江3个区人民政府挂牌办公。1996年4月21日，省委、省政府批准成立泉州市肖厝经济开发管理委员会（简称“肖厝管委会”），由惠安县划出后龙、山腰、南埔、涂岭、埭港5个镇归肖厝管委会管辖；同年7月11日，肖厝管委会正式挂牌办公。2000年4月12日，国务院批准设立泉州市泉港区，所辖区域为原肖厝管委会管辖区域；同年12月28日，泉港区人民政府挂牌办公。增设市辖区，改变了一市一区的小城市格局，扩大了泉州市区的规模，进一步加强泉州市的

经济实力和竞争力。

（三）撤县设市

1987年12月17日，国务院批准设立石狮市（省辖县级市，由泉州市代管），以原为晋江县所辖的石狮、永宁、蚶江3个镇和祥芝乡为石狮市行政区域；1988年9月30日，石狮市人民政府挂牌办公。1992年3月6日，民政部批复，经国务院批准晋江撤县设市（省辖县级市，由泉州市代管），所辖区域为原晋江县（析出石狮市后）的行政区域；同年5月1日，晋江市人民政府挂牌办公。1993年5月12日，国务院批准南安撤县设市（省辖县级市，由泉州市代管），所辖区域为原南安县行政区域；同年10月16日，南安市人民政府挂牌办公。通过撤县设市，泉州市初步形成大中小城市和小城镇协调发展、分工有序、功能互补、空间布局合理、结构整体协调的城镇体系等级结构。

（四）设立城市街道办事处

1985年以来，泉州先后增设、分设或撤镇设立街道办事处共25个。截至2008年年底，街道办事处总数达30个。街道办事处的设立，有效地推动城市现代化进程，完善城市的行政管理职能，促进经济的发展。

（五）撤乡设镇

20世纪80年代中期以来，泉州市为适应农村改革的需要，积极发展建制镇。至2008年年底，全市共有镇106个，乡27个（其中民族乡1个），比1986年年底的35个镇增加71个镇，原90个乡减少63个。乡镇的布局与泉州市的生产力布局基本一致，形成以泉州中心城市为核心，以次中心城市为骨干，以各县城和小城镇为基础，以国道、省道及各城镇相互联系的交通线为纽带覆盖的整个区域的城镇网络。

二、行政审批制度改革

（一）清理精简行政审批事项

2000年9月，市审改办根据《中共福建省委、福建省人民政府关于开展机关效能建设工作的决定》和泉州市审批制度改革实施方案精神，以实现两个三分之一（即审批事项减少三分之一以上，审批、审核、核准、备案、收费总事项合计减少三分之一以上）为目标，经过大量的资料搜集、调查摸底、宣传发动、部门协商，对市直政府部门1185项行政审批事项进行5轮的清理、审核，改革行政审批事项767项，改革面达64.72%。其中，减少事项618项，减少52.65%；下放给县（区）级94项，超额完成预定目标。各县（市、区）行政审批制度改革也同步推进，改革面均达35%以上，有的达55%。

《中华人民共和国行政许可法》颁布实施后，泉州市继续推进行政审批制度改革，严格按照《行政许可法》和《泉州市清理行政许可规定和行政许可实施机关的工作方案》的有关精神，梳理精简了一批行政服务事项。2006年1—3月，参照省编办整理的省直部分厅局的行政审批项目目录，市审改办以法制办为主体，依法依规对市直50多个部门的行政许可和非行政许可的行政审批服务项目进行认真的审查和甄别，对无合法依据的项目予以取消。公布涉及投资建设及工商登记两大流程的39个部门的477项审批服务项目，规范审批行为，明确审批的责任和权限。

（二）优化再造审批流程

2003年初，泉州市在全市推行“一审一核”的行政审批制度改革，即将企业核准登记内部审核程序由原来的受理、初审、审查、核准4个环节改变为审查、核准2个环节，简化登记流程，提高工作效率。在内资企业全面推行“先照后证、告知承诺”的登记办法。投资人申请设立涉及前置审批的企业，登记机关依法受理后，书面告知申请人办理前置审批的事项，在申请人知晓告知内容并对登记机关作出书面承诺后，可先予核发营业执照。12月，泉州市政府出台《投资项目审批改革方案》，对投资项目的审批实行“中心受理、并联审批、统筹协调、限时完成”的运作方式。即对项目进行重新分类。对由政府财力投资和社会财力投资的一般项目和复杂项目、重点项目和非重点项目等进行重新分类，改为只分为一般项目和复杂项目两类。对不同投资项目简化审批程序，实行一个窗口受理。实行并联式审批。将投资项目审批流程调整为项目预审，各审批职能部门对业主申报的项目在限定的时限内实行并联预审。预审后，把项目审批分为设计方案或初设、项目报建两个阶段，各个阶段都明确牵头单位，并明确每个阶段审批的总时限和各部门的审批时限，阶段内的审批事项实行并联审批，改变过去各部门逐一审批的方式。三是缩短审批时限。过去投资项目的审批都需100多天，改革后，一般项目审批时限缩短至35个工作日，复杂项目为40个工作日。

2006年初，市法制办、市效能办会同各有关部门对涉及投资建设和工商登记两大审批流程的39个部门477项审批事项，参照浙江省绍兴市、江苏省连云港市等先进地区审批事项的承诺时限进行压缩，最大限度地减少审批环节，缩短审批时限，提高审批效率。有65%以上的项目办理时间少于法律法规规定的时间，部分项目审批时限达到全国先进水平，基本建立起精简、规范、透明的审批流程。

（三）创新完善审批运作机制

2006年，泉州市推行部分审批事项市场化改革，对有额度和指标限制或属于资源性、垄断性的审批事项，除法律法规另有明确规定外，采用招标、拍卖等市场化的运作方式。对小型矿产采矿权、新增跨县（区、市）道路客运班线和新增出租汽车运力进行指标拍卖，对市区统一规划和定点的大型户外广告设置，10万元以上医疗设备（8种大型医用设备除外）等事项实行市场化管理，进一步降低市场准入门槛。同时将部分政府审批职能移交给中介组织等。如对资格资质类的行政审批事项转移给中介组织，评比评奖等的事项转移给行业协会。7月底，组织建成网上审批管理信息平台。平台分设外网网站和内网审批系统两个门户，由政务公开、预申报预审核、审批业务流转和部门内部审批、电子监察四大部分组成，服务范围覆盖申办人、市直审批部门审批业务相关人、中心管理处、监察机构4类对象、进驻中心的477个事项，具有政务信息及中心动态发布、表格下载、投诉建议等基本功能，设有审批时限临界“黄灯”预警、超时“红灯”告诫、短信告知和网上实时查询审批结果等特色功能，并推出电子监察、外网预申报及内网预审核等处于国内领先水平的前瞻性功能。信息平台的建成并投入使用，进一步规范审批行为，提高审批效率，为最终实现全面网络化审批奠定良好基础。2007年，泉州市推行全程式网上审批，实行并联审批，项目审批时限缩短近五分之四。

2007年7月，址设原丰泽区树脂工艺品展示大厦的泉州市行政服务中心正式运作，成为集信息与咨询、审批与收费、管理与协调、投诉与监督于一体的综合性审批服务窗口。第一期设立窗口柜台78个及该中心一系列运行配套设施。整合市直各有关单位分散的审批窗口，取消原投资项目行政服务中心，将涉及投资建设及工商登记两大审批流程的39个部门的477项审批服务项目纳入行政服务中心统一管理。

2008年，泉州市通过深化改革，将入驻行政服务中心办公的42个部门和“六大中心”的审批服务项目由原来的541项整合为508项。同时，着力协调各行政性收费部门，整合建立“一站式”收费系统，在审批大厅设立统一收费机构，进驻中心的17个收费部门（无线电管理局除外）全部实行电子开票、当场缴费的收费管理办法。形成“一个窗口受理、一条龙服务、一站式办结、一次性收费”的运作模式。同年，面向企业的全程式网上审批项目也扩大至24个部门178项。同时，出台《关于进一步推进全程式网上审批工作的意见》，强化市县网上审批联动。切实强化审批监管和审批责任制度，对政府已经颁布取消、下放或改变审批方式的审批事项，建立跟踪、检查制度；对进驻行政服务中心的部门进行“一事一地”、充分授权的专项检查，形成体制循环，对违反规定的单位和个人，进行认真严肃的处理，确保审改工作真正落到实处。制定《泉州市行政服务中心效能投诉工作规则》和《泉州市行政服务中心审批服务责任制度》，成立市效能办行政审批监督小组，市监察局出台《泉州市行政审批管理监督办法（试行）》和《泉州市行政审批责任追究制（试行）》，进一步规范行政审批行为，对该中心各部门、各环节的审批工作职责和效能实行严格责任追究。探索建立严密完善的审批监督制约机制的新路子，完成国务院审改小组重点课题《建立严密完善的审批监督制约机制》一文的撰写，得到国务院审改小组的充分肯定。

三、推行办事公开制度

1996年起，泉州市分3个阶段逐步推行办事公开制度。1996—1997年，为从源头上预防和治理农村腐败，市纪委下发《关于在全市范围内推行村务公开制度的意见》，在全市普遍推行村务公开。1998—1999年，泉州市先后发布《关于切实加强城乡基层事务公开和民主管理规范化建设的意见》《关于实行校务公开监督制度的暂行规定》《关于全市卫生系统实行院务公开监督制度意见》《泉州市企业推行“厂务公开、民主管理”实施办法》，在全市实行村务、政务、校务、院务和厂务“五公开”制度。2000年7月，市委、市政府发布《关于全面推行公开办事制度的决定》，在全市推行办事公开制度，并从2002年起在时间、内容、形式、程序等方面对办事公开工作进行规范。2002年4月，中共中央政治局常委、中纪委书记尉健行到泉州视察，充分肯定泉州市推行办事公开制度的做法与成效。2003年5月29日，市邮政局获中纪委、中央组织部、国务院国有资产监督管理委员会、监察部和全国总工会联合授予的“全国厂务公开工作先进单位”称号，成为泉州市及全省邮政系统唯一获此荣誉的单位。2004年11月，泉州市在全国政务公开工作经验交流会上介绍市直机关推行政务公开的情况，市级机关和安溪县被中纪委确定为市、县两级政务公开工作联系点。2005年起，市委、市政府成立推行办事公开制度领导小组，加强对办事公开工作的领导，进一步提高认识，规范完善制度，建立长效机制，进一步把办事公开工作落到实处。2010年，市纪委、监察局出台《关于进一步加强城市社区党风廉政建设的实施意见》，全面推行社区党务公开和居务公开，推行以“社区里的事居民要知道、要参与、要做主、要监督、要满意”为主要内容的“五要”工程，提升居民对居务管理的知晓率、参与率和满意率。

四、推行政府信息公开

2007年10月，泉州市政府按照《中华人民共和国信息公开条例》（简称“条例”）的要求，成立以分管副市长为组长的信息公开工作领导小组，各级各部门相应成立信息公开工作领导机构，负责本级本部门的信息公开工作。同时，市、县（市、区）政府设立政府信息公开工作专职机构，负责政府信息公开的日常工作。

2008年3月，市政府办公室印发《关于进一步做好政府信息公开指南和目录编制等工作的通知》，明确政府信息公开指南、政府信息目录的编制要求，提供指南、目录的样本。各信息公开单位按照省、市的规范要求，于3月底全面完成目录指南编制工作并上网公开发布。4月，改版优化“中国泉州”门户网站和政府各部门网站，增设政府信息公开专栏；在市、县（市、区）两级档案馆设立政府公开信息查阅中心；在市图书馆增设“政府信息公开查阅服务点”；同时，发挥政府公报、政府新闻发布会的信息公开功能；建立或完善政府信息公共查阅室、资料索取点、信息公告栏、电子信息屏等场所、设施。市政府办公室先后出台《泉州市人民政府信息公开办公会议制度》《主动公开政府信息处理流程细则（试行）》《〈依申请公开政府信息处理流程细则〉（试行）》《泉州市人民政府公开信息送交暂行规定》《泉州市人民政府信息公开统计制度》《泉州市人民政府信息公开工作统计报表网上填报制度》等11项政府信息公开工作制度，各信息公开单位相应建立健全相关配套制度，政府信息公开工作管理制度得到规范。5月1日，条例正式实施前后，在《泉州晚报》、《东南早报》、泉州电视台刊发载播市政府办公室负责人答记者问，进一步扩大政府信息公开工作的影响，普及政府信息公开知识。全市各级各部门对政府信息进行梳理和发布。至2008年年底，累计主动公开政府信息3.55万条，全文电子率96.6%；政府信息公开专栏访问量达211万多人次；市、县（市、区）两级政府信息公开查阅中心累计汇集政府公开信息2.68万条；同时，通过市政府公报公开重要行政法规、政府规章，各行政机关的主要规范性文件以及人事任免、机构设置等信息。市政府公报每月定期出版，免费向公众发放或提供阅读，每期发放量2000余份。全市各级各部在主动公开政府信息的同时，还进行依申请公开政府信息。申请的内容主要涉及土地征用、房屋拆迁与补偿标准、招商选资政策、社会保障、城市建设规划、司法公证、计生政策、工商营业执照办理等方面答复率100%。在开展政府信息公开工作中，还接受市民咨询1.67万人次，咨询内容主要涉及土地征用和拆迁政策、计划生育政策、社会保障、优抚救济标准、国民经济主要统计指标、城市管理执法、税收征收标准、办税手续、工商执照办理、停电情况等事项。

至2010年，全市各级各部门受理政府信息公开申请的内容主要涉及土地征用、房屋拆迁与补偿标准、招商选资政策、社会保障、城市建设规划、司法公证、计生政策、工商营业执照办理等方面。

五、林业“三定”和集体林权制度改革

2002年年底，泉州市永春县坑仔口镇诗元村和洛江区罗溪镇三村村进行集体商品林林权制度改革试点。2003年4月，根据《福建省人民政府关于推进集体林权制度改革的意见》精神，泉州市部署开展集体林权制度改革，通过明晰所有权、放活经营权、落实处置权、确保收益权、核发林权证等，至2006年，以明晰产权为主要内容的主体改革基本完成，建立起经营主体多元化，权、责、利相统一的商品林经营管理新机制。在完成集体商品林林权制度改革任务后，为巩固和扩大林改成果，根据省委、省政府《关于深化集体林权制度改革的意见》精神，按照“落实主体、维护权益、强化保护、科学利用”的总体要求，加大工作力度，创新工作机制，全面推进生态公益林管护机制改革。至2008年年底，全市共明晰商品林所有权面积36.31公顷，占应明晰产权商品林面积36.69公顷的98.92%；完成生态公益林管护机制改革1471个行政村，占有改革任务的1477个行政村的99.51%；完成管护机制改革面积24.49公顷，占应改革面积24.5公顷的99.98%；完成发（换）林权证面积59.31公顷，占应发放面积的95.044%。

六、税制改革

1990年，泉州市加强税收稽征管理，进行征管制度、组织分工和管理方法等方面改革，并建立涉外税政和税务检查站、稽查队，推动稽征工作规范化，促使全市工商税收逐年增长。1981—1990年，年均递增21.57%。

1994年，泉州市开征消费税，取消原有的国有企业所得税和调节税、集体企业所得税、私营企业所得税，所有内资企业统一执行企业所得税；8月起，进行新一轮税制改革，分别成立泉州市国家税务局、泉州市地方税务局。国税机构成立之初，沿袭“一人进厂、各税共管”的老模式，即由专管员管户、上门收税的“保姆式”税收管理方式。

1995年起，泉州市按照《福建省国家税务局征管改革实施方案》，推行“专管员管事、纳税人主动申报纳税”的办法，全面按新的征管模式运转。

至1996年年底，各县（市、区）分局均设立办税服务大厅，实现固定户上门自行申报纳税。同年，泉州市进出口税收管理局成立。

1997年1月1日起，金融保险营业税征收率由5%提高到8%，泉州市作为全省征管机构改革试点单位，全市建立以市国税局为中心的专业化征收、管理、稽查体系，形成“多元申报纳税、市区集中征收、属地分类管理、市级一级稽查”的格局，原有“征、管、查”征管机构转变为专业化管理机构。

1998年，泉州在全省率先推出增值税纳税人分类管理办法，以纳税人财务管理、纳税规模、纳税意识等7个方面实际情况为依据，把增值税纳税人分为甲、乙、丙3种类型，实施各类型有升有降的动态管理。

1999年初，泉州市在全市范围内全面实行增值税一般纳税人审核评税及日常稽核制度，创造性地建立包括销售额变动率、进项税额变动率和税负率三大指标为主的增值税一般纳税人纳税申报峰值指标体系。11月1日起，国税部门恢复对储蓄存款利息所得征收个人所得税。

2001 年 1 月 1 日起，泉州市开始征收车辆购置税。同年起，金融保险营业税征收率每年下调一个百分点，经 3 年从 8% 降低到 5%。

2002 年 1 月 1 日起，全市新登记注册的企事业单位的所得税，由国税部门征管；同年，实施所得税收入分享改革，原由国税部门征管企业所得税、个人所得税的范围不变。

2003 年 1 月 1 日起，国税机关停止征收金融保险营业税。

2001 年，泉州市各级地税局在征、管、查“三分离”试点工作的基础上，开始推进征收专业化、管理精细化、稽查规范化；同年，泉州地税在全省地税系统率先推行“税务公开、民主评税”；根据部分行业的生产经营与用电、用水、用地、用工等指标关联度高的特点，出台更为科学合理的定额管理办法。

2002 年 5 月，晋江市地税局成功尝试 ISO 9001 国际标准质量管理体系认证，成为当时全省唯一通过该项体系认证的地税部门。

2003 年，泉州市地税局在全省率先开展“机关基层零距离活动”；同年，又在全省首家推出“同城通办”办税服务功能。

2005 年 3 月，在全省率先建立“发票 110”快速反应机制；5 月，在全国率先推行有奖定额发票设置旅游大奖的做法；同年，制定出台《税收管理员管理办法》，试行能级管理模式，确立新的税管员岗责体系。

七、粮食流通管理体制改革

1991 年 8 月，石狮市率先放开粮食统销价格，1992 年 10 月 1 日起泉州市全面放开粮食统销价格，实行 39 年的粮食计划供应体制至此结束。1992 年，市政府加强粮食市场调控，建立市、县（市、区）粮食专项储备制度。国家粮食储备局批准并命名泉州市大坪山国家粮食储备库，市直属普明粮库、鲤城区第一粮库和后渚粮食接转站为国家粮食储备库，粮食储备工作走向制度化和规范化。同时，建立规模 2000 万元的粮食风险基金，严格规定粮食风险基金的使用范围。此后，随着粮食储备规模扩大，粮食风险基金也逐步增加。1998 年，泉州市政府加快完善市、县（市、区）两级粮食储备体系，规定市、县（市、区）粮食储备规模。

2001 年，泉州率先推行粮食购销市场化改革，取消粮食定购，实行订单收购。至此，泉州市场粮食流通管理体制完成从计划经济时期严格的“四统一”（由国有粮食部门统一收购、统一销售、统一调拨、统一库存）到完全开放的市场化改革历程。

2003 年，因受“非典”影响，粮食市场和价格出现波动，为增强政府对粮食的宏观调控能力，市政府要求落实市、县（市、区）粮食储备规模的同时，建立 5000 吨大米应急储备和 1000 吨食用油应急储备库存。

2008 年，泉州市基本建成以官桥粮食批发市场为龙头，以全市重要城镇和粮食集散地的区域性交易市场为骨干，以农村集贸市场和城镇连锁超市、专营及兼营粮店等零售市场为基础，不同层次专业分工和协作的粮食市场体系，对泉州市搞活粮食流通，确保粮食市场供应和粮食安全发挥重要作用。

八、外贸体制改革

1993 年 8 月，泉州市在市直外贸企业中全面推行承包经营责任制，与 7 家外贸企业签订经营目标责任书，在保证国有资产保值和增值的前提下，企业负责承包净收汇和盈利两项指标，并相应提取核定系数的工资总额，健全激励机制。

1995 年，拓展对外贸易经营方式，坚持“代理制”，发展规模化、集约化经营。2001 年，泉州市对外贸易经济合作局（简称“泉州市外经贸局”），逐步转变职能，探索为企业开展对外经贸提供咨询、组合和政策服务。2003 年起，加快培育多元化经营主体，抓住国家进一步降低外贸经营准入门槛的机遇，加快审批进出口经营权。当年，全市获批进出口权企业 155 家。

2005 年，国务院批准设立泉州出口加工区，泉州的对外贸易功能得到进一步提升。

2010 年，泉州市推进出口基地建设。占全省 30% 的出口份额的纺织服装、石材、陶瓷、树脂工艺品、箱包及伞等 4 个行业基地商会相继成立。推进电子商务平台建设，当年 1300 多家企业进行网上交易。

九、信息化管理改革

2008 年，泉州市委、市政府把信息化管理改革作为重点改革领域，列入市委、市政府工作重点。市委常委会第 41 次会议研究通过《关于泉州市信息化建设总体工作方案》和《2008 年泉州市信息化建设工作要点》，确定泉州市信息化建设的“338”工程（即三个阶段逐步 推进、着力构建三大平台、重点实施八大工程）。“338”工程的“三个阶段推进”即开展资源普查，制订发展规划；信息资源整合与基础设施建设；信息化应用与普及。建设“三大平台”即建设统一的政务信息化、企业信息化和社会信息化三大公共服务平台。实施“八大工程”即分期组织实施普查与规划、电子政务、社会管理和公共服务信息化、企业信息化、农村信息化、服务业信息化、信息产业发展、信息化安全保障工程。

2010 年，以开展省“两化融合”试点工作为载体，加大公共服务平台建设力度，推动信息化与工业化的融合。

十、新型农村合作医疗制度

2004 年 6 月 10 日，省政府转发省卫生厅等部门《关于 2004 年新型农村合作医疗试点工作的方案》，安溪、石狮、泉港 3 个县（市、区）作为开展新型合作医疗试点，分三种模式运行，即“安溪模式”，实行“保大不保小”的风险型模式，以大病统筹为主，合作医疗基金由县级管理中心统筹管理，各乡镇设立报账中心，管理费用和管理人员全部由政府负责；“石狮模式”，即实行医疗保险模式，将筹集的基金集体向保险公司投保，实行保险商业化运作，风险和盈亏全部由保险公司承担；“泉港模式”，即介于安溪与石狮之间，政府将基金委托保险公司实行专业化运作，由区财政管钱、合作医疗办公室管账、保险公司负责赔付，三者共同管理，管理费用由政府负责。2005 年，在试点县的带动下，石狮市、泉港区、德化县、晋江市相继进行农村合作医疗保障新模式试点。至 2008 年 1 月，全市有农业人口的洛江、泉港、石狮、晋江、南安、惠安、安溪、永春、德化 9 个县（市、区）全面实施新型农村合作医疗制度，有 423.48 万人参加新型农村合作医疗，农民参合率 82%。

十一、城乡居民最低生活保障制度

1996 年 4 月 13 日，泉州市政府颁布《泉州市城市居民最低生活保障暂行规定》。5 月 1 日，在鲤城区开展建立最低生活保障制度（简称“低保”）试点，鲤城区 8 个办事处 59 户、185 名居民首批领到低保补助金。1997 年 8 月，市政府第 51 次常务会研究通过《泉州市人民政府关于建立和实施城乡居民最低生活保障制度的实施意见》，自 1998 年 1 月起在全市范围内建立和实施该制度。随后，各县（市、区）结合当地实际制定实施细则。1999 年 11 月，民政部在泉州市召开全国低保工作会议，充分肯定泉州市低保工作取得的成绩。2001 年 1 月，市政府颁布第 10 号政府令，为做好城乡低保工作提供政策措施依据。2002 年，部署城乡低保扩面工作，城乡低保基本实现“应保尽保”的目标。2004 年 2 月，市政府召开全市农村低保工作会议，12 月，全市农村低保“应保尽保”工作目标基本实现。2005 年，全市享受低保的农村居民 81442 人，实现农村特困群体的应保尽保。至 2007 年末，全市享受低保的农村居民 87576 人，月人均差额补助 62 元；享受低保的城市居民 24982 人，月人均差额补助 97 元。2008 年 1 月 4 日，市政府办公室发出通知，对城乡最低生活保障标准、扩大保障面等作出具体规定：从2008年1月起，最低工资标准为650元的鲤城、丰泽、洛江、泉港、石狮、晋江、南安、惠安等县（市、区）将城市低保标准调整为260元以上，最低工资标准为570元的安溪、永春、德化县将城市化低保标准调整为230元以上。2010年，全市城市低保和农村低保月人均补差分别是183元、103元，位居全省第二位和第一位；农村五保每人每月平均补助306元，居全省第一位。

第六节 综合配套改革先行先试

1993年3月25日，泉州被国家体改委列为综合配套改革试点城市。市委抓住机遇，深化改革，加快建立和完善社会主义市场经济体制。

1994年8月，泉州市委、市政府成立泉州市综合配套改革领导小组并制定《泉州市综合配套改革试点总方案》和7项分方案；10月，市委、市政府在北京首都宾馆召开泉州市综合配套改革方案论证会，经过40多位部委领导和专家认真论证，配套改革总方案和7项分方案获得通过。

1995年3月，泉州市政府出台《泉州市综合配套改革试点总方案》，明确提出用5年左右时间（1993—1997年），推进若干重大改革措施取得实质性进展，初步建立起社会主义市场经济体制。加快扩大以养老保险覆盖面为主的社会保险制度改革，实行“广覆盖、低负担”的做法，养老保险以及工伤、医疗、女职工生育等保险的覆盖面逐步扩大到“三资”企业、乡镇企业。城乡普遍实行居民最低生活保障制度。加大国有资产经营管理体制改革力度，认真搞好全市国有和城镇集体企业的资产登记、评估、确认和管理工作。出台《关于加强国有住房资产管理的实施意见》，推进城市住房制度改革，规范国有住房出售行为，明确产权关系，防止国有资产流失。加强金融监管，依法规范和维护金融秩序。

2007年12月中旬至2008年3月中旬，中央政策研究室、中央财经领导小组办公室组成调研组，就改革开放以来在中国特色社会主义旗帜指引下开拓成功发展之路问题到全国18个地区进行专题调研。“中国特色发展之路课题赴福建省泉州市调研组”肯定泉州市经济社会发展取得的成绩。泉州市着力打好“侨牌”，以“三来一补”（指来料加工、来件装配、来样加工和补偿贸易）起步，带动乡镇企业发展，培育优势特色产业，形成众多知名品牌，增强县域经济实力，实现城乡协调发展，成为改革开放的一个典型。中央调研组肯定泉州改革开放30年以来经济实力显著增强；产业结构不断升级；对外开放不断扩大；基础设施日臻完善；社会建设同步推进；小康建设扎实推进，人民群众安居乐业的辉煌成就。总结出泉州改革开放30年的发展道路5个发展阶段：第一阶段是1978—1985年，大力发展乡镇企业，实现产业结构从以农业为主向以工业为主的转变；第二阶段是1986—1991年，创办开发区，大力引进侨资，实现工业由散向聚、由内向外发展；第三阶段是1992—1997年，深化改革扩大开放和优化产业布局，夯实经济发展的制度基础和经济基础；第四阶段是1998—2003年，实施科教兴市战略和名牌战略，实现经济结构转型升级；第五阶段是2004—2008年，贯彻落实科学发展观，推进经济社会又好又快发展。调研组还总结了泉州改革与发展的主要做法和取得的经验。调研组认为，泉州市改革与发展能够取得举世瞩目的成就，得益于改革开放以来，泉州始终坚持解放思想、实事求是、与时俱进的思想路线；始终坚持以经济建设为中心，聚精会神搞建设，一心一意谋发展；坚持发展为了人民，发展依靠人民，发展成果由人民分享；坚持改革开放，泉州30年来创造了许多全国和全省第一；历届市委、市政府始终坚持解放思想、实事求是、与时俱进的思想路线，成功地扮演工业化推动者和保护者的角色，成功地扮演管理者和引领者的角色，并在实践中较好地保持了政策的连续性，制定发展战略和政策不搞短期行为。调研组对泉州以后的发展战略设想作充分肯定。

10月29日，新华社发表长篇专题报道《利用侨资带动经济起飞——福建省泉州市经济社会发展调查》，详细报道改革开放以来泉州所取得的辉煌成就、发展道路的探索、主要做法和经验、今后发展的战略设想。报道充分肯定，泉州人民经过不懈探索，闯出了适合自身实际的发展道路，创造了以市场化为制度基础、民营经济与外向型经济互相促进为最大特色、县域经济发达为突出亮点、品牌化为突出优势的“泉州模式”。

第七节 试行党代会代表常任制

1993 年 12 月，经市委批准，晋江市第八次党代会决定试行党代会代表常任制，对改革党的代表大会制度进行探索。之后，市委在晋江、石狮、南安 3 个县级市试行党代会代表常任制。各试点单位围绕加强党内民主建设、发挥党代表作用、强化党委领导核心作用的目标要求，以改革精神探索试行党代表大会常任制的途径和机制，健全代表管理、代表团活动、代表议案、党代会年会等制度，逐步构建特色鲜明、运作规范的党代会代表常任制运行机制和制度体系。试点工作开展后至 2005 年，3 个试点单位共增补代表 232 名，有 161 名代表被终止代表资格，47 名代表被取消代表资格。至 2008 年，3 个试点市仍试行这一制度。

第八节 探索实行“小政府、大社会”管理模式

1988 年 1 月，省政府批准石狮市为综合改革开放试验区，享有省辖市一级权限。依据省委、省政府关于“在体制上更活一点，机构更少一点，经济管理权限更大一点，干部素质更强一点”的指示，1988 年 2 月，泉州市委、市政府联席会议决定，石狮市行政机构设置实行“小政府、大社会”原则。3 月，市委、市政府成立“石狮建市筹备领导组”和“石狮市建市筹备工作指导小组”，指导、制定石狮市党政机构设置精简方案。方案一方面强化政府综合管理部门，一方面把过去计划经济时代经济管理、社会事务管理的一些部门和机构压缩、合并或取消，石狮成为全国最早推行“小政府、大社会”管理模式的县级市。按原有规定，石狮市党政编制可设置 780 个，根据精简方案，石狮市委设 2 个工作部门，市政府设 11 个工作部门，合计编制数 332 个，比同级县（市）的常设机构精简三分之一以上。7 月 1 日，泉州市委第一次引入“公开、平等、竞争、择优”政府干部任用制度，通过公开选拔，选出石狮市政府市长 1 名和副市长 3 名，并率先采取公开报名、笔试、面试、考核相结合的形式公开招录来自全国 8 个省、市和福建省 25 个县（市）、具有高中或中专以上文化程度的首批 95 名公务员，其中党团员和 35 岁以下的年轻人占 70% 以上。9 月，省委、省政府重新核定给石狮市党政机关总编制 200 人（不包括 4 个乡镇和部分部门单列编制）。9 月 30 日，全国第一个由镇建制升级建立的省辖县级市——石狮市正式挂牌办公。

1992 年 5 月 19—24 日，第一次全国县级综合改革经验交流会在江苏省常熟市召开，石狮市与会代表在会上作关于“小政府、大社会”的行政机构改革情况介绍。

1994 年，石狮市五套班子配置 14 个职数，比一般县（市）少十几个职数，市委书记同时当选为市长，2 名副书记分别当选人大常委会主任和政协主席，其他 4 名常委分别兼任组织部部长、宣传部部长、纪委书记、人武部政委。各部、委、办、局只设 1 正 2 副，小的局只设 1 正 1 副。

1996 年，省委、省政府和省编委核定石狮市直机关总编制 450 人，镇级机关编制 225 人，公检法司 495 人。同年 7 月，市编委全体会议审定石狮市党政群机关“三定”（定职能、定编制、定内设机构）方案。“三定”后，石狮市党政工作部门共 24 个。其中，党委工作部门 6 个，分别是市委办、组织部、宣传部、统战部、市直机关工作委员会、政法委员会；政府工作部门 18 个，分别是市政府办公室、人事局（编委办）、内务局、经济局、对外经济贸易委员会、国土建设局、教育局、科卫文体局、计生委、侨台外事局、审计局、财政局、工商局、地方税务局、监察局、公安局、司法局等。群团组织 6 个，分别是市总工会、团市委、妇联、商会、科协、侨联。议事协调机构是石狮市委农村工作领导小组办公室（石狮市政府农业办公室）。归口管理机构是精神文明建设指导委员会办公室、机要局。

实行“小政府、大社会”管理模式，对促进政府管理体制改革具有重要探索性作用。市委主要负责政治上和组织上的领导，不直接包揽政府的具体工作，保证政府及其部门有职有权，独立自主地开展工作，

有利于改善和加强党的领导。政府及其部门主要负责贯彻落实党的路线、方针、政策和上级指示，做好规划、协调、服务、监督工作，有利于推动政府职能的转变。将部分管理权限下放，有利于实行简政放权。政府机构设置同经济运行机制相适应，逐步取消直接管理企业生产经营活动的环节和部门，实现间接管理。将行业性的局转变为经济实体，促进政企分开，改变“大政府”包揽一切，企业无法独立经营的旧模式，把创造、进取、赢利、壮大的机会留给企业。对国有企业，只管厂长、经理，企业用工、产品价格、资金使用等都让企业独立自主。对占很大比重的非公有制企业，政府主要提供政策、基础设施、软环境建设等服务。

第九节　打造晋江模式　总结晋江经验

从打造“晋江模式”到形成“晋江经验”，集中体现晋江人爱拼敢赢、适时应变、持续创新的精神品格，为泉州县域经济全面发展注入新的活力。“晋江模式”始于20世纪80年代，由著名社会学家费孝通提出，与当时的苏南模式、温州模式、珠三角模式并列为中国农村经济发展的“四大模式”。晋江模式，指在福建泉州晋江市发展出来的一种“以市场调节为主、以外向型经济为主、以股份合作制为主，多种经济成分共同发展”的经济发展道路。1992年，晋江撤县建市，同时被确定为福建省综合改革试验区。自晋江撤县建市以来，敢想、敢拼的晋江人发挥侨乡优势，利用闲房、闲资、闲散劳动力较多的“三闲”，弘扬诚信、谦恭、团结、拼搏的晋江精神，闯出一条“三闲起步、三来过渡、三资上路，成片开发迈大步”的开放型经济发展之路，推动晋江经济的超常规、跳跃式地发展，创造出著名的“晋江模式”。1993—1998年，“晋江模式”在全市得到推广，乡镇企业开始由“遍地开花”向以小城镇为依托，集中连片的区域化、专业化转变。

1996—2002年，福建省委副书记、省长习近平6年间7次到晋江下企业、进社区、访农村、走基层。2002年6月，习近平在晋江调研时第一次正式提出“晋江经验”概念。习近平指出，“晋江经验”是晋江和泉州人民在大力发展社会主义市场经济和建设有中国特色社会主义的伟大实践中总结和积累的宝贵经验，符合“三个代表”重要思想的要求。“晋江经验”是晋江、泉州也是福建的一笔巨大财富，在新世纪新阶段，要坚持与时俱进、博采众长的精神，在深化经济发展后劲的调研中，不断对这一经验进行总结、创新和发展，并用以指导晋江、泉州和全省改革开放与社会主义现代化建设。2002年8月 20日，习近平在《人民日报》发表《研究借鉴晋江经验　加快县域经济发展——关于晋江经济持续快速发展的调查与思考》一文。10月4日，又在《福建日报》发表《研究借鉴晋江经验　加快构建三条战略通道——关于晋江经济持续快速发展的调查与思考》一文，总结提出以“六个始终坚持”（始终坚持以发展社会生产力为改革和发展的根本方向；始终坚持以市场为导向发展经济；始终坚持在顽强拼搏中取胜；始终坚持以诚信促进市场经济的健康发展；始终坚持立足本地优势和选择符合自身条件的最佳方式加快经济发展；始终坚持加强政府对市场经济的引导和服务）和“正确处理好五大关系”（处理好有形通道和无形通道的关系；处理好发展中小企业和大企业之间的关系；处理好发展高新技术产业和传统产业的关系；处理好工业化和城市化的关系；处理好发展市场经济与建设新型服务型政府之间的关系）为主要内涵的“晋江经验”。从此，“晋江经验”成为新世纪以来晋江、泉州乃至全省改革发展的制胜法宝和行动指南。至2010年，晋江综合经济实力连续多年稳居全国前列、福建首位，成为全省经济社会发展的“排头兵”。

一、地域文化

以“诚信、谦恭、团结、拼搏”精神为核心的晋江地方文化，构成改革开放后民营经济率先发展、攻坚克难，并逐步走向成熟的内在动因。改革开放后，作为侨乡，晋江人率先感受到外部世界的信息，原本备受压抑的朴素市场意识逐渐觉醒，催生晋江人自发的市场行为。开始仿造生产所谓的“国产小洋货”，市场的利润和成功者的示范，带动乡里乡邻的仿效和亲朋好友的入伙，循着血缘、亲缘、地缘关系的经济辐射，一波一波地扩散开来，逐渐在当时的晋江形成“一村一品、一镇一业”的格局，磁灶的陶瓷、英林的服装、罗山的食品、永和的石材、东石的雨伞、深沪的内衣等远近闻名。晋江人重商务实、爱拼敢赢、冒险进取这些本质上与市场经济相契合的精神成为早期推动生产力发展的重要力量。

二、传统产业

晋江经济主要起步于消费品工业，如纺织服装、陶瓷建材、制鞋、食品等。克服传统产业附加值低、竞争激烈的劣势。晋江人把产业做大做强，发展成为全国性的生产基地和出口基地。晋江模式的一个显著特征，即以小经济带动大发展。小经济是晋江在发展初期的主要特征，具体体现为“五小”——小目标、小资本、小规模、小商品、小利润。即以一日三餐有个饱饭吃为小目标。利用海外资金作原始投资小资本，开办起一些早期加工厂。规模很小，家庭作坊式经营。多以生产和销售如纺织服装、制鞋、食品等科技含量较低的小商品作为主攻方向，使得完全依赖市场调节的晋江创业者充分发挥“船小好调头”的优势，及时寻觅和调整经营方向，使得初期创业相对成功。把竞争最为激烈、附加值很小的传统产业如纺织服装、制鞋、食品作为支柱产业加以发展，薄利多销、小利经营，逐步为以后带动经济发展做好前期物质准备。

三、社会资本

作为著名侨乡，晋江“十户人家八户侨”，海外乡亲分布在五大洲60多个国家，是晋江最具特色的人文特征和社会资本因素。“侨”的优势为晋江带来资金和资本品，以及先进技术和管理经验。这一独特的社会资本优势，使晋江从一个一穷二白的农业县发展成为初具规模的制造业基地，奠定晋江模式的根基，培育晋江以外向型经济为主的经济模式。至1998年，晋江市批准“三资”企业246家，实际利用外资19.83亿美元。1990年，晋江市华侨捐款5041万元；1991年捐款2034万元；1992年捐款4617万元；1993年捐款4357万元；1994年捐款5354万元；1995年捐款5393万元；1996年捐款1.18亿元；1997年捐款1.36亿元；1998年捐款4050万元；1999年捐款1亿元；2000年捐款1亿元。以上捐款70%用于教育，15%用于医疗卫生、10%用于交通、工农业生产、5%用于其他公益事业。

四、创业模式

晋江模式创业历程的最大特色就在于联户集资。晋江的民营企业基本上是从四种企业形态发展而来的，即乡办、村办、联户和个体。这四种形态中基本上是以联户集资形式为主，其他经济形式共同发展的。1983年福建省人民政府在晋江陈埭召开社队企业现场会，肯定“联户集资”企业是“福建乡镇企业一枝花”，是姓“社”的，希望“这样的花”开遍八闽大地。1985年，全县乡镇企业总数为5581家，其中联户集资企业3997家，占71.6%；乡镇企业就业人数16.48万，其中联户集资企业占9.62万人，占58.4%；乡镇企业总收入7.32亿元，其中联户集资企业4.69亿元，占64%。1982—1985年，全县乡镇企业总数增长118%，企业人数增长59.7%，其中联户集资企业分别增长634%、408%。

五、产业集群

从大办企业到形成产业再到发展产业集群，构建地方生产系统。从“满天星星”到工业园区，再到城市工业组团，建立起工业制造基地。晋江是先“外引”而后“内生”的模式，通过龙头企业扩张和中小企业衍生，逐渐形成成熟的产业集群包括鞋业制造、纺织服装、化纤工业、建筑陶瓷、食品饮料、伞具、玩具等，同时拥有机械设备、精细化工、纸制品以及制药、家私等一批具有集群趋势的产业，产业发展由以轻型加工为主向轻重并举、重化制造发展转化。2010 年，晋江市规模产值超百亿元的产业集群 5 个。其中，制造业、纺织服装业 2 个产业集群规模产值突破 400 亿元；建材陶瓷业规模产值突破 200 亿元，食品饮料业、纸制业分别实现规模产值 115.42 亿元和 107.84 亿元；电子机械业实现规模产值 86.48 亿元。

六、品牌效应

晋江品牌打造是一条从仿样加工到贴牌生产再到打响自有品牌的道路，逐渐拥有一大批具有较大市场影响力和消费崇尚度的著名品牌。晋江的产品最初叫作“国产小洋货”，在卖方经济背景下和封闭的环境中曾风靡一时。随着买方经济时代到来和对外开放扩大，“国产小洋货”逐渐失去对消费者的吸引力。晋江的很多企业就为国外企业做贴牌生产，将贸易窗口直接建到目标国。“安踏”“爱乐”“寰球”等多家品牌店进驻匈牙利“晋江产品一条街”。1995 年、1998 年和 2002 年晋江市陆续出台“质量立市”“品牌立市”和打造“品牌之都”的战略。2003 中法文化年，中国民族服饰第一次以超大规模和气势亮相海外，晋江劲霸男装成为中国男装唯一入选巴黎卢浮宫 T 型台的品牌。2005 年 4 月，政府重奖 2003 年的创牌和达标企业。至 2010 年，晋江市累计获中国名牌产品企业 24 家 24 项，“中国名牌”数量居全国县级前茅。获“福建名牌”产品企业 112 家 127 项。市政府表彰奖励 2008—2009 年度品牌企业兑现奖励资金达 171.5 万元。其中，奖励“福建名牌”企业 5 家 25 万元，奖励国家标准行业标准主导或参与起草单位 46 家 93.5 万元，激励企业求质量、创名牌向纵深发展。85 家“国字号”品牌企业，全年实现产值达 687.51 亿元，税收 36.19 亿元，分别占全市规模以上工业产值、财政总收入的 37.1%、36.1%。晋江市安踏、安儿乐、柒牌、利郎、劲霸、361°、SBS、七匹狼、金莱克、九牧王十品牌入选 2010 年中国最有价值品牌 500 强；劲霸（休闲男装行业）、浩沙（泳衣行业）、SBS（拉链行业）、安踏（运动服行业）、安尔乐（卫生巾行业）、凤山（石材行业）六品牌入选中国行业标志性品牌。

七、县域样本

晋江是东南沿海制造业重镇。随着工业化和产业转型加速，劳动力短缺和人才支撑不足日渐成为困扰晋江发展的难题。“人的城镇化”成为晋江推行新型城镇化的必然选择。“保障全覆盖，待遇均等化”，让他们进得来、留得住、融得入。晋江在全省率先实行居住证制度，赋予持证人 28 项市民待遇。晋江市户籍全面放开，不设门槛，无房也可以落户。晋江市建立了租房、公租房、经济适用房、企业员工宿舍、安置房和人才房等多元化住房保障体系。晋江市政府出台优惠政策，政府、银行、企业、个人“四级联动”，创造条件让外来工购买安置房。着力营造政府、企业、社会关爱外来务工人员的良好氛围，让他们融入企业、学校和社区，有归属感。对于农业转移人口的市民化问题，则是通过同城同步、城乡发展一体化的方式，推动城乡待遇均等化和城郊村、城中村就地市民化。晋江城乡低保的受益对象超过 2 万人，新农合参合率达 99.9%，城乡居民养老保险累计参保 62.2 万人，有 12 万名 60 周岁以上居民开始按月领取养老金。建立“凡征必保，即征即保”的被征地人员养老保险制度，维护被征地人员合法权益。营造城市吸引力，晋江致力于实现基本公共服务均等化，推动基本公共服务向常住人口全覆盖。在教育方面，晋江将全市公办学校向外来务工人员子女零门槛开放，赋予外来务工人员子女与晋江本地学生一样的入学升学权益。在晋江就读的外来人员子女达 20.33 万人，占总数的 58%。

2010 年，晋江开始大规模推进城市建设。以梅岭组团为出发点，拉开“全市一城、一主两辅”的城市建设布局。相继实施 352 个重点城建项目，推进 41 条道路功能完善、景观提升和立面综合整治。城市改造，注重规划先导，在“全市一城、一主两辅”的发展格局下，把以人为本、环湾向湾、尊重自然、传承历史、绿色低碳理念融入城市规划全过程。结合城市改造，晋江把126家优质企业退城入园，229家低效污染企业淘汰出局，从而实现产业集约集聚，转型升级。全市通过增量优化，布局八大专业市场、三大文化创意园、一个金融聚集区和一大批高端商业综合体，培育新型业态，优化经济结构。优化产业布局，拓展园区发展空间，启动实施“一区九园”开发区拓展规划，专业化特色园区和品牌工业园同步推进，带动了一大批工业项目，形成了产城乡相互融合，互为促进的局面。发挥城市集聚带动作用，晋江培育壮大一批高端商贸、工业设计、文化创意、现代金融、港口物流、楼宇经济等新兴业态。全市三产占比提升0.4个百分点，新兴业态蓬勃壮大，聚集了更多的人气和商业气息。

晋江一改某些城市改造简单地大拆大建的做法，而是将不同区位、不同类型、不同条件的传统民居由点及面、从线到面、凸显规模、彰显特色地可持续利用，并与城市更新改造有机结合，分类保护：对于历史和文化保护较好的古村落，给予整村保护；对于有一定规模的古建筑群，给予成片保护；对于体现民风民俗的单体建筑，给予局部保护。晋江还注重延续城市的山水格局、特色风貌、人文习俗，注入历史元素、闽南元素、华侨元素。委托清华大学历史文化名城保护中心开展晋江市传统民居建筑（群）保护与利用总体规划的编制工作，结合五店市历史文化街区的保护经验，成片保护陈埭涵口、灵源灵水、龙湖檀林、龙湖衙口—南浔、金井塘东、金井福全—石圳—溜江、深沪科任、东石玉记、安海九房、永和旦厝十大古建筑群，以此实现城市发展与文化保护双赢的局面。

第四章 特色创建

第一节 发展经济（工业）园区

1987年，泉州市的乡镇企业发展初具规模，原有闲散民房作为企业厂房不能满足企业发展需求，局部地区出现企业乱占、乱搭、乱建现象。市委、市政府及时规范引导企业用地行为，推进成片土地开发，规范解决乡镇企业用地问题，并以此作为吸引外商投资的重点，推动泉州经济发展。1997—1998年，全国清查非农建设用地，清理补办完善企业用地手续，全市工业区用地开而不发、闲置土地的情况好转。2002年，园区数量达到123个，规划面积1.38万公顷，实际用地面积5250公顷，落户企业3636家，园区发展初具规模。为促进工业区的整合升级和工业区用地的规范有序发展，泉州市将123个工业小区整合为66个工业园区，总规划用地面积2.26万公顷，园区批准土地面积6242公顷，实际用地面积5637公顷。其中，福建省政府批准19个工业园区，规划面积9371公顷，实际用地面积3187公顷；省直有关部门批准11个工业园区，规划面积6114公顷，实际用地面积1548公顷；市级机关批准4个工业园区，规划面积2448公顷，实际用地面积689公顷；县级以下批准32个工业园区，规划面积4633公顷，实际用地面积689公顷。2004年，泉州进一步治理整顿工业区，保留泉州经济技术开发区、晋江经济开发区等11个省级以上工业园区，园区规划面积9358公顷，批准土地面积3033公顷，实际已用土地3033公顷。另外，经福建省有关委、厅批准的8个工业园区规划面积7312公顷，经过批准的土地面积7312公顷，实际已用土地7312公顷。

2010年，泉州市工业园区19个。其中，国家级开发区3个（泉州出口加工区、泉州经济技术开发区、泉州高新技术产业园）；省级开发区8个（洛江经济开发区、晋江经济开发区、永春工业园区、安溪经济开发区、惠安经济开发区、南安经济开发区、惠安惠东工业园区、德化陶瓷产业园）。全市开发区规模以上工业产值1368.67亿元，税收收入53.21亿元，实际利用外资3.16亿美元，外贸出口21.8亿美元。

福建泉州经济技术开发区 1998年3月，泉州市清濛科技工业区，经福建省政府批准，成为由泉州市政府兴办开发建设的省级开发区。2003年，开发区更名为泉州经济技术开发区。功能定位为泉州高新技术产业开发区、新的经济管理体制示范区和新的经济增长点。规划面积包括已开发的清濛园区20平方千米以及即将开发的洛秀园区83平方千米。开发区成立管委会，享有泉州市本级部分经济社会管理权限。清濛园区规划建设泉州市高新技术企业孵化基地（高科技园区）、汽车制造基地、产业集中区、生活配套区，设立博士后科研工作站、留学生创业园、高校创业园、台湾学者创业园、软件园。至2005年已投产企业200多家，就业人口7万多人，全区工业产值71.59亿元，形成电子信息、生物医药、机电一体化、轻纺化纤、体育用品、工艺礼品六大主导产业集群。

2010年，全年实现工业总产值273.63亿元，同比增长21.4%，其中规模以上工业企业完成产值275.2亿元，同比增长21.5%。实现财政收入11.07亿元，同比增长10.26%，其中地方级一般预算收入4.37亿元，同比增长7.87%。外商实际到资（验资口径）1.03亿美元，同比增长2.8%。全年出口商品总值4.44亿万美元，同比增长25%。

福建南安经济开发区 1992年4月，经南安县政府批准设立福建南安经济开发区。2001年经省乡镇企业局确认为首批福建乡镇企业省级工业园区建设基地，规划面积12.77平方千米。泉州成功科技工业区位于南安市区西郊，2001年经省乡镇企业局确认为首批福建乡镇企业省级工业园区建设基地；泉州水暖专业工业园区位于“中国水暖之乡”一南安市仑苍镇，2002年经省乡镇企业局确认为首批福建乡镇企业省级工业园区建设基地，规划面积4.22平方千米。2006年4月，经福建省政府批准由泉州扶茂岭工业区、泉州成功科技工业区、泉州水暖专业工业园区整合成为福建省南安经济开发区，为省级开发区，规划面积34.49平方千米，主要产业轻纺、机械、塑胶制品、水暖制品等，入驻企业137家，就业人数2.1万人，年产值24.5亿元。2007年，南安市工业园区管理委员会更名为福建南安经济开发区管理委员会，统一行使南安市辖区内省政府确认的工业园区的开发建设和管理工作。

福建德化陶瓷产业园区 由泉州德化民营科技陶瓷园区更名而来，位于德化县龙浔镇。1996年3月开始筹建，1997年7月获省科委批准，是福建省首家民营科技（陶瓷）园区。2006年3月，经省政府批准为省级开发区，园区规划面积566.73公顷，入区企业170多家，就业人口3万多人，陶瓷经济总量达38.5亿元，占全县陶瓷总产值的65.6%；拥有省级高新技术企业24家，市级行业技术开发中心1家。

福建晋江经济开发区晋江科技工业园区 成立于1998年8月，2000年初正式动工建设，2003年3月被省政府批准列入省级开发区，主导产业为电子新材料、生物制药、精细化工、鞋服、食品；泉州安平工业综合开发区系1991年经省政府批准设立的外商成片开发区，主导产业为玩具文具、机械制造；晋江东海域开发区系1991年经省政府批准设立外商成片开发区，主导产业为纺织服装、精细化工。2006年3月经福建省政府批准由晋江科技工业园区、泉州安平工业综合开发区、晋江东海域开发区整合成为福建省晋江经济开发区，为省级开发区，规划面积4203.73公顷，入区企业330多家，就业人口2.7万多人，工业增加值50亿元。

福建洛江经济开发区 1992年，泉州万安开发区经福建省人民政府批准建设，1999年5月万安开发区被福建省人民政府批准为省级开发区，初步形成以光纤电缆、生物制药、高效环保电池等高新技术产业为龙头，以陶瓷、树脂艺品、食品、轻纺、房地产为主体的产业化基地。泉州双阳华侨经济开发区系省级开发区，位于市中心东北部、洛江区中部，产业以机电电子树脂陶瓷工艺品、鞋、服、包袋为主。2006年4月，经福建省政府批准由泉州万安开发区、泉州双阳华侨经济开发区整合成立福建洛江经济开发区，为省级开发区，规划面积1467公顷，已开发700公顷，累计投资33亿元，入区企业达到328个，就业人口4.5万多人，地区生产总值24亿元。

福建惠安经济开发区 泉州惠南工业园区位于泉州市城市规划区洛秀组团东南部，是福建省50个省级工业园区建设基地之一，2002年开始筹建，已开发建设面积8平方千米，实际投资30亿元，园区落户项目165个，投资总额50亿元，初步形成服装、鞋业、工艺品3个主要产业；泉州城南工业园区位于惠安县螺阳镇，1999年成立，经省科委批准为民营科技工业园区，2001年，经省乡镇企业局批准为省级工业园区建设基地，已开发建设面积2平方千米，已入驻项目86个，投资总额18亿元，形成以包袋、鞋服为主导的轻工产品生产基地。2006年3月，经福建省政府批准由泉州惠南工业园区、泉州城南工业园区整合成为福建惠安经济开发区，为省级开发区，规划面积1765.80公顷，已入区企业130家，就业人口4.8万人，工业产值36.6亿元。

泉州高新技术产业开发区 1992年2月，经福建省政府批准的省级开发区，由江南园和石狮园组成，规划面积4732.33公顷，已入区企业260多家，就业人口5万多人，工业增加值54亿元。江南园位于泉州市鲤城江南新区，2001年11月奠基开园，2002年6月园区管委会成立，2003年7月经省政府同意确定为省级开发区，园区以高新技术、电子信息为主导，重点发展微波通信、光伏电子、轻纺面料和机械汽配产业，被国家和省有关部门确定为国家火炬计划泉州微波通信产业基地、中国汽车工程机械配件产业基地、福建省科技成果转化推广重点示范区基地、福建省信息产业6个专业园之一，台湾学者（泉州）创业园开发面积达373.33公顷，入驻企业269家，投产企业186家。石狮园位于“中国休闲服装名城”——石狮市东北部，紧邻国家一类口岸石湖港，范围涵盖宝盖科技工业园、石湖港工业园、石狮东环路两侧、石湖路两侧，向东扩展至祥芝古浮，园区入驻项目40多个，总投资逾40亿元，2005年开发区工业总产值达15亿元，初步形成以电子机械、纺织服装、仓储物流、化工等四大类特色产业为主的支柱产业集群。

2010年11月29日，国务院批复同意泉州高新技术产业园区升级为国家高新技术产业开发区，定名为“泉州高新技术产业开发区”，实行现行的国家高新技术产业开发区的政策，成为继厦门、福州之后福建省第三个国家级高新区。泉州高新技术产业开发区拟实行“一区多园”的发展模式，以泉州台商投资区为主园区，以鲤城（江南电子信息产业园）、丰泽（泉州软件园）、石狮（石狮高新区）、南安［泉州（南安）光电信息产业基地］、泉州开发区（清濛园）、安溪［中国国际信息技术（福建）产业园和福建泉州（湖头）光电产业园］等为分园区，通过整合提升、优化布局、拓展空间，实现集聚明显、产业特色鲜明、产业优势突出的国家级一流园区，最大限度地发挥其辐射带动作用。

福建安溪经济开发区 1998年，园区动工兴建。2002年12月，确认为市级工业区。2004年5月，省政府确认保留安溪工业区。园区规划面积1999公顷，已开发面积1500公顷，入驻企业546家，2005年全区实现工业产值215亿元，区内就业人数达5.8万人。2006年4月经福建省政府批准的省级开发区。2009年，实现产值200多亿元，上缴税收超8亿元。其中，城区工业园以发展服装纺织、茶叶加工、包装等产业为主，德苑工贸园以发展家居工艺、仓储物流等产业为主，龙桥工业园以发展电子电器、工程机械等产业为主，湖头工业园以发展建材冶炼、机械配件等产业为主。

福建永春工业园区 1993年8月，经福建省政府批准的省级开发区，由永春探花山工业区更名而来。该园区由探花山、榜德和轻纺加工小区3个工业小区组成实施好“一区多园”和“飞地工业”发展战略，规范设立县域中心经济聚集区（探花山工业园、榜德工业园、轻纺鞋服产业园、生物医药产业园）；整合乡镇工业集中区，建设蓬壶农副产品加工园、中国永春（达埔）篾香产业城、苏坑和介福陶瓷工业园等特色专业园。园区把生物医药产业作为新兴产业、县域经济的后发优势来培育，做大做强轻纺鞋服、机械制造、陶瓷树脂、食品饮料等主导产业，坚持以骨干企业为龙头，带动上下游产品发展，促进产业结构的合理化调整和高度化升级。区内进驻企业120家，投产企业达到95家，投资5000万元以上企业达到38家，引办了修正药业、翔升纺织、欧美龙鞋服、南德针织和万家美针织等实力型企业，“安踏”“赛丹”“万姿曼”“图图”等中国名牌、中国驰名商标企业相继入驻，产业工人1.37万人。2009年实现产值45亿元，上缴税收近亿元。

第二节 推动县域经济发展

1991—2010年，市委、市政府大力激发各县（市、区）经济竞争活力，发挥各自县域特色优势，做大做强县域特色产业、产品，促进区域特色、县域经济竞相发展。

一、石狮市

1987 年，经国务院批准，以石狮、永宁、蚶江 3 个镇和祥芝乡的行政区域成立石狮市（县级市），并被省委、省政府确定为全省综合改革试验区。

1991—2008 年，石狮市经济发展初步实现产业结构由以农业为主向“稳一优二强三”转变、产业体系由家庭作坊模式向集群化规模化转变、产业发展由低效益低质量向高效益高质量转变、资源利用由粗放型向集约节约型转变、生态环境由高耗能高污染型向文明友好型转变等五大转变，形成以纺织服装为主导，以五金机械、印刷包装、鞋业鞋材、体育用品、食品饮料、电子信息为支柱的产业发展体系，并且呈现出“企业规模化、产业集群化、市场专业化、经济外向化”等特点。城乡一体化水平持续提高，作为一个新兴城市，石狮抓住规划这个龙头，确立“以城带乡、城乡一体化”的发展思路，实行城乡一体规划、一起建设、一起管理，逐步形成城乡一体化的发展格局。

2002 年，石狮市实施“四市三海”战略，继续深化“小城市大经济”发展战略，转变增长方式，被中国纺织工业、中国服装协会授予“中国休闲服装名城”称号。

2004 年 12 月，中共石狮市委通过《关于加快纺织服装产业发展的决定》，以“做大做强纺织服装主导产业”为目标，引导、支持纺织服装企业依靠技术进步推动产业结构升级，完善产业链，壮大产业集群，石狮纺织服装业迎来首轮发展高峰。同年，市委市政府制定《关于加快五金机械、印刷包装、鞋业鞋材、体育用品、食品加工、电子信息等六大类产业发展的决定》，在突出纺织服装主导产业壮大升级的同时，培育五金机械、印刷包装、鞋业鞋材、体育用品、食品加工、电子信息六大产业，促进各产业由“石狮制造”向“石狮创造”转型，推进产业经济向节能减排、低碳经济、环境友好、资源节约型发展，新建 PTA、王老吉饮料、鹏程纺织、致高纺织等一批重大生产性项目，相继出现一批龙头企业和省、泉州市高新技术企业。同年，城市中心区面积由建市时的 3.6 平方千米拓展到 28.12 平方千米，城市化水平已超过 51%，实现石狮由乡镇向中等规模城市转变的目标，在全省县级市中排在第一位。

2006 年，石狮市率先在全省实现村村通自来水、通公交车、通水泥路，实现户户通有线电视，获“全国社会主义新农村建设特色县”称号。2008 年，石狮成为福建省唯一入围“中国最具投资潜力中小城市 20 强”的城市。

2010 年，石狮市地区生产总值 370.22 亿元，增长 12.8%。财政总收入（不含基金）33.33 亿元，增长 18.7%，其中一般预算收入 19.27 亿元，增长 25%。农业总产值 29.09 亿元，增长 3%。水产品产量 37.03 万吨，增长 4.1%。农民人均纯收入 12422 元，增长 7.5%。社会消费品零售总额 182.9 亿元，增长 14.7%，扣除价格因素影响，实际增长 10.8%。城镇居民人均可支配收入 28388 元，增长 7.5%。全社会完成固定资产投资 140.96 亿元，增长 33.1%。三次产业比重为 4.0 ∶ 56.5 ∶ 39.5。经济综合实力位居全国中小城市科学发展百强县市第二十四位、保持全省第二位，跻身中国大陆最佳商业城市行列。银行存款余额 357.4 亿元；贷款余额 274.1 亿元，存贷比率 76.7%；城乡居民储蓄存款余额 250.2 亿元，比 2009 年同期增长 5.9%。综合经济实力位居全国百强县（市）第二十二位，全省十强县（市）第二位；人均地区生产总值 1.7 万美元，达到中等发达国家水平。闯出一条独具石狮特色的城乡一体化、经济社会持续快速协调发展的道路，创造备受瞩目的“石狮速度”，成为海峡西岸经济区建设的先行者和排头兵，先后获得“全国科技先进市”“全国文化先进市”“全国卫生先进市”“全国体育先进市”“全国首批建设社会主义新农村特色县”“中国民间文化艺术（灯谜）之乡”等称号，获得“全国双拥模范城”三连冠，入选“改革开放 30 年来 30 个最受关注的城市”“中国大陆最佳商业城市”“中国最具商业活力的沿海开放城市”，位列中国县级市竞争力百强第十一位。

二、晋江市

中共十一届三中全会以来，晋江把中共中央改革开放政策与当地实际情况结合起来，闯出一条独具侨乡特色的经济发展道路，创造引人注目的“晋江模式”“晋江经验”。

20世纪70年代末80年代初，东临大海的晋江，凭借海岸线长且曲折多湾，有天然良港，利于发展工商业和建设城镇群等优势，立足侨乡“闲房、闲资、闲散劳动力多”的特点，联户集资兴办乡镇企业，走农村“工业化”之路，促进晋江经济的快速发展，人民生活逐步改善和提高。

至1991年，晋江首次跻身全国综合实力百强县之列，县域社会经济综合发展实力列居全国第55位。

1992年，晋江撤县建市，在基本实现农村工业化的新起点上，走提升工业化、推进城镇化、社会现代化新征程，开启城乡一体的现代化建设新局面。当年，地区生产总值33.6亿元，综合实力跃居全国第二十四位。

1993年起，晋江市委、市政府建立完善社会主义市场经济体制，按照建立现代企业制度，对乡镇企业进行股份制改造，并对产业结构进行转型升级，推进品牌建设，逐步形成以社会主义市场经济为主、外向型经济为111.94亿元，晋江市域社会经济综合发展实力列居全国第十五位，3年间前进40位。其中，第一产业增加值8.07亿元，第二产业增加值64.83亿元，第三产业增加值39.04亿元。三次产业的比重为7.2 ∶ 57.9 ∶ 34.9。同年，全市财政总收入4.4亿元，地方财政一般预算收入2.52亿元。在岗职工年平均工资5451元，农村住户人均纯收入3358元。1998年，晋江深化各项改革，实施科教兴市和可持续发展战略，继续推进工业化、城镇化、社会现代化，进一步实施品牌经济战略，实现农村向城镇，第一产业向二、三产业发展，农业人口向非农业人口转变，激活生产力和生活水平的乘数效应，实现晋江模式的新发展，保持着长盛不衰的势头，取得国民经济持续增长和社会事业全面发展。当年，地区生产总值突破200亿元达到217.24亿元。其中，第一产业增加值12.08亿元，第二产业增加值129.18亿元，第三产业增加值75.98亿元。财政收入8.63亿元，地方级财政收入5.26亿元。在岗职工年平均工资7504元，农民年人均纯收入5643元。当年开始对农村住户住宅面积进行调查，人均住宅面积36平方米。

2000年，晋江市地区生产总值237.83亿元，跃居全国第十位。2002年，习近平同志把侨乡人民的大胆探索和成功实践概括为“晋江经验”，为晋江指明发展的方向。全市上下认真学习贯彻“晋江经验”，做到“六个始终坚持”，正确处理好“五个关系”，不断创新发展“晋江经验”成果。2003年，晋江主动融入海峡西岸经济区建设，推进经济持续较快增长。地区生产总值突破300亿元，达到321.6亿元，社会经济综合发展实力居全国第十八位。2004年，社会经济综合发展实力居第十三位。2005年，晋江市经济增长创1988年以来的最高水平，突破400亿元达到427.3亿元，其中，第一产业增加值完成11.42亿元，第二产业增加值完成278.36亿元，第三产业完成增加值137.51亿元；财政收入38.65亿元，其中地方级财政收入16.32亿元；在岗职工年平均工资16491元，农民年人均纯收入7625元；社会经济综合发展实力居全国第十七位。2007年，地区生产总值突破600亿元达到605.88亿元。其中，第一产业增加值11.88亿元，第二产业增加值395.38亿元，第三产业增加值198.62亿元。财政总收入60.3亿元，地方财政一般预算收入26.6亿元；在岗职工年平均工资20398元，农村住户人均纯收入8617元。城镇登记失业率常年控制在1‰以下，城镇职工基本养老、医疗、工伤、生育、失业“五险”制度、机关事业单位社会养老保险制度、农村社会养老保险制度以及被征地人员养老保障制度全面建立。从全国来看，晋江人口和土地面积分别是全国的0.08%和0.01%，但创造的生产总值占全国的0.24%，人均地区生产总值则是全国平均水平的3倍。不仅解决本地就业问题，养活、富有100万晋江人，还吸引全国各地逾百万人到晋江务工。

2010年，晋江市地区生产总值908.74亿元，同比增长11.9%。第一产业增加值15.45亿元，同比增长6.4%；第二产业增加值596.69亿元，同比增长14.8%；第三产业增加值296.6亿元，同比增长

6.2%。一、二、三产业比例调整为1.7 ∶ 65.7 ∶ 32.6。财政总收入100.23亿元，同比增长22.9%，高于年初预期目标10.9个百分点；地方本级财政收入45.2亿元，同比增长21.9%，高于年初预期目标9.9个百分点。连续第十七年居全省“经济实力十强”首位和“县域科技发展十优县（市）”首位。居“全国县域经济基本竞争力百强县（市）”第七位，获“全国中小城市综合实力百强”和“全国最具区域带动力中小城市百强”称号。

三、南安市

1991—2010年，南安人民不断解放思想，深化改革，扩大开放，开拓奋进，全面实施农业稳市、工业立市、经贸活市、科教兴市等一系列政策、措施，经济建设取得辉煌成就。制定并实施“工业立市”“工业强市”发展战略，走产业一基地一市场联动发展的新型工业化道路，持续实施体制改革、机制创新、招商引资、技术改造、自主创新等举措，实现从传统工业到现代工业的跨越式发展。

20世纪90年代初，南安县委、县政府作出发展乡镇企业、振兴南安经济的战略决策，先后制定发展乡镇企业的一系列政策措施。

1991—1993年，南安县开展“乡镇企业年”活动，动员社会各方面力量创办、发展工业企业。1993年5月12日，国务院批准南安撤县建市，当年10月16日正式成立南安市。撤县建市标志着南安迈进城市化、工业化的发展阶段，南安历史翻开了崭新的发展篇章。

至1995年，全市工业企业和个体工业户10342家，实现工业总产值138亿元。20世纪90年代下半叶，在工业生产数量上不断增长的同时，南安工业更在“经营上规模、技术上水平、质量上档次”和培育规模企业、龙头企业、明星企业上发力作为。1997年始，部分集体和挂靠集体企业甄别产权、组建股份合作制企业，一些家族企业引入现代企业制度，建立股份有限公司或有限责任公司。1997年起，开始在企业中开展质量管理认证工作，以提高工业企业整体素质和竞争力。至2000年年底，南安市已形成石材陶瓷、水暖阀门、消防器材、五金制品、纺织服装、塑料化工等支柱产业，全市拥有规模以上企业200家，拥有福建省名牌产品11个，80家企业获得ISO 9000质量管理体系认证证书。至2002年，大部分工业企业按照《中华人民共和国公司法》进行规范化改造，成立股份有限公司或有限责任公司；南安市委、市政府先后出台一系列政策措施，引导和激励企业“做大、做强、做优”，同时培植支柱产业，培育龙头企业，打造产业基地。工业企业扩大经营规模，引进优秀人才和先进技术，提升企业技术水平和产品质量，争创名牌产品。

进入21世纪，南安工业推进产业转型升级，发展高新技术产业，壮大支柱产业。同时，加大人才引进、技术改造、产品研发和争创名牌力度，一批企业在经营规模、技术水平、产品质量等方面跃居行业前列，成为国内行业的领军企业。进行行业体制改革，放开、活跃市场，培育和发展新兴市场 、新兴行业和新型业态，实现服务业跨越式发展。南安建立现代化通信系统，具备同时代国际先进水平的通信能力。

2010年，南安市地区生产总值482.28亿元，同比增长13.4%。工业总产值926.99亿元，同比增长20.9%，规模以上工业产值764.27亿元，财政总收入38.02亿元，一般预算收入20.73亿元，社会消费品零售总额165.7亿元，城镇居民人均可支配收入21339元，农村居民人均纯收入9565元。项目带动“一城两区八大基地”新入驻企业119家，总投资116亿元。对接4个央企合作项目，引进36个亿元以上内外资项目，引资总额累计240亿元。经济综合实力首次跻身福布斯中国大陆最佳县级城市25强第23位，在2010年全国县域经济基本竞争力、2010年全国最具投资潜力中小城市、2010年全国中小城市科学发展3个百强排名分别为48位、30位和45位。

四、惠安县

1991—2010年，惠安县坚持以经济建设为中心，艰苦创业推进计划经济向市场经济转型，经济建设、政治建设、文化建设、社会事业建设、生态文明建设各项改革卓有成效，城乡面貌发生翻天覆地的变化。

1990年起，惠安改革进入全面推进新阶段，在农村深入推行家庭联产承包责任制，在国有企业推行承包经营责任制和厂长（经理）负责制，逐步建立起适应市场经济的现代企业制度，同步推进计划、投资、财税、金融、外贸、流通、土地使用、住房、社会保障等各项配套改革，加大招商引资、重点项目建设和开发区建设力度。进入21世纪，惠安县实施大港口、大产业、大城区、大市场、大文化的“五大发展思路”，着力建设具有闽南侨乡特色的滨海港口城市。惠安坚持走“工业立县”道路，通过发展乡镇企业和新兴产业，创建工业园区，优化产业布局，推进工业经济突飞猛进。1991年，惠安县实现工业总产值7.05亿元，乡镇企业总产值6.19亿元，建筑业完成建筑安装施工产值1.7亿元。福建炼油厂开工，惠泉啤酒厂3万吨生产线等一批重大建设项目投产。至2000年，惠安工业经济发展侧重于乡镇企业，乡镇企业发展达到高潮，全县乡镇企业达到16291家，完成总产值289.65亿元，企业产品近2000种，形成全国最大的石工艺美术品生产出口基地和校服生产基地。同年，全县工业小区规划19个，面积16平方千米。至2010年，实现工业总产值696.17亿元，比1991年增长97.9倍。建立13个工业园区，面积20.6平方千米。石雕石材、食品饮料、鞋服箱包、建筑装饰等传统产业不断壮大，全县规模以上企业422家，产值超亿元企业99家，新增一批中国名牌产品、中国驰名商标，石油化工、装备制造、光电信息等战略性产业快速崛起。

惠安县与时俱进，推陈出新，实施“科技兴农”战略和“以工哺农”战略，加强惠台农业合作，渔农并举，接“二”连“三”，不断创新丰富农业发展模式，调整优化农业产业结构，提高农业经营规模和效益，奋力谱好现代农业“五线谱”（规模农业、加工农业、品牌农业、生态农业、休闲农业），唱响惠安农业建设新华章。引进推广农业“五新技术”，鼓励促进土地流转和成片规模经营，招商引资，鼓励中绿公司、大明公司等工商企业进入农业领域，采取“公司+基地农户”模式，以工商业理念引领发展现代农业，推动传统农业向现代农业转变提升。结合“粮食工程”“林果工程”“菜篮子工程”，捆绑资金、集中力量、重点扶持建设以走马埭现代农业示范基地和大港湾科技兴海示范区为核心的“三湾四溪一郊”现代农业示范基地，取得丰硕成果，成为福建现代农业建设的标杆之一。

惠安县注重发挥侨胞优势，扩大对外开放，依托国内国际两个市场，发展外向型经济。1984年10月起，自第一家外资企业落户惠安，至2010年，全县外商投资企业816家，投资总额累计15.03亿美元。

经过20多年的改革发展，惠安从一个农业大县迈向工业强县，从温饱型社会迈向宽裕型小康社会，并逐步形成以港口和城区为依托，支柱产业和区域特色并驾齐驱的发展格局，成为福建省重点经济开发区、临港石化工业基地、文化旅游胜地和民营经济发达的经济强县。地区生产总值从1991年的11.68亿元，增加到2010年的399.37亿元，增长33.2倍；财政总收入从1991年的7222万元，增加到2010年的31.01亿元，增长41.9倍；农民人均纯收入从1991年的916元，增加到2010年9551元，增长9.4倍。

1991—2010年，惠安县开拓进取，艰苦创业，利用侨胞、台胞优势，闯出一条适应于惠安实际的经济发展道路，综合经济实力显著提升，成为“全国中小城市科学发展百强县”“全国县域经济基本竞争力百强县”“全国最具区域带动力中小城市百强县”，以及福建经济实力“十强县”。

五、安溪县

自1991年开始，安溪县委、县政府解放思想，锐意进取，深化改革，扩大开放，走过“解决温饱夯实基础快速发展”三大进程，县经济特色凸显，综合实力显著增强，迈进“强县富民”的康庄大道。面对省、市建设海峡西岸经济区和现代化工贸港口城市战略部署，面对周边逼人的发展态势，安溪努力在夹缝中求突破，在突破中调整战略，在调整中实现跃升。

2000 年，安溪县建设中国茶都安溪全国茶叶批发市场，成功举办海峡两岸茶文化交流会和中华茶产业国际合作高峰会，茶叶市场迅速向国内外 40 多个国家和地区扩展，打造“凤山”“八马”“魏荫”等一批质量信得过、市场打得响的茶叶品牌，“安溪铁观音”被认定为中国驰名商标。2005 年起，连续 3 年创造性地举办“安溪铁观音神州行”大型媒体联合考察、交流、采风系列活动，涉足华南、华北、华中和东北、西北主要茶叶销售区域的中心城市，有效展示安溪铁观音品牌形象，提升安溪铁观音知名度和市场占有率。茶产业给安溪人民带来巨大实惠，出现“一业兴、百业旺”的良好局面，带动了印刷包装、机械制造、食品加工、交通运输、仓储物流、餐饮旅馆以及房地产行业的发展。安溪铁观音从一片名不见经传的“小茶叶”，蜕变成驰名中外的“大茶业”，创造了茶园面积、茶叶产量、受益人口、从业人员、茶农收入、平均单价等 10 多项全国第一。

2003 年，县委、县政府明确制定“工业强县、茶业富民”基本策略，提出安溪经济发展以推进工业化、城镇化、茶业产业化，全面提升经济竞争力、文化软实力为基本方向。围绕“工业强县”目标，发挥资源、区位、人文优势，推动经济发展从以农业为主逐步向以工业为主转变。系统地作出“八五打基础，九五立支柱，十五迈大步，十一五上台阶”的工业发展总构想，着重在“特”字上下功夫，重点培育“六大支柱产业”，着力打造“五大产业基地”。初步形成一个工业大县的架构，三安钢铁、集安锰铁、八马茶业、铁观音集团、恒星工艺、三元岩水泥等一批工业企业迅速壮大。充分发挥侨胞和台胞众多、民间投资活跃优势，以外向型、民营化推动工业化提速。在发展县域工业经济过程中坚持“工业强县”不动摇，始终把发展工业摆在重中之重的位置，不断促进县域工业经济持续壮大。按照“政府扶持、市场运作”的思路，打造城区、德苑、龙桥、湖头四大工贸园区，引导各类工业企业向园区集中，形成“一区带四园”的格局，推动产业集群化，有力增强县域工业的发展后劲。县委、县政府紧紧抓住时代发展机遇，在实施“工业强县”策略的同时，实施“茶业富民”策略，把茶业从单纯民生产业升格为富民强县支柱产业。从“八五”计划到“十一五”规划期间，安溪县先后实施“以茶脱贫”和“优质、精品、名牌”战略，提出“创品牌、拓市场，保名牌、抓质量，建市场、组集团”的“三步走”发展思路和“安溪铁观音和谐健康新生活”兴茶理念；以“绿色、品牌、诚信、文化”为主线，培育茶叶市场和实施“2112”工程。

2010 年，安溪县地区生产总值 305.98 亿元，增长 13.9%；规模以上工业产值 426.05 亿元，增长 32%。财政总收入 16.57 亿元，一般预算收入 10.35 亿元，全社会固定资产投资 86.62 亿元，增长 39.8%。实际利用外资（历史可比口径）1.04 亿美元，出口商品总值 2.79 亿美元，社会消费品零售总额 87.25 亿元，农民人均纯收入 8405 元，城镇居民人均可支配收入 1.4 万元。首次跻身中国中小城市科学发展（全国综合实力）百强县（第 90 位），再次被评为全国最具投资潜力中小城市百强县（第 50 位）、福建省经济实力十强县（第 10 位）。

六、永春县

1991—2010 年，永春县委、县政府立足县情，扎实工作，带领全县人民闯出一条具有山区、侨乡、开放特色的发展路子。

1993 年 12 月，永春县第八次党代会提出加快建立社会主义市场经济体制，把永春建设成为开放、文明、繁荣、小康的贸工农一体化的新型城市。

1998 年 11 月，永春县第九次党代会提出“科教兴农，以工富县，搞活流通，协调发展”的目标，三次产业结构得到了调整和优化。

2003 年 11 月，永春县第十次党代会坚持“工业立县、农业稳县、旅游活县”的基本工作思路，提出建设现代生态工贸旅游县目标，着力培育五大传统产业（纺织服装、矿产资源、农产品加工、陶瓷、造纸及纸制品），发展壮大农业八大基地（优质芦柑、无公害茶叶、食用菌、毛麻竹、蔬菜、速生丰产林、名优果、畜禽），推进以牛姆林生态旅游区为龙头的旅游业等特色产业，开创富民强县新局面。应用先进适用技术，整合提升改造力度，推动五大传统产业优化升级。2007 年 9 月，永春生物医药产业被纳入省经贸委编制的《福建省医药行业"一五"发展规划》，泉州市委、市政府确定把生物医药产业基地布局在永春县，并列入全市五大新兴产业之一给予扶持。

2006—2008 年，永春县先后承办泉州（永春）生物医药产业基地发展报告会、福建省生物医药产业产学研（永春）现场会、福建省生物医药（永春）项目对接会。修正药业等国内知名企业落地永春，海裕生物、海汇化工等项目先后投产。建立生物医药产业发展专项资金自然增长机制，转化科研成果 22 项，形成"以市场为导向、政府为主导、企业为主体、科研院校为支撑"的发展机制。2008 年，永春县五大传统产业实现产值 120 亿元，是 2006 年的 1.66 倍，占全县工业总产值的 75.5%。永春县成为全国柑橘基地县、全国茶叶生产出口基地县、全国水果生产百强县、全省用材林基地、全国食用菌生产先进县。

至 2010 年，永春县规模以上工业产值占工业总产值的比重为 77.69%。工业性税收占财政总收入的比重为 46.8%。12 个工业技改项目全部完成，实现投资 5.5 亿元，新增产值 5.46 亿元。30 对矿井完成煤炭资源整合与技术改造。新增省名牌产品 4 项、省著名商标 3 件、市知名商标 4 件。生物医药产业加快发展，纳入省、市生物与新医药产业振兴实施规划的重点项目分别有 5 个和 13 个。全年地区生产总值 170.96 亿元，增长 12.5%；规模以上工业产值 169.62 亿元，增长 26.1%；农业总产值 24.8 亿元，增长 2.7%；财政总收入 10.1 亿元，首次突破 10 亿元大关，增长 23%；地方一般预算收入 6.55 亿元，增长 22.5%；全社会固定资产投资 33.12 亿元，增长 37.1%；社会消费品零售总额 44.54 亿元，增长 20.4%；城镇居民人均可支配收入 1.51 万元，增长 10%；农民人均纯收入 7822 元，增长 8.4%。1993 年以来，被评为"福建省经济发展十佳县"；2004—2008 年，连续 5 个年度跻身"福建省经济实力十强县"行列。

七、德化县

1991—2010 年，德化县委、县政府实施"小县大城关"发展战略，克服基础设施薄弱、人力和财力短缺等困难，充分发挥自然资源和传统工艺优势，加快发展、科学发展陶瓷产业，走出一条以民营为主、陶瓷业高度外向、经济社会生态"三赢"的独具山区县特色的发展路子，把德化创建为全国首个"瓷都"、首个拥有"二区二园"四个国家级生态品牌的县份。

1996 年，德化县委、县政府提出"'不论体制求发展'，国有、集体、股份合作、个体、外资'五个轮子'一起转"的改革思路，对全县国有和二轻集体陶瓷企业进行全面改制，形成了以民营为主、多种所有制共同发展的经济体制，激发了经济发展活力。陶瓷业的发展带动了矿产采掘、瓷土加工、陶瓷化工、陶瓷机械、彩印包装、花纸生产、交通运输等行业的发展，形成了比较完整的陶瓷产业集群。2003 年，德化县荣膺"中国瓷都·德化""中国民间（陶瓷）艺术之乡"称号；同年，创办德化陶瓷职业技术学院，为德化培养陶瓷专业人才搭建了教育培训平台。

2004 年，德化县委、县政府提出"四四三二"（即"四个坚持"：坚持大城关发展战略，提高城市化水平；坚持工业立县战略，提高工业化水平；坚持可持续发展战略，提高生态环境保护水平；坚持科教兴县战略，提高人的全面发展水平。"四个集中"：人口向城关集中，工业企业向工业项目园区集中，城关居民向现代社区集中，耕地和山林向农场和林场集中。"三个经济繁荣带"：城关以发展陶瓷业为主，东半片以发展旅游业为主，西半片以发展矿业为主的经济繁荣带。"两个抓手"：政策引导和项目带动）发展思路。

至 2006 年，德化县形成比较完整的"一二三四五"（即"一个目标"：全面建设小康社会、构筑现代化绿色瓷都；"两个抓手"：政策引导、项目带动；"三大产业"：陶瓷业、矿产业、服务业；"四个集中"：人口向城镇集中、企业向园区集中、居民向社区集中、耕地和山林向集约化经营集中；"五大战略”：工业兴县战略、大城关发展战略、市场多元化战略、科教兴县战略、可持续发展战略）发展思路，有力地推动县域经济持续、快速、健康发展。2006年，获“全国版权保护示范单位”称号。

2008年，德化县日用工艺陶瓷产业集群被评为“全国百佳产业集群”之一；全县陶瓷企业1125家，陶瓷产值68.96亿元，80%以上的陶瓷产品销往190多个国家和地区，出口交货值56.55亿元，比1978年增长了518.7倍，陶瓷出口量占全国陶瓷出口总额的1/6强。随着以陶瓷业为支柱的工业迅猛发展，全县第三产业也不断发展。德化县的旅游业于1999年起步。之后，先后开辟桃仙溪竹筏漂流、桃花岛观赏园、石龙溪皮划艇漂流、岱仙观瀑等生态旅游项目，建成两家四星级旅游饭店，中共福建省委旧址（坂里）被列为全省20个红色旅游景区之一，岱仙瀑布景区被评选为泉州十八景之一。先后获“福建最佳旅游目的地”“福建省优秀旅游县”“最值得向世界推荐的中国文化旅游大县”称号。

2010年，德化全县纳税1000万元以上的企业10家，纳税500万元以上的企业23家，其中规模以上工业企业数量230家，总产值108.6亿元，增长12.6%。新办工业企业303家，净增规模以上工业企业11家，净增亿元以上工业企业8家，鑫阳矿业、佳美集团成为市百家工业重点企业，双旗山矿业成为省级重点上市后备企业。全年地区生产总值102.21亿元，增长10%。财政总收入8.73亿元，增长18.9%，其中地方财政收入4.96亿元，增长15.5%。完成固定资产投资33.74亿元，增长39.2%。金融机构本外币存贷款余额分别为62.88亿元、43.88亿元。

第三节　创建先进模范城市

1991—2010年，泉州以全国文化模范市、全国科技进步先进市、全国技术创新工程示范城市、国家知识产权试点城市、国家卫生城市、中国优秀旅游城市、国家园林城市、国际花园城市、全国双拥模范城创建为抓手，推进城市建设立形象创品牌，城市面貌焕然一新，提振了全市干部群众干事创业的精神和干劲，推进各项事业的发展。

一、全国文化模范市

1991—1995，泉州市修葺古建筑重大工程60余处，建成一批综合性和专题性的博物馆，建设泉州海外交通史博物馆、闽台关系史博物馆、图书馆、高甲戏剧团、东湖电影院、华侨史博物馆、青少年宫。德化陶瓷博物馆、郑成功纪念馆、惠安民俗风情博物馆、晋江陈埭回族史博物馆及部分泉州历史名人纪念馆。实施“芳草计划”，建立健全城乡群众文化网络，全市有艺术馆、文化馆9个，公共图书馆7个，乡（镇）文化站133个，南音社（团）、书画影室、诗词社、铜管乐队、民间剧团星罗棋布。全市电影发行放映量上升，5个先进单位、11个先进个人受广电部表彰。南安市文化中心大楼、晋江市图书馆、晋江大剧院、永春南音大楼、李成智公众图书馆等一批县、乡（镇）的设施相继竣工。1995年4月17日，泉州市获文化部、人事部授予“全国文化模范市”称号。晋江市获文化部授予“中国现代民间绘画之乡”称号，该市金井溜江儿童文化园获“全国农村儿童文化园”称号。1991—1995年，泉州市文化系统先后有30多个单位（个人）获国家级各种奖励或荣誉。全市共创作48台富有思想性艺术性的剧目。其中，20台新编传统戏、历史剧和现代戏获省级奖，9台参加全国性会演和晋京演出。梨园戏实验剧团的《节妇吟》获第五届全国优秀剧本文学奖，在1992年全国“天下第一团”（南方片）会演中获优秀创作、优秀导演、优秀音乐、优秀美术、优秀演出5个奖项，获奖数居首位。提线木偶《钟馗醉酒》《驯猴》《狮子舞》获“全国木偶皮影会演优秀剧目奖”。歌剧《蕃客婶》获“全国歌剧创作会演剧目奖”。在首届“曹禺戏剧文学奖”评选中，泉州市高甲戏剧团的《大河谣》和省梨园戏实验剧团的《董生与李氏》得奖。《大河谣》还获文化部第四届文华大奖、剧作奖并入选中宣部“五个一工程”奖。南安市高甲戏剧团的新编古代传奇剧《大汉魂》获第五届文华新剧目奖、文华导演奖、“五个一工程”提名奖。安溪县高甲戏剧团的新编古装喜剧《玉珠串》获第六届文华新剧目奖、剧作奖、导演奖。泉州获文化部“优秀组织奖”和省政府多次通报嘉奖。1997年，泉州市成立创建文化先进县（市、区）领导小组，各县（市、区）根据各地特色和工作实际，开展创先活动。1998年南安市在全市被评为“全国文化先进县”，2000年晋江市和石狮市成为省级文化先进县。2002年晋江市获“全国文化先进县”称号。2003年，惠安县创建省级文化先进县通过省级考评验收，安溪县、德化县、鲤城区、丰泽区创建省级文化先进县通过市级考评验收。通过创先活动，促进全市文艺创作的繁荣，先后获得文华奖、“五个一工程”奖、曹禺戏剧文学奖、群星奖等多个国家级大奖；举办数届南音大合唱、国际木偶节、“海丝”文化节等大型文化活动。文化事业和文化产业蓬勃发展。

二、全国科技进步先进市

1995年12月6日，泉州市委、市政府召开全市科学技术大会，部署和实施科教兴市战略。12月7日，市委、市政府出台《关于加速科学技术进步的若干意见》，提出全面落实科技是第一生产力的工作部署和要求，坚定不移地实施科教兴市战略。1996年3月，泉州市开展创建全国科技工作先进县（市、区）活动；5月22日，市十二届人大常委会第一次会议审议批准《泉州市“九五”科技发展计划和2010年规划纲要》；6月6日，成立泉州市科技领导小组。以科技创新为主线，科技创先为动力，科技成果转化为重点，围绕泉州支柱产业，着重抓好农村科技示范、企业科技创新、科技成果转化、科技兴海、高新技术产业开发、跨世纪人才培养、国民经济信息化和社会科技事业设施等八大科技工程。初步建立科技领导决策、科技决策支持、科技工作管理、科技计划指导、农业科技社会化服务、科技示范、科技咨询、科技培训、科技信息服务和科技投入等科技工作十大体系，7月，晋江市和鲤城区率先获“全国科技工作先进市（区）”称号。随后，石狮市、南安市（1997年），惠安县（1998年）先后通过考核验收，跨入“全国科技工作先进县（市、区）”行列。1998年5月7日，泉州被评为“1997年全国科教兴市先进城市”。同年8月，市政府召开全市科技工作会议，市领导向各县（市、区、管委会）和市直有关部门颁发科教兴市工作责任状。会后，对“科教兴市年”活动方案进行分解落实，建立督查反馈制度。8月17—18日，泉州市创建全国科教兴市先进市通过考核验收，认定全市科技进步对经济增长的贡献率达到50%。永春县于2000年跨入“全国科技工作先进县”行列。1999年11月23日，泉州市蝉联“1997—1998年全国科教兴市先进市”称号。1999年11月后，“全国科教兴市先进城市”的称号改为“全国科技进步先进城市”；安溪县、德化县于同年跨入“全国科技工作先进县”行列。2000—2001年，泉州市各级政府继续深入开展科技创先活动。各级政府成立以主要领导为组长的科技领导小组，多次专题研究科技工作，作出一系列重大决策和部署。市委、市政府颁发《泉州市知识产权管理保护暂行规定》等4项地方性科技政策措施，科技体制改革进一步深化，创建省级科技示范乡镇，培育省市技术创新示范企业，建立星火技术密集区、民营科技园区、科技兴海试验区，形成科技进步与创新示范网络。通过深化科技兴市活动，全市科技进步对经济增长的贡献率保持在50%；永春县于2000年跨入“全国科技进步先进县”行列。2002年2月4日，泉州市第三次获“1999—2000年全国科技进步先进市”称号；晋江市、石狮市、惠安县、南安市、德化县同时获“全国科技先进县（市）”称号。2002年起，继续抓好四大国家级科技示范工程建设，深入开展科技公共服务平台建设和科技中介机构建设年活动。2003年，泉州市拥有省级高新技术企业113家，高新技术产业实现产值354.86亿元；全年实现技术交易总金额1.5亿元。7月，泉州市通过全国科技进步考核。2004年1月18日，泉州市第四次获“全国科技进步先进市”称号。鲤城区、洛江区、泉港区、石狮市、晋江市、南安市、惠安县、德化县8个县（市、区）同时获“全国科技进步先进县（市、区）”称号。2004年起，市委、市政府以泉州市被列为全国科技首批技术创新示范城市为契机，深入开展“县市科技年”活动，继续贯彻实施科技兴市、人才强市、可持续发展三大战略，推动科技进步与科技创新，加快高新技术企业孵化基地建设步伐，实施国家、省、市级各类科技计划项目。2005年，实施国家、省、市各类科技计划项目243项，孵化企业总数达118家；科技进步对经济增长的贡献率达52%。同年12月15日，泉州市及全部参加考核的11个县（市、区）均顺利通过全国科技进步考核，泉州市第五次获“2003—2004年全国科技进步先进市”称号。2006年，泉州市制定出台增强自主创新的一系列政策，进一步加快高新技术企业孵化基地建设步伐，孵化企业总数达180家，新增省级高新技术企业21家，新增国家火炬计划重点高新技术企业6家，新增行业技术开发中心11家。全年共实施国家、省、市各类科技计划项目305项，有25项成果获省科学技术奖。全年专利授权1793件。2008年1月，泉州市及所辖各县（市、区）顺利通过全国科技进步考核，各县（市、区）获2005—2006年度“全国科技进步先进县（市、区）”称号，泉州市获2005—2006年度“全国科技进步先进市”称号，第六次获此荣誉。泉州受命名的县（市、区）数量占全省三分之一强，位居全省第一、全国地级市前列。2009年12月，泉州市获得“2007—2008年度全国科技进步先进市”称号，实现“七连冠”。泉州所辖11个县（市、区）全部跨入“全国科技进步先进县（市、区）”行列，实现科技创先“满堂红”。

三、全国技术创新工程示范城市

1997年4月21日，泉州市被国家科委确定为全国首批技术创新工程试点城市，7月29日，市委、市政府成立以市长为组长的技术创新工程试点城市工作领导小组，下设办公室，挂靠在市科委，市政府举行实施国家技术创新工程试点城市新闻发布会；10月6日，市政府下发《泉州市技术创新工程试点城市实施方案》，市委办公室、市政府办公室分解落实技术创新工作任务。1999年6月9—10日，全国技术创新工程区域试点工作座谈会在泉州召开，科技部常务副部长徐冠华充分肯定泉州市技术创新工程试点工作成效；8月23—26日，市长施永康作为全国地级市唯一的特邀代表，出席全国技术创新大会交流经验。1999年7月，泉州市设立中小企业技术创新发展基金。围绕创建全国技术创新工程试点城市，市政府先后聘请7批108位国内著名专家教授组成泉州市技术创新工程专家顾问团，围绕支柱产业技术创新，举行专家季谈会，深入中小企业指导，为技术创新工程提供技术支撑。同时，建立市、县（市、区）生产力促进中心体系，作为全市技术创新工程中介组织。2003年12月，泉州市生产力促进中心被科技部列为全国10个“国家重点示范生产力促进中心建设单位”之一。2004年11月3日，科技部专家组对“国家级技术创新工程试点示范区域研究与建设（泉州）项目”进行评审验收。专家组一致认为申报验收资料完全，符合科技项目验收要求，予以通过。泉州市技术创新工程成效显著。至2004年10月，全市共培育100家技术创新示范企业，建成12家生产力促进中心，其中泉州市生产力促进中心于2000年1月6日被科技部确定为国家级示范生产力促进中心，2003年12月又被列为全国10个“国家重点示范生产力促进中心建设单位”之一。全市高新技术产业实现产值354.86亿元。

四、国家知识产权试点城市

2004年，泉州市全面启动创建国家知识产权试点城市各项工作，确定16家企事业单位为泉州市首批专利工作试点单位；成立市知识产权保护协会，充实全市知识产权工作体系；开展泉州市首届专利奖评选活动，共评出泉州市专利金奖3项，专利优秀奖3项；拨出专项资金，提供专利申请资助，全年共资助专利申请项目424项，资助金额达17万元。当年12月28日，泉州市获国家知识产权局正式批准为国家知识产权试点城市。2005年1月24日，泉州市政府成立泉州市国家知识产权试点城市工作领导小组。3月31日，市政府印发《泉州市创建国家知识产权试点城市工作方案》。4月，市科技局、市知识产权局组织评选2005年泉州市专利奖，共有16个优秀专利项目分获金奖、银奖和优秀奖，其中金奖1项、银奖5项、优秀奖10项，奖金总额为23万元。福建恒安集团有限公司等泉州4家企业被评为“福建省第一批专利工作试点企业先进单位”，谢静波等人被评为“福建省第一批专利工作试点企业先进个人”。

福建恒安集团有限公司、福建浔兴拉链集团有限公司等两家企业被列入第三批国家知识产权试点单位。5月18日，国家知识产权局授予泉州市“国家知识产权试点城市”牌匾。6月，市人大常委会讨论通过《泉州市科学技术奖励暂行办法（修订稿）》，对奖项设置进行重大调整，增设泉州市专利奖，奖金总额30万元，每年评选1次。在11月6日举行的“2005中国自主创新·品牌高层论坛”上，泉州市获“中国经济品牌城市”称号。2005年，全市专利申请2424件，其中发明专利128件、实用新型专利587件、外观设计专利1709件。专利授权总量1562项，其中发明专利10件、实用新型专利381件、外观设计专利1171件。泉州市知识产权局共受理专利申请资助项目436项，资助金额20.72万元。其中，资助发明专利61项，比上年增长65%；资助实用新型专利116项，比上年增长14%；资助外观设计专利256项，比上年下降9.5%；PCT（国际申请）3项，比上年增长50%。全市新增注册商标4000多件，商标总量达到近3.3万件，占全国的1.2%强。2006年，申请专利2000多件，登记版权制品5000多件。2007年，泉州市再次被国家知识产权局列为新一轮国家知识产权试点城市，市政府专门下发《泉州新一轮国家知识产权试点城市工作方案》，建立与泉州市经济社会发展相适应的知识产权工作体系和工作机制，提升自主知识产权的产出水平，让泉州市进入创建知识产权示范城市行列。2007年，泉州市专利申请量2797件，其中发明专利266件、实用新型专利803件、外观设计专利1278件。全年专利授权总量2031件，其中发明专利45件、外观设计专利1335件。

五、国家卫生城市

1990年，全国开展城市卫生检查评比，并于当年9月组织第一次国家卫生城市检查评比活动。泉州市响应国家爱卫会的号召，掀起“创卫”高潮，开始了长达12年的“创卫”历程。1991年起，泉州市先后共投入2000多万元用于环境卫生设施建设。同时，培育农村爱国卫生典型，开展创建卫生村镇活动。1993年，德化县获“福建省卫生县城”称号，是泉州市第一个省级卫生县城。1994—1995年，全市共有14个村镇被省爱卫会命名为“福建省卫生村镇”。1994年，石狮市获“福建省卫生城市”称号。1995年9月，在第三次“国检”中取得全省参评地级市评比第一名的好成绩后，泉州市开展省级、全国卫生先进城市乃至国家卫生城市的创建活动。1997年3月获得“福建省卫生城市”称。1996年，永春县被命名为“福建省卫生县城”。至1999年，晋江市、安溪县、惠安县、石狮市、南安市先后获“福建省卫生城市”或“福建省卫生县城”称号。1996—2000年，全市共有15个镇、23个村分别获“福建省卫生乡镇”“福建省卫生村”称号。1999年6月，泉州市在第四次“国检”中获全省地级市第一名，2000年4月获得“全国卫生先进城市”称号。2000年11月，市委、市政府提出向最高“创卫”目标——国家卫生城市发起冲刺。全市人民积极响应，掀起了一轮又一轮的“创卫”高潮。市五套班子领导亲自参与“创卫”工作。市级成立以市长为总指挥的“创卫”指挥部，下设7个“创卫”职能组，分管副市长任“创卫”办主任，市政府6位副市长分别任各个职能组领导。区级及各部门、单位和各街道办事处、近郊镇也相继成立“创卫”机构。市委书记、市人大常委会主任、市政协主席担任总督导，全面加强对“创卫”工作的领导与督促。在群众性“创卫”活动中。聚集各级各部门和社会各界的力量，调动各级各部门和社会各界的积极性、主动性和创造性，统筹推进，解决影响环境卫生、妨碍交通秩序、造成环境污染、影响市容观瞻、扰乱社会治安等群众意见强烈的突出问题。每年都集中时间集中力量从几项专项整治入手来加强管理、完善服务、改善环境。2001年，城市生活垃圾无害化处理率达90%，城市生活污水处理率达30%，建成区绿化覆盖率达33.7%，人均绿地面积达8.14平方米；大气总悬浮微粒年日平均值0.157毫克／立方米，城区灭鼠、灭蟑、灭蚊分别通过省爱卫会考核，达到全国爱卫会规定的标准。2002年、2003年、2004年先后通过省爱卫会、全国爱卫会调研、考核验收，2004年12月，泉州市被全国爱卫会正式命名为“国家卫生城市”。

六、中国优秀旅游城市

1999 年 3 月，泉州决定参加第二批创建中国优秀旅游城市活动，并与创建国家卫生城市、国家园林城市等各项活动有机结合。5 月，市政府印发《泉州市创建中国优秀旅游城市工作意见》，并制定泉州市创建中国优秀旅游城市任务分解表，通报“创优”主要任务，提出“创优”活动的步骤和措施。同时，调整、充实市旅游工作领导小组和创优工作领导小组，实行统一领导、统一指挥。市直各相关部门和县（市、区）、管委会相继成立创建领导小组。同时，在机场、火车站、汽车站、旅行社、旅游涉外饭店、旅游景区（点）等基层单位组建“创优”组织机构，保证“创优”工作从决策、部署到组织、落实。1999 年 5 月和 2000 年 1 月，两次召开全市旅游行业创建“中国优秀旅游城市”动员大会，对工作进行动员和部署，要求全市旅游系统统一认识，全力以赴，以主人翁的精神参与“创优”工作。在“创优”工作中，着力抓旅游规范管理，抓标准化建设，促进旅游市场秩序的改善和管理水平的提高。引导旅游企业推行 ISO 9000 质量体系认证工作，贯彻执行《旅行社管理条例》及《导游服务质量》等国家和行业标准，提高星级饭店覆盖率。1999 年 11 月和 12 月，先后出台《泉州市旅游业管理暂行规定》《泉州市一日游管理暂行规定》等文件，开展旅游市场专项整治。在加快软件建设的同时，加快旅游配套设施建设，实施旧城改造、内沟河整治、排洪排涝、夜景灯光、绿化美化等工程，改善城市的旅游环境，重塑古城泉州的新形象。在实施政府主导战略，保证财政投入的同时，广泛发动社会各界融资创优，在 1996 年至 2000 年的 5 年中通过政府和民间的渠道，筹集 80 多亿元投入城市基础设施建设、景区（点）的保护与开发、旅游饭店和旅游配套设施建设，使城市的旅游环境质量和配套服务功能上新台阶。自 1999 年起，泉州市连续主办或承办 6 届泉州市旅游节，推动大泉州旅游文化圈的形成，为泉州创建优秀旅游城市造势。2000 年 10 月，泉州市通过国家旅游局正式验收。2001 年 1 月，泉州市获“中国优秀旅游城市”称号。

七、国家园林城市

2000 年，泉州启动国家园林城市创建工作，重点实施“四山两江”的保护和绿化，开展以增加城市中心绿地、大型园林绿地、城市道路绿地、近城路旁一重山和沿山沿河防护绿地、居住区、单位庭院绿地、生产绿地等六大绿化工程建设。至年底，中心城区新增园林绿地 419.3 公顷，新增公共绿地 35.3 公顷。建成区绿化覆盖总面积 1241.2 公顷，绿化覆盖率 31.03%。2001 年，围绕国家园林城市的创建目标，以增加城市绿化量，提高绿化档次，加强绿地管理为主攻方向；以城市出入口、国道省道、市区道路、大型广场、公园绿地、居住小区、机关单位庭院绿化为重点，建设园林绿化精品，全面推进城市园林绿化上水平、上档次。当年建成区总绿地面积达 1380.28 公顷，绿地率 30.67%，绿化覆盖面积达 1516.33 公顷，绿化覆盖率 33.7%，公共绿地面积 289 公顷，人均公共绿地达 8.14 平方米。2002 年 3 月，泉州通过省建设厅组织的专家组考评验收，获“省级园林城市”称号。2003 年 3 月 10 日，泉州市政府召开全市城市绿化工作暨创建国际花园城市、国家园林城市动员大会，动员和组织全市参与国际花园城市、国家园林城市的创建工作。4 月，泉州获“全国园林绿化先进城市”称号。至 2005 年末，市区建成区绿地面积增加到 2264.4 公顷，人均公共绿地面积 10.99 平方米，绿地率提高到 36.52%；建成区绿化覆盖面积增加到 2446.8 公顷，绿化覆盖率提高到 39.46%。2006 年 1 月 23 日，泉州荣获“国家园林城市”称号。

八、国际花园城市

2001 年，泉州市启动国际花园城市创建工作，全市围绕“景观改善、遗产管理、环境保护、公众参与、未来规划”5 个评判标准开展创建活动。2001 年 12 月，云谷小区等 17 个小区、市直机关大院等 28 个单位获市级“园林式居住小区”“园林式单位”称号。2002 年 3 月，泉州市获“省级园林城市”称号后，市委、市政府作出申报参评“国际花园城市”的决定。2003年1月，调整充实“创建国际花园城市”领导小组，成立“景观改善”“遗产管理”“环境保护”“公众参与”与“未来规划”5个专业组落实创建任务。3月，下达绿化建设任务及环境综合整治任务分解表，推进园林绿化和环境整治，改善硬质景观，为申报参评打下坚实基础。2002年12月初和2003年4月初，市政府先后邀请国际花园城市评委会秘书长阿兰·史密斯和资深评委苏德特·萨瓦瑞尔对泉州申报参评工作进行考察。2003年4月3日，泉州市向国际花园城市办公室正式递交参评申报表。7月初，顺利入围国际花园城市评选2003年度D组决赛。9月28日，市申评代表团成员分别参加各个不同组别的比赛展示，并针对评委们提出的问题，再集中研究、综合分析，充分准备。10月2—6日，泉州市参评代表团到荷兰佩尔顿市参加2003年度国际花园城市评选决赛。10月4日上午10时15分评选决赛开始，在播放DVD后，泉州市代表团的主陈述人以大量翔实的数据和生动的例子，就景观改善、遗产管理、环境保护、公众参与、未来规划等5个方面进行精彩的幻灯片陈述。之后，辩手们对评委提出的13个问题用标准的英语从容应答，一气呵成。6日，泉州市超越同组对手，赢得金奖，并同时夺得“遗产管理”单项奖，成为继深圳、厦门之后中国第三个荣膺国际“花园城市”决赛金奖的城市。

九、全国双拥模范城

1992年5月，市委把创建“全国双拥模范城”的奋斗目标纳入《泉州市“八五”期间经济和社会发展规划》。10月，市政府下发《关于开展双拥活动落实“三优”工作的具体意见》，对部队现役军人、军烈属、革命伤残军人、复员军人的优待措施作出具体规定。12月，泉州市被省委、省政府、省军区评为“福建省双拥模范城”。1993年1月，泉州市首次被命名为“全国双拥模范城”。1993年5月，省委、省政府、省军区在泉州召开全省双拥工作会议之后，进一步推动泉州双拥工作的全面发展。1994年7月泉州市再次获“全国双拥模范城”称号。泉州市总结创建双拥模范城的经验，从多方面强化双拥工作。1995年9月，市双拥工作领导小组制发《泉州市双拥工作领导小组各成员单位职责》，明确各成员单位双拥工作的职责任务，逐步形成齐抓共管的工作机制。1996年5月，市委、市政府在全省率先颁发《泉州市拥军优属若干规定》，对拥军优属各项工作作较为系统的规范，对各级各部门在拥军优属工作中的责任和义务作明确的界定。11月，市双拥工作领导小组转发《驻泉州部队拥政爱民若干规定》，推动双拥工作进一步走上制度化轨道。1997年1月，泉州市第三次获“全国双拥模范城”称号，晋江市首次获“全国双拥模范城”称号；同月，南安市、石狮市、鲤城区获“福建省双拥模范城”称号。1997年起，泉州市集中力量支持部队搞好基础设施、训练设施、文化设施和“菜篮子”工程等“四项”建设并高标准做好优抚安置工作。2000年1月，泉州市以福建省排名第一的成绩第四次获“全国双拥模范城”称号，晋江市蝉联此称号，石狮市首获命名，泉州成为全国唯一同时获3个“全国双拥模范城”称号的地级市；同月，南安市、惠安县、鲤城区、丰泽区获“福建省双拥模范城”称号。2000年起，泉州市深化全民国防教育，加大国防教育和双拥宣传力度，进一步营造浓厚的双拥氛围，推进双拥工作社会化。2002年7月，泉州市及晋江市、石狮市、南安市、惠安县、鲤城区、丰泽区、泉港区被省委、省政府、省军区命名为省级“双拥模范城”，受命名表彰数量居全省设区市之首。2004年1月，泉州市第五次获“全国双拥模范城”称号，晋江市和石狮市分别第三次、第二次获此称号。2004年起，市委、市政府、军分区推动双拥工作不断创新，先后制定下发《泉州市基层双拥工作纲要》《泉州市科技拥军工作实施规划》《泉州市优抚对象子女教育优待暂行规定》《泉州市军队转业干部随调家属安置规定》等一系列规范性文件，使双拥工作有章可循。2005年，泉州市开展“科技双拥年”活动，市政府拨款设立科技拥军专项资金，为部队科技强军提供资金、人才和技术支持。2005年7月，泉州市和晋江市、石狮市、南安市、鲤城区、丰泽区、泉港区、洛江区、惠安县、永春县10个县（市、区）被省委、省政府、省军区命名为省级“双拥模范城”。驻泉州部队根据市委、市政府建设海峡西岸经济区现代化工贸港口城市的战略要求，2005

年11月和2006年7月，先后制定《驻泉州部队拥政爱民工作纲要》和《驻泉州部队积极参加和支援社会主义新农村建设的意见》，广泛深入开展拥政爱民活动。2008年1月，泉州市第六次获“全国双拥模范城”称号，晋江市和石狮市分别第四次、第三次获“全国双拥模范城”称号，南安市首次获“全国双拥模范城”称号，泉州获“全国双拥模范城”命名的数量居全省第一、全国地级市前列。2009—2010年，泉州市持续开展双拥模范城创建活动，落实各项拥军优属政策。

第四节 探索新型社区建设

随着城乡经济的迅速发展和城乡总体规划的实施，泉州市以老城区鲤城区为示范，致力于社区基础设施、组织体系、服务功能的逐步完善。2001年，为适应经济体制和社会结构变化，鲤城区着手进行镇村改制，逐步向新型社区管理体制转化，突出“管理有序、服务完善、文明祥和”的和谐主题，探索建立“文明、洁净、优雅、温馨、和谐”的社区模式。

一、新型社区管理体制

2000年，借鉴北京、天津等先进地区社区服务管理的先进经验，泉州市鲤城区确定鲤中街道办事处，海滨街道办事处的金山、金苑、金宝居委会，开元街道办事处的红梅、红松居委会，临江街道办事处的聚宝、新城居委会作为开展社区示范建设试点单位，从区社会福利彩票募捐基金中拨出75万元扶持社区示范建设工作，改造位于崇福路的原民政综合楼，将其开辟为区级社区服务活动场所。2001年，鲤城区撤销金山、金苑、金宝、江滨、紫江、益宝、东华、清华、百源、宜春、西郊、红梅、红松13个居委会，整合成金山、伍堡、东华、清华、百源、西郊、红梅7个社区居委会。2002年，制定《江南新区社区建设五年规划》，撤销江南、浮桥2个镇建制，设立街道办事处，41个村（居）整合为39个社区居委会。通过选举社区居委会领导班子、进行干部培训、设立社区办公机构等措施，逐步健全社区管理体制。当年9月，鲤城区获民政部授予“全国社区建设示范区”称号，鲤中街道被评为“省级社区建设示范街道”。鲤城区通过开设“公开动态”“政策法规”等版块，将党务公开工作向社区、非公有制企业、楼幢等拓展，倾听、了解党员群众的意见、建议，并将党员群众的呼声向党组织反映。2008年，海滨街道被中纪委党风室确定为全省唯一的党务公开联系点。

二、社区服务网络

2002年，结合省、市“星光计划”项目，泉州市鲤城区投入400多万元建设老年人活动场所等43个示范项目。2003年起，为江南新区每个社区划拨3～8亩地作为集体经济发展载体；投入2000多万元新建、改建社区办公楼和社区活动中心。丰富全区77个社区的服务功能：即每个社区有1个社区居委会办公场所、1个社区服务站、1个幼托所、1个文体活动室、1个老年活动室和1个便民停车场等服务设施；开展面向社区居民的家政服务、卫生保健、计生及优生优育、家电维修、文化娱乐、应急服务、中介服务等便民利民服务。2004年，泉州市鲤城区各街道成立的“爱心超市”，临江街道社区志愿者服务站、泉山社区退休管理站均为全市首创，在面向老年人、儿童、残疾人、社会贫困户、计生对象、优抚对象、下岗职工的社会救助方面进行有益尝试。从2006年起，在红梅、新峰、金山、伍堡等社区开展居家养老服务社会化的试点，当年完成全区60岁以上老年人居家养老服务对象基本情况的调查摸底工作，设立居家养老床位130张，每人每年补贴300元。2007年，鲤城区属鲤中、临江、开元、海滨、江南、浮桥6家卫生院完成向社区卫生服务中心转型工作，并由江南、浮桥社区卫生服务中心分别覆盖常泰、金龙街道，社区卫生服务中心覆盖率100%，其中开元、聚宝、金山社区卫生服务中心被省卫生厅列为“福建省示范社区卫生服务机构”。

三、全国社区教育实验区

2004年，泉州市鲤城区委、区政府出台《关于进一步加强我区社区教育工作的决定》，启动以“建立区、街道、社区居委会三级社区教育体系”为目标的社区教育工作。2005年，鲤城区开展“社区教育宣传年”活动，并确定此后每年9月为“社区教育宣传月”。向社会开放区文化馆、图书馆、档案馆、体育馆、学校等文教资源，开展道德、法律、科技、卫生医疗、文体“五进”社区活动，其中鲤中街道东华社区法律学校被团中央、国家禁毒办列为“重点联系社区青少年法律学校”。至2007年，投入经费83万元，创建鲤城社区学院1所、街道社区教育中心8所、社区学校51所，形成区、街道、社区三级教育体系。2007年，鲤城区被教育部确定为“全国社区教育实验区”。

四、国家级社区体育健身俱乐部

2005年，泉州市鲤城区临江街道办事处自筹资金28万元，在金山公园、江南公园投建篮球场、排球场、门球场、田径比赛场等一批体育运动场所；体育彩票公益金投资200万元，建成“中国体育彩票综合健身馆”；泉州七中、鲤城区实小体育场地和设施向社会开放；设立乒乓球、羽毛球等15个分俱乐部，会员556人。2006年，鲤城区通过国家体育总局验收，临江街道办事处获“国家级社区体育健身俱乐部”称号。

第五章 转型升级

第一节 加快推进农业产业化

1997年12月27日，泉州市委、市政府出台《关于加快发展农业产业化的意见》，要求立足本地资源，面向国内外市场，发挥区域优势，着力培植龙头企业，发展经营性、服务性中介组织，促进生产、加工、销售的有机结合，逐步完善农业产业化经营体制，建立新型产业体系，实现资源重组和合理配置，促进两个根本性转变，加快全市农业现代化进程。确定粮食、水产、畜牧、水果、茶叶、林业、蔬菜、竹笋食用菌和花卉等为泉州市的主导产业。坚持基地建设布局区域化、规模化的原则，突出区域经济特色，全面规划，分步实施，在发展“一村一品”“一乡一业”的基础上，重点建设500个规模300亩以上的高产、优质、高效农业生产基地。鼓励增加对农业的生产、加工、销售领域的投入，重点扶持发展100家生产经营型的龙头企业。

2005年，市委、市政府出台《关于加强农业农村工作的若干意见》，提出按照“建基地、抓龙头，创品牌、拓市场”的工作思路，实施农业产业化“1333”工程，即着力培植100家市级龙头企业，推行“公司＋基地＋农户”等经营模式，促进生产、加工、销售的有机结合，完善农业产业化经营利益联结机制，重点建设300个具有一定规模的高产、优质、高效农业生产基地，创建30个省级农产品名牌和建设30个大型农产品批发市场，力争农业产业化水平走在全省前列。形成以加工茶叶、芦柑、龙眼、食用菌、蔬菜、粮食以及水产品为主的七大农业产业化龙头企业群体。同年，市级以上农业产业化龙头企业达101家，其中，国家级4家［福建省晋江福源食品有限公司、泉州华洲水产市场联合发展有限公司、福建省安溪茶厂有限公司、中绿（福建）农业综合开发有限公司］、省级16家，年产值95.79亿元，上缴税收2.31

亿元，带动农户 68.69 万户。

2010 年，泉州市把发展农业产业化经营作为加快构建现代农业体系的重要载体。同年，全市省级以上的农业产业化龙头企业实现产值 62.78 亿元、同比增长 10.2%，带动农户 45.4 万户、同比增长 5.1%。全市各地坚持以工业理念发展农业，坚持“抓龙头、建基地，打品牌、拓市场，深加工、扶协会”的农业产业化工作思路，提升茶叶、水产、水果、花卉、蔬菜、家禽、食用菌、食品加工等特色农业产业化经营水平和规模。

第二节　产业结构优化升级

20 世纪 90 年代后，泉州积极探索振兴泉州之路，发挥自身优势，社会经济发展取得巨大成就。尤其是在产业发展方面，培植和发展石油化工、纺织服装、食品饲料、建材陶瓷和工艺品等五大支柱产业。1992 年，泉州市乡镇企业总产值、工业产值、出口交货值实现翻番，从此奠定乡镇企业在全市国民经济中“五分天下有其四”的重要地位。乡镇企业的蓬勃发展，促使泉州从一个农业经济比重较大的地区发展为以工业经济为主导的城市。

1993—1998 年，泉州市以贯彻邓小平同志南方谈话精神为契机，彻底摆脱姓“社”姓“资”的思想羁绊，发展社会主义市场经济，全面推进综合配套改革。群众集资办企业热情高涨，台港澳同胞、海外侨胞的投资纷至沓来，仅 1993 年新办“三资”企业 1514 家，创下泉州历史上引进外资企业数的纪录。这一阶段，泉州工业实现跨越式发展，第二产业的比重实现过半。1998 年，泉州第二产业占生产总值的比重达 56.1%，比 1992 年高了 6.4 个百分点，工业经济在经济中的龙头地位进一步确立。

1999—2008 年，中共十六大、十七大后，泉州加快发展，产业发展实现新的跨越，产业结构不断优化升级。实施县域特色经济发展战略，逐渐形成鲤城电子信息，丰泽、洛江树脂工艺，泉港石油化工，安溪乌龙茶、竹藤工艺，永春芦柑，德化工艺陶瓷，石狮纺织服装，晋江鞋帽、服装漂染、陶瓷建材、食品饮料、玩具、电子机械，南安石材加工、水暖、消防器材，惠安石雕、建筑、石油化工等各具特色产业。运用先进适用技术改造、提升纺织鞋服、建筑建材、食品饮料、工艺制品、机械制造等五大传统产业，促其呈现出规模化、集群化、品牌化发展趋势。2001 年起，泉州市的电子信息产业发展迅速，规划建设江南高新技术产业区、南安光电信息基地、惠安绿谷光电产业基地和泉州软件等园区，引进南安三晶硅、鲤城钧石能源、泉州和谐光电、南威软件等一批软件项目。

2006—2010 年，泉州市致力转变发展方式，产业升级步伐加快，从“泉州制造”到“泉州智造”跨越发展。2010 年，出台落实 14 个重点产业调整振兴实施意见，组织实施技改项目 253 个，高新技术产业、重工业产值分别增长 25% 和 38.8%；海峡轨道客车、中国国际信息技术产业园、玖龙纸业等项目开工建设，中化炼油等项目加快推进，石狮 PTA、钧石能源太阳能电池生产线等项目竣工投产；央企对接会签约项目 16 个，总投资 1175 亿元。强化企业自主创新，完成财政科技投入 4.72 亿元，微波通信产业集群获国家创新基金 2623 万元支持；新增高新技术企业 61 家、省级创新型示范企业 26 家；新增省级企业（工程）技术中心 19 家，产业技术创新战略联盟 5 家。

第三节　扶持发展第三产业

一、国内贸易

20 世纪 90 年代后，泉州市依托产业集群规模、块状经济特色、经济外向度高和品牌优势，各类商品交易市场蓬勃发展。1999—2003 年，加快市场体系建设和流通业结构战略性调整，通过股份制改造、吸引民间与市外省外投资、发展连锁经营、组建企业集团等形式，促进流通业资本集中和经营业态创新。

2003年1月，东街奇龙生鲜超市开业，标志着泉州市“农改超”工作拉开序幕。2005年1月，泉州首家试行“农+超”模式的综合类百货店——奇龙百货（龙宫店）开业。2005年11月，集购物、娱乐、餐饮、展览为一体的现代化购物中心晋江SM广场开业，建筑面积达17万平方米，沃尔玛、麦当劳、来雅百货等国内外知名商家200多户进驻，是当年福建省最大的综合型购物广场。2005年12月，台湾大型零售企业“好又多”大型超市在刺桐路试营业，成为市区首家大型外资商业网点。2008年，泉州市共有年销售额上亿元的专业市场16家，闽南建材第一市场、安溪茶都、石狮服装城、官桥粮食等专业市场辐射面遍及全国各地。2010年，泉州市亿元以上商品交易市场22个，摊位数11414个，营业面积48.49万平方米，成交额231.65亿元。当年，社会消费品零售总额达到1202.91亿元，比2009年增长17%。2006—2010年，年均增长18.7%。分城乡看，城镇消费品零售额1025.54亿元，比上年增长18.3%；乡村消费品零售额77.38亿元，增长9.8%。行业细分，批发业实现消费品零售额77.42亿元，增长21.2%；零售业实现消费品零售额989.92亿元，增长17.2%；住宿业实现消费品零售额13.46亿元，增长18.6%；餐饮业实现消费品零售额122.12亿元，增长12.7%。在限额以上批发和零售业零售额中，食品、饮料、烟酒类增长43.5%，服装鞋帽、针纺织品类增长45.7%，家用电器和音像器材类增长72.1%，建筑及装潢材料类增长84.9%，通信器材类增长60.1%，家具类增长49.9%，汽车类增长28.7%，石油及制品类增长39.9%。

二、交通运输业

1995年，泉州市港口货物吞吐量680.5万吨，进入全国沿海中型港口行列；1997年，吞吐量1006万吨，突破千万吨大关，跨入大型港口行列；1999年、2001年，吞吐量超过福州港，位列福建省第二。2001年，泉州市集装箱达22.28万标箱，列全国沿海港口第十二位。港口货物吞吐量连续多年位列全国沿海港口第十六位，集装箱吞吐量列全国港口第十二位，成为福建省原油进口和成品油出口的重要基地，是泉州市建材、陶瓷、鞋帽、服装、食盐内外贸出口，石油、钢材、煤炭、食糖、化肥、荒料石等进口的重要集疏运中心。1991—1995年，泉州港与世界20多个国家和地区通航，辟有泉州至日本的定期杂货、集装箱班轮航线。1996—2000年，泉州市海运航线进一步延伸，开辟泉州至日本、韩国、菲律宾集装箱班轮航线和经香港转口至中东、欧洲、美洲等国际航线。2010年，泉州港与菲律宾、韩国、日本等23个国家有水运往来。实现泉州港直航台湾本岛集装箱班轮运输常态化。至2010年，海运货运量4544万吨，货运周转量733.02亿吨千米，分别比2009年增长32.7%、33.4%。

1991—2010年，泉州市公路经过20年的建设发展，制约经济发展的“瓶颈”得到明显改善，路网结构发生“质”的巨变，实现跨越式的发展。至2010年年底，泉州市公路通车总里程达1.43万千米。其中，高速公路里程215千米；国道1条（福昆线，又称324线），泉州境内长98.82千米；省道7条925.11千米；二级及二级以上公路里程1951.88千米。公路密度达131.2千米／百平方千米。2010年，全市货运企业433家，货运车辆4.91万辆，完成道路货运量6279.79万吨，货运周转量64.83亿吨千米。客运班线共有756条，客运车辆2857辆，日发班次9161.7班。其中，省际班线204条，省际客运车辆369辆，日发班次122.5班，覆盖江西、河南、安徽、湖北、湖南、四川、重庆、贵州、云南、广西、广东、浙江、江苏等19个省（直辖市）。开通市际班线191条，市际客运车辆455辆，日发班次604.5班；开通县际班线207条，县际客运车辆1267辆，日发班次4450.7班。

1991—2010年，泉州港口进入高速发展期，建成投产码头69个、泊位90个，泊位总长1.1万米，年设计吞吐能力8500万吨。拥有福建省最大的斗尾作业区30万吨级原油专用码头；专用集装箱泊位6个，最大靠泊能力10万吨级。基本形成以肖厝、斗尾和泉州湾为中心港区，大中小码头泊位优势互补、配套设施比较完善、分工比较明确的码头群体。

三、邮政电信业

1991年，泉州市邮政和电信同属泉州市邮电局。1995年，中国联通泉州分公司成立，1998年9月9日起，泉州电信、泉州邮政正式分营。1999 年，中国移动泉州分公司正式独立运营。2000 年 6 月，中国网通泉州分公司成立。2003 年 3 月，中国铁通泉州分公司成立。2003 年初中国卫通泉州分公司成立。上述中央管理的六大电信基础运营企业全部在泉州设立分支机构，推动着泉州通信市场格局初步形成。2004 年 12 月，泉州成为福建省首个、全国第六个电话用户超 300 万户的城市，电话容量超过 380 万门。2005 年初，市直横向政务信息网一期工程竣工，市直机关政务信息网实现联网办公。2006 年上半年，泉州移动通信客户总数超过 350 万户，是全省移动客户规模最大的地区。同年，全市有 1 万多家企业上网发布产品和营销信息。2008 年 10 月 30 日，泉州市在全省率先实现所有行政村通宽带和电信互动电视。

2010 年，泉州电信宽带用户近百万户，实现“5 个 100%”，即全市行政村电话 100% 覆盖、有线宽带 100% 覆盖、光纤 100% 覆盖、电信宽带互动电视 100% 覆盖和天翼 3G 率先 100% 覆盖，基础网络建设达世界先进水平，并形成了固话、移动、互联网全网融合优势。当年，泉州互联网用户达 118.66 万户；宽带网用户 116.49 万户。

四、金融保险业

1991 年，泉州市金融体系保持以中国人民银行为领导、国有专业银行为主体，股份制商业银行、城乡信用社、邮政储蓄、保险、证券、信托等多种银行、非银行类金融机构并存的局面。1996 年后，泉州市先后成立国家政策性银行——中国农业发展银行泉州市分行；在城市信用社基础上组建泉州市商业银行；引进 3 家股份制商业银行——中信银行泉州分行、招商银行泉州分行、民生银行泉州分行。21 世纪，伴随金融体制改革的深入，泉州市金融机构进一步迅速发展。各金融机构把组织存款作为扩大信贷资金来源的主要途径，不断充实资金实力，以竞争求生存、求发展。2003 年年底，泉州市部分金融监管职能从人民银行分离出去，成立中国银行业监督管理委员会泉州监管分局，人民银行不再承担银行类金融机构监管，主要职能转为制定和执行货币政策、维护金融稳定、提供金融服务，金融宏观调控与监管体系日臻完善。2003 年，中国人民保险公司成为“海外上市第一股”的国有大型保险公司，中国人民保险公司泉州分公司更名为中国人民财产保险股份有限公司泉州市分公司（简称“人保财险泉州公司”）。通过股改上市，公司基本建立现代企业制度，人保财险“求实、诚信、拼搏、创新”的企业精神不断发扬，“以市场为导向，以客户为中心”的经营理念进一步深化，经过多年发展，所具有的品牌优势、市场优势、产品优势、技能优势、网络优势、资源优势等进一步发挥，财险市场持续、稳定、健康地发展。

至 2010 年，泉州市有各类银行业金融机构 28 家。其中，政策性银行 1 家、大型商业银行 5 家、全国性股份制商业银行 8 家，银行业机构及其分支机构网点 1085 个。保险机构由 1 个增至 93 个。证券由 7 个增至 28 个。全市金融机构存款余额 3313.71 亿元，其中，人民币存款余额 3276.23 亿元，本外币贷款余额 2717.12 亿元。全市承保余额 10540.98 亿元，保费收入 69.35 亿元，理赔 18.29 亿元。

五、旅游业

1990 年，泉州市委、市政府将旅游业列为支柱产业予以培植。1991 年 10 月，泉州酒店、金泉酒店、石狮华侨大厦被国家旅游局评为三星级饭店，为泉州市首批星级饭店。1994 年，泉州市全年接待境外游客 30.8 万人次，进入全国旅游城市前十位。1995 年 4 月，成立泉州市旅游工作领导小组，市长何立峰任组长。1997 年 5 月，泉州市人民政府颁布《关于加快旅游业发展的决议》；6 月，市政府发布《关于加快旅游支柱产业发展的若干规定》；10 月，泉州市政府成功申办 1998 年中国国内旅游交易会。进入 21

世纪，泉州旅游致力于“造月工程”，加大旅游重点项目建设力度，按照“规划一批，建设一批，运营一批，提升一批，储备一批”要求，实现建设项目滚动发展。2001 年 1 月，国家旅游局授予泉州“中国优秀旅游城市”的称号；同年，泉州开元寺经评定为全国首批 AAAA 级风景区，晋江爱乐假日酒店被评为四星级饭店，为福建省县级市首家四星级饭店。2005 年，大型旅游购物中心有北门旅游购物街、后城旅游文化街、温陵美食街、安溪茶都、石狮服装城。逐步形成商业、轻工、旅游相互协作的名、特、优旅游商品产供销体系。

2010 年，以“海上丝绸之路”史迹文化旅游为龙头品牌，打造泉州的“历史文化名城”“海上丝绸之路”起点和“光明之城”三大城市名片。至 2010 年，全市拥有国家 AAAA 级旅游景区 5 处，国家 AAA 级旅游景区 9 处，国家级工农业旅游示范点 6 个，省级工农业旅游示范点 11 个。全年旅游总收入 252.6 亿元，接待旅游 2443.9 万人次，其中境外游客 129.8 万人次，是 1991 年的 5.5 倍。

第四节 实施品牌兴市战略

1993 年，泉州市开始创名牌。1997 年，国家工商行政管理局商标开始相关认证工作，泉州顺应时势发展需要，开始着手宣传发动，并在全市落实推动该项工作。1998 年，晋江恒安的“安尔乐”、石狮福林的“富贵鸟”经国家工商总局商标局评定为“中国驰名商标”，成为泉州首批拥有此称号的企业。

2000 年 7 月 24 日，泉州市政府印发《关于争创驰名、著名商标和名牌产品工作的通知》文件，对获得全国驰名商标的企业，市财政一次性发给奖金 100 万元；对获得省名牌产品、省著名商标企业，市政府给予表彰并由市财政一次性发给奖金 5 万元；成立泉州市实施奖励驰名、著名商标和名牌产品领导小组和办事机构。

2001 年 6 月 15 日，国家质监总局发布《中国名牌产品评价管理办法（试行）》。8 月 7 日，泉州市政府召开“泉州市创名牌工作暨总结表彰大会”，表彰 2000 年度创名牌先进单位 32 个，颁发奖金 172 万元；印发《关于表彰 2000 年度全市创名牌工作先进单位的决定》文件，授予南安市、安溪县、永春县人民政府“2000 年度创省名牌农产品先进单位”称号，授予福建泉州清源啤酒朝日有限公司等 29 家企业为“2000 年度创名牌先进企业”称号。9 月 1 日，国家质监总局评定第一批中国名牌产品。

2002 年，泉州市福林鞋业公司的皮鞋，安踏鞋业公司、三兴体育用品公司、寰球鞋服公司、爱乐鞋业公司的旅游鞋，5 项产品获“中国名牌产品”称号，实现泉州“中国名牌产品”零的突破；泉州寰球鞋服有限公司的亚礼得旅游鞋获“国家出口商品免验”。

2004 年初，在一起商标侵权诉讼中，石狮拼牌公司拥有的“拼 PIN”商标，被福建省高级人民法院认定为“驰名商标”，成为全国第二个被法院认定的“驰名商标”。同年，安溪铁观音为全国茶叶首枚“中国驰名商标”；红孩儿（福建）儿童用品有限公司、福建野豹儿童用品有限公司、泉州轻工工艺进出口（集团）公司、泉州五矿（集团）公司、福建恒达集团有限公司、晋江恒顺洋伞有限公司、福建泉州顺美集团有限责任公司、比阳（泉州）轻工有限公司 8 家企业的产品获评为“商务部重点培育和发展的出口名牌”。

2008 年 6 月 18 日，中国品牌研究院公布 2008 年“中国品牌之都”评选确定名单，泉州成为福建省首个当选城市。世界著名品牌大会和世界品牌组织、美中经济投资总商会、环球城市电台世界企业研究中心联合推选的“2008 年度影响世界的中国力量品牌 500 强排行榜”在韩国首尔向全球公布，泉州铁观音茶叶，劲霸、七匹狼服装，特步、361°、安踏、匹克运动服，乔丹、匹克运动鞋，富贵鸟皮鞋，鸿星尔克等品牌上榜。中国县域商标发展 TOP100（100 强）名单公布，泉州有 5 个县（市）入选。其中，晋江位列第一位，石狮位列第三位，南安、惠安、安溪分别居于第 11 位、43 位和 73 位。

2010 年，泉州市亿元企业、上市企业、驰名商标数量分别达 1096 家、61 家和 54 件，比 2005 年增加 713 家、41 家和 38 件，获“中国十大品牌城市”“中国品牌之都”“国家商标战略实施示范城市”等称号。

第六章 科学发展

第一节 统筹推进城乡发展

1991—2010年，泉州市把解决“三农”问题作为主要目标之一，关注农村、关注农民、支持农业，增加城乡居民收入，健全社会保障体系，扶持困难群体，依托中心城市有效集聚资源，破解城乡二元结构，更好地为“三农”服务，加快城乡一体化发展，营造艰苦创业、安居乐业社会环境。

一、扶贫开发

1991年，泉州市委、市政府贯彻落实福建省委五届四次全会作出的“翻两番、奔小康、建新村”的重要决策，在全市掀起扶贫攻坚与小康建设热潮。1994年3月1日，市委、市政府出台《关于1994年农业和农村工作的若干决定》，提出继续深化农村改革，把推行股份合作制作为发展农村经济、深化农村改革的一个突破口。市委、市政府成立泉州市农村奔小康建新村领导组，加大扶贫力度，加快奔小康、建新村步伐；4月，泉州市委、市政府根据省委、省政府关于在全省实施“造福工程”的决定，将居住在边远偏僻山庄的贫困农户，以及山体滑坡自然灾害隐患严重地区的群众，在自愿原则下，迁移到行政主村或公路沿线，重建家园，脱贫致富。1995年3月24日，市委、市政府印发《泉州市关于实施国家八七扶贫攻坚计划的意见》，提出到1997年要基本解决全市20万名贫困人口的温饱问题，绝大多数贫困户的年人均纯收入达750元以上。1996年，市委、市政府作出“举全市之力，攻贫困之坚”决策，采取市五套班子领导分片联系，市直部门定点挂钩，实行扶贫优惠政策，帮助贫困户落实“四个一”（每个贫困户要有一亩高产稳产责任田、一亩茶果竹园、有一项养殖业、有一个劳动力到乡镇企业或“三资”企业就业）等有力措施，开展全市性扶贫开发工作，全市提前一年率先在全省消除绝对贫困，基本实现小康，累计减少贫困人口118万人。1997年3月31日，泉州市委、市政府出台《加快农村扶贫开发与小康建设步伐的若干政策措施》，进一步加大扶贫开发力度，建立扶贫开发机制，加快发展农村经济。1996年至1998年年底，市政府每年集中市级力量帮助安溪、永春、德化50个贫困村摆脱贫困。采取山海联动，结对帮扶的措施，组织晋江、石狮、鲤城、南安等4个县（市、区）的47个沿海经济发达乡镇（街道办事处），分别与安溪、永春、德化的130个贫困村开展结对协作扶持活动。3年间，47个沿海发达乡镇共投入无偿扶持资金800多万元，帮助联系接纳大量山区劳动力到沿海就业，帮助山区农副产品和矿产品销售。1999年，扶贫工作以帮扶“老、少、边”经济欠发达村为重点，组织60个市直机关和省部属驻泉单位分别与47个未实现小康的经济欠发达村和老区基点村及6个经济欠发达的少数民族聚居村建立挂钩联系制度，开展帮扶活动。2000年，继续加大对经济欠发达的老区基点村、少数民族聚居村和“高、边、远”山村的扶持力度，确定安溪、永春、德化3个县的59个村作为全市重点扶持村。2001年，重点扶持安溪、永春、德化、南安、惠安、洛江、泉港7个县（市、区）的50个经济欠发达老区村、少数民族聚居村、边远山区贫困村。2002年开始，实行省、市、县三级联动的帮扶工作。至2005年，重点帮扶364个经济欠发达村、少数民族聚居村、老区村。其中，省级扶贫开发重点村40个，市级重点帮扶村57个，县级重点村267个。1994—2005年，全市在“造福工程”中累计搬迁2.47万人，各级政府投入补助资金2895万元，超额完成省定6830人计划搬迁任务。“九五”“十五”期间，全市投入扶贫资金达5.9亿元。贫困地区基础设施和文化教育卫生事业得到很大改善，实现“五通”（通水、通路、通电话、通电、通广播电视）和教育“两基”（基本普及九年制义务教育、基本扫除青壮年文盲）达标，村民的生产、生活条件得到根本性改善。据2004年调查统计，全市未解决温饱（年人均纯收入低于1000元）和未稳定解决温饱（年人均纯收入在1000元至1100元之间）的人口分别只有13978人和19606人。2010年，推动市财政局协调有关部门筹措捆绑扶持资金1000万元，对20个市级扶贫开发工作重点帮扶村给予项目建设补助，每个重点帮扶村安排50万元。落实村财增收项目25个、农民增收项目30个；组织科技培训475人，转移富余劳动力390人；修复水利设施15个；争取其他资金285.5万元。“造福工程”被列入市委、市政府为民办实事项目。组织实施搬迁8000人，省、市、县财政按每人2500元标准给予补助，至10月底，全市落实1794户、8000人搬迁任务，完成征地1750户、动工基建1757户、完成地基建设1512户、完成一层封顶1092户、完成搬迁入住523户。

二、农村宽裕型小康建设

1996年，泉州市提前4年基本实现奔小康战略目标后，提出推进农村“宽裕型小康”建设奋斗目标；11月21—22日，市委、市政府召开宽裕型小康指标体系讨论会，推动全市基本实现小康的村镇向宽裕型小康迈进。1998年，市委、市政府出台《关于加快农村宽裕型小康建设步伐的实施意见》，提出到2005年，全市农村基本实现宽裕型小康，人民生活更加宽裕，同时建立党政领导一把手亲自抓、负总责，分管领导具体抓，五套班子领导挂钩抓的责任制。1999年，市委、市政府出台《关于加快旧村改造、新村建设若干问题的决定》，以旧村改造新村建设为载体，加大宽裕型小康建设工作力度，同年，全市有10个乡镇、310个村达到宽裕型小康综合指标。2001年，市委、市政府出台《关于开展创建宽裕型文明村活动的决定》，提出“班子坚强、经济发达、设施齐全、环境优美、风气良好”5个方面20个创建标准，通过5年的创建“宽裕型文明村”活动，使村级班子建设进一步加强，农村经济稳定发展，精神文明建设成效显著，村容村貌明显改善，逐步建成一批宽裕型文明村，成为宽裕型小康的典型村和精品村，全面推进农村工作向更新更高的目标迈进。至2005年，全市累计创建宽裕型文明村410个，农村人均纯收入6123元，位居全省第二，基本实现宽裕型小康目标。2010年，把新农村建设与推进城镇化结合起来，推进农村土地管理改革的试点工作，出台《关于推进旧村居改造工作的实施意见》，全年拆除旧房16.7万平方米，新建房屋19.1万平方米。

三、特色农业产业基地建设

发展特色农业产业基地，是中共泉州市委九届四次全会关于建设“五大基地”的重大决策部署。安溪是全国著名的乌龙茶主产区，名茶铁观音、黄金桂的发源地，是全国最大的乌龙茶生产基地，1995年3月，农业部、中国农学会授予安溪县“中国乌龙茶（名茶）之乡”称号。永春县1997年被农业部命名为“中国芦柑之乡”，是全省最大柑橘生产基地县。曾于1986年被农业部确定为全国六大龙眼生产基地县之一的南安县，1997年被中国特产之乡推荐暨宣传组委会命名为“中国龙眼之乡”；还形成南安大霞美、洛江马甲、晋江罗山等一批花卉产业示范基地。2000—2005年，市委、市政府先后出台《关于加强农业基地建设的决定》《关于建设“4121”无公害农产品示范基地的实施意见》《关于建设“1168”蓝色产业示范基地的实施意见》《泉州市龙眼产业化发展规划（2005—2008年）》等一系列推进农业产业化经营的政策措施。同时加快安溪乌龙茶、永春芦柑、南安龙眼以及南安、洛江、晋江等花卉等特色农业产业基地建设。2005年9月30日，市委、市政府出台《关于加强农业农村工作的若干意见》，提出以推进特色农业产业基地建设为抓手，加快农业结构调整步伐，推动农村经济社会协调发展，确保2005年基本实现、2007年全面实现宽裕型小康建设目标；同年，全市有10个系列、36个农产品及加工品先后荣获“省级以上优质产品”称号。有芦柑、茶叶等26个产品获得A级绿色食品标志使用权，33个产品获得无公害农产品标志，28个产品获得无公害农产品证书。全市特色农业基地成为区域农业经济发展的支柱。2007年1月31日，市委、市政府印发《海峡两岸（泉州）农业合作试验区发展规划》，提出按照建设社会主义新农村和海峡西岸经济区发展战略的总体要求，建立农产品生产基地、农产品加工基地、农产品贸易基地“三大基地”，构建台湾农民再创业发展平台、台湾农业经营模式交流平台、台湾农业高新技术引进开发平台、台湾农业合作项目招商平台等“四大平台”。2010 年，全市实施“五大战役”，引导龙头企业项目建设，福建八马茶业、福建福马食品集团、晋江福源食品、泉港化工厂 4 家龙头企业总投资 2.05 亿元，实施4个技术创新项目，实现与福建省茶叶科学研究所、日本东京专门制果学院等科研院校项目对接。引导 4 家农业龙头企业上市。晋江福源食品、安溪铁观音集团、八马茶业、福建（安溪）大自然茶业科技有限公司等龙头企业计划申请上市，通过上市、发行债券或强强联合。

四、小城镇综合改革建设

20 世纪 90 年代起，泉州市培育各级试点镇，通过典型引路，全面提高村镇规划建设水平。1999 年起，泉州市指导各乡镇抓好“三个一”建设，即一个高起点规划设计的住宅示范小区、一个特色鲜明的商贸街区、一个乡镇企业集中和设施较为完善的工业小区，开展市级试点村（小区）申报工作，推动有条件的镇、村开展省级住宅小区建设试点，陆续培育省级村镇住宅小区建设试点 27 个、省级小城镇建设试点工程 4 个。至 2003 年年底，全市已有小城镇建设试点镇 73 个，其中部级试点镇 2 个、省级 14 个、市级 22 个、县级 35 个。2010 年，培育 3 个省级和 12 个市级综合改革建设试点小城镇，省级试点镇规划编制工作走在全省前列。2010 年，城镇居民人均可支配收入、农民人均纯收入分别 25155 元和 9296 元，比 2005 年增长 77% 和 51.8%。小城镇改革发展战役方面，完成年度投资 171.3 亿元。加快推进小城镇建设，出台落实《小城镇综合改革建设试点意见》，确定 3 个省级、12 个市级试点镇，完成试点镇总体规划修编，安排市本级专项补助金 4500 万元。2006—2010 年，城镇化率从 49% 提高到 60%。

第二节　推动可持续发展

1991—2010 年，泉州通过调整经济结构，强化战略布局，提高人口素质，保护生态环境，推动全市经济社会的可持续发展。

一、经济结构战略性调整

1991—2010 年，泉州市通过国民经济结构战略性调整，完成从“高消耗、高污染、低效益”向“低消耗、低污染、高效益”转变。促进产业结构优化升级，减轻资源环境压力，改变区域发展不平衡，缩小城乡差别。1991 年起，全市第一产业占比急剧下降，至 1994 年低于第三产业；三次产业结构首次由“二、一、三”向“二、三、一”转变。1997 年，市政府制定实施《泉州“九五”期间调整优化经济结构总体方案（初稿）》。1999 年 9 月 23 日，泉州市政府召开全市经济结构调整优化工作会议，市长施永康在会上作题为《加快调整优化经济结构步伐，促进国民经济持续快速健康发展》的报告，强调：“九五”后期调整优化经济结构应坚持因地制宜、可持续发展和“转型、升级、接轨”的战略方针，遵循国家企业政策和生产力总体布局，着眼于提高经济整体素质和竞争力。以国内外市场需求为导向，以“调高、调大、调优、调外”为目标，进一步优化第一产业，提高第二产业，壮大第三产业，采用高新技术和先进适用技术改造传统加工业，培育高新技术产业，逐步形成规模经营、现代化管理、外向型的富有竞争力的产业结构体系；同时，提出调整优化经济结构的方向和重点目标。2000 年，全市实现地区生产总值 790.46 亿元，三次产业构成比重为 5.2 ∶ 58.7 ∶ 36.1。第一产业比 1997 年下降 1.6 个百分点，第二产业上升 1.9 个百分点，第三产业基本持平。农、轻、重构成比重为 3.9 ∶ 51.8 ∶ 44.3。农业、轻工业比 1997 年分别下降 2.2 个百分点和 10.5 个百分点，重工业上升 12.7 个百分点。2002 年，泉州市贯彻全省产业结构调整工作会议精神，提出《泉州“十五”期间结构调整的实施意见》，把发展服务业作为全市经济结构调整的主要着力点，建立健全三产工作机构，选好三产发展规划的切入点。第三产业增加值比重比上年提高 0.5 个百分点，达到 40.4%，超过全省平均水平。旅游、邮电通信、房地产业作为新的经济增长点持续发展对经济的拉动作用。2003 年，泉州市经济结构进一步优化，第一产业比重下降，第二、三产业比重上升，三次产业增加值占地区生产总值的比重由上年的 6.8%、52.8%、40.4%，调整为 6.1%、53.3%、40.6%。人均地区生产总值为 1.84 万元，按现行汇率折算达到 2227 美元。2004 年，全市产业结构调整继续巩固优化第一产业、改造提升第二产业，发展壮大第三产业。加强农业结构调整和农业基础设施建设，基本形成名优茶叶、果蔬、花卉、水产、畜牧、林竹等农业产业体系；扶持重点水利工程改造或重建等农业基础设施建设。优化工业产业布局，提升石化、纺织等 23 个工业经济板块发展水平，加快泉州经济技术开发区等 13 个省级工业园区的建设。落实和完善服务业发展规划，组织实施包括物流、旅游、市场建设、社区服务、交通运输等八大类 150 项服务业项目。2005 年，泉州市贯彻落实科学发展观，按照“加重提轻、稳一拓三”，加快产业结构优化升级。农业基础地位得到加强，工业化步伐加快，服务业平稳增长，三次产业比例由 2000 年的 7.7 ∶ 53.5 ∶ 38.8 调整为 5.6 ∶ 53.6 ∶ 40.8。一些关系长远发展的新兴产业迅速形成，产业集聚集群水平不断提高，规模以工业产值占工业总产值比重达 70.5%，比 2000 年提高 41 个百分点。2006 年后，泉州市三次产业增速持续延续“二、三、一”增长格局。至 2010 年，泉州市第一、三产业比重有所调减，第二产业继续上升，三次产业的比例调整为 3.7 ∶ 60.2 ∶ 36.1。

二、提高人口素质

20 世纪 90 年代，泉州市教育部门开展实施基本普及九年义务教育、基本扫除青壮年文盲的“两基”攻坚行动。1991 年，全市各级党委、政府贯彻国务院《扫除文盲工作条例》和“一堵、二扫、三提高”（“一堵”，即抓好普及小学五年教育，解决好边远地区、山区、牧区和经济条件较差地区普及小学教育的实际问题，采取多种形式组织学龄儿童和 15 岁以下超龄儿童入学，使其真正达到小学毕业水平。“二扫”，即基本扫除 12 ～ 45 岁的文盲，使少年、青年、壮年中的非文盲人数达到 85% 以上。“三提高”，即对已脱盲者采取多种形式继续组织学习，进一步巩固和提高）的扫盲工作方针，继续把基本扫除青壮年文盲作为实施“两基”的重要工作。1994 年，泉州市组织 6.23 万人参加扫盲学习，8.96 万人参加脱盲巩固提高班学习，全市青壮年非文盲率达到 96.56%。44 个乡（镇、街道）和 1148 个建制村通过扫盲考核验收。21 世纪初，泉州市通过持续实施“高水平、高质量普及九年义务教育”督导评估，以及因人口出生率下降连续多年进行的学校布局调整，进一步优化小学、初中办学条件，增强学校规模效益。2010 年，全市小学由 2000 年的 2245 所调整至 1451 所；在校学生由 79.05 万名减少至 53.81 万名；全市初中学校由 2000 年的 263 所调整为 250 所；在校学生由 46.49 万名减少至 24.94 万名。随着经济社会和人口素质提高，各项人口构成也发生较大变化，人口预期寿命不断提高，2010 年全市人口平均预期寿命 73.85 岁，比 1990 年提高 3.35 岁；0 ～ 14 岁人口比重下降 14.5%，65 岁及以上人口比重达 6%；人口受教育水平大幅提高。2010 年，每万人拥有受教育大学程度人口由 1990 年的 66 人增至 571 人。

三、保护生态环境

1991 年，泉州市延续设置泉州市环境保护局，对全市环境保护工作实行统一监督管理。当年起，继续实行县（市、区）长环境保护目标责任制，每年由市长同各县（市、区）长签订环保目标责任书。1996 年，泉州市贯彻全国第四次环保大会精神，加大工业污染源治理力度，先后取缔、关、停 200 多家污染严重的电镀、小制革、小冶炼等“十五小”企业，占全省关、停企业数五分之二。1998—2001 年，泉州市贯彻可持续发展战略，环保工作以改善环境质量为目标，“一控双达标”（“一控”即污染物排放总量控制，

"双达标"为工业污染源排放污染物达标，城市环境空气、地面水环境质量按功能区分达到国家规定标准）为重点，着重实施建陶业烟尘污染、"两江"（晋江、洛阳江）流域污染、制鞋业"三苯"（指工业上的苯、甲苯、二甲苯）废气、水泥业粉尘"四大治理工程"。2000年，泉州市政府出台《晋江、洛阳江流域水环境保护管理暂行规定》。2001年1月，泉州市率先在全省地级市中一次性通过"一控双达标"省级考核验收。2002年，全市环保工作进入创建生态文明城阶段，以深化流域、城市、区域环境治理为重点。2003年起，泉州市按照"创模"规划，实施"碧水、蓝天、安静、青山绿地、污染防治、细胞优化"六大工程。经过2003—2005年三年"创建国家环保模范城市"建设，全市环境法制健全，执法力度增大，打击各类环境违法行为，保障环境安全；环境保护和生态文明宣传教育在城乡广泛深入开展，人民群众环境保护和生态意识日益增强；加大环境保护资金投入，晋江上游大型流域保护项目和泉州市宝洲污水处理厂、室仔前垃圾填埋场等城市环保设施相继建成，为改善环境进一步奠定物质技术支撑。2002—2004年，在全省城市环境整治定量考核中连续三年位居第二。2006年10月，泉州市被评为"国家环保模范城市"。2006—2010年，实施《泉州市生态建设"十一五"规划》，稳步推进资源节约型和环境友好型社会建设。全市环境工作围绕服务发展大局，改善环境质量，保障环境安全，维护群众健康这一中心，同步开展生态保护与环境应急、安全管理。加强环保执法，加大近海水域和"两江"流域水环境"江海连片"整治和工业污染源的监督管理及饮用水资源保护整治，组织推进主要污染物减排工作和农村小康环境保护行动计划。至2010年，全市环境质量总体良好，市区环境空气质量优良率达97%，居全省第三。晋江水系和各县集中式饮水源地水质均保持优的等级；近海水域功能区水质达标75%，全市城区声环境质量总体水平和道路交通噪声等级均为较好；建成的国家级、省级、市级生态镇分别为1个、14个、21个，省级以上的森林、野生动植物、湿地型自然保护区5个，其中国家级2个。

第三节　生态环境建设

1991—2010年，泉州市致力国家环保模范城市、全国水土保持生态环境建设示范县、地质灾害群测群防体系、全国水电农村电气化县创建等活动，强化全市生态环境建设。

一、创建国家环保模范城市

泉州重视生态城市建设，2000年开始在晋江上游环境管理中实施"四不批"，即建设项目环境影响评价不清楚不批，环境容量不允许不批，区域或流域污染物总量超标不批，污染防治措施不可行不批政策，"创模"期间，"四不批"政策范围扩大到晋江、洛阳江流域并严格落实。经过3年"创模"，泉州在2002—2004年全省城市环境综合整治定量考核中连续3年位居第二名。2002年7月，省环保大会确定生态省建设目标，泉州生态城市建设列为组成部分。10月，市委研究创建生态城市、创建国家环保模范城市行动方案，提出"创模"行动方针，布置修改行动方案和制定3年规划，成立领导小组，部署这项工作。12月，市委、市政府发布《泉州市创建国家环保模范城市三年规划》。"创模"由"碧水、蓝天、安静、青山绿地、污染防治、细胞优化"六大工程组成。泉州"创模"行动中突破环保基础设施薄弱"瓶颈"。把各地环保基础设施建设纳入政府重点建设项目，强化财政资金保障，对山区县投建环保设施项目实行优惠补助政策。形成"城乡联动、统筹兼顾"的环保设施建设格局。城市生活污水处理率达到76.85%，垃圾处理率达到100%。泉州市区交通噪声平均值为69.7分贝。同年，编制完成《泉州市晋江干流和南高干渠、北高干渠生活饮用水、地表水水源保护区划定方案》，在全市范围实施"两江"流域工业污染源综合治理"零点计划"行动，全市漂染、制革、造纸、水洗等工业企业废水基本实现物化、生化二级处理，治污水平有较大提高。对影响流域水环境的工业、生活、农业、畜禽养殖业等污染源进行全面整治。2003年，泉州市在全省率先开展"近海环境污染整治专项行"，市政府出台《泉州湾南岸近海水域污染专项整治方案》，并将这项工作列入市人大议案。2005年，市政府制定出台《晋江洛阳江上游水资源保护补偿专项资金管理规定》，正式启动流域补偿机制，当年，全市污染源专项治理资金补助12批307个项目，补助金额1467.5万元。2006年3月17日，泉州市通过国家环保总局考核验收，10月25日，被评为“国家环保模范城市”。

二、惠安建成全国水土保持生态环境建设示范县

1996年，据水土流失遥感调查，惠安县水土流失面积193.49平方千米，占土地总面积的26%。惠安县以水土流失调查结果为依据，成立水土保持生态环境建设“十、百、千”示范工程领导小组（简称“水保委”）。1999年财政部、水利部把惠安列入全国百个水土保持生态环境建设示范县，林辋溪北支小流域列入千个小流域建设工程。1998—2002年，惠安县投入水土保持生态环境建设资金5880万元，累计完成治理17245公顷，占总流失面积（1996年）的78.8%，综合治理程度89.1%，小流域综合治理程度90%。同时紧扣“青山、绿地、碧水”这一主题，坚持综合治理，形成点、面、网、带全方位、多层次绿化体系，做到山上造林封禁，山坡种果，沿海沿溪植树固沙固土，形成农田林网，山脚筑坝，护坡砌渠，上拦下截，保持水土。同时加强城市建设水土保持工作。做到治山与治沙、治山与治水同步进行，在城乡土地上构建绿色保护屏障，提高抵御自然灾害能力，优化生态环境，努力实现社会经济持续发展，人与自然和谐相处。2002年，惠安县政府被全国绿化委员会、人事部、国家林业局评为福建省唯一的“防沙治沙先进集体”。惠安县在水土保持生态环境建设应用遥感和地理信息系统最新技术，完成全县水土流失定量遥感监测调查，获得全县科技三等奖。应用电脑设备，初步建立县水土流失基础数据库及其软件系统。破溪小流域、林辋溪北支小流域分别于2001年5月、2002年8月被命名为全国水土保持“十、百、千”建设示范小流域。2003年8月，惠安县获水利部、财政部授予“全国水土保持生态环境建设示范县”称号。

三、安溪地质灾害群测群防体系建设

安溪县位于厦漳泉“金三角”山海接合部，地形以中低山陡坡为主，地层以侏罗系火山岩为主，岩石风化强烈，属地质灾害多发区。1990—2000年，全县发生滑坡、崩塌、塌陷、泥石流等地质灾害514处，年均发生灾害46.7处，造成重大人员伤亡和经济损失。2001年，安溪县全面开展地质灾害点调查，摸清地质灾害隐患。县政府制定《安溪县地质灾害突发性应急预案》，各乡镇编制地质灾害点群众安全转移预案。同时，建立县乡村三级应急抢险互动体系，县人民武装部成立民兵应急抢险大队，各乡镇成立民兵应急分队，重点村（居）成立民兵应急小组，汛期值班待命，应对突如其来的抢险工作。当年，安溪被福建省、泉州市确定为地质灾害防治工作示范县。2002年，安溪县构建县乡村三级地质灾害监测网络。成立安溪县地质灾害监测管理中心。2003年5月，安溪县成立地质灾害研究所，挂靠在县国土资源局，负责全县地质灾害监测管理和指导、协调工作；在24个乡镇成立地质灾害监测站，具体负责督促指导各所属村（居）监测组开展工作；在271个有地质灾害点的村（居）建立地质灾害监测组。配备监测人员620人，监测工具300套。筹集资金近100万元，进行乡镇监测站达标建设，推行“一表四图四制度”上墙。为保障县乡村三级监测网络科学、有序开展，绘制《地质灾害监测管理三级网络图》和《安溪县地质灾害分布和易发区区划图》，建立地质灾害的监测制度、工作职责、值班制度和灾情报告制度，与县防汛部门20个雨量自动监测点协作，为开发和实施“安溪县气象—地质灾害监测预警报系统”提供核心构件。2003年，由县国土资源局与县气象局联合研发的“安溪县气象—地质灾害监测预警报系统”在全国率先投入运行。该系统的运用，当年就避免了20多次地质灾害可能造成的严重后果，在防抗3次台风暴雨和3次强降雨中发挥巨大作用，挽回直接经济损失1亿多元。中国地质环境监测院

组织专家组到安溪县考察时，给予充分的肯定和较高的评价。2004年，“安溪县气象—地质灾害监测预警报系统”获福建省人民政府“科学技术三等奖”。2005年，安溪县国土资源局与泉州市国土资源局联合研发的“国土资源地质灾害防治管理系统”投入试运行。该系统当年即在全国重点山区县市和部分灾害严重的县市推广，有效地增强各地地质灾害防治决策能力；通过福建省软件评测中心的功能测试，属于全国领先水平。2006年，该系统获福建省人民政府“科学技术二等奖”。2006年起，安溪县依托“县域性气象—地质灾害监测预警系统”和“国土资源地质灾害防治管理系统”，及时将预报等级信息迅速传递到符合发布条件的监测站、监测组和监测人。对三级、四级、五级的预警信息作出明确规定。非汛时期每15天监测1次，汛期每天监测1次，台风暴雨期间每天不少于2次。圈定和封闭危险区，设置警戒线、警示牌；执行24小时值班，加强巡逻、巡查、监测和防范工作。坚持监测与记录同步进行，村（居）监测组每周五向乡镇监测站报告1次；乡镇监测站每15天向县监测中心报送一次。规范监测人员培训。县和乡镇每年举办1次群测群防培训班，使监测人员达到“四应知”“四应会”（应会识别地灾发生前兆、应会使用简易监测方法、应会对监测数据记录分析和初步判断、应会指导防灾和应急处置）标准。安溪县地质灾害群测群防工作，基本形成一套沿海山区县地质灾害防治工作模式，地质灾害发生率明显下降，年均发生灾害25.1处，人员伤亡和直接经济损失大幅度减少。2005年和2006年，国土资源部先后两次在安溪召开全国地质灾害群测群防体系建设工作现场会，推介安溪的经验，安溪县地质灾害群测群防体系建设成为全国典型。

四、全国水电农村电气化县建设

安溪、永春、德化3个县地处泉州山区，溪流纵横，雨量充沛，水能资源丰富，3个县先后开发小水电，走出一条适合南方山区农村建设电气化的成功之路。

1989年9月，3个县同时成为全国第一批100个农村初级电气化达标县。1989—2001年，投资建成龙门滩水库一级电站，装机容量1.8万千瓦，年均发电量7344万千瓦时；龙门滩二级电站，装机容量2.6万千瓦，平均发电量1.25亿千瓦时；对龙门滩一、二级电站进行增容技改，技改后装机总容量5.08万千瓦；建成东固水库电站，装机容量1.2万千瓦，平均发电量3030万千瓦。

2001年11月，安溪、永春、德化3个县被水利部列为“十五”期间全国400个水电农村电气化建设县。

2002年3月，德化县被授予“中国小水电之乡”称号。同年，安溪县通过优化水利水电管理体制，制定鼓励水电开发的优惠政策，推行以电养电和集资办电，加强水力资源的开发管理。

2003年1月，安溪县的10千伏及其以下的农村电网改造与建设工作基本完成，并实现全县城乡同网同价。同年，永春县提前两年达到并超过“中国水电农村电气化标准”规定的各项指标；安溪县新建110千伏变电站3座，并抓好设备的技术改造和电网自动化建设，采用电网综合自动化系统，提高电网的输变电能力和科学调度水平。

2004年7月，德化县率先在全省成为全国水电农村电气化达标县。同年，永春县深化电力管理体制改革，实行“站网分开”，将国有电站整合成立曙光发电总站。全县水电站全部入网，实现城乡同网同价，全县通电率100%，供电可靠率达到100%。11月10日，永春县通过达标预验收。

2005年，安溪县和永春县通过达标验收，成为全国水电农村电气化县。

2006年1月，德化县建成涌口水库电站，装机容量2.5万千瓦，率先发电7320万千瓦时。4月，永春在曙光发电总站基础上组建永春县水力发电公司，该公司辖有横口、清溪坂、卿园、崇华、桃联、人工湖、湖洋7座电站，总装机容量1.21万千瓦。至2006年年底，德化县电力装机容量28.46万千瓦，其中水电装机容量26.06万千瓦，年发电能力8.91亿千瓦时，电力业年纳税7683万元，年向泉州市供电3亿千瓦时以上，农村电气化和水电现代化建设走在全国前列。

至2008年年底，永春县全县水电站222座，总装机容量10.9万千瓦，年发电量达3.8亿千瓦时。

卷一 政区 环境

三国吴永安三年（260 年），泉州正式设立行政区。其时，在丰州（今南安丰州镇）设东安县县治。唐景云二年（711 年），因境内有泉山，遂以“泉州”为政区名称，沿用至今。元代到清代，先后设泉州路、泉州府。民国期间，多数县先后隶南路道、厦门道和第四、第五行政督察区。中华人民共和国成立后，先后设立泉州行政督察区、晋江区、晋江专区和晋江地区。1986 年 1 月，执行国务院关于撤销晋江地区、泉州市升为地级市的决定，实行市管县行政体制，原泉州市改置为鲤城区。1987 年 12 月，国务院批准成立石狮市。1991 年，泉州市辖鲤城区、石狮市和晋江、惠安、南安、安溪、永春、德化、金门 7 个县，下设 6 个街道、84 个镇、46 个乡（其中民族乡 1 个）、127 个居委会、2284 个村民委员会。1992 年 3 月晋江撤县设市，1993 年 5 月南安撤县设市，1997 年 6 月原鲤城区析为鲤城、丰泽、洛江 3 个区，2000 年 4 月国务院批准设立泉港区。2010 年，泉州市辖鲤城、丰泽、洛江、泉港 4 个区，惠安、安溪、永春、德化、金门 5 个县，代管石狮、晋江和南安 3 个省辖县级市，下设 30 个街道、106 个镇、27 个乡（其中民族乡 1 个）、3 个居委会、404 个社区居委会、2058 个村民委员会。

泉州市大地构造位于华南褶皱系的东南部，闽东大山断拗带的中南段。构造带呈北东—南西方向展布。境内五分之四以上面积分布为中生代火山岩系和侵入岩，两者出露面积约各占一半，从西北往东南侵入岩分布面积增多为主体。全市依山临海，境内山峦起伏，丘陵、河谷、盆地错落相间，千米以上山峰多达 455 座。在 11015 平方千米陆地面积中，山地丘陵占 79%，台地平原占 21%。河川密布，晋江贯穿中部，是全省第四大河。海岸线曲折蜿蜒，大部分为基岩质海岸，总长 541.23 千米，占全省海岸线 12.7%，多港、多岛屿，滩涂、海域面积约 11360 平方千米。全境属南亚热带海洋性季风气候区，全年湿润多雨，四季分明。森林资源丰富，野生动植物种类繁多，野生动物 4000 多种，野生植物 2000 多种；矿产资源较丰富，主要有煤、铁、黄金、花岗岩、石灰石、石英砂、高岭土等，以“砂、石、土”为主的非金属矿产资源是泉州市具有地方特色的优势矿产。1991—2010 年台风暴雨、洪涝灾害发生 63 次，年均 4 次以上，其中较严重的 15 次；过程降雨多数在 200 ～ 600 毫米，每次受灾人口在 13 万～ 18 万人之间，同时伴有山体滑坡、泥石流、地面凹塌等地质灾害。

第一章 政 区

第一节 建置沿革

夏、商两代，地理区划属扬州。

西周，为七闽地。

春秋末期至战国初期，属越国地。

秦属闽中郡。

汉初属闽越国，后属冶县。

三国吴永安三年（260 年），以会稽南部都尉辖地为建安郡，析侯官县地置东安县，治所设在今南安市丰州镇。

晋太康三年（282 年），析建安郡置晋安郡，改东安县为晋安县。

南朝宋泰始四年（468 年），晋安郡、晋安县分别改为晋平郡、晋平县。齐复称晋安郡、晋安县。

梁天监中（502—519 年），析晋安郡置南安郡。下领三县：晋安、龙溪、兰水；郡治设于晋安（今南安丰州镇）。泉地属南安郡晋安县。南安郡初隶江州，普通六年（525 年）改隶东扬州。

陈永定元年（557 年），于晋安郡置闽州，南安郡属之。天嘉六年（565 年），闽州罢，仍隶东扬州。光大二年（568 年），又于晋安郡置丰州（治所设在闽县，今福州市区），南安郡属之。

隋开皇九年（589 年）改丰州为泉州（治所在今福州），南安郡撤销，晋安县改为南安县，归其管辖，历史上首次出现“泉州”之名。

隋大业二年（606 年），改泉州为闽州，南安县改属闽州。大业三年，闽州改为建安郡，领南安、建安、闽县、龙溪四县，今泉州市地除德化因侯官县废归属闽县外，均属南安县。

唐武德元年（618 年），改建安郡为建州。武德五年，析建州南安故郡地置丰州，并分南安地置莆田县。丰州下领南安、莆田、龙溪三县，治所设今南安丰州镇。武德六年，复于闽县置泉州。武德八年置都督府，辖泉州、建州、丰州。

唐贞观元年（627 年），丰州撤销，南安、莆田、龙溪三县并入泉州。

武周久视元年（700 年）置武荣州，隶泉州都督府，下辖南安、莆田、龙溪、清源 4 个县。

唐景云二年（711 年）原闽县所置之泉州改为闽州，武荣州改为泉州，隶属闽州都督府、福州都督府。自此始，凡称“泉州”者即指今之泉州。

唐天宝元年（742 年），泉州改为清源郡，属江南东道；因郡、县同名不便指称，清源县改名仙游县。

唐乾元元年（758 年），清源郡复为泉州。

唐乾宁三年（896 年），福州升威武军，泉州属之。

五代后梁贞明六年（920 年），后梁升福州为大都督府，泉州属之，仍领四县：晋江、南安、莆田、仙游。

五代后唐天成元年（926 年），王延翰自立大闽国。后唐长兴四年（933 年）正月，王延钧正式称帝，国号大闽，泉州归之。升桃林场置桃源县，泉州属县增至五个。

五代后晋天福四年（939 年），升大同场为同安县。至此，泉州计领六县。

五代后晋天福八年（943 年）二月，富沙王王延政称帝于建州，国号大殷。开运元年（944 年）年底，泉州改隶大殷。

五代后晋开运二年（945 年）正月，大殷改国号闽，泉州隶之；八月，闽主降南唐；九月，泉州归属南唐。

五代后汉乾祐二年（949 年），南唐升泉州为清源军，兼领南州（即漳州）。

宋乾德二年（964 年），清源军改为平海军。

宋太平兴国三年（978 年），平海军改为泉州，属两浙西南路，仍领九县。

宋雍熙二年（985 年），泉州改隶福建路。

据史书记载，宋代澎湖已正式划归泉州，隶属晋江县管辖。

元世祖至元十四年（1277 年），立行宣慰司于泉州，兼领行征南元帅府事。至元十五年（1278 年），改行宣慰司为行中书省，升泉州为泉州路总管府隶之。泉州路于七县之外，增领南、北二录事司。

元至元十七年（1280 年）五月，福建行省并入泉州行省。同年七月，徙泉州行省于隆兴。

元至元十八年（1281 年）十月前，泉州又立行省。至元二十年三月，并入福建行省。

元至元二十一年（1284 年）二月，再设行省于泉州。同年九月，并入江淮行省。

元至元二十七年（1290 年）前后，开始在澎湖设巡检司，管辖澎湖、台湾等岛屿，隶属泉州路同安县。

元大德元年（1297 年），改福建行省为福建平海行中书省，徙治泉州。大德二年，泉州路总管府改为泉宁府。不久，罢福建平海行中书省，泉宁府复为泉州路，隶江浙行省。

元至正十六年（1356 年），复立福建行中书省，泉州路隶之。

元至正十八年，设立泉州分省。

明洪武二年（1369 年），改泉州路为泉州府，隶福建行省；罢录事司，仍领七县：晋江、南安、同安、惠安、安溪、永春、德化。洪武九年，福建行省改为福建布政使司，泉州府隶之。

清初仍置泉州府，上隶福建行省，领县同明。雍正十二年（1734 年），升永春县为永春直隶州，划德化县及延平府大田县归其辖理，隶福建行省。

清乾隆四十年（1775 年），析同安县部分地设马巷厅。至此，泉州府即领晋江、南安、惠安、同安、安溪五县及马巷厅。

民国元年（1912 年），取消府、州、厅，实行省、道、县三级地方政制，晋江、南安、同安、惠安、安溪、永春（民国 2 年 3 月废州立县）、德化归属南路道（址设厦门）。民国 3 年，南路道改称厦门道。

民国 16 年（1927 年），废道，实行省、县二级地方政制，泉属七县直隶福建省。

民国 23 年（1934 年）7 月，全省设立 10 个行政督察区，永春、德化、惠安属第四行政督察区（专署驻仙游），晋江、南安、安溪、金门属第五行政督察区（专署驻同安）。

民国 24 年（1935 年）10 月，全省改为 7 个行政督察区、1 市，惠安、晋江、南安、金门、安溪、永春、德化属第四区（专署驻同安）。民国 27 年 5 月 21 日，第四区专署由同安移驻永春。

民国 32 年（1943 年）9 月，全省调整为 8 个行政督察区、两个市。第四区专署仍驻永春，下辖永春、安溪、金门、南安、晋江、惠安、莆田、仙游、同安 9 个县。德化改属第六区（专署驻龙岩）。

民国 35 年（1946 年）1 月，全省划为 9 个行政督察区、2 个市。第四区仍旧，德化改属第九区（专署驻永安）。同年 9 月，第四区专署迁驻晋江。

民国 36 年（1947 年）4 月，全省调整为 7 个行政督察区。第四区专署仍驻晋江，仍辖有 9 县。德化改属第六区（专署驻永安）。

1949 年 8 月 31 日，泉州城解放。同年 9 月，全省划为 8 个行政督察区。9 月 9 日，第五行政督察专员公署成立，辖晋江、南安、同安、惠安、安溪、永春、仙游、莆田、金门 9 个县。公署设晋江县城（今泉州市鲤城区）。同年 11 月 24 日，德化解放，归入第七行政督察区（专署驻永安县）。

1950 年 3 月 14 日，第五行政督察专员公署改称泉州行政督察专员公署，4 月 1 日起实行。同年 9 月，行政督查区改为专区。

1971 年 7 月，晋江专区改为晋江地区。

1985 年 5 月，国务院批准撤销晋江地区行政公署，泉州市升为地级市，隶福建省政府，实行市管县体制。

1986 年 1 月，泉州市人民政府正式成立。辖鲤城区，惠安、晋江、南安、安溪、永春、德化、金门 7 个县。

1987 年 12 月，国务院批准晋江县石狮镇、永宁镇、蚶江镇和祥芝乡设立石狮市（县级）。

1991 年，泉州市辖鲤城区，石狮市和晋江、惠安、南安、安溪、永春、德化、金门 7 个县。

1992 年 3 月，国务院批准晋江撤县设市（县级市）；1993 年 5 月，国务院批准南安撤县设市（县级市）；1997 年 6 月，国务院批准设立丰泽区、洛江区；2000 年 4 月，国务院批准设立泉州市泉港区。

2010 年，泉州市建置不变。辖鲤城、丰泽、洛江、泉港 4 个区，惠安、安溪、永春、德化、金门 5 个县，代管石狮、晋江、南安 3 个省辖县级市。市政府驻鲤城区庄府巷 24 号。

泉州市建置沿革与行政区划表

表 1-1-1

时　　间	政区名称	隶　　属	辖县（区、市、厅）	附　　注
夏商				地属扬州
西周				为七闽地
春秋末至战国初				属越国地
周赧王九年（公元前 306 年）				属楚地
秦始皇二十六年（公元前 221 年）		闽中郡		
汉高祖五年（公元前 202 年）		闽越国		
武帝建元六年（公元前 135 年）				越繇王与东越王共领原闽越国地
元封元年（公元前 110 年）				武帝徙闽越民于江、淮间
始元二年（公元前 85 年）		冶县		
东汉		初属东部侯官，后属侯官县		
吴永安三年（260 年）		东安县		县治设今南安丰州镇。今德化地属侯官县，下同
晋太康三年（282 年）		晋安县		治所同上。南朝宋泰始四年（468 年）改为晋平县，齐复称晋安县
梁天监中（502—519 年）		南安郡 晋安县		郡、县同治今南安丰州镇
隋开皇九年（589 年）		南安县		大业三年（607 年）德化改属闽县
唐武德五年（622 年）		丰州南安县		郡、县同治今南安丰州镇
贞观元年（627 年）		泉州南安县		泉州治设今福州
嗣圣初		武荣州		州领南安、莆田、龙溪三县，治设今南安丰州镇。不久州废，三县仍属泉州
圣历二年（699 年）		武荣州		州领南安、莆田、龙溪、清源四县，治同上。越年州废，属县仍隶泉州
久视元年（700 年）	武荣州	泉州都督府	南安、莆田、龙溪、清源	治所设今泉州城区，下同
景云二年（711 年）	泉州	闽州都督府	南安、莆田、龙溪、清源	开元六年（718 年）增领晋江县
开元十三年（725 年）	泉州	福州都督府		开元二十一年（733 年）更置福建经略使于福州。开元二十九年（741 年）龙溪县析出
天宝元年（742 年）	清源郡	福州都督府	南安、莆田、晋江、仙游	
乾元元年（758 年）	泉州	福州都督府	南安、莆田、晋江、仙游	乾元三年（760 年）置福州节度使，大历六年（771 年）改置都团练观察处置使，泉州先后划归
乾宁三年（896 年）	泉州	威武军节度使	南安、莆田、晋江、仙游	五代后梁开平三年（909 年）属闽国，五代后梁贞明六年（920 年）改属福州大都督府

续表 1-1-1

时间	政区名称	隶属	辖县（区、市、厅）	附注
五代后唐天成元年（926年）	泉州	大闽国	南安、莆田、晋江、仙游	五代后唐长兴四年（933年）增领桃源（后更名永春），同时德化置县归长乐府。五代后晋天福四年（939年）泉州增领同安县
五代后晋天福八年（943年）	泉州	大殷国	南安、莆田、晋江、仙游、永春、同安	五代后晋开运元年（944年）一度由朱文进控制。开运二年（945年）大殷改国号闽
开运二年（945年）九月	泉州	南唐	南安、莆田、晋江、仙游、永春、同安	
后汉乾祐二年（949年）	泉州	南唐	南安、莆田、晋江、仙游、永春、同安、德化	955年增领清溪县、长泰县
宋乾德二年（964年）	泉州	宋	南安、莆田、晋江、仙游、永春、同安、德化、清溪、长泰	
太平兴国三年（978年）	泉州	两浙西南路	南安、莆田、晋江、仙游、永春、同安、德化、清溪、长泰	太平兴国四年（979年）莆田、仙游析出。太平兴国五年（980年）长泰析出。太平兴国六年（981年）增领惠安县
雍熙二年（985年）	泉州	福建路	南安、晋江、永春、同安、德化、清溪、惠安	宣和三年（1121年）清溪更名安溪
元世祖至元十五年（1278年）	泉州路总管府	泉州行中书省	南安、晋江、永春、同安、德化、安溪、惠安（以及南、北二录事司）	元世祖至元十四年（1277年）立行宣慰司，兼行征南元帅府事。元世祖至元十六年（1279年）南、北二录事司合而为一。元世祖至元十七年（1280年）徙泉州行省于隆兴。元世祖至元十八年（1281年）泉州又立行省
至元二十年（1283年）	泉州	福建行中书省	南安、晋江、永春、同安、德化、安溪、惠安（以及录事司）	至元二十一年（1284年）二月再设行省于泉州，同年九月并入江淮行省
大德元年（1297年）	泉州	福建平海行中书省	南安、晋江、永春、同安、德化、安溪、惠安（以及录事司）	行省治设泉州。大德二年（1298年）泉州路总管府改为泉宁府。不久，福建平海行中书省罢，泉宁府复为泉州路，上隶江浙行省
至正十六年（1356年）	泉州	福建行中书省	南安、晋江、永春、同安、德化、安溪、惠安（以及录事司）	至正十八年（1358年）置泉州分省
明洪武二年（1369年）	泉州府	福建行省	晋江、南安、同安、惠安、安溪、永春、德化	明洪武九年（1376年）福建行省改为福建等处承宣布政使司。清仍设福建行省
清雍正十二年（1734年）	泉州府	福建行省	晋江、南安、同安、惠安、安溪	清乾隆四十年（1775年）增辖马巷厅
	永春州	福建行省	德化、大田	清雍正十二年（1734年）升永春县为永春直隶州
民国2年（1913年）				泉属各县归南路道（后称厦门道）。民国3年（1914年）金门置县
民国16年				泉属七县直属福建省
民国22年				“福建事变”期间，泉属各县一度归属兴泉省，民国23年（1934年）1月重隶福建省

续表 1-1-1

时 间	政区名称	隶 属	辖县（区、市、厅）	附 注
民国 23 年 7 月				永春、德化、惠安属第四行政督察区，晋江、南安、安溪、金门属第五行政督察区
民国 24 年 10 月				泉属七县属第四行政督察区。民国 27 年（1938 年）5 月后专署由同安移驻永春，并一度驻德化
民国 32 年 9 月	第四行政督察区	福建省	永春、安溪、金门、南安、晋江、惠安、莆田、仙游、同安	专署初驻永春，民国 35 年（1946 年）9 月迁驻晋江。德化先后归属第六区、第九区、第六区
1949 年 9 月 9 日	第五行政督察区	福建省	晋江、南安、同安、惠安、安溪、永春、仙游、莆田、金门	1949 年 8 月 31 日解放泉州。德化 1949 年 11 月解放后归属第七行政督察区
1950 年 4 月 1 日	泉州行政督察区	福建省	晋江、南安、同安、惠安、安溪、永春、仙游、莆田、金门	
1950 年 9 月	晋江区	福建省	晋江、南安、同安、惠安、安溪、永春、仙游、莆田、金门	1951 年 1 月增领德化县、泉州市
1955 年 4 月 1 日	晋江专区	福建省	晋江、南安、同安、安溪、永春、德化、莆田、仙游、惠安、泉州、金门	1956 年 5 月增辖福清、平潭、永泰、大田。1958 年 8 月同安析出。1959 年 8 月福清、平潭、永泰析出。1963 年 5 月大田析出。1970 年莆田、仙游析出，同安划入
1971 年 7 月 1 日	晋江地区	福建省	泉州、晋江、惠安、南安、同安、安溪、永春、德化、金门	1973 年同安析出
1986 年 1 月	泉州市	福建省	鲤城、惠安、晋江、南安、安溪、永春、德化、金门	
1987 年 12 月	泉州市	福建省	鲤城、石狮、惠安、晋江、南安、安溪、永春、德化、金门	1988 年 9 月增辖石狮市
1992 年 3 月	泉州市	福建省	鲤城、石狮、晋江、惠安、南安、安溪、永春、德化、金门	1992 年 5 月晋江撤县设市
1993 年 5 月	泉州市	福建省	鲤城、石狮、晋江、南安、惠安、安溪、永春、德化、金门	1993 年 10 月南安撤县设市
1997 年 6 月	泉州市	福建省	鲤城、丰泽、洛江、石狮、晋江、南安、惠安、安溪、永春、德化、金门	1997 年 6 月增设丰泽区、洛江区
2000 年 4 月	泉州市	福建省	鲤城、丰泽、洛江、泉港、石狮、晋江、南安、惠安、安溪、永春、德化、金门	2000 年 4 月增设泉港区
2010 年 12 月	泉州市	福建省	鲤城、丰泽、洛江、泉港、石狮、晋江、南安、惠安、安溪、永春、德化、金门	

说明：2010 年 3 月 8 日，经福建省政府研究同意设立泉州台商投资区管委会。3 月 22 日，经报省委、省政府研究同意，泉州市政府将惠安县所辖的东园镇、洛阳镇、张坂镇、百崎回族乡 4 个乡镇行政事务委托泉州台商投资区管理

第二节 境 域

泉州地处台湾海峡西岸。地理坐标为北纬 24° 30′ ～ 25° 56′ 、东经 117° 25′ ～ 119° 05′ 。东与台湾岛隔海相望，西与漳州市、龙岩市毗邻，南与厦门市接壤，北与三明市、福州市、莆田市界连。东西宽 153 千米，南北长 157 千米，总面积 22375 平方千米。其中，陆域面积 11015 平方千米（包括金门县 149 平方千米），占总面积的 49.23%，约占全省陆地面积的 9.08%；海域面积 11360 平方千米，占总面积的 50.77%。

第三节 区划变更

1991 年，泉州市辖一区（鲤城区）一市（石狮市）七县（晋江、惠安、南安、安溪、永春、德化、金门）。同年，鲤城区东海、城东、马甲、江南、北峰、河市、罗溪 7 个乡撤乡设镇；石狮市祥芝乡撤乡设镇；晋江县英林、龙湖、池店、罗山、内坑、永和、紫帽 7 个乡撤乡设镇，设立西滨镇，辖原西滨农场的跃进、相思埭、紫姑埭、伍栋、围北、晋灌 6 个村委会；南安县东田、翔云、蓬华、九都、洪梅 5 个乡撤乡设镇；惠安县螺阳、黄塘、净峰 3 个乡撤乡设镇；安溪县城厢、金谷、感德、龙门、虎邱、芦田 6 个乡撤乡设镇；永春县一都、达埔、石鼓、吾峰、东平 5 个乡撤乡设镇；德化县南埕、三班、霞碧、浔中 4 个乡撤乡设镇。1991 年年底，泉州市辖鲤城区，石狮市和晋江、惠安、南安、安溪、永春、德化、金门 7 个县，下设 6 个街道、84 个镇、46 个乡（其中民族乡 1 个）、127 个居委会、2284 个村民委员会。

1992 年，国务院批准晋江撤县设市（县级市），所辖区域为原晋江县（析出石狮市后）的行政区域。同年，鲤城区从东海镇析出凤山、东湖、仁风 3 个村委会和东风、少林等 7 个居委会设立东湖街道，从东海镇析出东霞、东涂、迎津 3 个村委会和前坂、津淮等 6 个居委会设立丰泽街道；从东海镇析出灯星、灯洲、沉洲 3 个村委会和华丰、新安等 6 个居委会设立泉秀街道。同年，惠安县山霞乡撤乡设镇；析出山腰、后龙、南埔、涂岭 4 个乡改设后的 4 个街道成立肖厝镇。同年，安溪县魁斗、西坪 2 个乡撤乡设镇；永春县锦斗、坑仔口、玉斗 3 个乡撤乡设镇；德化县水口、赤水、雷峰 3 个乡撤乡设镇。

1993 年，国务院批准南安撤县设市（县级市），所辖区域为原南安县行政区域；石狮市撤销石狮街道，设立凤里、湖滨 2 个街道和灵秀、宝盖 2 个镇；惠安县撤销涂岭乡，将其辖区划归肖厝镇。

1994 年，德化县霞碧镇更名为“龙门滩镇”。

1996 年，经省委、省政府批准，惠安县撤销肖厝镇设立泉州市肖厝经济开发区管委会（简称“肖厝管委会”），所辖区域为后龙、山腰、涂岭、埭港、南埔 5 个镇和国有山腰盐场；从东岭镇析出东桥等 18 个村委会，设立东桥乡；调整螺城镇行政区划，即从螺阳镇析出新霞、霞东、霞张、前型、南洲、梅山 6 个村委会，从辋川镇析出溪南、王孙 2 个村委会归螺城镇管辖。同年，安溪县丰田乡更名为福田乡。

1997 年 6 月，市辖区行政区划进行重大调整。国务院批准从鲤城区析出东海、北峰、城东 3 个镇和华大、东湖、丰泽、泉秀 4 个街道设立丰泽区；从鲤城区析出河市、马甲、罗溪 3 个镇和虹山乡设立洛江区。同年 6 月，德化县调整龙浔镇、浔中镇行政区划，原属龙浔镇的凤池、富东 2 个居委会划归浔中镇管辖，原属浔中镇的宝美、丁溪、丁坑、大板、英山、高阳 6 个村委会划归龙浔镇管辖。同年年底，洛江区双阳农场改制，设立双阳镇；同时析出万安开发区及城东镇的桥南、杏宅、院前、琯头、塘西、后埭 6 个村委会，设立万安街道。

1998 年，南安市撤销溪美、美林 2 个镇，设立溪美、柳城、美林 3 个街道和省新镇；惠安县东桥乡撤乡设镇；永春县北硿华侨农场改制，设立东关镇。

1999 年，丰泽区东海镇圣湖小区划归东湖街道管辖；东海镇云谷小区划归丰泽街道管辖；清源农场改制，设立清源街道。石狮市调整行政区划，从祥芝镇析出西墩、东埔一、东埔二、东埔三、 伍堡、洪厝、莲厝、郭厝、东园、邱下10个建制村增设鸿山镇；从祥芝镇析出锦尚、东店、厝上、杨厝、西港、深埕、谢厝、卢厝、港前、奈厝前10个建制村增设锦尚镇；新的祥芝镇辖祥农、祥渔、古浮、埈渔、大堡、赤湖、后湖、莲坂8个建制村。南安市丰州镇析出霞美镇，罗东镇析出乐峰镇。惠安县后龙镇析出峰尾镇；黄塘镇析出紫山镇；撤销埭港镇，设立前黄镇；南埔镇析出界山镇；肖厝管委会行政区划调整为南埔、界山、后龙、峰尾、山腰、前黄、涂岭7个镇和国有山腰盐场。

2000年4月，国务院批准设立泉州市泉港区，辖区范围承肖厝管委会。同年，惠安县小岞乡撤乡设镇；永春县苏坑、桂洋2个乡撤乡设镇。

2001年，南安市向阳乡林坑村划归九都镇管辖；永春县仙夹乡撤乡设镇；德化县葛坑、上涌2个乡撤乡设镇。

2003年，鲤城区江南、浮桥2个镇撤镇设街道；丰泽区东海、城东、北峰3个镇撤镇设街道；泉港区山腰镇撤镇设街道。同年，晋江市撤销青阳镇、罗山镇，析出原青阳镇的青阳、青华、莲屿、青新4个居委会和青阳、陈村、青华、莲屿、霞行、曾井、高霞、普照、洪宅埈、象山10个村设立青阳街道；析出原青阳镇的梅山居委会和桂山、岭山、三光天、竹树下、蔡厝、梅青、许厝7个村和陈埭镇的双沟、赤西、沟头3个村设立梅岭街道；析出原青阳镇的屿头、霞浯、赖厝、烧厝、苏塘、后间、王厝7个村和磁灶镇的砌田、车厝、官前、小桥4个村设立西园街道；析出原罗山镇的福埔、罗裳、前沿、缺塘、社店、苏内、苏前、梧桐、山仔、梧埈、下埔、后林、许坑、樟井14个村设立罗山街道；析出原罗山镇的沙塘、后库、后洋、杏田、杏坂、塘市、南塘、梧林、湖格、上郭、荆山11个村设立新塘街道；析出原罗山镇的林口、张前、林格、英塘、小浯塘5个村和安海镇的曾林、灵水、大山后、大布林、小布林5个村设立灵源街道。

2005年6月，洛江区双阳镇撤镇设街道。

2006年，鲤城区江南、浮桥2个街道调整为江南、浮桥、金龙、常泰4个街道。浮桥街道办事处辖新步、浮桥、金浦、黄石、东边、田中、岐山、延陵、坂头、仙景10个社区居委会；江南街道办事处辖王宫、东浦、霞洲、锦美、火炬、展城、乌石、亭店、登峰9个社区居委会；金龙街道办事处辖金柄、石崎、高山、后坑、古店、玉霞、赤土、坑头、曾林、龙岭10个社区居委会；常泰街道办事处辖五星、仙塘、新塘、锦田、华星、华塑、上村、树兜、下店、路边10个社区居委会。

2007年，洛江区万安街道辖万福、桥南、琯头、杏宅、院前、塘西、后埭7个社区。

2010年3月8日，经省政府同意，设立泉州台商投资区管委会，作为省政府的派出机构。同月，惠安县洛阳镇、东园镇、张坂镇、百崎乡和惠南工业园区委托泉州台商投资区管委会管理。

2010年年底，泉州市设有鲤城、丰泽、洛江、泉港4个区，辖惠安、安溪、永春、德化、金门5个县，代管石狮、晋江、南安3个省辖县级市，下设30个街道、106个镇、27个乡（其中民族乡1个），3个居委会、404个社区居委会、2058个村民委员会。

2010年泉州市行政区划一览表

表1-1-2

县（市区）名称	政府驻地	面积（平方千米）	所辖街道、乡（镇）名称	社区居委会总数（个）	村委会总数（个）
鲤城区	泉州展览城	53.53	开元、鲤中、海滨、临江、江南、浮桥、金龙、常泰8个街道	79	—
丰泽区	津淮街 31号	108	丰泽、东湖、泉秀、华大、清源、东海、城东、北峰8个街道	74	—
洛江区	万荣街97号	381.74	万安、双阳2个街道，河市、马甲、罗溪3个镇，虹山1个乡	18	67
泉港区	港二中街838号	306.03	山腰1个街道，前黄、后龙、峰尾、南埔、界山、涂岭6个镇	6	94

续表 1-1-2

县（市区）名称	政府驻地	面积（平方千米）	所辖街道、乡（镇）名称	社区居委会总数（个）	村委会总数（个）
石狮市	八七路 778 号	159.9	湖滨、凤里 2 个街道，灵秀、宝盖、蚶江、永宁、祥芝、鸿山、锦尚 7 个镇	21	102
晋江市	晋江市罗山街道世纪大道	642.36	青阳、梅岭、西园、罗山、新塘、灵源 6 个街道，安海、磁灶、陈埭、东石、深沪、金井、池店、内坑、龙湖、永和、英林、紫帽、西滨 13 个镇	95	293
南安市	柳新路 1 号	1984.98	溪美、柳城、美林 3 个街道，仑苍、英都、金淘、诗山、码头、罗东、梅山、洪濑、康美、丰州、官桥、水头、石井、东田、翔云、蓬华、九都、洪梅、省新、霞美、乐峰 21 个镇，眉山、向阳 2 个乡	33	383
惠安县	中山北街 55 号	672.1	螺城、洛阳、崇武、东园、张坂、东岭、辋川、涂寨、螺阳、黄塘、山霞、净峰、东桥、紫山、小岞 15 个镇，百崎回族乡 1 个	11	284
安溪县	大同路 1 号	3057.28	凤城、湖头、蓬莱、官桥、剑斗、城厢、魁斗、金谷、龙门、西坪、虎邱、感德、芦田 13 个镇，湖上、尚卿、大坪、龙涓、长坑、蓝田、祥华、桃舟、参内、白濑、福田 11 个乡	27	435
永春县	衙口街 1 号	1456.87	桃城、下洋、蓬壶、五里街、岵山、湖洋、一都、坑仔口、玉斗、锦斗、达埔、吾峰、石鼓、东平、东关、桂洋、苏坑、仙夹 18 个镇，横口、呈祥、介福、外山 4 个乡	27	209
德化县	凤池街 10 号	2232	浔中、龙浔、三班、龙门滩、雷峰、南埕、水口、赤水、上涌、葛坑 10 个镇，盖德、杨梅、汤头、桂阳、国宝、美湖、大铭、春美 8 个乡	11	191
金门县	—	149.1	—	—	—

第二章　自然环境

第一节　地质 地貌

一、地　质

（一）地　层

泉州市地层自上元古界至第四系均有出露，总面积约 7000 ～ 8000 平方千米，岩层总厚度达 1.4 万～ 2.74 万米，其中以二叠系、侏罗系发育较完整；岩石类型有沉积岩、变质岩及火山岩。中生代以前的地层，零星分布于西部及东部地区，以沉积岩、变质岩为主；中生代及以后的地层分布广泛，出露面积大，厚度大，以火山岩为主。

（二）侵入岩

泉州市侵入岩分布广泛，有大小岩体 253 个，面积 2606.7 平方千米，约占泉州市陆地面积的 24% 左右，以酸性花岗岩类为主，中—酸性的闪长岩、石英闪长岩和花岗闪长岩次之，基性岩类、中性岩类及偏碱性岩类甚少。境内侵入岩分为印支期及燕山期，其中燕山早、晚期又可细分为若干阶段和侵入次。

至 2010 年，泉州境域侵入岩无明显变化。

（三）构　造

泉州市大地构造位置，处于闽东火山断拗带。在漫长的地质年代中，地壳经历过多次的构造变动，尤其是中生代以来由于太平洋板块向欧亚大陆板块的不断俯冲，不但产生大规模的火山喷发和岩浆侵入，而且使地壳出现断裂、断块、褶皱，大致以泉港山腰—惠安城关—丰泽桃花山—晋江石刀山—南安石井以及德化汤头—美湖—永春曲斗—安溪潘田—祥华两线为界，境内由东向西存在3块不同地质特征的地质体。由于所处的地质背景及所受应力强度不同，因而地壳构造变动表现出东强西弱。

至2010年，泉州境域地质构造无明显变化。

二、地　貌

按全国地貌区划位置，泉州市西部及西北部山地属闽浙火山岩中—低山亚区的一部分，东南部属闽粤沿海花岗岩丘陵亚区的一部分。东部海岸线曲折，发育有半岛、岛屿和港湾。泉州地貌格局和展布形态是地球内外营力联合作用的综合结果，基本轮廓是地球内营力作用定型于中生代晚期，新生代以来，经外营力为主的改造而形成。泉州地势西北高、东南低，由内地至沿海逐渐下降。即由中山→低山→高丘陵→低丘陵→台地→平原递变，至半岛、岛屿上出现地貌逆差现象，即由平原→台地→丘陵升高。泉州地貌类型复杂多样，山地及丘陵约占总土地面积的79%，平原及台地约占21%。地貌以山地、丘陵为主。东濒海洋，海岸线总体呈北东—南西向，迂回曲折，直线距离约90千米，实际总长度为541千米，占全省海岸线总长的12.7%，曲折率为1 ∶ 5.03。港湾众多，大小港湾约有49个，其中较大的港湾自北而南有湄洲湾、大港湾、泉州港、深沪湾、围头湾和安海湾等。陆地地貌可分为构造侵蚀地貌、侵蚀剥蚀地貌、堆积地貌和岩溶地貌、海岸地貌等类型。大致划分为3个地貌区，即西北部中、低山区：位于泉州市西北部，包括德化县全部、永春及安溪县西半部，东南以永春介福—蓬壶—安溪湖头—虎邱一线为界，面积约占全市总面积45%。区内地势高峻、山岭连绵，由西北向东南倾斜，溪流纵横、盆谷众多，呈现极其鲜明的山地自然景色。中部低山、丘陵、河谷平原区：位于市境中部，包括永春和安溪县东部，南安县北部与中部，洛江区北部等，东南以洛江罗溪—南安洪濑—帽山—九溪一线为界，面积约占全市总面积的34%。东南沿海丘陵、台地、平原区：位于东南沿海，包括惠安、晋江、石狮的全部，鲤城区中南部及南安东部、东南部，面积约占全市总面积的21%。

1991—2010年，泉州境域地貌由于人类经济建设多种活动，局部发生变化。

2010年各县（市、区）海岸线长度及岛屿、滩涂、浅海面积一览表

表1-2-1

县（市、区）	岸线长度（千米）	岛屿面积（平方千米）	滩涂面积（公顷）	浅海面积（公顷）
惠安县	192.00	2.85	11044	31493.73
丰泽区、洛江区	18.20	0.01	2958	1037.53
晋江市、石狮市	131.40	0.47	9387	17929.73
南安市	23.50	8.65	2129	2915.87

泉州市地貌形态示量一览表

表1-2-2

地貌类型名称		绝对高度（米）	相对高度（米）	山坡坡度（度）
构造侵蚀地貌	中　山	＞800	＞500	＞30
	低　山	500～800	200～500	＞30
	高丘陵	200～500	100～400	＞30

续表 1-2-2

地 貌 类 型 名 称		绝对高度（米）	相对高度（米）	山坡坡度（度）
侵蚀剥蚀地貌	低丘陵	< 200	< 200	10 ～ 20
	台 地	< 200	< 50	5 ～ 10
堆积地貌	冲积平原	< 200 （一般几至几十米）	很小	很小
	洪积扇		很小	5
	冲积海积平原	2 ～ 5	很小	很小
	风积地貌	< 40	不大	不大
岩溶（喀斯特）地貌		于中低山、中山地形中	—	—

三、山脉　山峰

泉州境内山脉均属福建中部戴云山脉及其延伸。分为 3 支：一自德化九仙山南蜿蜒入永春县西北部下坑崎、吴殊尖及鹤形尖，安溪县西北隅太华尖，是晋江水系与九龙江水系分水岭，构成西北部以中山为主山脉的主干；二自德化云头岐南行入永春县北部大白岩及雪山，将晋江分为东、西溪两大支流；三自石牛山南延伸入永春县东北隅大宫寨及园林山，构成东部、东南部低山丘陵的总骨架。3 支主脉纵横交错，形成境内群山屹立、山峦连绵的山地特征。至 2010 年，泉州境域内部分低山和丘陵因城镇、道路、和工业园区建设有所变化，但山脉和海拔超过 1000 米的山峰均无变化。

（一）西北部山脉

戴云山盘踞德化县全境，海拔 1856 米，主峰耸立于中部，构成地势由中部向四周倾斜。山脊走向为北东—南西向或北西—南东向，大部分地区海拔 700 米，千米以上山峰多达 258 座（其中高于 1500 米的有 22 座），素有“闽中屋脊”之称。

（二）西部山脉

1. 香岭尖—同发山—妙高山山脉

北自永春一都仙友村的下坑崎，南延经香岭尖至陈斗岐，伸入安溪县西北部，与太华山交汇，沿感德镇与桃舟乡交界线向东南延伸，经潘田格，转南过长坑乡与祥华乡毗连兔仔格到同发山，过大太湖山，继而向东南入乌石寨，达鹅角髻，连太宝山，南下羊角尖，通过向天铜锣，转东延伸经云顶山至南安西南部的芹山，转东南经躲槌山，过妙高山至杨子山入海。这一带地形高峻，西北高东南低，海拔多在 500 ～ 800 米，千米以上的山峰多达 100 多座，蜿蜒 145 千米，为境内最长的山脉。山脉呈北东向，局部为南北向或东西向，在转弯部位派生大鸳山至大佛尖、凤髻山至五阆山、太湖岩至佛耳山、银瓶山至横路吊灯、国光山至观音山、云顶山至黄金智、芹山至后楼山、躲槌山至紫帽山 8 支小山脉。

2. 鼎山—大雾山山脉

北自永春一都吴殊尖，南延经鼎山至莲花山，入安溪感德经大雾山，与潘田格交汇。山林贯穿横口、一都东部及感德中部呈北东向，延伸 21 千米，海拔 800 ～ 1000 米，山峰约 20 座。

3. 天湖山—鹅角冠山脉

北自永春曲斗的鹤形尖，经天湖山至吉美寨山，入安溪县境转东南延经屏山至鹅角冠，东延与天柱山交汇。山脉贯穿曲斗东部、横口、坑仔口西南部、剑斗西部、白濑及湖头东北部，呈北东向转北西向，延伸约 40 千米。

（三）中部山脉

1. 梦仙山—天柱山—朝天山山脉

北自大白岩西侧的小白岩，南延经梦仙山过红山格至乌石尖，转东南经舟山、天柱山，入南安转南延经朝天山至英仔山，西延与云顶山交汇。山脉贯穿永春桂洋、锦斗西部、坑仔口东部、玉斗、达埔西部、南安蓬华、诗山西部、眉山、仑苍东北部，呈南东向延伸约60千米，北高南低。在天柱山东侧分支将军夹至伏狮山山脉，在朝天山东侧分支高盖山至客鸟尖山脉。

2. 天马山—玳瑁山山脉

自雪山起，向东沿永春与德化交界延伸，经天马山至玳瑁山，转东南延至埃尖。山脉由北西向转南北向，延绵约45千米，海拔800～1000米，山峰28座，1000米以上山峰9座。

（四）东部山脉

1. 石印山脉

自永春东北隅大宫寨往东南延伸经石印山至东天寨，海拔800～1000米山峰8座，山体呈东南向，延伸16.3千米，东高西低。

2. 园林山—五台山山脉

亦称五台山，自永春湖洋镇白云村园林山西南延伸入南安县境西北部，西行经五台山与天柱山山脉交汇。山脉南东向延伸约18千米，海拔千米以上的山峰5座，地形高耸。在坑头山南侧向南分支为坑头山至仙台山山脉。

3. 大磨山—大雾山山脉

自五台山在南安西北隅向东延伸经南天寨，达惠安近邻罗溪西北部大磨山，南东延经小架山、大迭山，入惠安、泉港西部大雾山至鹅头角。山脉呈南东向，延伸约28千米，北高南低，其余山脉向东、东南延伸构成惠安丘陵地貌的内架。大磨山南侧分支南北向晋泉寨至清源山山脉。在大迭山一带分支福寿山至双髻山、鸡笼山至大朴山、涂寨山至古院山3条小山脉。

第二节　土壤 植被

一、土壤

据1982年第二次土壤普查，泉州市土地总面积110.15万公顷，其中土壤90.27万公顷，包括10个土类、25个亚类、61个土属、55个土种。主要类型有红壤、砖红壤性红壤、黄壤、草甸土、紫色土、石灰土、潮土、风沙土、盐土、水稻土，其中以红壤面积最大，占全市土地总面积的52.77%，分布于中低山、高丘陵。其次为水稻土、砖红壤性红壤及黄壤，主要分布于低丘陵、台地、平原及沿海滩涂、沙滩地带。土壤资源适合农、林、牧、渔业综合发展。

至2010年，全国未再进行土壤普查，泉州境域内非耕地土壤类型无明显变化，耕地土壤因人为耕作影响有机质有所下降。

二、植　被

泉州市植被划分为两个小区：中亚热带地域上，隶属闽中、闽东戴云山—鹫峰山北部常绿槠栲照叶林小区，其代表性植被类型为中亚热带照叶林，常见的主要植被类型在地势较高的山区具垂直地带性植被，以槠栲类（即壳斗科）为主的常绿阔叶林、针阔叶混交林、常绿针叶林（黄山松）、灌丛草地和山地草甸等；海拔较低的常绿阔叶林内，因人类活动影响，出现次生性植被和人造的植被，如马尾松林、杉木林、毛竹林、灌丛、沼生湿生植被等以及人工栽培植被；南亚热带地域上，隶属闽东戴云山东部暖湿亚热带雨林小区，代表性植被类型为南亚热带雨林，主要植被类型有亚热带雨林、山地照叶林（常绿阔叶林）、次生植被、山顶常绿矮林、海岸植被（在某些滨海港湾淤泥滩有红树林，在滨海潮湿带附近有盐沼植被或沙生植被），以及人工栽培植被。

第三节 气 候

一、气温

泉州市地处低纬度，东临海洋，属亚热带海洋性季风气候，光热丰富，年太阳辐射总量为 120 千卡 / 平方厘米～ 140 千卡 / 平方厘米，全年无霜期长，沿海地区基本无霜。年平均气温的高值区在安溪县东部、南安县西部的低丘陵地带。由该区向东南部沿海缓降，与滨海地区相差约 1℃；向西北部地区递降，幅度较大，与德化县城关相差约 3℃。低值区在德化县西北部的高海拔山区。

春季，泉州气温变化基本趋势是升温，但升中有降，过程性频繁，幅度也大，有时一天升降可达 10℃以上。有的年份 3 月下旬后仍会出现连续 3 天以上日平均气温低于 12℃的“倒春寒”天气。2010 年，全市春季平均气温与常年持平，为 19.0℃。泉州夏季炎热，但真正的酷暑天气不多，高海拔地区和滨海地区相对温低，台风和雷阵雨则是缓解高温的两种主要天气过程。2010 年，全市夏季平均气温为 27.8℃，比常年高 0.6℃。秋季气温迅速下降，连续 3 天以上平均气温低于 20℃的“秋寒”一般出现在 10 月中旬（半山区）至 11 月上旬（沿海），但仍常出现“小阳春”天气，日较差也增大。2010 年，全市秋季平均气温为 22.4℃，比常年高 0.3℃。冬季大部分地区仍较暖和，比较寒冷的是高海拔山区。2010 年，全市冬季平均气温为 13.4℃，比常年偏高 0.7℃。

泉州市大部分地区最热月为 7 月，最冷月为 1 月，滨海地区受海洋调节，气温变化滞后，最热月为 8 月，最冷月为 2 月。由冷变热的过程中，3、4 月上升幅度最大，两个月累计升温 8℃。由热变冷的过程中，由秋入冬的 11、12 月降幅最大，两个月累计下降 8.5℃。2、8 月升降幅度最小，在 0.5℃以内。由冷变暖和由暖变冷的过程都是从内陆首先开始，沿海滞后。

春温低于秋温，是泉州市气温季节差异的一个重要特征。以 3、4、5 三个月的平均气温代表春温，10、11 两个月平均气温代表秋温，则春、秋温差分别为：崇武 -3.3℃，晋江 -2.3℃、鲤城 -2.2℃、南安 -1.6℃、安溪 -1.2℃、永春 -0.6℃，德化则是春温略高于秋温（春、秋温差＋ 0.3℃）。

1991—2010 年，泉州市各地年平均气温 20.4℃（晋江、崇武、南安、安溪、永春、德化 6 个县平均），最热月平均气温达 26℃～ 29℃，最冷月也有 9℃～ 13℃。1993 年 1 月，德化最低月平均气温 8.0℃；2003 年 7 月，安溪最高月平均气温 30.9℃。1991—2010 年，泉州市出现 2 次极端气温，分别是 1999 年 12 月 23 日，德化最低气温 -6.6℃；2003 年 7 月 26 日，安溪最高气温 40.4℃。2010 年，全市年平均气温为 20.7℃，比常年高 0.4℃，比 2009 年低 0.4℃。各县（市）气温在 18.7℃（德化）～ 21.6℃（安溪）之间，气温距平为 -0.2℃（永春）～ 0.7℃（安溪、德化），异常度为 -0.6（永春）～ 1.7（德化），泉州、南安、永春正常，晋江偏高，其余显著偏高。

泉州市气温年较差（一年中月平均气温的最高值与最低值之差）和日较差（气象要素在一昼夜间最高值与最低值之差）都小。各地年较差相当均匀，崇武 16.1℃和德化 16.8℃分别是最小值与最大值，两者仅相差 0.7℃。年平均日较差在 5.3℃（崇武）至 9.6℃（德化）之间，月平均日较差在 4.3℃（崇武，6 月）至 11.2℃（德化，12 月）之间，分布特点是山区大于沿海，秋冬季大于春夏季。

泉州市热量资源（积温）相当丰富，晋江流域西溪的丘陵河谷地带最多，沿海地区次之，西北部山区最少。

地面温度的季节变化与气温同步，年平均值高于气温，一年中地面温度与气温的差别，以 7 月最大，1 月最小。一天中，一般地面最高温度大于空气最高温度，而最低温度则低于空气最低温度。

1991—2010 泉州各观测点各月平均气温与极端天气一览表

表 1-2-3　　单位：℃

站点	1月	3月	4月	5月	6月	7月	8月	9月	10月	11月	12月	冬季	春季	夏季	秋季	全年	前汛期	极端最高	极端最低
												12—2月	3—5月	6—8月	9—11月	1—12月	5—6月		
崇武	12.2	13.9	17.7	21.8	25.5	27.4	27.7	26.5	23.1	19.1	14.6	12.9	17.8	26.9	22.9	20.1	23.6	36.7	-0.3
晋江	12.6	14.9	19.1	23.1	26.2	28.4	28.2	26.7	23.3	19.3	14.7	13.4	19.0	27.6	23.1	20.8	24.6	38.7	0.1
南安	13.0	15.8	20.0	23.8	26.8	29.1	28.7	26.9	23.5	19.5	14.9	13.8	19.8	28.2	23.3	21.3	25.3	39.6	-1.8
安溪	13.0	16.0	20.2	23.8	26.7	28.9	28.4	26.6	23.2	19.1	14.6	13.8	20.0	28.0	23.0	21.2	25.2	40.4	-0.9
永春	12.4	15.7	19.8	23.3	26.0	28.1	27.7	25.8	22.5	18.3	13.8	13.2	19.6	27.3	22.2	20.6	24.6	39.6	-3.3
德化	9.7	13.6	17.9	21.4	24.2	26.1	25.5	23.5	19.9	15.5	10.9	10.5	17.6	25.3	19.6	18.3	22.8	37.7	-6.6

二、降水

泉州降水充沛，1991—2010 年，全市年降水量为 1000 ～ 1800 毫米，呈东南部向西北部递增特点，内陆地区比沿海地区多一倍左右。四季降水的基本特征是：3—4 月多雨—前汛期（5—6 月）多雨—伏旱—台风降水集中—秋冬少雨。年内月降水量分布呈双峰型，降水量从 1 月开始增加，3 月各地（除崇武外）月雨量已增至 100 毫米以上，湿季开始；6 月达最高值，是主高峰；7 月有明显的减少，8 月再现另一个高峰（次高峰）；9 月起逐渐减少，10 月减少量最大（约 60 ～ 100 毫米），干季开始，12 月达全年最低值。升降趋势的特点是从干到湿为缓升，从湿到干为急降。3—9 月降水量占全年的 80%，为湿季；当年 10 月至次年 2 月仅占全年的 20%，为干季。降水量年际间变化率大，少雨年份降水量不及多雨年份的一半。1991—2010 年，全市年平均降水量 1578.4 毫米，年平均降雨日数 131.9 天，降雨集中在每年 3 月至 9 月，6 月最多。其中 1997 年德化年平均降雨日数最多，达 188 天。2003 年惠安崇武年平均降雨日数最少，为 76 天。2000 年出现极端年最大雨量 2091.5 毫米。2009 年出现极端年最少雨量 1127.3 毫米。2010 年，全市年平均降水量为 1871.3 毫米，较常年多 300.3 毫米，比 2009 年多 758.8 毫米。各县（市）年降水量在 1491.8 毫米（泉州）～ 2247.7 毫米（德化）之间，降水距平为 201.2（泉州）～ 357.4 毫米（晋江），降水距平百分率为 12%（永春）～ 29%（晋江）。

1991—2010 年泉州各观测点各月总降水量一览表

表 1-2-4　　单位：毫米

地点	1月	2月	3月	4月	5月	6月	7月	8月	9月	10月	11月	12月	冬季	春季	夏季	秋季	全年	前汛期
													12—2月	3—5月	6—8月	9—11月	1—12月	5—6月
崇武	33.4	78.2	107.2	133	154.2	187.6	103.3	120.6	112.6	44.5	33.3	24.0	135.5	394.4	411.6	190.5	1132	341.8
晋江	36.8	85.5	113	134.8	179.2	214.1	135	187.3	139.1	48.0	37.3	28.4	150.7	427	536.3	224.4	1338.5	393.3
南安	40.9	88.8	129.2	147.5	201.2	269.2	176	245.6	183.3	56.1	38.4	32.1	161.8	477.9	690.8	277.8	1608.4	470.4
安溪	41.7	93.6	138.5	162.9	209	257.8	204.4	283.4	206.1	56.8	35.1	34.0	169.3	510.3	745.5	298.1	1723.3	466.8
永春	42.9	89.0	148.8	164.6	231.5	273.2	215.4	292.4	201.6	48.5	34.5	30.8	162.7	544.9	781.1	284.6	1773.3	504.7
德化	50.1	96.3	155.9	171.8	241.5	275.7	221.1	296.9	190.6	54.9	36.1	32.9	179.3	569.2	793.7	281.6	1823.8	517.2

三、日照 云雾

日照 泉州各地年日照时数为1800～2200小时，由山区向沿海递增，春季少，夏季多，尤以2—3月最少，7月最多。1991—2010年，泉州市年平均日照时数1825.1小时。1997年安溪出现极端年最少日照，为1388小时。2004年崇武出现极端年最多日照，为2400.3小时。2010年全市年平均日照时数为1807.7小时，接近常年，比2009年少199.0小时。各县（市）年日照时数在1611.9小时（永春）～1952.1小时（泉州）之间，日照时数距平为124.4小时（晋江）～117.5小时（南安），异常度为-0.7（晋江）～0.7（德化）。泉州市处于华南低日照率地带，年日照率在43%～50%之间（沿海大于内陆），即大部分地区实际日照不到可照时数的一半。一年中，高日照率的月份是7—9月，低日照率的月份是2—5月。

1991—2010泉州各地各月日照时数一览表

表1-2-5 **单位：小时**

地点	1月	2月	3月	4月	5月	6月	7月	8月	9月	10月	11月	12月	冬季 12—2月	春季 3—5月	夏季 6—8月	秋季 9—11月	全年 1—12月	前汛期 5—6月
崇武	131	94	103.2	115.3	139.1	171.4	267.3	248.1	206.5	201.7	162	158.7	383.8	357.6	686.8	570.2	1998.4	310.5
晋江	138.9	99.4	110.4	124.5	149.6	175	263.7	234.0	194.8	198.0	162.8	168	406.3	384.5	672.7	555.6	2019.1	324.6
南安	128.1	91.5	102.4	112.5	132.9	152.5	237.8	212.9	174.2	181.5	152.8	156.6	376.2	347.7	603.2	508.5	1835.6	285.4
安溪	119.4	85.1	93.2	100.5	117.8	125.1	210.8	191.1	161.0	167.2	142.8	146.7	351.2	311.4	527	471.1	1660.6	242.9
永春	122.7	87.5	91.9	100.9	117.3	124.6	204.7	190.4	157.3	168.1	147	155.2	365.4	310.1	519.7	472.4	1667.5	241.9
德化	129.3	92.2	97.5	108.4	126.3	137.2	220.1	195.3	161.9	177.2	159	164.9	386.3	332.2	552.6	498.1	1769.3	263.5

云 1991—2010年，泉州市各地年平均总云量为6.6～7.1成，年平均低云量为4.1～5.5成，是云量较多的地区。云量的地区分布特点是内陆山区略多于沿海地区，时间分布特点是春季最多，夏季次之，秋季最少。以日平均低云量≥8成为阴天，泉州市各地年平均阴天日数为64.3～110.4天，分布特点是内陆多于沿海；四季相比，春季多，秋冬次之，夏季少。

1991—2010年泉州市各观测点逐月总云量一览表

表1-2-6 **单位：成**

站点	1月	2月	3月	4月	5月	6月	7月	8月	9月	10月	11月	12月	年均
崇武	6.4	7.4	7.8	7.9	8.3	8.3	6.5	6.3	6.0	5.2	5.7	5.5	6.8
晋江	6.1	7.2	7.5	7.7	8.0	8.2	6.4	6.3	6.1	5.5	5.8	5.0	6.7
鲤城	6.0	7.2	7.4	7.6	8.0	8.1	6.3	6.3	6.1	5.4	5.6	5.1	6.6
南安	6.1	7.3	7.6	7.9	8.4	8.3	6.7	6.8	6.7	6.2	6.2	5.2	7.0
安溪	6.1	7.2	7.5	7.9	8.2	8.3	6.6	6.6	6.5	6.0	5.9	5.2	6.8
永春	6.3	7.5	7.7	8.2	8.5	8.6	7.2	7.1	6.9	6.0	6.0	5.3	7.1
德化	6.2	7.2	7.6	8.0	8.5	8.6	7.1	7.3	6.7	5.9	5.9	5.7	7.1

雾 泉州市雾的分布特点是山区多（如德化），滨海次之（如崇武），丘陵地带少。多雾日的德化除5、6月较少外，季节分布较均匀。其他地区则主要集中在11月至次年5月。从雾日的年际变化看，多雾日的德化变化较平缓，多雾年有60多天，少雾年也有40多天；其他地区变化较大，如永春多雾年有30多

个雾日，少雾年只有 3 天，低丘陵区有时甚至全年无雾日。

四、风

泉州市属亚热带海洋性季风气候，秋冬半年盛行偏北风，春夏半年盛行偏南风。风向从沿海向内陆呈逆时针旋转趋势。沿海地区东北风（含东北偏北和东北偏东）平均风力最大，西南风（含西南偏南）平均风力次之，西北风平均风力最小；内陆地区各风速对应的风力相差不大。泉州市大风主要有 3 种类型。一种是季风爆发（特别是冬季风爆发），气压梯度大，加上台湾海峡的窄管效应（气流由开阔地带流入地形构成的峡谷时，由于空气质量不能大量堆积，于是加速流过峡谷，风速增大），沿海容易出现大风。第二种是台风影响造成的大风，这种类型所占比例不大，但大风的极值都发生于此，10 级以上具较大破坏力的大风常见。第三种类型是雷暴大风，由强对流天气造成。这类大风内陆地区出现机会比沿海多，一般发生于春季，夏季偶见。雷暴大风出现突然，时间短暂，一般只有几分钟，但强度大，常可达 9 级以上，也具相当大的破坏力。其中 1998 年 12 月 10 日出现极端极大风 35.2 米 / 秒。

1991—2010 年泉州市各观测点逐月平均风速一览表

表 1-2-7　　单位：米 / 秒

站　点	1 月	2 月	3 月	4 月	5 月	6 月	7 月	8 月	9 月	10 月	11 月	12 月	年均
崇　武	7.7	7.7	6.6	5.5	5.3	5.4	5.2	4.9	6.3	8.3	8.6	7.9	6.6
晋　江	3.8	3.8	3.7	3.4	3.3	3.5	3.8	3.4	3.4	4.1	4.2	4.0	3.7
泉　州	3.6	3.5	3.5	3.1	2.8	2.6	2.8	2.7	3.2	3.2	4.0	3.9	3.2
南　安	1.6	1.6	1.8	1.8	1.9	2.1	2.5	2.1	2.2	2.1	2.0	1.7	2.0
安　溪	2.2	2.3	2.3	2.3	2.1	1.9	2.1	2.0	2.0	1.9	2.0	2.1	2.1
永　春	1.8	1.9	1.8	1.8	1.7	1.7	2.0	1.9	1.8	1.8	2.0	1.8	1.8
德　化	1.5	1.7	1.6	1.6	1.6	1.7	1.9	1.7	1.7	1.9	1.8	1.4	1.7
金　门	4.4	4.7	4.0	3.4	3.4	3.8	3.9	3.3	4.0	5.0	5.1	4.6	4.1

2010 年泉州市各观测点全年各风向平均风速表

表 1-2-8　　单位：米 / 秒

风　向	崇　武	鲤　城	南　安	德　化
北	4.7	2.9	2.7	3.1
东北偏北	8.5	4.3	2.8	4.2
东北	8.7	6.1	3.1	3.6
东北偏东	6.6	5.8	2.8	1.9
东	4.6	4.0	2.5	2.5
东南偏东	3.6	3.0	2.6	2.6
东南	4.1	2.7	2.4	2.8
东南偏南	4.4	2.8	2.9	3.0
南	4.8	2.9	3.5	3.0
西南偏南	5.7	3.2	3.8	3.2
西南	4.6	3.3	2.7	2.8

续表 1-2-8

风向	崇武	鲤城	南安	德化
西南偏西	3.6	1.9	1.9	2.6
西	2.9	1.6	1.6	2.4
西北偏西	3.0	2.0	2.0	3.0
西北	2.7	2.5	2.1	3.2
西北偏北	3.3	2.4	2.4	3.1

五、气压 湿度 蒸发量

气压 泉州市各地气压因海拔高度不同而差异明显，海拔22.5米的崇武站年平均气压为1011.5百帕，海拔507.1米的德化站则为956.5百帕。一年中各地均呈一峰一谷型变化，大部分地区最高值为12月（少数为1月），最低值则均为8月。1991—2010年年平均气压：崇武1011.5百帕、晋江1012百帕、南安1009.3百帕、安溪1004.2百帕、永春994.7百帕、德化956.5百帕。

1991—2010年泉州市各观测点月平均气压一览表

表 1-2-9 单位：百帕

站点	1月	2月	3月	4月	5月	6月	7月	8月	9月	10月	11月	12月	年均
崇武	1019.1	1018.1	1015.6	1012.1	1007.8	1004.6	1003.3	1003.3	1006.7	1012.9	1016.7	1018.7	1011.5
晋江	1019.4	1018.5	1015.7	1012.7	1008.1	1005.5	1003.9	1002.9	1008.0	1013.2	1017.6	1019.4	1012.0
南安	1016.5	1015.7	1013.3	1009.2	1005.5	1002.4	1001.0	1000.4	1005.8	1010.4	1014.9	1017.0	1009.3
安溪	1011.1	1010.2	1007.8	1003.8	1000.3	997.4	996.1	995.5	1000.8	1005.4	1009.9	1011.8	1004.2
永春	1001.3	1000.6	998.0	994.5	990.9	986.0	991.3	996.0	1000.3	996.0	1000.3	1001.9	994.7
德化	962.0	960.9	959.2	956.0	953.0	950.7	949.4	949.3	954.3	958.3	961.6	962.81	956.5

湿度 1991—2010年，泉州市年平均绝对湿度17.8～20.1百帕，沿海略高于山区，年内变化呈一峰一谷型，7月最大，1月最小。历年绝对湿度的最大值是40.7百帕，最小值是1.2百帕。

泉州市年相对湿度在76%～81%之间，是比较湿润的地区。年内变化亦呈一峰一谷型，6月最高，11—12月最低。1991—2010年，泉州年平均相对湿度：崇武81%、晋江78%、南安77%、安溪77%、永春78%、德化81%。

1991—2010年泉州市各观测点逐月绝对湿度一览表

表 1-2-10 单位：百帕

站点	1月	2月	3月	4月	5月	6月	7月	8月	9月	10月	11月	12月	年均
崇武	10.4	10.4	12.8	17.5	23.1	28.9	31.6	31.1	27.3	20.1	15.6	12.2	20.1
晋江	10.4	11.0	13.4	18.2	23.6	28.7	31.0	30.6	26.7	20.0	15.5	12.0	20.1
南安	10.5	11.4	13.9	18.5	23.5	28.0	30.1	29.8	26.2	19.7	15.3	12.0	19.9
安溪	10.6	11.8	14.2	18.9	23.7	28.1	30.0	29.5	26.3	19.8	15.3	11.8	20.0
永春	10.2	11.4	14.1	18.8	23.6	27.7	29.6	29.1	25.8	19.3	14.7	11.6	19.7
德化	9.2	10.3	12.9	17.2	21.6	25.1	27.0	26.4	23.4	17.4	13.2	10.3	17.8

1991—2010 年泉州市各地逐月相对湿度一览表

表 1-2-11　　单位：%

站　点	1 月	2 月	3 月	4 月	5 月	6 月	7 月	8 月	9 月	10 月	11 月	12 月	年均
崇　武	74	79	82	85	88	90	88	86	79	73	72	72	81
晋　江	73	78	80	81	84	86	81	81	78	72	70	70	78
鲤　城	72	77	79	80	82	84	80	79	76	69	68	69	76
南　安	74	80	80	80	81	82	77	78	76	71	70	71	77
安　溪	74	79	80	80	82	82	77	79	77	73	72	71	77
永　春	73	78	80	81	83	84	79	79	79	74	71	71	78
德　化	79	82	83	83	84	84	81	82	82	78	78	77	81

蒸发量　泉州市年平均蒸发量（20 毫米蒸发器）在 1572 ～ 2023 毫米之间，其分布从沿海向内陆地区递减，与降水量地区分布正好相反，年内分布是 7 月最大，2 月最小，其中崇武 1991—2010 年年平均蒸发量为 2036.76 毫米。

2010 年泉州市部分地区逐月蒸发量表

表 1-2-12　　单位：毫米

站　点	1 月	2 月	3 月	4 月	5 月	6 月	7 月	8 月	9 月	10 月	11 月	12 月	年
崇　武	128.4	108.5	118.7	133.9	149.4	147.8	205.1	202.1	229.1	209.1	198.2	152.5	2022.8
鲤　城	118.3	93.7	117.9	139.4	149.2	183.9	233.8	201.3	193.8	235.9	179.6	147.7	1994.5
南　安	76.9	73.0	85.2	115.0	124.3	146.6	223.6	196.6	180.6	167.6	125.0	94.4	1608.6
永　春	83.6	64.8	93.9	114.6	127.4	164.3	210.2	189.1	162.9	153.3	116.5	91.8	1572.2

第四节　水　文

一、河流水系

（一）晋江水系

晋江是泉州市境内第一大河，福建省第四大河。晋江发源于戴云山脉东南坡，中上游分东西两溪，两溪汇于南安县丰州镇英兜村前的双溪口，始称晋江。晋江上游的西溪为晋江正源，发源于安溪县桃舟乡达新村附近的斜屿山（海拔 1352 米），流经安溪县桃舟、永春县一都和横口、安溪县剑斗、白濑、湖上、湖头、金谷、蓬莱、魁斗、城厢、凤城，在城厢镇仙苑村纳蓝溪后始称西溪，再入南安县仑苍、美林、溪美，至丰州双溪口与东溪汇合，全长约 153 千米，流域面积 3101 平方千米，占晋江流域面积的 55.1%。西溪多年平均径流量为 36.5 亿立方米，水量占晋江总水量的 65% 左右。多年平均含沙量为 0.73 千克 / 立方米；支流多，流域面积在 100 平方千米以上的支流有 10 条。晋江上游的东溪源于永春县锦斗乡珍卿村附近的雪山（海拔 1386 米）南麓，流经永春县锦斗、呈祥、蓬壶、达埔、石鼓、五里街、桃城、东平等乡镇，在永春境内称桃溪，至东平乡东关桥纳湖洋溪后始称东溪。后出东关入南安县，经山美水库、码头、梅山、洪濑、康美、美林、丰州等乡镇，在丰州双溪口与西溪汇合流入晋江干流，全长 120 千米，流域面积 1917 平方千米，占晋江流域总面积的 34.1%。东溪多年平均径流量 14 亿立方米，流域面积 100 平方千米以上的支流有 5 条。晋江干流从双溪口流经丰州进入丰泽区、鲤城区，经北峰、浮桥、市区、东海，在东海街道蟳埔社区流入泉州湾，全长 29 千米，流域面积 611 平方千米，占晋江流域总面积的 10.8%。

晋江干流多年平均径流量 51.3 亿立方米，流域面积在 100 平方千米以上的支流有 1 条。晋江从西溪河源至河口蟳埔全长 182 千米，干支流全长 320 千米，流域面积 5629 平方千米。

（二）闽江水系

大樟溪是泉州市境内第二大河，为闽江下游最大的支流。发源于德化县赤水乡东北部戴云山，流经赤水、国宝、盖德、浔中、三班、龙门滩、南埕和水口等乡镇后，进入永泰县嵩口乡，折向东流经永泰和闽侯县入闽江。河流长度 236 千米，流域面积 4882 平方千米，河道平均比降 2.04‰，多年平均年降水量 1695.0 毫米，多年平均年径流深 973.7 毫米，在泉州境内河长 180 千米。大樟溪上游建有龙门滩水库，集雨面积 360 平方千米，总库容 5252 万立方米；涌溪汇合口处建有涌口水库，集雨面积 1433 平方千米，总库容 1660 万立方米。大樟溪上游河段（涌溪汇合口以上）又称浐溪，在泉州境内流域面积 100 平方千米以上的支流有浐溪、蕉溪、双芹溪、涌溪、梓溪和雷潭溪。

尤溪是闽江的一条支流，发源于戴云山北麓大田县屏山乡的溪头村，尤溪河流长度 197 千米，流域面积 5435 平方千米，河道平均比降 1.64‰，多年平均年降水量 1636.8 毫米，多年平均年径流深 867.2 毫米，在泉州境内河长 55 千米。尤溪流域在德化县西部只有上游一小部分，泉州境内流域面积在 100 平方千米以上的支流有大张溪、岭脚溪、小龙溪，分别流出德化县汇入流经大田县和尤溪县的尤溪后注入闽江。

（三）九龙江水系

九龙江水系在泉州市境内为九龙江北溪支流，分布在安溪县西南部，流程短、溪流狭窄、水浅、水流湍急、多急流瀑布、水力资源丰富。水文特征为流量大、水流变化大、含沙量小等。在泉州市境内河流流域面积在 100 平方千米以上的支流有福前溪、祥华溪、白荇溪、龙涓溪、举溪。

（四）独流入海水系

独流入海水系主要分布在惠安县、台商投资区、洛江区、晋江市、南安市和石狮市等沿海地区，具有河流短，支流少，流域面积小，流量变化大等特征。泉州市境内独流入海河流流域面积在 100 平方千米以上的有洛阳江、黄塘溪、林辋溪、九溪和菱溪。

（五）木兰溪水系

木兰溪水系河流在泉州境内仅分布在洛江区虹山乡北部一隅，主要河流为龙潭溪，龙潭溪发源于虹山乡白凤村，流经林田至仙洞于寺埔纳左右支流向北流入仙游县龙华乡后注入木兰溪。河流长度 10.7 千米，流域面积 32.88 平方千米，河道比降 9.32‰，多年平均年降水量为 1659 毫米，多年平均年径流深为 844.8 毫米。

二、降雨径流

（一）降雨蒸发

泉州市境内水资源主要由降水补给，其次为地下水补给，降水对水资源量及其时空分布有着决定性的影响。全市多年平均降水量为 1631.1 毫米，西北山区降水量大，沿海平原小。降水的年内分布很不均匀，旱季雨季明显。4—6 月为梅雨期，其降水量占全年的 40% 左右；7—9 月为台风季，其降水量占全年的 37% 左右；1—3 月、10—12 月为旱季，其降水量只占全年的 23% 左右。降水的年际变化也很明显，最大年降水量为最小年降水量的 1.8 ～ 3.2 倍之间，沿海地区的变化大于山区。

1991—2010 年，泉州市年水面蒸发量为 800 ～ 1300 毫米，其分布特点均为山区小、沿海大。水面蒸发量随着高程降低而增大，位于戴云山脉大樟溪流域的凤洋站蒸发量最小，而东南沿海片区的蒸发量则较大。蒸发量的年际变化相对于降雨量来说则较小。

（二）河川径流

泉州市年径流深为 400 ～ 1260 毫米，空间分布总趋势自西北山区向东南沿海递减，且梯度很大，西北部多年平均径流深为 1000 ～ 1200 毫米，东南约 400 ～ 700 毫米。河川径流的年内变化和年际变化均比较大，最大年径流量与最小年径流量的比值，沿海比山区变化幅度大。以德化县的凤洋站为例，1990年出现最大年径流量为5.09亿立方米，1991年出现最小年径流量为1.95亿立方米，两者比值为2.61；晋江干流多年平均最大月流量出现在8月，占全年的15.8%，最小月出现在1月，占全年的3.2%，相差12倍。年径流量70%以上集中于汛期（4—9月），而非汛期（10—3月）只占不到30%。晋江干流的石砻水文站，1961年出现最大年径流量为84.05亿立方米，2009年出现最小年径流量为25.19亿立方米，两者比值为3.34。

晋江石砻站径流月分配情况表

表1-2-13

月　份	1月	2月	3月	4月	5月	6月	7月	8月	9月	10月	11月	12月	年
比例（%）	3.2	3.8	6.2	8	11	14.8	11.6	15.8	11.6	6.3	4.2	3.5	100

晋江石砻、安溪、洪濑控制站径流年内分配情况表

表1-2-14

站名	集雨面积（平方千米）	平均年径流量（亿立方米）	汛期与非汛期径流占年径流（%）		最大月径流		最小月径流		统计年限
			汛　期（4—9月）	非汛期（10—3月）	月份	百分比（%）	月份	百分比（%）	
石砻	5061	49.90	72.9	27.1	8	15.8	1	3.2	1973—2010年
安溪	2466	26.22	75.6	24.4	6	17.2	1	2.7	1973—2010年
洪濑	1704	17.35	70.5	29.5	8	13	2	3.8	1973—2010年

三、泥沙

泉州市境内河流的含沙量和输沙量较大。其中，晋江水系河流的含沙量和输沙量最大，闽江水系大樟溪上游含沙量较少。由于人类活动影响，导致水土流失加剧，统计晋江流域各水文站1991—2010年实测含沙量资料，晋江西溪安溪水文站多年平均含沙量为0.849千克/立方米，东溪流域由于有山美水库拦截，山美水库下游洪濑水文站多年平均含沙量为0.074千克/立方米，晋江干流石砻水文站多年平均含沙量为0.310千克/立方米。多年平均侵蚀模数，也以晋江西溪为最大，达每年923.5吨/平方千米。

四、潮汐

泉州市海岸线总长541千米，海域辽阔，蜿蜒曲折，河口段和港口呈漏斗状，潮差较大，潮汐资源丰富。根据泉州湾崇武站1991—2010年实测资料统计，最大潮差7.1米，最小潮差1.22米，平均潮差4.59米，潮差由南往北呈递增趋势。实测最高潮位为1996年8月1日（农历六月十七日）的4.50米，最低潮位为2009年7月23日（农历六月初二日）的-3.66米，平均涨潮历时6小时8分钟，平均落潮历时6小时16分钟。晋江下游受潮汐影响可溯至金鸡拦河闸下，从金鸡闸到入海口长23.5千米为感潮河段，正常时期潮汐现象明显，亦属半日潮潮汐特性，洪水期间，被上游来的洪水所覆盖，洪水的消退也因受到潮汐的顶托影响而减缓。统计位于该河段的泉州大桥站1991—2010年实测资料，最高潮位为1999年10月10日（农历九月初二日）的4.81米，最低潮位为2010年1月2日（农历十一月十八日）的-2.69米。

第五节 自然资源

一、土地资源

泉州市土地资源丰富，耕地有限。1991—2010 年，全市土地总面积 110.15 万公顷。1991 年，全市耕地面积 15.1 万公顷，人均耕地 0.029 公顷。低于全国人均 0.095 公顷，全省人均 0.041 公顷水平。2000 年末，全市耕地面积 13.72 万公顷。其中，水田 8.87 万公顷，旱地 4.80 万公顷。2003 年，林业用地面积 70.34 万公顷，占土地总面积 63.9%；有林地面积 64.70 万公顷，占林业用地面积的 91.9%；耕地面积 16.01 万公顷，占土地总面积 14.24%；园地面积 8.62 万公顷，占土地总面积 7.67%；林地面积 52.63 万公顷，占土地总面积 46.81%；牧草地 0.06 万公顷，占土地总面积 0.05%；其他农用地面积 5.19 万公顷，占土地总面积 5.26%；居民点及工矿用地面积 10.74 万公顷，占土地总面积 9.56%；交通用地 0.83 万公顷，占土地总面积 0.74%；水利设施用地面积 0.75 万公顷，占土地总面积 0.66%；未利用土地面积 16.87 万公顷，占土地总面积 15.01%；人均耕地为 0.02 公顷。2004 年年末耕地面积 13.36 万公顷，实际灌溉面积 9.62 万公顷。至 2010 年，各类土地利用变化总体趋势为耕地、园地、林地、水域及水利设施用地的面积减少。其中，减少耕地 1800.6 公顷，园地 1933.66 公顷，草地、城镇村及工矿用地、交通运输用地的规模有所增加，土地利用率有所提高。

二、水资源

1991—2010 年，泉州市平均水资源总量 96.78 亿立方米，人均占有量 1300 多立方米，低于全国（2200 立方米）和全省（3400 立方米）的平均水平，是水资源紧缺地区。

地表水资源是境内主要水资源，皆以天然降水为补给来源。全市多年平均地表水资源量为 96.59 亿立方米，2010 年全市地表水资源量为 116.225 亿立方米，约占水资源总量的 75%。全市多年平均径流量为 97.145 亿立方米，人均拥有水资源量为 1418 立方米。P=75% 偏枯水年径流量为 74.879 亿立方米，人均 1093 立方米。P=90% 枯水年径流量为 60.661 亿立方米，人均 886 立方米。

全市地下水资源均属浅层地下水，山区多属基岩裂隙水，一般以河谷为其排泄通道；沿海则多为冲积、洪冲积及海积层，地下水多为孔隙水，主要为潜水，局部有承压水，水量不丰富，滨海地方海积层中则多有咸水或半咸水。这些地下水资源主要来自天然降水的补给，河川径流、塘库等地表水也是补给来源。全市多年平均地下水资源量为 31.09 亿立方米，2010 年浅层地下水资源量为 29.274 亿立方米，约占水资源总量的 25%。山区地表径流较丰富，农业灌溉基本不用地下水，地下水资源开发较少；沿海地区普遍开采利用地下水，以补充地表水的不足，农村人畜饮水和城镇工业自备的水资源，多采自地下水。

安溪县多年平均水资源量 31.79 亿立方米，占全市 32.8%；德化 24.07 亿立方米，占 24.9%；南安 14.66 亿立方米，占 15.1%；永春 14.39 亿立方米，占 14.9%；其他县（市、区）均不到 5%。

泉州市各流域分区多年平均水资源总量一览表

表 1-2-15　　单位：亿立方米

各流域	西溪流域	东溪山美以上	东溪山美至汇合口	干流	洛阳江	九龙江	大樟溪	全市总量
地表水资源量	30.89	9.784	6.802	3.717	2.326	12.01	17.08	96.593
地下水资源量	9.768	3.325	2.369	1.222	0.686	3.778	5.375	31.09
水资源总量	30.89	9.784	6.802	3.717	2.326	12.01	17.08	96.787

说明：数据来源于泉州水文水资源勘测分局《泉州市水资源量分析计算报告（2011 年）》

泉州市各地多年平均水资源总量一览表

表 1-2-16　　单位：亿立方米

各县、市	市区	泉港	惠安	晋江	石狮	南安	安溪	永春	德化	合计
地表水资源量	3.308	1.731	2.850	3.170	0.624	14.66	31.79	14.39	24.07	96.593
地下水资源量	1.060	0.520	0.995	1.142	0.233	4.962	10.089	4.542	7.547	31.090
水资源总量	3.308	1.731	2.850	3.311	0.677	14.66	31.79	14.39	24.07	96.787

说明：数据来源于泉州水文水资源勘测分局《泉州市水资源量分析计算报告（2011 年）》

三、矿产资源

泉州市矿产资源较丰富。1991 年，已发现的矿产有铁、煤、黄金、高岭土、石英砂、花岗石、矿泉水等46种，矿床共89处。其中，大型矿床7处，中型矿床26处，小型矿床56处，此外还有一大批矿（化）点。探明储量的矿产有：无烟煤、铁、黄金、锰、铅、锌、钼、硫铁矿、明矾石、钾长石、高岭土、石灰石、黏土、石英砂、花岗石及矿泉水等。

至 2010 年年底，全市已发现各类矿产 46 种。包括铁、锰、钒、钛、铜、铅、锌、银、钨、锡、钼、铋、金、稀土、硫铁矿、煤、泥炭、水泥用灰岩、水泥用大理岩、叶蜡石、伊利石、明矾石、萤石（普通）、水晶、石墨、钾长石、高岭土、陶瓷土（瓷石）、水泥用黏土、耐火用黏土、砖瓦用黏土、紫砂土、建筑用及饰面用花岗岩（凝灰岩、闪长岩）、饰面用及雕刻用辉绿岩、冶金用脉石英、玻璃用石英岩、玻璃砂、型砂、建筑用砂、硅灰石、绢云母、彩石、绿柱石、硬质高铝矿物、地热、矿泉水等。已发现的主要矿产都已开采利用，如安溪潘田铁矿，德化阳山铁矿，永春天湖山煤矿，安溪剑斗煤矿，德化曾坂煤矿，德化、南安、晋江的高岭土，晋江滨海石英砂，及以沿海为主、遍及全市的花岗石矿。

煤　泉州市的煤矿主要分布于永春天湖山、安溪剑斗、德化曾坂一带，计有井田 17 个，规模均为小型矿床。含煤地层晚二叠世童子岩组分布面积 133.12 平方千米，已累计探明资源储量为 57529.5 千吨，保有资源储量 12038.5 千吨。煤质分析结果：灰分 23.40% ～ 27.27%、挥发分 2.07% ～ 3.32%、硫 0.14% ～ 0.34%、磷 0.019% ～ 0.037%、发热量 5459 ～ 5939 千卡 / 千克，属低磷、特低硫、中高灰分、中上发热量无烟煤。

铁　铁矿为泉州市的重要矿产之一，主要分布于安溪、德化等县，已发现矿床（点）26 处，探明资源储量的8处。其中，规模达中型的矿床有安溪潘田、德化阳山东矿区和西矿区3个，小型矿床有安溪珍地—雪山、青洋（共生锰）和德化凤山、邱埕、桂林（伴生锰），累计探明资源储量 97829.95 千吨，保有资源储量 83459.29 千吨。矿石类型有磁铁矿、赤铁矿、褐铁矿等。矿石平均品位为：TFe 40% ～ 53%，局部矿体达 60% 以上。

金　泉州市已发现金矿矿床（点）24 处，集中分布在德化北部的杨梅—葛坑一带，经普查或勘探，累计查明金矿资源储量（金属量）11163.61 千克，保有资源储量（金属量）9237.61 千克。矿石平均品位为金 5 克 / 吨，局部矿体达 156 克 / 吨。

水泥用灰岩（大理岩）　全市水泥灰岩分布于安溪湖头—永春锦斗—德化桂阳一线以西，有矿床（点）17 处。其中，普查矿区 15 处，勘探矿区 2 处。经勘查，规模达大型的有安溪潘田（共生），中型的有安溪珍地、长基、东阳 3 处，其余均为小型，探明水泥用灰岩（大理岩）资源储量 2 亿吨。矿石平均品位为氧化钙 51% ～ 53%。

高岭土、陶瓷土（瓷石）　泉州市已发现这类矿床（点）近 200 处，主要分布于永春大丘头、虎亭尖；德化半岭、金竹坑；安溪龙涓；泉港区涂型、大雾山；南安高山、岭兜及晋江大布林等地。除永春大丘头、南安高山、岭兜 3 处进行过详查工作外，其余矿床仅进行普查或未进行勘查工作。估算高岭土、陶瓷土（瓷石）资源储量 2.27 亿吨。

饰面用或雕刻用花岗岩(闪长岩、辉绿岩) 泉州市此类矿藏主要分布于安溪县官桥、龙门;南安市水头、石井、官桥、丰州、康美;晋江市东石、永和、龙湖、英林;泉港区南埔及惠安县崇武、张坂等地,有大型矿床5处,中型矿床6处,小型及小型以下矿床(点)50余处。估算饰面用或雕刻用花岗岩(闪长岩、辉绿岩)资源储量1199万立方米。

建筑用花岗石(凝灰岩) 泉州花岗岩资源丰富,出露的花岗岩体有169个,出露面积3565 平方千米,约占全市陆域面积的三分之一,加上火山岩、变质岩分布,全市可供开采建筑用花岗石(凝灰岩)储量巨大。

玻璃砂、型砂 泉州市此类矿藏主要分布于晋江深沪、惠安净峰、石狮祥芝一带,分布面积约34平方千米。已探明的玻璃砂储量1944万吨,铸型砂储量5863万吨。平均品位:玻璃砂二氧化硅96%～98%,型砂 二氧化硅92%～95%。估算全市玻璃砂资源储量超过3000万吨,型砂资源储量超过8000万吨。

建筑用砂 主要分布在晋江上游东溪、西溪及洛阳江,估算可采资源量9600万立方米。

地热 主要分布在中、西部的德化、永春、安溪和南安,东部未发现有开发利用价值的地热资源。全市共发现地热24处,水温高于60℃有7处,水温高于80℃有2处,水质以NaHC03、Na2S04为主,涌水量大于3.0升/秒的有6处,热流量大于120千卡/秒的有6处。

四、生物资源

森林植物 泉州市野生植物种类繁多,1991年,全市有野生植物174科599属1127种。1991—2003年未统计。2004年,全市记录有野生植物212科903属2201种(包括逸生和归化种)。其中,蕨类植物42科84属199种,裸子植物8科15属20种,被子植物162科804属1982种。国家一级重点保护野生植物有银杏、南方红豆杉、水松、伯乐树4种。国家二级重点保护植物有苏铁蕨、水蕨、桫椤、粗齿桫椤、福建桫椤、黑桫椤、金毛狗、福建柏、半枫荷、闽楠、花榈木、鹅掌柴、红豆树、樟树、珊瑚菜、浙江楠、榉树等17种;省级重点保护树种有江南油杉、油杉、长苞铁杉、穗花杉、青钱柳、红锥、吊皮锥、福建青冈、黑锥9种。2010年,记录的植物种类与2004年相同。

野生动物 1991年,泉州市有野生动物4000多种。其中,无脊椎动物主要有软体动物约1500多种,棘皮动物15种;脊柱动物较主要的有鱼类78科358种,两栖类2个目24种,爬行类9科30多种,鸟类27科115种,哺乳类8个目41种;其他动物约有2000多种。2003年起,全市记录两栖类、爬行类、鸟类、哺乳类野生动物,共30个目85科385种,其中两栖动物共2目7科32种,包括国家二级保护动物虎纹蛙1种,省重点保护动物崇安髭蟾、黑斑侧褶蛙2种,爬行动物3目13科61种,包括国家一级保护动物、蟒蛇2种,省重点保护动物滑鼠蛇、眼镜蛇、眼镜王蛇3种。全市记录鸟类19目51科287种,包括国家一级保护鸟类黑鹳、黄腹角雉2种,国家二级鸟类斑嘴鹈鹕、红脚鲣鸟、海鸬鹚、黄嘴白鹭等43种,省重点保护鸟类有小䴙䴘、凤头䴙䴘、白额鹱等27种,有36种鸟类列入《濒危野生动植物种国际贸易公约》。全市记录兽类有6目14科32种,包括国家一级保护动物华南虎、云豹、豹3种,国家二级保护动物猕猴、穿山甲、豺、黑熊、水獭、大灵猫、小灵猫、金猫、河麂、苏门羚等10种,有15种列入《濒危野生动植物种国际贸易公约》。

2010年,全市记录有两栖类2目7科32种,爬行类3目13科61种,鸟类19目51科260种,哺乳类6目14科32种。国家一级重点保护野生动物有鼋、蟒蛇、黑鹳、黄腹角雉、华南虎、豹、云豹、金斑喙凤蝶、中华白海豚、中华鲟、红珊瑚11种。国家二级重点保护动物有蛇雕、大灵猫、黑熊、穿山甲等57种。

珍稀古树 1991年,泉州市建档的古树名木2940株,种类主要有榕、樟、银杏、南方红豆杉、柳杉、杉、松、油杉、荔枝、龙眼等28种。其中,德化县1386株,永春县247株,惠安县77株,泉港区154株,南安市98株,安溪县315株,晋江市122株,洛江区174株,石狮市13株,丰泽区、鲤城区354株。2007年记录全市古树名木2046株,主要种类仍为28种,2010年记录的古树名木与2007年相同。

五、海洋资源

泉州海域面积 11360 平方千米，海洋生物 600 多种，主要鱼类约有 115 种，甲壳类等 10 多种，贝类 30 种和多种经济海藻类。近海渔场面积 50.6 万公顷，相当于全市土地总面积的一半。捕捞海域可分成 3 个作业区：沿岸小型作业区（0 ～ 20 米等深线海域，面积约 7.2 万公顷）、近海机帆船作业区（20 ～ 80 米等深线范围内海域，包括闽中渔场、闽南渔场至台湾浅滩渔场等）和外海作业区（位于水深 80 米以上至大陆坡边缘的深海）。养殖海域分布于湄洲湾、大港湾、泉州湾、深沪湾、围头湾等湾区。其中，浅海养殖水域（0 ～ 10 米）面积 4.18 万公顷，潮间带滩涂养殖面积为 2.53 万公顷。

泉州市海岸线长且曲折，沿岸有湄洲湾、大港湾、泉州湾、深沪湾、围头湾等港湾。泉州市大陆海岸线长 1991 年记录为 427 千米，2005 年起记录为 541.23 千米，适宜建港的岸线共长 112 千米，主要分布在湄洲湾南岸的肖厝、鲤鱼尾、斗尾，泉州湾的崇武、后渚、石湖、祥芝，深沪湾的深沪、梅林和围头湾的围头、东石、石井等岸段。

泉州市沿海矿产资源以石英砂和花岗岩为主。石英砂主要分布于晋江深沪、石狮市祥芝莲坂、惠安净峰、晋江入海口一带。据估算，玻璃砂储量约 9600 万吨、型砂储量 8000 万吨。砂矿区面积约 2480 公顷。已经地质勘探的有晋江市深沪特大型石英砂矿床（勘探区面积 656 公顷）和石狮市祥芝镇莲坂村附近的特大型玻璃砂硅质原料矿床（面积 612.34 公顷）。花岗岩遍布全市，品种齐全，以中、低档为主，高档石材有潜在优势。花岗岩采石区主要分布于南安市石井镇，惠安县崇武镇、张坂镇、东园镇、东桥镇，泉港区南埔镇等地。

泉州的盐业资源主要分布在山腰盐场，惠安盐务局所辖的埕边、辋川、崇武、洛阳、青山、小岞、龙港、东桥、百崎、潘南等盐田，南安盐务局所辖的十几个村办盐场和晋江盐务局所辖的国营晋江盐场、加排盐场和金井盐场等。

泉州的红树林分布于泉州湾内沿海滩涂，种类有秋茄、桐花树、白骨壤 3 种。现有红树林面积 17.11 公顷，大都为零星分布，较为集中的在台商投资区洛阳沿海一带滩涂（面积 14.37 公顷）、丰泽城东街道海滩（面积 2.01 公顷），在东海街道蟳埔枪城滩涂上生长有全市最大、高近 4 米的秋茄林。

六、湿地资源

泉州市湿地类型主要以河口滩涂湿地、近海水域为主，分布在泉州湾及湄洲湾南岸。

泉州湾位于泉州市辖区内主要河流晋江和洛阳江的出海口，总面积为 136.42 平方千米。泉州湾河口湿地是中国重要湿地之一，据科考和调查统计，泉州湾海岸高等植物共有 191 种，隶属于 143 属 51 科。湿地动物有 268 种，分隶 10 个门。泉州湾及泉州湾畔海岸带共记录鸟类 214 种，其中国家二级保护的有小青脚鹬、白鹇、小天鹅、小鸦鹃、褐翅鸦鹃、黑翅鸢、黑鸢、乌灰鹞、白腹海雕、白腹鹞、赤腹鹰、普通鵟、松雀鹰、苍鹰、林雕、蛇雕、鹰雕、红隼、游隼、仓鸮、草鸮、鹰鸮、领角鸮、雕鸮、褐林鸮、领鸺鹠、短耳鸮、斑头鸺鹠、长耳鸮、花田鸡、小杓鹬、黄嘴白鹭、岩鹭、海鸬鹚、红脚鲣鸟、鸳鸯、赤颈䴙䴘 37 种，属于《濒危野生动植物物种国际贸易公约》（CITES）（2003）附录的共有 32 种，中日、中澳候鸟协定各有 81 种和 39 种。2003 年 9 月 24 日，经省政府批准建立泉州湾河口湿地省级自然保护区，保护区总面积 7045.88 公顷，主要保护对象为湿地、红树林、珍稀鸟类、中华白海豚和中华鲟等。

湄洲湾南岸湿地面积 2890 平方千米，生物多样性丰富，特别是湿地水鸟种类多，数量较大，有 4 目 10 科 49 种，鸟类数量多，是福建省鸟类资源的重要分布区，是各类水禽的理想栖息地、越冬地和迁徙地。

第六节 自然灾害

泉州市自然条件优越，但气象灾害（含次生灾害）也频繁发生，气象灾害是泉州市种类最多、出现频率最大、危害最严重的自然灾害。每年约受到四至五个台风影响，沿海地区每二至三年要受一次大旱影响，每年因干旱、台风、暴雨洪涝、寒害、冰雹、风暴潮、溜坡等灾害造成的直接经济损失，少则几千万元，多则数亿元。

一、台风 暴雨与洪涝灾害

泉州市是东南沿海最容易受台风影响和袭击的地区之一，台风影响集中在7、8、9三个月。台风是夏季最重要的降水因素，但带来狂风暴雨和风暴潮常造成重大的直接经济损失，一年中暴雨多发生在5—6月的雨季和7—9月的台风季。1991—2010年，影响泉州的台风共63个，年均3.15个；发生损失较大洪涝灾情15次，过程降雨量多数在200～600毫米之间，个别区域最大达814毫米和629毫米。每次受灾人口在13万～81万人之间，受冲毁或受涝绝收农田在0.6万～2.33万公顷间。据不完全统计，二十年间，这些灾害致全市倒塌房屋共3.9万间、死亡人数181人，直接经济损失共计85.83亿元。

1994年6月13—22日，受北方冷空气影响，泉州市普降大到暴雨，局部地区出现大暴雨，造成山洪暴发、民房倒塌，死亡20人，农作物受淹0.6万公顷，直接经济损失7358万元。

1995年7月31日12时，受4号强热带风暴“盖瑞”外围影响，沿海风力达11级。从7月29日至8月2日，过程降雨量100～230毫米，山洪暴发，河水猛涨。泉州市的7个县（市、区）82个乡镇664个行政村58万人受灾，农作物受灾面积1万公顷，倒塌房屋1363间，死亡2人，直接经济损失9500万元。

1996年7月27日凌晨4时，7号台风“葛乐礼”正面登陆晋江围头，沿海风力达10级，泉州市境内过程降雨量44.9～166.1毫米。受外围环流和热带对流云团影响，气象测报过程雨量136.6～257.3毫米。据统计全市共有100多个乡镇受灾，房屋倒塌4000多间，死亡15人，农作物受灾1万公顷，全市直接经济损失4.4亿元。

1997年5月5—7日，泉州市普降特大暴雨，过程雨量达100～365毫米，全市有6个观测站点超过300毫米，南安冬青水库1小时雨量116毫米，相当于150年一遇洪水标准。此次特大暴雨造成民房倒塌3987间，无家可归2000人，死亡32人，农田被淹1.14万公顷，直接经济损失3.2亿元。

1997年6月24—26日，泉州市山区县安溪、永春、德化县局部遭受特大暴雨洪灾，造成直接经济损失6800万元。

1999年9月14—18日，受10号强热带风暴“约克”外围影响，泉州市过程降雨量50～286毫米，市区14日下午11小时内降雨215毫米，市区积水内涝；惠安县沿海14日下午起6小时内降雨达212毫米。此次暴雨造成严重洪涝灾害，死亡4人，全市直接经济损失1.2亿元。

1999年10月8—10日，14号强台风“丹恩”和农历九月初一天文大潮相遇，台风登陆前后泉州市沿海风力11级，出现5～7.5米巨浪到狂浪，潮位普遍超警戒水位50～60厘米，泉州市24小时降雨量在200～450毫米之间。全市10个县（市、区）107个乡镇887个行政村共81万人口受灾，遭洪水围困4.9万人，堤防受损76.4千米，房屋倒塌10028间，死亡18人，失踪2人，农作物受淹面积2.33万公顷，绝收0.09公顷，直接经济损失14.5亿元。

2000年6月18日，受北方冷空气南下与南方暖湿气流遭遇影响，泉州全市过程雨量250～460毫米。晋江干流发生自1961年以后最大洪水，相应流量6180立方米/秒，泉州大桥站最高洪水位7.33米，超出警戒水位1.03米。南安英都古后水库出现严重险情。全市直接经济损失14.9亿元，死亡33人。8月23日11时，10号台风“碧利斯”在泉州市晋江金井围头湾附近登陆。泉州全市过程雨量200～600毫米，平均降雨量 331 毫米，安溪龙门镇村内站降雨 533 毫米，泉州市区 6 小时降雨 137 毫米，造成市区大范围内涝，接近 20 年一遇洪水标准。晋江石砻站洪峰 4530 立方米 / 秒，安溪站超警戒水位 0.8 米，南安洪濑站超警戒水位 0.97 米。这次台风风力强、范围广、速度快、降雨强度大，全市 11 个县（市、区）、1 个开发区、151 个乡镇 60 万人口受灾，直接经济损失 12.2 亿元，死亡 18 人、失踪 10 人，千年历史文物古迹泉州笋江桥垮塌。

2002 年 8 月 4 日，受 12 号强热带风暴“北冕”影响，泉州市普降暴雨到大暴雨，36 个雨量站点的过程降雨量超过 300 毫米，16 个站点超过 400 毫米（其中石壁水库过程降雨量达 629 毫米）；一些地方山洪暴发，河水猛涨，山体滑坡。全市 147 个乡镇 48 万人受灾，民房倒塌 7839 间，农田受灾 2.07 万公顷，死亡 7 人，失踪 1 人，直接经济损失 7.2 亿元。

2004 年 8 月 25 日，18 号台风“艾利”擦过泉港、惠安沿海，21 时在石狮沿海登陆，23 时进入晋江境内。受其影响，沿海实测风力达 8 级以上，历时 6 个多小时，石狮蚶江、晋江围头瞬时最大风力达 12 级，风速 35 米 / 秒。8 月 25—27 日，全市普降大到暴雨，局部大暴雨。9 月 7 日起，受南海辐合带北抬和北方冷空气共同影响，沿海地区普降暴雨、局部大暴雨，山区出现大到暴雨，局部地区大暴雨。9 月 7－11 日过程雨量超过 100 毫米的站点有 33 个，最大雨量为惠安崇武观测站 353 毫米。9 月 14 日位于南海东北部海面的热带云团发展为第 6 号热带低压，于 16 日凌晨 3 时，在晋江登陆。受其影响，9 月 14—15 日，泉州市沿海地区出现暴雨到大暴雨，局部特大暴雨过程，超过 200 毫米的测站有 25 个。其中，惠安乌潭水库 433 毫米（最大）、黄塘 422 毫米。降雨区主要集中在沿海一线，低洼地带严重内涝，内涝水深普遍达到 1 ～ 2 米。据统计，2004 年泉州市 10 个县（市、区）105 个乡镇计 80 万人遭受不同程度的洪涝灾害损失，倒塌房屋 935 间，因灾死亡 2 人，直接经济损失 4.25 亿元。

2006 年 7 月 14 日，4 号强热带风暴“碧利斯”在霞浦登陆，受其后续云团影响，7 月 13 日起，泉州市普降暴雨到大暴雨，局部特大暴雨。5 个主要观测站点过程降雨量超过 500 毫米，全市雨量最大为安溪大坪观测站、814 毫米（其间 1 小时降雨量 71 毫米，2 小时降雨量 130 毫米，24 小时降雨量达 456 毫米，均属于该测站有记录以来最大值）。16 日，晋江流域东、西溪全线超警戒水位，石砻站实测洪峰流量 6000 立方米 / 秒；7 月 17 日 11 时，石砻站再次发生 5500 立方米 / 秒（相当于 5 年一遇）的洪峰流量。全市 17 座大中型水库蓄水量增加 2.8 亿立方米，共有 121 座水库泄洪。全市 11 个县（市、区）143 个乡镇受灾，受灾人口 51.67 万人，倒塌房屋 4562 间，农作物受灾 2.29 万公顷，公路毁坏 311.56 千米，损坏输电线路 25.66 千米，损坏通信线路 17.03 千米，水利设施损毁 2609 处，直接经济损失 7.5 亿元。其中，农林牧渔业 2.4 亿元，工业、交通运输业 2.18 亿元，水利设施 2.06 亿元，因灾死亡 15 人。

2007 年 8 月，9 号超强台风“圣帕”登陆惠安，17 日起，沿海出现 8 ～ 9 级大风，阵风 10 ～ 11 级，惠安斗尾最大瞬时风力 13 级。近岸海域出现 4 ～ 5 米巨浪和风暴潮，沿海最大增水 1.06 米。18 日 14 时至 20 日 10 时，泉州市过程降雨量均超过 50 毫米，71 个雨量观测站点超过 100 毫米，7 个雨量站点超过 200 毫米，1 个站点超过 300 毫米（洛江虹山 307 毫米）。19 日 18 时晋江干流石砻站洪峰流量 2200 立方米 / 秒。19 日 17 时，德化风洋站超警戒水位 0.94 米。20 日 1 时晋江东溪洪濑站超警戒水位 0.75 米。两座大型水库（山美、惠女）、8 座中型水库（龙门滩一级、龙门滩四级、文溪、笋塔、兰田、坂头、村内、新安）、64 座小型水库先后开闸泄洪。据 8 月 21 日 16 时统计，全市 11 个县（市、区）138 个乡镇受灾，受灾人口 55.77 万人，倒塌房屋 2650 间，农作物受灾 1.72 万公顷，重灾 0.3 万公顷，公路毁坏 33.43 千米，省道 306 线、203 线中断，损坏输电线路 23.43 千米，损坏通信线路 2.72 千米，水利设施损毁 832 处，直接经济损失 4.09 亿元。其中，农林牧渔业 1.41 亿元，工业、交通运输业 1.22 亿元，水利设施 0.97 亿元。

2008 年入汛以后，受 7 号台风“海鸥”、8 号强台风“凤凰”袭击和 6—7 月局部特大暴雨影响（其中，南安石砻 6 月 11—18 日累计 7 日降雨量 470 毫米，达百年一遇，泉州大桥 7 月 8 日 1 小时雨量 131 毫米、3 小时雨量 190.5 毫米达百年一遇），以及 9 号强热带风暴“北冕”、12 号台风“鹦鹉”、13 号超强台风“森拉克”、 15 号超强台风“蔷薇”、17 号热带风暴“海高斯”外围影响，全市出现多场暴雨洪水过程，但整个汛期未造成人员伤亡事故。全市 11 个县（市、区）131 个乡镇受灾，受灾人口 20.24 万人，倒塌房屋 571 间，农作物受灾 13.38 千公顷，公路毁坏 31.88 千米，损坏输电线路 0.8 千米，损坏通信线路 2 千米，水利设施损毁 645 处，全市直接经济损失 1.22 亿元。

2009 年，泉州市先后遭受 3 号强热带风暴“莲花”正面袭击、4 号热带风暴“浪卡”与 6 号强热带风暴“莫拉菲”外围影响、8 号台风“莫拉克”暴风雨影响和 7 月暴雨影响，出现多场暴雨洪水过程。7 月 14 日，受热带低压影响，沿海遭遇大风大浪袭击，14 日 6 时，惠安崇武站实测最大风力 9 级，风速 22.7 米 / 秒，8 时实测最大浪高 4 米，台湾海峡最大波高 6 米。14 日 5 时起，全市出现暴雨到大暴雨过程，超过 50 毫米的有 43 个站点，大于 100 毫米的有 12 个站点，其中晋江紫溪水库为最大，达到 155 毫米。持续强降雨造成鲤城、晋江、石狮、南安等地低洼地带内涝积水，最大水深达 1 米。大风、大浪、大暴雨导致惠安县崇武镇、石狮市鸿山镇附近沿海接连发生多起海上意外险情事故，共造成 7 名人员失踪。2009 年，泉州市 11 个县（市、区）134 个乡镇受灾，受灾人口 13.69 万人，死亡 8 人（安溪县 2 人、永春县 6 人），失踪 1 人，倒塌房屋 582 间，农作物受灾 1.34 万公顷，停产工矿企业 115 个，公路毁坏 46 条次，供电中断 10 条次，通信中断 3 条次，水利设施损毁 495 处，全市直接经济损失 1.67 亿元。

2010 年入汛后，泉州市于 6 月中下旬、7 月下旬、9 月、10 月分别遭受 6 号热带风暴“狮子山”、8 号热带风暴“南川”、10 号台风“莫兰蒂”、11 号超强台风“凡亚比”、13 号强台风“鲇鱼”正面登陆和袭击及长时间、大范围、高强度的持续暴雨到大暴雨影响。9 月 9 日晚起，受 10 号台风“莫兰蒂”正面袭击影响，泉州市遭受狂风暴潮及暴雨到大暴雨局部特大暴雨袭击，泉州大桥 9 日 0 时达高潮位 4.18 米，超警戒水位 0.38 米；10 日凌晨 3 时 30 分，10 号台风在石狮正面登陆前后，沿海地区出现 8 ～ 12 级以上大风，以惠安百崎的 44.3 米 / 秒（14 级）、惠安大坠岛 48.7 米 / 秒（15 级）、深沪的 43.9 米 / 秒（14 级）最大。受 13 号超强台风“鲇鱼”袭击，10 月 23 日凌晨起，泉州市遭受狂风及普降暴雨、局部特大暴雨的影响，10 月 23 日沿海地区出现瞬间 11 级大风。据 10 月 23 日 0 时至 10 月 24 日 10 时统计，有 4 个观测站点过程雨量超过 200 毫米（安溪大坪 271 毫米，南安凤巢 263 毫米、坂头 211 毫米，安溪村内 210 毫米），有 41 个站点过程雨量超过 100 毫米，有 79 个站点过程雨量达 50 毫米以上。23 日 11 时，泉州市大部分地区地质灾害等级达 3 级，其中安溪西南部、南安南部地质灾害等级达 4 级。据统计，4—10 月全市 11 个县（市、区）156 个乡镇受灾，受灾人口 48.15 万人，死亡 7 人、失踪 1 人、伤 1 人，倒塌房屋 2540 间，农作物受灾 3.14 万公顷，公路中断 43 条次，供电中断 208 条次，通信中断 37 条次，水利设施损毁 1639 处，全市直接经济损失 9 亿元。其中，农林牧渔业直接经济损失 3.65 亿元，工业、交通运输业直接经济损失 2.33 亿元，水利设施直接经济损失 1.05 亿元。在防抗暴雨过程中，全市物资消耗 1256.5 万元，投入抢险人员 6789 人次，转移危险地带人员 17.88 万人，集中安置转移人员 4765 人。

1991—2010 年泉州市受风暴或台风影响及降水情况一览表

表 1-2-17 **单位：毫米**

台风编号	登陆地点	登陆时间	过程降水量					
			泉州	晋江	南安	安溪	永春	德化
9107“艾美”	广东汕头	1991 年 7 月 19 日	12.8	18.9	37.3	47.9	35.3	43.9
9116“约尔”	广东惠来	1991 年 9 月 6 日	111.2	65.2	183.2	292.0	332.8	276.4
9119“耐特”	广东饶平	1991 年 10 月 1 日	22.7	43.2	112.8	108.1	79.6	20.9
9212“马克”	广东饶平	1992 年 8 月 19 日	72.8	180.3	113.0	117.2	47.3	36.0
9215“欧马”	福建厦门	1992 年 9 月 5 日	91.6	136.4	153.0	131.1	103.1	71.6
9216“宝莉”	福建莆田	1992 年 8 月 31 日	111.5	115.1	101.3	120.8	78.7	86.3
9406“提姆”	福建晋江	1994 年 7 月 11 日	128.6	102.2	121.9	118.1	111.9	148.6

续表 1-2-17

台风编号	登陆地点	登陆时间	过程降水量					
			泉州	晋江	南安	安溪	永春	德化
9407“云妮莎”	台湾	1994年7月11日	128.3	102.0	159.5	117.9	109.7	146.9
9413“凯特琳”	福建厦门	1994年8月4日	117.5	155.3	243.4	288.6	286.1	301.3
9418“葛拉丝”	福建福清	1994年9月1日	5.5	1.6	26.6	4.5	34.5	24.9
9502“荻安娜”	台湾台南	1995年6月8日	42.1	62.9	56.5	56.0	28.3	41.8
9504“盖瑞”	广东饶平	1995年7月31日	192.8	121.8	213.3	283.4	229.9	242.8
9607“葛乐礼”	福建晋江围头	1996年7月27日	44.9	38.6	87.4	112.8	166.1	133.8
9608“贺伯”	福建福清	1996年8月1日	156.9	136.5	213.3	257.3	225.4	221.0
9610“莉莎”	福建龙海	1996年8月7日	122.7	56.2	91.7	76.0	55.5	65.5
9710“维克特”	香港	1997年8月2日	46.9	44.1	144.7	253.5	204.2	237.5
9714“安珀”	福建福清	1997年8月29日	96.6	95.9	—	65.7	48.9	50.3
9801“妮蔻儿”	福建厦门	1998年7月11日	6.5	12.1	87.0	86.4	52.2	34.1
9802“奥扛”	福建福清	1998年8月5日	68.4	55.8	50.6	78.1	114.0	149.3
9810“芭比丝”	福建	1998年10月28日	218.7	266.7	445.2	307.4	160.9	125.1
9902“雷欧”	广东惠来	1999年5月2日	59.4	66.6	83.4	53.4	32.4	34.8
9903“麦杰”	广东惠来	1999年6月6日	92.4	52.5	95.7	114.1	132.4	122.0
9905“LEO”	福建漳浦	1999年7月27日	108.5	119.5	123.3	120.8	80.8	111.1
9908“山姆”	香港	1999年8月22日	30.7	37.5	80.9	120.6	103.0	161.3
9909“范迪”	广东惠来	1999年9月4日	1.5	0.9	4.9	25.2	50.5	62.5
9910“约克”	广东中山	1999年9月16日	235.4	232.7	178.3	138.6	54.6	54.5
9914“丹恩”	福建漳州龙海	1999年10月9日	206.8	269.5	213.0	186.4	93.0	138.6
0010“碧利斯”	福建晋江围头	2000年8月23日	253.6	391.5	259.3	252.8	254.3	275.7
0102“飞燕”	福建福清高山	2001年6月23日	12.4	8.1	26.8	37.7	53.3	33.5
0104“尤特”	广东 海丰－惠东	2001年7月6日	32.2	29.6	45.5	107.7	118.8	109.0
0107“玉兔”	广东电白	2001年7月26日	16.5	79.4	34.8	38.1	18.3	5.4
0108“桃芝”	福建连江	2001年7月31日	8.6	14.9	20.1	21.0	35.3	15.2
0116“百合”	广东惠来	2001年9月20日	82.1	63.9	92.9	59.1	59.1	16.0
0119“利奇马”	台湾台东	2001年9月26日	29.7	23.6	14.8	2.0	1.4	0.4
	海南三亚	2001年10月21日	101.1	104.8	88.9	83.6	55.4	36.4
0208“娜基莉”	台湾新竹	2002年7月9日	101.1	104.8	88.9	83.6	55.4	36.4
0212“北冕”	广东陆丰	2002年8月5日	238.1	327.0	384.5	298.2	332.5	257.9
0218“黑格比”	广东阳江	2002年9月12日	140.0	118.7	180.0	194.0	79.0	104.0
0309“莫拉克”	福建晋江围头	2003年8月4日	267.0	363.4	428.0	355.0	205.0	206.0
0313“杜鹃”	广东惠来	2003年9月2日	5.0	0.1	51.0	26.8	20.1	7.0
0418“艾利”	福建石狮	2004年8月25日	97.0	125.0	121.0	232.0	94.0	128.0
0428“南玛都”	台湾屏东	2004年11月27日	18.0	16.0	18.0	26.0	22.0	20.0
0505“海棠”	福建连江黄岐	2005年7月17日	19.3	16.6	4.2	11.3	61.0	61.0

续表 1-2-17

台风编号	登陆地点	登陆时间	过程降水量					
			泉州	晋江	南安	安溪	永春	德化
0510“珊瑚”	广东澄海	2005年8月13日	170.0	175.4	321.9	308.5	213.6	187.6
0513“泰利”	福建莆田平海	2005年9月1日	174.0	203.0	134.1	88.0	19.1	116.0
0519“龙王”	福建晋江围头	2005年10月2日	128.3	139.6	130.0	181.8	102.9	80.2
0601“珍珠”	广东饶平和澄海之间沿海	2006年5月18日	77.0	124.0	194.0	209.0	97.0	91.0
0604“碧利斯”	福建霞浦北壁	2006年7月14日	151.0	174.0	286.0	501.0	430.0	333.0
0605“格美”	福建晋江围头	2006年7月25日	39.8	68.5	103.0	193.0	144.0	148.0
0608“桑美”	浙江苍南马站	2006年8月10日	—	—	0.3	1.0	32.0	27.1
0707“帕布”	香港	2007年8月10日	2.0	1.0	—	1.0	0.1	—
0708“蝴蝶”	台湾	2007年8月9日	57.0	43.0	73.0	82.0	77.0	78.0
0709“圣帕”	福建惠安	2007年8月19日	172.0	155.3	201.0	103.0	194.0	179.0
0716“罗莎”	福建福鼎沙埕	2007年10月7日	14.7	11.6	5.7	1.8	5.0	2.0
0807“海鸥”	台湾宜兰	2008年7月17日	75.3	57.2	56.1	38.9	38.0	69.8
	福建霞浦	2008年7月18日						
0808“凤凰”	福建福清东瀚	2008年7月28日	141	131	148.5	72.8	83.0	98.5
0815“蔷薇”	台湾宜兰	2008年9月28日	8.5	6.7	4.1	0.1	1.3	0.0
0903“莲花”	福建晋江东石	2009年6月21日	91.5	132.5	69.3	35.3	30.5	30.0
0908“莫拉克”	台湾花莲	2009年8月7日	123.8	129	109.3	118.6	135.5	150.4
1006“狮子山”	福建漳浦古雷镇	2010年8月29日	1.8	0.0	0.1	19.5	38.1	32.0
1008“南川”	福建惠安	2010年8月30日	19.0	20.3	22.6	11.5	13.3	17.8
1010“莫兰蒂”	福建石狮	2010年9月10日	205.3	158.3	208.4	59.5	56.5	68.8
1011“凡比亚”	台湾花莲	2010年9月15日	93.5	49.3	82.0	116.5	88.6	100.0
1013“鲇鱼”	福建漳浦六鳌	2010年10月23日	104.3	138.7	138.0	107.5	74.5	98.1

二、旱灾

干旱是泉州市影响范围最广、出现频率最高的气象灾害，一年四季都可能发生。泉州市平均降雨量不少，季节分布不均匀，年际变率大，干旱经常发生。沿海地区受旱灾影响机会多于山区，特别是春季和夏季，有时会跨季持续连旱。

1998年8月至10月中旬，全市持续高温少雨，最高受旱面积6万公顷。

1999年1—3月，全市降雨量比常年偏少26%～50%，水库蓄水量锐减，15座大中型水库蓄水量只有3.5亿立方米，占正常库容的43.1%。晋江西溪来水流量14立方米/秒，接近历史同期最枯流量。小溪流部分断流。全市受旱面积 3.07 万公顷，其中无水溶田 0.2 万公顷。

2002 年 2—4 月，气温比常年明显偏高，蒸发量偏大，降雨总量除永春、德化外，其余县市比常年偏少 5 ～ 7 成，沿海七县（市、区）降雨量偏少（仅多于 1971 年），南安、安溪仅多于 1963 年和 1971 年。从 4 月 11—24 日基本无雨，气温偏高，再次出现干旱。据 5 月 4 日统计，泉州市农作物受旱面积达 2.37 万公顷。其中，南安 0.8 万公顷，惠安 0.9 万公顷，晋江 0.53 万公顷，因旱造成人畜饮水困难，涉及人口达到 13 万人。

2003 年 6 月 28 日至 7 月 25 日，泉州市持续 28 天无降雨，处于晴热高温天气，蒸发量偏高。据统计，农作物受旱 5.84 万公顷。其中，水稻 0.94 万公顷，甘薯 1.7 万公顷，蔬菜 0.48 万公顷，花生 0.32 万公顷，果园 1.82 万公顷，其他作物 0.58 万公顷。受旱面积：晋江 1.36 万公顷，南安 1 万公顷，惠安 0.84 万公顷，安溪 0.6 万公顷，永春 0.66 万公顷，德化 0.66 万公顷。全市有 47 座小型水库干涸。

2003 年 10 月 15 日至 2004 年 1 月 15 日，持续 91 日无雨，6 万人饮水困难。2004 年 3 月，各地降雨量比多年同期偏少 2 ～ 4 成，影响春播生产；7 月 8—27 日，20 天基本无降雨，出现小旱。7 月 27 日统计，全市农作物受旱 1.91 万公顷，3.09 万人饮用水困难；水力发电能力大幅度降低，截至 7 月 26 日，累计限电 3.95 亿千瓦时，超过 2003 年全年的限电量（3.04 亿千瓦时），严重影响工业产值和群众生产生活用电；森林火灾频发，林业受损，高温干旱造成幼林受灾 493 公顷，苗圃受灾 0.75 公顷，经济林受灾 221 公顷，森林火灾 167 起，过火面积 1747.1 公顷，受害面积 1236.9 公顷，损失林木蓄积 1.7 万立方米、幼林 121.6 万株。据统计，2004 年 1—7 月，晋江流域来水总量 10.6 亿立方米，为多年平均 29.1 亿立方米的 36.4%。8 月 11 日，大中型水库蓄水总量为 3.33 亿立方米，占正常库容的 37.7%。小型水库蓄水量为 0.51 亿立方米，占正常库容的 30%，23 座小型水库干涸。

2006 年 9 月中旬至 11 月 21 日，泉州市连续两个月基本无降雨，气温持续偏高，蒸发量偏大，空气干燥。全市农作物受旱面积 3.1 万公顷、粮食减产 5.29 万吨、果园受旱 2.65 万公顷、减产 4.45 万吨（主要是柑橘），茶园受旱 1.74 万公顷、减产 2145 吨，小水电站减少发电量 2.04 亿千瓦时，合计直接经济损失达 5.81 亿元。安溪县茶叶受旱面积达 1.33 万公顷，减产 1870 吨，占全县茶叶种植面积的 48%，直接经济损失达 3.74 亿元。永春县的柑橘受旱面积 1.093 万公顷，减产 2 万吨，占全县种植面积的 76%，直接经济损失 3167 万元，农民收入减少。全市大中小型水库库容为 6.12 亿立方米，占正常库容的 53.8%。河道天然来水流量不足常年同期的 50%，小溪河断流、池塘干涸。11 月 21 日 16 时至 22 日 8 时，全市普降中到大雨、局部暴雨，16 小时过程平均降雨量 53.3 毫米，降雨空间分布相对比较均衡，站点降雨量在 33 ～ 82 毫米之间（南安城关 82 毫米），旱情全面解除。

2007 年 6 月 18 日雨季结束后，泉州市受副热带高压控制，高温日数偏多，雨量较同期偏少。7 月 29 日，大中小型水库蓄水量为 4.96 亿立方米，只有正常库容的 51.8%，其中山美水库水位 82.56 米，为正常库容的 50%。惠安、石狮两县（市）出现大旱，山区地区小到中旱。据 7 月 30 日统计，惠安、安溪、南安、石狮 4 县（市）受旱作物 2.11 万公顷、果林 0.58 万公顷、茶园 0.48 万公顷。

2008 年 11 月 10 日至 2009 年 3 月 3 日，连旱日数达 115 天。

2009 年 8 月 13 日至 11 月 9 日连旱日数达到 88 天，严重干旱导致城乡居民生活、工农业生产、生态环境等受到严重影响。据 2009 年 11 月 12 日统计，洛江、泉港、晋江、石狮、惠安 5 个县（市、区）受旱农作物面积累计达 0.92 万公顷，其中惠安占 0.58 万公顷，因旱饮水困难 3.17 万人、大牲畜 200 头。水库干涸 13 座，216 眼机电井出水不足。

三、风雹灾害

每年的三四月份，泉州天气变化较大，主要气象灾害包括冰雹、飑线（飑线是由许多雷暴单体侧向排列而形成的强对流云带，其水平尺度长、宽均约几十至上百千米，持续时间几小时至十几小时，出现时通常伴有雷暴、大风、冰雹等天气）、西南大风等。

（一）风灾

风灾主要有冷空气大风、台风大风、强对流大风（含龙卷风）3种类型。冷空气大风集中于冬季，秋末和春季亦常见，主要影响在沿海。台风大风危害最大，主要袭击沿海地区，内陆地区有时也会受影响。强对流大风主要影响内陆山区、半山区，丘陵地区次之；季节分布春季为多，夏季次之。

2002年4月6日，飑线过境，泉州市全境风速20多米/秒（9级），风灾大，清源山天湖水卷起2米高。

2005年3月22日，飑线袭击安溪、永春、德化三个山区县，以及南安北部部分地区，“飑线”狂风最大风力达到12级以上，还带来暴雨，殃及数十个乡镇，房屋受损严重、公路塌方、供电线路故障，四个县市共有4人死亡、39人受伤，近2万户民房受损，受灾人口达46万人，直接经济损失达1.3亿元。

2005年5月5日下午，永春遭受到50多年未遇的强对流天气（飑线）袭击，牛姆林主干道上一棵200年的参天老树马尾松突然倒下，砸中4名游客和1名导游，其中1名游客不幸身亡。

2008年7月18日16时许，受7号热带气旋“海鸥”影响，泉州市区遭遇强对流天气（飑线）袭击，未造成人员伤亡。

（二）雹灾（龙卷风）

冰雹、雷雨大风和龙卷风同属于强对流天气，其中冰雹与雷雨大风常相伴出现。这是一种时间短、局部性强、破坏力大的自然灾害，多发生于春季，夏季次之，内陆多于沿海。泉州市属冰雹灾害少发区。

1992年4月21日20时至22时，永春县7个乡镇遭到冰雹袭击。近3000户村民受灾，其中有重灾户500多户，倒塌房屋100多间。

1993年5月7日13时30分，南安市金淘镇遭受冰雹袭击，11村2324户受灾，重灾1040户，民房10334间受到破坏，房屋倒塌10间，小学8所69间教室瓦片被破坏，全镇损失达1033万元。

1998年3月17日17时58分，晋江市青阳、陈埭、西滨3镇局部地区遭受冰雹袭击，历时6分钟，未造成大损失。

1999年6月16日，德化县水口镇发生龙卷风灾害，风暴夹杂着冰雹袭击该镇村场村。是日下午4时许，一股强劲的龙卷风从该村由北向南刮去，中心风力达10级以上，前后持续了近30分钟。风过瞬间，省道103线公路两侧15棵大树被连根拔起，最大的一棵树高达30米，直径0.42米。这次龙卷风造成部分公路路基被毁，村场村水电站变压线路也被倒下的大树压坏，交通、电信一时中断，瓦片碎裂近5万块，直接经济损失近10万元，所幸没有人员伤亡。

2004年7月14日15时30分左右，南安市乐峰镇飞云村遭遇强对流天气，狂风暴雨中夹杂着冰雹，历时40分钟。部分房屋和农作物受损，未造成人员伤亡。

2006年8月3日，泉州市区发生强对流天气，强雷暴过程中夹杂着冰雹。有的像碎冰、珠子，有的比花生米略大，未造成严重灾害。

2007年4月2日，市区出现雷雨大风伴冰雹的强对流天气。

2008年4月16日23时30分许，永春县岵山镇遭受暴雨冰雹袭击，最大的冰雹直径超过3厘米，冰雹历时5分钟左右，部分房屋和农作物受损，未造成人员伤亡。同年8月13日，受连日高温影响，泉州境内遭遇午后强对流天气，南安市康美、洪濑等地发生冰雹，未造成人员伤亡。

此后至2010年年底，泉州境域内未发生大的冰雹灾害。

四、海洋灾害

（一）潮灾

1992年8月28日至9月1日，受16号强热带风暴正面袭击，及8月天文大潮的影响，泉州市沿海潮位普遍超出正常水位1米左右，全市普降大到暴雨，由于浪大潮高，泄洪困难，造成海堤严重损失。

全市6个县（区、市）、31个乡镇、700多个村、11多万户、50多万人口受灾。海堤决口塌方128处、3190多米；粮食作物受淹1133.33公顷，损失粮食7100吨；盐场受淹105万平方米，损失原盐9100吨；对虾场受淹78.67公顷，损失对虾206吨；民房受淹2427座、倒塌159座；公路冲垮、塌方4处600多米，此外还有1万多株果林受毁，沉船一艘。以上直接经济损失9000多万元。

1996年7月27日凌晨4时，7号台风“葛乐礼”登陆晋江围头，时隔不到36小时，因8号台风“贺伯”和6月天文潮的共同袭击，沿海风力阵风11级，潮水暴涨，最高潮位普遍超过警戒水位1米多。8月1日，崇武潮位最高达4.50米（黄海高程），超过警戒水位1.32米，超历史最高潮位30厘米，接近100年一遇高潮位。

1999年10月9日，14号强台风“丹恩”和天文大潮相遇，出现5～7.5米巨浪到狂浪，潮位普遍全市普降暴雨，降雨量均在200毫米以上，其中降雨量最高的崇武镇达518.7毫米。台风又恰逢天文大潮，造成山洪暴发、海堤决口、房屋倒塌、人员伤亡、农作物受淹、水利、交通、电力、通信设施被毁，全市经济损失严重。

2003年，受13号台风“杜鹃”的影响，崇武沿海出现最大增水达101厘米的风暴潮和台风大浪。台风及其引发的风暴潮、台风浪波及全市4个沿海县（市、区）21个乡、镇，受灾人数为1960人，有8处堤防、3处护岸、2座水闸损坏，直接经济损失4516万元。

2006年7月24日晚，5号台风“格美”带来的风暴潮与天文大潮叠加，惠安半月湾近120米海堤被海水冲垮。

（二）赤潮

2003年4月2日至7日泉州近岸海域发生赤潮，赤潮优势种为细弱海链藻，无毒性，面积达150平方千米。本次赤潮未造成重大经济损失，对水产养殖和海洋生态环境产生一定的影响。

2010年6月13日，深沪湾梅林港区发生有毒赤潮。

（三）生物入侵

2004年互花米草继续在泉州蔓延，面积达375.41公顷。

卷二　人　口

20 世纪 90 年代，泉州市开展人口与计划生育政策宣传教育，层层落实计划生育目标管理责任制，开展创建计划生育合格村等活动，推行计生节育奖励，对计生家庭特别是独生子女户和二女户实行奖励和扶助，人口增长得到有效控制。1990 年，泉州市有常住人口 573.44 万人；2000 年，全市有常住人口 728.3 万人，1990—2000 年，人口年均自然增长率 2.4%；2010 年，全市有常住人口 812.85 万人。2000—2010 年人口年均自然增长率 1.1%，增长速度明显放缓。随着经济社会和人口素质的提高，各项人口构成也发生较大变化，人口预期寿命不断提高，2010 年全市人口平均预期寿命 73.85 岁，比 1990 年的 70.51 岁提高 3.34 岁；0～14 岁人口比重下降 14.5%，65 岁及以上人口比重达 6.0%。人口受教育水平大幅提高，2010 年，每万人拥有受教育大学程度人口由 1990 年的 66 人增至 571 人。由于各县（市、区）的经济活跃程度不同，泉州市的流动人口规模存在山、海区域上的差异。环泉州湾区域的流入人口规模普遍大于山区县，流出人口规模远远小于山区县。2010 年，地处沿海的晋江市、石狮市流入人口分别达到 93.7 万人和 29.9 万人，占全市流入总人口的 61.43%，而地处山区的永春县、德化县流入人口规模都在 2 万人以下。流出人口规模，地处山区的永春县、德化县分别达到 11.26 万多人和 7.99 万多人，而地处沿海的鲤城区和丰泽区仅 3537 人和 1541 人。

第一章　人口状况

第一节　人口数量

1991 年，泉州市有户籍人口 591.72 万人。2000 年，全市有户籍人口 654.62 万人（常住人口 728.30 万人），10 年间人口增加 62.9 万人，年均增加 6.29 万人。2010 年，泉州市有户籍人口 685.27 万人（常住人口 812.85 万人），比 2000 年增加 30.65 万人，年均增加 3.07 万人，人口增长速度比上个十年明显放缓。

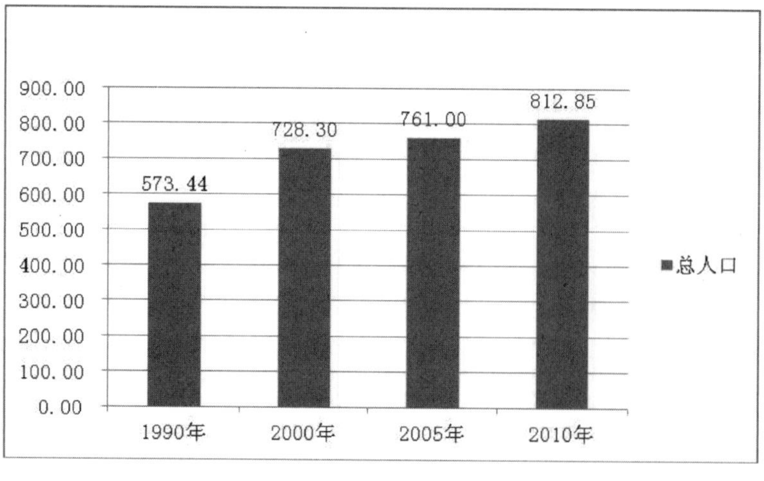

图 2-1-1　若干年份泉州市总人口增长比较图

说明：本资料图 1990 年人口数据源自《福建省泉州市 1990 年人口普查资料》。2000 年人口数据源自《泉州 2000 年人口普查资料》。2005 年人口数据源自《泉州统计年鉴》。2010 年人口数据源自《泉州市 2010 年人口普查资料》

第二节　人口分布与密度

一、分布

1990年后，泉州中心市区的鲤城区、丰泽区人口规模不断扩大，常住人口由1990年的49.34万人增加至2010年的93.4万人，人口占比由1990年的8.6%提高到2010年的11.5%。安溪县、永春县、德化县人口占总人口的比重不断减小，而晋江市、石狮市人口占总人口的比重不断增大。20年间，全市人口呈现由山区向沿海流动的特点，同时随着城镇化建设的发展，人口不断向城镇聚集。2010年，全市居住在城镇的人口为475万人，占总人口比重达58.4%。

1990年、2000年、2010年泉州市及各县（市、区）常住人口分布情况表

表2-1-1

市、县（市、区）	1990年		2000年		2010年	
	人口数（人）	占比（%）	人口数（人）	占比（%）	人口数（人）	占比（%）
泉州市	5734441	100.0	7283040	100.0	8128533	100.0
鲤城区	493442	8.6	292157	4.0	404817	5.0
丰泽区	—	—	397847	5.5	529640	6.5
洛江区	—	—	160071	2.2	187189	2.3
泉港区	—	—	342211	4.7	313539	3.9
惠安县	1091616	19.0	897381	12.3	944231	11.6
安溪县	901951	15.7	1011437	13.9	977435	12.0
永春县	494157	8.6	516781	7.1	452217	5.6
德化县	277910	4.8	301834	4.1	277867	3.4
石狮市	273047	4.8	498786	6.8	636700	7.8
晋江市	931315	16.2	1479259	20.3	1986447	24.4
南安市	1271003	22.2	1385276	19.0	1418451	17.5

二、密度

1990年，泉州市人口密度每平方千米528人。2000年，增加至670人，比1990年每平方千米增加142人。人口密度大于全市平均值的有鲤城区、丰泽区、泉港区、惠安县、石狮市、晋江市、南安市；人口密度小于全市平均值的有洛江区、安溪县、永春县、德化县。

2010年，泉州市人口密度每平方千米748人，比2000年增加78人。地处中心市区和沿海经济发达的县（市、区）人口密度继续增加。而地处山区的安溪、永春、德化3个县的人口密度则相对减少。同年，人口密度每平方千米安溪县320人、永春县310人、德化县124人。分别比2000年减少11人、45人、11人，仍处全市平均值之下。人口密度与人口分布特点基本相吻合。

1990年、2000年、2010年泉州市及各县（市、区）人口密度情况表

表 2-1-2

市、县（市、区）	1990年		2000年		2010年	
	人口数（人）	人口密度（人/平方千米）	人口数（人）	人口密度（人/平方千米）	人口数（人）	人口密度（人/平方千米）
泉州市	5734441	528	7283040	670	8128533	748
鲤城区	493442	908	292157	5458	404817	7562
丰泽区	—	—	397847	3684	529640	4904
洛江区	—	—	160071	419	187189	490
泉港区	—	—	342211	1118	313539	1025
惠安县	1091616	1116	897381	1335	944231	1405
安溪县	901951	295	1011437	331	977435	320
永春县	494157	339	516781	355	452217	310
德化县	277910	125	301834	135	277867	124
石狮市	273047	1708	498786	3119	636700	3982
晋江市	931315	1450	1479259	2303	1986447	3092
南安市	1271003	640	1385276	698	1418451	715

第三节　人口变动

一、自然变动

20世纪90年代以后，泉州市人口随着经济社会发展，公众生育观念改变与卫生水平提高，以及外来务工人员不断增多、毕业生分配、多岗位就业等因素逐年增多，全市户籍总人口由1990年的573.44万人，增加至2010年的685.27万人。1990年，泉州市人口出生率为27.37‰，1991—2000年逐年下降，2000年降至14.01‰，2010年为17.36‰。自然增长率从1990年的21.86‰下降到2010年的10.01‰。妇女生育率稳定在更替水平以下。人口死亡率在4.52‰～5.7‰之间，2010年为7.34‰。人口再生产形成低出生率、低死亡率、低增长率的类型，且在较长的时间内得以保持与稳定。

1991—2010年泉州市户籍人口自然变动情况

表 2-1-3

年份	总人口（万人）	人口出生率（‰）	人口死亡率（‰）	人口自然增长率（‰）
1990	573.44	27.37	5.51	21.86
1991	591.72	22.96	6.10	16.86
1992	598.68	17.24	4.98	12.26
1993	605.99	15.91	4.98	10.92
1994	612.63	17.68	4.95	12.73
1995	625.92	22.40	5.13	17.27
1996	645.02	15.22	4.99	10.23
1997	650.13	11.20	4.80	6.40

续表 2-1-3

年份	总人口（万人）	人口出生率（‰）	人口死亡率（‰）	人口自然增长率（‰）
1998	654.19	9.97	4.92	5.04
1999	658.05	11.47	4.88	6.60
2000	654.62	14.01	5.10	8.91
2001	657.08	10.29	4.89	5.40
2002	659.03	9.39	4.98	4.42
2003	662.62	10.20	5.52	4.68
2004	665.28	10.12	4.95	5.17
2005	667.66	9.89	4.52	5.37
2006	670.40	9.60	4.84	4.76
2007	674.29	10.96	5.03	5.93
2008	677.73	11.47	5.70	5.77
2009	680.85	10.83	5.31	5.52
2010	685.27	17.36	7.34	10.01

若干年份泉州市各县（市、区）人口变化情况表

表 2-1-4　　单位：万人

县（市、区）	1991 年	1995 年	2000 年	2005 年	2006 年	2007 年	2008 年	2009 年	2010 年
鲤城区	49.2	52.1	26.4	26.9	26.3	26.0	25.5	25.5	25.5
丰泽区	—	—	14.7	19.0	20.4	21.1	21.6	21.6	21.7
洛江区	—	—	16.5	17.6	17.9	17.9	17.8	17.6	17.5
惠安县	116.3	121.4	91.4	92.4	93.0	93.7	94.5	95.3	96.1
安溪县	92.8	101.5	105.0	106.8	106.6	107.0	107.2	107.7	109.4
永春县	50.8	52.2	54.7	55.1	55.2	55.4	55.7	55.8	56.2
德化县	28.5	29.7	30.2	30.6	30.8	31.0	31.3	31.5	31.7
石狮市	26.5	28.6	29.6	30.8	30.9	31.1	31.3	31.4	31.6
晋江市	93.4	97.7	101.9	103.2	103.6	104.4	105.0	105.6	106.5
南安市	133.9	142.4	147.4	148.0	148.3	148.8	149.6	150.1	150.4
泉港区	—	—	36.4	36.6	36.9	37.2	37.7	38.0	38.2

资料来源《泉州统计年鉴》

二、机械变动

1991 年后，泉州市由于企业招工、升学与毕业生分配、干部职工调动、服兵役与复员转业、婚嫁、投亲靠友、经商、移民、留学等原因，全市迁入人口由 1995 年的 5 万人增加到 2010 年的 8.56 万人；迁出人口由 1995 年的 5.38 万人增加到 2010 年的 11 万人，其中 1996 年和 2000 年为净迁入，其他 9 年均为净迁出。

若干年份泉州市户籍人口迁移变动情况表

表 2-1-5 单位：万人

年份	迁入人口			迁出人口			净迁移
	合计	省内	省外	合计	省内	省外	
1995	50033	43538	6495	53778	43726	10052	-3745
1996	142780	134950	7830	63672	49914	13758	79108
2000	73274	58328	14946	72373	58466	13907	901
2001	73276	59307	13969	81567	64715	16852	-8291
2002	61600	49348	12252	71487	55526	15961	-9887
2003	85711	72253	13458	95402	76605	18797	-9691
2005	74844	64395	10449	88572	70066	18506	-13728
2006	60551	45998	14553	65844	48393	17451	-5293
2008	69218	54733	14485	78970	62770	16200	-9752
2009	78212	61654	16558	83644	60577	23067	-5432
2010	85568	65660	19908	110002	66650	43352	-24434

第二章 人口构成

第一节 性别构成

一、总人口性别比

1990 年，泉州市总人口性别比为 99. 94（女 =100），区县中男仍多于女的有鲤城区、晋江市、永春县、德化县、石狮市，其中德化县性别比最高，为 107. 64。2000 年、2010 年全市人口性别比分别为 104. 7 和 107. 3。从各县（市、区）看，性别比两个年度高于全市平均水平的有丰泽区、石狮市和晋江市，性别比低于 100 的有泉港区和惠安县。

1991—2010 年泉州市户籍人口性别结构情况表

表 2-2-1

年份	总人口（万人）	男		女	
		人口数（万人）	比重（%）	人口数（万人）	比重（%）
1991	591. 72	299. 85	50. 67	291. 87	49. 33
1992	598. 68	303. 96	50. 77	294. 72	49. 23
1993	605. 99	308. 11	50. 84	297. 88	49. 16
1994	612. 63	312. 09	50. 94	300. 54	49. 06
1995	625. 92	319. 20	51. 00	306. 72	49. 00
1996	645. 02	329. 29	51. 05	315. 73	48. 95
1997	650. 13	331. 89	51. 05	318. 24	48. 95

续表 2-2-1

年份	总人口（万人）	男		女	
		人口数（万人）	比重（%）	人口数（万人）	比重（%）
1998	654.19	333.87	51.04	320.32	48.96
1999	658.05	335.55	50.99	322.50	49.01
2000	654.62	333.16	50.89	321.46	49.11
2001	657.08	334.49	50.91	322.59	49.09
2002	659.03	335.45	50.90	323.58	49.10
2003	662.62	337.51	50.94	325.11	49.06
2004	665.28	338.88	50.94	326.40	49.06
2005	667.66	340.07	50.93	327.59	49.07
2006	670.40	341.39	50.92	329.01	49.08
2007	674.29	343.60	50.96	330.69	49.04
2008	677.73	345.68	51.01	332.05	48.99
2009	680.85	347.73	51.07	333.12	48.93
2010	685.27	351.03	51.23	334.24	48.77

二、不同年龄段性别比

从分年龄段看，泉州市 1990 年、2000 年、2010 年三个年份的性别比都是随着年龄段的提高而降低，主要是两个因素导致：出生人口性别比偏高；女性的平均预期寿命较长，低龄段男性人口多于女性人口，高龄段的男性人口少于女性人口。

1990 年、2000 年、2010 年泉州市户籍人口分年龄段性别比情况表

表 2-2-2　　单位：%

年份	性别	比例	0～4 岁	5～29 岁	30～39 岁	40～54 岁	55 岁以上
1990	男	49.98	7.04	26.00	6.76	5.50	4.68
	女	50.02	6.63	25.86	6.61	5.15	5.77
	性别比	99.94	106.18	104.00	102.27	106.80	81.11
2000	男	51.14	2.26	27.83	8.99	7.35	4.71
	女	48.86	1.79	26.32	8.59	6.74	5.42
	性别比	104.67	126.26	105.73	104.66	108.05	86.90
2010	男	51.95	3.38	21.23	10.07	10.88	6.39
	女	48.05	2.43	19.21	9.42	10.24	6.74
	性别比	105.02	139.09	110.52	106.90	106.25	94.81

第二节　年龄构成

1990 年，泉州市 64 岁以下人口呈下降趋势，0～14 岁人口占 35.80%，15～64 岁人口占 59.77%，老年人口比例上升至 4.43%。人口发展类型为稳定型，年龄中位数为 21.54 岁，为成年型人口。2000 年泉州市0～14岁人口占比24.1%，15～64岁人口占比70.4，65岁及以上人口占比5.5%，与1990年相比0～14岁人口比重下降11.7%，15～64岁人口占比上升10.6%，65岁及以上人口占比提高1.1%。2010年0～14岁人口占比进一步下降为14.5%，15～64岁人口继续提高到79.5%，65岁及以上人口比重达到6%。引起泉州市人口年龄结构的变化主要原因：实行计划生育，人口处于低生育率时期，使得0～14岁人口的比重不断降低；外来流动人口大多为青壮年，人口流动使得全市15～64岁人口大幅提高；随着生活水平和医疗水平的提高，全市人口平均预期寿命不断提高，使得65岁及以上人口比重相应提高。2010年全市人口平均预期寿命达73.85岁，比2000年提高2.55岁，比1990年提高3.34岁。

1990年、2000年、2010年泉州市各主要年龄段人口数占比情况表

表2-2-3 单位：%

年份	0～14岁	15～64岁	65岁及以上
1990	35.80	59.77	4.43
2000	24.1	70.4	5.5
2010	14.5	79.5	6.0

第三节 文化构成

1990年后，泉州市教育事业跨越式发展，人口受教育水平大幅提高。每万人拥有大学受教育程度人数由1990年的66人，提高到2010年的571人。文盲半文盲人数占6岁及以上人口比重下降明显，由1990年的14.36%下降到2010年的3%。

泉州市第四、第五、第六次全国人口普查文化程度构成状况

表2-2-4

次数（年份）	大学（人）	高中（人）	初中（人）	小学（人）	文盲半文盲（人）	每万人拥有大学程度人数（人）	文盲半文盲人数占6岁及以上人口比重（%）
第四次（1990）	37887	291300	846839	2164784	1930159	66	14.36
第五次（2000）	323669	421155	2788516	2788022	566971	444	8.2
第六次（2010）	463840	955860	3555422	2375162	225992	571	3.0

第四节 职业构成

1990年，泉州市第一、第二、第三产业从业人员占全社会从业人员比重分别为65.94%、21.67%、12.37%。2000年，第一、第二、第三产业从业人员占全社会从业人员比重分别为32.6%、45.8%、21.6%，其中第二、第三产业从业人员比1990年分别提高24.13%、9.23%。2010年，全市第二、第三产业从业人员占全社会从业人员的比重分别为53.9%和28.4%，第一产业从业人员占全社会从业人员比重从2000年的32.6%下降为17.7%。

第五节 姓氏构成

1991年，泉州人口姓氏计有283姓。其中，单姓274姓，陈、林、苏、吴、黄、李、许、蔡、施、王、庄、郑、张、杨14姓人口最多，复姓9姓。少数民族中，回族有金、丁、马、夏、郭5姓；畲族有盘、蓝、雷、钟4姓；满族有粘姓；蒙古族有出姓。

2010年，根据第六次全国人口普查姓氏统计结果显示，泉州排名前十位的姓氏分别为陈、林、黄、王、李、张、吴、刘、杨、许，其中陈姓人口占全市常住人口10.2%，每10个人口中有1个陈姓人口。前十名姓氏人口总和占全部常住人口的比重达49.8%。

2010年泉州市及各县（市、区）排名前十位姓氏人口统计分布情况表

表2-2-5

泉州市		鲤城区		丰泽区		洛江区		泉港区		惠安县	
总人口	8128533	总人口	404817	总人口	529640	总人口	187189	总人口	313539	总人口	944231
陈	827626	陈	37289	陈	50016	杜	15430	陈	51640	陈	117783
林	528024	吴	31328	黄	35583	黄	14268	林	35949	张	86082
黄	516003	黄	23628	林	30240	林	13330	庄	27748	黄	59881
王	476270	林	20275	王	27029	陈	11268	刘	25619	王	59235
李	391516	王	19212	张	23453	赖	8229	连	12814	庄	41433
张	366305	李	18782	李	22672	吴	8207	张	12089	林	38312
吴	326926	张	17614	吴	22089	王	8051	郑	11550	李	37444
刘	242153	杨	14390	刘	16824	刘	7292	王	11297	杨	31782
杨	195268	刘	12591	杨	16153	张	4965	郭	11212	曾	30551
许	181950	郑	8648	郑	11320	杨	4775	黄	10652	刘	26872
安溪县		**永春县**		**德化县**		**石狮市**		**晋江市**		**南安市**	
总人口	977435	总人口	452217	总人口	277867	总人口	636700	总人口	1986447	总人口	1418451
陈	128761	林	57005	陈	41941	蔡	50776	陈	149758	黄	188774
林	110650	陈	50991	林	31266	王	45140	王	114445	陈	151978
王	84851	郑	34215	郑	18282	陈	36201	张	107885	王	82744
李	59381	黄	23987	苏	15179	林	30467	李	105387	李	76003
黄	49670	李	22118	李	12461	李	28841	林	87308	林	73222
苏	48183	王	18978	黄	12441	黄	25956	吴	87252	洪	65348
吴	47437	张	17107	赖	11080	张	25053	黄	71163	吴	53968
谢	29679	潘	16502	张	10607	吴	25025	许	66336	刘	35710
许	28096	康	15424	徐	9662	邱	22739	蔡	61471	苏	35311
张	26167	颜	13612	曾	8527	刘	18969	杨	60888	张	35283

第六节　民族构成

1991年，泉州市汉族人口564.81万人，占全市总人口的98.49%，全市共有少数民族41个，少数民族人口8.63万人，占全市总人口数的1.51%。2000年，泉州市汉族人口714.75万人，占全市总人口的98.17%；有少数民族47个，少数民族人口13.74万人，占总人口数的1.83%，比1990年高0.3个百分点。2010年，全市已识别的少数民族53个，少数民族人数22.9万人，占总人口的比重为2.8%，比2000年提高0.9个百分点。

2010年泉州市民族人口分布情况表

表 2-2-6 单位：人

民族	人数	民族	人数	民族	人数	民族	人数
总计	8128533	白族	1484	京族	95	达斡尔族	15
汉族	7899527	仡佬族	1136	傈僳族	91	普米族	12
回族	64961	黎族	1118	怒族	91	独龙族	8
土家族	44004	傣族	973	景颇族	90	鄂温克族	7
苗族	39782	水族	787	布朗族	69	阿昌族	6
畲族	25355	朝鲜族	555	拉祜族	69	柯尔克孜族	6
壮族	13264	哈尼族	509	高山族	51	塔吉克族	6
布依族	10620	佤族	434	纳西族	36	珞巴族	6
侗族	5773	藏族	370	锡伯族	30	基诺族	5
彝族	5330	哈萨克族	329	裕固族	26	俄罗斯族	4
蒙古族	2704	仫佬族	211	撒拉族	20	塔塔尔族	4
满族	2530	羌族	159	德昂族	18	鄂伦春族	1
瑶族	2343	维吾尔族	144	赫哲族	18	门巴族	1
土族	1666	毛南族	108	东乡族	17	其他未识别的民族	1555

第三章 婚姻　家庭

第一节　婚姻

1991年，泉州市总人口591.29万人，结婚登记57899对，晚婚率35.37%，离婚登记673对。1995年，泉州市总人口625.92万人，晚婚率32.39%。2000年，泉州市第五次全国人口普查显示，全市总人口654.62万人，15岁及15岁以上人口中，未婚人口占27.22%，与1990年第四次全国人口普查相比，增加4.79%；离婚人口占0.44%，与1990年相比，增加0.14%。2001年，全市总人口657.08万人，结婚登记46234对，女性平均初婚年龄22.85岁，比1991年提高0.78岁，女性晚婚率达到52.65%，比1991年提高17.28%。2010年，全市总人口685.27万人，结婚登记83171对，晚婚率56.7%；离婚登记5821对，离婚人口增多。

第二节　家庭

1991年，泉州市人口总户数1197910户，平均每户4.7人。随着经济社会的发展和思想观念的更新，家庭观念、结构也随之发生变化。家庭成员结构趋于小型化，三代同堂的家庭单位渐少，以夫妻及子女（部分独生子女）为核心组成的家庭逐年增多，家庭成员户均人数日趋减少。2010年，第六次全国人口普查资料，全市常住人口中共有家庭户2267970户，家庭户人口6948685人，平均每个家庭户的人口为3.06人，比2000年第五次全国人口普查时的3.65人减少0.59人。

2010年泉州市及各县（市、区）人口普查家庭情况表

表2-3-1

市、县（市、区）	户数（户）	人口（人）	户均人数（人）
泉州市	2267868	6948688	3.06
鲤城区	128876	329049	2.55
丰泽区	158089	419824	2.66
洛江区	54843	153559	2.80
泉港区	99118	297691	3.00
惠安县	270677	867419	3.20
安溪县	268543	944364	3.52
永春县	140047	433857	3.10
德化县	100721	269163	2.67
石狮市	175135	484918	2.77
晋江市	506391	1506317	2.97
南安市	365428	1242527	3.4

2010年泉州市不同规模家庭户类别表

表2-3-2　单位：户

家庭户规模	家庭户	一代户	二代户	三代户	四代户	五代及以上户
总 计	2267868	833591	1032309	386995	14957	16
一人户	378946	378946	—	—	—	—
二人户	546696	439005	107691	—	—	—
三人户	536452	10380	508756	17316	—	—
四人户	418365	3030	318620	96276	439	—
五人户	233377	1418	78794	150671	2493	1
六人户	96598	330	14288	76835	5145	—
七人户	32713	146	2869	25889	3802	7
八人户	14247	97	771	11678	1695	6
九人户	5985	59	237	4874	813	2
十人及以上户	4489	180	283	3456	570	—

第四章　计划生育

第一节　宣传教育

泉州市人口计生贯彻落实以宣传教育为主、避孕为主、经常性工作为主的“三为主”工作方针，按

组织领导到位、经费投入到位、部门配合到位的要求，建立计生公益性宣传机制，广泛传播党和政府有关人口计生方针政策、计生法律法规、优生优育科学知识等。通过开展人口与计生基础知识教育、家庭宣传访视、婚育新风进万家活动、关爱女孩行动、计生奖励扶助制度等宣传活动，转变群众的婚育观念，促进人口计生工作的顺利开展。

1991年起，泉州市及各县（市、区）、乡镇计生领导小组相继成立宣传组，配备专兼职宣传干部，村里配置有宣传员，形成一个自上而下的宣传网络。宣传、文明、卫生、计生等部门密切配合，利用各种传媒和宣传平台，开展多形式、多层次、全方位的人口和计生公益性宣传。市委宣传部将计生宣传教育纳入政治思想文化建设和宣传工作计划。市委文明办将计生工作纳入精神文明创建活动重要内容，作为评选文明城市（文明县、区）、文明单位、文明楼院、小康村、文明村、五好文明家庭的条件之一。市县两级的报纸、电视台、广播电台都开办人口与计生专栏和专题节目。

2001年，泉州市委宣传部、文明办、计生委、教育局、民政局、文化局、广播电视局、总工会、团市委、妇女联合会、计生协会11个部门联合下发《泉州市关于"十五"期间开展婚育新风进万家活动的实施意见》。

2002年，泉州市开展新型生育文化示范基地创建活动，组织"泉州市婚育新风进万家艺术团"巡回基层演出上百场，受教育群众20余万人次。

2006年，市委宣传部、文明办、计生委11个部门联合下发《泉州市关于"十一五"期间开展婚育新风进万家活动的实施意见》，并联合开展计生宣传，组织计生文艺调演、人口科学研讨、计生歌曲征集及人口文化艺术作品创作、评选、表彰、巡回演（展）出等活动。泉州市各级宣传、卫生、计生等部门每年利用元旦、春节、元宵、"三八"国际妇女节、"六一"国际儿童节等重大节假日和"5·29"计生协会纪念日、"7·11"世界人口日、"10·28"男性健康日、"12·1"防艾宣传日等纪念日，联合有关部门和计生宣传志愿者开展计生文艺会演、集体文明婚礼、计生有奖知识竞赛、计生家庭子女才艺表演、计生谜语竞猜等形式多样、内容丰富的计生宣传服务活动。"十一五"期间，泉州市11个县（市、区）全部进入计生"省优"以上先进行列（其中，"国优"5个，"省优"6个）；全市11个县（市、区）有11个乡（镇、街道）被评为"福建省第二批新型生育文化示范基地"。通过开展婚育新风进万家活动，全市领导干部和计生干部的计生基础知识知晓率达99%，育龄群众知晓率达93%；计生宣传品进村率达100%，入户率达90%以上；全市95%以上的中学开展青春期性健康教育。

2003—2010年，福建省每年都对全省9个地市开展计生宣传教育工作积分考评，泉州市每年积分总分都位居全省第一名。2010年，泉州大力宣传婚育新风进万家活动，被省委宣传部、省人口计生委确定为国家、省级第三阶段婚育新风进万家活动示范市，为全省提供示范典型经验。同年9月，泉州市被中央宣传部、中央文明办、国家计生委等13部门确定为"全国婚育新风进万家活动第四阶段（2011—2015年）示范市"。

第二节 计生服务

一、服务机构

1991年，泉州市推广晋江祥芝计生服务所建设经验，以点带面，加强全市各级计划生育服务站、所、室的建设，全市形成功能基本完善的市、县、镇、村四级计生技术服务网络。

1992年1月，泉州市计生委出台《关于加快服务网络建设几点意见的通知》，明确各级网络的职责和任务，落实场所、人员、设备的配套建设，县计生服务站承担本辖区内各项节育技术服务工作，镇计生服务所负责属地群众的环孕情监测、药具发放、优生优育咨询等工作，村计生服务室负责计生政策宣传及药具随访服务。

1994年10月，泉州市已建立乡镇计生服务所140个，技术人员303人。建立村计生服务室2220个，占应建数的98%，配备服务管理人员1855人。

1995 年 5 月，泉州市计生委出台《关于开展创合格计划生育服务站活动实施方案的通知》，制定合格站考核项目和评分标准。

1996 年 5 月，泉州市计生委出台《关于开展创建合格计划生育服务所、室活动的通知》，制定考核项目和评分标准，加快乡（村）服务网络建设步伐。

1998 年 3 月，泉州市计生委出台《关于开展计划生育服务站（所、室）分级标准评审工作实施意见的通知》，进一步加强服务站所的建设。

至 2010 年，泉州市有市级计生服务站 1 个，县（市、区）级计生服务站 11 个，乡镇级计生服务所 151 个，村级计生服务所 2450 个。全市有计生技术服务人员 780 名。其中，高级职称 17 人，中级职称 92 人，取得计划生育技术人员合格证的有 721 人，占技术人员总数的 92.4%；全市所有的计划生育服务机构取得技术服务执业许可证，有 91.7% 县以上计生服务机构同时取得医疗机构执业许可证。

二、服务措施

泉州市计生优质服务工作经历从试点探索到面上推广，从计生优质服务先进县（市、区）创建活动到计生综合改革中创建工作新机制的过程，通过树立计生工作新理念，建立计生工作新模式，创建计生工作新机制，提高计生工作整体水平。

1990 年 7 月，泉州市计生委成立市计划生育服务站，开展生殖保健、优生优育、不孕症等服务项目，开展避孕药具免费发放工作。

1996 年，泉州市计生服务机构拓宽服务领域，提高服务质量，全市开展优生检测 11520 例、优生优育咨询 14560 人次，是全省优生检测工作开展最早、效果最显著的地市。

2000 年，泉州市广泛开展计生宣传服务活动，到边远乡村走访慰问计生困难户、开展义诊赠药、发放计生宣传材料、为贫困母亲募捐、举办计生猜谜和计生知识讲座、邀请农艺师为村民进行种植技术咨询等。

2002 年，泉州市计生委印发《关于计划生育技术服务机构执业人员上岗发证的实施方案》，规范全市计划生育技术服务机构审批、人员资格认定、技术准入，依法开展计划生育技术服务。

2003 年，泉州市计生委出台《泉州市计划生育优质服务先进县（区、市）规划和评估标准》，对各县（区、市）创建优质服务先进县（区、市）活动进行全面规划。

2004 年，泉州市各县（市、区）开展知情选择避孕节育服务，实施出生缺陷干预工程、生殖保健服务和相关科普知识宣传咨询服务等，为群众提供优生优育服务。

2007 年，泉州市全面推进“三优”工作，全市组织计生户儿童参加免费体检达 10 万人次，同时拓展 0 ～ 3 岁婴幼儿早期教育新领域，提高出生人口素质。同年，鲤城区被国家计生委授予“中国人口早期教育暨独生子女培养示范区”。

2010 年，泉州市 11 个县（市、区）全部进入“福建省计生优质服务先进县（市、区）”以上先进行列，其中鲤城、丰泽、永春、惠安、德化 5 个县（区）进入“全国计生优质服务先进县（区）”行列。

第三节　政策措施

一、计生“三结合”

20 世纪 90 年代初期，国家计生委提出把农村计生与发展经济相结合，与帮助农民勤劳致富奔小康相结合，与建设幸福文明家庭相结合（简称“三结合”）。泉州市一些地方把发展农村经济和搞好计生工作这两件大事一起抓，通过制定计生优惠政策等多种形式，把实行计生的农户组织起来，帮助制订少生快富计划，扶持上 1 ～ 2 个比较稳定的致富项目，并提供生产、生活、生育多方面的服务，提高计生户的家庭经济收入水平。

1996 年，泉州市计生系统开展“一对一”结对帮扶示范活动，全市计生干部结对挂钩帮扶 1641 户计生“三户”，带动计生“三结合”工作深入开展。

1997 年，泉州市有 27 个市直单位根据本部门的职能范围与市计生委联合发文出台计生“三结合”优惠政策。

1998 年，泉州市把全面制发“三结合”优惠证、实行有效滚动管理和及时兑现政策作为重点，充分发挥各有关部门的职能作用，把资金、技术、项目、信息、政策等向计生户倾斜，全市“三结合”工作实现由原来抓试点向既抓重点又全面推进的局面转变。

2000 年，泉州市委、市政府下发《贯彻落实〈中共中央 国务院关于加强人口与计划生育工作稳定低生育水平的决定〉的实施意见》，强调要建立激励机制和制约机制，落实对实行计生家庭的奖励和优惠政策；各级政府和有关部门制定政策和改革措施，要有利于计生工作，使计生户特别是独生子女户和二女户政治上有地位，经济上有实惠，生活上有保障，文化上有提高；用小额贷款、项目优先、科技扶持、政策优惠等措施，解决生产、生活中的具体困难，帮助计生户增加经济收入；把扶贫开发、农村农业结构调整与计生工作紧密结合起来，有计划、有重点地帮助计生贫困户和二女户加快脱贫致富奔小康的步伐。

2001 年 6 月，泉州市委、市政府在南安召开计生“三结合”“安居、成才、致富”“三大工程”现场会。会议回顾全市实施计生“三结合”“三大工程”的情况。提出，全市持续落实计生“三结合”，加快实施计生“三大工程”，解决“二女”户家庭住房、女儿就学、生活问题为重点的安居工程、人才工程和幸福工程，以实现“二女”户家庭有房住、女儿有书读、生活比一般家庭好为目标，加快计生工作“两个转变”。

2002 年，泉州市委、市政府坚持把利益导向、开展优质服务作为加快“两个转变”的有力抓手，进一步完善利益导向机制，制定优先优惠政策措施，深化“三结合”工作。

2003 年，泉州市各县（区、市）继续推广以解决计生“二女”户实际困难为主的“安居工程”“成才工程”“致富工程”等“三大工程”，组织干部结对挂钩帮扶计生困难户，建设计生“三结合”基地，帮助计生“三户”脱贫致富。在实施“三大工程”中，全市共投入 4113 万元帮助“二女”贫困户建新房 1488 座，建筑面积 15.8 万平方米；投入 1099 万元，帮助 1.4 万户计生困难户发展生产；投入 510 万元，帮助 5 万名计生户子女解决就学困难。同年，泉州市委宣传部、泉州电视台、市计生委、市计生协会联合拍摄《“三大工程”撑起“二女”户一片天》专题片。

2001—2005 年，福建省和泉州市推广安溪县的关爱女孩行动“五项工程”，晋江市的“四项制度”（法定奖励制度、奖励扶助制度、节育奖励制度、贡献奖励制度），南安市的“六大绿色通道”（政治关怀、司法援助、经济帮扶、成才关爱、住房安居、生活保障）等经验，使计生“三结合”工作紧密地与经济社会及家庭的发展联系起来。

2006 年，泉州市完善奖励、救助、优先、优惠、扶持、保障“六位一体”的政策推动和利益导向机制，制定一系列有利于计划生育女孩家庭的社会经济政策。市计生委出台《关于进一步规范计划生育利益导向机制的意见》，全面整合规范各项计生利益导向措施。市、县两级投入 2170.73 万元，实施市委、市政府“关爱女孩行动”为民办实事项目。投入 1257.5 万元，为计生“二女”居住困难户新建（改建）安居房 669 座；投入 533.13 万元，为 4.21 万名计生“二女”困难户女儿就学开展帮扶和减免；投入 190.1 万元，扶持 4303 户计生“二女”困难户发展经济，脱贫致富。

2007 年，全市继续实施关爱女孩行动“五项工程”，全市投入“五大工程”资金 7509.38 万元；全市 11 个县（市、区）都已拓展成为幸福工程项目县，累计受助户增加到 997 户，累计发放资金 418.56 万元。

二、奖励扶助制度

2004 年，泉州市贯彻《国务院办公厅转发人口计生委财政部关于开展对农村部分计划生育家庭实行奖励扶助制度试点工作意见的通知》，在全省率先推行奖励扶助制度，对只生育一个子女或两个女孩，没有违反计生法规、规章和政策规定生育，子女死亡现无子女，年满 60 周岁的农民夫妻，由国家财政设立专项资金，按每人每年不低于 600 元的标准，发放奖励扶助金，直至亡故为止，确实解决部分群众实行计划生育的后顾之忧。

2005 年，泉州市把实施农村部分计生家庭奖励扶助制度列入市委、市政府年度为民办实事项目。全市统一政策规定、运作程序，层层建立责任制，规范有序开展。市人口计生委、财政局联合成立全市农村部分计生家庭奖励扶助工作领导小组。各地建立“四权分离”（资格确认分离、资金管理分离、资金发放分离、社会监督分离）奖励扶助运行机制、奖励扶助对象信息资料库和工作档案，设立奖励扶助资金专户、指定代理发放机构，严格按比例落实资金，在规定时间发到“奖扶”群众手中。全市对农村“低保”对象中的“二女”户每人每月增加 20 元，对其他计生户每人每月由 1 元增加到 10 元。同年，晋江市在全省率先出台计生贡献奖励和节育奖励制度，对只生育一个女孩，且符合再生育条件而自愿放弃生育的农村夫妻，从领取独生子女父母光荣证的当月起，按夫妇每人每月 30 元的标准，发给贡献奖励金；对只生育一个孩子或两个女孩，一方已落实节育措施的农村夫妻，从落实节育措施的当月起，按夫妇每人每月 30 元的标准，发给节育奖励金；享受贡献奖励金和节育奖励金的夫妇年满 60 周岁，自动转入享受农村部分计生家庭奖励扶助金。同年 8 月，泉州市计生领导小组在晋江市召开会议进行总结和推广，惠安、南安等县（市、区）随后相继设立贡献奖励制度。

2006 年，泉州市创新发展农村部分计生家庭奖励扶助制度，市县两级对年满 60 周岁的农村部分计生家庭老人每人每月发放奖励金 50 元以上；全市 9 个县（市、区）（除鲤城区和丰泽区以外）均按每人每月不低于 50 元的标准兑现奖励金，发放人数 1633 人，共发放资金 105.43 万元。当年，全市对“二女”户和领取独生子女父母光荣证的独生子女户给予一次性不低于 500 元的奖励；对符合再生育条件而自愿放弃再生育的夫妻，给予一次性不低于 1000 元的奖励；对实行计划生育的夫妻，免费提供计划生育基本项目的技术服务和《中华人民共和国人口与计划生育法》等法律法规规定的各项优待奖励服务。

2007 年，泉州市共发放部分计生家庭奖励扶助金 21.06 万元、1755 人受益。同年，全市全面实施节育贡献奖，共兑现奖励金额 77.52 万元、2155 人次享受节育贡献奖励。

2008 年 7 月，泉州市对农村部分计生家庭奖励扶助标准，从原来每人每月不低于 50 元提高到每人每月 80 元；对农村“低保”对象中的“二女”户，从原来每人每月增加 20 元提高到每人每月增加 40 元；对其他计生户从原来每人每月增加 10 元，提高到每人每月增加 20 元。

2008—2010 年，泉州市共兑现计生贡献奖励、奖励扶助、特别扶助、“新农合”补助四种奖励资金 2128.42 万元，惠及计生对象 80.67 万人。

三、关爱工程

为加快计划生育工作思路和方法的转变，福建省委、省政府于 1994 年、1996 年、1998 年分别召开计生“三结合”工作经验交流（现场）会议，推动以扶助二女家庭为重点的“三大工程”（安居、致富、成才）工作，通过利益导向机制的引导，激发育龄群众实行计划生育的积极性。泉州市贯彻省委、省政府“三结合”工作会议精神，各县区因地制宜，定项目、抓帮扶，加快计生户家庭脱贫致富奔小康步伐，增强育龄群众自觉实行计划生育的自觉性，促进低生育水平稳定。

2001 年，安溪县完善利益导向机制，在全县实施致富、安居、成才、保障、亲情“五项工程”，在物质、精神各方面解决计生户的困难，从根源上铲除性别偏好、性别歧视，树立“生男生女顺其自然”新观念。同年，南安市建立计生“二女”户“安居工程”专项基金，每年确定100名农村“二女”困难户，由市财政拨出专项资金100万元，乡（镇）、村级同时给予补助，每户共扶助3万元，帮助其建新房和发展生产等，这些做法和经验得到全市推广。

2003年，国家计生委组织开展为期三年的“关爱女孩行动”。4月，安溪县被国家计生委确定为全国“关爱女孩行动”试点县之一。南安市被确定为省级试点县，与国家试点县同步开展活动。试点时间为三年，主要任务是通过宣传教育、建立利益导向政策、开展优质服务，形成全社会关爱女孩的良好氛围和舆论环境。

2004年2月，泉州市全面推广安溪县实施的计生“二女”户“安居、成才、致富、亲情、保障”“五大工程”典型经验和做法。6月，省计生委召开全省“关爱女孩行动”示范工作会议，安溪县、南安市等试点县（市）在会上介绍经验。8月，国家计生委在安溪县召开全国“关爱女孩行动”试点工作经验交流会，泉州市和安溪县计生“二女”户安居、成才、致富、亲情、保障“五项工程”的典型经验得到国家和福建省人口计生委的肯定和推广。同年9月，省人口计生委制定《关于全面实施“五项工程”推动“关爱女孩行动”健康发展的意见》，在全省推广泉州市和安溪县“关爱女孩行动”“五项工程”的经验，从政策、措施、习俗、观念、资金等各个层面制定并建立健全有利于女孩及其家庭的社会经济政策和社会保障制度。

2005年，泉州市开始把“关爱女孩行动”列入市委、市政府年度为民办实事项目，仅市本级财政每年拨出专款190万元以上，全面推进“关爱女孩行动”深入开展。

2001年至2006年9月30日，泉州市共投入1.19亿元资助“二女”贫困家庭实施“安居工程”3720座（套），总建筑面积44.6万平方米；投入2222.16万元，资助12.25万人次计生“二女”户实施“成才工程”；投入资金2336.13万元，帮扶2.28万户计生“二女”户实施“致富工程”；投入785.03万元，帮助2.22万户计生“二女”户实施“亲情工程”，落实生产项目4393个，帮助就业3.64万人次；投入3207.02万元，帮助计生“二女”户实施“保障工程”。

2006年10月，在全国省、市、区人口计生委主任参加的“全国关爱女孩行动培训班”上，泉州市“关爱女孩行动”“五项工程”作为一种工作模式在全国推广。

2007—2008年，泉州市共投入“五项工程”4985.99万元。其中，“安居工程”投入2421万元，共建成1204户；“成才工程”投入730.89万元，帮扶和减免5.18万人次；“致富工程”投入422.35万元，帮扶4020户；“亲情工程”投入347.07万元，帮扶3.2万人次；“保障工程”投入1064.68万元，帮扶17.53人次。

2009—2010年，泉州市共投入“五项工程”资金6370.53万元。

第四节 计生管理

一、机构

（一）泉州市计划生育领导小组

1990年2月，成立“泉州市计划生育领导小组”。由市委1名副书记担任组长，市委常委、宣传部部长，市人大常委会1名副主任，计生协会会长，市政府1名副市长，市政协1名副主席，市计生委主任任副组长。市纪委、市委宣传部、市财政局等20个部门的领导为小组成员。1991年5月，泉州市计划生育领导小组进行调整充实，由市长任组长，市委副书记、市委常委、市政府副市长各1名任副组长。成员由市纪委、市委组织部、市委宣传部等31个市直部门领导组成。1991—2010年，根据人事变动，领导小组进行9次调整，均由市长担任领导小组组长。

（二）泉州市计划生育委员会

1986年1月，晋江地区撤地设市，计划生育委员会改为泉州市计划生育委员会。

1990年7月，市编委共核定市计生委行政编制21名(原核定15名和省编委增加的5名)。计生委编制中，包括计划生育协会专职工作人员。

1995年12月，泉州市政府批准《泉州市计划生育委员会职能配置、内设机构和人员编制方案》，泉州市计划生育委员会是市政府主管全市计生工作的职能部门。内设机构有人事秘书科（同时承担市计生协会的日常工作）、政策法规科、计划财务科、宣传教育科、技术服务科。机关行政编制22名。其中，主任1名，副主任3名；科级领导职数6名。机关后勤服务人员按有关规定核定事业编制2名。

2002年7月，市委、市政府批准《泉州市计划生育委员会职能配置、内设机构和人员编制规定》，市计生委是主管全市计划生育工作的市政府工作部门，为正处级。内设机构：人事秘书科、政策法规科、计划财务科、宣传教育科、技术服务科、市直机关计划生育办公室、市计划生育协会办公室、机关党总支。机关行政编制20名（含市计生协会2名），机关事业编制3名（用于计生协会），工勤事业编制3名（其中计生协会办公室1名）。

2005年11月，经市委、市政府批准《关于调整泉州市人口和计划生育委员会主要职责、内设机构和人员编制的批复》，撤销计划财务科，设立发展规划科、财务科；人事秘书科更名为办公室。核增机关行政编制2名，增编后市人口和计划生育委员会机关行政编制22名（含市计生协会2名，不含纪检、监察人员单列编制），机关事业编制3名（用于计生协会）。

2007年5月，接收团职军转干部核增机关行政编制1名。

2010年，计生委人员编制25人。其中，行政编制22人，事业编制3人，含市计划生育协会5人。

（三）计生事业机构

1. 泉州市计划生育流动人口管理站

1996年6月，市编委批复，同意设立“泉州市流动人口计划生育管理站”，隶属于市计生委领导的科级事业单位。核定事业编制6名。

2007年8月，市委机构编制委员会办公室批复，同意增加泉州市流动人口计划生育管理站事业编制2名。增编后，该站事业编制共8名。其中，行政管理人员2名、专业技术人员6名；核定科级领导职数1正1副。至2010年不变。

2. 泉州市计生服务站

1986年1月，因晋江地区撤地设市，晋江地区计生宣传指导中心站更名为“泉州市计生宣传指导站”。

1990年7月，泉州市编制委员会根据省编委会通知精神，撤销原市计生宣传指导站，成立泉州市计划生育服务站(并增挂泉州市计生药具管理站牌子)，为市计生委的直属科级事业单位，核定编制20人(含原核定的计生指导站6名，药具管理站4名）。其中包括负责市直机关计生工作人员2名，设领导职数1正1副。

2008年4月，泉州市编委批复，同意核定泉州市计生服务站（泉州市计生药具管理站）科级领导职数1正2副，其中1名副职专职分管计生药具管理服务工作。至年底，泉州市计生服务站（泉州市计生药具管理站）在编人员共17人。其中，站长1人，副站长2人，工勤人员1人，技术服务人员13人。此机构编制至2010年未变。

3. 泉州市人口和计划生育信息中心

2010年5月，市编委批复，同意在“南京计划生育管理干部学院泉州函授分站”的基础上，组建“泉州市人口和计划生育信息中心”，隶属市人口计生委管理的正科级事业单位。核定事业编制3名，科级领导职数1名。

二、目标责任制管理

20世纪90年代起，根据全省的统一部署，泉州市与各县（市、区）及部门、各县（市、区）与各乡镇（街道办事处）签订或下达计划生育目标管理责任书。1992年，根据计划生育法规，全市共清理机关、事业单位历年违反计生人员15584人，清理农村历年违反计生人员182818人，征收计划外生育费8050.84万元，并开展打击“两非”（非医学需要鉴定胎儿性别和选择性别终止妊娠）工作。

1991—1993年，从县（市、区）到乡镇，从乡镇到村，层层下达年度人口计划指标，同时开展创建计划生育合格村活动，至2001年，全市共有计生合格村和基本合格村2309个，占全市村（居委会）总数的92.25%。

1999年1月，泉州市委、市政府下发《关于1999年计划生育工作的意见》，建立人口与计划生育目标管理责任制，全面落实党政一把手亲自抓、负总责，全面完善综合治理人口问题的工作机制，加强计划生育群众工作。

2003年起，泉州市在评优、评先、招工、提干、入党、调资、职称评聘等严格把关，对违反计划生育政策的实行“一票否决”。把利益导向机制引入到计生工作，推行计生“三结合”和农村计生系列保险、“幸福工程——救助贫困母亲行动”、农村部分计生家庭奖励扶助制度、计生户优先享受农村居民最低生活保障、计生节育奖励和贡献奖励制度、关爱女孩“五项工程”、小额贴息贷款等，对计生家庭特别是独生子女和二女户实行奖励和扶助，帮助计生家庭解除后顾之忧，引导群众自觉计划生育。

2008年，泉州市完善责任考核奖惩体系，完善挂钩联系、指标通报、考评督查和责任目标管理制度，规范计生工作管理。

2009年，泉州市健全计划生育工作责任机制。市委办、市政府办印发《关于加强与规范计生单列管理、黄牌警告及预警告乡镇（街道）管理的若干规定》，进一步加强和规范计生后进单位的管理。

2010年，市人口计生领导小组对人口计生工作加强平常专项督查和年度检查考核，组织对成员单位、各县（市、区）以及计生后进单位的年度人口计生工作情况进行考核评估，督促各级各有关部门落实人口计生工作责任制。

三、人口流动管理

1991年起，随着民营经济、私营经济以及个体经济的壮大，到泉州务工、经商、安家的流动人口呈逐年增加之势。

1996年，泉州市把流动人口计生管理和服务，纳入计生目标管理责任制，建立流动人口计生管理服务一条龙窗口和巡检、登记审验、责任合同、双向管理通报等制度。

1997年，泉州市公安局、劳动局、计生委三家合署办公，落实企业法人代表和私房租户主计生管理责任制。

2000年，泉州市在流动人口较多的村（居）和企业成立流动人口计生协会和流动人口集中申报点，配备流动人口计生管理员，50人以上的用工单位配备协管员和信息员，促进流动人口计生管理工作走上规范化轨道。

2001年，泉州市组织公安、交通、工商行政管理、税务、劳动、卫生、计生、房管等部门入街道、村（居）及流动人口密集的工厂、企业、车站、建筑工地、集贸市场、文化娱乐场所等开展流动人口计生联网大清查和宣传服务活动。对流出人口坚持“四个一”（签订一份计生合同书、办理一张婚育节育证明、提供一个担保人、寄一份详细联系地址）措施，加强对流出人口计生工作的跟踪管理。

2002年，全市推广南安在外地建立流动人口商会的经验和做法，加强对流出人口计生工作的沟通、联系、管理和服务。

2003年，泉州市把流入人口计生工作，纳入现居住地计生常规管理和服务范畴，探索实施外来工子女义务教育与本地居民同等待遇制度，逐步健全完善流入人口与户籍人口“同宣传、同服务、同管理、同待遇”机制，打造全市流动人口计生管理“一盘棋”的工作格局。

2004年6月，全国部分省（市、区）流动人口计划生育“双向管理”工作研讨会在石狮召开，交流研讨流动人口计生“双向管理”经验，并实地参观石狮市流动人口计生管理工作；同月，全市流动人口计划生育管理服务培训会召开，会议印发《流动人口计划生育管理和服务若干规定》《关于贯彻〈流动人口计划生育管理和服务工作若干规定〉的实施意见》，培训流动人口信息交换平台操作应用。7月，全市开展流动人口计生管理和服务清查活动。

2007年2月，泉州市开展流动人口计划生育“关怀关爱”专项行动。7月，全市实行流动人口计生工作月例会制度。同年，市人口计生委出台《关于贯彻落实〈中共泉州市委泉州市人民政府关于进一步加强流动人口管理服务工作的意见（试行）〉的实施办法》，推进分工协作、信息共享的流动人口“一站式”管理服务。开发应用“泉州市跨县流动育妇双查和生育信息通报软件”，于2007年9月中旬投入应用，实现镇级实时录入通报、下载和查询泉州市跨县流动人口有关信息，提高流动人口信息通报及时性。

2008年，泉州市全面实行“多证合一、多举并重、多位一体、多种保障”流动人口“一站式”服务管理模式，协调、完善“一站式”管理机制，督促企事业单位法人代表、出租房主落实人口计生责任。同时开展流动人口“计生关怀关爱”行动，全市筹集流动人口“计生关怀关爱”资金496万元，奖励和补助流动人口计生困难户。

2010年，泉州市实行“范围小区化、人员职业化、手段信息化”的流动人口小区计生综治服务管理模式，通过以“不动的房”管“流动的人”，实行常住人口、县内跨乡镇流动人口、外县流入人口的全员一体化服务管理。同时，依托“流动人口综合管理信息系统”，参与建立集公安、计生、劳动、建设、税务、民政等部门服务管理功能于一体，贯通市、县、乡、村四级的流动人口综合信息系统。实现暂住登记办证、计划生育、劳动就业、房屋租赁合同登记备案、税收征管等信息资源跨部门、跨系统共享。1月，泉州市流动人口计生管理站被国家计生委授予2009年度“全国流动人口计划生育先进集体”称号。10月，泉州市被国家计生委等四部委确定为全国49个流动人口计生基本公共服务均等化试点城市之一。12月，市委、市政府出台《泉州市创新流动人口服务管理体制推进流动人口计划生育基本公共服务均等化试点工作实施意见》，加强部门配合，推行服务和管理均等，推进流动人口计生基本公共服务均等化试点工作。

四、网络建设

1999年，泉州市根据福建省计生委下发《福建省乡级计划生育计算机信息管理办法》《福建省计划生育计算机管理信息服务流程》《福建省计生系统取消乡、村两级计划生育手工台账、实现微机管理的标准》等文件精神，有序推进计划生育的信息化管理，促进全市计算机在计划生育的应用推广。

2004年，配合省计生委在全系统开展信息岗位练兵、质量检查和知识竞赛活动，泉州市在全市范围内开展信息岗位大练兵，达到国家计生委要求的能力标准。2005年，全省开展县级WIS（全员人口管理信息系统）建设评估活动，南安市、鲤城区被评为“全国人口和计划生育信息化建设先进单位”。对流动人口多的情况，泉州市把流动人口信息化工作作为突破流动人口计生管理瓶颈的一项基础性工作来抓，逐步形成以信息采集为基础，以督促检查为手段，以信息共享为抓手，以区域协作为依托，以规范管理为目的的流动人口计生信息化工作模式。全市所有乡（镇、街道）都配备流动人口专用电脑，还配备243台指纹仪、240个摄像头、153台二代身份证读卡器。4个县（市、区）把流动人口信息化工作延伸到村（居委会、社区）一级，由村级完成信息录入工作。为推行“一站式”服务管理，市政府专门开发“流动人口综合管理信息系统”，建立集公安、计生、劳动、建设、税务、民政等部门服务管理功能于一体，贯通市、县、乡、村四级的流动人口综合信息系统，实现暂住登记办证、计划生育、劳动就业、房屋租赁合同登记备案、税收征管等信息资源跨部门、跨系统共享；开发“接口软件”，搭建软件互通桥梁，实现部门之间、条块之间信息共享互通。

2006—2010年，泉州市人口计生委探索全员信息统计工作载体，推行“企业计生信息员聘用管理制度”，提高流入人口审验登记率，推动全员流动人口统计信息工作。在企业内部聘用流动人口信息员，信息员由协调能力强、工作状态相对稳定的企业人事管理部门的人员担任，同时加强对企业信息员的计生业务培训。由乡（镇、街道）统一开展业务培训、负责管理软件的安装指导、日常信息的把关。

卷三 国土资源管理

1991年起，泉州市加强国土资源管理基础建设和测绘管理、地质矿产管理；保护耕地，保持耕地总量动态平衡，采用先进科学技术，山水田林路综合治理，农林牧副渔全面发展，经济效益、生态效益和社会效益并重；推进土地使用制度改革，严格执法，整治违法违规行为，理顺土地收储管理体制，规范土地收储运作模式，创新、拓宽土地储备资金运作模式，盘活城市土地资源，满足全市经济社会发展的需求。1996—2000年，泉州市通过基本农田核查，全市划定基本农田保护区8410片，面积14.85万公顷，保护率达83.7%。落实基本农田保护责任制，加强保护区后续管理，投入资金1872万元，设立保护牌1913块、界桩8785个，对非农建设用地报批严格把关，严格控制占用基本农田。2005年年底，泉州市土地利用现状调查结果显示：全市土地总面积110.15万公顷。其中，农用地82.83万公顷，占75.2%；建设用地12.96万公顷；未利用地16.66万公顷，占15.12%；在农用地中，耕地15.71万公顷，占14.26%，人均耕地0.02公顷，低于全省和全国人均水平。2010年年底，全市耕地14.75万公顷、建设用地 24.73万公顷、未利用地4.89万公顷；划定基本农田保护总面积14.92万公顷。全市探明能源矿产、金属矿产、非金属矿产等矿产资源46种。矿业总产值13.5亿元，矿业加工工业产值550亿元。

第一章 土地使用制度改革

第一节 国有土地有偿使用制度改革

一、土地市场建设

1992年6月2日，泉州市政府印发《关于泉州市区建设用地全面实行有偿有限期使用的通知》，泉州市区各类建设用地全面实行有偿有限期使用制度。

1993年9月，泉州市实施《福建省国有土地使用权出让和转让办法》，进行以评估土地资产、建立土地市场为主要内容的土地使用制度改革，逐步建立起由政府控制的土地使用权直接出让的土地一级市场和企业或单位获得政府出让的使用权后，经开发后进行转让、租赁、抵押的土地二、三级市场。经过改革，土地使用权的出让方式由单一的协议过渡到协议、招标拍卖并举。

1996年，泉州市土地部门设立土地资产管理机构，严格界定、限制行政划拨土地范围，规范土地资产管理，把商业、金融、旅游、商业性房地产开发等用地全部纳入有偿使用范围。

1997年，市政府将土地有偿使用制度引入国有企业改革中，出台《国有企业改革划拨土地使用权处置意见》，灵活处置国有企业土地使用权，盘活国有企业土地资产。同年，各县（市、区）分别成立土地收购储备运行机构，全面修订基准地价，建立土地收购储备制度，对拟改变用途作为经营性的用地一律纳入政府收购储备。

1998年，泉州市举办地产交易会，提供交易的固定场所，开展国有土地使用权公开招标、拍卖、价格挂牌出让；同时各地开展土地证书年检，规范国有土地使用权出让、转让、抵押、租赁行为，维护市场秩序。

1995—2000年，泉州市出让国有土地195.35公顷，项目208个，合同出让金额11亿元；处置改制企业土地资产36宗，土地面积100公顷，盘活土地资产值近4亿元。办理市区温陵路北拓工程、北门街及泉山路段旧城改造、浦西滞洪区用地及安置房用地、湖心街二期建设用地、帝豪山庄别墅用地以及东干渠排涝用地等手续，面积138.6公顷，拆迁房屋面积5.6万平方米。至2000年，市区土地储备中心收购国有土地41公顷。

2001年，泉州市继续开展国有土地有偿使用制度改革，推进经营性房地产用地招标拍卖工作。当年全市办理土地出让307宗，面积256.26公顷，出让金4.64亿元，其中招标拍卖22宗，面积19.69公顷，出让金1.66亿元，平均839.42万元／公顷，单幅地拍卖最高出让金为8070万元／公顷。泉州市区办理出让土地28宗，面积36.87公顷，其中向社会公开招标拍卖4宗土地，面积4.23公顷，金额达1.15亿元。

2002—2003年，全市经营性房地产用地以招标拍卖方式出让共165宗，面积255.84公顷，出让金20.45亿元。

2003年，市、县两级先后成立土地收储管理委员会及土地收购储备中心、地产交易所等土地收储运作机构，并制定《土地收购储备暂行规定》，明确规定土地收购储备范围、方法，在全市范围内全面建立起土地收购储备制度，实行土地使用权统一收购、统一储备、统一拍卖，保证政府对土地市场的宏观控制，使土地供应走向规范化、制度化。年底，全市土地储备增至384.64公顷，是2001年的5.5倍。

2004年，泉州市加大利用市场配置机制，全面推进经营性土地使用权招标拍卖挂牌出让。2004—2006年，全市经营性项目用地使用“招拍挂”出让286宗，面积431.9公顷，出让金71.16亿元。

2007年，泉州市国土资源局制定《土地使用权出让工作制度》和《工业用地招拍挂出让程序》，规范土地出让工作并将国有土地使用权“招拍挂”延伸至工业用地。同年，鲤城区、丰泽区完成办理农转非、土地征收审批手续的12宗工业项目用地进行“招拍挂”出让，在全市实现工业用地“招拍挂”出让零的突破。

2008年，泉州市继续推行经营性用地“招拍挂”出让，完善工业用地“招拍挂”各项制度，在泉州市用地联席会议制度和地价委员会工作制度基础上，建立工业用地“招拍挂”出让工作领导小组，定期召开会议，统一对全市各地上报的工业用地“招拍挂”出让方案进行审查，统筹安排全市工业用地供应，形成全市工业用地供应“一盘棋”的格局。同年，全市出让经营性用地72宗，面积111.73公顷，成交总价款24.04亿元；出让工业用地266宗，面积597.79公顷，成交价款15.86亿元，成交均价为每公顷265.31万元。同时，市政府出台《泉州市中心市区生产性工业企业土地收储暂行规定》，对土地收储的补偿、补助方式和标准及计算方式、收储程序等进行规范。

2009年，市政府出台《关于进一步发挥泉州市土地储备中心作用的若干意见》，进一步理顺全市土地收储机构管理、土地收储运作模式、资金筹措方式等问题，完善市区土地收储机制，盘活城市土地资源。针对企业反映土地抵押登记时限过长问题，对土地抵押登记进一步提速，办结时限压缩到4个工作日，出台提前预登记制度。

2010年，泉州市规范土地市场准入条件设置和土地出让方案审批程序，严格禁止针对竞买人设定限制性条件，维护土地市场秩序。市政府办公室出台《关于泉州市中心市区划拨国有建设用地使用权补办出让和转让有关问题的意见》，解决中心市区个人住宅、已购公有住房、经济适用房、国有商品住宅、安置房、工业用地等划拨补办出让、上市交易难题，完善中心市区土地二级市场；出台“三旧”（旧城镇、旧厂房、旧村庄）改造政策，提出“三旧”改造、城市更新改造和“退二进三”（工业用地退出城市市区，改造为第三产业用地）等用地政策意见。同年，全市工业用地“招拍挂”出让成交585宗，面积1073.2公顷，成交总价款25.94亿元。其中，中心市区成交13宗，面积21.87公顷，成交价款1.05亿元；经营性用地“招拍挂”出让成交190宗，面积559.6公顷，成交价款134.48亿元。

二、清理整顿

1996 年，泉州市政府出台《关于促进泉州市区东片区开发建设的实施意见》，对东片区开发建设闲置土地，提出采取收回土地使用权，或由政府牵头通过置换、转让、合作开发、建设经济适用房的方式进行盘活。盘活近 70 公顷土地，追回拖欠多年土地出让金近 6 亿元。

2003 年 7 月 31 日，泉州市停止批准设立新开发区，停止审批现有工业区扩大规模，按照“以强并弱、强强联合”的思路对各种工业园区进行整合，在治理整顿土地市场秩序中，把清理规范各类工业园区用地作为重点，利用闲置土地，引进具体项目；对长期未进行开发、没有项目、农民仍在耕种的土地，将土地归还给农民进行耕种；明确片区功能分工，晋江五里高科技园区主要以发展新型材料、生物制药等高新技术产业和无污染产业为主，晋南出口加工区以加工制造业为主，安海湾工业园区主要以发展电子、伞业、服装、玩具等传统优势产业为主。三大工业片区累计引进企业 130 多家。

2004 年，全市按国土资源部和监察部、省国土资源厅和监察厅规定时限和条件处理历史遗留经营性项目用地 189 宗，用地面积 497.09 公顷。

2007 年，通过清理，全市催收土地出让 58 宗，金额 14.42 亿元；解除土地出让合同并改以行政划拨供地 7 宗，土地面积 11.94 公顷，涉及金额 0.71 亿元；取消合同收回土地 3 宗，土地面积 0.52 公顷，涉及金额 0.88 亿元；依法起诉项目 1 宗，土地面积 0.25 公顷，涉及金额 256.87 万元；准备起诉的项目 1 宗，土地面积 4.28 公顷，金额 944.57 万元。要求做地面物清理扫尾工作 3 宗，土地面积 5.1 公顷，涉及金额 1.47 亿元。

2008 年年底，全市清理闲置土地 174 宗，土地面积 253.81 公顷。闲置土地按照用途划分为：商服用地 4 宗，土地面积 2.72 公顷；居住用地 13 宗，土地面积 40.94 公顷；工矿仓储用地 148 宗，土地面积 207.87 公顷；其他用地 9 宗，土地面积 2.28 公顷。处置 150 宗，土地面积 242.94 公顷。其中，收取闲置费 3 宗，土地面积 2.87 公顷，收取闲置费 32.8 万元；无偿收回 14 宗，土地面积 12.04 公顷；其他方式处置 127 宗，土地面积 224.09 公顷（其中，延期建设 66 宗，土地面积 109.18 公顷；协议收回 22 宗，土地面积 42.36 公顷；安排作为临时用地 3 宗，土地面积 1.6 公顷；调整作为其他用地 2 宗，土地面积 9.89 公顷；异地调整 7 宗，土地面积 5.97 公顷；调整给土地使用者 27 宗，土地面积 55.08 公顷）；处置方案、处理协商意见批准实施 30 宗，土地面积 14.80 公顷。

2009 年，全市开展获取土地使用权后未用土地专项清理整顿，盘活利用闲置土地。全市共清理 427 宗，面积 1780.79 公顷。

2009—2010 年，全市开展中心市区土地评估中介组织专项清理，建成土地评估机构名录库，筛选入库机构，规范土地评估机构执业行为。

第二节　征地管理制度

1991 年，泉州市发放福建炼油厂征地土地补偿费和劳力安置费近 900 万元，解决农转非 4280 人，招工 200 多人。

1992 年，市政府出台相关规定，使用集体所有土地的股份制企业，必须持负责审批组建股份制企业主管部门批准文件，向县级以上人民政府土地管理部门提出申请，经县级以上人民政府批准，按国家建设征用土地规定由国家征用，依法出让给股份制企业，或由国家作为土地资产入股；原集体土地所有者可用获得的征地补偿、安置费向该股份制企业投资入股。

1996—2000 年，在开发建设过程中，各级政府在做好征地拆迁中劳动力安置的同时，帮助周边村镇进行新村建设，促进区域农村的现代化发展。

2004 年，泉州实施国土资源部《关于完善征地补偿安置制度的指导意见》，用地单位在同等条件下优先吸收被征地农民就业，视不同情况，对被征地农民分别实行农业生产安置、重新择业安置、入股分红安置、异地移民安置。

2006年9月，晋江市在全省率先出台实施《被征地人员养老保险试行办法》。办法规定参保人员在参保时一次性缴纳保费，达到年龄后即可按月领取养老金。养老保险费的缴纳采取共同负担的原则，按政府45%、集体15%（村社区和镇街道共同负担）、个人40%比例出资，财政承担总兜底任务。同年，晋江市7个村（社区）、两个农场开展试点，参保人数1580人，领取养老金人数947人。

2008年6月，泉州市出台实施《关于做好被征地人员就业培训和社会保障工作的指导意见》，开展失地、失海人员社会保障工作调研，各地普遍建立被征地人员养老保险制度，将城市规划区内未就业的被征地人员纳入统一的失业登记制度，落实就业再就业扶持政策。

2009年起，泉州市逐步提高征地补偿标准，深化征地制度改革，逐步缩小征地范围，完善征地补偿安置机制；在原有划拨用地目录的基础上，确定公益性和经营性建设用地范围，建立相应的协调裁决机制。

2010年，根据国土资源部《关于进一步做好征地管理工作的通知》，泉州市采取多元安置途径，本着“谁用地，谁承担”的原则，优先进行农业安置，规范留地安置，并鼓励各地结合征地补偿安置拓展社保资金渠道，落实被征地农民社会保障资金。

第三节　国有土地使用

一、协议出让

1988年，省政府将泉州市列为国有土地使用权有偿转让试点城市。市政府成立土地使用制度改革领导小组及其办公室，试行土地使用权有偿出让。

1992年6月，市政府在总结试点经验基础上，出台《关于泉州市区建设用地全面实行有偿有限期使用制度》，从根本上改变原有国有土地无偿无限期的状况。

1992年6月至2005年末，全市累计有偿出让国有土地使用权450宗，面积672.36公顷，出让金90.32亿元，土地收益为政府的第二财政。

1992—2000年，泉州市国有土地使用权出让主要采用协议出让方式。

2001年，全市国有土地协议出让282宗，面积236.57公顷，出让金2.99亿元。

2002年起，经营性用地协议出让范围缩限至历史遗留的原行政划拨的经营性房地产项目用地。通过协议由项目经营业主补交地价款上交地方财政，适当让利、补办手续。当年采用协议出让方式处置市区41宗经营性房地产项目用地的历史问题。

2004年，经市政府用地联席会议研究，确定鲤城区、丰泽区、泉州经济技术开发区33宗经营性房地产项目为历史遗留问题的项目用地，按协议方式出让，涉及土地面积53.33公顷，出让金8.75亿元。

2006年9月，泉州市贯彻落实国务院《关于加强土地调控有关问题的通知》精神，划拨补办出让工业用地按协议方式办理。

2007年，市政府出台《关于加快总部经济发展的若干意见》，为企业发展总部经济优先提供用地保障，对于企业原用地改变土地用途建设企业总部的，允许直接签订土地使用权出让合同变更协议或重新签订出让合同，补交土地出让金。

2009年，全市公示符合协议出让的工业项目1221宗，面积2726.13公顷；市区符合协议出让的工业项目99宗，面积139.67公顷，分5批进行公示。

2010年，各县（市、区）跨市、县达成指标有偿转让协议154.6公顷，涉及金额4.86亿元。

二、招标拍卖

2001 年 5 月 14 日起，除历史遗留的经营性房地产项目用地采取协议出让外，泉州市按照《福建省国有土地使用权招标拍卖管理办法》《福建省国有土地使用权挂牌交易管理办法》，以及《福建省国有土地使用权出让工作规范（试行）》，以及国土资源部《招标拍卖挂牌出让国有建设用地使用权规定》的要求，对商业、旅游、娱乐和商品住宅等各类经营性用地，一律采取招标、拍卖或挂牌方式出让土地使用权，加大市场配置土地资源的力度，规范土地市场，全面建立国有建设用地使用权公开交易制度。

2003 年，泉州市各县（区、市）根据《关于建立土地市场动态监测制度的通知》和《关于抓紧落实土地市场动态监测制度的通知》，落实经营性用地供应信息公开制度，每一宗经营性用地的相关信息在出让前都在“中国土地市场网”、当地政府主要媒体及泉州市国土资源信息网上公告，在成交后 10 个工作日内在中国土地市场网及政府政务公示栏上公布出让结果，接受社会、群众的监督。

2007 年 6 月，泉州市国土局制定《泉州市国土资源局国有土地使用权出让工作制度》，明确“招拍挂”工作做到“六公开”，即公开出让计划、公开宗地信息、公开集体决策、公开程序、公开竞价、公开出让结果，为实施土地市场的“阳光工程”，杜绝“暗箱操作”，提供制度保障。经营性房地产出让后，按照《福建省人民政府办公厅转发省建设厅省国土资源厅关于加强房地产开发项目容积率管理意见的通知》规定，逐步推行国有建设用地使用权网上挂牌交易的新制度。同年 1—11 月，全市完成国有土地使用权招标、拍卖、挂牌出让宗数 71 宗，出让土地面积 200.97 公顷，成交总金额 54.44 亿元，其中市区“招拍挂”出让 8 宗地，出让土地面积 39.87 公顷，成交价款 12.6 亿元。

2009 年，全市经营性用地国有建设用地使用权拍卖、挂牌出让 122 宗，出让土地面积 177.92 公顷，成交总金额 39.8 亿元，其中市区拍卖、挂牌出让 11 宗地，出让土地面积 43.19 公顷，成交价款 21.33 亿元。

2010 年，全市经营性用地国有建设用地使用权拍卖、挂牌出让 190 宗，面积 559.6 公顷，成交总价款 134.38 亿元，其中市区拍卖、挂牌出让 30 宗地，出让土地面积 111.1 公顷，成交价款 53.81 亿万元，收缴土地出让金 88.99 亿元。

第二章　土地保护利用

第一节　土地利用规划

1991 年，泉州市依据《省级土地利用总体规划编制工作方案》，提出全市土地开发、利用、整治保护的战略方案。主要任务是综合分析、研究土地利用现状和土地资源潜力，根据需要和可能提出 1991 年后全市土地利用的目标和基本方针；在人口增长和土地供需趋势预测的基础上，提出各类用地的控制性指标；协调各部门用地需求，提出各县（市、区）土地利用结构的指导性指标；制定实施规划的方针政策和措施。将规划基准年定为 1990 年，目标年为 2000 年，展望年为 2020 年。

1997 年 6 月，修编完成《泉州市土地利用总体规划》，规划制定 1997—2010 年泉州市耕地总量动态平衡控制指标：补充耕地量合计 0.87 万公顷，控制耕地减少量合计 0.8 万公顷，净增耕地 66.67 公顷；基本农田保护区指标 14 万公顷，耕地实际面积 17.5 万公顷。为实现上述目标，规划在贯彻执行“十分珍惜和合理利用每寸土地，切实保护耕地”基本国策的同时，确定基本方针：坚持“节流”与“开源”并举，数量与质量并重，实现耕地总量动态平衡；建立供给制约、引导需求机制，突出重点与挖掘潜力相结合，保障基本建设用地需求；全面开发、综合利用、集约经营，充分发挥土地资源优势；加强土地资源整治与保护，促进土地资源持续利用。

2000年2月，泉州市全面完成市、县两级土地利用总体规划修编工作。2005年9月，泉州市启动第二轮土地利用总体规划修编工作；2008年12月，完成规划文本、规划说明、规划图集等规划成果；2009年年底，《泉州市土地利用总体规划（2006—2020年）》上报省政府审批，2010年获准实施。本轮规划重点围绕《海峡西岸经济区现代化工贸港口城市发展战略》和全市经济社会发展目标，对保护耕地和基本农田、控制建设用地规模、土地集约利用、土地生态环境保护等方面作出规划。

第二节 基本农田保护

1991年，泉州市依法加强土地管理，建立基本农田保护区，严禁乱垦滥伐等破坏资源的行为。

1994年，《福建省基本农田保护条例》通过后，泉州市各级政府把建立基本农田保护区工作纳入“八五”计划，各级政府成立领导小组，制定基本农田保护区工作规划。同年，惠安县率先进行试点示范，市土地局、农业区划办实地勘查测量，制定建立耕地保护区的具体方案，乡（镇）村制定保护管理条例和乡规民约，分级管理、责任到人，落实保护耕地工作。1994年，全市建立基本农田保护区876片，面积7.74万公顷，占全市计划保护面积的82.9%。

1996—2000年，泉州市通过基本农田核查，划定基本农田保护区8410片，面积14.85万公顷，保护率达83.7%。落实基本农田保护责任制，加强保护区后续管理，投入资金1872万元，设立保护牌1913块，界桩8785个，对非农建设用地报批严格把关，严格控制占用基本农田。

2001年，全市实行经常性巡查和分级监控管理，加强基本农田跟踪管理。全市划定基本农田保护区8630片，面积15.07万公顷，其中易地划定3475.44公顷。

2004年，泉州市政府调整基本农田保护工作领导小组，完善保护工作方案，公布举报监督电话，开展基本农田保护情况调研，整改存在问题，市、县（市、区）、乡镇、村层层签订保护基本农田责任状2991份。全市共投入417万元，划定基本农田保护区8410片，设保护牌1330块，公示保护区的保护范围、责任单位；设界桩1976块，232个村在基本农田保护区设警示牌。

2005年，泉州市落实三级监控制度：18片500亩以上基本农田保护区由省监控，3000～5000亩由市监控，1000～3000亩由县（市、区）监控。

2006年，泉州市全面推行市、县（市、区）两级政府领导任期耕地保护责任制，把耕地保护纳入政府工作目标，明确各级政府责任，对基本农田树碑立界；加强基本农田保护动态监测。

2009—2010年，泉州市各级政府坚守耕地红线，严格执行耕地保护责任制，逐级签订年度耕地保护责任书，基本农田保护纳入领导班子实绩考核指标范围，落实基本农田保护工作。

第三节 土地开发利用

一、土地开发整理

1991年，市政府依据土地利用总体规划，编制土地开发整理计划，确定土地开发整理项目。1996—2000年，全市土地开发整理新增耕地3446.6公顷。

2001年，泉州市推进耕地开发整理，开展耕地后备资源的调查分析，编制专项规划，建立三级土地开发整理项目库。全市通过土地开发整理新增耕地603.13公顷；筛选13个项目作为2002年开发整理示范区和重点项目，组织实施外走马埭3639.33公顷围垦项目立项、环境影响评估、海域使用评估等工作。

2002年，全市复垦耕地3.49公顷，开发整理耕地1096.22公顷。其中，开发耕地309.55公顷，土地整理786.67公顷。泉州市土地整理被列入联合国计划开发署国土整治和可持续发展项目。

2003年，泉州市完成土地整理4个片区、共666.67公顷；争取省补助金1100多万元，落实市、县土地调配资金 400 万元。

2004 年，完成南安市罗东镇、康美镇和德化县美湖乡、春美乡 4 个片区万亩耕地土地整理，提高基本农田质量；推动惠安外走马埭围垦工程开工。

2005 年，上报永春湖洋和洛江区罗溪柏山 2 个片区土地整理项目为省级项目，由省国土资源厅立项 167 公顷；完成市级项目晋江市深沪镇、德化县水口镇与雷峰镇、永春县达埔镇 4 个片区 635.3 公顷的土地整理任务。外走马埭围垦工程全面开工。

2006 年，泉州市组织 20 个项目、66.67 公顷省级小规模土地整理储备；落实市级土地整理项目 17 个，面积 613.33 公顷。

2007 年，全市开展土地开发整理 8 个片区，面积 603 公顷。

2008 年，泉州市组织申报立项并开展 4 个省级土地整理项目，规模 691.13 公顷，新增耕地 78.67 公顷；10 个省级土地开发复垦项目，规模 254.47 公顷，新增耕地 226.07 公顷；17 个省级小规模土地整理项目，规模 372.4 公顷，新增耕地 37.13 公顷，加上收购群众自主开发耕地 340.47 公顷和委托兄弟市补充耕地 133.33 公顷，全市补充耕地 815.67 公顷。

2009 年，泉州市继续开展土地整理复垦开发工作，全市共申报立项省级土地整理项目 7 个、规模 787.06 公顷；省级土地开发项目 1 个、规模 21.01 公顷；市级小规模土地整理项目 22 个、规模 1063.60 公顷；县级开发耕地项目 156 个、规模 438.55 公顷。省、市级项目在省土地整理复垦开发项目动态监管系统备案，县级土地开发项目在国土部耕地报备系统备案。年度土地整理总规模 1850.66 公顷，土地开发总规模 459.56 公顷。

2010 年，全市立项实施土地整理项目 25 个，规模 1638.87 公顷；完成市委、市政府 2010 年为民办实事土地整理 1018 公顷；灾后复垦耕地 94 项，面积 1573.8 公顷。

二、耕地占补平衡

1991 年起，泉州市坚持用地与造地相结合原则，新增建设用地与开发整理、复垦耕地总量大体持平。

2000 年，新增耕地 586.6 公顷，实现 1999 年、2000 年年度耕地占补平衡。

2001 年，全市开发整理新增耕地 600 多公顷，根据年度土地变更调查显示，实现耕地占比平衡。

2003 年，全市通过土地开发、整理、复垦等补充耕地 389.69 公顷，而非农业建设占用耕地且已缴纳耕地开垦费 3093.33 公顷（按规定缴纳耕地开垦费的为占补平衡）。其中，经批准建设占用并变更的耕地 1540 公顷，属往年批准建设用地并都已缴纳耕地开垦费而延误到本年动工的 1006.6 公顷，属处理建设用地历史遗留问题补办变更 544.68 公顷，实现年度耕地占补平衡目标。

2005 年，全市土地开发整理近 800 公顷，新增耕地 14 公顷，连续 5 年实现耕地占补平衡。

2008 年，全市通过土地整理、开发复垦、委托兄弟市补充耕地等途径，补充耕地 810 多公顷。

2009 年，全市开展土地整理，新增耕地 648 公顷；加上与周边设区市协作补充的耕地数量，完成省政府下达的补充耕地 780.39 公顷和土地整理 2067.7 公顷的年度指标任务。市委、市政府全面完成 2009 年为民办实事的 14 个土地整理项目 900 多公顷。连续 10 年实现耕地占补平衡。

2010 年，泉州市落实省政府办公厅《关于进一步做好补充耕地工作实现耕地占补平衡的通知》，督促各县（市、区）加快立项实施，验收备案土地整理开发项目。同年，全市立项实施土地整理项目 25 个，规模达 1630 多公顷；验收备案通过审查补充耕地项目 163 个，新增耕地 679.67 公顷；验收备案待审查项目 45 个，新增耕地 159.8 公顷。

第三章 地籍管理

第一节 地籍测绘与土地资源调查

一、地籍测绘

1991—2005年，泉州市加强测绘管理，测量标志所在地测绘行政主管部门委托乡（镇）人民政府或社会团体、企事业单位负责保管。受委托单位指派专人负责保管，订立《测量标志委托保管书》，按规定予以保管。

2006—2010年，泉州市、县两级财政投入经费约8000万元，基本完成泉州市基础测绘“十一五”规划制定的目标任务。完成基础测绘“十一五”规划和“十二五”基础测绘规划编制工作。根据省测绘局《关于做好“十二五”基础测绘发展专项规划编制工作的通知》精神，对各县（区、市）国土资源局和市直相关部门30个单位进行泉州市、县级“十一五”期间基础测绘实施情况评估和总结；并就2011—2015年基础测绘需求情况调查工作，把《泉州市“十二五”基础测绘规划》列入泉州市“十二五”专项规划。全市辖区有46个测绘单位，按照国家测绘局和省测绘局的部署，根据新修订的《测绘资质管理规定》《测绘资质分级标准》和省测绘局《关于开展测绘资质复审换证工作的通知》文件精神，依法对辖区内需进行测绘资质复审换证的41个测绘单位提交的相应材料进行初审并上报省测绘局。已有33个测绘单位完成测绘资质复审换证，余下8个测绘单位拟按照规定上报省测绘局予以注销；完成测绘作业证受理、审核、颁发的工作，对市辖区内6个丙、丁级测绘单位的测绘人员作业证，按规定受理；完成地理信息市场专项整治工作。

二、地籍调查

1991年，泉州市继续根据省土地管理局《关于做好地籍调查和土地登记发证工作的通知》精神，开展城区遗留宗地权属调查。

1996年后，泉州市开展中心市区地籍调查，至2000年完成13.32平方千米的测量工作。2001年，中心市区地籍调查的测量工作范围达到40平方千米。

2002年，泉州市国土资源信息网开通，设计并建成100米/秒高速局域网，完成中心市区40平方千米范围地籍调查测量工作任务中的23平方千米。泉州市被国土资源部定为“城镇地籍信息系统建设示范市”，被省国土资源厅确定为“国土资源信息系统建设示范区”。

2004年，开展中心市区70平方千米地籍调查的测量工作，完成其中55平方千米的权属调查，并将地籍数据转换到ARCGIS平台上，建立数据完整、现势性强的数字信息库。编制《2005年基础测绘计划》，规范测绘工作。

2009年，与新一轮土地利用总体规划编修相结合，推进第二次全国土地调查。年内，全市农村土地调查完成并通过省国土资源厅验收，地籍调查在全市城镇全面铺开，同时开展地形测绘及数据库建设。

2010年，泉州市更新城区地籍调查数据库，新的数据库为城市规划及交通、电力、公安、消防、市政、园林等部门提供最新的基础地理信息。

三、土地利用调查

1991年，土地利用现状调查结果显示：全市土地总面积110.15万公顷。其中，耕地面积15.11万公顷，新开荒86.13公顷，增整土地增加32.27公顷，退耕造林15.53公顷，退耕改果141.33公顷，灾害损毁79.6公顷。

2002年，泉州市调查研究人员对全市开发面积5250.33公顷的工业园区进行调研，形成的调研报告为工业区整合提供决策依据。开展小城镇建设调查研究，从做好规划、增加用地指标、提高土地利用效率、筹集建设资金、加强服务与管理，为全市小城镇建设提供决策依据。

2005年年底，泉州市土地利用现状调查结果显示：全市土地总面积110.15万公顷。其中，农用地82.83万公顷，占75.2%；建设用地12.96万公顷；未利用地16.66万公顷，占15.12%；在农用地中，耕地15.71万公顷，占14.26%，人均耕地0.021公顷，低于全省和全国人均水平。

2009年9月24日至12月31日，泉州市按"建制镇—县（区、市）—设区市"逐级开展城镇土地调查汇总工作。9月各县（市、区）开展城区地类调查工作。10月开展镇区地类调查工作，12月完成调查和县市两级城镇数据汇总工作。市国土部门配合作业队伍开展调查工作，提供城区地类调查需要的各种资料。调整结果显示，泉州市中心城市规模较大，城镇化水平较高。但城镇结构不合理，城镇与农村居民点混杂，城市分区规划不够完善。城镇土地中，住宅比例较大，但住宅区规模不大，配套设施不够完善。中心城市建成区绿化覆盖率、绿地率不高，供市民休闲健身的公园较少，且分布不够合理。工业用地日趋紧张，工业可用地面积逐年下降。

2010年，全市土地总面积110.15万公顷，泉州市城镇土地总面积4.08万公顷。其中，商服用地面积1565.37公顷，占辖市城镇土地总面积3.84%；工矿仓储用地面积1.18万公顷，占辖市城镇土地总面积28.99%；住宅用地面积1.62万公顷，占辖市城镇土地总面积39.71%；公共管理与公共服务用地面积4293.38公顷，占辖市城镇土地总面积10.53%；特殊用地面积231.83公顷，占辖市城镇土地总面积0.57%；交通运输用地面积5026.7公顷，占辖市城镇土地总面积12.32%，水域及水利设施用地面积303.99公顷，占辖市城镇土地总面积0.75%；其他土地1344.7公顷，占辖市城镇土地总面积3.30%。

2010年泉州市城镇土地利用结构情况表

表3-3-1

一级类	二级类	面积（公顷）	比重（%）	
			占总面积	占一级地类
总面积		40723.74	99.84	—
商服用地	小计	1565.37	3.84	100.00
	批发零售用地	874.45	2.14	55.86
	住宿餐饮用地	259.22	0.64	16.56
	商务金融用地	162.98	0.40	10.41
	其他商服用地	268.72	0.66	17.17
工矿仓储用地	小计	11826.12	28.99	100.00
	工业用地	11490.66	28.17	97.16
	仓储用地	335.46	0.82	2.84
住宅用地	小计	16194.87	39.71	100.00
	城镇住宅用地	16194.87	39.71	100.00

续表 3-3-1

一级类	二级类	面积（公顷）	比重（%）	
			占总面积	占一级地类
公共管理与公共服务用地	小计	4293.38	10.53	100.00
	机关团体用地	588.21	1.44	13.70
	新闻出版用地	12.82	0.03	0.30
	科教用地	1815.56	4.45	42.29
	医卫慈善用地	146.37	0.36	3.41
	文体娱乐用地	275.48	0.68	6.42
	公共设施用地	271.74	0.67	6.33
	公园与绿地	1118.99	2.74	26.06
	风景名胜设施用地	64.21	0.16	1.50
特殊用地	小计	168.61	0.41	72.73
	使领馆用地	0.16	—	0.07
	监教场所用地	21.37	0.05	9.22
	宗教用地	118.95	0.29	51.31
	殡葬用地	28.13	0.07	12.13
交通运输用地	小计	5026.70	12.32	100.00
	铁路用地	61.89	0.15	1.23
	公路用地	653.17	1.60	12.99
	街巷用地	4295.87	10.53	85.46
	机场道路	6.12	0.02	0.12
	港口码头用地	9.65	0.02	0.19
水域及水利设施	小计	303.99	0.75	100.00
	河流水面	134.18	0.33	44.14
	内陆滩涂	3.15	0.01	1.04
	沟渠	148.09	0.36	48.72
	水工建筑	18.57	0.05	6.11
其他土地	小计	1344.70	3.30	100.00
	空闲地	1297.26	3.18	96.47
	设施农用地	47.44	0.12	3.53

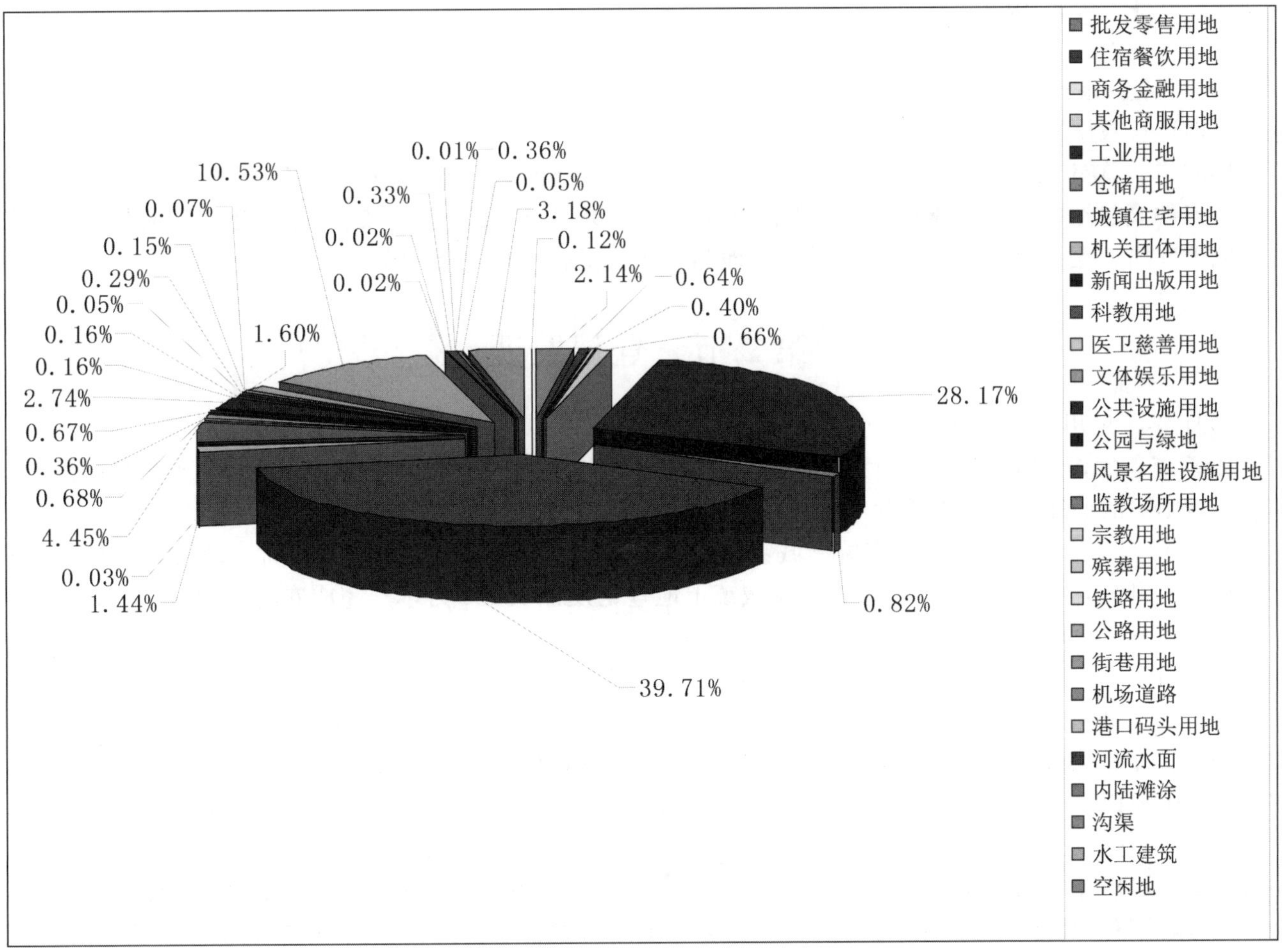

图 3-3-1　2010 年泉州市城镇土地利用一级分类结构图

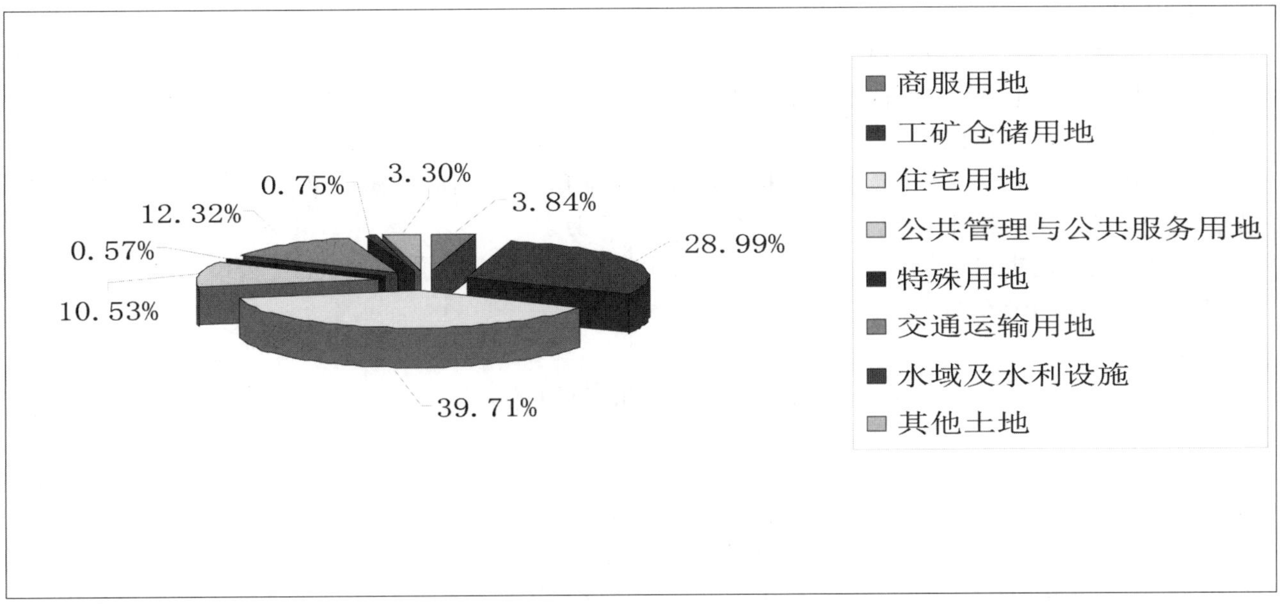

图 3-3-2　2010 年泉州市城镇土地利用二级分类结构图

四、土地变更调查

1994年起，泉州市每年组织基层土地管理机构开展土地利用现状变更调查，以掌握土地利用动态变化，保持土地详查数据的现势性、准确性、增强实用性。

1996年，国家土地管理局印发《关于完成全国土地普查将土地详查数据变更到1996年10月31日统一时间点的紧急通知》，泉州在全市范围内开展土地变更调查。1997年年底，将变更调查成果汇总上报省土地管理局。至2010年，全市每年进行土地利用现状变更情况调查汇编。

第二节　登记发证

1991年，泉州市土地管理局开展城镇土地申报登记工作和农村土地地籍调查发证工作。

1993年年底，泉州市开展土地利用详查工作。1995年12月，国家土地管理局发出《关于重新印发〈土地登记规则〉的通知》，促进城乡“凭证管地、持证用地”制度的全面建立。

1997年，泉州市全面完成全市统一城镇土地分等定级估价体系。“九五”期间，泉州市土地证书年检工作顺利开展，共完成3.75万宗。完成城镇土地登记发证13.34万本，完成农村土地登记发证77.17万本，完成变更土地登记3454宗。

2000年，全市城镇土地登记发证1.47万本，农村土地登记发证2.72万本，变更土地登记3266宗；历年累计完成城镇发证14.86万本；完成农村土地登记发证2.91万本，历年累计完成农村土地登记发证80.08万本。全市房改房土地登记发证也有突破，土地登记窗口建设进一步加强，安排1200平方米办公场所，实行“一个窗口对外”办文制度，土地登记管理逐步走上规范化、科学化、现代化的轨道。

2002年，全市完成城镇土地登记发证6000本，农村土地登记发证18500本，房改房发证2.7万本（其中市区1万本），占应发证3.8万套的69.11%；土地变更登记1580本。开展商品房土地分割登记试点工作。全市共办理国有土地使用权登记4.22万宗，集体土地使用权登记12.57万宗，抵押登记1329宗。

2004年，泉州市列入省新一轮土地利用现状更新调查工作试点单位，全市开展土地利用更新调查各项准备工作。集体土地所有权登记发证全面铺开，全市办理集体土地所有权证1.56万宗，办理国有土地使用权证12.47万宗。

2006年年底，泉州市颁发农村集体土地使用证1.31万宗，国有土地使用证10.72万宗。其中，泉州中心市区完成国有土地使用权登记发证5.56万宗，商品房国有土地使用权分割登记3.69万宗。

2006—2007年，全市抵押登记分别为2500宗、286宗，抵押总金额分别为133亿元、43.3亿元。

2007—2010年，泉州市国土资源部门持续做好日常地籍登记工作。2008—2009年，国有土地使用权登记分别为9.14万宗，集体土地使用权登记分别为36.7万宗。

2010年，全市经批准登记农用地转用和土地征收224批次，总面积3406.67公顷。其中，农用地2513.33公顷、耕地1673.33公顷。

第三节　地价评估

1991年，泉州市继续开展城镇土地分等定级和基准定价评估工作（1997年完成）。其后，以基准地为基础，建立日常地价评估、监测管理，为土地交易提供价格指导。

1994年，全市各县（市、区）根据当地社会和经济发展水准，研究制定并颁布基准地价，市、县成立地价评估委员会和评估中心；成片开发土地的地价，经省土地估价委员会评估确认；以协议出让的土地价格，和招标拍卖出让的土地价格底价，须经地、市以上估价委员会确认。市土地局组织对行政划拨土地使用权评估18宗，面积8.41公顷，评估价9095.2万元；补办出让手续9宗，面积2.44公顷，补收土地出让金1102.9万元。

1995年，全市各县（市、区）均成立地价评估委员会和评估中心，实行地价集体研究制度，增强土地使用权出让、转让价格的透明度，维护国家利益和土地使用者的合法权益。土地价格由“首长定价”逐步转向“市场定价”。土地价格的确定，逐步走向规范化，科学化。11月，泉州市开始进行大泉州规划区的基准地价评估工作。此次基准地价评估的范围，根据泉州市城市总体规划，总面积为450平方千米。评估工作以现状城区为主，同时兼顾城区周围的8个组团。评估城区为35平方千米，区域外的8个组团包括东海、江南等片区。

1996年7月26日，由泉州市政府组织专家委员会，对市基准地价评估成果进行鉴定、论证。结果表明，泉州市基准地价评估成果在国内同类成果中处于领先水平。泉州市基准地价评估工作，是在原先土地综合配套标准的基础上展开的，原有的土地综合配套费标准系，1992年在泉州市土地定级基础上完成。随着泉州市社会经济的迅速发展，城市规模日益扩大，原有的地价标准已不能准确地反映城市土地的客观价值，因而也失去其指导作用。

2000年，市国土资源局办理价格评估102宗，面积87.28公顷，土地总价值2.69亿元，收取评估费29.33万元。

2001年，泉州市修订全市基准地价，经省国土资源厅验收后，由市政府公告实施。在基准地价修订中，转变数量扩张型工作思路，以楼面面积地价代替以往单纯的地面地价，走向效益型地价。

2005年，泉州市启动新一轮的全市城镇土地级别和基准地价更新工作，至2008年全部完成，并通过省国土资源厅验收。新一轮确定的城镇基准地价适用于土地使用权的出让、转让、出租、抵押、作价入股，以及土地清产核资中宗地价格的评估。

2007年，泉州市严格控制高价位商品住宅土地供应，着力增加普通房、经济适用房的土地供应，推行限价房政策。市区实施限价进行拍卖、挂牌出让房地产5宗，面积6.63公顷，作为中低价位、中小套型商品房用地。

2009年，泉州市区房地产用地市场萎缩，连续出现流拍现象。泉州市国土资源局组织力量对现行土地定级及基准价标作部分调整，重新对各类用地基准地价进行评估修正。

2010年情况不变。

第四章　用地管理

第一节　建设用地管理

一、建设用地审批

1991—1993年，泉州市存在滥占耕地建镇、建市场，下放土地审批权、各类开发区越权审批的状况。1993年4月，泉州市根据国务院关于严格审批和认真清理开发区的通知，重新调整县（市、区）市土地审批权，加强土地审批管理。

1995年，泉州市执行国家土地管理局和建设部颁布施行的机械、纺织等13个行业的用地指标（用地标准），将其作为评审项目可行性研究报告、审定建设用地规模的重要依据。

1997年4月，中共中央、国务院发布《关于进一步加强土地管理，切实保护耕地的通知》；8月，省委、省政府发出《关于进一步加强土地管理，切实保护耕地若干问题的决定》，要求坚持依法行政，进一步严格建设用地审批管理，规定“自1997年7月15日起冻结非农业建设占用耕地一年，确实需要占用耕地的，按规定程序报国务院审批”。全市根据省委、省政府决定要求，冻结审批非农业建设占用耕地一年。

1999年1月起，泉州市执行重新修订的《中华人民共和国土地管理法》，实行土地用途管制制度，农用地转建设用地、土地征收报省级以上人民政府批准。

2001年，省国土资源厅下达泉州市农用地转用指标1110.9公顷。泉州市实际上报审批农用地转用55个批次，农用地转用面积646.7公顷，其中耕地506.3公顷；经省政府批准15个批次，批准农用地转用面积117.3公顷。同时，采取多种措施，盘活存量土地，以缓解非农业建设对农用地的压力。当年，全市收回存量土地124宗，面积304.6公顷，调整给相应企业使用，满足项目用地和企业用地的需要。

2003年，省国土资源厅下达泉州市征地指标14公顷，泉州实际上报152批次，面积0.46公顷，其中农田比较用指标0.36公顷。

2004年，全市累计完成用地报批48批（宗），征用土地面积1225.87公顷，其中耕地面积785.08公顷，包括批次用地45批和项目用地3宗。经省政府批准295批次，面积601.3公顷。市国土资源局组织重点建设项目报批5个，其中沿海大通道项目送省国土资源厅。同年，继续做好建设用地历史遗留问题审查转报工作，经省政府批准94个项目，总面积52.71公顷，均完成转批工作。

2006年，计划指标优先保障重点项目，全市重点项目报批94宗，面积3422.36公顷，其中国务院、省政府批准77宗，面积2432.76公顷。

2008年，全市上报农转用和土地征收110批次（宗），面积1770公顷，涉及农用地1400公顷，其中耕地6413.93公顷；经批准83批次（宗），面积1313公顷，其中耕地564.4公顷。当年列省、市在建重点项目147个，实际涉及用地156宗，总用地面积6390公顷。对重点项目继续开辟“绿色通道”，确保省、市重点项目顺利开工。截至年底，向省政府报批用地115宗，面积4827公顷；省政府批准109宗，面积4466公顷。

2009年，全市报批获准农用地转用和土地征收共127批次（宗），总面积2254.46公顷，涉及农用地1734.2公顷，其中耕地1100.55公顷。泉州台商投资区58平方千米范围内的基本农田保护区全部核减，成片开发。全市工业用地“招拍挂”出让成交252宗，面积472.10公顷，成交价款12.85亿元。全市经营性用地“招拍挂”出让成交122宗，面积178.02公顷，成交价款39.8亿元，其中中心市区11宗，面积43.21公顷，成交价款21.33亿元。

2010年，全市经批准农用地转用和土地征收224批次，总面积3400公顷。其中，农用地2500公顷、耕地1700公顷。运用土地收储功能，开展土地储备和融资工作，保障大批项目特别是“五大战役”（重点项目建设战役、新增长区域发展战役、城市建设战役、小城镇改革发展战役、民生工程战役）重点项目的用地需求。泉州台商投资区首批项目用地上报国务院。

二、规范用地建设

1991年，泉州市根据国家计划委员会和国家土地管理局《建设用地计划管理整顿办法》继续对建设用地实行计划管理。

2002年，泉州市对123个工业小区进行规范整顿，经治理整合为66个工业园区，总规划用地面积2.26万公顷，园区经过批准的土地面积6242公顷，实际用地面积5637公顷。其中，福建省政府批准19个工业园区，规划面积9371公顷，实际用地面积3187公顷；省直有关部门批准11个工业园区，规划面积6114公顷，实际用地面积1548公顷；市级机关批准4个工业园区，规划面积2448公顷，实际用地面积213公顷；县级以下批准32个工业园区，规划面积4633公顷，实际用地面积689公顷。

2003年6月26日，经市委常委（扩大）第79次会议研究，泉州市成立由市长任主任、分管副市长任副主任的市政府用地联席委员会，成员包括市发改委、国土资源局、规划局、建设局、财政局、监察局，定期召开用地联席会议，研究确定市区（鲤城区、丰泽区、泉州经济技术开发区）建设项目的选址、面积、用途、规范项目用地计划、程序和制度。

2004 年，泉州市贯彻落实《国务院办公厅关于清理整顿各类开发区加强建设用地管理的通知》精神，经过清理，全市保留 13 个省级以上工业园区，园区规划面积 9358 公顷，经过批准的土地面积 3033 公顷，实际已用土地 3033 公顷。另外，福建省有关委、厅批准的 8 个工业园区，经核查，升格为省级工业园区，规划面积 7312 公顷，经过批准的土地面积 7312 公顷，实际已用土地 7312 公顷。同年，市政府出台《关于进一步促进工业用地集约利用的意见》，严格执行用地定额指标和土地投资制度，加强土地资源保护，优化工业项目用地结构，提高土地利用效益，保障经济和社会各项事业建设用地需求。

2006 年，泉州市落实省政府《关于进一步规范房地产开发用地管理的通知》精神，确定经营性房地产开发一次性出让宗地面积：泉州市中心市区和旧城改造区为 8 公顷，城乡接合部和新区为 20 公顷。市政府坚持节约用地，控制增量，盘活存量，加强工业园区土地利用计划管理和工业项目建设用地的指标控制，实行定额管理，控制农用地转为建设用地的总量和速度；妥善处理闲置土地，用地单位闲置的土地，严格依照《中华人民共和国土地管理法》规定处理。把单位面积的工业用地与利税挂钩，确定每亩用地的投资额和税收指标，确保土地资源的集约利用，并按照集约用地的原则，调整有关项目绿化率规定，在开发区（园区）推广多层标准厂房；对工业用地在符合规划、不改变原用途的前提下，提高土地利用率和增加容积率的，原则上不再收取或调整土地有偿使用费。同年，根据“十一五”计划，泉州市拟定和上报 2007 年市中心市区房地产建设用地计划，并获批准，总用地面积 100 公顷，其中中低价位、中小套型普通房用地 70 公顷（含经济适用房和廉租房用地 10 公顷），并下达当年全市房地产用地计划，总用地面积 91 公顷，其中中低价位、中小套型普通房用地 57.4 公顷（含经济适用房和廉租房用地 10 公顷）。

2007 年，泉州市政府推进产业结构调整，把有限计划指标用地用于确保省、市重点建设项目。全市上报农转用地指标 140 批（宗），面积 2700 公顷；省政府批准 76 宗，面积 1200 公顷。

2010 年 10 月，泉州市政府先后出台《关于进一步规范机关、事业单位、驻泉部队新增建设用地管理的意见》和《关于加强市区用地规范管理的通知》，对于用地的申请和审批包括条件、原则、程序等各方面作出系列新规定。其中，中心市区范围内的市属和区属机关单位原则上不得单独申请土地建设用房，如确需建设办公用房的，应多个单位联合统一报批、统一建设，按国家规定标准统一分配办公用房；省部属单位、驻泉部队新增建设用地，原则上单栋建筑物面积不得少于 5000 平方米，生活配套用房不得单独申请用地；应统一购买泉州市各级统建的经济适用房、廉租房或周转房，周转房申购面积不得超过 5000 平方米；办公新址投入使用后，旧址土地属于划拨性质的，原则上由政府无偿收回，纳入政府储备用地；任何单位不得擅自出租、转让划拨土地或改变土地用途作为经营性项目；市区工业用地一律在工业园区内安排；市区工业园区由市区两级统一组织规划开发建设，街道、社区不再开发、经营工业园区，不再单独安排工业项目；工业园区用地项目必须与功能规划和投资规模相适应；公共设施和社会事业建设项目用地应符合功能规划，整合资源，提高聚集效应，防止重复建设；新增工业、商住等经营性项目用地、资源开发用地一律实行招标、拍卖或挂牌出让；坚持和健全市区用地联席会议制度，市区建设项目用地面积、地点、用途的确定必须由联席会议集体研究、统一审批；凡提交联席会议研究的项目用地，由用地单位向市政府提出书面申请，批转国土资源、规划部门提出初审意见，经联席会议研究确定后，再进入下一个审批程序。

三、土地执法监察

1991—1996 年，泉州市土地执法监察工作逐年加强，常态化工作始终坚持。

1996—2000 年，泉州市推广南安市作为国土资源部土地监察动态巡查试点和石狮市土地监察 110 联动的典型经验，建立土地行政执法责任制，加大土地执法力度。全市共查处土地违法案件 1620 件，土地面积 170.05 公顷（其中耕地 109.75 公顷），罚没款收入 1792.5 万元；受理群众来信来访 1995 件。

2001年，泉州市国土资源局直接查处的2宗案件申请法院强制执行，收缴罚没款入库21万元；受理申请行政复议6宗，参与行政诉讼答辩案件2宗，均胜诉；从8月下旬开始，组织利用卫星遥感监测技术开展土地执法检查工作，全市涉及变化图斑共653个，土地面积1845.64公顷。受理群众来信来访285件次，调查处理270件次，上级部门督办件49件全部查处反馈。对一些久拖不决的信访案件，尤其是对晋江5镇8村的信访积案进行排查处理。12月19日以后，泉州市全面停止以行政审批方式设置采矿权，对已建矿山延续开采一律采取有偿协议出让，对新设置采矿权一律采取招标拍卖挂牌出让。

2003年，泉州市国土执法监察部门立案811宗，查处773宗，立案率、查处率分别为100%、95.3%。在市区开展执法行动35次，拆除310户违法占地建筑物，查处土地违法125宗，涉及面积23公顷；下达处罚决定123件，罚款200多万元；受理群众来信来访157件，上级督办43件。

2004年，泉州市依法严厉查处国土资源违法案件，全市共立案473宗，查处451宗，立案率达到100%，查处率达到95.5%。市区监察大队制止占地案件221宗，涉及面积33.26公顷，开展各种执法行动50多场，拆除非法建筑物136宗，涉及面积11.75公顷，下发处罚决定书192件，收缴罚没款311万元。未发生行政处罚违反法定程序或处罚决定内容不合法、不适当的情况。

2005年，泉州市采取预防与查处相结合方法，开展土地执法监察。利用电台、报刊、网络等媒体加强土地管理法律法规的宣传；同时加大动态巡逻检查力度。全市立案查处违法用地706宗，涉及土地面积97.95公顷，其中耕地53.93公顷；收回土地面积44.41公顷，罚款66多万元。

2009年，全市立案查处土地违法行为241件，面积52.33公顷，其中耕地24.6公顷；结案237件，面积50.6公顷。拆除构建物7990平方米，收回土地0.67公顷，罚没款183万元。市中心4个区首次被国土资源部列入第九次全国卫片执法检查城市，4个区614个监测图斑发现违法用地262宗，面积62.15公顷，全部依法依规处理。永春天湖山煤矿区地质环境治理续作的矿山地质环境治理项目，中央补助资金660万元，项目实施进展顺利。

2010年，泉州市加大土地动态巡查力度，基本实现重点区域、重点矿区巡查覆盖率100%、非法占地制止率100%、立案查处率100%。全市首次应用卫片开展全覆盖土地执法检查，卫片图斑反映违法用地710宗（主要为未报即用），查处纠正541宗，拆除或没收违法建筑物43.35万平方米，收缴罚款444万元，复耕21.6公顷，2人移送司法机关追究刑事责任，通过上海督察局抽检、验收。严格落实土地例行督察整改，历时20多天，全力配合上海督察局对市本级和洛江区、泉港区、晋江市、安溪县4个县（市、区）2009年1月以后的土地利用和管理情况进行全面检查和实地核查；根据督察发现的问题，逐一督促整改、落实到位，12月初，通过预验收。

第二节 农村宅基地管理

1991—1999年，泉州市完善农村宅基地管理机制，杜绝乱占和浪费耕地现象，乡镇企业和农村个人宅基地实行有偿使用，群众逐步树立土地的国策、国情、公有制、法制的意识，弄清多占地多交钱、少占地少交钱、违法占地要受罚道理，滥占宅基地现象得到遏制。

2000年，泉州市根据《福建省实施〈中华人民共和国土地管理法〉办法》，以保护耕地为主线，以实现耕地总量动态平衡为目标，对农村宅基地管理问题作明确规定。在农村居民建住宅用地上，应当使用原有宅基地和村内空闲地。应符合乡（镇）村建设规划，不得超过规定的用地标准，须经乡人民政府批准。使用耕地的，经乡人民政府审核后，报县级人民政府批准。城镇非农业人口居民建住宅，需要使用集体所有的土地的，报经县级人民政府批准，其用地面积不得超过当地规定的标准，并参照国家建设征用土地的标准支付补偿费和安置补助费。

2004年，泉州市加强农村村民住宅建设用地和城乡接合部地区农村宅基地的日常监管，及时发现和制止各类土地违法行为；严禁城镇居民在农村购置宅基地，禁止为城镇居民在农村购买和违法建造的住宅发放土地使用证；引导农村村民住宅建设按规划、有计划地逐步向小城镇和中心村集中；对城市规划区内的农村村民住宅建设，集中兴建农民住宅小区，防止在城市建设中形成新的“城中村”，避免“二次拆迁”；对城市规划区范围外的农村村民住宅建设，按照城镇化和集约用地的要求，鼓励集中建设农民新村；在规划撤并的村庄范围内，除危房改造外，停止审批新建、重建、改建住宅。国土资源部要求各地国土资源管理部门坚决贯彻“一户一宅”的法律规定，进一步严格宅基地申请条件。农村村民一户只能拥有一处宅基地，面积不得超过省（区、市）规定的标准。

2008 年，按照“产权明晰、用途管制、节约集约、严格管理”原则，泉州市严格土地用途管制，农村集体土地严禁搞房地产开发。把握“产权明晰、用途管制、节约集约、严格管理”的原则，开展农村土地确权登记颁证工作，严格土地用途管制。农村的“三块地”即承包地、宅基地、农村集体建设用地，进行确权登记颁证，做到产权明晰。

2009 年，全市开展整治“两违”专项整治活动。解决城乡建设存在的突出问题和农村宅基地建设遗留问题，遏制“违法占地、违法建设”行为，维护土地资源管理工作和城乡规划建设管理工作的正常秩序。

2010 年，市政府实行旧宅基地整理结合新农村建设，把危旧房改造、家园清洁行动、生态村建设、饮水安全、村村通公路等各项资金以及涉农资金，一并纳入土地整治资金（旧宅基地复垦），统筹安排使用。通过旧宅基地复垦，新增耕地与新增建设用地进行置换，把置换到的土地级差收益高的地段，进行经营性房地产开发，把取得的土地纯收入的一部分转移到与之挂钩的农村建设用地复垦资金。

第五章　矿产资源管理

第一节　矿产勘查

1991 年，泉州地区矿产资源经勘探查明，泉州的优势矿产是以“砂、土、石”为主的非金属矿资源，矿种 34 种，探明储量的有 10 种，矿产地 63 处，大型 4 处、中型 23 处、小型 36 处。

1992 年，经冶金地质部门查勘，位于德化县杨梅乡的金矿成矿地质条件较好，金矿资源丰富，品位富，明金可见，但是金的赋存状态复杂，嵌布粒度宽广，载体矿物多样，属于难选矿。

1993 年，泉州市已发现矿产地 300 多处。其中非金属矿产地 237 处，占已发现矿产地总数 74%。

1994 年，省区域地质调查队对蓬壶都溪金、钨矿进行调查，以及对永春县高岭土矿进行全面调查。

1996 年，闽东南地质大队对达埔红星茶仔垅金异常进行查证。

1996—1997 年，省 197 煤田勘探队对石鼓伏江地热进行勘探。至 2000 年，全市发现矿产地 611 处。

2002 年，泉州探明或基本探明有一定地质储量的矿产地 130 多处，其中大型矿产地 8 处。主要有铁、锰、金、煤、石英砂、花岗岩、高岭土、地热、矿泉水等 20 多种。晋江深沪、围头和惠安崇武一带的石英砂累计总储量 1.44 亿吨，其中深沪矿区的玻璃砂 1385 万吨，矿质优良，形态简单，埋藏浅。经查探，花岗岩遍及全市，品种齐全，以中、低档为主，高档石料有潜在优势。惠安、晋江、南安、安溪、永春、德化等地的高岭土系国家短缺矿产，储量 1.4 亿吨。

2003 年，全市矿产资源总体规划共划分鼓励勘查区 10 个，总面积 1513 平方千米，占全市陆域面积 13.9%；限制勘查区 11 个，总面积 676 平方千米，占全市陆域面积 6.2%；鼓励开采区 9 个，总面积 428.98 平方千米，占全市陆域面积 3.95%；限制开采区 15 个，总面积 555.22 平方千米，占全市陆域面积 5.11%；禁止开采区 55 个，总面积 764 平方千米，占陆域面积 7.03%。同年，完成 5 个项目勘查工作。其中，德化县涌溪金矿下坂矿段普查提交黄金储量（金属量）1071 千克，安溪县霞春石灰石矿普查提交石灰石资源量510.7万吨，安溪县大畲石灰石矿普查提交石灰石资源量789.86万吨，永春县铅坑石灰石矿普查新查明石灰石资源量1676.75万吨。

2005年，泉州市办理探矿权协查68份，设置探矿权项目49个，比2004年增加14个；设置勘查区面积408.47平方千米，比2004年增加150.74平方千米；投入勘查资金1453.32万元，比2004年增加97.98万元。其中，中央资金336.11万元，地方资金161.36万元，市场资金955.85万元。市场资金占勘查总投入的66%，成为勘查市场的最大投资来源。同年，经勘查发现，永春上姚新增煤炭资源量1809.77万吨；德化曾坂下楼坑井田新增煤资源量12.6万吨，石灰岩602万吨；德化金矿和多金属矿发现多处矿体、矿化体和蚀变带，双旗山矿区金钟形矿段估算金矿石量11.48万吨，金属量648.2千克；德化茶坑、汤头、杨梅、安石坑、肖坂、东洋、十字格等多处也发现金矿化体59个，东洋金矿圈定11矿化体，金品位0.28-1.46×10-6；邱村金矿外围圈出3个金矿块，估算矿石量2万多吨。同时，安溪、永春、德化县在铁、铅、锌矿勘查工作也取得突破。安溪铅山圈出铅锌矿体10个，安溪南坑铅锌矿查明铅1310.76吨，锌2189.5吨；德化安石坑查明铅锌矿体1个，铅+锌平均品位5.11×10-2；泉港大林山钼矿见矿情况较好等。至当年，全市已发现各类矿产46种，占全省矿种数的38.98%，经过地质探明有资源储量的22种。其中，金属矿有铁、锰、铅、锌、钼、金6种；能源矿有煤、地热2种；非金属矿有玻璃（铸型）用砂、叶蜡石、高岭土（瓷土、瓷石）、水泥用灰岩（大理石）、饰面（雕刻）用石材等14种。已探明矿产地611处。其中，大型矿床13处，中型19处，小型14处，其余大部分为零星分散且无法开发利用。

2006年5月，全市境内登记勘查项目56个。其中德化县37个、永春县5个、安溪县8个、南安市3个、泉港区3个。全市勘查区总面积457.43平方千米。在56个勘查项目中，按矿种划分，铁（铜）7个、黄金15个、铅锌11个、钼3个、锰1个、陶瓷土（石）2个、煤5个、多金属矿12个。勘查区主要围绕德化金矿区及其外围成矿带；永春上姚—德化阳山铅锌成矿带，安溪祥华—福田铅锌成矿带；煤炭勘查主要集中在安溪后田—白荇三叠纪沉积和德化阳山、曾坂外围及永春天湖山—上姚一带；沿海主要勘查钼、铁、陶瓷土（石）矿等。勘查发现，泉港大林山钼矿有一定资源储量；德化黄金发现多处矿化点；安溪铅山矿区获得铅锌金属储量20多万吨；德化至永春铅锌矿也发现新矿体和新增储量；永春上姚获得煤储量1460.48万吨，安溪后田白荇矿区发现三叠纪沉积多层薄煤层。大部分发现矿化体或强蚀变带的项目都能按设计施工、上钻、打硐探、挖槽等，少部分项目因矿化不强等地质原因，仅开展地质填图、挖槽工作。

2007年，市国土资源管理部门完成604家矿山企业的矿产资源储量统计年报的资料审核、汇总以及数据录入上报工作，从矿产资源年末保有储量看，泉州市较丰富的矿种有煤、铁、铜、铅、锌、金、叶蜡石、水泥用灰岩、陶瓷土、建筑用花岗岩、饰面用花岗岩、建筑用凝灰岩等矿产。同年，全市开展矿山储量动态监督管理工作，对涉及煤、铁、金、水泥用灰岩、陶瓷土等18家重要矿山企业，开展矿产资源储量检测工作。

2008年，全市实施矿产资源勘查项目60个，商业性矿产勘查投入6868万元。其中，国家投资388万元，地方投资1818万元，民营企业投资4662万元，民营资本占投资总额的68%。勘查总面积527平方千米，投资方向主要为铜、金、银、铁、锰等，政府鼓励勘查矿种及煤、铅锌、钼、陶瓷土、石灰石等本地区紧缺矿产。通过勘查，全市发现一批新的矿产地，德化县新发现多条金矿体，新增黄金资源量276千克（金属量）；永春上姚井田新探明煤炭资源储量1460.5万吨；安溪铅山探明锌+铅金属13万吨；安溪南坑锌+铅金属1.2万吨，银金属1836千克；安溪湖山新发现1处铁矿床，估算铁矿资源量251万吨；泉港大林山探明1处钼矿，已提交钼金属储量1342吨，远景资源储量6000吨；德化柴叶坑矿区探明石灰石资源储量1.68亿吨。8月，国土资源管理部门组织开展探矿权清理检查，全面摸清泉州市探矿权项目实施情况。

2009年，全市实施矿产资源勘查项目64个，商业性矿产勘查投入6000多万元。其中，国家投资20个项目，民营企业投资24个项目，勘查总面积522平方千米，投资方向主要为铜、金、银、铁、锰等鼓励勘查矿种，及煤、铅锌、钼、陶瓷土、石灰石等本地区紧缺矿产。勘查发现一批新的矿产地。德化县新探明多处矿体，新增黄金资源量6921千克（金属量）、银4573 千克（金属量）、钼3000吨（金属量）、铜 1566 吨（金属量）、铅 2661 吨（金属量）；永春上姚西矿区发现新煤层，估算煤炭资源储量 1922 万吨，石灰石 5000 万吨，永春含春矿区估算新增碳资源储量 1633 万吨，石灰石 3884 万吨；安溪感德、阳地、新林等地也新发现磁铁矿、钼矿、大理石矿、石英矿等。

2010 年，全市实施矿产资源勘查项目 69 个，商业性矿产勘查投入 2859.7 万元。全市地质矿产勘查区总面积 624.37 平方千米。其中，德化县 264.06 平方千米，安溪县 258.77 平方千米，永春县 68.04 平方千米，南安市 15.96 平方千米，泉港区 17.54 平方千米。钻探施工 14 个项目共 37.55 千米，超 1 千米的有 7 个项目，最多为安溪湖上矿区石灰岩矿地质预查 17.93 千米。槽探施工 13 个项目共 1.03 万立方米。硐探 3 个项目共 1001 米，采集各种样品 5630 个。经过地质勘查，全市找矿效果明显的有煤矿、金矿、钼矿、水泥用灰岩（大理岩）等。永春含春北、上姚西找煤取得突破。同时，在煤系地层之下发现有预测资源量 1.5 亿吨石灰岩矿。德化有多个金矿勘查项目，新发现一批具有工业远景的金矿体，如东洋矿区重新圈定两个金矿体，长 500 米、厚 1 ～ 6 米，金品位 1 ～ 4.56 克 / 吨；吉山矿区圈定 1 号金矿，带长 500 米、厚 2.4 米，金品位 1 ～ 4.22 克 / 吨；此外，还有南方子尖、青云山、邱村外围、占久等矿区均见工业矿体。钼矿勘查也获得较好的成果。德化青岗铁金属矿普查，圈定钼矿体 39 个，估算钼矿石资源量 232.13 万吨，钼金属量 0.43 万吨；德化岭头格矿发现 9 个钼矿体，长 135 ～ 400 米，厚 0.23 ～ 2.13 米，品位 0.05% ～ 0.5%；安溪南林尖矿区发现 3 个矿体，厚 1.2 ～ 4.2 米，品位 0.035% ～ 0.07%。安溪湖上石灰岩通过详查，估算矿石资源量 2.97 亿吨，品位钙 052.14%、镁 0.97%；对安溪潘田矿区进行补充详查，对深部两个矿体进行控制，品位 Ca053.17%，厚度 32.39 ～ 49.05 米。

第二节　开发利用

1991 年，随着深加工技术的发展，泉州市花岗岩用途日益广泛，不仅应用于建筑房屋、公路、铁路、桥梁和水利工程，而且应用于雕刻工艺品，雕制器具、量具、耐酸贮槽、耐碱器皿、精密仪器的基础件、基座、平台等等。10 月，永春县盘龙矿泉水成为全国第四家由国家矿产储量委员会命名开发的天然矿泉水，可以直接装瓶饮用和作为饮料基液开发。

1992 年，泉州市第一个金矿可选性试验获得成功（德化县杨梅乡金矿）。取得金回收率大于 93% 的好效果。经济技术指标测算结果表明：按年处理矿石量 1 万吨计，可产黄金 166 千克，创利税 600 万元。

1993 年，全市各类矿山企业和个体采矿 7521 个，年矿石产量 844 万吨，年矿业产值 3.8 亿元，矿山采掘从业人数 36700 人，以矿产为原料的陶瓷、水泥、花岗石石材及石制品等加工业年产值约 20 亿元，年出口创汇约 5000 万美元以上，其中永春县各类采矿点 1000 多处，年矿产量 200 多万吨，总产值逾 1 亿元，占全县工业产值 23.96%，成为该县举足轻重的支柱产业。

2000 年，泉州市开发利用各类矿床 149 处。其中，大型矿床 27 处，中型矿床 38 处，小型矿床 84 处。开发利用的有煤、铁、锌、金、花岗岩、辉绿岩、高岭土、水泥用石灰岩、钾长石、地热、矿泉水等 23 种矿产。金、水泥用石灰岩、高岭土等矿产储量不足，供求之间缺口较大。

2001 年，全市开发利用的有煤、铁、锌、金、花岗岩、辉绿石、高岭土、地热矿泉等 23 种矿产，其中原煤总产量 238.44 万吨。

2003 年，全市改造建设 15 个矿业开发基地，形成东部、中部、西部总体布局合理、各具特色的三大矿业开发区域。东部区域包括泉港、惠安、鲤城、洛江、丰泽、晋江、石狮及南安南部，主要开发建筑用花岗岩、辉绿岩、石英砂、瓷石等矿产，局部地区安排开发一定数量的饰面用花岗岩，以满足大泉州城市群建设和沿海石材石雕业、建筑陶瓷业的需求。

2005 年，全市规模以上煤矿企业 16 家，原煤产量 69.05 万吨，产值 3.95 亿元；规模以上黑色金属企业 6 家，产值 2.66 亿元；规模以上砂石开采企业 4 家，产值 0.32 亿元。

2006 年，全市开发利用煤、铁、陶瓷土、钾百石材、建筑石材等 30 种，固体矿山 614 个，地热矿 2 个、矿泉水矿 7 个。

2007 年，全市开发利用矿产 35 种。其中金属矿产 6 种、非金属矿产 21 种、水生矿产 2 个；至年底，全市矿区 583 个，矿山数 604 个。其中固体矿山 596 个、地热矿山 3 个、矿泉水矿山 7 个。

2008 年，全市开挖（采）煤、水泥用灰岩总量过百万吨。

2009 年，全市规模开采的矿种主要有煤、铁，以及以高岭土、石英砂、石灰石、花岗岩为主要品种的“土砂石”。全市原煤总产量 232.72 万吨，其中规模以上企业 13 家、产量 91.58 万吨、工业总产值 10.58 亿元；铁矿石原矿产量 1047 万吨，规模以上企业 17 家、工业总产值 91.02 亿元；土砂石开采，规模以上企业 24 家、工业总产值 6.43 亿元；此外，有少量金矿开采，规模以上企业 2 家、工业总产值 0.73 亿元。

2010 年，泉州市加大铁矿、水泥用灰岩、高岭土、陶瓷土（瓷石）的开采力度；扶持壮大冶金、水泥、陶瓷产业规模。全市矿业总产值 13.5 亿元，矿业加工工业产值 550 亿元。年原产矿工业产值上亿元的矿种有煤、铁 2 种，煤、铁矿山矿业产值合计 9.44 亿元，为市重点开发利用的矿产资源，矿业产值占全市矿山工业产值的 77.69%。其中，煤产值 2.41 亿元，占全市矿山工业产值 19.83%；铁产值 5.03 亿元，占全市矿业产值的 57.87%。原分布广开发量大的饰面用花岗岩、建筑用花岗岩随着产量的减少，产值均大幅减少。饰面用花岗岩 1.33 亿元，同比 2009 年度减少 5924.45 万元，约占全市矿山工业产值的 6%；建筑用花岗岩 8817.4 万元，约占全市矿山工业产值的 7%。年产矿石量超百万吨的矿产分别为铁矿、建筑用花岗岩、饰面用花岗岩；煤、水泥用灰岩，继 2009 年后持续走低，本年度产量仍然低于百万吨。煤炭年产矿石量 54.23 万吨，工业总产值 2.41 亿元；铁矿年产矿石量 145.09 万吨，工业总产值 7.03 亿元；水泥用灰岩年产矿石量 70.24 万吨，工业总产值 2534.45 万元；建筑用花岗岩年产矿石量 790.04 万吨，工业总产值 8817.4 万元；饰面用花岗岩年产矿石量 226.81 万吨，工业总产值 7388 万元；金矿年产矿石量 11.75 万吨，工业总产值 1757 万元。

第三节　矿山整治

1991—1995 年，《中华人民共和国矿产资源法》及其配套法规颁布实施后，泉州市建立市、县、乡镇三级矿管网络，矿管机构 75 个，矿管工作人员 354 名。采矿登记发证工作基本完成。国有矿山企业办证率达 100%，集体矿山办证率达 90%；个体采矿办证率达 100%。

1996—2000 年，泉州市加强矿产开发的宏观调控和治理整顿，规范矿产开发行为。1996 年，全市有各类矿山及采矿点 4454 个，至 2000 年减为 1746 个；矿山总数持续减少。矿业经济开始从数量扩张型逐步转向质量效益型。生产条件简陋、无效益的个体小矿山被大量淘汰和压缩。同年，全市形成以原煤生产、黄金采选、铁矿采选、石材石雕、建筑陶瓷、卫生陶瓷、工艺陶瓷、水泥等为主导的矿产工业体系。

2000 年，开始组织编制县级矿产资源“三区”规划，在全市范围内划定矿产资源可采区、限制开采区、禁止开采区，全面取缔禁止开采区的采矿活动。

至 2003 年，泉州市全面完成“三区”规划，全市共划出鼓励开采区 9 处，总面积 419.65 平方千米，占全市陆域面积 3.86%。鼓励开采区所涉及的矿种有铁矿、金矿、高岭土（陶瓷土、瓷石）、饰面用辉绿岩和建筑用花岗岩；限制开采区 17 处，总面积 734.4 平方千米（永春县境内公路两侧限采区 X10 ～ X15 的面积未计算），占全市陆域面积 6.76%。限制开采区所涉及的矿种有煤矿、铁矿、瓷石、水泥用灰岩、饰面用花岗岩、建筑用花岗石（凝灰岩）；禁止开采区 55 处，总面积 723.3 平方千米（线状禁采区及水库禁采区面积未统计），占陆域面积 6.66%。环泉州湾城市规划区范围（包括东海、北峰、浮桥、江南、紫帽、池店、磁灶、陈埭、罗山、灵源、新塘、西滨、青阳、西园、梅岭、灵秀、宝盖、蚶江、永宁、锦尚、鸿山、祥芝、洛阳、东园、百崎的全部区域及丰州、霞美、张坂的部分区域）、沿海大通道、福厦高速铁路、泉三高速公路规划路线两侧可视范围均为限制开采区。属于线状的国道 324 线、福厦高速公路两侧可视范围内；省道 205、207 线、晋江和洛阳江及支流两侧 200 米范围内；属于点状的国家级、省级和市级自然保护区，重要地质遗迹保护区，重要风景旅游区，重点保护的历史文物，名胜古迹所在地——泉州市各县（市、区）级文物保护单位表及军事禁区的一定范围内均为禁采区。

2004年，全市挂牌出让采矿权17宗，价款581.01万元；协议出让采矿权322宗，价款1706.13万元。

2005年，根据泉州市矿产资源总体规划的总体部署和控制性指标要求，国土资源管理部门着手对占全市矿山总数80%以上的15片连片矿区编制实施矿区开发总体规划，合理规划矿山布局，调整矿山总数和开采总量，淘汰关闭落后小矿，推广应用先进开采技术，大量减少人工作业和编制矿区生态环境治理方案。全市矿山环境恢复项目10个，投入资金913万元，恢复面积198公顷。

2006年，泉州市推进矿业权市场建设，规范采矿权有偿出让制度。南安、惠安、晋江、石狮等县（市、区）根据不同矿种、不同规格和不同品质制定全县统一的采矿权价款计算标准，解决采矿权协议出让中因尺度不均产生的不公平现象，防止矿产资源资产的流失。截至11月底，全市共出让采矿权351宗，采矿权价款合同金额2597.04万元。应用先进、高效、安全的矿山技术和方法，开展矿山安全生产管理。2006年年底，泉州市国土局在安溪县召开有近百个矿山企业参加的饰面石材矿山开采技术现场观摩会，重点推介饰面石材矿山轨道锯开采技术，提升矿山开采技术水平，改善矿山安全生产条件。

2007年，全市开展矿山生态环境治理工作。泉州市政府办、市国土资源局先后制定下发《2007年泉州市非煤矿山专项整治工作计划》《2007年泉州市矿山安全生产目标责任》《泉州市整顿和取缔无证非法采矿工作行动方案》，并在全市范围内组织开展了大范围、大规模、大力度的查处无证非法采矿行动。全市共排查无证矿山851处，强制取缔关闭782处，责令自行关闭69处。

2009年，泉州市继续推进德化紫外坑、永春下洋、安溪湖头感德等矿区的石灰石资源整合，推动矿业市场发展，全年共挂牌出让采矿权96宗。

2010年，泉州市在采矿密集区组建统一的爆破服务队，改善安全条件；开展安全生产专项行动，排除安全隐患16处，并整改到位。开展采矿权核实，全市352个矿山野外核实和两处坐标转换，重新换发开采许可证；应用矿业权网络审批和采矿许可证全国统一配号，矿业权审批、采矿许可证颁布实现网络化。

第四节　矿业秩序整顿

1991—1994年，泉州市建成市、县（区、市）、乡（镇）三级矿管网络，宣传《中华人民共和国矿产资源法》，依法进行采矿登记发证，对乡镇矿业进行治理整顿，制止违法行为，调处采矿纠纷，开展采矿综合治理。

1995年，泉州市根据国务院关于整顿矿业秩序的决定，在全市开展大规模打击无证采矿活动，取缔关闭4000多处无证矿山，漫山遍野滥采乱挖现象开始得到有效遏制。晋江市调处各种采矿纠纷502起，采矿综合治理点26个。

1996年后，泉州市加大对矿产开发的治理整顿力度，规范矿场资源管理秩序。全市共淘汰开采设施简陋、对矿山环境破坏严重的小而散采矿点506处，实行联合办矿、股份合作办矿的矿山816个，解决历史遗留的矿界重叠纠纷327起。同时，加强矿产资源补偿费征收工作。1992—1996年间，全市共征收入库1170万元，市地矿部门配合相关部门开展矿山生态环境整治。在安溪县官桥、龙门采石区，安溪县筹集资金520万元，修建4条拦土大坝，使采石场的大部分废石、废土实现集中排放。在永春县天湖山煤矿、介福瓷土矿等地，矿山企业新建、扩建拦矸坝、尾矿场11座。德化县双旗山金矿、邱村金矿、阳山铁矿也分别新建、续建尾矿坝4座，尾矿、污水实现达标排放。全市用于矿山环境治理的资金达1017万元。

2000年，泉州市矿业开发实现从“有序”到“科学”的转变，国土资源部门在换发采矿许可证过程中，严格把好矿产资源开发利用方案、矿山环境影响评价报告关；引导个体采矿走联合办矿、规模经营的道路，沿海县（市、区）花岗岩开采逐步统一规划、集中开发、集中治理、集中绿化；帮助采矿者提高开采技术，改进开采方式，提高资源利用率；严厉打击无证开采、越界开采等现象。

2001年后，泉州市按照《福建省新建、已建生产矿山部分矿种最小开采规模目录》规定，严格矿山审批工作，对达不到最小开采规模的新建矿山一律不予审批，对已建矿山达不到最小开采规模的一律限期改造，改造后仍达不到要求的，一律不予办理延续登记。同时，全市各地对矿山生态环境进行治理，减轻矿山开发对生态环境的破坏。其中，晋江市开展水环境综合整治和治山治水治田治村治矿，安溪官桥、龙门，永春下洋、美湖，德化盖德、水口、葛坑等重点乡镇，一批矿山企业投资1000多万元在重点矿区建设20多座拦土坝、拦渣坝、拦矸坝及尾矿、废水处理设施，确保达标排污，使晋江上游矿山开发对晋江水体的污染大为减轻。

2002年，泉州市全面清理采矿许可证，全市采矿权全部完成清理，重新确认合法有效的采矿权845个，采矿权过期失效和在禁采区内采矿的849个矿山被依法注销，150多处无证采矿被依法取缔，整治26个非法采矿点，安溪、南安等县（市）300多个要件不全的矿山补办要件。

2003年，全市把清理整顿“禁采区”的采矿活动，作为矿产资源管理秩序治理整顿的工作重点，对南安、惠安、石狮、泉港等县（区、市）在沿江、沿路、风景区、国家重点建设项目规划区等禁采区域内1000多个无证非法采矿点，采取强制性拆除、关闭；同时，开展无证非法采矿专项整顿工作。全市强制关闭916个无证非法采矿点，吊销采矿许可证3本，注销采矿许可证11本，依法注销采矿权过期失效和禁采区内的矿山849个，依法取缔无证采矿150多处。

2004年，泉州市对滥采矿区集中整治，全面排查无证开采，全年关闭1037个无证开采矿山。

2006年，市国土资源局会同林业、水利、交通、环保等部门开展第二阶段“青山挂白”治理工作，实际治理61片，占计划治理任务的90%；实际完成治理面积122.72万平方米；实际完成投资750.71万元，占计划投资的55%。

2007年，泉州市启动矿山生态恢复治理保证金征收制度，全年共征收500多万元；全市立案矿山违法案件84件，收罚没款40.07万元，追究刑事责任11人。

2008年，市政府下发《泉州市整顿规范矿产资源开发秩序工作“回头看”行动实施方案》，全市继续开展整顿规范矿产资源开发秩序工作，查处无证非法采矿案件。全市共查明死灰复燃的非法矿山954处，查明持过期失效采矿许可证、仍继续开采矿山151处，强行关闭1105处，查处越界开采案件4件，发出责令停止开采通知书1907份，作出行政处罚300余件，罚款285万元，组织无证非法采矿矿产资源破坏鉴定并移送司法机关追究刑事责任的典型案件36件，刑事拘留8人，被判处有期徒刑1人。

2009年，全市查明死灰复燃的非法矿山446处，发出责令停止开采通知书687份，作出行政处罚100余件，罚款110万元，组织无证非法采矿矿产资源破坏鉴定37件，涉嫌矿产资源破坏并移送司法机关追究刑事责任29件，刑事拘留8人，批捕1人。市国土资源局整顿和规范矿产资源开发秩序工作被评为全国先进单位。

2010年，全市继续开展矿山生态环境恢复治理，累计收缴矿山生态环境恢复治理保证金累计超过0.94亿元。全市历史遗留矿山地质环境恢复治理率和土地复垦率40%；新（扩）建矿山地质环境恢复治理率和土地复垦率100%，矿山地质灾害点治理率20%；主要矿区（矿山）污染物排放量符合省规定的控制指标；矿山地质环境恢复治理责任制全面落实，矿山地质环境恢复治理保证金征收面与征收率100%。实施“打非治违”专项行动，打击无证非法采矿，全市出动检查3852人次，车辆1000多车次，发出停采通知253份，行政处罚44件，征缴罚款94万元。同时，建立完善动态巡查、案件查处制度，从根本上遏制、清除无证开采、乱开采和破坏性开采等现象。

卷四 环境保护

1991—2010年，泉州市环保局对全市环境保护工作实行统一监督管理。1991年，继续实行县（市、区）长环境保护目标责任制，每年由市长同各县（市、区）长签订环保目标责任书。全市环境工作围绕服务发展大局、改善环境质量、保障环境安全、维护群众健康这一中心，同步开展生态保护与环境应急、安全管理。加强环保执法，加大近海水域和“两江”流域水环境“江海连片”整治和工业污染源的监督管理及饮用水资源保护整治，组织推进主要污染物减排工作和农村小康环境保护行动计划。至2010年，全市环境质量总体良好，市区环境空气质量优良率达97%，居全省第三。晋江水系和各县集中式饮水源地水质均保持优的等级；近海水域功能区水质达标75%，全市城区声环境质量总体水平和道路交通噪声等级均为较好；建成的国家级、省级、市级生态镇分别为1个、14个、21个，省级以上的森林、野生动植物、湿地型自然保护区5个，其中国家级2个。

第一章 环境监测

第一节 大气质量监测

1991—2000年，泉州市区环境空气监测指标主要有二氧化硫SO_2、氮氧化物（NOx）、悬浮颗粒TSP、降尘、降水。2001—2010年，泉州市区大气监测指标主要有二氧化硫、二氧化氮、悬浮颗粒物PM10、降尘、降水。2010年，泉州市区环境空气质量总体良好，主要指标二氧化硫、二氧化氮和可吸入颗粒物年均浓度分别为0.019毫克／立方米、0.021毫克／立方米和0.068毫克／立方米，均达到《环境空气质量标准》（GB 3095—1996）规定的二级标准；空气污染指数（API）年均值为57，空气质量优良率为97%，首要污染物为可吸入颗粒物。

二氧化硫（SO_2） 1991—2010年，市区环境空气中二氧化硫年均浓度范围在0.006～0.028毫克／立方米，均达到《环境空气质量标准》（GB 3095—1996）二级标准。随着工业化进程的大幅提升，煤、燃油、天然气消耗量不断增加，20年间二氧化硫浓度呈上升趋势。

氮氧化物（NOx/NO_2）1991—2010年，市区大气中NOx/NO_2年日均浓度范围在0.016～0.032毫克／立方米，均达到《环境空气质量标准》（GB 3095—1996）二级标准。1991—1997年，随着机动车保有量不断增加，市区NOx浓度呈上升趋势；1998年起市区加大对机动车尾气的整治力度，限制摩托车的上牌数量，禁止农用车及大型运输车辆进入市区主干道，市区NOx/NO2浓度得以控制并呈下降趋势。

悬浮颗粒物（TSP或PM10） 1991—2000年，市区大气中TSP年日均浓度范围在0.155～0.216毫克／立方米，其中1994年、1998年和1999年的TSP年日均浓度超过《环境空气质量标准》（GB 3095—1996）二级标准。1991—2000年间，TSP浓度呈上升趋势，主要原因是受周边乡镇大量土法上马的陶瓷炉窑排放烟尘的影响，市区旧城改造及城郊城市化进程推进，施工扬尘及道路扬尘加剧所致。2001—

2010年，市区大气中PM10年日均浓度范围在0.056～0.090毫克/立方米，均达到《环境空气质量标准》（GB 3095—1996）二级标准。PM10和TSP均属于颗粒物污染指标，主要来源为工业烟/粉尘、城市建筑及道路扬尘；“十五”（2001—2005）初期，泉州市推进工业企业“一控双达标”，加大周边乡镇炉窑拆除及污染治理力度，有效控制工业污染物排放；2010年起加强对建筑、拆迁和市政等施工现场的扬尘污染防治以及对露天烧烤等的整治，2000—2010年间市区PM10浓度有所下降。

降尘 泉州市区设清源山、市环保局、市监测站、市卫校、中行、烟丝厂、食品厂7个省控点位，每月开展监测。1991—2010年，市区降尘年均值在每月3.43～10.1吨/立方千米，其中1993和1994年，年均值超过《福建省环境空气质量监测技术规定》统一推荐的标准值（每月8吨/立方千米）。

降水 1998年，泉州市被列为国家酸雨控制区，开始实施降水监测。泉州市区设清源山、市环保局、市检测站3个省控点位；采取自动采样、手工分析的方式，对酸碱度、降雨量、电导率等指标做到逢雨必测，每月还监测1～2次离子组分。

第二节 水环境监测

一、水系监测

1991—2000年晋江水系共设有10个监测断面通过对各监测断面的监测分析，晋江水系的主要污染物为石油类、氨氮、溶解氧等，特别是1998年的石油类污染尤为严重，各断面的平均年均值达到0.07毫克/升，超过《地表水环境质量标准》（GB 3838—2002）Ⅲ类标准。从1999起，由于持续推进晋江流域综合整治，石油类污染得到有效控制。2001年起，泉州晋江水系监测断面调整为13个。2000—2010年，晋江水系除2004年水质状况为良好外，其余年份水质状况均为优，2004年晋江感潮河段监测断面造船厂（晋12）和蟳埔（晋13）各有一期监测出现总磷超标外，其余年份水质达标率均为100%。

二、集中式生活饮用水水质监测

“九五”期间（1996—2000年），泉州市区两水厂（北水厂、三水厂）水源地水质达标率均为93.3%，超标因子为大肠菌群；“十五”期间（2001—2005年），北水厂和三水厂饮用水水源地水质达标率均为100%，其中水质达Ⅱ类标准的占80%。清濛水厂2004年起开始实施监测，该年水质为Ⅳ类水质，超标因子为总磷，2005年达《地表水环境质量标准》（GB 3838—2002）Ⅲ类水质标准；“十一五”期间（2006—2010年），三水厂和清濛水厂水源地水质达标率均为100%，北水厂除2006年粪大肠菌群及2010年个别月份铁浓度超标外，其余监测频次均达到《地表水环境质量标准》（GB 3838—2002）Ⅲ类水质标准。

三、城市内河监测

2002—2010年，泉州市区4个内河监测断面中，除浦西断面在2007年出现一期化学需氧量超标外，其他监测断面均能达到《地表水环境质量标准》（GB 3838—2002）Ⅴ类标准。

四、地下水监测

2003年起，泉州市开展地下水水质监测，每年丰水期和枯水期各采样监测一次，采样点位设在泉州市区承天寺井。2003—2010年，泉州市地下水水质状况良好，水质达标率100%，有7期达到《地下水质量标准》（GB/T 14848—1993）Ⅱ类标准，9 期达到Ⅲ类标准。

五、湖库水质监测

2001 年起，泉州市对山美水库和惠女水库开展水质监测。根据《地表水环境质量标准》（GB 3838—2002）评价，“十五”期间（2001—2005 年），山美水库和惠女水库水质均为劣Ⅴ类水质，主要超标因子均为总氮，均未能达到水域功能标准。“十一五”期间（2006—2010 年），山美水库水质为劣于Ⅴ类水质，超标因子为总氮，未能达到水域功能标准；惠女水库水质介于Ⅲ类～Ⅴ类之间，除 2008 年达Ⅲ类水质，符合水域功能标准外，其余年度均未能达到水域功能标准。泉州市通过开展山美水库和“两江”流域综合整治，山美水库和惠女水库的总氮污染得到改善，但仍未能达到水域功能标准。

六、近岸海域水质监测

泉州市近岸海域主要包括泉州湾、安海湾、深沪湾、围头湾等海域。1991—2010 年陆续对各个海湾设置监测点位。

2003 年，在国控、省控监测点基础上，增加 5 个市控监测点，实施海域趋势性监测。

2004 年始，在对全市陆源入海排污口调查的基础上，对石狮市伍堡污染集控区排污口、晋江市与石狮市交界处十一孔桥等 10 个入海排污口及其邻近海域作为重点陆源排污口实施海域水质动态监测，一年监测 6 次，密切监视陆源污染物排海对海洋环境的影响程度。2006 年起，逐步开展海水增养殖区监测、主要海水浴场海洋环境监测、海洋垃圾监测、海水入侵和土壤盐渍化监测、重大海洋工程建设项目环境影响跟踪监测。当年，增加湄洲湾南岸、晋江入海口、安海湾 3 个监测站点，全市监测站点总数达到 8 个。监测频率由原来的一年监测 1 次增加为一年监测 2 次，分别在 6 月中旬和 8 月中旬开展海域趋势性监测。

2007 年，泉州湾、湄洲湾、深沪湾纳入全省 13 个重点海湾海洋环境监测点。为避免重复监测，取消上述 3 个海湾的市控站点，在大港湾、安海湾、围头湾新布设 8 个监测点，分别于当年 5 月、8 月组织实施监测。监测结果表明，泉州市近岸海域水质总体较好，以一类、二类海水为主，但泉州湾、安海湾的无机氮和活性磷酸盐污染较为严重。根据《海水水质标准》（GB 3097—1997）进行评价，泉州湾各个监测年度的功能区水质达标率均为 0；安海湾除 2006 年和 2010 年达到功能区水质标准外，其余监测年度的功能区水质达标率均为 0。造成超标的主要原因是沿海地区经济较为活跃，大小工业企业众多，工业排污处理不完善，部分生活污水管网尚未配套建设，生活污水未能集中收集与处理，直接排放海域。

2010 年，全市 12 条主要入海河流中，除泉港坝头溪和晋江阳溪的入海口监测断面水质主要控制因子较近海污染整治前（2006 年 7 月）无削减外，其余 10 条河流水质均有不同程度的改善。监测晋江入海口蟳埔断面主要污染物年入海通量分别为：高锰酸盐指数 4756.6 吨、总氮 6475.4 吨、总磷 269.7 吨、氨氮 988.9 吨。直排海工业污染源排放废水量为 7802.1 万吨。主要污染物排放量分别为：化学需氧量 5233 吨、氨氮 160.2 吨、总氮 301.4 吨、总磷 15.3 吨。

第三节　声环境监测

一、功能区声环境质量监测

1991—2000 年，泉州市采取措施加强城市环境建设和依法监督管理，治理市区噪声。2001 年开始，泉州市实施市区一类功能区（居民文教区）、二类功能区（混合区）、三类功能区（工业集中区）、四类功能区（交通干线道路两侧）的声环境质量监测。监测结果表明，2001—2010 年，功能区声环境质量变化不大。一类、二类功能区昼夜噪声基本达标；三类、四类功能区昼间达标率较高，但夜间未能达标；三类功能区夜间达标率40%左右，四类功能区夜间基本未能达标。

2010年，全市城市（城区）区域环境噪声质量总体较好。泉州市区、晋江市区昼间功能区噪声达标率分别为93.8%和83.3%，较2009年分别上升6.3个百分点和16.7个百分点、超标主要集中在4类功能区；夜间功能区噪声达标率分别为62.5%和33.3%。

二、城市区域声环境质量监测

1996年开始，泉州市实施区域噪声监测。监测结果表明，“九五”期间（1996—2000年）城市区域噪声五年均值为56.8分贝（A），年均最高值60.5分贝（A），出现在1996年；“十五”期间（2001—2005年）和“十一五”期间（2006—2010年），区域声环境质量得到有效改善，区域噪声5年均值分别为54.7分贝（A）和54.4分贝（A），年均等效声级变化不大，且稳定在54.0～55.5分贝（A）范围内波动。

2010年，全市城市（城区）区域环境噪声质量总体较好，其中泉州市区、南安市区、永春县城、德化县城和惠安县城的昼间声环境质量达二级水平，其余的县城（市区）均为三级水平。

三、道路交通声环境质量监测

1996年开始，泉州市实施交通噪声监测以后，道路声环境质量稳步提升；1996—2003年，交通噪声均超过70分贝（A），年均最高值77.3分贝（A），出现在1996年；2004年起，交通噪声均能稳定达标并保持在二级水平，主要得益于城市道路拓宽改造、交通环境的纾解和市区禁鸣喇叭等措施的有效实施。

2010年晋江市区、南安市区、安溪县城、永春县城、惠安县城和泉港区的昼间道路交通噪声强度等级达一级水平（好），泉州市区、石狮市区和德化县城的昼间道路交通噪声强度等级为二级水平（较好）。

第二章 污染治理

第一节 大气污染治理

1991年7月起，泉州市贯彻执行《中华人民共和国大气污染防治法实施细则》，对本辖区的大气环境质量负责，并采取措施防治大气污染，保护和改善大气环境。泉州市环保局对泉州农械厂煤粉炉烟尘超标排放、泉州联泰橡胶塑制品有限公司等企业生产过程中排放有机废气及硫化物等污染严重进行督促治理；停止泉州锦砖厂玻璃和陶瓷马赛克生产。

1996年10月，泉州市政府印发《关于加快治理制鞋业三苯污染的通知》，全面开展制鞋业的三苯污染治理。

1998—2000年，全市共投入约5400万元，对全市水泥业粉尘污染进行治理。全市共整治84家、115条生产线，关停水泥厂47家、47条生产线，治理25家、40条生产线，淘汰落后生产线8条，削减水泥业粉尘排放量11.54万吨。2000年6月，出台《泉州市石材行业整治实施意见》并组织实施，共削减化学耗氧量排放160吨、悬浮物1.4万吨，综合利用石渣、石泥1.1万吨，处理处置石渣、石泥12.6万吨。

2001年，全面实施“环境立市”工程。全年环保资金投入占全市生产总值的比例为1.94%。继续推进以“二江三湾四市”（晋江、洛阳江，泉州湾、湄洲湾、安海湾，泉州市、晋江市、石狮市、南安市）为重点的环境综合整治，全面加强生态环境保护工作，“一控双达标”成果得到巩固，局部地区和流域环境质量有所改善，全市污染物排放总量比上年有所削减。其中，二氧化硫削减 0.24%，烟尘削减 2.56%，COD 削减 4.9%。城市环境空气质量达到国家二级标准。对制鞋业“三 119 苯”废气再整治工作进行验收，对 11 家水泥业粉尘治理进行检查。南安市投入 1200 万元，完成 54 家石材业污染治理，建设 27 个石粉综合处理场。

2003 年，泉州市开展机动车尾气监测，抽测 1486 辆机动车辆，达标率 86.1%，其中货车达标率 78.8%。

2004 年，泉州市投入 200 万元完成晋江、石狮城市空气质量自动监测站设备采购。

2005 年，全年全市工业废气排放量 1132 亿标立方米。主要污染物为二氧化硫、烟尘和工业粉尘，其年排放总量，二氧化硫为 5.03 万吨（达标率为 85.26%），烟尘为 3.19 万吨（达标率为 97.11%），工业粉尘为 1.83 万吨（达标率为 97.24%）。晋江垃圾焚烧发电厂竣工并网发电，日处理垃圾 750 吨。加强烟尘控制区管理。深化饮食业油烟、建筑工地扬尘、机动车尾气污染治理。推广清洁能源，未新批新建燃煤锅炉，烟尘控制区覆盖率保持在 100%。完成安溪、永春、德化三县 27 家水泥厂的设施改造并通过环保验收，促进水泥生产工艺从立窑到旋窑的改进。同年，对 1840 辆机动车辆抽测汽车尾气排放，达标率为 93.8%，其中货车达标率较低。

2006 年，泉州市工业废气排放量为 1387 亿标立方米。辖区环境空气质量稳定在二级，市区空气质量优良率 97.8%，在全国 113 个重点城市排名第十一位。市环保局开展室内空气监测 51 家次，卧室超标率 61.1%，办公室超标率 46.7%，同比上年均有大幅下降。甲醛超标频次最高（50%），超标倍数最大（4.9 倍），比上年有所下降。加强饮食业油烟、建筑工地扬尘、机动车尾气污染治理，开展“退二进三”（退出第二产业，进入第三产业）工程，着手搬迁泉州汽车西客站修理车间、宝洲生猪屠宰场和泉州豆制品厂等影响人居环境的企业（车间）。

2007 年，全市工业废气排放量 1909.73 亿标立方米，比上年增长 37.8%。全市重点工业企业二氧化硫排放达标率 98.59%、粉尘 99.92%、烟尘 99.66%；晋江市 52 家建陶企业完成干燥塔除尘脱硫；安溪关闭 5 家水泥企业（生产线）7 台机立窑；南安市强制关停 92 家黏土实心机砖厂；福建联合炼油化工有限公司采取进口沙特低硫份原油，并对硫黄回收系统进行技术改造，每年可减排二氧化硫 600 吨；安溪煤矸石发电有限公司燃煤发电机组采用循环流化床添加石灰粉进行脱硫，设施脱硫效率约为 81%；国电泉州发电公司采取石膏湿法脱硫技术，脱硫率 99.7%；晋江热电厂周围有 2 家企业实行集中供热，晋江可慕集控区集中供热系统于 12 月底投入试运行。开展 6 家涉铅企业（尾矿库）基本情况调查。晋江市组织实施建陶企业环境整治，磁灶镇、内坑镇两镇建陶企业投入 1.16 亿元，完成干燥塔除尘脱硫设施改造 170 座，淘汰单段直冷式煤气发生炉 43 座。南安市组织实施石材行业和实心黏土机砖厂污染专项整治，关闭取缔 100 家石材染板厂等“三无”企业和 92 家黏土实心机砖厂，停产停电整顿 115 家的石材企业。

2007 年，泉州市实施重点减排项目 20 项。其中，二氧化硫治理工程项目 9 家，清洁能源替代 276 家，结构调整项目 224 家；实施工业化学需氧量治理项目 9 家，结构调整 265 家，城市污水处理厂削减项目 7 家。根据省环保局核定，2007 年，泉州市净削减化学需氧量 1407.6 吨、二氧化硫 481.5 吨，分别比 2006 年削减 1.66% 和 0.82%。同年，泉州市区机动车尾气抽测 3440 辆，达标 3252 辆，达标率 94.5%，比 2006 年上升 0.7%；市公交公司购置 155 部环保空调车，其中 30 部为压缩天然气、汽油双燃料公交车。泉州市 LNG 燃气工程进度全省领先，累计完成投资 38905.34 万元，其中完成或基本完成泉州门站、惠安门站、晋江门 29 站、南安 LNG 站建设，全市铺设完成高中压管线 212.44 千米。

2008 年，全市重点工业企业排放达标率，二氧化硫 100%，粉尘 99.97%，烟尘 99.92%。2008 年泉州市区空气质量状况总体良好，优良率达 98.4%，环境空气质量在全国 113 个环保重点城市中列第九名，位居全省第二。惠安、安溪、永春、德化空气质量优，其余各地均为良。全市酸雨频率有所下降，酸雨污染略有好转；泉州、石狮、晋江、南安降尘年均值优于全省统一推荐标准。同年，泉州市加强城市机动车污染排放监督管理，特别是公交、营运（包括出租车）在用机动车的监督抽测数据的收集和管理。交警部门继续实施摩托停止报牌规范，按照《摩托车报废标准暂行规定》对已达报废标准上路行驶的机动车强制报废，有效控制市区机动车保有量。

2009年，泉州市工业废气排放量为21243771万标立方米。泉州市区空气质量状况总体良好，优良率达99.2%；永春县城、德化县城和南安市区空气质量优，其余各县（市、区）均为良。全市降水pH均值和酸雨频率有所上升，酸雨污染无明显好转；泉州市区、石狮市区、晋江市区、南安市区降尘年均值优于全省统一推荐标准。当年二氧化硫排放总量比2008年削减4.23%，完成年初市政府工作报告提出的削减4.2%的既定目标。加强现场检查、指导，督促206家建陶企业完成水煤气脱硫治理，推进整治工作有序开展，完成脱硫168家，酚水治理165家，取缔关闭10家。德化县关闭10家水煤气站。同年底，全市户用沼气累计2.81万户（由于拆迁、自然灾害等原因报废5800户），其中2009年新建7440户。“十一五”期间全市新增农村户用沼气2.23万户，累计节省标煤5.06万吨，减排二氧化硫760吨和二氧化碳13.66万吨。建池质量和建设标准明显提高。全市投入120多万元扶持12个沼气建设示范村，13个沼气建设生态示范场，10个沼气建设示范服务站。南安市东田镇湖山村总户数428户，沼气用户386户，沼气入户率90.19%，获“福建省新能源示范村”称号。同年，完成安检机构的环保年检委托工作，11家汽车检测线、13家摩托车检测线获得省环保厅委托。落实省政府《关于切实加强在用机动车尾气环保年检工作的通知》要求，泉州市安检机构的环保年检委托工作全面完成，19家机动车安检机构取得省环保厅委托。其中，12家汽车检测线，14家摩托车检测线。据统计，截至12月底，全市有31辆汽车办理黄标车报废。

2010年，晋江垃圾焚烧发电厂扩建工程、南安市垃圾焚烧发电厂二期工程、安溪垃圾焚烧发电厂和惠安垃圾焚烧发电厂建成投入运行；建成150个以上垃圾中转站、焚烧炉、填埋场，沿海乡镇、农村的垃圾收集、转运、处理体系更加完善。同年，泉州市建立、健全机动车环保定期检验等项制度，当年淘汰柴油黄标车441部，淘汰汽油及其他黄标车466部。

第二节　水环境污染治理

一、污水处理

1991年3月，泉州市环境监测站、中国环境科学院水所、泉州市环保局共同承担的国家“七五”攻关项目《泉州市晋江及泉州湾水环境容量开发利用研究》，在泉州通过国家环境科学研究院主持的鉴定和验收，为制定泉州水环境保护规划、合理规划工业布局，促进经济持续发展和环境管理提供科学依据。

1994年，泉州市为保护和合理开发利用晋江水系水源，保障沿江人民群众用水卫生、安全，使防治水源污染和经济建设协调发展，制定《关于加强泉州市市区供水水源卫生防护的通告》。

2000年6月，市环保局制定《泉州市石材行业整治实施意见》并由市政府转发实施。完成整治390家石材企业。其中，364家治理后废水循环使用或达标排放，24家停产，1家转产，1家搬迁。

2002—2003年，泉州市建成北渠污水截流应急工程和北高干渠截污一期工程14.45千米，投资1080万元的二期工程6.1千米均按期竣工。总投资1.74亿元的南高干渠改造整治渠道19.9千米，完成一期工程，累计清淤2.95千米。截污6.50千米，修建隔离墙5.5千米。

2003年，全市沿海地区已建成8个工业污染集中控制区，废水处理能力达10万吨/日。下达16家超标排污企业限期治理任务，完成南安仑苍电镀工业集控区的污水处理整改工程并通过验收。全年完成限期治理项目50个，完成率96.1%。“非典”期间，对全市30张以上床位的医疗单位的医疗废水实行限期治理，138家医疗单位完成治理。

2004年12月15日，宝洲污水处理厂二期工程投入运行，处理能力达到15万吨/日，市区污水处理率提高到76.85%。

2005年，全市漂染、电镀、皮革等10个工业污染集中控制区污水处理能力达到17.8万吨/日。晋江东石、南安仑苍、丰泽东海电镀集控区实行市场化运行、专业化管理体制。继续推进晋江东石、永和、安溪官桥、龙门，南安水头、石井和惠安崇武石材加工业的污染治理，这些石材加工业基本实现生产废水循环使用达标排放、污泥废料统一清运集中处置。畜禽养殖业污染治理得到巩固提高，从单纯的治理向治理与综合利用相结合。全市95家规模化养殖场有63家完成治理任务，责令搬迁1家，关闭或停产6家，主要污染物COD和氨氮分别削减4809.28吨/年和411.41吨/年。安平桥周边完成加塘溪北环工业区段、宝龙豪苑段、华达桥段的污染整治，5家再生造纸企业配套生化污水处理设施，周边的建陶、石材企业逐步实施废水循环利用。九十九溪整治河道14.7千米，对92家企业限期整改，责令14家企业停产。

2006年，市政府开展电镀行业专项整治，决定于2008年年底前搬迁南安仑苍电镀集控区及上游电镀企业；开展电镀企业排查108家，取缔、处罚违法企业15家。晋江市出台《晋江市近海水域工业污染企业“退二进三”工作方案》，引导市区重点污染企业向工业园区、污染集控区搬迁，同时深化、整改、扩建东石电镀二期工程、深沪东海垵漂染二期工程、安海可慕制革集中供热3个污染集控区的污染防治设施。石狮加强大堡、伍堡、锦尚3个污染集控区的建设和管理，污水处理能力达到23.2万吨/日（含中水回用处理能力1万吨/日），达到环评要求。南安市环保局开展大盈溪13家造纸厂清查暗管行动，拔掉11条偷排污水暗管。泉州湾南岸汇水区域38家重污染企业，除2家已停产，36家已完成污泥脱水装置的安装。推进沿江城镇生活污水、垃圾处置设施建设，治理畜禽养殖污染，推广农村沼气工程。

2007年，全市废水排放总量44101.16万吨，工业废水排放口2895个，污水排放总量28618.95万吨；企业（单位）废水治理设施1812套，废水治理设施处理能力128.58万吨/日，全年投入废水治理设施运行费用21117.4万元，工业废水排放达标量28581.55万吨。全年全市生活污水排放总量15482.21万吨。新增的晋江仙石（晋江部分）、石狮市、南安市、惠安县、安溪县、德化县生活污水处理厂建成投入使用，率先在全省实现地级市各县（市）均建成1座以上生活污水处理厂目标，全市生活污水总处理能力45.5万吨/日。泉州市区生活污水集中处理率74%。分别于3月、5月、8月、10月对石狮锦尚集控区排污口、晋江/石狮十一孔桥排污口、晋江东石电镀集控区排污口3个国家级重点排污口及其邻近海域进行4次水质监测；于5月、8月与国家海洋局厦门监测中心合作对泉州市泉州湾、大港湾、围头湾、安海湾进行趋势性监测。同年，全市城市垃圾处理能力2595吨/日，石狮市、晋江市分别有16座和26座乡镇垃圾中转站建成并投入使用。工业污染源监管力度明显加强，安装并联网的在线监测监控企业87家；石狮市大堡、伍堡、锦尚集控区污水处理设施完成脱泥设施改造工程；石狮市有8家企业建成污水再生利用工程，总回用规模为4万吨/日以上；晋江市区17家重污染企业“退二进三”工程基本完成前期工作；晋江东海垵漂染集控区二期工程、东石电镀集控区二期工程建成投入使用，污水处理能力显著提升；南安市大盈溪流域13家造纸企业经改造，污水处理能力从3.6万吨/日提高到5.2万吨/日。

2008年，全市重点工业企业废水排放达标率100%。水环境质量保持良好，晋江水系省控断面Ⅲ类水质达标率100%；城镇居民饮用水安全得到有效保障，市区集中式饮用水水源地水质达标率100%；城市水域功能区水质达标率为100%。晋江、石狮两地实施小流域生态治理工程约11千米。农村小康环保行动计划启动实施，创建国家级环境优美乡镇1个（德化县水口镇），省级环境优美乡镇11个，省级生态示范村3个。

2009年，泉州市继续加强对饮用水源保护，保障群众饮用水安全。坚持对饮用水水源保护区开展每月一检查，对发现的问题开展集中整治，全市投入流域整治资金6.7亿元，其中下达晋江、洛阳江上游水资源保护补偿资金2000万元，基本完成70个两江流域综合整治工作计划项目、22个两江上游水资源保护实施项目，推进14个省重点流域整治项目。

2010年，投入资金4532万元建设北高干渠污水截流应急工程，共建成截污管沟32.03千米、拦污闸1座、排污泵站1处、拦污墙5.4千米。历时6年建成南高干渠节水改造工程，共投入资金2.3亿元整治改造渠道14.97千米。

二、内沟河污染治理

2003年，泉州市建立内沟河日常管理机制，定期引水冲沟，完成八卦沟、笋浯溪等13条沟渠的清淤。完成内沟河改造整治22.7千米，建设2个滞洪区及配套排水排污管道。

2005年，市区内沟河坚持定期放水冲沟，完善专人管理制度，河面漂浮物清捞时间由原来的每天8小时调整为12小时；投入150多万元疏浚淤积河段。

2008年，市政部门投资465万元开展内沟河清淤，对笋浯溪、田安渠、田淮渠、八卦沟、东环城河、南环城河、北环城河、大淮渠、浦西排洪沟9条内河及工人文化宫百源川池进行清淤，共清运淤泥近4万立方米。开展大型雨水管道清淤，完成对宝洲路东段（坪山路至泉秀东街）排水管道出口的清淤、疏浚，清运排水管道淤泥750立方米，完成投资15万元。丰泽区要求中心城区所有房地产开发项目申请环保验收时必须向市政部门办理排水许可证，有效防止废水排入雨水管就近排入内河。及时清理沿河两侧垃圾杂物，加强巡查，制止沿河居民向内沟河随意丢弃垃圾废物，制止饮食店污水、含油废水排入内沟河，改善内沟河水质。

2010年，泉州市开展百源川池换水改造工程，顶管线路总长335米。开展坪山路东干渠倒虹管改造工程，刺桐北路接刺桐西路倒虹吸管改造工程，刺桐东路田淮渠倒虹吸管改造工程，温陵路远太大厦门口污水井改造工程，湖心街花园酒店污水管道错位堵塞改造工程，泉秀路双侧、刺桐东西路、丰泽街污水管清淤疏通等市区污水管网改造、清淤工程。开展宝洲花苑门口污水井改造工程，东干渠南段（田淮渠—云鹿路）截污改造工程，东干渠南段（田淮渠—云鹿路）截污改造等排水排污工程。

三、“两江”流域污染治理

2001年，泉州市全面实施“环境立市”工程，晋江、洛阳江水系达到国家地表水Ⅲ类水质标准74%，比2000年提高11%，泉州市区内河沟水质达到和优于国家地表水Ⅴ类水质标准，饮用水源水质达标率为97.6%。

2002年，晋江、洛阳江流域50个以生活污染源治理为主的项目已完成39个。《泉州市晋江干流和南高干渠、北高干渠生活饮用水地表水源保护区划分方案》获省政府批准正式施行。沿江各县（市、区）完成规模化畜禽养殖业污染治理近50家。

2003年8月21日，泉州市政府正式启动晋江、洛阳江流域工业污染源综合整治行动——“零点计划”，共投入资金18249.28万元，完成196套污水处理设施的新扩改，增加污水处理能力9696.04万吨／年，削减COD排放量58728.24万吨／年，全市工业废水基本实现生化二级处理。全市排入两江流域的31家规模化畜禽养殖场全部完成治理或搬迁、关闭任务；排入其他流域的28家，有12家完成治理，3家采用生物土地处理，4家关闭，9家治理工作正在进行。

2004年，下达两江流域限期治理项目31个，落实17个，形成《洛阳江流域污染源调查与综合整治方案》。在238家市级重点监控企业中，除8家自然停产或关闭外，230家配套污水处理设施。

2005年，市政府制定、实施《晋江、洛阳江流域水环境保护与污染控制计划》《洛阳江流域水环境综合整治方案》，对影响流域水环境的工业、生活、农业、畜禽养殖业等污染源进行全面治理。出台《晋江、洛阳江上游水资源保护补偿专项资金管理暂行规定》，由下游市、县（市）每年安排2000万元，连续5年1亿元资金，用于补助上游县（市）水污染治理项目。全年下达上游水资源保护项目34个，补助32个项目，完成或基本完成23个，完成率68%。

2006年，市政府制定实施《2006年晋江、洛阳江流域水环境保护与污染控制计划》《2006年晋江、洛阳江流域上游水资源保护项目实施计划》，开展全市县级饮用水源地污染问题调查，组织清理影响饮用水源水质的污染设施、违章建筑、周边垃圾及水面漂浮物，完善水源保护区的立碑界定，设置水源保护区防护栏，完成22个流域污染控制项目和29个上游水资源保护项目。

2006—2008年，晋江、洛阳江流域水资源保护持续深入，共投入专项资金8300多万元，完成98个上游水资源保护项目，晋江、洛阳江省控断面Ⅲ类水质达标率持续保持100%。强化饮用水源地的巡查、监测和管护，确保群众饮用水安全。

2009年，各相关县（市、区）彻底排查晋江、洛阳江沿江两岸及饮用水水源保护区周边的污染源，对发现的排污口坚决予以取缔。定期进行后督察巡视，防止被拆除的排污口重新投入使用。78个两江流域综合整治工作计划项目完成70个，24个两江上游水资源保护实施项目完成22个，重点流域2009年度整治任务基本完成，14个省重点流域整治项目按时序推进，按时完成省委、省政府饮用水源保护为民办实事项目。

2010年，市政府出台《晋江流域水环境重点污染源专项整治工作方案》，开展晋江流域水环境重点污染源专项整治工作；开展“加强环境执法监管年”活动，推进整治违法排污企业保障群众健康环保专项行动。组织实施《泉州市2010年建筑饰面石材行业综合整治实施意见》。畜禽养殖业污染防治，全市列入搬迁对象的8家养殖场全部完成关闭搬迁任务。要求禁养区外相关养殖场推广立体种养模式或采用“零排放”养殖技术，全年共推广11家，建成6个生态农业示范场；生态环境建设和保护，完成全市重点流域造林绿化任务。泉州市重点流域水环境综合整治工作在全省2010年重点流域水环境综合整治考核中位列第一。

四、近海水域污染治理

2006年开始，泉州市全面推进近海水域环境污染综合治理。2006年，投入近海水域污染整治资金12.62亿元，实施96个年度整治项目，完成65个，晋江、南安、石狮、惠安污水处理厂建成或基本建成。近海水域环境污染趋势初步得到控制，经市环境监测站对2006年10个近海监测点位监测结果表明，近海水质达标率为50%，水质较2005年略有好转。

2007年，泉州市制定实施《2007年泉州市近海水域环境污染综合治理工作计划》，以环保基础设施建设、小流域（沟渠）整治和沿海乡镇（片区）污水处理及排污专项规划为重点，组织开展92个整治项目。市委、市政府出台《2007年泉州市近海水域环污染综合治理工作考核暂行规定》，对相关县（市、区）政府和市直有关责任单位实行年度和季度目标考核，年度以“优秀、合格、不合格”评定等次，季度以评分评定任务完成优劣，并以“对账形式”开展定期督查，强化责任督促，强力推进工作进度。全市全年近海水域环境污染综合治理投入资金10.8亿元，完成84个整治项目，环保基础设施健全，晋江、石狮、南安、惠安等城区生活污水处理厂建成投入使用，一批垃圾处理设施建成。工业污染和畜禽养殖业污染得到控制，小流域河道整治初见成效。

2006—2009年，全市投入近海水域环境污染治理资金约41.85亿元，完成291个整治项目，全市近岸海域功能区水质达标率为75%。2009年，近海治污工作进入第四年，泉州市近海水域环境污染综合治理工作投入资金8.45亿元，完成63个治理项目，成效明显。

2010年，泉州市共投入治理资金8.88亿元，完成75个治理项目。全市新建、疏通和改造污水管道228.8千米；12座生活污水处理厂日均实际处理污水量达49.8万吨，负荷率达80%，比2009年初提升22.9%。

五、山美水库水污染治理

2003年，泉州市制定《山美水库污染治理方案》《山美水库污染近期专项整治方案》，并开始实施专项整治。

2005年，泉州市继续实施《山美水库污染治理方案》，完成排入山美水库流域范围内工业污染源排污口的整治，南安市省新、诗山、九都镇均建设垃圾焚烧炉并投入使用。

2006年，泉州市组织实施集中式饮用水源保护区污染整治和山美水库集中整治工作，基本完成全市集中式饮用水源地污染整治，南安九都镇区排入山美水库库区的排污管网拆除并完成垃圾清理，山美水库周边两家鞋厂污水处理工程动工，九都镇完善垃圾焚烧场管理与运营，并着手编制镇域污水、垃圾处理规划。

2009年，泉州市加大监管和巡查力度，开展后督察工作。定期对山美水库流域内的重点企业进行巡查，严厉查处污染防治设施不正常运行、偷排漏排等环境违法行为，并督促库区沿线南安市5家鞋业企业开展工业、生活废水治理。

2010年，泉州市制定《山美水库流域水源地水污染防治规划》，投入2480万元资金建成山美水库前置库，发挥蓄浑放清、净化水质的作用；建成水质在线监测系统，对PH酸碱度等5个水质常规参数指标实行24小时的不间断监测，对氮、磷等4个污染项目指标实行每天不少于4次的间隔监测，及时准确掌握水库水质的变化情况。投入1400多万元资金完成大坝防渗加固工程，确保大坝安全；加大库区一重山水源涵养林的保护力度，市水利局配合环保、农业等有关部门做好上游养猪场清理等面源污染整治工作。

第三节 声环境污染治理

1991—1996年，泉州市环保部门严格执行《噪声污染防治条例》等法规，处理反映噪声污染问题的人民来信，开征卡拉OK、KTV和歌舞厅等噪声超标排污费，使市区噪声环境质量进一步提高。

2001年，泉州市全面实施“环境立市”工程。区域环境噪声平均值为55.5分贝，城市噪声达标区覆盖率为58.1%。

2003年，泉州市加强噪声达标区创建工作，全市建成噪声达标区41.57平方千米。

2004年，开展城市“禁鸣”喇叭工作，严厉打击机动车乱鸣喇叭行为，市区交通噪声污染得到缓解。建成污染源在线监测监控设备42家46套，市区建成首个噪声自动监测点。

2005年，泉州市加强“禁鸣”宣传，落实市区“禁鸣”喇叭规定。市区建成噪声达标区47.16平方千米，覆盖率达76.06%。

2006年，全市城区区域环境噪声和道路交通噪声处于较好水平。工业区（三类区）、道路交通干线两侧（四类区）功能区噪声未能稳定达标。泉州市城市区域环境噪声均可达到国家2类区（居住、商业、工业混杂区）标准，泉州市区、南安市区、永春县城和惠安县城的声环境质量等级达到较好水平，南安市区区域声环境质量同比上年明显好转。同年，泉州市城市道路交通噪声质量等级范围在“好—较好”之间，道路交通噪声均能达标。同比上年，除永春县城持平，其余各县（市、区）交通噪声均有不同程度的下降。

2007—2010年，全市城市区域环境噪声均达到国家二类区标准。市公安、环保、执法局、工商行政管理、文化等部门按照《福建省噪声达标区管理规定》的要求，加强市区噪声功能区监督管理，严把建筑工地夜间施工的审批，强化对建筑施工单位和房地产开发商施工管理的监督，限制施工企业夜间施工作业，对未经申报擅自进行夜间施工的建筑单位，责令立即改正，并处以罚款。辖区内的建筑工地基本办理建筑施工噪声污染防治申报手续。市交通、交警部门完善城市路网优化市区交通结构，对过境车辆实施分流，有效地降低区域的交通噪声。

第四节 固体废弃物治理

1990年起，泉州市全面开展县城环境综合整治定量考核工作，要求各县把县城环境综合整治列入县长的任期目标。固体废弃物是定量考核范围之一。至 2000 年，泉州市工业固体废弃物综合治理率达到 80%。

2002 年，泉州市政府出台《关于对市区垃圾实行统一管理的暂行规定》《泉州市人民政府关于在泉州市区禁止生产、销售和在经营中使用“不可降解的一次性塑料制用品”暂行规定》。加强危险废物转移的管理，泉州市第一医院、福建医科大学附属第二医院的医疗废物转移至省危险废物处置中心处置。全市工业固体废物产生量 139.56 万吨，比 2001 年减少 2.4%。综合利用量 121.29 万吨，综合利用率 92.1%，比 2001 年增加 1.2 个百分点。全市生活垃圾处理总量 41.2 万吨（其中无害化处理 32.9 万吨），比 2001 年增加 10.2%。

2003 年，全市工业固体废物产生量为 166.89 万吨，比上年增加 16.4%；综合利用量 148.83 万吨，综合利用率为 89.2%，比上年增加 2.3 个百分点。市区生活垃圾无害化处理 22 万吨；建成乡镇垃圾焚烧炉近 20 台。此外，建成医疗垃圾焚烧中心，医疗危险废物集中处理率达到 100%。

2004 年，全市共产生工业固体废物 171.61 万吨，综合利用 160.64 万吨，综合利用率为 93.6%，提高 4.4 个百分点；城市生活垃圾处理总量为 22.50 万吨，无害化处理率为 100%；全市产生医疗废物 1934.5 吨，处置 1934.5 吨，处置率 100%。

2007 年，全市产生工业固体废物 413.95 万吨，综合利用率 97.18%；产生医疗废物 1874 吨，处置率 100%；泉州市区生活垃圾无害化处理率 100%。工业固废处置方面，晋江市启动晋江锦兴新型建材 30 万吨石粉综合利用项目和永和镇年综合利用 30 万吨石粉的气凝膨化砖项目建设；南安市引进石粉碎石综合利用企业 10 家，年利用、消耗石粉碎石 110 万吨左右。医疗废物处置方面，开展医疗废物焚烧设施专项检查，监督各医疗单位严格实施医疗废物转运联单制度和市医疗焚烧中心正常运转，使医疗废物及时处置。生活垃圾处置方面，泉港区垃圾填埋场试运行，惠安县梅山垃圾填埋场完成改造，南安市垃圾焚烧发电厂主体工程建设过半，石狮市垃圾焚烧厂二期主体工程完成工程量 75% 以上，晋江市垃圾焚烧发电厂二期工程启动；全市城市垃圾处理能力 2920 吨 / 日，石狮市、晋江市分别建成的 16 座和 26 座规范的乡镇垃圾中转站投入使用。

2008 年，全市共产生工业固体废物 505.58 万吨，综合利用率 95.71%；全市产生医疗废物 1946 吨，处置率 100%；泉州市区生活垃圾无害化处理率为 100%。泉州市环保局印发《关于开展固体废物环境管理情况检查的通知》，对辖区内进口废物利用单位、危险废物跨省转移申请单位进行检查。南安市组织关闭“三无”石材企业及染板厂 240 家，对 649 家违法违规石材企业采取停产停电措施。投资 5300 多万元建成石粉填埋场 5 个，年新增石粉、碎石处置 410 万立方米，鼓励发展碎石、石粉综合利用，引进莱特建材有限公司和中国节能投资等 10 家企业，投资近 6 亿元建设石粉综合利用项目，年综合利用石粉 110 万吨。晋江市关闭石材企业 60 多家，整改 125 家，年消耗石粉 30 万吨的锦兴石粉气凝膨化砖项目建成并投入运行。同年，全市 87 个乡镇建成垃圾处理设施，占全市乡镇总数的 65.4%，初步形成村收集、镇转运、县处理的垃圾处理体系。

2009 年，全市共产生工业固体废物 499.2 万吨，全市工业固体废物处置利用率 98.80%，工业危险废物处置利用率 99.99%，医疗废物处置率 100%，城市生活垃圾处理率 98.70%。完成《泉州市 2008 年固体废物污染环境防治信息公告》网站公布，制定《泉州市加强危险废物管理防范事故风险工作计划》《泉州市 2009 年市控固体废物（危险废物）重点污染源名单的通知》，组织开展全市危险废物经营许可证及经营单位环保相关情况检查，组织实施危险废物转移情况报备制度，总结电子废物污染防治管理情况及开展危险废物产生单位建立台账试点工作、制定全市推广方案。

第三章 生态保护

1991—2000 年，泉州市始终把加强生态建设、创建生态市作为一项民心工程、德政工程，与经济社会发展同规划、同部署、同落实。各行各业增强生态保护意识，把经济发展与环境保护兼顾起来，采取强有力措施，保护水域环境，防止江河海洋污染。

2003 年 2 月，泉州市提出“生态立市”发展战略。从创建战略、制度建设、产业发展、政策措施、社会文化五个层面强力推进生态市建设，着力构建生态经济、生态人居、生态环境、生态保障、生态文化五大生态体系。

至2010年，全市生态环境保护与建设累计投入超1000亿元，节能减排、城乡基础设施建设、“江河湖海”整治、“点线面”攻坚、“美丽乡村”建设、水土流失治理等重点工作深入推进，城乡面貌焕然一新，生态环境持续保持良好。全市 9 个涉农县（市、区）均制定生态县（市、区）建设规划，建成国家级生态乡镇 1 个，14 个省级生态乡镇，8 个省级生态村和 21 个市级生态乡镇。德化县国宝乡、赤水镇农村环境连片整治示范片区建设纳入省政府农村环境连片整治示范区。全市初步形成节约能源和保护生态环境的产业结构、增长方式和消费模式，生态文明建设框架基本成型。

第一节 生态示范区建设

2007 年，泉州市晋江西溪流域全国水土保持生态示范区建设通过省水利厅组织的验收。

至 2008 年，全市建立省级以上自然保护区 5 个、风景名胜区 12 个、森林公园 38 个，森林覆盖率达到 58.7%；泉州城区绿化覆盖率达 39.76%。永春县建成全市首个省级生态示范区，德化县水口镇建成国家级环境优美乡镇；全市共建成 11 个省级环境优美乡镇、3 个省级生态村、15 个市级生态示范乡镇；建成“绿色学校”416 所，“绿色社区”105 个；全市有 55 个乡镇、714 个村居通过省级“家园清洁行动”工作验收，分别占全市乡镇、村居总数的 42.3% 和 34.7%。

2009 年，惠安县涂寨镇庄内村、南安市码头镇大庭村、晋江市灵源街道曾林社区、德化县水口镇湖坂村、永春县五里街镇大羽村 5 个村开展水土保持生态建设示范村创建活动，在水土保持宣传教育、水土流失治理、村容村貌整治、村庄绿化、山地封育管护、生态环境建设等方面取得明显实效，水土流失治理率达 85% 以上，林草覆盖率达 80% 以上，宣传覆盖面达 100%，经验收达到示范村标准要求。

2010 年，全市建设 10 个生态示范场，组织实施果蔬、茶叶、畜禽、食用菌等农业产业化项目，建立农业标准化示范基地，如德化早熟梨农业标准化示范区、黄花菜农业标准化示范区、泉州市龙眼标准化示范区等。通过推行农业标准化工作，从制定标准入手，抓源头、抓基地、抓精品农业，加快农业标准化生态示范区建设步伐，推动地方特色产业的发展。

第二节 饮用水源地保护

2006 年，《泉州市人民政府关于落实科学发展观加强环境保护的实施意见》中明确规定，晋江、洛阳江上游不再审批化工、电镀、制革、染料、农药、印染、酿造、造纸等可能影响饮用水源水质安全的建设项目。

2007 年，加强饮用水源保护区定期巡查和监测制度，坚持一月一测一巡查一通报，并多次组织检查晋江河段和北渠及南高干渠沿岸的污染整治情况。对饮用水源保护区划分情况、污染源状况、保护措施、水质情况等进行调查。深入整治集中式饮用水源地环境问题，一级饮用水源保护区排污口全部清除；建成后田沟截污二期工程，保障金鸡水闸上游重要水源地环境安全，一、二级水源保护区基本达到国家饮用水源保护区标准要求。编制市县饮用水源环境保护规划，划定25个建制镇21个饮用水源保护区，编制《山美水流域水源地水污染防治规划》，饮用水源保护长效管理机制初步建立。建设千万农民饮水工程，建成村级供水工程243个，供水规模42.3万吨，受益人口30.3万人。

2009年，泉州市政府加强枯水期泉州市饮用水水源地安全保障工作，强化监测与监察，加强饮用水水源等敏感水域环境监管，加强对化工、电镀、漂染、石油类企业及其他重金属企业、重污染行业日常监管，落实安全防范措施。

2010年，市政府制定《山美水库流域水源地水污染防治规划》，投入2480万元资金建成山美水库前置库，发挥蓄浑放清、净化水质的作用；建成水质监测系统，及时准确掌握水库水质的变化情况。

第三节　自然保护区建设

1991年，泉州市加强对自然保护区建设，至2010年年底，泉州有省级以上自然保护区5个，面积2.81万公顷，占全市土地总面积的2.24%。德化戴云山自然保护区和深沪湾海底古森林遗迹自然保护区被列为国家级自然保护区，安溪云中山自然保护区、泉州湾河口湿地自然保护区、永春牛姆林自然保护区被列为省级自然保护区。全市有县级以上森林公园33个。其中，国家级森林公园1个、省级森林公园16个、市级森林公园1个、县级森林公园15个，森林公园总面积37171.2公顷，占国土面积3.37%，实现一县（市、区）一个森林公园的目标。

一、戴云山自然保护区

1985年成立，经省政府批准建立为省级自然保护区，2005年7月经国务院批准为国家级自然保护区。保护区地处福建两大山脉之一——戴云山脉主体部分德化县境内。主峰海拔1856米，是闽中最高山峰，素有“闽中屋脊”之称。总面积1.35万公顷，其中核心区5514.1公顷、缓冲区3515.4公顷、实验区4442.9公顷，森林覆盖率93.4%，是福建省最早建立的几个自然保护区之一。主要保护对象是东南沿海典型的山地森林生态系统，重点保护对象是中国大陆分布最南端、面积最大、保存最完好的黄山松林；重要的昆虫和植物模式标本产地；兰科植物资源以及丰富的生物多样性和濒危动植物物种。据调查，有高等植物284科928属2066种。其中，二级保护植物福建柏、半枫荷、闽楠等17种，兰科植物47种，大型真菌39科136种；陆生脊椎动物34目99科420种。其中，国家一级保护动物有云豹、皇腹角锥、蟒蛇、豹4种，二级保护动物有穿山甲、大灵猫、黑熊、金猫等36种。

二、深沪湾海底古森林遗迹自然保护区

1992年成立，为国家级自然保护区，地处福建省晋江市深沪湾中部，总面积34平方千米。主要保护对象是7500多年历史的海底古森林遗迹、万年牡蛎海滩岩，兼之保护典型的海蚀红土陡崖、卵石海滩岩等具有重大研究价值的地质景观。

三、安溪云中山自然保护区

2001年10月成立，由省政府批准为省级自然保护区。保护区地处安溪县西北部，位于福田、感德、桃舟三乡交界处，总面积3986.4公顷，其中国有林1609.2公顷、集体林2377.2公顷，属森林生态系统类型自然保护区。主要保护中南亚热带常绿阔叶林过渡带典型的山地森林生态系统，尤其是把晋江源头

和九龙江支流源头原生植被和濒危动植物物种作为保护的重点。由于云中山保存良好的生态环境和大量珍贵的植物及其群落，孕育十分丰富的生物多样性，专家学者称之为“东南地区弥足珍贵的物种基因库”。

四、泉州湾河口湿地自然保护区

2001年，泉州市政府组织林业、环保、水产等部门，成立泉州湾湿地领导小组，邀请专家对建设泉州湾河口湿地自然保护区进行实地科研和考察工作。保护区总面积为7045.88公顷，范围为泉州内湾，东至秀涂内侧至石湖内侧以内水域，南至蚶江水头村、西至晋江河段沿海大通道新大桥，北至惠安陈坝村。主要保护对象为河口滩涂湿地、红树林、珍稀鸟类、中华白海豚、中华鲟等。自然保护区划定3个核心区，即洛阳红树林核心区（244.28公顷）、桃花山海滨水禽核心区（111.34公顷）、蟳埔枪城河口湿地生态核心区（75.28公顷），进行全封闭保护；核心区外设缓冲区，保证核心区的有效保护，是半开放式或开放式；缓冲区以外为科学实验区或外围保护地带，为开放式，但不伤害中华白海豚、鸟和红树植物。

2003年9月，经省政府批准为省级自然保护区。保护区地处晋江和洛阳江入海口的泉州湾河口湿地，总面积为7039.56公顷。主要保护对象为湿地、红树林、珍稀鸟类等。由于特殊的地理气候和丰富的生物多样性资源，泉州湾河口湿地成为中国亚热带河口滩涂的典型代表，分别被亚洲湿地局、《中国生物多样性保护行动计划》、《中国湿地保护行动计划》列入“亚洲重要湿地”“中国优先保护生态系统”“中国重要湿地”名录。据科考调查统计，泉州湾有海岸高等植物191种，隶属于143属51科，其中红树植物有秋茄、桐花树和白骨壤3种。桐花树、白骨壤是泉州湾的原生物种，也是自然分布的最北限。湿地动物268种，分隶10个门，其中国家级保护的有中华白鳍豚、中华鲟等18种。泉州湾及泉州湾海畔海岸带记录鸟类213种，其中国家级保护的有38种。

2004年，为加强泉州湾河口湿地省级自然保护区的保护、管理和建设，维护生态安全，实现可持续发展，根据《中华人民共和国森林法》《中华人民共和国自然保护区条例》和有关法律、法规，泉州市发布《关于加强泉州湾河口湿地省级自然保护区管理的通告》。

2009年12月4日，福建省政府批复同意调整泉州湾河口湿地省级自然保护区范围及功能区。调整后的保护区范围以泉州湾河口为主体，东至秀涂内侧与石湖内侧连线以内水域，南至蚶江水头，西至泉州晋江大桥，北至惠安陈坝村。保护区总面积7008.84公顷；缓冲区面积626.11公顷；实验区面积5077.52公顷。

2010年，泉州市进一步组织实施泉州湾河口湿地自然保护区红树林生态修复工程。

五、永春牛姆林自然保护区

1984年7月，经省政府批准为省级自然保护区。位于永春县下洋镇境内，地处戴云山南麓的西南侧，由西北—东南走向的褶皱山和断层夹谷组成的岭谷相间地形，总面积250公顷，核心区面积50.7公顷，山地海拔490～1050米。最高气温34℃～35℃，最低气温零下4℃～5℃，年平均气温17℃～18℃。雨量充沛，年降水量在1600～2400毫米。牛姆林自然保护区保护对象主要是动植物资源。区内多为常绿阔叶林，因有南亚热带明显的过渡特征，区内主要植被类型还可以分为常绿针叶林、山地常绿阔叶林、针阔叶混交林、竹林、灌丛和沼泽化草甸6个植被型。动植物资源丰富，物种多样。华南虎、云豹、金钱豹、黑鹿、黄腹角雉、蟒蛇6种国家一级保护的珍稀动物栖息于此，此外，还有穿山甲、猕猴等国家二级保护动物近35种。复杂的地形，多样的生境，孕育丰富的生物多样性，被誉为“闽南的西双版纳”。

第四节　水土综合治理

1991年，泉州市水土流失治理实行项目管理，水土流失园地（果园、茶园、坡耕地）治理作为治理项目内容。至2000年，全市水土保持部门治理水土流失园地3058公顷。

1992—1995年，泉州市利用溪河两岸（以不影响泄洪为原则）、水库周围、水土流失崩岗区、荒山杂地、房前屋后空地建设绿、麻、竹生产基地1万公顷。

2006年，泉州市以治理“青山挂白”为重点的矿区迹地植被恢复治理面积166.67平方千米。生产建设单位落实水土保持设施236处，防治面积2363.9公顷。全市退茶（果）还林79.8公顷。

2007年后，全市加强崩岗综合治理、茶果园水土流失治理、生态修复、重要水源地水土保持生态建设和迹地植被恢复等五大治理工程建设。2007年，全市完成治理1.38万公顷，封育保护3.5万公顷，小型水利水保工程76处。2008年，全市完成水土流失治理面积1.47万公顷。其中，建设生态茶果园3333公顷，修筑拦沙坝10座、谷坊9座、护岸护坡1.73千米、截排水沟17.31千米、引水渠5千米、蓄水池77口、沉沙池41口、道路22.31千米。树立南安市梅山镇茶园水土流失治理、安溪县官桥镇崩岗治理2个精品示范工程。惠安县紫山镇半岭村、安溪县尚卿乡尤俊村、德化县介德乡下寮村、永春县岵山镇北溪村、晋江市东石镇梅塘村5个村被评为“泉州市水土保持生态建设示范村”。

2009年，泉州市建立健全水土保持监测网络，开展洛江区马甲镇清洁型小流域监测、永春县崩岗水土流失监测、安溪县茶园监测、德化县生态修复监测、惠安县绿谷工业园区监测等多项水土保持监测工作，在惠安县涂寨镇庄内村、南安市码头镇大庭村、晋江市灵源街道曾林社区、德化县水口镇湖坂村、永春县五里街镇大羽村5个村开展水土保持生态建设示范村创建活动，水土保持宣传教育、水土流失治理、村容村貌整治、村庄绿化、山地封育管护、生态环境建设等取得明显实效。为各县（市、区）配备精度高、用途广的GPS接收仪，组织全市水土保持业务骨干进行GPS技术在现场勘察测量、水土保持监测和水土流失调查中的运用培训，提高水土保持工作效率。全年完成水土流失治理面积1.36万公顷。其中，封禁3445.72公顷、造林589.63公顷、种草261.13公顷、种果20.01公顷、种茶22.01公顷，建设“三保园”578.29公顷，修筑谷坊44座、拦沙坝13座、蓄水池215口、沉沙池49口、截排水沟37.5千米、引水渠18.8千米、护岸护坡2.4千米、道路56.58千米、挡土墙0.2千米，完成节水灌溉工程2项。

2010年，市委、市政府编制出台《泉州市城乡绿化一体化“四绿工程”水土流失治理规划》和《“十二五”水土保持规划》。创建德化赤水镇、永春桂洋镇等11个市级水土保持生态修复示范乡（镇），和晋江安海镇赤店村、南安码头镇新汤村、永春外山乡墘溪村、德化国宝乡佛岭村4个市级水土保持生态建设示范村。

第四章　环境管理

第一节　宣传教育

1991年，泉州市在“6·5”世界环保日，开展环保宣传教育活动。泉州市群团组织、工矿企事业单位利用各种宣传工具和阵地在厂内外、公共场所开展生动活泼的环境宣传活动，普及环保法律和有关科学知识，提高群众的环保意识和环境法制观念。

1995年6月，泉州市环保局、市青少年宫和市青年作协、书协举办的“环保作文书画大赛”作品在威远楼展出。

2001 年，泉州市环保局与泉州市人民广播电台共同组织“环保总动员”宣传教育节目，举办各种环境宣传教育活动，主要有：以“绿色消费”为主题的大型现场活动，“支持北京申办奥运、百万青少年齐行动”环保公益广告设计比赛，“中国·海峡·生态环保”大赛，校园环保宣传周活动，“环保杯”童声合唱比赛，“争当环境小卫士”、争当“绿色之星”活动。德化县的黄志森获“生态环保志愿者”称号。全市创建“绿色学校”工作走在全省前列，共有 117 所学校获“绿色学校”称号。其中，省级 8 所，市级 46 所。泉州市组织拍摄的《漫漫治粉路》电视专题片获省生态环境比赛二等奖，《地球的孩子》节目在全省环保系统警示教育文艺会演中获三等奖。

2002 年，泉州市环保局加强与宣传、教育、新闻等单位的配合，广泛开展环保宣传教育活动。印制《泉州市创建国家环保模范城市宣传手册》等宣传材料；组织以“保护母亲河，建设生态市”为主题的系列宣传活动。组织纪念世界环境日、“禁止白色污染”宣传咨询活动；开展“环保下乡”“环保进社区”“环保进企业”活动；举办 2 期环保法制高级研讨班；举办“我们明天的家园”绘画比赛、环境保护图片展、校园环保宣传周以及环保夏令营等活动。

2008 年，泉州市环保部门印发宣传材料 3 万多份，分发水保技术手册 4000 多本，在泉州广播电视台播放水土保持新闻 15 条；举办“水保杯”校园歌手大赛、绘画比赛等一系列校园水土保持科技活动；举办山地茶果园水土保持实用技术培训 30 场次，受培训农民 2976 人；在全国水土保持工作会上交流泉州市水土保持科教普及工作经验。分发禁鸣喇叭宣传材料 1452 份，警告教育 129 人次，查处 53 起。

2009 年，开展“爱鸟周”、执法宣传、保护野生动物宣传月等宣传教育活动，提高保护区周边群众的保护意识。

2010 年，开展公众宣传和普法教育，以“保护蓝蓝泉州湾，建设生态和谐泉州”为主题，开展第 14 届“世界湿地日”和第 28 届“爱鸟周”宣传教育活动，配合志愿者开展环保宣传活动，协办“印象红树林”摄影征文大赛，提高保护区周边群众的保护意识。

第二节　政策措施

1991 年起，泉州市持续实施环保目标责任制，开展城市环境综合治理。同时，根据国务院《征收排污费暂行办法》，向企业征收排污费。

1996—2000 年，泉州市实施可持续发展战略，组织开展治理建陶业烟尘、晋江水环境、制鞋业三苯废气、水泥业粉尘四大工程，“一挖双达标”过省级验收，全面保护“四山”（清源山、紫帽山、大坪山、桃花山）“两江”（晋江、洛阳江），封山育林。

1999 年 6 月和 2000 年 5 月，市政府分别印发《泉州市区环境噪声污染防治暂行规定》《泉州市人民政府关于晋江、洛阳江流域水环境保护管理暂行规定》等一系列规范性文件，全市环保系统初步建立环境法制工作体系，规范环境行政执法的法律文书格式和环境行政执法程序，推行环保行政执法责任制，办理各级人大建议和政协提案，开展环保 110 社会联动，及时处理环境扰民、环境污染和环境违法案件。

2000 年 2 月，市政府印发《泉州市 2000—2004 年生态环境建设实施意见》，提出生态建设的基本原则，总体布局和分年度实施计划，确定生态建设规划应封山育林面积 23.84 万公顷，重点建设六大工程（沿海防护林体系、晋江流域绿化工程、市区园林绿化工程、退耕还林和矿区生态恢复工程、水利工程周围重山绿化工程、小流域水土流失工程）；实行责任制，依法保护生态区，推广先进运用技术，优化经济结构、林业结构，强化工程项目管理，建立稳定的投入保障机制等政策措施。

2002 年，泉州市制定印发《山美水库污染源治理方案》《山美水库污染近期专项整治方案》；加强对沿海 8 个污染集控区的监督管理，开展禁止销售和使用含磷洗涤用品活动；完成《安海湾环境容量及其周边各镇区污染综合整治》，为安海湾的环境综合整治和生态保护提供科学依据；制定、试行《泉州市环保局行政案件自由裁量权运用暂行规定》，并在全市推广。

2003年，泉州市出台《泉州市水泥业粉尘污染整治工作方案》《泉州市污染源自动在线监测、监控系统安装（暂行）管理办法》；制定《南安市丰州镇后田沟综合整治方案》《泉州市东海彩虹沟污染整治方案》《洛阳江流域污染综合整治方案》并组织实施，全面铺开东海彩虹沟、洛阳江流域治理工作。实施重点乡镇领导干部环境保护工作绩效考核办法，首次将环保目标责任制延伸至基层。

2004年，泉州市清理建设项目环评审批、竣工验收、排污许可等环保行政许可事项14项，制定《泉州市环境保护行政管理机关当场作出行政许可决定暂行办法》《泉州市环境保护行政管理机关行政许可监督检查暂行规定》《泉州市环境保护行政管理机关行政许可过错责任追究暂行办法》等暂行规定。组织开展环境问题比较复杂的九十九溪、大盈溪、梅溪、安平桥周边环境综合整治工作。成立整治工作领导小组，构建起市、镇、村三级联动责任体系，出台《安平桥周边污染源调查及综合整治方案》《晋江九十九溪中上游污染调查与综合整治研究方案》，全面开展整治工作，改善沿海地表水水质，保护名城古迹。抓好源头山美水库的治理深化，加快库区污染成因分析，完善《山美水库环境综合整治方案》，部署永春做好排入库区流域水污染源排污口的规范建设。坚持南北两渠饮用水源水质的一月一测一查制度，加强沿渠两岸的环境管理，杜防任何形式的污染行为，确保饮用水源水质安全。

2005年，泉州市出台《水行政许可事项和泉州市水利规范性文件汇编》。制定《海洋环境监测方案》，完成现场调查监测和泉州湾周边主要排海污染源调查。

2006年，泉州市制定实施《泉州湾南岸近海水域污染专项整治实施方案》《泉州市近海水域环境污染综合治理方案》，完善《泉州市突发事件环境应急预案》，组织开展全市危险废物专项调查和电镀、石化等新建项目环境风险排查工作，逐家督促省、市26家挂牌督办等危险污染源落实环境应急预案。

2007年，泉州市委、市政府相继出台《关于加强节能工作的意见》《泉州市"十一五"重点节能工程行动方案》《泉州市节能减排综合性工作方案》《泉州市单位GDP能耗考核体系实施意见》《泉州市节能减排综合性工作方案》《泉州市2007年度主要污染物总量减排计划》《泉州市人民政府关于进一步加强主要污染物总量减排工作的实施意见》等一系列文件，成立由市长任组长、分管副市长任副组长、市直有关部门主要领导为成员的泉州市节能减排工作领导小组，建立联席会议制度；分解目标任务，落实节能工作责任；淘汰落后产能，推动产业结构调整；加大节能投入，实施十大重点工程；夯实节能基础，强化节能监督管理，重点耗能行业和重点耗能企业能耗明显下降。9月，市委、市政府出台《关于进一步加强环境保护工作的决定》，明确规定全市不再审批新建使用含苯胶水制鞋和制革、造纸、电镀、漂染等重污染项目，晋江、洛阳江流域严格实行"四不批"（建设项目环境影响评价不清楚的不批、环境容量不允许的不批、区域或流域污染物总量超标的不批、污染防治措施不可行的不批）政策；严格实行"区域限批"政策；重点项目严格执行开工建设"六项必要条件"，实行新开工项目报告和公开制度。

2009年和2010年，泉州市开展重点排污单位落实环保主体责任自查自律行动年活动，调动环保违法企业整改环境问题的自觉性、主动性和积极性。

2010年，泉州市制定《外来人口出入自然保护区管理制度》《巡护督查制度》等管理制度，划分4条督查线路，由管理人员每周巡查1次，监督巡护员落实巡护责任，确保违法行为在发生初期及时得到制止。

第三节　环保规划

一、总体规划

2002年12月，泉州市委、市政府印发《泉州市创建国家环保模范城三年规划》，规划由"碧水、蓝天、安静、青山绿水、污染防治、细胞优化"六大工程组成，确定至2005年实现创建国家环保模范城的目标和突破环境保护基础设施薄弱"瓶颈"、整治保护水源、规范管理等三大工作。

2003年，泉州市出台《泉州生态市建设“十一五”规划》，提出“十一五”期间生态市建设目标、工作重点和实施规划对策措施；确定生态市建设重点工程项目，要求加大执法监督力度，着力整治重点行业的工业污染源，连片整治农村生态环境和江海污染，全面提高环境质量；健全生态建设和环境监测体系，增强应对突发性污染事故应急处理能力；切实调整经济结构，发展低碳经济、循环经济，推广清洁生产技术，确保实现减能降耗减排任务。

二、专项规划

2000年，泉州市编制《泉州市酸雨控制区酸雨和二氧化硫污染防治“十五”计划》，确定泉州市在“十五”期间酸雨、二氧化硫的计划目标，防治二氧化硫污染的措施及综合防治二氧化硫、酸雨的技术方案。

2003年，泉州市完成《全国水环境规划——泉州市区水环境规划》，确定市区水环境功能区类型及各功能区应执行的水环境质量标准。

2004年，《泉州市区生态功能区划》通过专家初步论证。根据功能区划，泉州中心市区划分8个生态功能小区，包括7个陆域生态功能小区和1个海域生态功能小区。列入功能区划范围的泉州市区包括鲤城区、丰泽区、洛江区和泉州市经济技术开发区，总面积578.24平方千米，陆域面积532.61平方千米，海域面积45.64平方千米。根据泉州市区生态特点，功能区划确定泉州市区生态建设的重点为：以国际花园城市为目标建设生态城市；全面控制生态污染和城市居民生态污染；建好滨海防风固沙林带和丘陵地区水土保持林，防止滨海风沙和水土流失；严格控制染物排放海和海洋污染，保护海洋生态，特别是河口湿地生态多样性。

2005年，泉州市完成《泉州市水资源开发利用和节约保护规划》的编制工作。

2007年9月26日，《山美水库流域水源地水污染防治规划》技术审查会在泉州召开并获通过。该《规划》提出近期目标（2007—2010年）：流域内所有点源处理达标，全部取缔饮用水水源一级保护区内排污口，建设山美水库前置库工程及周边生态保护工程，山美水库水质达到《地表水环境质量标准》三类水质标准；中期（2011—2015年）目标：流域内排污总量大幅削减，构成水库生态系统理想的结构，生态系统运行趋向良性循环，山美水库水质总体达到二类水质标准；远期（2016—2020年）目标：建成水库饮用水源安全的稳定保障体系，水质优良，生态系统良性运行。

2009年，泉州市组织开展海域管理专项规划工作，编制《泉州湾整治利用规划》《湄洲湾用海规划》《泉州市围填海规划》，夯实海域管理工作基础。

第四节 环境执法

一、建设项目管理

1991—1996年，泉州市贯彻《中华人民共和国环境保护法》，坚持建设项目环境影响评价和“三同时”（建设中环保设施必须与主体项目同时设计、同时施工、同时投产使用）制度，突出项目建设全过程管理，有效控制新污染源的产生和污染的发展。1998年，贯彻《国务院关于建设项目保护管理条例》，下达“三同时”督查计划，强化日常监督。

2000年始，泉州市在晋江上游环境管理中实施“四不批”政策，即建设项目环境影响评价不清楚的不批，环境容量不允许的不批，区域或流域污染物总量超标的不批，污染防治措施不可行的不批。

2003年，泉州市执行《中华人民共和国环境影响评价法》，对建设项目环保实行分类管理，建设项目环境影响评价实行分级审批。全年，全市共审批建设项目环境影响报告书37份、报告表3658份，登记表1313份，环保设施竣工验收589个项目。同时，加强用海建设项目环评工作，审批石狮伍堡污水集控区尾水深海排放工程、泉州湾深沪港区后方罐区工程、泉港液体化工码头一期工程等工程的环境影响报告书。

2004年，泉州市按照《2003—2005年环境污染防治工作实施方案》的要求，制定《泉州市环境保护行政管理机关行政许可监督检查暂行规定》等7个文件，规范建设项目审批、审核、环境执行行为，严格建设项目环保审批、竣工验收，实行污染物排放总量控制。继续加强用海建设项目环境影响评价管理，核准审批5个建设项目环境评价报告。

2005—2006年，全市环保部门审批新建、改建、扩建项目环境影响评价文件1万份，涉及环境影响评价报告书、环境影响报告表、环境影响评价登记表。2006年，验收457家新建、扩建项目的环保设施。

2009年，泉州市继续落实环境影响评价法和“三同时”制度，严把环境准入门槛。全市通过环境影响评价审批企业531家，其中纺织染整334家、制革企业99家、食品行业企业98家。在通过环评的食品企业中，30家完成“三同时”验收。

2010年，泉州市着重审查中化输油管道廊工程、净峰杜厝海堤加固工程等7个海洋工程项目环境影响报告及联合石化原油管道、闽台贸易码头等6个海洋工程环境影响跟踪监督方案。

二、环境违法案件查处

1996—2000年，泉州市执行国家环境保护法律法规，共查处环境违法案件2226件，占全省查处案件的32.8%，罚款1119.7万元，占全省的40.1%，其中2000年全市实施环境行政处罚737起，罚款405万元。按照《国务院关于环境保护若干总量的决定》，关、停企业240家。

2001年，泉州市环保部门出动行政执法4500多人次，执法检查686个单位，查处违法案件340件，涉及违法排污、环境污染和生态破坏等违法行为。

2002—2003年，泉州市开展严查环境违法行为，遏制污染反弹的专项行动，清理违法排污，保障群众健康专项行动，查处违法采砂船62艘，罚款75万多元。

2003年和2005年，泉州市环保部门受理“12369”环保热线、环保“110”投诉7770件，处理7698件，处理率99%；受理群众信访404件，处理388件，处理率96%。

2005年，泉州市开展“海盾2005”专项行动。以查处围填海、交通码头围海、砂场用海、渔业用海、旅游用海、海洋污染为重点，组织执法检查173件，出动执法人员1100多人次，检查用海项目125个，发现违法用海行为51起，立案51起，办结42起；出动舰艇39船次，执法人员456人次，检查192艘次，查处21艘违规采砂船。

2006年，全市立案查处环境违法案件338件，罚款544.3万元，取缔关闭45家“十五小”“新五小”企业，其中立案查处39起。办理群众信访367件，接警1916起。同时完善《泉州市突发事件环境应急预案》，市环保局等部门联合开展全市危险废物专项调查和电镀、石化等新建项目环境风险排查工作，逐家督促省、市26家挂牌督办等危险污染源落实环境应急预案。建立环境纠纷预防机制，购置环境应急车辆，及时启动环境应急预案，妥善处理泉港晋安集控区环境污染等突发事件。

2007年，泉州市及时处理泉港区“5·18”大气污染事故和南安市南同公路交通事故现场大豆渣泄漏事故。全市森林公安机关组织开展“绿盾行动”“霹雳行动”等查处破坏环境生态的专项行动，查处盗伐、滥伐森林、走私野生动物等案件1000多起。2007—2010年，全市环保部门立案查处环境违法案件1547件，罚款4867.52万元，其中市环保局查处案件34件。2009年起，责成部分违法企业登报检讨，向社会作出承诺。

附：污染事故紧急处置案例

1.泉港区“5·18”大气污染事件

2007年5月18日，福建湄洲湾氯碱工业有限公司按制度规定开展氯气事故紧急处理塔模拟试验，试验完成后2分钟，紧急处理塔钛风机前塑料管破裂，造成含氯酸钠碱及管内残留氯气泄漏，有部分气体逸出，致使周边部分群众产生不适感。事故主要原因是模拟试验结束后，操作人员在启开加碱泵对高位槽加碱时，由于阀门开度过大，造成人塔喷淋量过大，紧急处理塔液位升高，又未及时停泵，使碱液进入钛风机管内造成管道喘振，塑料管破裂，碱液及管内氯气泄漏，引发环境影响。对此，该公司在执行事件及时报告制度和采取必要防护措施的同时，对事故塔碱喷淋量重新核定并多次试验是否符合工况要求，对碱泵出口加限流孔板，控制喷淋碱量；对高位碱排碱速度及排碱时间重新核定，保证碱喷淋时不过量又能满足工艺及安全环保要求；增高碱高位槽液位、碱储槽液位远程监控装置；加强操作人员培训，开展安全隐患排查，确保安全生产。该公司对事故责任人及其分管领导给予相应处罚。

2. 南安市南同公路交通事故现场大豆渣泄漏事件

2007年12月27日下午4时左右，一辆载有30吨大豆渣的槽灌车，途经南安市东田镇隧道口下坡转弯处桃园村大崎穿山公路段，侧翻至公路旁，导致约15吨大豆渣泄漏。事发后，南安市消防大队及时赶赴现场，并用水对现场进行洗消，含有大豆渣的洗消水顺着公路一侧的排水沟流入兰溪上游桃园溪内。对此，市县两级及时启动应急预案，消防、公安、交警、安监、公路、环保、东田镇政府等有关人员赶赴现场，按职能分工开展应急处置，由环保部门负责事故下游流域断面监测监控和处理。市环保局立即组织当地群众采取措施，在桃园溪附近设置5处拦坝对受污染溪水实施拦截处理，防止溪水流入下游造成更大影响，通知下游有关乡镇（村）做好防护措施。从对现场水系水质分时段采样检测措施结果显示，桃园村桥下游溪水质均未检出PH酸碱度和石油类超标，污染团无向下游动。此次事故因处置及时，对下游群众生产生活没有造成明显影响，群众情绪稳定。

第五节 机 构

一、行政机构

1986年1月，泉州市环保局成立。2010年，泉州市环保局内设机构：办公室、政策法规科、污染物排放总量控制科、污染防治科、环境影响评价科、水环境监督管理科、自然生态保护科7个科室，局机关行政编制21名。其中，局长1名、副局长4名、总工程师（副处级）1名；正科级领导职数8名（含机关党总支专职副书记1名）；工勤人员编制2名。

二、事业机构

泉州市环保部门下属事业机构有环境监测站、监察支队、环科所（加挂排污权储备管理中心）、信息宣教中心、固化管理中心5个。全市各县（市、区）均设立监测站、监察大队等环保机构，12个环境监测站全部通过计量认证及环境监测站标准化建设达标验收。建成市环境自动监测监控中心以及8个县级环境自动监控分中心、21座空气质量自动监测站、2个水质自动监测站，配备大气及水质流动应急监测车各1部。

卷五 城乡建设

1991年后，根据泉州市域的地理位置、经济联系、区域专业化生产指向、经济水平、资源赋存、社会文化历史因素、城市化进程与开发次序差异，泉州市委、市政府调整战略部署，明确泉州区域经济发展应以市区为中心，以港口为依托，以沿海、沿江、沿路的卫星城市和小城镇为支撑，以内地山区为腹地，形成晋江口三角洲、湄洲湾南岸、围头湾地带和东西溪沿岸四大经济区域，坚持工业化、外向化、城市化并进，发展以港口经济为主导的现代化侨乡经济，使沿海经济圈在山海协作方面表现出更多的主动，更好地发挥龙头辐射作用，带动内地山区开发建设。

1993年7月，泉州市政府实施“以港兴市”战略，围绕建设现代化港口城市目标，优先建设一批带动全局的重点项目。实施大泉州城市发展战略，拓展新区，改造旧城基础设施，加快城市群建设，形成以市区为中心的“半小时经济圈”，凸显中心城市地位，增强中心城市功能，发展港口经济建设现代化基础设施，成为泉州城市发展的取向和加快经济发展的战略重点。2001年7月，泉州市被建设部列为“全国建设科技发展试点城市”。

2003年，泉州市建成漳泉肖铁路、晋江机场、泉厦高速公路、刺桐大桥、邮电通信网、供电网，拓宽国道324线，加速建设湄洲湾南岸供水工程、福泉高速公路和港口等重点基础设施，形成“海陆空”立体交通网络，为沿海“半小时城市群”的形成与发展创造有利的条件。在泉州湾已形成连绵成片的都市区。

2004年12月，泉州市委、市政府出台《关于发展壮大中心城市的意见》，提出发展壮大中心城市的总体要求，即按照“两期三步走”的思路，坚持中心城市、次中心城市、山区县城、重点小城镇四层联动，“往中心城市靠、往海边上逼、往第一层面上挤”，凸显工贸旅游港口城市经济功能定位、泉州湾滨海城市形态定位和海峡西岸经济区中部枢纽城市这一区位和层级定位，实现“城市版本升级”。泉州中心城市进入一个质的提升和跨越式发展的阶段。

2005年12月，《泉州市城市总体规划（修编）纲要》建议城市性质为海峡西岸经济区现代化工贸港口城市。

2010年，“半小时城市群”区域城镇化水平达60%～70%，泉州市区建成区面积36～45平方千米，人口40万～50万人；晋江市区建成区面积15～18平方千米，人口18万～21万人；石狮市区建成区面积14～17平方千米，人口17万～20万人；南安市区建成区面积14～17平方千米，人口17万～20万人；惠安县城建成区面积13～16平方千米，人口15万～18万人。在城市建设上，加快旧城改造与新区建设步伐，促进城市功能的完善和环境质量的提高，明确中心城市近期重点加快江南、池店片区和东片区文化、教育、医疗、商业服务等公共基础设施建设，建设丰泽商城和其他城市广场，完善市级、区级居住小区和商业服务网点，引导和控制城市建设在中远期与远景发展相协调。

第一章 城乡规划

第一节 城市总体规划

1993年7月，泉州市根据省政府对《泉州市城市总体规划（1989-2010年）》的批复精神，对1989版城市总体规划进行修编，规划期限为1995～2020年，也称1995版城市总体规划，规划成果于1996年2月获省政府批复。该轮城市总体规划首次将建设现代化大城市作为泉州城市规划建设的奋斗目标，将城市性质定为国家历史文化名城、著名侨乡和旅游城市、闽东南重要工贸港口城市。规划城市人口、建设用地规模确定为近期（2000年）50万人、40平方千米，中期（2010年）65万人、63平方千米，远期（2020年）80万人、80平方千米。城市规划区面积从160平方千米扩大至450平方千米。规划将城市空间布局结构划分为中心组团和城东、东海、江南浮桥、池店、北峰丰州、洛阳、秀涂组团，形成"一个中心、八个组团"的"风车状"城市布局结构，拉大城市发展框架，城市发展方向从以东进为主转为东进南下西拓，发展用地由近及远。

2003年11月，泉州市启动新一轮城市总体规划修编，规划期限为2008～2030年，并同步开展《泉州都市区协调发展规划》和《泉州市市域城镇体系规划》编制工作，修编工作历时六年。2005年12月，省建设厅和市政府召开《泉州市城市总体规划（修编）纲要》《泉州市域城镇体系规划》《泉州市都市区协调发展规划》三项规划技术评审会，原则同意三个规划专家评审组形成的专家组意见，并通过对《泉州市市域城镇体系规划》和《泉州市城市总体规划（修编）纲要》及《泉州市都市区协调发展规划》成果审查。2010年3月，《泉州市城市总体规划（2008-2030年）》获省政府正式批复。城市性质定为海峡西岸经济区中心城市之一，国家历史文化名城，现代化工贸港口城市。城市规划区范围包括市辖鲤城、丰泽、洛江、泉港4区和晋江市、石狮市、惠安县全部辖区，以及南安市的12个乡镇和街道（溪美、柳城、美林、省新、洪濑、洪梅、康美、丰州、霞美、官桥、水头、石井），总面积2980平方千米，其中，中心城区规划用地布局范围为980平方千米。规划区总体空间结构为"一湾两翼三带"（"一湾"指以环泉州湾的泉州、晋江、石狮三大中心城区为主体，发展定位为城市职能培育的主要地区、提升区域地位的战略核心，是整合强化的核心。"两翼"指北翼环湄洲湾南岸地区和南翼环围头湾地区，是面向区域的支点；"三带"分别为战略提升带、战略预留带和战略辐射带，是支撑带动的纽带）。规划城市人口为2015年常住总人口约590万人，其中城镇人口约378万人；2020年常住总人口约620万人，其中城镇人口约434万人；2030年常住总人口约680万人，其中城镇人口约540万人。规划用地规模为2030年，城镇建设用地约590平方千米，人均城镇建设用地面积约109平方米。该轮总体规划标志着泉州城市空间发展开始从沿江时代走向环湾时代，最终将走向面海时代，建成海湾型生态城市。

1995—2020年泉州市城市总体规划中八大组团人口与用地规模构成情况表

表5-1-1

组团名称		人口（万人）			规划用地（平方千米）
		现状	近期	远期	
中心区域	中心组团	18.05	21.0	25	17
	东海组团	5.12	6.0	10	11
	城东组团	4.01	4.7	8	12
	北峰组团	4.96	5.8	10	11

续表 5-1-1

组团名称		人口（万人）			规划用地（平方千米）
		现状	近期	远期	
小计		32.59	37.5	53	51
江南区域	江南浮桥组团	4.84	5.7	10	11
	池店组团	3.51	4.0	8	10
小计		8.35	9.7	18	21
秀涂	秀涂组团	0.76	1.0	5	11
	洛阳	2.27	2.7	5	6
小计		3.03	3.7	10	17
合计		43.97	50.9	81	89

第二节　城市分区规划

1990 年 4 月 1 日起施行《中华人民共和国城市规划法》规定，编制城市规划一般分总体规划和详细规划两个阶段进行，在总体规划基础上，可以编制分区规划。1996 年，泉州市遵循省政府对 1995 版城市总体规划批复要求，在城市发展和用地布局上，按阶段集中建设一个或数个组团，抓紧组织编制八大组团分区规划。

一、江南池店组团分区规划

1996 年 2 月，根据省政府批准实施的《泉州市城市总体规划》规划布局，江南组团和池店组团将成为泉州市市区范围重要组成部分。1996 年 10 月，泉州市委托天津城市规划设计研究院开始编制泉州市江南池店组团分区规划。江南池店分区控制范围为西至紫帽镇及紫帽山西脚下，南至南环路，东、北以晋江为界，涉及江南、浮桥、池店、紫帽、陈埭五镇，控制区总用地 86.5 平方千米；分区城市人均城市建设用地控制在 105 平方米左右，城市建设用地控制在 19 平方千米。到 2020 年，分区人口规模为 18 万人。其中，江南—浮桥组团 10 万人，池店组团 8 万人；另有流动人口 2 万人左右。分区规划期限与泉州城市总体规划一致，近期至 2000 年，远期至 2020 年。规划将该组团定位为泉州市城市次中心、现代化工贸新区。江南池店分区将建成以中小型无污染或轻污染工业为主，发挥多种所有制经济潜力，商贸发达的现代化工业、商贸区，具有科学合理的布局结构，配置大型市级公共设施，具有良好生态环境，逐步建成城市次中心。

二、北峰丰州组团分区规划

北峰组团位于泉州古城西北侧，北靠清源山脉、西南朝晋江，西临九日山下，南与古城相邻，由北峰镇、丰州镇部分及清源街道办事处组成。依据 1996 年 2 月省政府批准实施的《泉州市城市总体规划》对北峰丰州组团的定位，1996 年 6 月，泉州市委托泉州市城市规划研究院承担编制泉州市北峰丰州组团分区规划，期限为 2000—2020 年。规划 2001 年 6 月通过技术评审。2003 年 3 月，泉州市政府第 38 次常务会原则同意《泉州市北峰丰州组团分区规划》。规划至 2020 年，城市建设用地 18.46 平方千米，分区人口为 12.9 万人。城市定位为依托名山名江、自然田园村庄和古镇遗存保护，形成融休闲娱乐、游览、居住于一体的田园都市。

2005 年，泉州市委托中国市政工程西北设计研究院对北峰丰州组团分区规划进行调整。规划控制范围扩大到 30.02 平方千米，其中城市建设用地 20.11 平方千米。分区人口为 15.372 万人。分区规划期限为 2005—2020 年。规划北峰丰州组团的建设围绕火车站片区和西湖片区两大区域中心展开。规划调整保持原规划对片区发展的定位，力求社会经济发展与自然生态环境保护协调发展，严格控制组团内城市建设活动的开发强度，依托名山、名江、自然田园村庄和历史遗存保护，突出该分区休憩旅游特色，使北峰丰州组团成为泉州市的后花园。

三、城东分区规划

1997 年，泉州市委托中国市政工程西北设计研究院承担编制泉州市城东组团分区规划。编制时间为 1997 年 8 月至 1998 年 5 月。城东组团规划范围：西依清源山，东北接洛阳江，南朝桃花山，面积约 53 平方千米，其中城市建设用地规模 12 平方千米。人口规模 10 万人，人均规划建设用地 120 平方米。规划期限：近期 1997—2000 年，中期 2000—2010 年，远期 2010—2020 年，远景 2020 年。规划定位：泉州市城市副中心，高新技术产业新区。规划目标：发展高新技术产业，构建多层次意义上的历史文化名城及生态型山水城市新区。布局结构：根据城东分区用地沿山、沿江构成的带状发展轮廓，确立“三纵三横”六轴，及“三点一面”布局增长形态，及至形成包括洛江行政中心在内的城市副中心——泉州市东区中心“面”的增长。远期规划建设用地 12 平方千米，远景极限建设用地为 19.77 平方千米。

四、泉州城东双阳组团洛江新城分区规划

2002 年，泉州市委托中国市政工程西北设计院编制泉州城东双阳组团洛江新城分区规划。2003 年 9 月 10 日，规划方案通过会审。2005 年编制完成，规划期限至 2020 年。该规划区由万安街道、双阳镇和河市镇（绝大部分）组成，规划总用地面积为 26.7 平方千米，城市建设用地面积 25.4 平方千米。规划提出发展一般经济和特别经济，将洛江区打造成为泉州中心城区第二经济中心，重点建设新中心商务区，向北推进，发展成为规划区范围内最具商业辐射能力的区域。

五、东海组团分区规划

随着大泉州城市发展和市行政管理服务中心迁建，对东海组团的规划和建设提出新的更高的要求。东海组团分区规划进行多轮讨论、修改和调整。1998 年、2002 年泉州市先后两次组织编制东海组团分区规划。东海组团东隔洛阳江，与洛秀组团相连，西隔晋江，接池店组团，北倚桃花山，与城东组团相邻，南临泉州湾，与石狮市相望，处于泉州市域海岸线的中点，系城市中心节点之一。2005 年，泉州市委托市城市规划设计研究院和上海大瀚设计有限公司对东海组团分区规划进行调整和优化。2006 年 1 月，东海分区规划通过技术评审。东海分区规划的控制范围为西至中心城区，南至晋江，东濒洛阳江，北至城东分区，控制区总面积 30.1 平方千米；分区城市建设用地范围为北至泉秀东街，南至晋江及泉州湾水岸，东至洛阳江，西至法石排涝渠，面积 15.29 平方千米，人口规模 17 万人。分区规划期限为近期至 2010 年，远期至 2020 年。

六、洛秀组团分区规划

1996 年，省政府批准的《泉州市城市总体规划》将洛秀组团作为八大组团之一纳入城市规划区，范围东至张坂、南至泉州湾、北至观音山和安峰山一带、西至洛阳江，定位为城市拓展产业的重要空间平台。

1998 年 9 月，泉州市委托天津市城市规划设计院和泉州市城乡规划设计院共同编制规划。2001 年 8 月，组织省内外专家进行技术评审。规划范围西至洛阳江，南至秀涂港区，东至张坂，北至铁路线。控制区总用地 88.3 平方千米，分区城市建设用地范围为 51.3 平方千米。2020 年控制人口规模为 9 万人，用地规模 13 平方千米。远景终极规模为人口 48.8 万人，用地为 51.3 平方千米。规划期限近期至 2005 年，中期至 2010 年，远期至 2020 年及远景期。该次规划将洛秀分区定位为泉州市生态型现代化工业、港口新城区。

2003 年，市委、市政府决定市行政中心迁移东海，洛秀组团的区位条件发生重大变化。市城乡规划局委托上海市城市规划设计院和市城市规划设计院对分区规划进行优化、完善。经过反复讨论和论证，提出放弃秀涂港西港区、建设南港区的规划设想，规划方案于 2004 年 6 月通过专家评审。随着对洛秀组团在城市建设中的地位及作用认识的深化，同时考虑组团市政工程规划、防洪排涝规划等专项规划的衔接问题，市城乡规划局组织设计单位对规划成果做修改完善。2007 年 3 月 27 日，市政府召开专题会议，审查并原则通过新秀（洛秀）组团分区规划和市政工程专项规划。新秀开发区的规划面积约为 116 平方千米，包括原城市总体规划中的洛秀组团范围的 88 平方千米以及惠南工业区以东“七一围垦区”约 28 平方千米土地。新秀开发区是以后泉州市承接台湾产业转移的台商投资聚集区，将开发建设成继昆山、东莞之后的全国又一个台商投资密集区。同年 11 月 13 日，该规划经市人大第十四届人大常委会第 6 次会议审议通过。

第三节　城镇体系规划

在 1995 年之前，泉州市未专门编制市域城镇体系规划，但在编制 1989 版总体规划与 1995 版总体规划时，依照城市规划法和省实施办法，将市域城镇体系规划作为城市总体规划的内容之一。

一、泉州市小城镇体系规划

1996 年，泉州市委托福建师范大学城乡规划设计研究所编制《泉州市小城镇体系规划》。该项规划以《泉州市“九五”国民经济和社会事业发展计划》和《泉州市城市总体规划（1995—2020 年）》为依据，根据《泉州市国民经济和社会发展“九五”计划和 2010 年远景目标纲要》提出的四大经济区发展战略格局的要求，形成包括所有乡镇的“一核心、三辅翼”（“一核心”，即中等城市泉州规划区，这一区域由晋江下游干流、324 国道、305 省道、306 省道，泉州—后渚港公路、正在建设中的福厦高速公路、漳泉肖铁路、泉州—晋江—石狮快速干道等联结成一个整体，包括中心区和 8 个组团。“三辅翼”，即由沿海地带晋江口南翼、北翼和晋江中上游县市构成）的整体结构。在职能结构上，根据 4 个经济区域的区际与区内差异，该项规划按产业发展方向划分 25 个以中心城镇为主导的产业经济区与职能区。根据泉州市域经济和城镇发展的规律将泉州城镇发展的轴线划分为三级。一级发展轴由中心城市向东、西、南方向辐射，由陆上发展轴线和沿海港口群发展轴组成。二级发展轴是由一级发展轴延伸出来的联系各小城市及重点镇的发展轴线，沿线以小城市、重点发展镇为主。三级发展轴是由二级发展轴辐射向滨海、山区的发展轴，其始端多为小城市或重点发展镇，终端为重点镇或建制镇。

规划确定，到 2010 年，泉州市域内城镇建设用地总量将控制在 172.31 平方千米左右，人均建设用地 86.48 平方米；到 2020 年，泉州市域内城镇建设用地总量将控制在 248.61 平方千米左右，人均建设用地 83.21 平方米。规划市域总人口近期（2000 年）为 680.96 万人，城镇化水平为 40.21%；中期（2010 年）为 805.99 万人，城镇化水平为 48.17%。远期（2020 年）为 944.64 万人，城镇化水平为 61.27%。规划到 2020 年，中心城镇人口规模达到 2 万～ 10 万人，一般建制镇规模达到 0.5 万～ 2 万人。

规划还将泉州市域内的重点小城镇分为 5 类，即工业型城镇、商贸型城镇、交通枢纽型城镇、旅游型城镇、独具特色的城镇。从市域或更大范围角度分析论证单个城镇规划中的城镇地位作用、性质规模和发展方向等问题。1998 年 3 月，规划成果提交泉州市人大常委会审议。

二、泉州市域城镇体系规划

2002 年 4 月，泉州市委托福建省城乡规划设计院着手进行编制泉州市域城镇体系规划的基础资料收集工作。10 月，开展《泉州市域城镇体系规划（2005—2020 年）》编制工作。2005 年 12 月 29—30 日，规划成果通过由省建设厅和市政府组织召开的评审。该项规划根据地域分工的原则，分析泉州市城镇发展的背景条件与城镇化特征，提出泉州湾都市区和安永德山区的城镇化分区模式和相应的发展指引。规划明确泉州城镇组织体系的空间发展战略为：强化中心城市，构建都市区域，完善基础设施，统筹协调发展。城镇空间发展策略为：构建都市区，增强竞争力；提升西部、整合东部；拓展腹地，对接南北；保育生态，改善人居环境。城镇空间布局发展构架为“一区二轴”。“一区”即泉州都市区；“二轴”即沿海城镇聚合轴和山海城镇聚合轴。具体内容为：以“做强、做大、做优、做美”都市区核心城市为重点；以沿海城镇聚合轴为纽带，延伸两翼，对接福厦；加快山海城镇聚合轴交通建设，推进重要节点城市发展，提高山海城镇聚合轴整体水平。规划将城镇空间类型区划分为：优先发展区、引导发展区、控制发展区、生态保护区。优先发展区：主要指大泉州都市区和沿海城镇聚合轴所涵盖的地区。引导发展区：主要指山海城镇聚合轴所涵盖的安永德山区。控制发展区：主要指农田、重要河流沿岸地区、海岸带以及地质灾害易发地区。生态保护区：主要包括自然保护区、风景名胜区、森林公园、地质公园、水源涵养地、水体、林地、湿地等不适宜人类居住并需要生态改良的地区等。

在空间格局上，规划提出三个方案。方案一将泉州市域空间格局划分为“一带三片”，“一带”为沿海三湾城镇密集带；三片为安溪片区、永春片区、德化片区。方案二则提出“一心四片”“一心”即泉州中心城市；“四片”为南安片区、安溪片区、永春片区、德化片区。方案三划分为“一区三片”“一区”为泉州都市区；“三片”为安溪片区、永春片区、德化片区。在城镇组织体系方面，规划对泉州市城镇等级规模结构规划同样提出 3 种方案。

在城镇体系支撑系统方面，规划提出通过综合交通发展策略，加强泉州市域内城镇间的交通联系，开拓与内陆区域的交通联系，提高泉州与福州、厦门等中心城市交通方式的高速化与现代化，加强泉州与国际的交往；通过区域供水工程规划，污水处理工程规划、垃圾处理工程规划、污水和垃圾资源化规划、防洪规划、电力工程规划，完善泉州市域城镇市政基础设施建设。在城市联盟与城镇体系规划协调方面，规划从福建省域发展的角度，提出泉州与福厦城市及其他区域中心城市的互动发展，以及厦泉漳城市联盟设想，提出建立城际合作与发展协调机制。规划还增加强制性内容，包括市域内必须控制开发的地域，市域内区域性重大基础设施布局和涉及相邻城市的重大基础设施布局。

第四节 城市详细规划

1991—1995 年，泉州市先后完成东海滨城首期开发 1.3 平方千米范围、南建工业村、江南锦美片区、大坪山片区、中心东片区和古城区等处控制性详细规划编制。完成古城区 15 个街坊改造的修建性详细规划，少林、仁风、东霞、丰泽、东美、云谷、西湖、圣湖、刺桐路北延段 9 个居住小区（组团）的修建性详细规划，指导开发建设单位完成 35 个建设项目的修建性详细规划，中心城区详细规划覆盖面积达 70%。

1996 年，市政府开展“城市规划年”活动和“城市规划建设管理年”活动，加快详细规划和专业规划编制进度，完成清濛科技工业园控制性详细规划、展览城周围 60 公顷小区修建性详细规划及原区域内用地的调整、中心东片区、北峰一、二号地块、东海滨城二期控制性详细规划，推动展览城建设项目的实施和清科技工业园的启动建设，指导东区的近期开发建设。完成庄府巷片、西街片、新门片、西门片、义全宫西片、九一路东段的修建性详细规划和中山路保护规划的初步调整。市区控制性详细规划覆盖面积 27.58 平方千米，占近期规划建设总用地的 69.2%，古城区修建性详规总面积 3.42 平方千米，占古城区总面积的 51.8%。

1997 年，鲤城江南、晋江池店完成 7 平方千米近期建设用地，江南工业小区、江南工业园区和洛江区中心组团 7 平方千米控制性详规、后渚港区控制性详规、清濛工业大道修建性详规以及古城区庄府巷片区、凤池片区修建性详规均编制完成。

1998 年，洛江中心区完成控制性详规修订，开展中山公园修建性详规编制。同年，鲤城区江南工业小区、丰泽区浔美工业小区和洛江中心区完成规划编制指导和评审。泉州市建设局结合体育公园修规编制，协调体育场人防工程规划布局，审定规划方案。同时，完成芳草园规划方案会审工作，划定芳草园一、二期征地红线界限。

1999 年，晋江下游沿岸的控制性详规完成编制并上报市政府审批；城东分区 5.85 平方千米控制性详规完成编制。同年，泉州市控规覆盖面积 67.46 平方千米，占规划市区面积的 83.22%。

2000 年，城东组团中心区 6.9 平方千米控制性详规，双阳近期建设用地 1.3 平方千米控制性详细规以及泉山路控制性详规、城市设计编制完成。同年，市区控制性详细规划面积 67.46 平方千米，占规划建设用地面积的 84%。

2001 年，城东中心区、北峰 2 号地块、万安开发区塘西工业区控制性详规完成。

2002 年，江南高新技术园区和惠南工业区控规、城东中心区控规、浔美工业区二期控规、清濛工业区二期、东滨工业区控规、仕公岭立交桥周边整治规划、晋江下游池店和古城控规完成修编。同年，泉山路控规第二轮规划方案完成修编。

2003 年，秀涂、洛阳、江南北片区和江南高科技园区 35.3 平方千米的控制性详规编制完成。同年，泉州市完成 63.65 平方千米控制性详规编制和 8.58 平方千米的修建性详规编制，其中泉州中心市区完成西环路、北环路 0.35 平方千米修建性详规编制。

2004 年，洛秀组团起步区控制性详规、泉州汽车制造业基地、江南组团北区控制性详规编制完成。同年，泉州市中心城市控制性详规覆盖面积 66.97 平方千米，城市近期建设用地控制性详细规划覆盖率 100%。

2005 年，洛秀分区起步区、晋江下游两岸金鸡桥闸至笋江新桥、出口加工区控制性详规和晋江下游防洪岸线（金塔堤段）整治控制性详规完成修编。泉州大桥南片区修建性详规、城东片区修建性详规概念性设计和台湾学者（泉州）创业园规划完成编制。

2006 年，东海、城东、桥南 3 个现代化城市发展片区开展详规编制，杏田工业起步区、港后区、晋江下游两岸金鸡桥闸至笋江新桥的控制性详规完成编制。

2007 年，东海组团东、西片区开展修建性详规编制，江南组团控制性详规完成编制。

2008 年，东海组团、洛秀组团白沙片区、杏田东园片区控制性详规和东西两片区修建性详规完成编制。同年，北峰片区和丰州片区控制性详规完成编制。

2009 年，中心城区重点建设组团（片区）的控制性详规编制基本完成，实现近期建设区域控制性详规全覆盖。

2010 年 9 月 20 日，《泉州市城东片区控制性详细规划》通过市城乡规划局技术评审。规划目标是重塑片区核心，完善片区定位，营造高品质健康宜居滨江生活。规划定位结合《泉州市城市总体规划》要求，定位为泉州市级体育中心、科研教育基地、滨江健康宜居新城区。规划区现状人口规模为 8.62 万人，规划人口规模为 21.5 万人。规划总用地规模为 17.87 平方千米。规划形成“依山、面水、一心、五团”总体格局。“依山”：规划区西依清源山，南依大坪山、桃花山。“面水”：面向洛阳江。“一心”：即片区核心，依托区内现有的大型体育、医疗设施打造片区核心，同时服务洛江区万安街道。“五团”：分别是华大组团、西福组团、城东组团、霞美组团、滨江组团。

第五节 专项规划

一、市政工程规划

（一）给水工程规划

1991年，泉州中心城区供水水源以地面水为主，主要从晋江和洛阳江取水，地下水所占份额较少。根据《泉州市城市总体规划（2008—2010）》城市总体规划，中心城区将逐步取消区内原水水质差的小水厂，改由大型水厂联网集中供水。在中心城区范围内规划8座水厂，水厂设计总规模为160万立方米/日，在各组团和功能区附近还有5座水厂。其中，中心组团、东海组团、城东双阳组团和北峰丰州组团主要由泉南水厂和江滨水厂供给；洛秀张坂组团主要由洛秀水厂供给；河市马甲组团主要由马甲水厂供给；江南池店组团和仙石西滨组团主要由金浦水厂、陈埭第二水厂和梅岭水厂供给；蚶江祥芝组团由赤湖水厂和祥芝水厂供给；崇武山霞组团由崇武水厂供给；其他功能区则由附近的水厂就近供给。中心城区除比较偏远的功能区外，在城镇密集地区逐步实现联网统一供水。城镇道路下供水管线的布置方式以环状为主。规划至2030年，人均综合用水指标为550升/日（平均日），中心城区平均日用水量为155万立方米，最高日用水量约为190万立方米。

（二）污水工程规划

根据《泉州市城市总体规划（2008—2030）》，预测到2030年，规划区每日产生污水量约为124万吨。到2030年，中心城区污水处理率为95%，所需要的污水处理厂处理能力为120万立方米/日。结合中心城区城镇用地规划和地形地貌特点，污水处理厂布局采取集中与分散相结合方式。中心片区污水由宝洲污水处理厂、北峰污水处理厂、东海污水处理厂、城东污水处理厂以及马甲污水处理厂进行处理；江南片区及南部片区污水由仙石污水处理厂、南港污水处理厂、磁灶污水处理厂、石狮污水处理厂和石湖污水处理厂处理；东部片区污水则由洛秀污水处理厂、张坂污水处理厂、崇武污水处理厂和黄塘污水处理厂处理。污水处理厂总设计规模144万吨/日，能满足对中心城区污水处理要求。根据规划用地布局、河流分布、地形特点以及污水处理厂位置，中心城区内将形成多个独立污水收集系统，以减少污水干管长度和污水泵站数量。雨水管网结合地形和河道分布，雨水管尽量平行于道路布置，并靠重力流排放雨水。

（三）供电工程规划

根据《泉州市城市总体规划（2008—2030）》，规划预测到2030年，中心城区人均综合用电量指标达到每年7000千瓦时/人。根据规划人口规模和用电水平，到2030年，中心城区用电负荷约为355万千瓦，年用电量为196亿千瓦时。中心城区用电主要由鸿山火电厂、南浦火电厂、惠安火电厂以及周围的500千伏泉州变、晋江变、晋北变、大园变和惠安变供给。根据用电负荷分布和城市规划用地布局，到2030年，在中心城区规划设置19座220千伏变电站，其中新建11座。220千伏变电站主变总容量为7980兆瓦，容载比为2.25。随着220千伏变电站和供电线路的建设，在中心城区将形成坚强的电力网架，为区内供电提供可靠保障。

（四）通信邮政工程规划

根据《泉州市城市总体规划（2008—2030）》，规划预测到2030年，中心城区电话用户户均普及率100%，届时中心城区固定电话用户为168万户。移动电话普及率100%，移动电话总数280万户。光缆网络100%覆盖，城市无线宽带网络100%覆盖。宽带接入用户户均普及率80%，宽带接入能力达100米。交换局所建设采取“大容量、少局所”的建设原则，采用模块或接入网等新型的用户接入方式组网，使光纤尽量靠近用户。规划人口6万～10万人以上的组团设置中心局；规划人口1万～6万人的居住区（居住小区）设置业务汇接局；1万人以下的居住小区设置接入点。在东海组团建设1座中心局。全面发展有线电视网，建设覆盖市域的有线电视光缆网，使全市均能接收到高质量的广播电视信号。由政府部门组织通信管网的建设，统一建设综合通信管网系统，由各电信运营商使用。邮政中心局按服务人口 15 万人设置 1 座，邮政支局服务人口为 5 万人，邮政所服务人口 1 万人，在社区配套邮政服务网点。在主次干道两侧、居民密集区以及周边无邮政服务设施的区域，设置邮政信箱，满足市民和城市经济发展的用邮需求。

（五）燃气工程规划

根据 2008 年城市总体规划，规划预测到 2030 年，居民生活气化率为 100%，其中管道天然气普及率为 85%，其余 15% 使用液化石油气。居民年生活耗热定额指标 2093 兆焦耳 / 人。到 2030 年，中心城区天然气总用气量为 3.44 亿立方米 / 年，液化石油气为 77 万吨。中心城区天然气输配系统由门站、储配站、高中压管道、调压设施组成。根据福建省 LNG 项目的门站设置和各门站所确定的供气区域，共有 3 座门站向泉州城区供气，其中向中心城区服务的门站为泉州门站和晋江牛山门站。泉州门站设在中心市区城东的东星村，高速公路以东、大坪山隧道以北，占地 3 公顷，天然气自门站出站后直接进入中压管网。储气设施设在门站内，储气方式采用高压球罐储气。牛山门站设在苏塘大桥和高速公路北侧，高速公路引道东侧，占地 2 公顷，主要向晋江以南区域、晋江市区、石狮市区、南安市区以及磁灶、内坑、官桥 3 个镇供气。在中心城区规划建设 2 座高中压调压站，分别为洛秀调压站和清濛调压站。根据用户分布情况和城市规划用地布局，在中心城区将形成以环状为主的中压燃气管网系统。

（六）环卫工程规划

根据 2008 版城市总体规划，规划预测，居民生活垃圾产生量按每天每人 1 千克计，到 2030 年，中心城区每日产生的生活垃圾量约为 2800 吨。规划城市生活垃圾实行生活垃圾分类投放、垃圾收集和运输应密闭化，鼓励采用压缩式收集和运输方式。垃圾转运站的设置以小型密封压缩式转运站为主，垃圾站的设置标准为每 0.5 ～ 0.7 平方千米设置一座，占地面积不小于 100 平方米。垃圾处理方式采用以焚烧为主的综合处理法。中心片区生活垃圾主要由室仔前垃圾卫生填埋场和石狮垃圾综合处理厂进行处理。东部片区生活垃圾主要由梅山垃圾卫生填埋场以及惠安县垃圾焚烧处理厂进行处理。仙石西滨组团、江南池店组团、江南池店组团以及磁灶组团的生活垃圾主要由晋江市垃圾焚烧发电综合处理厂和规划的垃圾卫生填埋场进行处理。蚶江祥芝组团和蚶江祥芝组团的生活垃圾则由石狮垃圾综合处理厂进行处理。

二、综合防灾规划

（一）防洪防潮工程规划

2008 年之前，泉州市未对防洪防潮进行总体规划。《泉州市城市总体规划（2008—2030）》将中心城区晋江两岸防洪标准定为 100 年一遇，洛阳江和九十九溪两岸防洪标准为 50 年一遇；山洪标准 20 年一遇。防潮标准中心城区为 50 ～ 100 年一遇，一般地区 20 ～ 50 年一遇，除涝标准城镇规划建成区雨水管渠的设计标准按照泉州城市暴雨强度，设计重现期为 1 年。近郊区排涝设施设计标准应达到 10 年一遇。中心城区因受地形地貌限制和河流分割，成为相对独立的组团，防洪标准根据组团用地面积、用地性质、规划人口规模等因素确定。中心城区低洼地方如北峰滞洪区、东湖公园滞洪区、浦西滞洪区、洋屿滞洪区、白崎湖滞洪区等，在汛期受晋江和潮水水位影响，雨水难以自流排放，需要在区内设置滞洪区。城市范围扩大，还需要增设部分滞洪区。在一些低洼的地方，防洪排涝通过电排与滞洪相结合方法，达到工程建设与经常运转费用经济合理。

（二）抗震工程规划

根据《泉州市城市总体规划（2008—2030）》，规划区内新建、改建、扩建的重大工程、生命线工程和容易引发次生灾害的工程，要对其场地进行地震安全性评价，确定抗震设防要求。学校校舍建设应按重点设防类抗震设防标准设防，对全市地震重点监视防御区、7 度及以上地震烈度区抗震设防不达标校舍进行抗震加固改造，提高综合防灾能力。做好不符合 7 度抗震设防标准的中心市区危旧房和旧房的改造和抗震加固，对沿海抗震性能差的农村房屋进行改造加固。提高医院等人口密集的公共建筑物的抗震标准，对不符合7度抗震设防标准的建筑物进行改建和抗震加固。紧急避难场所人均面积达到1.5～2.0平方米，长期避难场所达到2～3平方米。将大、中、小学操场设为人口疏散和应急避难场所。城市已建好的广场、绿地、公园等应规划增设应急避难的基本设施和标示牌；未建和在建的广场、绿地、公园应结合规划安排应急避难场所的基本设施，避免重复建设。合理规划道路的红线宽度和路网密度，道路两侧建筑高度须与道路红线宽度相适应，提高疏散通道的安全度，疏散救援通道需保证震后7米以上的宽度。紧急避震疏散场所内外的避震疏散路线宽度8～12米以上，固定避震疏散场所内外的避震疏散路线应宽于15米。重视对可能发生次生灾害部门的抗震设防，防止地震诱发火灾、水灾、爆炸、溢毒、泄污、放射性辐射等次生灾害所造成的危害。

（三）消防工程规划

泉州市易燃易爆设施分布较多。其中，大中型设施主要分布在城市外围，小型设施分散分布于市区各处。《泉州市城市总体规划（2008—2030）》根据规划区内各个区县市的空间格局、用地性质、易燃易爆物品分布及消防功能的确定，对重点地区、重点地段、重点项目进行重点消防保护，形成完善消防安全体系。结合城市燃气规划等专项规划，对市区内易燃易爆设施、场所进行规划清理，逐步迁出位于闹市区的大型化工商店、加油站、液化气经营点。消防站布局以接到报警5分钟内消防队可以到达责任区边缘为原则，每个消防队责任区面积为4～7平方千米，重点消防企业设立企业专职消防队。另外结合中心城区港口规划建设设置1座水上消防站。消防站选址设置在主要道路旁边，边界距医院、学校、影剧院、集市等人员密集的公共建筑和场所不应小于50米。规划在东海片区建设一个泉州市消防指挥训练中心，承担全市消防指挥调度、地震应急救援训练、特勤训练、灭火救援时间训练等职能。城市给水管网要实现环网供水，保证足够水量、水压，负有消防给水任务的管道管径不宜低于150毫米，道路建设中应同步建设消火栓，严格按照120米以内间距布置消火栓，道路红线宽度超过60米时，消火栓应双侧设置。要创造条件利用企业的自备水源，利用河道、公园水面、喷泉水池等作为消防备用水源。建设泉州市消防通信指挥中心，建设消防有线通信、无线通信、电脑辅助系统三级联网，依托市公安局指挥中心的监控系统及交通管理的监控设施，在各消防责任区选择视野好的高层建筑增设消防监控设施，建立消防监控系统，构成多功能的社会安全服务保障体系。配置较先进的消防设备和消防人员防护设备。在泉港石化基地建设化学灾害抢险应急救援中心及物资储备库，依托洛江后勤基地建设战勤保障基地。

（四）人防工程规划

泉州市是国家一类重点人防城市。中心城区人防工程主要分布在鲤城区、丰泽区以及清源山一带，其他片区较少，现有人防工事等级较低。规划提出，在中心城区建立覆盖面广、具有连续报警和较强抗毁、抗干扰能力的通信警报网络和反空袭预警体系；加强防护工程建设，改建与扩建相结合，逐步加固改造旧工事，提高防空能力，有计划地逐步新建一批效率高的新工事，完善防护工程体系；在旧城改造和新区开发中，注意建筑密度、容积率、道路密度及各项用地控制指标的合理性，保证城市道路、广场、公共绿地等疏散开敞空间的建设；城市重点地区必须按照规划要求建设人防工程，在人流集散的车站、机场、大型商场、影剧院、旅馆、体育馆、医院、学校、重要机关等处，应建设一定规模的平战结合的掩蔽工事。车站、机场、桥梁、铁路、对外公路及重要生命线工程要作为重点防护目标，要设专门的工程抢修系统，以便出现问题时能及时抢修，保证向外疏散和接受外援；搞好工业防护布局，各重点防护目标以自防为主，自防与联防相结合。新建民用建筑应按照相关标准修建防空地下室。加强对易燃、易爆、危险品、剧毒品的管理，避免次生灾害的形成。加强城市生命线工程的防护，加强水库和防洪堤坝的加固，确保水库和防洪堤坝的安全。供水、供电、供气、电信等基础设施工程管线应形成整体网络，以便在局部被破坏的情况下，还能保障迂回输送。

三、中心城区综合交通规划

（一）道路交通系统规划

《泉州市城市总体规划（2008—2030）》提出中心城区道路系统具体发展目标：完善道路网络建设，合理配置道路网络体系，提高主要干道平均运行车速达 35 ～ 45 千米 / 时；中心城区内主要组团间小汽车通达时间 30 分钟以内，中心城区至规划区主要市县中心地区小汽车通达时间在 45 分钟以内，大力、优先发展公共交通。至 2015 年，提高中心城区公交出行比例至 15%。至 2030 年，提高公交出行比例至 35% 以上。跨江交通发展中，公共交通方式的出行比例达到 50% 以上，规划区内主要市县间客运交通，公交方式比例达到 50% 以上。规划提出规划期内泉州中心城区应形成“高速公路—城市快速路—交通性主干路—一般主干路—城市次干路—支路”体系构成比较完整的现代化道路网络。提出在规划区“两重环湾 + 多向放射”快速路骨架基础上，完善中心城区道路网络，建设以“一重环城、两重环湾、多向放射、组团道路网络化”的中心城区道路网骨架。

一重环城　以泉州古城、现状核心区、东海新区为核心，以晋江、洛阳江、清源山为重要分隔条件，构筑城市“中心片区”内层城市环路，以此为基础，向外围各组团和环湾发展区形成放射。内层城市环路作用是保护现有古城区和核心建成区交通运行，便于现有核心区向东海以及后续环湾发展地区实现辐射。主要道路：内层城市环路由晋江滨江北路、东海沿海大通道、城东规划四十五号路、万安西路、中心瑞峰路、少林路等合围而成，总长约 40 千米，主要道路等级为交通性主干路。

两重环湾　顺应泉州规划区“两重环湾、多向放射”的快速路骨架格局，中心城区充分利用两条主要环湾快速路作为促进中心城区环湾发展格局实现的重要支撑，成为城市道路网体系的重要骨架组成部分。内层环湾快速路：即为规划区内层环湾快速路，串联崇武—张坂—洛秀—东海—仙石—西滨—蚶江，是未来环湾核心地区跨组团间联系的重要快速通道。涉及路段：规划洛秀沙东路、洛秀东西干道、泉秀东街、规划仙龙路、西滨中路等，线路长度约 47.5 千米。外层环湾快速路：即为规划区第二层环湾快速路，位于规划区主要城市组团发展用地外围，中心城区境内长度约 38.5 千米。

多向放射　以现有公路系统为基础，在各主要对外、组团间联系方向上构筑多条快速路放射线和交通性主干路，衔接各主要片区、组团，加强泉州规划区的对外交通联系与辐射。西北向放射线 2 条：省道 307、308 快速路。北向放射线 2 条：规划双阳西路交通性主干路、双阳中路。东北向放射线 3 条：国道 324、区域中部快速通道、规划洛泉路主干路。东向放射线 2 条：洛秀沿海大通道、百崎大道—长坂路。西南向放射线 3 条：国道 324、晋江世纪大道、县道 319 快速路。南向放射线 3 条：规划福惠路、陈泉路、晋江一石狮沿海大通道。

组团道路网络化　中心城区城市空间发展采取多中心、组团式基本格局。各主要组团内部道路系统发展，主要依据自身用地条件与发展需要，形成各自相对完善、独立，相互之间又足够开放，能够达成组团间紧密衔接的道路网络体系。中心城区路网与规划区周边其他主要县市的道路网络能够形成良好衔接。中心城区共计规划快速路 134.6 千米，交通性主干路 216.7 千米，一般主干路 512.1 千米，主要城市次干路 649 千米。快速路∶交通性主干路∶主干路∶次干路比例为 1 ∶ 1.6 ∶ 3.8 ∶ 4.8。

（二）中心城区对外交通发展规划

1. 铁路系统发展规划

按《泉州市城市总体规划（2008—2030）》要求，泉州中心城区将成为泉州全市铁路系统的组织核心，成为区域内铁路交通发展的重要节点。规划引入泉州中心城区的铁路线路有漳泉肖铁路、福厦铁路、福厦沿海铁路货运专线、宁漳高速铁路客运专线以及漳泉肖铁路秀涂港支线计 5 条线路，规划线路长度约 160 千米（包括走廊路段）。规划提出中心城区主要铁路站点布局：在北峰组团建设福厦铁路泉州新站，建设福泉厦漳高速客运专线西滨站，建设漳泉肖铁路及福厦货运铁路专线秀涂货运站（秀涂组团北部），建设秀涂海港物流中心专用货运站。

2. 对外公路及客货运枢纽规划

根据《泉州市城市总体规划（2008—2030）》，中心城区范围内共规划高速公路4条：福厦高速公路、泉州环城高速公路跨泉州湾通道、泉三高速公路、泉三高速公路斗尾支线（绕城高速公路北段）。主要国、省干线公路4条：国道324、省道201、307、308在中心城区内，将逐步进行城市化改造，使其在规划区内更多地为城市交通发展服务。规划建设福厦铁路董埔综合枢纽站和福厦高速铁路客运专线枢纽站（西滨）。规划建设泉州公路客运南站，在国道324复线—迎宾路口附近；规划建设中心城区公路客运北站，在福厦高速公路西福出入口附近；规划建设洛江客运站，近中期公路客运、公交客运共用，远期改造为城市公交场站。对于原有规划中继续扩建的泉州客运中心站，规划建议随着城市范围扩大，继续在此核心地区保留公路客运站已不符合城市长远发展要求，建议远期（2030年）逐步改造为城市公交枢纽，原有公路客运站功能向上述主要公路客运站搬迁。结合全市公路运输主枢纽规划，在中心城区主要布置6处物流中心及货运枢纽，包括临港物流中心2处、公铁联运货运中心2处、公路货运站2处。具体包括秀涂港作业区综合物流中心、石湖作业区集装箱货运站、泉州经济技术开发区综合物流园区、双阳北部生活物流配送中心、福厦铁路泉州新站公铁联运枢纽、洛秀漳泉肖铁路货运站。

3. 泉州湾港区发展规划

泉州湾港区位于市域沿海中部核心地区。根据《泉州市城市总体规划（2008—2030）》泉州港口总体布局规划，未来泉州中心城区范围内的主要港区为泉州湾港区，包括后渚、秀涂、石湖三大主要作业区；内港作业区规模将在近期阶段继续维持，规划建议至远期实施功能转移，以利于滨江道路交通和景观建设。根据上位规划要求，泉州湾港区主要发展定位为：以内外贸集装箱、件杂货、少量干液散货、对台客滚等多用途、多功能的通用运输为主要内容，集装箱运输将作为主营业务进行重点发展。其中，秀涂作业区定位为以集装箱为主的综合性港区，基本功能在于服务于规划区东北部工业产业发展和对外货运需求；按照现有港口规划成果，其远期（2030年）可形成综合货运通过能力4400万吨，集装箱295万标箱；预计至2030年实现货运吞吐量4000万吨，集装箱200万标箱；石湖作业区位于泉州湾南部，与秀涂作业区隔湾口相望，是泉州在规划期内集装箱运输的重点发展作业区，逐步形成兼顾外贸的内贸集装箱运输地区性枢纽港，规划形成货运通过能力6495万吨、集装箱620万标箱；预计至2030年，实现货运吞吐量6670万吨，集装箱490万标箱。后渚作业区：位于东海组团东北部，综合通过能力129万吨、14万标箱，客运5万人次／年。规划针对城市整体发展要求，提出规划远期逐步将现有后渚港货运功能向秀涂作业区转移，现有后渚作业区向客运功能发展，规划至2015年实现客运吞吐量10～15万人次，2030年20～30万人次。

4. 公共交通发展规划

《泉州市城市总体规划（2008—2030）》提出，未来中心城区公交系统由城市轨道交通—快速公交（BRT）—常规公交干线、支线等共同构成，发展组织模式则以各级走廊和公交枢纽作为核心进行衔接和组织。规划至2015年，中心城区公交车辆拥有率达到14～15辆／万人，合2500～2700标台；预计至2030年，中心城区公交车辆拥有率18～20辆／万人，合5000～5600标台。出租车发展，至2015年，达到18辆／万人，合3200辆；至2030年，达到22～25辆／万人，合6200～7000辆。规划将常规公交场站用地指标控制在250平方米／标台水平，据此推算未来中心城区公交场站用地规模。预测至2015年，中心城区需要公交场站用地62.5～67.5公顷；预计至2030年，中心城区需要公交场站用地125～140公顷。

5. 停车场发展规划

2010年，泉州中心城区停车场泊位规模为1.36万个。其中，配建停车泊位占69%，路外公共停车泊位占20%，路边停车泊位占11%，停车泊位的总供给量不足。规划预测，至2015年中心城区汽车拥有量达到23万辆，至2030年达到65万～70万辆。根据人口发展规模，至2015年中心城区人口180万人，至2030年达到280万人的水平，城市公共停车场用地总面积按城市规划人口0.8～1.0平方米／人计算，至 2015 年，中心城区需要公共停车场 145 万～ 180 万平方米，约合 5.8 万～ 7.2 万个泊位；至 2030 年需要 225 万～ 280 万平方米，约合 9.5 万～ 11.5 万个泊位。这一泊位供给水平基本符合现有国内外停车系统发展经验（公共停车泊位数约达到机动车总量 15% ～ 20%）。在总量控制情况下，路外与路边停车泊位供给比例分别按 85% ～ 95% 和 5% ～ 15% 来考虑，路外停车设施以配建停车场为主。

第六节　镇村规划

一、镇村规划编制

1991—1995 年，全市完成 129 个乡镇和 1200 个中心村规划编制，完成 400 多个工业小区的详细规划，推进乡镇企业相对集中布局，促进集镇建设规模扩大和产业结构的调整优化。

1996 年，全市完成 6 个集镇和 550 个中心村的规划调整。

1997 年，泉州市做好村镇规划的修编完善，重点抓好小城镇和新村近期建设地段的详细规划和景观设计；继续抓好小城镇工业园区规划，引导乡镇企业向小城镇集中，进入小城镇工业园区。同年，完成泉州市小城镇体系规划的编制与评审及 30 个重点镇的规划调整完善，完成水头、东园、百崎、蓬华、金谷、陈埭 6 个乡镇及 250 个行政村的规划调整，抓好英林、水头 2 个全国试点镇的规划，英林镇完成镇区 1.1 平方千米工业园的控制性详规，水头镇完成规划调整，完成五里桥区 0.5 平方千米的风景旅游专业规划，开展镇区中心区详细性规划，完成泉州市城市规划区内 40 个村庄的规划编制，纳入城市规划统一管理。

1998 年，石狮市祥芝镇、南安市洪濑镇等 6 个乡镇和全市 350 个中心村完成规划调整完善工作。晋江市英林镇、安海镇等 14 个部级、省级小城镇建设试点镇完成规划调整、详细规划编制任务。

1999 年 4 月 24 日，市委、市政府发出《关于加快旧村改造新村建设若干问题的决定》，要求旧村改造、新村建设规划应有中心村规划和所属自然村规划，包括居民住宅、公共建筑、道路交通、排水排污和其他设施的布局、人口分布、用地规模、发展方向、近期建设计划，以及重点区段项目布置等主要内容。全市当年完成 100 个市级试点村的规划调整“六图一书”（现状图、总体布局图、近期建设详细规划图、给排水规划图、电力电讯规划图、道路竖向规划图，规划说明书）。

2000 年，泉州市村镇规划工作重点从抓总体规划调整完善转向抓详细规划编制，突出抓好镇区主要街段、工业小区、商贸小区和住宅小区等规划编制。按照市委关于城乡一体化发展思路，当年重点抓好 2 个部级、12 个省级和 30 个市级试点小城镇及 150 个旧村改造、新村建设试点村的规划编制与调整，完成南安霞美、英都，石狮永宁、蚶江，晋江内坑，惠安洛阳、百崎，永春达埔等 12 个乡镇、165 个中心村的规划编制与调整。

2001 年，针对全市乡镇现状，泉州市提出采取非均衡化发展原则，对沿海、沿路、沿江重点小城镇，尤其是 2 个部级、12 个省级和 30 个市级试点镇实行优先发展，重点扶持，按照经济繁荣、社会文明、环境优美、功能完善、城乡协调的要求，指导全市小城镇开展新一轮总体规划调整，依据总体规划编制好工业小区、商贸小区、住宅小区的详细规划和重要街段景观设计及交通、电力、电信、水利等基础设施建设专项规划，促使更好地发挥小城镇集聚效应和规模效益。当年完成惠安县东岭镇、涂寨镇，德化县桂阳乡、美湖乡、三班镇，南安市官桥镇、洪梅镇、梅山镇，永春县东平镇、湖洋镇，晋江市安海镇、内坑镇、龙湖镇 13 个镇总体规划调整工作；完成晋江安海湾工业园区、龙湖镇西北片工业区、安海凤凰山小区，南安水头镇东南商住区、洪濑镇洪东、洪南片区、石井镇滨海小区、英都镇镇府路小区，惠安县崇武镇惠崇路、东岭镇中心区等 30 个小区详细规划编制工作；完成 102 个中心村“六图一书”规划编制工作。

2002 年，泉州市完成晋江磁灶、东石，德化桂阳乡、美湖乡、三班镇，南安罗东镇、诗山镇，惠安张坂镇、崇武镇等 10 个镇总体规划修编工作和晋江安海镇综合市场片区、英林镇西北片工业区，安溪县湖头新南工业区，南安水头镇东南小区、惠安县崇武镇文化广场等15个小区的详细规划和89个中心村规划的深化、细化工作。

2003年，泉州市基本完成晋江深沪、南安水头等15个乡镇总体规划修编或调整；完成深沪镇工业区、西滨工业区等33个工业小区和商住小区完成控详规编制和调整；完成75个中心村“六图一书”规划深化。

2004年，泉州市基本完成惠安崇武，晋江陈埭、金井、永和，南安诗山、金淘，安溪龙门镇，永春湖洋、下洋镇，德化水口镇等13个镇总体规划修编或调整；完成38个工业小区、商住小区详规编制和修规调整工作。

2005年，市政府向各县（市、区）政府、泉州开发区管委会和市直有关单位发出《泉州市人民政府关于加强村镇规划建设管理工作的实施意见》，提出村镇规划建设的指导原则、总体目标和具体目标，对提高村镇规划编制质量、加强村镇规划监督管理、规范村镇建筑市场以及落实村镇规划建设管理人员编制、经费扶持、人员培训等提出具体要求和规定。当年完成11个乡镇的总体规划修编，33个工贸、居住小区详细规划编制和48个中心村“六图一书”的规划深化工作。

2007年，泉州市把加强村镇规划指导作为加强社会主义新农村建设的重要抓手之一，突出抓好全市中心村建设规划和旧村整治规划编制工作。当年基本完成11个乡镇总体规划修编或调整、32个村镇住宅小区详细规划、41个中心村建设或整治规划。

2008年，泉州市开始施行住房和城乡建设部颁布的《村庄整治技术规范》（GB 50445—2008），作为村庄建设规划、村庄整治规划编制和评审的依据。当年基本完成晋江市安海镇等11个乡镇总体规划的调整修编工作；开展洛江区罗溪镇镇区等14个片区控制性详细规划和洛江马甲镇库区移民安置小区等19个村镇住宅小区修建性详细规划的编制工作；完成洛江区马甲镇西头村等43个村庄建设规划或整治规划编制工作。

2009年，泉州市开展晋江市安海镇等11个乡镇总体规划的调整修编工作；开展或完成洛江区罗溪镇镇区等14个片区控制性详细规划和洛江马甲镇库区移民安置小区等19个村镇住宅小区修建性详细规划的编制工作；完成洛江区马甲镇西头村等43个村庄建设规划或整治规划的编制工作。

2010年，泉州市完成安溪龙门镇、晋江市金井镇、南安市水头镇3个省级试点小城镇的总体规划编制，在全省首批报请省住建厅评审；完成洛江区马甲镇、泉港区涂岭镇、晋江市磁灶镇、东石镇；南安市仑苍镇、罗东镇，惠安县黄塘镇，安溪县湖头镇，永春县蓬壶镇，石狮市永宁镇等12个市级综合改革建设试点镇的技术评审工作；南安市洪濑镇，永春县呈祥乡、玉斗镇，德化县汤头乡、水口镇等乡镇规划均在编制之中；洛江马甲镇永安村等42个村庄完成或正在编制建设规划或整治规划。

二、镇村规划管理

1991年11月11日，泉州市政府发出《关于加强城市规划区范围内村镇建设规划管理的通知》，将城市规划区内的村镇规划建设纳入统一管理。12月31日，根据省政府第十三次常务会议纪要精神和省建委制定的县（市、区）、乡（镇）村镇规划建设管理站职责的通知，泉州市编委向市规划建设局和各县（市、区）编委发出《关于设置村镇规划建设管理机构的通知》。明确市村镇规划建设管理工作暂由市规划建设局村镇规划建设科管理；各县（区）、乡（镇）成立村镇规划建设管理站，为事业单位，县（区）级站隶属同级建委领导；乡镇站隶属乡镇人民政府领导，业务上接受上级主管部门的指导；县级站编制3～7人，乡镇站编制1～3人；各县（市、区）、乡（镇）村镇规划建设管理站均实行企业化管理，经费从管理费中开支，所需人员主要从各级党政群机关和事业单位在职干部中选调。

1993年8月1日起，泉州市贯彻《福建省村镇建设管理条例》，规定县级以上人民政府建设行政主管部门负责本行政区域内村镇规划建设的统一管理工作；乡级人民政府负责本乡（镇）行政区域的村镇规划建设管理工作，乡（镇）村镇建设管理站负责本乡（镇）村镇规划建设管理的具体工作。任何单位在村镇进行建设，以及个人在村镇兴建生产性建筑，必须在办理规划红线图、选址意见书后，向土地管理部门申请办理建设用地手续；再持用地审批文件和建筑设计图纸等，向县级建设行政主管部门申请办理建设许可证，经乡（镇）村镇建设管理站放样、验线后方可开工。农村个人建住宅及其附属物，须经村民委员会同意，取得乡（镇）村镇建设管理站划定的规划红线图和土地管理部门的建设用地审批手续，由乡（镇）人民政府发给建设许可证，经乡（镇）村镇建设管理站进行放样、验线，即可开工。明确建设单位和个人必须取得建设许可证之日起一年内开工建设，逾期未开工建设的，建设许可证自行失效。

1995年7月1日起，泉州市贯彻施行建设部《建制镇规划建设管理办法》，制定和实施建制镇规划，依法开展建设和房地产、市政公用设施、镇容环境卫生等管理。

1997年2月14日，泉州市贯彻省政府《关于加快村镇建设若干问题的决定》，强调建立健全村镇规划建设管理机构。一、二类乡镇要设立乡村建设办公室。人员编制每个乡镇不少于3人；各地、市、县、区建委（建设局）要设立村镇建设科（股）；行政村要设立村镇建设兼职协理员，使村镇规划建设管理系统化、网络化、规范化。

2003年6月9日至8月底，泉州市城乡规划局在全市开展村镇规划工作专项调研，全面了解泉州市村镇规划建设管理工作开展情况，包括规划的编制、规划的实施管理、试点村（小区）工作进展情况和县（市、区）、镇（乡）两级村镇规划管理队伍的建设，总结泉州市在城乡一体化规划管理模式和开展试点村（小区）规划建设的经验以及存在的问题，形成专题调研报告上报市政府。

2005年12月28日，泉州市政府出台《关于加强村镇规划建设管理工作的实施意见》，提出村镇规划建设的指导原则、总体目标和具体目标，对提高村镇规划编制质量、加强村镇规划监督管理、规范村镇建筑市场以及落实村镇规划建设管理人员编制、经费扶持、人员培训等提出具体要求和规定。

2007—2009年，泉州市城乡规划局制定每年度全市村镇规划管理工作的意见，确定全市年度村镇规划目标及任务要求；派出技术人员深入乡村调研，加强技术指导，提高村镇规划编制水平；组织各县（市、区）规划建设局、重点镇分管领导和村镇站站长、试点村领导进行村镇规划业务集训。在“5·12”汶川大地震发生后，针对全市城乡抗震水平和抗震防灾规划编制情况，市城乡规划局印发《关于进一步加强抗震防灾规划工作的通知》，提出加强全市城乡抗震防灾规划工作的重点和要求。

2010年8月30日，泉州市委办、市府办印发《关于推进旧村居改造工作的实施意见》，规定小城镇规划区内原则上一律停止办理零星用地和零星建设的审批手续，按“布局合理、功能齐全、特色明显、质量可靠、设施配套、环境优美”的要求改造，建设住宅小区和商贸街区；对规划区内、风貌保护街区的危旧房改造应根据保护专项规划执行；对零星分散的旧村居改造要积极引导在规划区内进行集中建设，允许农民按审批的新村建设和旧村居改造规划要求自拆自建；对成片区的旧村居改造由乡镇政府或村委会统一组织，按照小区的标准开展规划编制和建设工作。

三、省级小城镇综合改革试点镇规划

（一）安溪县龙门综合改革建设试点镇总体规划

2010年2月23日，安溪县龙门镇被确定为省级小城镇综合改革试点，随后对该镇进行总体规划编制。5月18日，省住建厅主持召开《安溪县龙门镇总体规划》技术审查会。龙门镇成为全省第一个通过总体规划评审的省级小城镇综合改革建设试点镇。根据评审会意见，将规划名称修改为《安溪县龙门综合改革建设试点镇总体规划》。8月16日，泉州市政府对该规划做出正式批复。城镇性质为安溪南部门户、生态旅游商贸新城。根据规划，镇域人口规模近期至2015年为19.5万人；中期2020年为24.5万人；远期2030年为26.6万人。建设用地规模规划近期建设用地18.0平方千米；远期建设用地23.12平方千米。城镇空间结构布局为“一心两轴多组团”。一心：新城行政商务中心，是行政商务组团核心区域。两轴：一轴为省道206线城市发展轴，一轴为以山体和水体为纽带的生态绿轴。多个组团：包括新城商贸组团、行政商务组团、北部居住组团、中部产业组团、南部居住组团等。

（二）晋江市金井综合改革建设试点镇总体规划

2010 年 2 月 23 日，晋江市金井镇被确定为省级小城镇综合改革试点。该镇随后进行总体规划编制。2010 年 6 月 10 日，省住建厅主持召开《晋江市金井综合改革建设试点镇总体规划（2010—2030 年）》技术评审会。9 月 10 日，泉州市政府对该规划做出正式批复。根据规划金井镇将作为泉州市南部的卫星城镇，晋江市域次中心，晋江市滨海组团中心城区。城镇性质为以运动休闲为主、兼有工业商贸和港口物流功能的滨海宜居新城。按功能分为城镇生活区、产业集中区、度假休闲区和围头港区，分别打造滨海宜居新城、福建省装备制造业基地、国家级运动休闲产业基地及海峡西岸疗养度假目的地和晋江市海上门户等。规划镇域人口规模近期至 2015 年为 15.8 万人，中期 2020 年为 21.6 万人，远期 2030 年为 30 万人。建设用地规模规划近期建设用地 10.92 平方千米，中期建设用地 14.80 平方千米，远期建设用地 25.30 平方千米。

（三）南安市水头镇城市总体规划

2010 年 2 月 23 日，南安市水头镇被确定为省级小城镇综合改革试点。该镇随后进行总体规划编制。6 月 11 日，《南安市水头镇城市总体规划（2010—2030 年）》通过由省住建厅组织的技术评审。11 月 21 日，泉州市政府正式批复。水头镇城镇性质为：泉州南翼新城的中心，国际化的石材产业总部基地，南安市经济中心。城镇功能布局结构为“一轴两带三区多组团”（“一轴”即主要服务功能轴，“两带”即生活服务带和产业带，“三区”即西部生态区、中部南部产业功能区、东部北部生活居住区，“多组团”即水头组团、海联组团、大盈南侨组团、永泉山组团、蟠龙组团）。规划近期建设用地面积 22.5 平方千米，人均建设用地面积 125 平方米。规划至 2030 年，镇域人口规模 40 万人，镇区人口规模 35 万人；城市建设用地规模 40.9 平方千米，人均建设用地 116.8 平方米。城镇化率为 85%。

四、市级小城镇综合改革建设试点镇规划

（一）涂岭镇总体规划

2010 年 5 月，泉港区涂岭镇列入泉州市第一批市级小城镇综合改革建设试点镇，规划 2030 年镇域人口规模约 8 万人，镇区人口 6 万人，建设用地 7.1 平方千米，城镇化水平 75%。规划城镇性质定位为：“泉州北翼重要生态区，休闲旅游新市镇”。镇区规划按“二带一核环三团”进行总体布局，形成“绿廊穿插、扇形结合”的城镇空间结构。“二带”指沿南北 324 国道城镇发展带和东西向虎岩山至观音山的人文生态景观带；“一核”为虎岩山城镇绿化核心；“三团”涂岭、前欧和驿坂 3 个城镇组团，即镇区建设用地功能相对集聚的地域空间。

（二）马甲镇总体规划

2010 年 5 月，洛江区马甲镇列入泉州市第一批市级小城镇综合改革建设试点镇，根据总体规划编制，规划 2030 年镇区人口 5 万人。其中，城镇人口 3 万人，仰恩大学 2 万人，镇区建设用地面积 5.73 平方千米，人均建设用地 114.57 平方米。城镇性质定位为：“最具魅力的休闲度假高地，具有特色风情文化和旅游服务功能的生态宜居城市”。镇村空间体系形成“一核、一轴、两区”，镇区规划结构为“一水两带，一心六区，山水环绕，廊道贯通”。

（三）磁灶镇总体规划

2010 年 5 月，晋江市磁灶镇列入泉州市第一批市级小城镇综合改革建设试点镇，根据总体规划编制，规划 2030 年镇域人口约 19.5 万人，镇区人口 11.5 万人，建设用地 13.8 平方千米，城镇化水平 58.97%。规划将镇域空间结构分为 3 个片区，“北部片区”“中部片区”和“南部片区”。城镇性质定位为：“以陶瓷、印刷产业为主的生态工贸新市镇”。镇区按照内部路网和功能分区划分为“两轴、四组团”的结构形式。“两轴”即“行政、文体、商贸轴”和“生活配套轴”；“四组团”即“将

军山生态组团”“旧街生活组团”“新区生活组团”和“印刷产业基地组团”。

（四）永宁镇总体规划

2010年5月，石狮市永宁镇列入泉州市第一批市级小城镇综合改革建设试点镇。根据总体规划编制，规划将永宁分区城镇性质定位：“石狮市主城区的有机组成部分，以休闲旅游、商业服务等功能为主的现代化滨海新城”。规划镇区人口规模为10.87万人，建设用地18平方千米，城镇化水平为92%。规模结构为：“一轴一带三核两片区”。“一轴”为连接老城——姑嫂塔——新城区的城市空间轴线；“一带”为滨海景观带，在沿海大通道滨海一侧规划城市公共景观序列；“三核”为三个生态核，包括宝盖山——双髻山生态核、大青山生态核和将军山生态核。“两片区”分别为新城片区和永宁老镇区。

（五）崇武山霞分区规划

2010年5月，惠安县崇武镇山霞片区是泉州市第一批市级小城镇综合改革建设试点。崇武镇是泉州市城市规划区范围，故编制崇武山霞分区规划。规划至2030年总用地面积为57.9平方千米（其中，崇武镇19.6平方千米，山霞镇38.3平方千米）。其中，城市建设用地面积19.05平方千米，村庄建设用地4.47平方千米，其他用地约34.6平方千米，总人口规划18.1万人。城镇性质定位为：“国家重要的历史文化特色城镇、海西重要的特色旅游目的地、环泉州湾重要的特色居住组团”。规划结构形成“两心三轴四廊四区”空间发展格局。

（六）仑苍镇总体规划

2010年5月，南安市仑苍镇列入泉州市第一批市级小城镇综合改革建设试点镇，根据总体规划编制，规划至2030年人口13.5万人，镇区人口11.5万人，城镇建设用地13.7平方千米，城镇化率75%。城镇性质：“中国水暖卫浴名镇”。仑苍镇区的规划结构为“一带、一心、三组团”的空间格局。“一带”是以贯穿镇区中部的西溪及两岸绿化为主形成的自然景观带；“一心”是为老镇区的行政商贸中心，以改造提升为主，是全镇的公共服务中心，“三组团”是以西溪和大宇溪为天然分界线，将镇区分为三个组团：城南组团、城西组团、城东组团。

（七）罗东镇总体规划

2010年5月，罗东镇列入泉州市第一批市级小城镇综合改革建设试点镇，根据总体规划编制，规划至2030年镇域人口8.8万人，镇区人口6万人，城镇建设用地7.07平方千米，城镇化率为68%。城镇性质定位为：“生态罗东，宜居新城”。镇区规划空间结构和总体布局形成“路轴水脉、一主一副四团”的格局。“路轴”即县道332线和县道333线，兼具交通轴、产业轴、景观轴职能；“水脉”即为罗溪是罗东镇区的生态主脉络；“一主”是建设镇区中心区，形成全镇及至南安市东北部城镇联合体的公共服务核心，“一副”是改造提升旧镇区，通过完善相关配套设施，形成镇级副中心；“四团”即北组团（村庄整治提升组团）、西组团（产业发展组团）、东组团（旧镇区改造提升组团）和南组团（镇区中心组团）。

（八）蓬壶镇总体规划

2010年5月，永春县蓬壶镇列入泉州市第一批市级小城镇综合改革建设试点镇，根据总体规划编制，规划至2030年镇域总人口10万人，城镇人口约8.5万人，远期建设用地10平方千米，城镇化水平85%。规划城镇性质为：“县域次中心，经贸旅游新市镇”。镇区空间结构为“一心、两轴、三区、四组团”。“一心”是以壶南、美中构建的城镇核心区；“两轴”为汤鹏大道综合发展轴、壶中大道综合发展轴。“三区”即以西昌、孔里、丽理构成的镇区东部工业产业集中区，鹏溪、观山旅游生态战略发展区，美林、南幢远景的城镇备用发展区；“四组团”即孔里—鹏溪居住组团、汤城—魁都居住组团、美山—军兜组团、西昌居住组团。

（九）三班镇总体规划

2010年5月，德化县三班镇列入泉州市第一批市级小城镇综合改革建设试点镇，根据总体规划编制，规划区范围15.43平方千米，建设用地1.56平方千米。规划2030年镇域人口7.3万人，镇区人口6.5万人，建设用地6.44平方千米。规划城镇性质为“德化城区组团，陶瓷之乡，生态旅游新市镇”。规划区为“一城三片”的布局结构，“一城”指三班城市组团，“三片”指镇区、紫云工业园、上寮工业园。镇区中心用地分为旧城和新城两个部分，构成“两心三片六小区”的用地布局。

第二章 城市建设

第一节 市政建设

一、城市道路

（一）新建道路

1989年开始，泉州市启动老市区扩建工程，新建几条市区道路方便群众出行。

泉秀路　1989年动工，1991年建成。道路由温陵路至东海坂头桥闸，呈东西走向，长3200米，宽32米（分机动车道14米，非机动车道8米，行人道6米，绿化带4米），面积10.24万平方米，水泥路面，为后渚码头客货集散干道。泉秀路东段拓宽改造里程6.17千米，2004年2月开工，2005年5月竣工，总投资2亿元。泉秀路东段改造把水、电、气、通信等12种，涉及8家国企、民企的地下管道实现同步设计、同沟埋设、同步施工、同桌竣工、同一“业主”的“五同模式”。2010年改为柏油路面。

刺桐路　位于新城区，1992年动工，1997年建成，南北走向。由东湖街东段至宝洲路，全长3300米，宽28米，面积9.24万平方米，铺筑水泥路面。2010年改为柏油路面。

东湖街　位于市区东面，由温陵北路至仕公岭，原为福厦公路路段。1992年改造为市区道路。路长2700米，宽32米，面积8.64万平方米，为市区往福州方向干道。2010年改为柏油路面。

丰泽街　位于新城区，1992年动工，1993年6月竣工。东西走向，西过温陵路与九一街衔接，东至大坪山，全长2126米，宽42米，面积8.93万平方米，铺筑混凝土路面。

田安路　位于新城区，1992年动工，1993年6月竣工。南北走向，北接东湖街，南通宝洲路，全长3170米，北段（泉秀路以北）宽30米，南段宽20米，面积8.87万平方米。铺筑混凝土路面。2010年改为柏油路面。

江滨路　2001年9月动工，2003年年底全线竣工通车，南北两岸建设总里程6.9千米，总投资1.8亿元，为省、市重点建设项目。道路按城市一级主干道标准设计，行车时速50千米／时，宽度41米，主车道为双向四车道，宽16米，中间设5米绿化分隔带，安装照明路灯。配套江滨大桥沿江边建设，桥长760米、宽11.9米。江滨南路兴贤路口至王宫段采用堤路结合，既可防洪、又可行车。江滨路建后改善泉州市区东西向交通，带动沿江两岸土地开发，优化城市布局。

市区内环路　2007年，为承办2008年全国农运会创造良好的交通环境，市政府决定建设市区内环路。市区内环路线为少林路—省道307线—江滨北路—坪山路—东湖街—少林路，全长20.5千米。工程主项目东湖街（少林路—刺桐北路）路面改造长度500米，2007年2月1日完成。

（二）改（扩）建道路

东街　1996年4月实施拓宽改造，1997年1月竣工。道路与东湖路相连接，全长986米，路面拓宽为24米四车道水泥路，2010年改为柏油路面。

涂门街　1995年9月实施拓宽改造，1997年8月竣工。改造后主干道长1005米，宽24米，东接津淮街，西连新门街，是市区东西向的主干道，也是一条集商贸、旅游、居家于一体，有闽南建筑特色的繁华街市。2010年改为柏油路面。

津淮街　1998年7月实施拓宽改造，2000年2月全线贯通，道路全长2085米，红线宽度28米，为水泥混凝土路面。

北门街　是泉州市区北部最具闽南建筑风格的旅游商业街，2000年动工，2002年竣工。道路全长1380米，路宽24米，总投资额1.98亿元。2010年改为柏油路面。

新门街　1999年6月实施拓宽改造，2001年2月全线贯通，道路长约1900米，宽24米，总投资3.9亿元。2010年改为柏油路面。

安吉路　2002年12月实施拓宽改造，2004年1月竣工。改造长度5007米，起点南起大坪山隧道出口，北至城东39号路，改造后道路宽度50米，工程总投资9626万元。

省道307线丰泽段拓改工程　2003年10月动工，2004年年底竣工。道路长5.73千米，路宽38～50米，为城市一级主干道，由北环城河桥至丰泽区界止，西湖段采用200米钢筋砼箱型通道的机动车下穿，是泉州市第一个机动车下穿工程。

泉山路拓改工程　2003年10月动工，2005年1月竣工。道路长约1800米，宽50米，双向四车道，为城市一级主干道。

温陵路　北起东门，南至泉州大桥，全长2130米，宽46米，原石砖路面，1991年改为水泥路面，2010年改为柏油路面。

城西环路拓改工程　2002年11月动工，2003年年底竣工通车，道路总长度2.3千米，路面宽度33米，总投资6.2亿元，为居住和商业活动的城市干道。

旧福厦线　2006年10月6日动工，同年12月23日竣工。改造工程北起涂门街，南至义全街，长度650米。改造后道路宽度为10米混合车道，两侧各4.5米人行道，水泥砼路面，工程总投资445万元。

少林路拓改工程　2007年3月5日动工，2008年竣工，施工合同总价2981万元。拓改工程全长2447米，原道路宽24米，双向四车道，改造后道路宽36米，双向六车道，两侧各设3.5米宽的非机动车道及人行道。

二、桥涵隧道

（一）桥梁

1.跨河桥

泉厦高速路沉州特大桥　位于泉州晋江下游，1994年12月22日动工，1997年12月竣工通车。桥长3087.46米，其中主桥长500米、引桥全长2587.46米。

泉州刺桐大桥　位于泉州市区宝洲路至晋江市池店镇交界的晋江上，1995年5月18日动工，1996年11月18日竣工，12月28日通车，1997年1月1日投入运营。大桥长1530米，宽27米，接线公路2285米，匝道2400米，其中北引桥620米、南引桥600米。主桥桥型为90+130+90连续钢架预应力桥，双向六车道，设计日通车量为2.5万辆次，桥下可通行500吨胖体海轮。该项目是国内首个民营资本参与的PPP项目，开创民营资本参与国有基础设施建设先河。工程采用BOT（建设—经营—转让）方式建设，项目总投资2.5亿元，由泉州市名流实业股份有限公司和福建省交通建设投资有限公司、福建省公路开发总公司、泉州市路桥开发总公司以60:15:15:10的比例，合资成立泉州刺桐大桥投资开发有限公司，负责建设和经营，经营期限30年（含建设期），期满后无偿移交给国家。

后渚大桥　位于洛阳江后渚港区，2001年6月29日动工，2003年6月30日竣工通车。大桥长2096.5米，桥面宽25.5米，是泉州市沿海大通道的主要桥梁，起于丰泽区东海街道，与省道307线连接，跨过洛阳江，至东岸惠安县洛阳镇，与沿海大通道连接，是省道201线的控制工程，为2001年福建省重点工程建设项目。

泉州晋江大桥　位于晋江下游江面，2005年7月动工，2008年10月竣工。大桥全长3.6千米，由主桥、南北引桥及南北互通立交组成，其中主线大桥（含主桥、引桥）总长2740米，双向六车道。主塔高132米，桥面以上107.4米。大桥起点北岸与泉秀东街连接，终点南岸晋江市陈埭镇仙石村与江滨路和沿海大通道连接，南北互通立交均采用部分苜蓿叶＋半定向混合立交形式（立交平面形似苜蓿叶，交通运行连续而自然，无冲突点）。

泉州湾跨海大桥　位于泉州湾之上，2009年12月31日奠基。是连接石狮市和惠安县的跨海通道，泉州环城高速公路的组成部分之一。大桥全长约27千米，其中跨海大桥约12.45千米、两岸接线长约14.7千米，全线采用高速公路标准建设，设计速度100千米/时。其中，蚶江互通至秀涂互通段采用双向8车道，其余路段采用双向6车道，项目估算总投资60多亿元。大桥起于晋江市新塘镇南塘村，接在建的泉州环城高速公路晋江至石狮段，于蚶江跨越泉州湾，经秀涂，止于惠安塔埔，接在建的南惠高速公路。

笋江大桥　位于泉州市区西侧，北接临漳门通往新门街，南连浮桥古镇，为沟通市区与江南新区的“咽喉”。1998年5月，为保护泉州十大古名桥和城区“西拓”，市政府在笋江古桥上游50米处建设笋江大桥，1998年12月完工。大桥长度248米，主车道宽15米，设计荷载标准为汽车-20，挂车,-100，桥型为12孔20米预应力砼简支空心板梁结构。2005年1月，笋江大桥拓宽工程动工，在原笋江大桥两侧各增加一座桥梁，桥梁宽度8.5米，桥梁长度248米，上部结构为12孔20米预应力混凝土空心板梁，下部结构为单柱式桥墩，钻孔桩基础，2006年5月拓宽工程完工，拓宽后桥梁总宽度32米，双向八车道。

顺济新桥　位于泉州大桥上游约500米处，在顺济古桥西侧，1998年10月开工，1999年6月竣工通车，总投资4500万元。大桥全长1450米（含其接线及引桥），其中主桥长925.74米，桥面宽18米，上部结构为12×25+31×20米预应力混凝土空心板梁，下部结构为双柱式墩台，钻孔灌注桩基础，设计荷载为汽车-20，挂车-100。

2. 城市立交桥

泉州大桥桥南立交桥　位于市区泉州大桥南端，2006年2月动工，2007年7月竣工。大桥为综合立交系统，主线长度为1.56千米，包括直行下穿地道，人行地道，下穿通道，上跨、下穿匝道等，是泉州市江南池店组团的重要交通枢纽。

仕公岭立交桥　位于泉州市城东仕公岭，是国道324线与县道303线互通式立交桥，该桥共包含ES匝道桥、B匝道桥和SW匝道桥，是泉州市区第一座立交桥，2003年6月动工修建，2004年6月建成通车，总投资 7308 万元。该桥全长100米3跨，主跨40米，两边跨各30米，桥型为预应力单箱两室连续梁，设计荷载为汽车-超20，挂车-120。立交桥工程建设布局主要特征是“三向、三层、六道”。“三向”，即福州方向、坪山路方向和东湖街方向；“三层”，即福州来往坪山路为第二层，坪山路来往东湖街为第三层，其余道路则设在地面层；“六道”，即地面层的福州往东湖街匝道、东湖街往福州匝道、东湖街往坪山路匝道、坪山路往福州匝道，第二层的福州往坪山路匝道，第三层的坪山路往东湖街匝道。仕公岭立交桥终结泉州城区没有立体交通的历史，提高国道324线华侨大学至侨乡体育馆中心路段的交通通行能力，发挥城市主干道的功能，改善城市东大门交通状况。

3. 城市天桥

温陵路与津淮街交叉口人行天桥　2007年10月动工，2008年2月竣工，工程总造价534万元，是泉州市区第一座双向“工”字形人行天桥。

温陵路东湖公园口人行天桥　2007年9月动工，同年11月竣工，工程总造价217万元。

丰泽街航空酒店路段人行天桥　2008年4月动工，7月竣工，工程总造价607万元，是泉州市区第一座单向全坡式人行天桥。

九中人行天桥　2009年12月动工，2010年4月竣工，5月28日投入使用，天桥总体呈工字形平面布置，主桥跨径27.6米，主桥平台宽4.3米。

郑成功公园入口人行天桥　2007年10月动工，2008年5月竣工，天桥总长61米，桥面宽8～13米，总投资100万元。

4. 城市公园桥

西湖公园二十一孔桥　位于泉州西湖公园内，1999年12月20日动工，2000年12月18日竣工，桥梁长度为100米，桥宽8米，建造时正值世纪之交，设计为21孔石拱桥，取其名“二十一孔桥”，总投资153.30万元。

5. 高架桥

福泉高速公路过坑高架桥　位于泉州城东，全长 897.8 米，1996 年 11 月动工，1998 年 6 月竣工。

坪山路高架桥　2007 年 7 月动工，2008 年 9 月竣工。高架桥分为东干渠至江滨北路段和江滨北路至刺桐大桥段，其中东干渠至江滨北路段长 1.34 千米，东干渠至宝洲路长 1 千米。高架桥建设包括坪山路地面层拓改（道路红线由 37 米拓改至 48 米，增加非机动车道及人行道）和高架桥（位于中心绿化带位置，上部为鱼腹式预应力连续梁结构，宽 19 米，双向四车道）；宝洲路至江滨北路长 0.34 千米，高架桥（宽 19 米，双向四车道）及滞洪区桥（高架桥原设计两侧各设宽 15 米路堤，为节约土地资源，改为架设桥梁，桥下为滞洪区，为跨度 15 米的预应力空心板梁），2007 年 3 月 10 日开工，12 月完工。江滨北路至刺桐大桥段（又称刺桐大桥北端立交桥）。包括新建 A、B、C 三条匝道和江滨北路拓宽段。匝道宽度分别 8.5 米和 10.4 米，匝道总长度 1640 米，改造江滨北路连接线长度 805 米，按双向六车道改造拓宽。

（二）下穿通道

省道 307 线西湖路段下穿通道　位于泉山路至新华北路口的路段，其南侧为西湖，北侧为泉州市博物馆，全长 741 米，2003 年 11 月动工，2004 年 12 月竣工，总投资约 3600 万元。通道建成后，在市博物馆与西湖公园间架设宽度为 200 米钢筋砼箱底通道，使箱涵顶形成面积约 10000 平方米的休闲广场，利于省道 307 线车辆快速通过，避免车辆同游人交叉，又可以改善人居环境，提升城市品位。

坪山路下穿通道　2004 年 6 月 20 日动工，2005 年 1 月 30 日竣工，2 月投入使用。通道长 700 米，南至泉州农校、北与湖心街相连，总投资 3300 万元，是泉州市大坪山隧道西洞口、丰泽街与坪山路交叉口立交工程的一部分。

泉州大桥桥南立交桥主线下穿通道　2006 年 4 月 10 日动工，2007 年 7 月 9 日竣工，全长 523.24 米。

（三）城市隧道

大坪山隧道　起于丰泽街和坪山路交汇处，终于城东镇玉田村附近。2005 年 2 月 7 日正式通车，2002 年 3 月 15 日动工，2004 年 12 月 19 日竣工，总投资 1.2 亿元。隧道分为左、右隧道，左隧道长 1375 米，右隧道长 1369 为米，通车高度为 5 米。隧道每洞宽度为 10.7 米，双洞四车道，上下行单向分离，设计为城市一级主干道，行车速度为 50 千米 / 时，设计高峰小时交通流量为 789 辆 / 时。

泉州市大坪山非机动车及人行隧道　工程西起大坪山隧道西洞口立交接坪山路，穿越泉州大坪山，经 44.4 米地下人行通道，东接安吉路。2007 年 3 月开工，2008 年 5 月完工，6 月通车使用。隧道全长 1356 米，右侧设有自行车道 2 米 ×2.25 米，左侧设人行道 2 米，隧道净面积 31.31 平方米，公路等级为非机动车及人行专用路，与既有高速公路大坪山隧道立体交叉（高速公路隧道在上，非机动车隧道在下）。

东海隧道　工程起点连接津淮街东段与 324 国道坪山路交叉口，从国公爷山后设置隧道下穿至宝秀小区一期出洞，途经云谷村等处，连接泉州晋江大桥丰泽立交桥和东海大街。2009 年 6 月动工，至 2010 年年底，工程施工中。隧道总长约 4.2 千米，为城市一级主干道，设计行车速度为 60 千米 / 时。建设内容包括隧道工程和津淮街东段拓宽改造。其中，隧道左线长 2170 米，右线长 2157 米，行车道宽 2 米 ×3.75 米，双向四车道；津淮街东段拓宽至 32 米，隧道进口接线宽 34.5 米，双向六车道。

三、广场雕塑

（一）广场

泉州府文庙广场　2000 年，为完整保护文庙建筑群，泉州市委、市政府投资 1.2 亿元，拆迁菜市场及 3 个企、事业单位，复建文庙广场。复建工程历时一年两个月，总投资 1.28 亿元，搬迁中菜市场以及羽绒厂、木器厂、塑料厂和省五建第四分公司等，拆除房屋近 2 万平方米，新建广场 1.28 万平方米、传统建筑 4000 多平方米，整治周边环境，并新建温陵、龙宫和新门 3 个菜市场，其中绿化面积 5218 平方米。复修旧石埕 660 平方米，新铺石埕 5790 平方米，使原中菜市场摊主乐业兴市，民众方便购物。广场内设置排水、供电、电信、消防、路灯等常规设施，恢复洙泗桥并对称建设一座新桥。

扶西·黎刹广场 位于晋江市罗山镇上郭村，为纪念祖籍晋江的菲律宾反抗西班牙殖民统治争取独立自由的民族英雄扶西·黎刹。1999年5月2日动工，2002年12月18日全面竣工，总投资495万元。广场总用地面积5.73公顷，绿地面积2.4万平方米，广场铺地1.7万平方米。

丰泽广场 位于丰泽街与田安北路交汇处，1998年动工兴建，总占地面积46.67公顷，绿化面积600平方米。丰泽广场整体以“红砖白石双坡曲，出砖入石燕尾脊”的闽南特有布局方式。中间是一个由121块花岗石榫接拼成的巨型“鲤鱼化龙”雕塑，下方是红色大理石砌成的三层圆形座基。

泉州迎宾广场 位于温陵路与泉秀路交汇处，20世纪90年代初建成，占地近4000平方米，中有街心花园，其中“飞天迎宾”立柱雕塑高25.8米、直径3米，于1996年落成，素有泉州“门面”之称。

万祥数码广场 位于田安路商业圈的中心地带，2002年动工，2007年开业。广场总建筑面积达6000平方米，是当时泉州唯一集购物、体验、学习、娱乐于一体的一站式IT数码购物城。

泉州法制广场 位于江滨路东海路段，市中级人民法院大楼东南侧。2007年3月20日动工建设，4月30日竣工验收。广场建设规模9460平方米，铺设广场2365平方米，树池铺装440平方米，种植乔灌木397株、地面植被4800平方米。

（二）雕塑

飞天迎宾城雕 位于温陵南路与泉秀路交会处，1994年由中央美院教授钱绍武设计，1996年落成，是整条温陵路唯一的城雕建筑，为泉州市市标。城雕立柱高25.8米，直径3米，柱体上塑有8尊“妙音仙女”铜像，或作捧物状，或手持“南音”乐器做吹奏状；柱体下有圆形水池和喷泉，四周花草环绕。城雕的柱体造型源自石笋，“妙音仙女”铜像源自开元寺大雄宝殿飞天乐伎，形象地代表着文化名城泉州悠久、灿烂、辉煌的历史。

鲤鱼化龙雕塑 位于丰泽广场中心，1998年建成，由国家级木雕工艺家卢思立设计并雕塑。整个雕塑由121块花岗石榫接拼成，球体雕塑展现5条腾飞盘绕的蛟龙、3条正在演化的龙首鲤鱼和11条跳跃波涛的鲤鱼，是当时国内最大的石刻球体城雕。“鲤鱼化龙”技术难度堪称国内之最，国内著名《雕塑》杂志曾经以它作为封面全版发表。

郑成功塑像 1997年，市政协以主席会议建议案形式，向市政府提出《关于在泉州市区设置纪念民族英雄郑成功永久性标志的建议案》，同年，市政府常务会议研究决定在市区建造一座郑成功塑像。经多次论证，选址定在大坪山顶。2002年，郑成功塑像动工建设，2004年5月1日落成，为泉州中心市区标志性建筑之一。塑像由厦门大学艺术学院教授、雕塑家李维祀设计，名为《凯旋》，形象设计为郑成功戴盔、披甲、着袍、佩剑、骑马、举手侧望。塑像高30米，基座平台高8米，总高度38米（寓意郑成功38周岁），海拔高度166.2米（寓意郑成功1662年收复台湾）。塑像外表为锻铜拼接，内以铜铁片网空间结构为骨架，基座平台采用钢筋混凝土实心网架结构。塑像周边设有观景台等设施，可鸟瞰泉州城全貌。

四、城市排水

（一）河道排水

泉州市河道排水主要有东环城河、南环城河、田安渠、新门、涂门八卦沟、破腹沟等14条沟渠和18座水闸，长约23千米的设施维修维护和排水防汛工作。

（二）排涝泵站

2002年，市公用事业局接管浦西滞洪排涝泵站。该泵站装有7台高压潜水泵，单泵排量为5立方米/秒，总排量为35立方米/秒。该泵站厂区内有变配电室、综合办公楼，门亭和泵房等建筑设施。2006年，接管桥南下穿排涝泵。该处有4台抽水泵，最大抽排能力0.44立方米/秒。

（三）百源川池控水改造工程

2010年实施改造工程，总投资765万元。通过关闭文庙水闸以抬高前段八卦沟水位，打开百源川池引水管进水闸门，引八卦沟水至百源川池，有放生池及盲肠沟两处出水口，经小八卦沟流入八卦沟，形成八卦沟—百源川池—小八卦沟—八卦沟的水流体系。汛期时，打开文庙水闸进行泄洪。经改造，解决了百源川池水体发绿变臭的问题。

（四）管道排水

泉州中心市区4座污水处理厂配套市级污水主干管。其中，宝洲污水处理厂配套污水主干管19条，污水管道总长3.86万米；北峰污水处理厂配套污水主干管19条，污水管道总长4.57万米；城东污水处理厂配套污水主干管18条，污水管道总长5.29万米；东海污水处理厂配套污水主干管9条，污水管道总长3.32万米。

五、道路照明与夜景工程

（一）道路照明

1991年后，泉州中心城市向外延伸、东拓到今丰泽区境内以后，境内街道照明工程量逐年增加。主要街道路灯均改装成高压钠灯，次要街道主要采用汞灯，部分小街巷仍采用传统白炽灯。

1998年6月，国道324线（迎宾路）华洲至牛头山路段路灯建设完工，长度6615米，共安装高度9米路灯378支，工程投资302万元，设计单位、施工单位为泉州市市政工程管理处。

1999年3月，新华路省道307线至堤后路段路灯建设完成，长度4252米。同年4月，市区津淮街温陵路至坪山路段路灯建设完成，长度3675米。

2000年6月，新门街一期路灯建设完成，建设位置起于新华路，止于临漳门，安装长度840米。

2001年5月，温陵路路灯建设完成，建设位置起于少林路，止于宝洲路，安装长度3250米。同年9月，坪山路路灯建设完成，建设位置起于国道324线，止于宝洲路。

2002年，刺桐路路灯建设完成，建设位置起于国道324线，止于宝洲路，安装长度3675米。同月，国道324线路灯建设完成，建设位置起于刺桐路，止于洛阳桥，安装长度9835米。6月，万虹公路路灯建设完成，建设位置起于少国道324线，止于省道307线延伸段，安装长度5250米。8月，北门街路灯建设完成，建设位置起于西湖路，止于东街，安装长度1650米。

2003年7月，新门街二期路灯建设完成，建设位置起于新华路，止于中山路，安装长度742米。同年9月，起于少林路，止于朝天门，安装长度875米的环城北路路灯建设完成。10月，环城西路路灯建设完成。建设位置起于临漳门，止于朝天门，安装长度2100米。12月，笋江路路灯、东干渠路灯建设完成，安装长度分别为1600米、3500米。同年，市政府建设路灯工程8个：324线仕公岭至洛阳桥路灯改造工程；市区畅通工程路灯完成九一路至温陵路、田安路至津淮街等5个路口路面5833平方米，安装灯杆56根，安全岛1486平方米；江滨路路灯施工北峰蟠山至中芸洲、浮桥至刺桐大桥两段的路灯工程和江滨大桥夜景工程；城南片区路灯、万虹公路路灯施工国道324至朋山隧道段路灯工程；北门街路灯施工华侨新村至钟楼路灯改造工程；津淮街东段路灯施工坪山路至泉秀路口段路灯工程；丰泽街、刺桐路、九一街、打锡街、庄府巷、壕沟墘6条路路灯改造工程。

2004年7月，泉山路、307线路路灯建设完成，安装长度分别为1700米、5790米。同年9月，宝洲路、省道308线（南环路）路灯完成建设。

2005年1月15日，县道301线江南罐头厂至南安四黄段道路路灯开工建设，建设位置东起江南罐头厂，西至南安四黄，安装长度4930米。3月30日，泉秀东街路灯照明工程开工建设，建设位置西起坪山路环岛，东至后渚大桥，安装长度4912米。9月15日，双阳中路及双阳中路延伸段路灯开工建设，建设位置南起省道307线交叉口，北至万虹公路岔口，安装长度3125米。同月，万虹公路双阳岔口至俞大猷公园岔口段路灯完成建设，建设位置南起万虹公路双阳路口，北至万虹公路俞大猷公园岔口，安装长度8660米。9月25日，泉州市沿海大通道一、二期丰泽段道路路灯及园林照明工程开工建设，建设位置西起中芸洲环岛，东至东海浔埔，安装长度5080米。

（二）夜景工程

1997年，泉州市开始陆续启动城市夜景照明工程建设，至2002年，相继建成刺桐路“火树银花”、田安路“彩虹门”、温陵路“刺桐怒放”等城市夜景工程，材料大多采用投光灯和霓虹灯。

2003年年底，泉州委托中国建筑科学院进行泉州中心市区夜景工程总体规划设计，规划设计结合泉州城市规划总体发展，突出闽南建筑风貌，体现刺桐古城的历史足迹。至2004年，完成中心市区主要街道、景点、建筑物上建设夜景工程，构筑泉州夜景工程的主体框架。这个阶段的夜景工程建设注重建筑立面特点，在照明灯光的设置方面，尽量突出建筑体本身特色，使整个街面的构景元素更为完整，并在满足照明效果的前提下，使用节能照明设备，避免光污染。其中，丰泽广场“鲤鱼化龙”景点的周围设置盘龙灯柱，在东、南、西、北四个方向安放四台“城市之光”，可同步变幻七种以上色彩，为国内首次运用同步变色技术。

2007年，为迎接首届中国海峡两岸茶业博览会，市政府启动中心市区夜景续建工程，完成津淮街17幢、新门街29幢，共46幢楼体夜景工程建设，并完善中心市区夜景游览线路建设。工程建设全面采用节能低碳的LED新材料。

2008年，为迎接第六届全国农运会，市政府启动丰泽街（温陵路至坪山路段）夜景续建工程，完成沿线两侧24幢建筑物楼体夜景工程建设。

2009年，市政府建设完成中心市区打锡巷、九一路、丰泽街、温陵路（东湖街至宝洲路）、东湖街至国道324线仕公岭道路夜景工程。

2010年，市政府建设中心市区涂门街LED夜景工程、九一街夜景增补及修复工程、中心市区LED彩灯夜景工程等，其中包括津淮街、新门街、涂门街、壕沟墘共46幢建筑夜景续建工程等。工程全部采用节能低碳的LED景观灯，包括LED投光灯、LED埋地灯、LED护栏管等多种类型。

第二节　公用事业

一、城市供水

（一）自来水厂

1990年，泉州市区由泉州市自来水公司所辖西区水厂、北区水厂供水。两个水厂日产水5.5万吨，年产水2372万吨，供水1703.79万吨，供水地域面积12.9平方千米，用水近18万人，市区居民自来水普及率85%。同年，市自来水公司成立第三水厂建设指挥部，1991年水厂立项并通过可行性报告，1992年完成施工图纸设计。1993年2月，第三水厂一期工程完工，1994年12月竣工并试运行，1995年2月正式通水。第三水厂一期工程建成投产后，市自来水公司日供水能力达16.5万吨，基本满足当时市区对自来水的需求。

2001年2月，第三水厂二期工程（10万吨／日）动工，2002年12月竣工投产。至此，市自来水公司日供水能力达到27万吨。

2004年8月，根据《泉州市市区给水工程专项规划》要求，市自来水公司成立金浦水厂筹建领导小组，负责水厂前期筹建工作。该厂设计总规模为30万吨／日，首期规模为15万吨／日，总投资2.38亿元，2008年动工，2010年11月建成投产。

2010年12月，市自来水公司日供水能力达32万吨，供水范围面积152.89平方千米，用水人口发展到110多万人。

西区水厂　位于市区甘棠巷西侧，1967 年筹建，水厂水源取自晋江中游地表水，由金鸡拦河坝引入北渠进水厂。水质为天然碳化水，以重碳酸盐类为主、硬度低，各项指标达到国家二级地表水标准。厂区占地面积 5038 平方米，建筑面积 1600 平方米，总投资 191.9 万元，1970 年一期工程建成投产，日产 0.5 万吨；1980 年二期工程建成投产，日产能力达 1.5 万吨。1996 年 6 月 25 日，因设备老化且取水口水污染严重，经市政府批准停产。

北区水厂　位于东门环城路边（现少林路），1982 年筹建，水源与水质与西区水厂相同。1985 年建成一期工程，日产 2 万吨。1988 年建成二期工程，日产 3 万吨。厂区占地面积 1.8 万平方米，建筑面积 4000 平方米。主要设施有取水头、一级泵井及泵房各 1 座、机械加速澄清池 4 座、双阀过滤池双排一座、加药间 1 座、容量 2000 立方清水池 2 座、1400 方清水池 1 座、三级泵井及泵房各 1 座。2003 年后，各年水质指标合格率均在 99.4% 以上。2005 年至 2007 年 1 月，开展制水工艺提升改造。2010 年，全厂员工 268 名，水厂在饮用水源、净水工艺和管网水质等方面加强管理，保证水质达标。该厂主要制水工艺流程为水渠原水→取水泵房→机械加速澄清池→双阀滤池→清水池→送水泵房→管网。

金浦水厂　位于鲤城区浮桥街道金浦社区，取水口建在市区江滨南路往南安方向直行方向旧金鸡拦河闸等新拦河闸之间。水厂占地 10.83 公顷，设计总规模为 30 万吨 / 日，首期规模为 1 万吨 / 日。出水厂采用变频恒压送水，出水浑浊度控制在 0.05 ～ 0.1 散射浊度之间，在国家标准以下，工程投资概算 2.4 亿元。2008 年动工，2010 年 11 月首期工程建成投产，主要负责江南、浮桥、池店、清濛开发区用水，惠及 50 万人口。

（二）供水管网

1990 年，泉州市区供水管道覆盖面较大，市中心区管网布置呈环流状（共 10 多个环），郊区呈树枝状，总长 107.94 千米。

1995—2000 年，市自来水公司投资 6000 多万元，建设水厂、水管网，新敷设 DN100 以上主管道 100 千米，管网水质合格率 99.5% 以上。

2001—2002 年，市自来水公司投入近千万元，建设清濛工业区、北门街、圣湖、温陵北拓、沉洲村、泉州师院、刺桐东路、文庙、灯星村、浔美工业区、东海加泵站高位水池、城南片区、泉三高速公路及第三水厂二期配套管网。铺设 DN100 以上主管道 16000 多米、DN1000 管道 5.7 千米，更换检测水表 1 万多台。

2003 年，市自来水公司建设后渚跨海大桥 DN800 的给水管，铺设国道 324 线、福新花园、东方银座、后茂小区、大淮小区等给水管。

2004 年，全市继续建设新管网，改造古城街巷管网。

2005 年，市自来水公司投资约 6000 万元，先后完成南片区、倍堡社区、义全片区、西街片区等 20 余个社区及部分街巷老旧管网改造，共计完成 DN（公称直径）100 以下管道 60 余千米，DN100 ～ DN200 管道 40 余千米。全年改造供水管道总长达 105.2 千米。

2006 年，市自来水公司配合泉永路（西贤路）改造建设 1.4 千米泉南水厂二期 DN1400 出水干管，2007 年上半年通水，供水量增加至 20 万吨 / 日。

2007 年，市自来水公司投资约 4000 万元，配合内环路少林路拓改将 2.4 千米 DN1200 主干管材质更换至球墨铸铁管，建设城东至洛江 DN800 供水管道 2 千米。

2008 年，市自来水公司投资约 4500 万元进行宝洲路 DN1000 给水管建设，增加东海、台商供水通道，建设 DN1000 供水管 4.3 千米。

2009 年，市自来水公司投资约 8000 万元，配合市政道路建设东西大道、江滨北路、普贤路等给水管，铺设 DN800 以上主管道 19.6 千米，DN1000 管道 7.6 千米。

2010 年，市自来水公司配合万虹路拓改、双阳开发区、站前南北大道等配套建设供水管网，铺设 DN1200 管道 2.4 千米，DN800 管道 1.2 千米，DN800 以下 15 千米。

二、城市供气

1990年，泉州市液化石油气公司建设泉州江南康惠液化气贮配站（2004年更名鲤城金源液化气有限公司），建设规模为90立方米，设50立方米卧式储罐1台，20立方米卧式储罐两台，占地6600平方米，1991年9月投入运行。

1991年，泉州市区经营液化石油气的企业有泉州市液化石油公司。该公司有200立方储配站1座，年储配气能力1万吨，设新华路等10个换气联络站，长期民用客户1.2万多户。

1992年10月，泉州市液化石油气公司开工建设后渚储配站，建设规模为210立方米，设50立方米卧式储罐4台，10立方米卧式残液储罐1台。1993年8月竣工投入运行。该站站区占地6600平方米。储配站投入运行后，泉州市液化石油公司年供气量增至6000吨以上，市区用户增3.7万多户。

1995年，泉州招商石化有限公司成立，该公司由招商局集团旗下的深圳市招商燃气投资有限公司和中国石油化工股份有限公司及泉州市国有资产投资经营公司出资共同组成。1996年，投资3800万元在后渚港建设储配站，建设规模为4010立方米，设1000立方米球罐4台和10立方米卧式残液储罐1台，配套建设3000吨级油、气接卸码头，共占地40000平方米。

1997年年底，泉州中心城区共有液化石油气储配站3座，分布在后渚和江南，总容量4310立方米，年供气量2.5万吨左右。中心市区液化石油气瓶装供应站点12家，气化率达到84.8%。

1998年4月，市液化石油气公司与厦门煤气公司等单位合资成立泉州绿源燃气有限公司，开发泉州燃气管道建设。

2002年，泉州中心市区年供气量2.5万吨以上，气化率达到85%以上。

2005年7月，泉州市委第148次常务扩大会研究决定，通过采用邀请招标的方式出让泉州市LNG项目控股投资权。8月，新奥集团股份有限公司中标成为泉州市LNG项目的控股股东。9月1日，泉州市燃气有限公司成立（由泉州市国有资产投资经营公司和新奥集团等共同出资组建）。11月，泉州市政府将泉州市区划范围内的燃气特许经营权授予泉州市燃气有限公司。

2006年4月28日，泉州市天然气利用工程通气点火。同日，阳光水岸小区居民开通点火，成为泉州首个使用管道天然气的小区。

2008年，泉州门站、惠安门站和晋江门站先后与中海油长输管线成功对接，成为福建省首个贯通海油长输管线气源的城市。

2009年，泉州市建成首座车用天然气加气站，位于泉州市城东燃气门站内，是福建省最早投入使用的天然气汽车加气站。至2010年，建设加气站16座，除德化外，覆盖大泉州城区及各县市，其中泉州市区6座、晋江2座、石狮2座、南安2座、其余县市各1座，年供气5100万立方米。

2010年年底，泉州地区经营液化石油气的企业有33家，储罐总容积达6.17万立方米。其中，中心市区3家，泉港5家，晋江8家，石狮两家，南安8家，惠安、安溪、永春各两家、德化1家。按照《福建省燃气管理条例》要求，均取得泉州市市政公用事业管理局颁发的瓶装燃气经营许可证。同年，泉州市辖区内共有管道燃气企业8家，中心市区、泉港、晋江、南安、石狮、惠安、永春、德化各1家。泉州市LNG项目建成城市门站3座、LNG储配站5座（总容积为3000立方米）、高中压调压站3座，加气站2座。投入生产运营的高、中、低压燃气管网约900千米，其中中心市区200多千米，已对600余家工商业企业、4万多户居民供气，日供气量约120万立方米，燃气管网基本覆盖泉州市行政区域的大部分地区。

第三节　环境卫生

一、管理体制

1991—1998 年，泉州市环卫处负责中心市区生活垃圾清扫、转运、路面洒水和公厕管理等工作。

1997 年 6 月，泉州市中心市区一区拆三区，理顺环卫管理体制，建立市、区、街、居三级环卫四级网络的管理体制。泉州市环卫处，隶属泉州市市政公用事业管理局，主要负责垃圾中转站、贮粪池的管理及将垃圾转运至垃圾填埋场处理，负责粪便的抽运、处理。区环卫所，隶属于区建设局，负责辖区主干道洒水、区管公厕保洁，督促街道、社区做好主次干道和社区保洁。街道环卫站，隶属街道办事处（镇）领导，业务接受市、区环卫管理处、所指导，主要负责主次干道的保洁并将生活垃圾转运至垃圾中转站。居委会主要负责辖区内小街巷和住宅小区的清扫保洁并将生活垃圾运至垃圾转运站。

至 2010 年，管理体制没有变化。

二、道路保洁

1991 年起，泉州中心市区主干道实行全日保洁，用机械清扫、洒水。街巷保洁实行区建设局、区环卫所、街道环卫站、社区居委会四级环卫管理目标责任制。

1998 年，泉州市在市区居住小区、小街巷设立果皮箱，实施市区主干道路面垃圾袋装收集、“门前三包”门面达标等制度。

2002 年起，泉州中心市区各环卫所实行“定人员、定面积、定时间、定质量、定作业价格”的承包管理制度，建立责、权、利三结合机制，制定详细的考核细则，将人行道、路沿石根、街道树框、单位交界处、城乡接合部、入城口及岔路口向内延伸 20 米等容易被忽视的部位清扫情况列为重点监督考核内容，并于 2003 年 1 月实行清扫保洁公开招标，正式实施。

2003 年，鲤城、丰泽两区开展“海丝”世界文化遗产考虑点周边环境整治，增加资金投入，添置不锈钢垃圾收集车，在兴贤路、美食街等人流密集的主干道、街区配置容量大、质量好、款式美观的果皮箱，保养、维护环卫专用车辆，解决垃圾运输过程中的滴、撒、漏问题。

2004 年，泉州市以创建国家卫生城市为目标，制定实施创卫工作长效管理方案，健全区、街、社区三级环境卫生责任制，区级环卫所负责辖区内主干道的保洁工作，日清理、收集生活垃圾，每日对主干道进行机扫、洒水，每星期清洗主干道一次以上，以降低粉尘，提高道路卫生质量，背街小巷、生活区、住宅楼由街道、社区负责清扫保洁。

2005—2009 年，中心市区保洁管理进入常态化，有环卫专业队伍及民办保洁员 3000 多人，各种环卫专用车辆 148 部，人力清洁车 960 部，主要负责中心市区主次干道、小街巷清扫，日清垃圾 610 吨以上，道路保洁率 100%。中心市区主干道的日机扫、洒水，每星期清洗一次以上，清运公司车辆全部采用密封运输，解决垃圾运输中的滴、撒、漏等问题。

2009—2010 年，中心市区推行市容卫生网络化管理模式，按照“横向到边、纵向到底”和“定人、定岗、定量、定责”的原则，实行主次干道卫生和市容卫生管理地段无缝对接，同时，市容卫生督查队配置电子化设备，每日不间断巡查主次干道、社区卫生。

三、垃圾处理

1991年，泉州市区唯一的垃圾消纳处置专用场所——新前垃圾填埋场，该场原征地面积1.8公顷，经过1984年、1991年2次征用，至2000年实际使用面积达到3公顷左右。垃圾处理方式属于简易堆放，泉州市环卫处负责每日对进场垃圾进行推平、压实、处理工作。2001年5月进行封场覆盖，2002年年底基本完成封场工程施工。

1993年，泉州市半封闭式垃圾中转站7个，露天站2个。

1994年5月，泉州市第一座密闭式行吊集装箱式垃圾中转站东霞站正式投入运行。

1999年11月，泉州市动工建设室仔前生活垃圾填埋场。同年，泉州市环卫处管理使用的12座垃圾中转站全部实现行吊集装箱式密闭式改造，负责中心市区每日约600吨生活垃圾的收集压运工作。

2000年10月，洛江室仔前生活垃圾填埋场竣工。11月投入试运行，这是泉州市首座无害化垃圾填埋场，占地面积25.5公顷，总库容量为390万立方米，有效库容为272万立方米，设计日处理生活垃圾610吨，设计使用年限17年。

2002年起，泉州市政府出台《关于加快推进城市垃圾处理产业化发展的暂行规定》和《关于进一步深化我市城市污水、垃圾处理产业化工作有关问题的通知》，明确垃圾处理产业的目标要求和系列配套政策，维护投资者权益。

2004年11月，市政公用事业局建设室仔前生活垃圾填埋场二期工程。2005年12月竣工，总投资1亿元。该场主要收纳鲤城区、丰泽区、洛江区和经济技术开发区的居民生活垃圾。

2005年起，泉州市分4年时间将中心市区原有的16座行吊集装箱式中转站进行压缩式升级改造。

2006年，室仔前生活垃圾填埋场被评为全国城市生活垃圾Ⅰ级无害化卫生填埋场。同年，全市建成垃圾焚烧发电厂、垃圾综合处理厂3座、垃圾卫生填埋场2座，在建垃圾焚烧发电厂4座、垃圾卫生填埋场3座、垃圾日处理能力1.98万吨。同年起，泉州市开展以农村垃圾治理为主要内容的“家园清洁行动”。

2009年年底，全市投资2450万元完成中心城区23座中转站改造，负责中心市区每日约700吨生活垃圾收运。

2010年7月27日，泉州市政府第77次市长办公会议决定，将泉州中心市区生活垃圾经大型转运站分送周边县（市）垃圾焚烧发电厂处理，泉州市开始建设大型生活垃圾转运站。同年，全市城市垃圾处理能力达5750吨/日，中心市区垃圾无害化处理率98.4%。同年，泉州市开展“家园清洁行动”完成106个乡镇和1364个村庄垃圾治理验收工作，分别占全市乡镇、村庄总数的79.7%和66.2%。

四、污水处理

1996年3月，泉州市筹建全市第一座污水处理厂——宝洲污水处理厂，建设规模为日处理污水15万吨，工程分两期实施。

2002年，泉州新建中心市区污水干管12条，新旧城区污管网清淤及改造46千米等项目。

2005年，中心市区污水管网主干管和99千米的截流管及浦西、刺桐、水美、湖心、金山5个污水提升泵站，污水收集率68.5%。中心市区的污水管网系统基本完善，减少污水直接排入内沟河、八卦沟等市区排水系统。同年，宝洲路污水管线改造工程完成，全长1.64千米，施工采用部分开挖部分顶管工艺。6月，市政府成立泉州市北峰、城东污水处理厂工程建设指挥部，筹建北峰污水处理厂、城东污水处理厂，处理厂设计规模均为日处理污水9万吨。

2009年，城西排水管接入北峰污水处理厂改造完成，敷设污水管道155米，新建截流井3座。

2010年，刺桐东路田淮渠倒虹管改造、湖心街花园酒店污水管道错位堵塞改造、市区污水管道清淤、坪山路接宝洲路污水管改造、宝洲花苑门口污水井改造、温陵路远太大厦门口水井改造工程、刺桐北路接刺桐路倒虹管改造、东干渠南段截污改造等工程完成。

附：主要污水处理厂

宝洲污水处理厂 1999年，泉州市宝洲污水处理厂开工建设，该厂位于泉州市丰泽区宝洲路以南，占地面积9.2公顷，服务范围包括泉州市中心市区，服务面积22平方千米，服务人口30万人。污水采用A/O生物处理工艺，尾水消毒采用添加次氯酸钠接触消毒工艺，污泥采用螺杆螺压浓缩、脱水工艺和带式压滤一体机工艺，污泥最终处置采用焚烧处理。建设规模为日处理污水15万吨，项目分两期建设。1999年11月，宝洲污水处理厂一期工程开始建设。2000年10月，一期项目工程竣工。2001年6月，一期项目建成投产，规模为5万吨／日。2004年10月，宝洲污水处理厂在一期项目的基础上开始进行二期建设。2005年8月，二期项目工程竣工。10月，二期项目正式投产运行，规模为10万吨／日。2010年12月，在福建省城镇污水处理厂运行评估中，泉州市宝洲污水处理厂取得全省第一名。

北峰污水处理厂 2007年，泉州市北峰污水处理厂开工建设，该厂位于城西环路沃尔玛附近，占地面积6.73公顷，服务范围规划区包括北峰镇、丰州镇部分及清源山办事处，约30平方千米，厂区远期规划服务人口16.8万人。污水处理工艺采用CAST生物处理，污泥处理工艺为带式浓缩脱水，除臭工程采用加盖除臭单元设计，处理工艺为生物滴滤法，项目总设计规模为9万吨／日。2007年3月，北峰污水处理厂开始建设一期工程。2008年6月，一期项目建成并通水试运行，规模为5万吨／日。2009年4月，为防止和避免污水处理厂异味对周围居民生活的影响，北峰污水处理厂按照泉州市政府要求完成加盖除臭工程建设，并投入运行，减小生产运行过程中对周边大气环境的影响。2010年12月，在福建省城镇污水处理厂的运行评估中，泉州市北峰污水处理厂名列全省第二名。

泉州市城东污水处理厂 2007年，泉州市城东污水处理厂开工建设，该厂位于城东组团浔美村北，南堤内侧低洼地，建设用地约5.8公顷，总规模为9万吨／日，近期规模为4.5万吨／日，服务范围包括泉州市城东组团和双阳、河市二镇，服务面积41.7平方千米，服务人口36.8万人。城东污水处理厂处理工艺采用CAST生物处理工艺，污泥处理系统采用带式浓缩、脱水一体机。除臭工程采用加盖除臭单位设计，处理工艺为生物滴滤池法。2007年6月，城东污水处理厂开始建设一期工程。2008年4月，一期工程建成，规模为4.5万吨／日。2009年4月，为防止和避免污水处理厂异味对周围居民生活的影响，城东污水处理厂按照泉州市政府的要求完成加盖除臭工程建设，并投入运行，减小生产运行过程中对周边大气环境的影响。2010年2月，该厂生产运行。

东海污水处理厂 2010年，东海污水处理厂开工建设，该厂位于东海片南部，综合大道与沿海通道交叉口的东北侧。占地面积6公顷。总规模为5万吨／日，近期规模为2.5万吨／日，服务范围为东海组团，服务面积30.8平方千米，服务人口30万人，东海污水处理工艺生物处理采用改良型氧化沟工艺，污泥处理工艺为污泥浓缩池＋带式压滤机工艺，除臭工程采用加盖除臭单元设计，处理工艺为生物滴滤池法（指利用需氧微生物对污水或有机性废水进行生物氧化处理的方法），出水水质执行《城镇污水处理厂污染物排放标准》一级B排放标准。2010年4月，建设一期工程。2011年10月，完成一期工程建设，规模为2.5万吨／日。

第四节 园林绿化

一、创建国际花园城市和国家园林城市（详见开放与探索第四章第四节）

二、城市绿化

（一）公共绿地

“九五”（1996—2000年）期间，泉州市中心市区先后投资近2亿元，新建市民广场、西湖公园、刺桐公园、芳草园等一批各具特色的综合性公园和大型广场绿地。2000年年底，中心城市建成区绿化覆盖总面积1241.2公顷，绿地总面积1109.2公顷。其中，公共绿地204.3公顷，比“八五”（1991—1995年）期末分别增长277.1%、284.4%、208.2%；绿化覆盖率、绿地率、人均公共绿地面积三项指标，分别由“八五”期末的30.3%、24.3%、5.26平方米增至31.03%、27.73%、6.69平方米。

2004年，泉州市先后完成丁荣路口、刺桐东路与宝洲路交叉口、田安路与宝洲路交叉口3处街头绿地改造工程和东干渠绿化；对省道307线、308线进行绿化，对泉山路进行拓改绿化。

至2007年，泉州市建成区绿化面积为2843.8公顷，绿化覆盖率为39.96%，人均公共绿地面积从2005年的9.68平方米提高到11.5平方米。

2010年，泉州市建设市行政中心景观绿化一期工程，种植乔木380多株、灌木1300株，地被约27万株、草坪65平方米、安置景观置石23块；垂直绿化市区各类立交桥、人行天桥和5处公园围墙；完成东环城河绿地、东干渠绿地、湖心街与坪山路交叉口东侧绿地及城西环路街头绿地等绿化整治。当年，中心市区建成区新增园林绿地191公顷，总绿地面积3418.7公顷，绿化覆盖面积3730公顷，绿化覆盖率40.48%，人均公共绿地面积为10.55平方米。

（二）道路绿化

1991起，泉州市道路绿化从过去二排行道树的单一绿化形式，逐步向乔、灌、花、草复层配植的多层次、多色彩方向发展，以刺桐、杧果、香樟等乡土树种为主，适当引种大叶榕、高山榕等外来树种，营造一街一景，步移景异的视觉景观。建成区新建道路及改造道路绿化坚持按《城市道路绿化规划与设计规范》组织实施，与道路工程同步设计、同步施工、同步验收。1999年，泉州市政府开展“城市管理年”活动，成立区城市园林绿化管理站，组建绿化管理专业队伍，加强区管道路绿化项目的养护管理工作。同年3月，在“3•12”植树节期间组织区直机关干部、共青团员到普贤路义务植树1200株。开展对泉山路、疏港路、305省道、普贤路、国道324线、西福高速公路入口处、后淮沟等17.85万平方米绿化带的绿化养护，对死株、草皮进行补植补种。2001年，中心城区绿化覆盖总面积906公顷，绿化总面积804公顷，绿化覆盖率31.24%，绿地率27.73%，人均公共绿地面积6.69平方米。

2003年，泉州市建设石笋、金山、江南公园，对166.67公顷江滨公园进行环境整治，在旧农校原址上改建成的释雅山公园新增绿地4.33公顷。2005年，泉州市建成东湖街、东街、田安路、丰泽街、湖心街、津淮街、刺桐路、涂门街、泉秀路、泉秀东街、宝洲路、江滨路、少林路、城东片区13条道、国道324线市区段、省道307线市区段路等道路绿化及晋江两岸景观带，构成城市特有的风光。高水平地建设一批各具特色的园林景观路，如泉山路、江滨路、沿海大通道等，营造出“山水相映、绿树成荫”的滨海园林景观。

2010年，随着城市园林绿化事业的快速发展，泉州各区道路绿化普及率达100%。市级园林绿化主管部门对区级管理上移市级的东干渠、东环城河、笋浯溪绿地、笋江路、池峰路、南环路等48条主次干道及内沟河绿地进行整治。先后完成东环城河绿地、东干渠绿地、湖心街与坪山路交叉口东侧绿地及城西环路街头绿地等绿化整治工作任务，共种植杧果、假槟榔、花叶垂枝榕柱等500多株，春羽等灌木946.3平方米。完成对中山路危树的更换整治工作，共砍伐整治危树约250株，补植小叶榕150多株，修复受损树池及恢复铺地约600平方米；完成温陵路、打锡街、九一街、新华路等道路600多个树池箅子的安装工作。

（三）单位庭院、居住区绿化

20世纪90年代初期，泉州市市民缺乏绿化意识，出现侵占绿地建房、建单位办公楼的行为，制约城市绿化建设的发展，形成居住区、单位庭院内无处栽树的局面。

2000年，丰泽区绿化华丰、东霞、津秀、铭湖、新安、湖美6个居住小区。2001年，以居住小区、单位庭院为绿化美化的重点，广泛开展居住小区、单位、学校、庭院的绿化上档次活动。云谷小区等17个居住小区获泉州市“园林式居住小区”称号，28个单位获“园林式单位”称号，华侨大学等42所学校获“园林式学校”称号。2005年，泉州市政府下发《关于在全市开展单位庭院、居住小区绿化达标活动的通知》，严格控制新建单位和居住区的绿化指标，降低建筑容积率，增加绿化用地，单位庭院、居住小区利用空地、楼间、阳台、墙面、屋顶等立体空间，以植物造景为主，适当点缀亭廊、花架、假山喷泉等，做到人员落实、资金落实、措施落实，园林植物普遍长势良好，园林绿化设施日臻完善。

2005年后，全市开展市级园林式单位庭院、居住小区评选活动，参与省级园林式小区、园林式单位的评选活动，中心市区73个小区被评选为泉州市中心市区市级园林式小区，124个单位被评为市级园林式单位。其中，云谷小区、新华小区、金帝花园、宝珊花园、祥景家园、世纪巨星、丰泽小区等21个居住小区及泉州军分区、泉州市第一中学、泉州市180医院、泉州市儿童医院、刺桐饭店等28个单位庭院，先后被评为省级园林式居住小区、省级园林式单位庭院。

2006年，千亿山庄、海景花园城、奥林匹克花园等高档住宅区的开发建设，引入各种奇花异卉，运用植物造景，形成多层次植物群落，创造“园林与自然和谐，景观与文化交融”的园林景观，把市区的园林绿化水平推向一个更高的层次。当年中心市区新建庭院绿地33.02公顷，主要是高档住宅小区及现代化工业园区的庭院绿化。2007年，福建省继续开展园林式单位庭院、居住小区评选活动。丰泽区重点在南丰新城、太平洋花园、东方银座、金帝花园、世纪巨星等小区狠抓园林绿化，迎接省级园林小区检查。

2010年，全市各单位庭院、居住小区充分利用空地、楼间、阳台、墙面、屋顶等立体空间，以植物造景为主，适当点缀亭廊、花架、假山喷泉等，营造出丰富多彩、美轮美奂的城市绿化景观。有5个居住小区、7个单位庭院被省建设厅命名为第三批省级园林式居住小区、园林式单位庭院。中心市区共新建城东美仙山小区、江夏丽景、海丝景城、锦洲瑞苑、南天裕景、锦绣庄民间艺术园等居住小区、单位庭院10多个。

（四）苗圃基地建设

1990年，泉州市有苗圃基地10处，其中市区有青年乐园、东湖、西门蒙湖，面积5.3公顷，年出苗树47.1万株，并有存苗8万株。1995年，市区苗圃基地发展至6处，占建成区总面积1.09%，无法满足城市绿化用苗之需，生产苗圃严重不足。1996年后，泉州市利用资源优势，结合产业结构调整，抓好各区的苗木花卉基地建设。全市花卉苗圃基地生产规模不断扩大，形成丰洲苗圃、河市花木苗圃以及集科研、生产于一体的泉美苗圃。2010年，直接为市区服务的花卉苗圃基地34处，总面积330公顷，生产绿地占建成区总面积的2.2%。

三、园林建设

（一）公园、植物园建设

1991年，泉州市委、市政府把东湖公园建设列入为民办实事项目。此后，市委、市政府确定以大面积综合性公园建设为主，以街边游园、袖珍雕塑绿地为补充建设公共绿地，均衡分布，抓总量、抓布局、抓标准，加大公共绿地，特别是城市中心区绿地建设。至2010年，市区建成东湖公园、刺桐公园、西湖公园、郑成功公园、笋江公园、森林公园、释雅山公园、芳草园、北环城河带状公园、中山公园、江滨公园、石笋公园、金山公园、江滨体育公园、伍堡公园等50余处大中型公园及荷花池绿地、临漳门游园、温陵路城雕环岛、新门街街头绿地、新门街街尾绿地等50余处绿化广场、街头游园。建设中以植物造景为主，适当点缀具有文化底蕴的建筑小品和城市雕塑，丰富城市绿化的文化韵味。

东湖公园　位于泉州老城区东北隅，是号称“鲤鱼城”之鲤珠所在地，又是古泉州十大胜景之一“星湖荷香”遗址。1988年，泉州市政府决定重新规划建设东湖公园，规划面积20.56公顷，公园设春夏秋冬四景区，春为温陵集锦，夏为星湖荷香，秋为山海汇奇，冬为桐林怀古。春冬二景区间设竹径通幽过道。规划复建二公亭、恩波亭、揽月亭等亭榭。公园突出闽南石雕、石刻、盆景特色，配以诗画室廊，1991

年正式动工，1994年完工并对外开放。因福厦公路穿过东湖原址，故复建规模不及其半。1998年，东湖公园以其精巧典雅、玲珑秀丽的江南园林风格获百佳“中国名园”称号。2004年，公园内的3个大门、5个亭子、围栏和部分破损路面进行维修改造，种植荷花0.67公顷，并从浙江引种睡莲13个品种300多盆，展现泉州十八景之一“东湖荷香”风采。2005年，移植乔灌木600多株，种植草皮5000平方米，培育盆花上万盆，增植睡莲13个品种300多盆。2006年，增建健身器材以及仁风亭、公厕等设施，整治星湖荷香舞台周边环境，铺设健身道200米。

刺桐公园 位于丰泽区刺桐路和津淮街交汇处西北侧，属休闲娱乐的区级公园。1995年动工，1997年建成投入使用，总投资1400万元。公园规划占地3.67公顷，包括涧涟清音、墨潭映月、屏廊朝旭、曲水流觞、勺湖观鱼、旷野归牧、竹径通幽等景点。充分利用花草、树木、水体、建筑小品、地形处理等构园要素，采用自然式和规划式相结合，叠山理水的造园手法，将时代特点和传统内涵融为一体，营造具有典雅别致风格的园林景观。

西湖公园 位于泉州市区西北部，紧邻国家级风景名胜区清源山。1996年6月动工，1999年建成，投资1.7亿元，公园由三座名桥、三片水域和四座岛组成，总面积100公顷，其中水域面积82.28公顷、广场道路面积1.72公顷、绿化面积16公顷，种植树种达200多种。

芳草园 位于泉州鲤城区新门街西段，清朝康熙年间建成，是靖海侯施琅将军私家园林“四季园”中的春园（也称“芳草园”）。“芳草园”是以四季游赏诗文“春游芳草地”立意而构思造园，后来荒废。1997年复建，规划总面积6公顷，2001年，芳草园复建二期工程竣工。2004年，开始三期复建工程，2007年10月竣工。该期工程投入建设资金450万元，清除游泳池及周边建筑，对游泳池驳岸进行艺术化处理，堆砌太湖岩、配植各种园林植物，增建“临水轩”，并将游泳池改建为荷花池。2009年，建设芳草园应急避难所工程，包括应急指挥中心、应急供水供电系统、应急监控广播系统、应急停车场、应急通道、应急公厕和指示牌。4月8日通过验收。公园保留原有苗圃大量乔木，形成“城市山林”的独特景观。园内建有崇正书院、“三洲芳草”牌坊、涵碧亭等景点，绿化布局以植物造景为主，除保留原有成型的龙眼林、棕榈园、木棉等开花大乔木外，建设春草芳菲区、自然林野区、荷风藕香区。

中山公园 位于泉州市区北门威远楼北面，原址为清代督署。民国时期辟建为公园，初时无围墙，园正中有石狮一尊，石狮后改为纪念碑群，有辛亥革命七十二烈士纪念碑、抗日阵亡将士纪念碑。纪念碑群周围为广场，植有20多株古榕树，景点有“飞凤落池”“拱胜楼”“六角亭”，周围辟有迂回小道，道旁植凤凰木。1986年，改为人民体育场，成为单一性体育公园。2000年，泉州市委、市政府，鲤城区委、区政府决定在原有的基础上，将以往单一专类性质的体育公园，改变为集休闲、健身、文化于一体的综合性公园，作为为民办实事项目。公园占地6.8公顷，分为东片绿化文化购物区、南片健身活动区、西片球类活动区、北片榕荫幽居区4个分区。2000年12月动工，2001年12月竣工。公园绿化面积3.2万平方米，种植大型乔木、灌木，硬铺地面1万平方米，体育健身所1.8万平方米。2009年，对中山公园进行改造，投资总概算80.57万元，建设内容包括绿化景观改造、公共设施修缮和水电设施改造等。项目于2009年8月通过竣工验收。主要完成的工程量有整理绿化地6000多平方米，回填土方800多立方米，种植乔、灌木及地被植物8.9万多株、硬质铺装及草坪4800多平方米，喷水池埋地灯24套，电力电缆116米。

江滨公园 位于晋江下游河道行洪区鲤城段，东起泉州大桥，西至笋江桥，全长3.5千米，宽度800～950米不等，总占地面积166.7公顷。其中，陆地面积168.7公顷，水域约120.67公顷。公园依托丰富的水资源建成融景观、生态、休闲、文化、健身、娱乐于一体的综合性滨水带状公园。公园依晋江下游南北两岸地理位置、地形地势、植被状况、居民聚居区等情况，建成健身娱乐、生态景观、休闲观赏三个园区，以绿篱长廊为纽带，把各园区有机联合起来，组成完整的带状公园。分成六个主题公园进行开发建设，总投资约2.5亿元。2003年完成其中的石笋公园、江南公园和金山公园三个景观公园的上档次建设，绿化面积59公顷。

金山公园　位于顺济桥头，是泉州市区集景观、生态、休闲、文化、健身、垂钓、娱乐、美食、旅游观光于一体的开放式综合性滨水城市公园。2003年4月动工建设，2003年10月1日竣工投入使用，总计投资800万元。公园占地面积约3.67公顷，按规划分为中心绿地休闲广场，用地面积约2万平方米，其独特的舞台设计理念，可以举行各种大型文艺综合晚会，也是广大市民观光旅游休闲娱乐的好去处；临江健身运动场，用地面积约6667平方米，设有篮球场、溜冰场、江边健身器械、健身路径、停车场等设施；江滨园林式露天美食城，占地面积约1万平方米。其中，经营面积4000多平方米，可容纳1000多张餐桌和近50张烧烤桌，绿地面积4000多平方米，停车场面积1800多平方米近50车位，同时配备有喷泉和沙滩浴场等设施。

泉州森林公园　位于东海街道宝山、后亭两社区间，西至大坪山、东达后渚泉州湾、南邻通港路、北含洛阳江入海口。2002年7月开始筹建，2008年公园主景区基本建成，2010年所有景区建成。公园规划面积546.67公顷，分为桃岭春晓、金山览胜、空谷梵音、景观协调四大景区。主景区森林覆盖率达86%，园内负氧离子浓度最高达13920个／立方厘米。景区有各类植物532种，有闽南建筑风格的仿古建筑11处，游步道长17.56千米。

江南公园　位于顺济旱闸外行洪区，东临泉州大桥，西至东浦水闸，是市区新建集文化、休闲、娱乐、健身、旅游观光于一体的开放式综合性滨水公园。2003年4月动工建设，2004年12月竣工。公园占地面积约43.33公顷，以浮雕群、数码夜景、生态环保、运动休闲、旅游观光、景观展示、娱乐美食和环境绿化为主要建设风格，分为三大功能片区，即雕塑文化区、体育运动健身区和娱乐休闲观光区。其主要项目：十二幅“温陵揽胜”锻铜浮雕（清真夕阳、东湖荷香、文庙生辉、双塔凌空、洛阳潮声、清源鼎峙、西湖烟霞、天后流芳、玉球风动、朝天通衢、紫帽凌霄、笋江新韵）、防洪堤顶数码灯、高空激光灯、中心主广场、喷水池、300米休闲跑道、足球场、门球场、篮球场、排球场、溜冰场、钓鱼池等设施，可供市民群众休闲娱乐和不同年龄段近万人同时参加体育运动锻炼。园内休闲广场中心的帆雕是一大特色，白帆雕塑形似船帆，犹如乘风破浪、满载着希望的帆船。

释雅山公园　位于鲤城区温陵路西侧的原泉州农校遗址，也是历史上施琅将军的故居和私家园林“四季园”中的秋冬园，亦称“东园”，清朝康熙年间建成，20世纪30年代园内建有泉州农业学校校舍及试验田。1998年，泉州农业学校外迁，2004年，泉州市政府确定该用地恢复建设为城市公园，当年12月工程开工，2006年竣工。公园面积4.33公顷，是一个以延续原秋、冬二园历史文脉，结合纪念性建筑、遗址保护与恢复，以古典园林风格为主的开放型市民休憩公园。该园以植物造景为主，利用植物季相，体现传统的季候文化，结合部分人工构筑与园林小品的布设，营造出桂蕊飘香、金秋菊韵、竹径通幽、梅林疏影和踏径寻幽5个意境分区。2010年，公园建设西大门配套设施，并在西大门主体工程完工的基础上，实施周边配套设施建设。主要完成建设西大门景墙36.6米，园路铺装68平方米，整理绿化地1482平方米，种植黑松、素馨花、桂花等中小乔木92株，种植黄心榕球、非洲茉莉球、红花继木球等灌木450株、种植花叶假连翘、毛杜鹃、鸳鸯茉莉、巴西野牡丹等地被约1000平方米、点缀太湖石约40吨。

郑成功公园　位于海拔130.8米的云谷村后大坪山上，又名大坪山公园，为纪念民族英雄郑成功而修建的爱国主义教育主题公园，也是集观景、休闲、锻炼、娱乐为一体重要场所，是泉州标志性建筑之一。2006年6月15日开工建设，2007年完工并向市民开放。公园一期工程用地54公顷，设计游览面积48公顷，总投资1.25亿元。主景区包括主入口广场、英雄坡、生平广场、上山小道和山顶主雕区等。主雕区郑成功铜马雕像，总高38米，其中基座高8米、马高26米，马腿长10米，为当时亚洲最大骑马坐像。主雕区设置有青砖砌成的仿古城墙，设有垛口、观察窗等军事设施，附近还有叠水瀑布、观景平台、人行步道等，旅游设施齐全。

笋江公园　位于晋江下游新门旱闸外行洪区内，东起防洪堤，西至晋江江边，北与丰泽区交界，南至笋江路连笋江桥，与石笋公园相呼应，2006年动工，2008年年底竣工，公园主干道、主广场音乐喷泉、园区绿化和林荫步道已竣工验收；中轴广场基本完工，石雕群和石牌坊安装完毕。公园占地26.67公顷，建有人工湖、主广场、吊脚楼、音乐喷泉、园林小品、建设娱乐设施、大型拍胸舞石雕群和具有闽南古建筑风格的石结构牌坊，是一个集艺术广场、休闲公园、批发市场、停车场于一体，展现泉州民俗文化为主题的开放式公园。

（二）古树名木保护

1983 年，泉州市政府第一次组织对城市规划区内的古树名木进行普查鉴定。同年，市政府公布市区第一批古树名木 120 株。

1996 年 7 月至 1997 年 8 月，泉州市市政公用事业管理局组织专业技术人员，对泉州市区第一批古树名木及新建成区、城郊乡镇辖区内的古树名木进行全面调查和鉴定。经调查、鉴定，提出第二批古树名木 234 株。1998 年 7 月 15 日，通过省建设厅组织的省内有关专家的技术鉴定，泉州市政府于 2000 年公布市区第二批城市古树名木 234 株。

2000 年，泉州市执行建设部《城市古树名木保护管理办法》，以法规的形式确定古树名木受保护的地位，泉州市出台《泉州市城市古树名木保护管理暂行规定》，成立古树名木保护管理办公室，对城市古树名木实行统一管理、分级养护，落实养护责任制，加强古树名木的日常养护管理。

2004 年 3 月开始，市园林管理局，开展第三批古树名木的普查工作，对第一、二批古树名木进行全面复查。鉴定中心市区第三批古树名木 133 株，后续资源 34 株，2008 年 1 月 3 日，通过由省建设厅组织的省内有关专家的成果技术鉴定。8 月，与专业的软件开发公司签订泉州市古树名木保护管理信息系统软件开发协议，2006 年 9 月建成。软件开发测试版（VB 系统）采用关系型数据库并结合图像信息系统，进行软件开发。包括政策法规、古树名木概况、普查复查、养护管理、影像资料、图片资料、植物保护与在线帮助 8 个子系统。

2006 年 11 月 2 日，泉州市园林管理局对市区公布的第一批、第二批古树名木设立石标志牌保护。古树名木石标志牌石质采用永泰青，材料为半粒自然状原石。雕刻内容包括古树名木的标志、编号、树种、科属、拉丁名、树龄、保护级别、制牌单位及制牌时间。雕刻字体清晰美观，安装以水泥、沙、石子等辅材做基础加固并与周边环境相协调。自然状原石的标志牌与古树名木景观相辅相成，既美观、安全又稳固，避免以往金属标志牌对古树名木树体的影响以及易被偷盗、破坏的情况发生。2007 年 1 月 16 日，完成泉州市中心市区第一、二批古树名木共计 323 块石标志牌的制作、安装工作。

2008 年，泉州市组织福州市园林科研所及市林业局有关专家，对培元中学内的古白兰花（A－054）、中山公园古榕树（A-016）、浮桥黄石社区古樟树（B-201）等三株生长势衰弱的古树进行会诊，提出抢救方案，指导管护责任单位实施抢救；对东海梅里社区（B-060）、浮桥东浦社区（B-176）、石笋公园（B-189）、培元中学（A-052）等自然倒伏的古榕树进行现场踏勘，提出具体抢救保护意见并指导实施；对中山公园等 8 株古榕树复壮抢救，制定引根处理、土壤改良及围护设施方案并组织实施；完成中心市区 133 株古树名木及 34 株后续资源的调查摸底工作。《泉州市城市古树名木保护管理规定》经市政府第十三次常务会议通过。

2009 年，泉州市完成中心市区第一批古树名木复查工作，并进行相关登记，对存在的问题提出整改意见。完成中山公园、培元中学等 10 株古榕树复壮抢救及气生根引根入地工作，并进行喷药防治病虫害；妥善处理招丰社区管养的古树 B-120 因枝干无力承受自重发生自然断折的突发事件，指导 26 株古树名木的抢救并提出保护意见。

2010 年，泉州市对存在问题的 29 株古榕树提出具体保护处理或抢救措施等意见，督促指导养护责任单位及时处理。对 53 株古树逐株进行安全排查，对存在枯死枝多等安全隐患较大的 20 多株古树及时逐株制定相关的排险和保护措施，组织专业队伍逐株进行修剪等处理，及时排除安全隐患。

第五节　历史名城保护

一、保护规划

1982 年，泉州市被国务院列为全国首批二十四个历史文化名城之一。同年，泉州市委托天津大学编制《泉州城市特色的保护与创造——历史文化名城保护规划》。该规划以古城区为中心，划定半径 50 千米的历史文化影响圈，明确古城内“三片一线”为重点保护区。“三片”，即以国家重点文物保护单位开元寺为核心的开元寺保护片，片内有历史文化街区西街、传统民居街巷旧馆驿、县城隍庙、城心塔等市级文物保护单位；以国家重点文物保护单位府文庙为核心的中心区保护片，集中伊斯兰教的清真（净）寺、儒教的文庙建筑群、佛教的承天寺、道教的关岳庙，还有穿插其间的传统民居；以国家重点文物保护单位天后宫为核心的城南保护片，片内集中聚宝街、来远驿、青龙巷等传统民居和反映泉州灿烂的海交文化为内容的镇南门等遗址。“一线”即贯通古城的传统商业街中山路，传统的骑楼形式已成为泉州传统商业街的核心特征。该规划为泉州的历史文化保护建立比较完整的总体框架，从不同层面上对古城的保护作出各种定性和定量的控制。

20 世纪 80 年代开始，泉州市按照《历史文化名城保护规划》和城市总体规划对古城实施控制和保护，古城区建筑层数控制在三层以下，局部规划地段可建 4 层，最多 5 层。5 层以上建筑安排在东大路（今温陵路）两侧。在重要文物点的保护区内、重点保护的街巷，建筑层数严格控制在 2 层以下。古城区的建筑以红砖、花岗岩石料为主，适当配以水刷石、贴砖等材料，规划部门对不同景观区域内的建筑提出不同要求，突出地方传统建筑特色。

20 世纪 90 年代，社会上对古城是“保”还是“拆”，提出不同意见，泉州古城风貌的保护面临很大压力。1993 年，泉州市规划建设局委托江苏省城乡规划设计院与泉州市城市规划设计院，开展第一轮《泉州古城控制性详细规划》编制。该规划覆盖古城区 6.71 平方千米 24 个街坊，控制和引导古城建设用地的使用性质、土地使用强度和建筑布置。泉州名城保护工作由“点”拓展为“面”。城市建成区跳出古城迅速扩张，城市加快向东向南发展，为古城保护创造了条件。在这一段时间内，名城保护工作与旧城改造相结合，在规划指引下以改造为主逐步推进。实施的项目包括涂门街拓改工程、新华北路建设、东街拓宽改造工程、东护城河、破腹沟和笋浯溪整治工程、南俊巷道路建设、新门街拓宽改造工程、北门街拓宽改造工程、市区中菜市场搬迁、文庙广场复建、城南片区改造、德济门遗址发掘、学府路拓改工程、九一街打锡街立面改造等，其中东街、涂门街和北门街的改造工程，因保护和设计理念在学界饱受争议。规划于 1994 年经市人大常委会批准实施。

1995 年，由泉州市规划设计研究院与南京大学城市规划设计研究院合作编制的《泉州总体规划（1995—2020）》，把“历史文化名城保护规划”作为专门一章，从不同层面对历史文化名城的保护作出各种定性和定量控制，形成完善的名城保护规划体系。总体规划将泉州区域范围分成 8 个重点文物保护区（古城片区，清源山片区和 6 个县市片区），确定区内的历史文化古迹保护重点和项目，将相邻建设地带分为三类，对建设的性质、建筑的高度、形式进行不同程度的控制。对古城风貌特色从“鲤鱼”平面形态、城市与建筑特色、水系、绿化，“棋盘式”“鱼骨式”街巷路网格局，地方文化气息各方面进行保护研究，并划定古城区内“三片一线”的保护范围。

1999 年，泉州市委托清华大学建筑与城市研究院与泉州市城市规划设计研究院编制《泉州市古城保护整治规划——古城控制性详细规划修编》，将古城分为核心保护区、风貌保护地段和风貌重点整治区 3 个层次进行分区保护。规划根据组成历史文化名城的各元素分布情况和保护价值，把古城区划分为核心保护区、风貌保护区、风貌重点整治区，实行“重点保护，分片整治”，以使古城风貌和城市肌理得以保持和延续。总体规划保护范围总面积为 11.34 平方千米，其中古城保护范围面积 6.71 平方千米。另在古城保护范围外也划定一定面积的控制区域。2007 年 5 月，规划获泉州市人大审议通过，由市政府根据完善后的规划成果组织实施。

2001 年，泉州市委托清华大学启动《泉州市古城保护整治规划》修编工作。2007 年，《泉州市古城保护整治规划》完成修编，至此，泉州古城内的保护体系基本明确。

《泉州市城市总体规划（2008—2030）》，按照新规划编制办法的要求充实历史文化名城保护规划，再次强调要正确处理历史文化名城保护与城市发展的关系，继承和发掘城市传统文化内涵，将保护与建设、保护与利用结合起来，发挥名城优势，突出名城特色，使城市物质文明和精神文明协调发展，使城市保持鲜明的个性特色。提出实行市域历史文化环境、历史城区、历史地段、文物古迹保护 4 个层次的保护，明确古城保护内容和保护重点，确定古城区保护范围为东部北段以护城河岸线外侧为界，在护城河与温陵路交会处转以温陵路东侧建筑红线为界；南以晋江北岸“鲤鱼”形态控制线内侧为界；西以笋浯溪岸线外侧线为界；北以环城北路北侧建筑红线为界，面积 6.41 平方千米，并划分核心保护区（保护面积 184 公顷）、8 个风貌保护地段（保护面积 80.65 公顷）和风貌重点整治区（面积 376.1 公顷）。确定古城区中原地保护传统历史建筑 635 幢，应复建的传统历史建筑 4 幢。其中，一类保护建筑 81 幢，二类保护建筑 398 幢，三类保护建筑 156 幢。

2009—2010 年，泉州市在组织编制泉州古城保护整治规划的同时，开展西街、中山路、青龙巷、聚宝街等历史文化传统街区的保护规划编制。

二、旧城保护改造

1989 年，泉州市开始实施名城保护建设，在改造片区内进行道路拓宽、市政设施配套建设、拆迁安置工程建设。先后对九一街南侧龙宫、打锡街南侧、庄府街、义全街实施“一层皮”的改造建设。

1992 年 7 月，市政府成立泉州市区旧城改造领导协调组。

1993 年，市政府实施南片区临江街道后山社区改造，建设聚宝新城。

1995 年 6 月，市委、市政府成立以市长为总指挥，市、区两级政府有关领导，市直有关部门主要负责人以及专家学者组成的“泉州市名城保护建设总指挥部”。指挥部统一研究决定名城保护与建设过程中的重大事项；统一集中使用城市建设中收取的各种规费；统一筹措平衡城市建设资金；统一指挥调度各相关职能部门，行使集中统一的决策权和指挥权，全面领导、组织、协调古城保护和建设工作。总指挥部成立专家组，负责古城保护与建设项目可行性研究的技术论证、规划设计的技术审查和重大问题的技术性咨询。总指挥部下设立各改造片区的分指挥部，负责具体的实施运作。规划与实施改造坚持“恰当拓宽城市道路，改善城市交通环境，完善基础设施，提高居住水平，调整用地性质，完善城市功能，体现泉州地方建筑特色、文化特色和城市特色”的古城保护整治理念，在继承和发扬闽南传统建筑风格上，突出红瓦坡顶、龙脊燕尾、砖壁粉墙的地方特质，在设计上采用本地古建筑及近代建筑的形式和惯用的细部处理手法，建筑厝脊、滴水、山墙、窗户、门斗、栏杆等借鉴传统做法，涂门街、新门街、东街沿用中山路骑楼式，北门街则采用阁楼式，增强视觉上的亲切感、认同感、指认感。

2004 年 1 月 9 日，泉州市申报的“泉州名城保护和建设”项目被建设部评为 2003 年“中国人居环境范例奖”。福建省仅泉州和漳州获此称号。9 月 15 日，在中央电视台举办、全国 102 个城市参加的“2004 年度中国魅力城市”评选活动中，泉州以评委全票通过，获“2004 年度最佳中国魅力城市”称号。魅力城市的标准包括科学的城市发展规划、充满活力的经济、富有创造力的城市建设、优雅的城市环境、独特的民俗风情、悠久的历史文化、积极向上的精神风貌。

涂门街 1995—1997 年，泉州市实施涂门街保护性改造建设。涂门街全长 1013 米，是古城区东西向综合性干道，也是泉州市对外交通贸易的最早商埠。拓改前，道路宽 8 ～ 10 米，沿街两侧主要是批发零售的小商店，平均进深 5 ～ 10 米，整条街街景杂乱，道路拥挤、堵塞，基础设施不配套，群众的居住、商业、经营条件差。1995 年 7 月，拆迁安置建设工程开始动迁，8 月底基本完成拆迁工作，转入道路建设。12 月底，安置工程建设全面开展。1997 年 7 月，整街改造基本完成。规划用地面积 13.6 公顷，总拆迁面积 14 万平方米，总建筑面积 23 万平方米，道路拓改后宽 24 米，不包括两侧各 3.5 米的骑楼。规划设计根据一条街上 3 座不同宗教的庙宇（儒教的孔庙、伊斯兰教的清真寺、道教的关岳庙）的特色，将涂门街分为 3 段，东段继承传统。中段呼应伊斯兰风格，西段为新旧城连接。涂门街沿街建筑突出采用体现泉州特色的红砖、红瓦、白石等地方建筑材料，运用抱砖出石、山花、龙脊燕尾、清水砖墙及红瓦坡顶屋面的闽南传统建筑元素，以及厝脊、滴水、山墙、窗户、门斗、栏杆等建筑形式和惯用的细部处理手法，增强视觉的亲切感、认同感、指认感。在清净寺周围楼屋门窗采用尖拱形伊斯兰教建筑符号，以体现作为"海丝"起点城市中西建筑文化合璧的特点。保护整治工程还包括八卦沟修浚、截污管道埋设、原有桥梁复建、涂门水关泵站建设、停车场建设、垃圾转运场建设等，这些市政工程建设至 2000 年完工。

东街片区　1996 年 4 月至 1998 年，泉州市政府实施东街片区保护性改造建设。东街是古城的一条传统老街，东起城基路护城河，西至中山路钟楼，全长约 1000 米，原状路面宽约 5 ～ 10 米不等，两侧建筑因年久失修，大都破旧不堪，交通不畅。工程于 1996 年 4 月动工建设，1997 年 1 月 31 日道路通车，1997 年年底基本完工，总设计面积约 23 万平方米。道路拓改后宽 24 米，不包括两侧各 3.5 米的骑楼。沿街建筑风格在延续涂门街做法的基础上，加强对滴水、山墙、窗户、门斗、栏杆等建筑细部的处理，在改造时对玄妙观等文物保护单位就地加以保护，建筑高度和层数控制上，越靠近古城边缘（东部）越高，最高 7 层，往西越靠近古城核心越低，基本上控制在 3 ～ 4 层以下，根据考证资料结合步行街建设重立状元坊牌坊群，使一些民众记忆深处的乡土风物再次成为观瞻之胜。竣工后，两侧建筑为富有闽南侨乡建筑风格与特色的骑楼式房屋，楼面间用红砖、白色花岗岩和大石红白配，端雅和谐。

中山路　1998 年 3 月 1 日，泉州市区中山路立面整治工程动工，翌年 4 月结束。整治范围南起天后路，北至钟楼，全长约 2.2 千米，投入资金 2101.4 万元。保护整治采取保持建筑原状，保持骑楼列柱的建筑特色，保持中山路原有的道路宽度和骑楼进深，保持中西合璧的风格。整治内容包括整修复原沿街建筑立面、骑楼列柱、人行道、顶棚。规范霓虹灯、广告牌、店名牌匾的设置。修剪补植行道树，修浚排水沟涵，调整各种管线布设。针对临街两侧危房多、违法建设多的情况，进行全面清理。整治采用洗脸式和镶牙式方式，达到"修旧如故"的效果。共整修两侧 948 个店面，对骑楼天棚、地面及基础设施进行完善改造。整治后，基本上保留原来有价值的建筑，解决部分影响景观的危房，使整治后的建筑立面、新建的建筑立面与原有的建筑立面统一协调。保护整治工程获"联合国教科文组织亚太地区 2001 年文化遗产保护优秀奖"。联合国教科文组织亚太地区文化事务专员理查德·英格哈特专程到泉州颁奖。联合国教科文组织评价，"中山路以一英里延伸保护创造新的典范，令人印象深刻，全面性的城市规划始终贯彻的指导方针，使得私有建筑可以逐渐恢复原貌，去除了多余的物体。地方政府的发起及私人团体积极参与是社会共同保护遗产的典型。权威性的材料和细腻的现代元素，确保遗产原貌修复完成"。对泉州"修复建筑原貌所做的努力表示非常满意，希望在将来的工作中仍能保持相同的缜密的方法。同时，能够与其他的社会团体分享经验，以资鼓励亚太地区遗产保护工作"。此次获奖也是对泉州历史名城保护建设成绩的充分肯定。2010 年，泉州中山路又因其独特的建筑风格和历史积淀入选首届"中国十大历史文化名街"。

新门街片区　1999—2001 年，市政府实施新门街片区的保护性改造建设。新门街道路总长 1400 米，为古城区东西向综合性干道，拓改前道路宽度 8 ～ 10 米，两侧为小商店和工厂、企事业单位，建筑景观杂乱，道路拥挤，基础设施落后。新门街分两期进行建设，改造总用地面积 16.5 万平方米，总建筑面积 20 多万平方米，总投资 3.9 亿元。1999 年 4 月一期开始拆迁建设，2000 年 9 月底完工，拆迁面积 8.5 万平方米，新建面积 11.48 万平方米。2000 年 4 月二期动工，2001 年 9 月底完工，拆迁面积 7.5 万平方米，新建面积 9.6 万平方米，拓改后道路宽度 24 米，两侧骑楼各 3.5 米。新门街的设计更注重地方传统建筑特色的继承和发扬，坚持使用传统红砖、红瓦、白石，重视细部装饰，砖花、绿葫芦栏杆、传统花饰和山花屋脊的处理都运用地方传统符号，同时吸取东街建筑体量过大的缺点，适当控制建筑高度，分割体量，使之更适合街道的空间尺度。改造后的街道两侧建筑保留闽南建筑特点，立面街景亲切宜人，文化品位朴实高雅。结合片区改造相续复建芳草园、临漳门。新临漳门按照清顺治依关东式改建后的规制复建，木石结构，城楼为七开间二层歇山屋顶，总高度 24.3 米，建筑面积 2100 平方米。占地约 1.53 万平方米。工程总投资约 1150 万元。

府文庙　2000 年，泉州市投入资金 1.3 亿元，对泉州府文庙进行大规模修缮，拆迁中菜市场及 3 个企事业单位，建成文庙广场。文庙广场占地约 1.93 公顷，建设工程包括文庙牌坊、百源古厝、广场建设与绿化、洙泗桥复建等。文庙牌坊采用宋元时代石木拱层叠结构，配与文庙建筑群相辉映的燕尾脊。百源古厝既继承宋代大木结构风格又突出明清细腻的雕梁、刻壁工艺技术，保留闽南建筑的裙墙石雕、木雕窗花石矽和石埕等特色。文庙西侧仅存泮宫及庄际昌祠、状元祠等 6 座专祠，也加以整修，使享有“盖举闽之学宫，未有斯之胜者”的泉州府文庙再现儒家建筑遗风。

城南片区　2000—2003 年，市政府实施城南片区一期保护性改造建设，总用地面积 12.57 公顷。片区建筑秉承闽南传统建筑风格，延续古城历史文脉，特别是堤后路庭院式组团，营造邻里融洽亲和感。2004 年 6 月，泉州市住宅建筑设计院的城南片区堤后路住宅组团设计成果获建设部优秀城镇住宅和住宅小区设计三等奖。德济门遗址是泉州古城中唯一保留下来并经过科学考古清理的古城门遗址，为宋元时期古刺桐城象征。遗址面积 2000 平方米，由德济门城门、城墙、门道、门道两侧墩台、内外壕沟、拱桥以及瓮城和瓮城门等组成。现存遗址文化层互相叠压，在遗址之处出土不少 13—14 世纪的佛教、伊斯兰教、基督教、印度教的石刻和明清时期的铁炮，较完整的保存 11—20 世纪城市拓建、重修的历史遗迹。市政府投入 200 多万元实施环境整治保护，分别设计入口、参观平台、门址展示、遗址标志、绿化布置等。德济门遗址于 2006 年被列为全国重点文物保护单位，并在泉州“海丝史迹”申报“世遗”中被确定为考察点之一。

北门片区　2000—2002 年，市政府实施北门片区的保护性改造建设，重建朝天门、泉山门。北门街是古城区北边的一条南北向综合性干道，北接连通清源山风景名胜区的泉山路，南接历史街区中山路，全长 1500 米，拓改前路面宽度 8 米左右，交通拥挤，居住环境、工业、商业混杂，生产、经营条件差，基础设施不配套，景观杂乱。整个片区改造用地总面积 10.67 万平方米，工程总投资额 1.98 亿元。北门街改造注意在建筑尺度上考虑古城与清源山的关系，注意对城市视（野）的保护， 并汲取涂门、东街的经验教训，道路依原走向，临街建筑高度以道路宽幅之一半为度，显得更贴近古城原来的规格。建筑设计使用地方传统建筑材料，采取传统的施工工艺和构造方法，与现代的建筑技术相结合，组成丰富的街道景观，与古城的风貌特色相协调，取得较为协调和谐的效果。北门街 2001 年 4 月开始拆迁建设，2002 年 4 月基本建成。拓改后道路宽 24 米，总长 1380 米，总拆迁面积 12 万平方米，新建建筑面积 14 万平方米。竣工后的街道两侧建筑，闽南传统建筑风格鲜明，红瓦坡屋顶、燕尾脊、清水砖，沿街建筑外立面采用石雕、砖雕、泥雕、影雕、砖花装饰，立面街景错落有致，古色古香。朝天门按宋元规制设计，占地 577.8 平方米，建筑面积约 700 平方米，建筑总高度 22.3 米，城楼为五开间二层歇山式单檐木结构建筑。泉山门按照唐末五代时期的规制设计，占地面积 625 平方米，总高度 13.64 米，城门楼建筑面积 59 平方米，高 7.4 米，采用单层单檐九脊歇山顶，面阔三开间，进深四架椽，灰瓦青砖。

钟楼片区　2003—2006 年，泉州市政府实施钟楼西北、西南侧片区的保护性改造建设。2004 年 10 月 1 日，改造工程动迁，2006 年 5 月底完成所有工程。改造后的钟楼片区，建筑以三层为主，局部二层进行适当的进退，建筑高度底层 4.2 米，二层 3.3 米，回迁房以 50 ～ 60 平方米的小户型为主，还建成一个 4008 平方米的地下停车场。钟楼片区改造是泉州历史上第一个“拆多建少”的工程（拆 2.3 万多平方米，建 1.8 万多平方米）。钟楼片区是连接东、西街和中山路的节点，改造后的西街入口段路宽为 24 米，与东街道路宽度相一致，在与西街的转角处理上，基本保留闽南传统建筑风格的建筑立面形象。中山北路段立面以骑楼及中山路传统风貌为主，沿街是西洋式骑楼，中西合璧，以连续中山路原本被中断的钟楼至威远楼段的风貌。

城北环路 2003—2005年，市政府实施城北环路拓宽改造工程。城北环路位于泉州古城的西北部，东至少林路，西接江滨路至临漳门，全长约3250米，原道路宽约7.5米，沥青路面，破损严重，地下市政设施缺乏。道路两侧基本上为单位、企业用地，兼有少量民宅。该项工程于2003年动工建设，2005年基本建成，总建筑面积约20万平方米。拓改后道路红线宽度28米，两侧建筑退让各2.5米，路面总宽33米。通过对城北环路的拓宽改造，加强新老城区，特别是与江南新区的交通联系，在一定程度上缓解古城内部交通的压力。沿街两侧建筑在延续北门街建筑风格的同时，注重新老城区建筑风格上的过渡和衔接，建筑细部处理上适当加入一些现代元素，风格上有所创新。建筑最大高度控制在6层，大部分以4～5层为主。

学府路片区 2004—2011年，泉州市政府实施学府路两侧的片区保护性改造建设。学府路东起崇福寺口城基路，西至大小希夷北环城路，原只有一条泉州师院至泉州一中600米长5米宽的不规整水泥路。2005年4月，道路拓宽改造动工，2006年3月竣工。新建道路全长1255米，路宽12米。安置房工程于2006年1月动工，2011年12月竣工。总建筑用地面积5.66万平方米（不包括道路用地面积），拆迁建筑总面积6.5万平方米，新建建筑总面积10.3万平方米。

西街片区 2004年12月10日，泉州市政府召开西街片区保护整治工程动迁大会。2006年3月，完成织布厂及周边民房动迁，动工建设新西菜市场，2007年9月竣工。拆迁建筑面积1.08万平方米，新建建筑面积1.64万平方米。其中，新菜市场建筑面积6246.55平方米；安置房（11幢）建筑面积1.02万平方米。2008年1月14日，西街保护整治分指挥部与鲤城区政府组织对西街旧菜市场进行封闭拆除。西街新菜市场正式开市营业。7月11日，动工建设肃清门遗址广场。改造范围为原旧西菜市场及会通巷西侧、壕沟墘东侧部分建筑。规划用地面积约4170平方米，拆迁建筑面积2784.54平方米。建设内容包括面积1223平方米的肃清门遗址广场、面积130平方米的戏台及牌坊1座，修缮保护建筑1幢（倚云楼）建筑面积661.49平方米，新建安置房2376平方米。10月10日完成广场地面平整、基层夯实、管线预埋、面石铺设及广场绿化、夜景照明和憩息座椅等配套设施建设，对周边建筑立面和环境进行整治。2008年7月30日实施西街东段沿街建筑立面整治，10月10日完工。共对西街东段226座沿街建筑立面进行整治（其中，南侧140座，北侧86座），安装店面招牌210块，对9座房屋的破旧屋面进行翻修，对6间沿街店面改装木门，拆除、安装沿街店面遮阳篷80块。市电业局、广电中心、电信公司、市政管理处等单位同步完成对西街东段架空管线的整治。西街东段沿街建筑立面景观经过整治，市容街貌有明显改善，达到“修旧如旧”和较为整洁的整治效果，以传统的历史风貌和整洁的市容街貌迎接第六届全国农运会在泉州市召开。2010年安置房工程开工。

南俊路北拓及米仓巷危旧房改造 2008年起，泉州市政府实施南俊路北拓及米仓巷危旧房改造。该片区改造范围总用地约7.47公顷。其中，南俊路片区约6.25公顷，米仓巷片区约1.22公顷。2008年4月，南俊路北拓道路工程动工建设，9月竣工。南俊路北拓工程主通道总长约779米，设计为主车道12米，两边人行道各3米，道路总宽度18米。在对沿路两侧的危、旧房进行拆迁改造中，规划布置若干个低层、高密度住宅组团。在组团的布置上，通过建筑的高低错落、坡顶、山墙及院墙等元素的综合运用，形成由街道—院落—住宅入口组成的三级层次分明的传统街巷空间。住宅层数以四层为主，局部二、三、五层，保证整体街区的空间尺度没有大的改变。商住房一期建设于2010年3月开工，2012年9月竣工。南俊路北拓工程 新建安置房位置东至党校，南至东街、北至学府路，占地4.09公顷，新建建筑面积9.01万平方米。其中，住宅7.73万平方米，店面1.27万平方米，架空停车面积2529平方米，物业管理及活动中心920平方米，共有多层建筑物36栋，设计总户数845户，地下停车场1.1万平方米，共221个停车位，容积率为2.2。米仓巷危旧房改造工程，东至民居，西接县后街，南至米仓巷、北至民居，占地1.22万平方米，新建建筑面积2.09万平方米。其中，住宅1.95万平方米，店面1382平方米，架空停车面积730平方米，共有多层建筑物12栋，设计总户数207户，地下停车库面积3200平方米，共39个停车位，容积率1.7。

海丝考察点 2003—2004年，泉州市实施“海上丝绸之路：泉州史迹”考察点的保护与整治。“海上丝绸之路：泉州史迹”申报世界文化遗产，由16个不同的文物点串起来申报，整治建设项目涉及7个县（市、区）的11个镇11个村，覆盖面积4000多平方千米，整治建设项目120多项，这是泉州有史以来最大规模的文物保护工程。2003年，泉州市投入1.326亿元对各考察点周边环境进行整治，拆迁居民800多户、企业4家、学校2个、寺庙1个，拆迁面积20多万平方米，完成开元寺、灵山伊斯兰教三贤四贤墓周边和洛阳桥桥南、桥北街道等10多处建筑立面的改造工作，修建“海丝”道路15千米，征用土地6.67多公顷。2004年，泉州市继续投入2亿多元，全力推进第二阶段的整治，基本恢复16个主要景点的历史风貌，使文物保护区的生态环境和人文环境得到优化，形成与文化遗产相和谐的景观风貌。7月12日，国际古迹遗址理事会总协调员尤嘎博士一行，在国家文物局文物保护司巡视员兼世界遗产处长、中国国际古迹遗址理事会秘书长郭旃及省文化厅领导的陪同下，到泉州市进行为期3天的实地考察，对泉州所开展的一系列工作表示肯定。“海上丝绸之路：泉州史迹”项目被国家文物局列入2004年重点工作计划之内。

附：泉州古城街巷情况

泉州古城173条街巷。其中，一类历史街巷36条，二类历史街巷104条，延续古城普通老街巷33条；纵横交错的老街巷，较完好地保留泉州古城的格局风貌。

保护36条一类历史街巷：西街、裴巷、金鱼巷、新街、三朝巷、象峰巷、清军驿、甲第巷、横巷、新门后街、北山巷、上乘巷、奉圣巷、花巷、聚宝街、青龙巷、中山路、万寿路、道才巷、马坂巷、指挥巷（西段）、东鲁巷、承天巷、镇抚巷、玉犀巷、敷仁巷、新府巷、新府口、后巷、小泉涧巷、后城巷、桂坛巷、井亭巷、旧馆驿、古榕巷、舍人巷。保护沿街文物、历史建筑、传统风貌建筑及历史环境要素，不得改变街巷的名称、走向、尺度，整治街巷环境。

保护104条二类保护街巷：孝友巷、顶孝友、下孝友、河岭巷、前孝悌巷、鞋巷、平水庙、小城隍、大寺后、台魁巷、炉下埕、大春巷、花栅下、曾井巷、孝感巷、五夫人巷、石塔巷、宫后巷、五塔巷、孟衙巷、溪后巷、凤楼埕、后山社、许厝埕、竹树港、壕沟墘、会通巷、通政巷、圆石巷、奎霞巷、奎章巷、帽巷、螺珠巷、庄府巷、崇福寺后、新路埕、执节巷、峰尾埔、五脚亭、庄厝埕、米仓巷、破柴巷、都督第巷、梅石路、顶浦、金池巷、土地巷、第三巷、万厝埕、菜巷、凤池巷、何衙埕、西边巷、上帝村、礼谅巷、义春前街、义春后街、田仔墘、南岳后街、义全后街、指挥巷（东段）、惠义巷、金狮巷、讲武巷（北段）、大郎巷、东观西台、羊公巷、灵慈宫巷、灶仔巷、富埕后、傅厝巷、南宫口、三十二间巷、土地巷、棋盘巷、三堡街、一堡街、莲灯巷、竹街、水沟巷、五堡街、四堡街、水门巷、上帝宫、楼仔下、惠存巷、金刚巷、大隘门、祠公巷、寮仔巷、池仔巷、港仔墘、横街、宫塔巷、旧米铺巷、民生巷、水巷尾、土地后、兴才路、斗门头、民权路、东鲁街、旧福厦路、迎津街。这些街巷要求保护历史遗存，不得更改街巷的名称、走向，不得整体拓宽街巷，重点控制街巷两侧建筑体量与风貌。

延续33条普通老街巷（路）：东街、爱国路、新门街、涂门街、百源路、南俊路、九一街、北门街、中山北路、义全街、幸福街、东鲁街、讲武巷南段、民权巷、新灵慈巷、旧福厦路、新华路、环城北路、城基路、温陵北路、学府路、梅峰路、新村路、文胜巷、县后巷、大城隍口、崇福寺口、广孝路、龙宫巷、文化宫路、胭脂巷等。要求不得更改街巷路的名称、走向，延续古城街巷格局。

第六节 新区开发

一、城市空间拓展

1991年后，泉州市中心城市用地主要向东扩展，平原片区、东海片区和仕公岭、华大片区为城市主要发展区。其间，市财政集中2.47亿元资金，建设泉秀路、丰泽街、田安路、刺桐东路、东湖街、刺桐北路、刺桐西路、宝洲路、少林路9条城市道路，总长21.3千米，形成中心东片区建设的发展框架。1995年，中心城市建成区由1988年的10.5平方千米增至14.8平方千米。

1995年，泉州市委、市政府贯彻落实省委提出的“泉州应走在全省发展前列”的要求，提出要在经济发展、先进文化建设、和谐社会构建、城市拓展等方面走在前，实施“一二三四”城市建设项目即一场一馆、二桥二环、三片三带、四规四改。“一场一馆”：指一座容纳3万人、预留4万人发展空间的体育场和一座容纳0.7万人的体育馆；“二桥二环”指建设晋江大桥和泉州大桥南立交桥，城市内环路和外环路；“三片三带”指城东片区、东海片区和泉州大桥南片区、晋江沿岸景观带、洛阳江沿岸景观带和沿海大通道两侧景观带；“四规四改”指泉州市市域城镇体系规划、泉州都市区协调发展规划、泉州市城市总体规划、城市综合交通规划“城中村”改造、“城中厂改造”、城区街道立面改造和公用基础设施扩建改造。

1996年后，按照泉州市委、市政府提出的“打开大门、治理两江、保护古城、建设新区”16字方针和“东进、南下、西拓”发展战略，泉州市加大中心城市建设力度。东片区城市道路网络的不断完善，促进整个片区的迅速发展。南片江南、池店2个组团的成片、成规模开发，加速跨江发展战略的实施，成为泉州经济发展的新增长点。北片区在建成“水上乐园”之后又建设集滞洪排涝、观赏与水上娱乐于一体的西北洋滞洪区，成为市区的又一胜景。新区蟠龙大厦、地税大厦、国税大厦、建行大厦、中行大厦、千亿大厦等50多幢高层建筑和展览城、泉州商城、文化艺术中心等一大批景观建筑、标志性建筑的相继建成。市区建成区面积由1995年的14.8平方千米扩展到2000年的43.8平方千米（含泉港区）。

2001年后，泉州市城市发展空间得到拓展，城市综合环境持续优化，行业管理逐步规范。中心城市建成区面积由原来的40平方千米扩展到70平方千米，城市化水平49%；中心城市投入100多亿元建设基础设施，完善中心市区的主次干道，建成刺桐路、田安路、丰泽街、泉秀东街、坪山路、南环路、安吉路等10余条市政道路，建设大坪山隧道、朋山岭隧道，形成“六横五纵”的道路网架，推进中心城市跨江发展，撑大城市骨架，改善中心城市形象，为拓展城市发展空间夯实基础。泉州市中心城市园林绿化建设快速发展，新建、改造绿地1332万平方米，城市园林绿化指标连年增长，建成区绿化覆盖面积为22.04平方千米、绿化覆盖率39.46%，绿地面积为20.22平方千米、绿地率36.52%，公共绿地面积为6.51平方千米、人均公共绿地面积10.99平方米，建成区中心城区人均公共绿地面积5.2平方米，城市园林绿化实现质的飞跃。生态环境不断改善，泉州中心城区内河水系和“四山两江”得到保护。一批节能、节水、节地和治污的新技术、新产品、新材料得到推广应用，城市环境质量大幅度提高，城市功能得到增强，中心市区日供水量27万吨，用水普及率98.5%，水质综合合格率99.62%。城市气化基础设施加强，年供气量3万吨左右，燃气普及率92.5%，液化天然气利用进入工程建设阶段。中心市区污水处理率73.6%。城市污水、垃圾处理呈现产业化、减量化、无害化、资源化良好发展态势，促进城市的可持续发展。新旧城区的开发建设，使泉州市城镇人均居住面积达37.45平方米，全市人均居住面积42.73平方米，居全省第二位。

2006—2010年，按照泉州市委、市政府制定的《泉州市国民经济和社会发展第十一个五年规划纲要》提出的，2010年基本实现在2777平方千米规划区框架内城市建成区面积达到180平方千米，人口180万人，城镇化水平60%的大城市框架目标，泉州市政府抓紧“一场一馆”“二桥二环”“三片三带”“四规四改”重点城市建设项目。坚持按照重点项目管理“五个一”（一个项目、一个责任人、一个工作班子、一套工作机制、一笔启动资金）工作机制抓项目管理，责任到人，科学规划，合理安排，统筹协调，全力推进“一二三四”城建重点项目实施。

2010年，泉州中心市区城建项目（包括“一二三四”重点城建项目）基本完成，城市规模拓展，中心市区东海、城东、北峰和桥南等几大片区开发建设稳步推进，基础设施进一步完善，大城市框架逐步形成，中心城市建成区面积180平方千米，城镇化率60%。加快片区建设更新，编制完成中心市区城市景观、公交线网等专项规划；东海、城东、北峰、江南、晋江滨江5个片区实现投资43亿元；龙头山、云山等8个旧城改造项目实现投资6.1亿元；开工建设万达城市综合体。

二、新区建设

（一）丰泽区

1997年6月，丰泽区成立后，紧跟泉州市中心城区“东进、南下、西拓”步伐，立足区情，根据《泉州市城市总体规划》，坚持参与城市建设和加强城市综合管理。城市建设方面：每年投建一批城市基础设施、市政公用设施项目。建区后，各级各部门累计投入53亿元，在辖区实施25个市定重点建设项目、176个区级重点建设项目和109个为民办实事项目。

2003年4月，丰泽区全面完成“镇改街道”“村（居）改社区”工作。2003年后，泉州市先后投入2.8亿元，连续三年组织开展人居环境大整治，改善居民生活环境，获“中国人居环境范例奖”。

2005年，丰泽区城市建成区面积从建区时的6平方千米拓展到22平方千米，扩大3.3倍，绿化覆盖率由建区时的24%提高到40%。城市管理方面：丰泽区成立城市联合执法队伍，建立规范的城市管理体系，建立区、街道、社区三级城市卫生管理机构，配备市容环境督导队抓环境卫生整洁质量，以“全国城市社区建设示范区”为目标，加快推进城市基层管理体制改革。

2007年，泉州中心市区“东进、南下、西拓”进一步实施，泉州城市发展从沿江向环湾推进，丰泽区东海、城东、北峰等各大新区板块得到大规模开发，其中东海泉州市行政中心、东海综合大道、景观东路、景观西路和滨城大道连接线相继动工。境域从北向南的横向东湖街、湖心街、丰泽街、津淮街、泉秀街、宝洲街与从西向东的纵向温陵路、少林路—田安路、刺桐路、坪山路、云麓路主街道交错成“方格状”城市街道网络格局，海湾型城市框架初具雏形。泉州中心城市建成区面积拓展至86平方千米，其中属于丰泽区建成区面积达38平方千米，占建成区总面积的44.19%。

2010年，丰泽区按照“加快推进城市化进程、加快做强做优做美中心城区、加快发展高新产业与现代服务业”的总体思路，确定实施重点项目建设、新经济增长点培育、城市建设项目229个，征收土地198.4公顷、拆迁各类房屋180万平方米。其中，重点项目完成投资69.06亿元，完成年度计划的110%，24个项目竣工或投产，31个项目开工建设；新经济增长点项目完成投资12亿元；城市建设项目完成投资40.99亿元，完成年度计划的105%；改造工程启动建设成洲工业区、仁风工业区等3个项目，拆迁完成田安路南拓三期及片区改造、沉洲片区二期（浦西3号地）改造等10个项目。民生工程战役完成投资3.2亿元。实施一批公厕、垃圾中转站等城市环卫设施建设。继续保持制止和查处“两违”（违法用地、违法建设）高压态势，组织拆除违法建筑1308宗15.4万平方米。开展重点流域水环境综合整治、近海水域环境污染治理、生态公益林建设等工作，改善生态环境。

（二）江南新区

1996年2月，省政府批准的《泉州市城市总体规划（1989—2010年）》将江南池店组团列为中心城区南下的地域。泉州市区划调整后，鲤城区呼应市委、市政府“东进、南下、西拓”的中心城市发展战略。提出并实施“贯通南北、开发两岸、繁荣南区”的跨江发展战略。

1998年，鲤城区建设笋江桥、顺济新桥，解决跨江交通瓶颈制约。

2001年，鲤城区投资1553万元，对江南新区农村电网进行改造。11月，启动江南高新技术电子信息产业园区建设。

2002年11月，中共泉州市鲤城区第五次代表大会提出要在五年内实现江南新规划城区的“三化、三转变”，即工业化、城市化、城乡一体化，农业向工业转变、农民向市民转变、农村向城市转变，妥善处理好土地征用后农民的出路问题和集体经济发展的载体问题。

2002年起，鲤城区拓改南环路、兴贤路，建成江滨南路、笋江路、常泰路一期、池峰路一期等市政道路，形成“三横三纵”的道路网络；进行晋江下游防洪岸线一期、南低渠整治，扩建浮桥水厂，新建联泰、宏基和笋江花园城一、二期等住宅小区工程；完成新区6所中小学改扩建和升级达标工程建设，建成江南、笋江江滨文化主题公园及配套设施。按新老城区同一标准，加强新区文化体育设施建设，建设文化活动中心、老年人活动中心，各社区建有文化室、图书室、老年人活动场地（门球场、地掷球场、气排球场），安装体育健身器材。

2003年，鲤城区开展9个示范社区创建活动和江南新区人居环境整治。2月，江南、浮桥两镇改制为街道。4月，39个村和2个居委会，改制整合为39个社区居委会，完成镇改街、村改居任务。江南新区原有的江南、浮桥2个街道办事处，人口14.80万人（常住人口6.71万人，外来人口8.09万人），占全区总人口的46.5%；面积44.9平方千米，占全区总面积84%，区委、区政府决定其作为未来城市发展的次中心进行高起点规划建设。2003年后，以现代化城市居住小区的标准，统一规划设计、统一选址，建设笋江、石崎、上村、新塘、延陵5个安置小区，集中安置晋江下游防洪堤、泉三高速公路建设的农民拆迁户和部分被征用土地的农民户。

2005年，鲤城区制定城中村改造专项规划，采用“政府引导、市场运作、集中安置”的办法，规划改造新区13个城中村，以居住社区化解决卫生环境“脏乱差”现象，提高人居环境品位。成立劳动就业中心，对农村富余劳动力进行岗前培训，引导其有序向二、三产业转移。

2006年3月，鲤城区提出调整原有行政区划。9月，经泉州市政府同意，江南、浮桥街道行政区划调整为江南、浮桥、金龙、常泰4个街道办事处。调整后的4个街道面积、人口、社区数相对均衡，实现经济、社会资源的合理配置。调整过程中，鲤城区严格控制机构设置、人员编制，妥善进行清资核产。做到不增加行政干部编制总数，不新建办公场所，确保国有资产不流失。

2010年，江南新区建成一批路桥工程，形成“三横三纵”道路网络，东浦排涝泵站、浮桥金浦水厂、江南新区万优变电站等投入使用，基本建成笋江花园城、江南花园城、江南新区商贸中心等一批住宅区、商住区和商贸中心，高新技术产业园区建设成效显著，新区城市框架基本构就。

（三）洛江经济开发区

1998年6月，泉州市委、市政府组织展开《泉州市半小时城市群研究》，明确洛江区与鲤城区、丰泽区并列为泉州市第一层次的中心城市。洛江区成立后，推进新型城区建设，重点建设由万安开发区、双阳华侨经济开发区构成的福建洛江经济开发区。

万安开发区　1992年5月，经省政府批准设立万安开发区，开发区规划面积330公顷，按照“统一规划、统一配套、分期实施、滚动开发”的原则进行开发建设。

1993年1月，由原鲤城区地产开发公司负责，万安开发区开始开发建设，首期40公顷，总投资2770万元；二期开发120公顷，总投资1.2亿元。8月，成立万安开发区管委会，负责开发区开发建设及区域内招商引资工作。当年引进项目56个，“三资”企业25家、内资企业31家。其中，房地产综合开发4家、工业项目52家。

1994年1月，万安工业开发区综合开发总公司成立。同年，洛江区政府制定并落实扶持电子工业发展16条措施，促成产值上千万元的电子骨干企业12家，10个电子产品开发项目获省、市科技成果进步奖。其中，1项达到国际水平，4项达到国内领先水平。12月，日产3万吨的万安开发区自来水厂建成投产。

1996年8月，洛江区建成宽12米、长1200米的安和路和宽24米、长200米的安吉路。12月，建成宽24米、长250米的安顺路。

1997年8月，泉州市中心城区行政区调整后，洛江区委、区政府决定把万安开发区作为洛江中心城区进行开发建设，设立万安开发区管理处，为管委会的常设办事机构，承担开发区内有关区域经济开发具体事务和服务性工作。在原万安开发区总体规划的基础上，对开发区的二、三期用地功能加以调整，开发区规模扩大至7.8平方千米。同年，编制完成《泉州市洛江中心区控制性详细规划》。

1999年5月，万安开发区被省政府确定为省级开发区。8月，洛江区政府制定出台《关于进一步鼓励招商引资的若干优惠政策》，新引项目8个，投建投产企业8家。

2000年，洛江区完成《万安开发区环境影响报告书》编制工作，通过省环保主管部门组织的技术审查。续建安吉大道延伸工程，开发建设万安科技工业园、吉源花苑居住小区二期，改造官头旧村，投建泉州第十一中学，总投资7350万元。

2001年3月，洛江区万安开发区塘西工业园开发建设开发有限公司成立。同年，洛江区完成园区控制性详细规划、市政工程详细规划、首期道路地质钻探、首期道路施工图纸设计等工作，完成塘西工业园首期43.33公顷征地安置补偿工作。

2002年12月，万安工业开发区综合开发总公司改制为泉州市洛江区万安投资经营有限公司。

2004年，洛江完成万安开发区塘西工业园二期53.33公顷基础设施配套和总投资8000多万元的安吉大道延伸段建设。全区第三产业加快发展，恒盛汽车城建设项目开始运作；泉州五金机电商城首期工程竣工并开业；成功举办首届海峡两岸五金机电交易会；泉州医高专项目第一期工程完成并投入使用；开发区生产力促进中心大楼封顶。

至2005年年底，万安开发区建成区面积达4平方千米，初步形成以城市化为主导的万安中心片区、杏宅片区，以工业基地为主的塘西片区、科技园片区。累计完成基础设施投资6.3亿元，建成日产3万吨的自来水厂、万门通信模块局和以50米宽安吉大道为主的22千米市政路网，引进与220千伏变电站联网的万伏电力专线，开发区内金融服务、居住小区、商贸设施、文体中心及酒店等一批公共设施完善，为当地企业和人民群众生产生活提供配套的基础设施。园区先后引进工业企业293家，实现总产值40.38亿元。其中，工业182家，投产141家，实现产值36.78亿元、税收1.63亿元，年出口创汇8000万美元，就业人口3万人；引进房地产业19家，累计完成投资5.84亿元，完成房地产业竣工面积32.2万平方米、销售面积25.3万平方米。

2006年4月，万安开发区与双阳华侨开发区整合为福建洛江经济开发区。

双阳开发区　1997年7月，洛江双阳华侨农场改制时，经省政府批准设立双阳开发区，开发区总体规划面积62平方千米，享受省级开发区优惠政策。

2002年3月，洛江区委、区政府确定“政府主导、长远规划、基础先行、分片开发、滚动发展”的开发思路，成立泉州市双阳华侨经济开发区开发建设领导小组，组建泉州市洛江双阳华侨经济开发区开发建设有限公司（简称“开发公司”），与双阳镇、河市镇实施分片开发。开发公司负责园区总体规划、设计等前期工程，并承担园区前洋、梧宅片区的开发任务。双阳镇承担朋山、朝阳片区开发任务。河市镇承担钟禾片区开发任务。7月，省测绘院完成开发区5.5平方千米地形地貌数字化测绘工作。8月，中国市政西北设计研究院完成6.2平方千米《总体规划》《控制性详细规划》及部分市政基础设施的设计工作，编制完成《泉州市洛江双阳华侨经济开发区开发建设有限公司（2003—2007）发展计划》。9—12月，前洋片区、双阳朋山片区、河市钟禾片区相继投建，园区基础设施建设全面开展。

2003年5月，旗牌王集团入园动工投建。之后，入园企业相继动工投建投产。

2004年，洛江梧宅片区投建。

2005年，洛江区政府决定在庄田片区建设洛江区五金机电产业园。5月，完成洛江区五金机电产业园可行性研究及环境影响评估。9月，洛江区五金机电产业园用地获省政府批准，征地工作全面开展。至2005年年底，双阳华侨经济开发区累计完成开发面积4.4平方千米，完成基础设施投资4.3亿元，完成土石方工程990万立方米、市政道路14千米、排涝渠3千米及给排水、电力、电讯等一批市政工程建设，园区配套设施日臻完善。园区先后引进企业158家。其中，正式投产企业79家，投建企业33家，完成厂房面积75万平方米，在建面积32万平方米，实现产值10亿元、税收5050万元。

2006年1月，总投资1亿元的双阳华侨经济开发区标准厂房动工投建，项目占地5.4公顷，拟建标准厂房12幢、宿舍楼3幢、综合楼1幢，设计面积10.8万平方米。4月，经批准，双阳华侨经济开发区与万安开发区整合成立福建洛江经济开发区。

（四）泉港区

1996年，肖厝管委会成立。同年，管委会编制《城市总体规划》，1997年2月，获得省政府批准。

1997年7—11月，肖厝管委会先后完成0.77平方千米中心工业区一期、111.1平方千米北部分区、1.03平方千米山腰东区修建性详细规划和3.31平方千米火车站东侧地区控制性详细规划。

1998年，肖厝管委会先后完成3.17平方千米岩山中心区修建性详细规划和1.03平方千米南北三路两侧控制性详细规划。

2000年，泉港区成立，区委、区政府围绕《城市总体规划》总体要求，推进各功能区控制性详细规划工作。

2001年，泉港区政府动工建设川沙路东段（715米）及驿峰路东段中桥市政工程。

2002年10—11月，泉港区先后完成6.28平方千米中心工业区二期和2平方千米精细化工区控制性详细规划。同年，泉港区南龙路和东西六路动工建设，南北三路绿化改造工程、川沙路人行道绿化、驿峰路中间隔离带绿化改造、南北五路公共绿化、南北五路人行道绿化、区政府西侧公共绿化完成，泉港区区垃圾转运站、中心工业区公厕、生活区公厕开工建设。

2003年5—6月，泉港区先后完成14平方千米普安开发区分区规划和近27万平方米一体化拆迁安置区栖霞小区修建性详细规划。同年，驿峰路东段工程、驿沙路东段市政工程、通港路改建、驿峰路改建、污水排海工程、城市排涝渠（栖霞小区段）及垃圾填埋进场道路等工程开工建设，福炼生活区西侧公共绿地工程和川沙路夜景工程建设完成。

2004年5月，泉港区委托中国城市规划设计院（简称“中规院”）对《城市总体规划》进行修编调整。12月，中规院提交《泉州市泉港石化港口新城总体规划（2004—2020）纲要》。同年，炼化一体化、南埔火电厂、沿海大通道等大项目启动后，区委对原总体规划进行调整。2005年3月，由泉州市规划局主持并通过该规划纲要的综合评审。8月，正式上报泉州市人民政府审批。

2005年，泉港区动工建设西海路，建成川沙路东段、圭峰路、驿沙路东段、南龙路、驿峰路东段、东西六路、西海路等城市道路约9.5千米，改建通港路、驿峰路19.3千米，形成建成区约5平方千米的城市主干道基本框架（含建区前道路）。道路配套设施建设和城市绿化方面，完成城区绿地面积约52公顷，绿化覆盖面积约56公顷，其中由政府投资的绿地面积约26.67公顷。同年，动工建设垃圾填埋场截沟及场内道路工程。同年，建成3个居民居住区；6条商业选址和一批教育、行政和文化休闲设施。

2010年，泉港区坚持规划先行，完成城市总体规划修编、城市中心区（一期）控规、行政中心区控规及城市设计规划编制。以“市政建设年”活动为契机，投资9.3亿元建设市政项目20个，完成投资3.16亿元。祥云中路、锦绣街、埭沙路改造工程和锦绣广场基本建成，学府路南段、山腰盐场盐田蓄水系统工程、会议中心（万星影城）开工建设，城区南部排洪沟整治工程、文化中心、石化安置区（柳山小区三期）3个项目完成前期工作。实施城区绿化亮化工程，新增（改造）道路绿化面积4.2万平方米，完成南山路、柳山街等7条城市道路17.28千米路灯建设。优化住房供应结构，房地产开发完成投资2.11亿元，增长10.1%。投入5725万元全力推进城市污水管网系统、垃圾填埋场规范化项目、坝头溪清水续建工程等16个生态环境项目。实施城乡“四绿”（城市、乡村、道路和屏障绿化）工程，完成造林300公顷，封山育林557.6公顷，“三沿一环”造林100公顷、水土流失治理133.33公顷，建设绿色村庄13个、绿色通道12千米，治理“青山挂白点”3个。推进城市生态园林建设，完成投资1000万元、租地造林84.2公顷；推进卫生防护带建设，实施北部海域湿地、小流域生态修复工程，种植红树林20公顷，城区植物园初具规模。

（五）洛秀园区

2006年2月，泉州洛秀开发建设有限公司成立，动工建设贯穿园区4千米长主干道。完成洛秀园区总体性规划，定位为现代化工业和现代化城市新区。涉及东园、洛阳、百崎、张坂4个乡（镇）44个村，总规划面积116平方千米。距离市区15千米，紧靠324国道，后渚跨海大桥连接该区与后渚港，使该区处于市区、晋江、石狮、惠安的交接地带。洛秀园区按照“以生态绿化水域为核心，以交通主干为依托，以大型现代化工业为基地的多组团递进式”发展结构进行建设，产业发展定位为主动承接台湾产业转移，开展对台技术合作，发展对台贸易，建成海峡西岸重要台商投资区，对台贸易区和科技开发区；主动融入环泉州湾大都市圈空间格局，加快发展商贸、物流、旅游、文化、研发等现代服务业，建成生态型的现代化工业与港口新城区。洛秀园区位于泉州城市总体规划洛秀组团东北片，台商投资区以洛秀组团杏田片区为起步区，发挥泉州独特的对台“五缘”（地缘相近、血缘相亲、文缘相承、商缘相连、法缘相循）优势，承接台湾产业转移，精心打造大型工业项目的投资平台，将成为“海峡西岸中部台商投资聚集区、先进制造业发展核心”。

（六）台商投资区

2010 年 3 月 8 日，在洛秀园区建设的基础上和范围内，省政府正式批准设立泉州台商投资区管理委员会，作为省政府的派出机构，并赋予设区市的部分行政管理权限和先行先试的特殊政策，委托泉州市委、市政府管理。3 月 25 日，泉州台商投资区党工委、管委会正式挂牌成立，泉州台商投资区成为福建省开发建设的第五个台商投资区。5 月 20 日，《泉州台商投资区总体规划（2010—2030）》获得原则通过。6 月 1 日，惠安县洛阳镇、东园镇、张坂镇、百崎乡 4 个乡（镇）和省级惠南工业园区正式委托泉州台商投资区管理。

第七节　城市建设管理

一、拆迁与安置

20 世纪 90 年代，泉州市中心市区城市房屋拆迁以旧城拓宽改造为主，主要进行涂门街片区拓宽改造、东街片区拓宽改造、新门街一期拓宽改造、新门街二期拓宽改造、津淮街片区改造、浦西滞洪区整治等项目。市政府成立名城保护建设指挥部，负责协调项目拆迁及建设过程中存在的问题。

2001 年 11 月 1 日起，泉州市执行国务院《城市房屋拆迁管理条例》，城市房屋拆迁管理职能先后由市建设局以及市房地产管理局承担。

2003 年 3 月 18 日，泉州市政府发布《关于印发泉州市各县（市、区）城市房屋拆迁搬迁补助费和临时安置补助费标准的通知》。5 月 14 日，市政府办公室颁布施行《泉州市城市房屋拆迁管理规定》。配合沿海大通道、大坪山隧道连接线、森林公园和海丝景点整治、桥南片区改造等市政工程建设，抽调精干力量做好保障工作。各工程拆迁工作开始后，配合选房、腾空房屋；工程进入建设阶段，加强项目周边巡查，防止出现阻碍工程推进的城建违法行为。全年派出 465 人次参与重点工程建设，协助选房、腾空房屋 1100 多户，查处阻碍工程的城建违法行为 320 起。

2004 年，泉州市召开全市房屋拆迁工作会议，部署开展“纠正城镇拆迁中侵害居民利益”专项治理工作，市委、市政府加大对房屋拆迁工作管理力度，解决拆迁中存在的问题，规范拆迁行为，维护被拆迁人的合法权益，维护社会稳定，缓解城镇房屋拆迁矛盾。住建局牵头建立联席会议制度，成立专项工作小组，集中处理城镇房屋拆迁信访突出问题及群体性事件。进行旧城改造，全年全市累计实施拆迁项目 53 个、新发放拆迁许可证 20 份，拆迁建筑面积 166.22 万平方米，涉及被拆迁人 8589 户，行政裁决 51 户、强制拆迁户数 1 户，全市办理房屋权属登记总件数 51700 件、面积 2070 多万平方米。其中，新审批的拆迁项目 16 个，拆迁建筑面积 37.84 万平方米，涉及被拆迁人 1971 户，新审批的拆迁规模是 2003 年的 20.3%。至年底，被拆迁人与拆迁人达成拆迁补偿安置协议有 6171 份（户），完成拆迁建筑面积 119 万平方米。当年拆迁规模得到有效控制，仅为 2003 年的 20.2%（全市上年拆迁面积 37.95 万平方米）。牵头做好信访各项工作，建立信访案件督办制、初访工作责任制等各项制度，采取排查与个案督查相结合的办法，成功调处办结拆迁矛盾 16 件，纠正城镇拆迁中侵害居民利益问题。

2005 年，泉州市严格控制拆迁规模、严格审查拆迁程序，拆迁信访问题明显减少，全年仅 17 件，同比减少45.16%。经过开展大排查、大调处活动，第三次联席会议后，信访突出问题得到有效控制，没有发现因新问题引发群体性进京、到省上访的现象。3月，举办6次局长接待日，现场受理投诉件327件，已办结288件，正在办理39件。全年全市累计实施城市房屋拆迁项目58个，拆迁建筑面积131.88万平方米，涉及被拆迁6319户，拆迁规模主要集中在中心市区、晋江市、南安市、石狮市、惠安县。其中，全市新核发房屋拆迁许可证30件，核定拆迁建筑面积91.95万平方米，涉及被拆迁4411户。中心市区新审批项目13个，核定拆迁建筑面积37.11万平方米，同比增长30.53%，涉及被拆迁1329户。新审批的拆迁规模主要集中在中心市区、晋江市、南安市，惠安县、安溪县连续两年未核准新拆迁项目。在项目建设上，严格控制拆迁规模，严把拆迁人审核关，严格把握政策界限，并分别不同情况，实施行政裁决121件，依法举行行政强制拆迁听证会33场，进入裁决行政强制拆迁的被拆迁人91户达成拆迁协议，依法强制执行拆迁8户，有效预防和处置33件拆迁信访突出问题。全市全年累计新实施城市房屋拆迁项目27个，累计需拆迁房屋建筑面积93.35万平方米，涉及被拆迁人3393户。

2006年，泉州市对晋江大桥丰泽段房屋拆迁、鲤城区常泰路二期改造工程拆迁、丰泽区海星安置小区建设用地工程拆迁、LNG项目房屋拆迁等20多个拆迁项目审核把关，核发拆迁许可证，做好拆迁期间的各项服务工作；成立泉州市城市房屋拆迁估价技术鉴定专家委员会，对全市拆迁估价进行技术指导，受理拆迁估价技术鉴定，推动拆迁估价工作公开、公平、公正进行；开展城镇房屋拆迁规范化管理，通过自检和考核，加强对拆迁补偿安置资金专项监管；推行拆迁网上审批系统，对城市房屋拆迁单位资格实行网上年检；对久拖不决的拆迁遗留问题，借用行政法律手段妥善处理，通过依法履行听证等程序，对有关被拆迁人房屋实行行政强制拆迁，保证重点项目的推进进度。全市有3466户被拆迁人与拆迁人达成拆迁补偿安置协议，完成拆迁建筑面积75.91万平方米。全市实施房屋拆迁项目54个，拆迁建筑面积113万平方米，新核发房屋拆迁许可证22件，核定拆迁建筑面积70.23万平方米，涉及被拆迁人3085户，新审批的拆迁规模和被拆迁人总户数比2005年分别减少23.62%和30.2%。中心市区实施拆迁项目7个，涉及拆迁建筑面积14.89万平方米，涉及被拆迁人309户。

2007年，全市实施城市房屋拆迁项目33个，项目涉及拆迁建筑面积118.35万平方米，被拆迁人4225户。新核发房屋拆迁许可证项目17个，核定拆迁建筑面积91.58万平方米，涉及被拆迁人3553户，依法举行听证会7场，受理拆迁纠纷行政裁决案件7宗，监管预售资金21亿元，拆迁补偿安置资金2.2亿元。6月底，对改造后的晋江市爱国路3号楼直管公房及城西环路拓改工程剩余店面进行竞价拍卖，拍得价款489.6万元，再利用到旧危直管公房改造之中，实现旧危公房滚动建设。全市共接受群众申请危房鉴定2155件，面积54万平方米，并进行必要的安全提示，有效地预防危房倒塌事故，提高群众居住安全感。当年“安、征、拆”工作顺利推进，完成房屋拆除近21.5万平方米，安置率57.9%。同年，中心市区实施城市房屋拆迁项目21个，涉及拆迁建筑面积61.27万平方米，被拆迁人1408户。其中，新核发房屋拆迁许可证的项目11个，核定拆迁建筑面积56.97万平方米，涉及被拆迁人1365户。

2008年，泉州市中心城区城建在建项目共63个，全年全市累计实施城市房屋拆迁项目25个，涉及拆迁建筑面积87.2万平方米，被拆迁人4053户。全市新核发房屋拆迁许可证的项目9个，核定拆迁建筑面积39.88万平方米，涉及被拆迁人1655户。全年中心市区共实施城市房屋拆迁项目15个，涉及拆迁建筑面积41.57万平方米，被拆迁人1296户。截至11月底，有2705户被拆迁人与拆迁人达成拆迁补偿安置协议，完成拆迁建筑面积62.4万平方米，依法裁决3件，发生信访21件、比2007年同期31件减少10件。新核发房屋拆迁许可证的项目7个，核定拆迁建筑面积30.85万平方米，涉及被拆迁人1234户。

2009年，全市累计实施城市房屋拆迁项目28个，涉及拆迁建筑面积42.51万平方米，被拆迁人2820户。其中，全市新核发房屋拆迁许可证的项目7个，核定拆迁建筑面积18.74万平方米，涉及被拆迁人663户。全年泉州市中心市区共实施城市房屋拆迁项目18个，涉及拆迁建筑面积17.71万平方米，被拆迁人348户。其中，新核发房屋拆迁许可证的项目4个，核定拆迁建筑面积11.82万平方米，涉及被拆迁人 275 户。

2010 年，全市拆迁房屋建筑面积 802.26 万平方米，涉及被拆迁人 2.56 万户，有 1.47 万户拆迁人与被拆迁人达成了拆迁补偿安置协议。其中，新核发房屋拆迁许可证的项目 18 个，核定拆迁房屋建筑面积 200.42 万平方米，涉及被拆迁人 5595 户。市中心城区城建在建项目共 47 个整体推进。其中，实施城市房屋拆迁项目 26 个，涉及拆迁建筑面积 34.69 万平方米，被拆迁人 2708 户，中心市区完成拆迁建筑面积 285.06 万平方米，涉及被拆迁人 7348 户，有 5175 户拆迁人与被拆迁人达成拆迁补偿安置协议。其中，新核发房屋拆迁许可证的项目 12 个，核定拆迁房屋建筑面积 187.83 万平方米，涉及被拆迁人 5002 户。同年，全市房屋拆迁呈现量大、面广的特点，中心市区的浦西 1 号、2 号土地储备项目拆迁房屋建筑面积达到 77 万平方米，晋江梅岭组团项目征迁房屋建筑面积 198 万平方米。在实施城市房屋拆迁过程中，严把拆迁人审核关和政策界限，不同情况分门别类进行处置，拆迁工作顺利，没有发生拆迁引发的群众性信访事件，无发生拆迁引发群体性进京、到省上访问题。受理城市房屋拆迁信访问题 34 件，并依照《信访条例》的有关规定予以办理，办结率为 100%。

二、建筑工地管理

1996 年 6 月至 1997 年 5 月，泉州市委、市政府开展“泉州市城市规划建设管理年”活动，全市出台 12 个管理规章，分别对市区的建筑施工现场等作出明确规定，使城市管理有法可依，有章可循。强化建筑工地的文明施工管理，把建筑工地管理作为城市管理的一项重要工作来抓，市区推广使用 7 万立方米商品混凝土，全年达 8 万立方米；开始实施在城市主次干道沿线建设工地实行车辆清洗制度，对市区工地运载车辆污染路面加以控制；并在东街、涂门街等主要街道设置工地简易洗车台，在其他干道沿线建立车轮清扫制度。对工程施工，要求建设单位与施工单位在签订施工合同时要签署文明施工条款，在市区全面推行文明施工承诺制。

1998 年，泉州市建设局在市区全面开展建筑装修及文明施工、建筑物屋顶、垃圾等 11 项专项整治。共查处乱倒垃圾土渣 243 起，规范建筑工地文明施工 25 处，纠正违章运输建材、渣土车辆 1070 起，拆除各类违章设置近 1000 处；查处破坏市政公用设施案件 67 起；查处乱砍树木、破坏绿地 13 起。

2000 年，泉州市委、市政府开展城市管理综合整治活动，实施环境保护等专项整治。中心城区加大执法力度，加强综合治理，加强规范建筑工地文明施工管理，严格实行建筑垃圾定点倾倒制度，共查处市区“滴、撒、漏”运输车辆 198 部；处罚 192 部，责令有关单位清除路面污染 1.5 万多平方米，城市环境水平明显提高。

2002 年，泉州市建设局开展以“文明施工、告别污染”为主题的建筑工地文明施工竞赛，从源头上预防和制止“滴、洒、漏”现象的发生，营造优美有序的城市环境。检查 72 个建筑工地，发出整改通知书 59 份。规范建筑工地文明施工后，市区建筑工地污染环境和建筑运输车辆“滴、洒、漏”现象明显减少。

2003 年，泉州市先后出台《泉州市建设局关于进一步加强建筑施工现场文明施工管理的通知》《关于建筑垃圾管理的暂行规定》。要求市区建筑施工现场出入口要设置洗车台，配备洗车设施，加强车辆清洗管理。推行卫生管理责任制，要求各级将文明施工纳入日常安全监督检查范围。推广使用商品混凝土，禁用实心黏土砖，从源头上预防和制止“滴、洒、漏”现象的产生。在市区建筑工地限制施工单位使用自拌混凝土，由政府投资的建设工程项目必须使用商品混凝土，全年完成 16 万立方米，商品混凝土使用率约 40%，有效地减少空气中漂浮物污染。各房地产公司、建筑工地按要求设置围墙，美化围墙，硬化工地道路；工地出入口设置铁门、洗车台和洗车设施，使市区的“滴、洒、漏”现象和建筑工地污染环境的情况明显减少。协调垃圾清运公司、各街道办事处及社区，对建筑垃圾的收集、运输、消纳、处置实行规范管理，制止建筑垃圾乱堆乱倒现象。城建监察部门成立房地产监察中队，加强建筑工地的管理。针对建筑垃圾运输大多在夜间作业的特点，组织队员加强夜间巡查，实行严管重罚。对文明施工管理不到位，施工现场脏、乱、差的企业，依法予以查处；共检查 68 个建筑施工现场，发出 34 份责令整改通知书，责令设置围墙 25 处，设置洗车台 23 处，查处建筑车辆“滴、洒、漏”运输车辆 623 部，处罚 416 部，责令有关单位清除被污染的路面 6000 多平方米，查处乱倒垃圾土渣 983 起。

2004 年，泉州市建设局加强对建筑施工企业的法制教育和施工工地治安管理，与公安机关联合开展清理“三无”人员，整顿出租房。清理雨水口 2300 多座，污水管线、道路井盖完好率 98%，内沟河管理由 8 小时调整为 12 小时，增加清捞人员，控制生活污水处理排入，城市生活垃圾无害化处理率 90% 以上，城市生活污水处理率达 30% 以上。

2008 年年底，泉州市政府常务会议通过的《泉州市政府关于对市区垃圾实行统一管理的规定》，泉州市环卫处成立环卫清运服务公司，专门负责建筑垃圾倾倒服务，建筑工地和工厂企业不得自行清运、处理或乱倒垃圾，非环卫清运公司的车辆严禁在市区承揽各类垃圾的收集、清运业务。

2010 年，泉州市建立健全城市环境卫生长效管理工作机制，加强督查力度，确保各中转站运转正常，卫生清洁，垃圾及时转运；加大对垃圾转运车的上路巡查力度，狠抓转运车辆车容车貌、文明行车，杜绝滴洒漏。

三、城市建设监察

1991 年，泉州市区城市建设和环境卫生继续分别由市城市建设管理监察大队、鲤城区市容卫生监督中队负责。8 月 3 日，市委、市政府成立泉州市城市管理委员会，下设办公室（简称“泉州市城管办”），负责牵头协调、组织、检查、指导和督促公安、交警、规划、市政、交通、土地、工商行政管理、城监、环卫等部门开展市容环境卫生整治工作。

1992 年开始，泉州市进行东片区的路网改造，逐步形成“六横五纵”的道路网架，市城监大队以保护古城规划建设为重点，逐步把执法延伸到东大路以外。

1996 年 2 月，经省政府批准，泉州市委、市政府调整合并泉州市城市建设管理监察大队和鲤城区市容卫生中队，进行重组扩编，成立泉州市建设监察大队。根据《福建省城市建设监察条例》规定，市城监大队依法履行城市规划、市政工程设施、公用事业、市容环境卫生、园林绿化和房地产 6 项监察职能，同时可接受与城市建设相关部门的委托，承担委托范围内的行政执法监察工作。同年 6 月 18—19 日，泉州市委、市政府召开泉州建设行业有史以来规模最大、规格最高的城市规划建设管理工作会议。市政府先后颁布“四个通告”（《关于禁止在公共场所乱设摊、乱搭盖、乱堆物、乱张贴、乱停车、乱倒垃圾的通告》《关于加强泉州市区建筑施工现场管理的通告》《关于泉州市区“门前三包、门内达标”管理工作的通告》《关于市区实行垃圾袋装收集的通告》）、“两个规定”（《关于泉州市区户外广告设置管理暂行规定》《关于处理市区历年违法建设的暂行规定》）。市城监大队对规划建设管理年活动大力宣传，首次实施大队长接待日制度，每月 30 日接待群众来访、咨询和投诉。运用日常监察与专项治理相结合、集中整治与分散整治相结合、宣传教育与行政处罚相结合、巡查检查与群众举报相结合的方式，拉网式开展规划建设“堵源头、清旧账”专项活动，查处新建违法建设 865 起，面积 26.57 万平方米。其中，自行拆除 63 起，面积 3155.9 平方米；强制拆除 120 起，面积 5825.5 平方米。全面清查历年各类违法建设 4280 户。

1997 年，泉州市城监大队推行社会服务承诺制，加大规划建设管理年和“创卫”工作力度，狠抓建筑工地文明施工和乱倾倒土渣、垃圾行为，对户外广告的设置悬挂进行规范，强化“门前三包、门内达标”工作，对市区东街、涂门街、九一路、打锡街等主次干道沿街立面防盗网、空调架进行专项整治，把取缔乱摆摊设点及占道经营工作推向城基路、旧车站、前坂路、奎霞巷、模范巷、菜巷、第三巷等背街小巷，加强住宅小区二次装修管理力度，配合市委、市政府内沟河整治工程，敦促拆迁户拆除和强制拆除内沟河违法搭盖和永久性建筑 256 处、面积 5980 平方米。

1998年，泉州市城监大队建立执法责任制，严格执行规划建设“一书两证”（城市规划行政主管部门核准发放的建设项目用地预审与选址意见书、建设用地规划许可证和建设工程规划许可证）管理制度，加强批后跟踪管理，实行规划跟踪卡管理制度，配合市政府22项市政工程和20项绿化、美化工程、中山路整修工程和“创卫”工作11项专项整治，开展7项城市景观综合整治活动。

1999年，泉州市政府首次开展城市管理年活动。8月，市城监大队升格为市城监支队，下设鲤城、丰泽、洛江、清濛（2003年更名为经济技术开发区）、直属5个大队，鲤城、丰泽、洛江、清濛4个大队派驻各区工作，形成城建监察多层次的运作机制。市城监支队对执法工作实行定人员、定时间、定范围、定责任的“四定”责任管理，首次对违法建设运用查封的强制措施，成立综合中队对市区22条主干道的环境卫生实行全天候、全方位巡查，特别加强上下班时间、午间、夜间的监控。市城管办、工商行政管理局、市城监支队联合印发《关于整顿夜间占道饮食摊点的通告》，对夜市大排档开展专项治理。

2000年，泉州市城监支队结合深化城市管理年活动，推出以“分片包干、各负其责、互相配合、目标明确、奖惩分明”为原则的目标责任管理新模式，走城建“综合治理”之路，首次联合规划、土地、公安以及丰泽区东海镇政府等有关部门，对大坪山违法建设进行大规模的集中整治，同时加大开元寺、圣墓、清源山、东海滨城周边环境的治理力度，保护名城原有历史风貌。

2001年，泉州市继续推进创建“国家卫生城市”和城市管理年活动，市城监支队在“治六乱”工作中，重点加强对乱张贴、小商品摊点、占道经营和夜市大排档的管理，实行轮流上班，城监人员每天上午8时到22时在道路上执勤，对乱张贴广告中标明的电话号码提请电信企业进行停机，公布有效举报电话，发动电信、公交、市政等部门，组织开展对IC卡电话、候车亭、电线杆等乱张贴广告的大规模清洗活动。

2002年，泉州市城监支队配合市城管办、市创卫办规范建设湖心街小商品市场，重点开展垃圾收集转运处理专项整治、低档次食品公共场所卫生专项整治、违法建设专项整治、占道经营夜市排档专项整治、城乡接合部卫生专项整治、乱张贴广告专项整治活动，配合交警部门开展交通秩序专项整治。

2003年，泉州市城监支队配合沿海大通道、大坪山隧道连接线、国道324线拓改、环城路履行、江南新区建设等市政府重点工程的拆迁工作，拆除违法建设426起，面积9万多平方米。市城监支队在市区范围内开展整治乱张贴广告专项活动，聘请工人组成“清癣组”负责对市区主次干道进行日常维护，清洗广告。

2004年3月，泉州市委、市政府决定开展制止五大区域违法建设专项整治活动。派员配合沿海大通道、大坪山隧道连接线、森林公园、海丝景点整治、桥南片区履行等市政工程建设，查处阻碍工程的城建违法行为322起，结合泉州市创建全国文明城市、环保模范城市、国际花园城市和中心市区交通整治活动，深入开展以整治乱张贴、占道经营、工地文明施工、广告招牌规范设置为主要内容的城市环境卫生综合治理。

2005年，泉州市城监支队结合队伍开展“百日整顿、整改、整治”活动，推进城管进社区活动，聘请协管员参与城市管理工作，建立完善日巡查、日报告、周分析工作制度，集中力量对城东、北峰、东海、江南、浮桥等区域的违法建设进行制止、拆除，在“百日整顿、整改、整治”期间拆除违法建设579起，面积7.51万平方米，达到2004年全年数量的2.8倍。加强市容环境卫生综合治理，采取“一规劝、二警告、三处罚、四从严”的方法措施，对西街、津淮街、温陵南路、新车站周边、南俊路、东街、泉秀路等重点路段进行集中整治。12月，在城监支队和城管办基础上组建市城市管理行政执法局（简称“市行政执法局”），作为泉州市开展城市管理相对集中行政处罚权工作的机构。

2008年，泉州市政府组织1500多人的专业拆迁队伍，在全市范围内开展治违拆违专项行动，遏制中心市区“两违”现象，推动城市重点建设项目征地拆迁约235多万平方米。

2009—2010年，全市拆除违法建设7369宗，面积89.48万平方米，其中市区4265宗，面积51.22万平方米。查处非法经营8468处，流动摊点5.29万处。

第三章 镇村建设

第一节　乡镇建设

1991年9月6日，鲤城区浮桥镇、江南乡、霞洲村和庄任村；晋江县陈埭镇、池店乡、围头村和高霞村；南安县水头镇、官桥镇、英都镇、埕边村和菊江村，惠安县东岭镇、百崎乡、东桥村和城平村，安溪县官桥镇、虎丘乡、金榜村和金谷村，永春县蓬壶镇、仙夹乡、桃场村和湖中村，德化县大铭乡、霞碧乡、东山村和阳山村等乡（镇）、村列入福建省村镇建设试点。泉州市把抓试点镇、村工作作为村镇规划的一项重要内容，通过分类指导，典型示范，提高全市村镇规划建设总体水平。

1995年，晋江英林镇和南安水头镇被建设部列入全国500个小城镇建设试点。南安市制定《小城镇建设试点实施方案》，选定水头、梅山、官桥3镇作为小城镇建设综合改革试点镇。各乡镇做好小城镇建设的规划，严格实行规范化管理，向现代化、城市化方向发展。

1999年11月25日，晋江市永和镇古厝村、惠安县崇武镇霞西村、南安市石井镇院下村3个村，被省建委列为第二批省级试点村（小区）。1999年起，泉州市指导各乡镇抓好“三个一”建设，即一个高起点规划设计的住宅示范小区、一个特色鲜明的商贸街区、一个乡镇企业集中和设施较为完善的工业小区，开展市级试点村（小区）申报工作，推动有条件的镇、村开展省级住宅小区建设试点，陆续培育省级村镇住宅小区建设试点27个（其中有6个被评为“省级优秀村镇住宅小区”）、省级小城镇建设试点工程4个（其中1个被评为“省级小城镇优秀试点建设工程”）。

2000年9月4日，南安市英都镇霞溪村溪益小区、南安市梅山镇芙蓉小区、石狮市蚶江镇厝仔小区3个村镇小区被省建设厅列为第三批村镇建设省级试点小区。

2001年7月4日，南安市水头镇东南小区、南安市英都镇东山小区、德化县上涌镇涌苑小区3个村镇小区被省建设厅列为第四批村镇住宅小区建设试点。11月9日，南安市水头镇福兴小区、英都镇溪益小区被省建设厅评为首批“省级村镇住宅优秀小区”。

2002年7月16日，德化县龙浔镇英山小区、德化县三班镇大兴小区、南安市英都镇下坪小区、永春县石鼓镇魁星岩小区、南安市洪濑镇溪霞小区5个村镇小区被省建设厅列为第五批“村镇住宅小区建设试点”。11月6日，南安市水头镇东南小区被省建设厅评为第二批“省级村镇住宅优秀小区”。

2003年5月21日，南安市英都镇霞溪村保丰小区被省建设厅列为福建省第六批村镇住宅小区建设试点。至年底，全市有小城镇建设试点镇73个，其中部级试点镇2个、省级14个、市级22个、县级35个。2010年，又培育3个省级和12个市级综合改革建设试点小城镇，省级试点镇规划编制工作走在全省前列。

2004年2月，惠安县螺城镇、崇武镇，安溪县凤城镇，永春县桃城镇，德化县浔中镇，石狮市祥芝镇，南安市水头镇被建设部、发改委、民政部、国土资源部、农业部和科技部列入全国重点镇名单。7月28日，南安市仑苍镇水暖城一期小区、永春县下洋镇新村小区被省建设厅列入第七批“村镇住宅小区建设试点”。12月6日，南安市仑苍镇水暖城小区被省建设厅评为第四批“省级村镇住宅优秀小区”。同年，泉州市城乡规划局从各县（市、区）推荐的村镇住宅小区中，评选出南安市仑苍镇水暖城小区、永春县下洋镇新村住宅小区、南安市仑苍镇河滨小区、晋江市安海镇凤凰山小区（二期）、晋江市英林镇金山小区、南安市省新镇东村太林小区、南安市官桥镇辉桥温泉花园城小区、永春县五里街溪滨花园城小区、永春县岵山镇北溪小区、德化县三班镇幸福家园小区、德化县上涌镇云苑小区等，为泉州市第一批十一个市级村镇住宅试点小区。

2005年8月8日，南安市洪濑镇明发小区、永春县蓬壶镇仙岭小区被省建设厅列为第八批“省级村镇住宅小区建设试点”。

2007年8月30日，南安市英都镇坊脚小区被省建设厅列为第九批“省级村镇住宅小区建设试点”，晋江市金井镇万祥·滨海新城、泉港区峰尾镇联岩“城中村”改造工程、安溪县官桥镇建材城被评为“省级小城镇建设工程试点”。

2008年6月24日，南安市眉山乡博爱小区、晋江市磁灶镇大埔小区被省建设厅列为第十批“省级村镇住宅小区建设试点”。

2009年7月16日，泉港区界山镇南山小区、洛江区马甲镇移民小区被省建设厅列为第十一批“省级村镇住宅小区建设试点”。11月27日，永春县下洋镇新村小区被省住房和城乡建设厅评为第六批“省级村镇住宅优秀小区”。

2010年2月23日，福建省政府出台《关于开展小城镇综合改革建设试点的实施意见》，确定全省21个小城镇开展综合改革建设试点，晋江市金井镇、南安市水头镇、安溪县龙门镇列入试点镇。5月20日，泉州市政府发出《关于确定12个市级综合改革建设试点小城镇的通知》，确定晋江市磁灶镇、东石镇，南安市仑苍镇、罗东镇，惠安县崇武镇、黄塘镇，洛江区马甲镇，泉港区涂岭镇，石狮市永宁镇，安溪县湖头镇，永春县蓬壶镇，德化县三班镇12个镇为泉州市市级小城镇综合改革建设试点城镇。10月20日，晋江市永和镇玉湖小区和南安市梅山镇锦绣小区被省住房和城乡建设厅列为第十二批“省级村镇住宅小区建设试点”，晋江市磁灶镇大埔小区被评为第七批“省级村镇住宅优秀小区”。

第二节 村庄建设

一、旧村改造与新村建设

1992年3月5日，惠安县东岭镇屿头山村拉开旧村改造工程帷幕。通过动员发动，筹集了45万元，用于旧村改造。村民自行拆除23座猪栅、32座厕所和26处旧宅，主动为旧村改造清障。

1999年4月，泉州市政府成立旧村改造新村建设工作领导小组，出台《关于加快旧村改造、新村建设若干问题的决定》，提出用7年左右时间在全市开展旧村改造、新村建设，决定以“半小时城市群”范围、国道、省道沿线及县城周边乡镇为主，选择交通方便、经济基础较好、有利于推动小城镇建设的村作为试点。1999—2000年先确定100个村作为市级试点村。

1999—2005年年底，全市投入改旧建新资金75.91亿元。其中，各级财政投入11.14亿元，集体投入13.95亿元，村民投入45.39亿元，社会各界支持5.43亿元；拆除旧房806.2万平方米，新建房屋1194.12万平方米，整理土地1623.81万平方米。

2001年，泉州市确定250个村作为市级旧村改造新村建设试点村，各县（市、区）同时确定一批试点村并抓落实。市新村办坚持在保持试点村总数不变的前提下，对250个市级试点村进行滚动管理，将部分工作开展较好的原县级试点村调整为市级试点村。同年，创建宽裕型小康镇1个，基本实现宽裕型小康村11个，创建宽裕型文明村5个。全市累计投入1548万元，基本完成3个重点村和8个非重点改造村的改旧建新及村容村貌整治工作，培育出宝山村等一批改旧建新典型示范村。同年，丰泽东湖、泉秀、丰泽3个街道和宝山、东湖等9个村（居）分别通过市“宽裕型小康镇”和“宽裕型文明村”达标验收。

2002年，泉州市政府在市级250个试点村中，选择100个经济条件较好、班子坚强有力、工作积极性较高村，作为改旧建新“精品村”，给予重点扶持，加大资金投入和扶持，推动全市改旧建新工作。

2003年，全市投入576万元用于人居环境大整治，拆除旧厝及临时搭盖7000多平方米，新建1座350平方米社区文化活动中心和1座750平方米老人活动中心，组建1支40人的日常保洁队伍，实现路面石化、卫生洁化，路灯常化、庭院美化、环境优化的新型社区。

2005 年，全市建成一批布局合理、交通方便、设施配套、环境优美的先进典型精品村。南安市官桥镇内厝村共拆除旧房 7 万多平方米，投入 8600 多万元，建成 6 幢 96 套、96 个储藏间的农民公寓作为安居工程，建别墅 128 幢；新村公共设施配套比较齐全，新建一条长 800 米宽 16 米的中心村水泥大道、6 条共 5.5 千米长的村区域通道及环村水泥路；通信电缆地下化，村民住房统一安装太阳能热水器，打深层机井 6 处，实现村民 100% 用上安全饮用水，住房间隔绿化达 9600 平方米，实现住宅小区绿化、美化。丰泽区东海街道宝山社区投入资金 1620 万元，完成 30 多千米村间水泥路硬化，建成水冲式三化厕 28 座、卫生垃圾围 56 个等卫生设施，建成文化活动中心 4 处，灯光球场 7 个，10 个风景池和多处休闲场所，绿化总面积近 10 万平方米。

2006 年，泉州市政府持续推进旧村改造、新村建设。全年拆除旧房 172.47 万平方米，新建房屋 240.7 万平方米，村容村貌得到整治。以旧村改造新村建设和开展村容村貌整治活动为切入点，推进农村劳动力转移就业。如晋江市实施“百村示范、村村整治”工程，带活村第三产业，创造建筑、商贸等就业机会，实现多层次、宽领域就业。磁灶镇东山村进行旧村改造时，建立一个二级瓷砖市场，解决村里赋闲劳动力尤其是家庭妇女就业问题。

2007 年，全市 21 个市级试点村拆除旧房 727 座、18.42 公顷，新建房屋 451 座、16.25 公顷。石狮市前山村立足生态建村思路。石狮市蚶江镇水头村投入 160 多万元整治地下工业污水；南安市湖山村开发沼气资源，发展生态农业，成立南安市绿野沼气技术开发研究所，开发“禄福家”沼气系列产品，自主发明专利技术“三级发酵自动排渣沼气池型”和“自动加压循环利用沼气池”，用户每年节省燃料费 1200 元，全村年节省燃料费约 26 万元，创新运用“猪－沼－果”模式，节省农药、化肥使用量，全年为群众增收节支 100 万元以上。

2009—2010 年，泉州市把安居房建设与正在进行的旧村改造、新村建设结合起来，以改善和提高低保家庭的居住条件为目标。2009 年，新建的每户财政补助 3.5 万元，改扩建的每户财政补助 2 万元。泉州市开展“百村示范、全面整治”行动，20 个市定试点示范村拆除旧房 5.8 万平方米，新建住房 9.2 万平方米，新建公共设施 7.2 万平方米。2010 年，“百村示范、村村整治”工程完成投资 1.87 亿元，“家园清洁行动”有 10 个镇（街道）、342 个村（社区）通过省、泉州市验收。

二、村容村貌整治

1991 年后，泉州市委、市政府组织各级全面开展村容村貌整治工作，为农村发展创造良好环境。1991 年，丰泽区东海镇法石村投资 30 多万元，铺设 4 千米长的石砖路和 3 条水泥路，在路旁设置路灯，16 座标准化厕所配备 14 名专职清洁工，改善村容村貌。

1994 年，晋江市 100 个基本实现小康目标典型村村容村貌、环境卫生得到很大改观。

2001 年，全市村牌路标设置规范，村容村貌整洁优美。绿化美化庭院、公共场所，绿化覆盖率达 20% 以上。禽畜集中圈养，无害化卫生户厕普及率达 80% 以上。有垃圾箱、垃圾转运场、无害化公厕等环卫设施。粪便得到无害化处理和综合利用。建立村容村貌管理队伍及完善的环境卫生管理制度。

2003 年，中共泉州市委在全市农村工作会议上，作出“用 3 年时间，完成全市农村的村容村貌整治任务”工作部署。市新村办制定《关于开展村容村貌整治工作的实施意见》，以环境卫生整治为重点，按照“五通”（通水、通路、通电话、通电、通广播电视）、“五改”（改水、改厕、改路、改圈、改房）和绿化净化美化的要求，通过 3 年的努力，解决农村“脏、乱、差”问题，使全市广大农村实现村间道路四通八达，村主干道路面硬化；垃圾定点收集处理，生活污水排放顺畅；家禽家畜集中圈养，房前房后绿化整洁；居家布局科学卫生，公共设施配套齐全。

2004 年，丰泽区“村改社区”综合整治项目获得建设部授予的“中国人居环境范例奖”。至 2005 年元旦，全区投入整治资金 1.99 亿元，拆除残墙断壁、违章建筑、临时搭盖、禽畜舍 59 万平方米，铺设道路108.85千米，新建二级达标公厕188座，新增绿化29.6万平方米，修建办公楼、文体活动场所及小公园等公共设施172处。

2005年，泉州市新村办制定《泉州市2005年旧村改造新村建设工作意见》，指导各地开展以整治村容村貌、家庭内外环境、清除垃圾污物、做好人畜粪便卫生管理等为主要内容的农村人居环境整治活动。至2005年年底，全市2313个村初步完成第一轮整治任务。

2007年，泉州市环保局在农村成立环卫队伍，建设垃圾中转站，完善卫生保洁制度，并因地制宜进行改旧建新，拆除旧房盘活土地资源，解决村民建设用地困难，绿化美化村容村貌。全市推行“七片”（规划小区扮靓一片、建设公寓安心一片、自主创新带动一片、科技创新示范一片、种植树木绿化一片、竖起灯箱照亮一片、整治泳池健身一片）行动。

2010年，泉州市委、市政府加大老区村村容村貌整治工作，老区村村容村貌得到有效改观，人民生产生活条件得到改善，通路、饮水、用电、上学、就医、通信、广播电视等问题基本解决，群众生活水平进一步提高。

卷六 电 力

随着改革开放的深入发展，泉州市作为经济开发先行区和国家综合改革试验区之一，国民经济持续高速增长，泉州电力工业随之加快发展步伐。1991年，泉州市有发电厂（站）1199座，装机1494台，总容量21.21万千瓦，年发电量6.18亿千瓦时。全市99.15%的村通电，96.57%户用上电；全市用电量9.42亿千瓦时，年人均用电量245.29千瓦时。至1995年年底，泉州电网有35千伏及以上输电线路2295千米；35千伏及以上变压器总容量281.45万千伏安。5年间，泉州供、售电量从全省第四位跃居第一位，分别达到39.12亿千瓦时、37.75亿千瓦时，占全省总量的五分之一，结束持续20多年的全市性缺电的历史。1998年3月，福建省首座500千伏泉州变电站、500千伏水（口）莆（田）、莆（田）泉（州）线建成投入运行，泉州电网从此进入超高压电网时代。当年，电网最高供电负荷达100.79万千瓦，突破百万（千瓦）大关。2001年，随着“两改一同价”（即改造农村电网、改革农电管理体制、实现城乡同网同价）工作的开展，全市投入21亿元资金，进行187.78万户居民一户一表改造，更换大量高耗能变配电设备，全年全社会用电量及城乡居民生活用电量大幅度增长，可靠性明显提高，实现城乡同网同价，大幅度降低农村电价。2006年，泉州电业朝着“一强三优”（坚强电网、资产优良、业绩优秀、服务优质）方向发展，向着高效、环保、安全、经济的更高目标前进。至2010年，泉州全社会用电量达到340.3亿千瓦时，用电最高负荷达540.09万千瓦。用电量连续16年位居全省首位，总量一直占全省1/4强。2010年年底，全市有发电厂（站）729座，总发电装机容量431.22万千瓦，年发电量138.09亿千瓦时，拥有35千伏及以上变电站195座（其中，500千伏变电站3座、220千伏变电站27座、110千伏变电站108座），变电站总容量2589.85万千伏安；35千伏及以上线路391条，总长4457.16千米，电网规模跨入全国地级市前列。

第一章 发 电

第一节 火力发电

1991年，泉州市有火力发电厂386座。总装机容量4.47万千瓦，年发电量0.16亿千瓦时。至2010年，有火力发电厂14座，总装机容量337.9万千瓦，年发电量98.98亿千瓦时，发电装机容量和发电量分别是1990年的75.59倍和618.62倍。

一、晋源柴油机电厂

位于晋江市深沪镇东山村地界，共8台机组。其中，6台1.15万千瓦柴油发电机组，2台1500千瓦汽轮发电机组。总装机容量7.21万千瓦。1994年12月30日，一期工程并网发电，1997年5月，二期工程并网发电。2007 年 11 月 23 日，晋源电厂发电机组全部解列，退出历史舞台。晋源柴油机发电有限公司历年累计发电 9.22 亿千瓦时。

二、德义热电厂

位于德化县浔中镇隆泰村地界，安装 2 台 1.2 万千瓦单抽凝汽式汽轮发电机组及配套设施，总容量 2.4 万千瓦。1995 年 7 月 8 日，1 号发电机并网发电；8 月 24 日，2 号发电机并网发电。至 2010 年年底，累计完成发电量 8.19 亿千瓦时。

三、大堡热电厂

位于石狮市祥芝镇大堡工业区，装置 3 台国产 6000 千瓦汽轮发电机，以供热为主，发电为辅。1999 年 1 月、2000 年 4 月、2001 年 10 月 1、2、3 号机组分别并网发电。至 2010 年年底，历年累计发电量 1.1 亿千瓦时，上网电量 0.91 亿千瓦时。

四、晋江热电厂

位于晋江市科技工业园安东园区，共 2 台机组，总容量 10 万千瓦。2006 年 1 月、4 月，2 台机组相继建成投产，为福建省 2005 年年底投产发电的应急电源项目之一。至 2010 年年底，历年累计发电量 32.36 亿千瓦时，上网电量 29.03 亿千瓦时。

五、安溪煤矸石电厂

位于安溪县湖头镇湖二村、湖四村地界，共 2 台机组，总容量 10 万千瓦。2005 年 9 月，一期工程投产并网发电，2006 年 8 月，二期工程投产并网发电。至 2010 年年底，历年累计发电量 23.63 亿千瓦时，上网电量 21.01 亿千瓦时。

六、南埔电厂项目一期工程

位于泉港区南埔镇，有 2 台各 30 万千瓦燃煤发电机组，总容量 60 万千瓦。2005 年 10 月 24 日 1 号机组并网发电，2006 年 4 月 10 日 2 号机组并网发电。至 2010 年累计发电 168.07 亿千瓦时，上网电量 157.80 亿千瓦时。

七、鸿山热电厂一期工程

位于石狮市鸿山镇，一期工程总投资 53 亿元，装置 2 台 600 兆瓦超临界抽凝供热发电机组，至 2010 年年底，热电厂发电量为 1.05 亿千瓦时。

八、福建联合石化自备电厂

位于泉港区境内，2009 年 11 月 11 日投入商业运行。

九、美岭火电厂

1997 年 3 月，永春美岭集团投建第一座火电厂，位于永春县一都镇三岭村，装机 2 台 6000 千瓦，1998 年 10 月投产，2000 年 1 月报废；　2001 年投运第二座火电厂，装机 2 台 1.2 万千瓦；2005 年 11 月，投运第三座热电厂，装机 1 台 1.2 万千瓦；2006 年 6 月，在永春坑仔口投运一座热电厂，装机 1 台 6000 千瓦。

第二节　水力发电

1991 年，泉州市有水电站 813 座，总装机容量 16.74 万千瓦，年发电量 6.02 亿千瓦时。至 2010 年，全市水电站 712 座，总装机容量 87.58 万千瓦，年发电量 37.05 亿千瓦时，分别是 1990 年的 5.23 倍和 6.15 倍。

一、山美水电站

位于南安市码头乡大坂村，装机 2 台 1.5 万千瓦水轮发电机组，总容量 3 万千瓦，1972 年 9 月 30 日、1973 年 9 月 22 日先后竣工投产，并入泉州电网运行。1993 年 6 月，扩建 1 台 3 万千瓦水轮发电机组投产。1972—2010 年，累计发电量 41.2 亿千瓦时。

二、龙门滩水电站

由二库四级电站组成，一、二级电站分别位于德化县境内的下丰和冷水坑，三、四级电站分别位于永春县境内的坝脚和陈坂。

龙门滩水电站一期工程由一库二级电站组成，一级电站安装 2 台 9000 千瓦水轮发电机组，1989 年 9 月 16 日、12 月 1 日先后竣工发电（2000 年新增 2 台水轮发电机组，装机容量均为 1600 千瓦，一级电站总装机容量 2.12 万千瓦）。至 2010 年年底，水电站累计发电量 13.23 亿千瓦时。

1992 年 8 月 30 日，龙门滩二级电站首台容量 1.3 万千瓦水轮发电机组投入试运行，8 月 31 日并网发电。10 月 18 日，第二台同类型机组相继投产发电。至 2010 年年底，水电站累计发电量 15.12 亿千瓦时。

1998 年 8 月，龙门滩三级电站 2 台发电机投运，电站总发电装机容量 1.6 万千瓦。至 2010 年年底，水电站累计完成发电量 6.25 亿千瓦时。

2003 年 11 月，龙门滩四级水电站动工安装 2 台单机容量为 14 万千瓦混流式水轮发电机组，总容量 28 万千瓦，2005 年 7 月建成发电。至 2010 年年底，水电站累计完成发电量 4.7 亿千瓦时。

三、蓝田水电站

位于安溪县蓝田乡蓝田村，安装 2 台 1.25 万千瓦水力发电机组，在引支流南斗溪的出口处安装 2 台 320 千瓦机组，总容量 2.53 万千瓦。1994 年动工兴建，1996 年 4 月 22 日，1 号机组并入电网运行。1997 年 5 月 6 日，2 号机组开始发电。 至 2010 年，该电站累计发电量 12.92 亿千瓦时。

四、涌溪三级水电站

位于德化县水口镇久住村，安装 2 台 2 万千瓦水轮发电机组，总容量 4 万千瓦，1999 年 2 月 5 日正式并入省电网运行。至 2010 年，该电站累计发电量 17.51 亿千瓦时。

五、白濑水电站

位于安溪县白濑乡白濑村，安装2台1万千瓦机组，总容量2万千瓦，2002年7月1日正式并入安溪县电网运行。至2010年年底，白濑水电站累计发电量14.47亿千瓦时。

六、涌口水电站

位于德化县水口镇湖坂村，装机容量2台1.25万千瓦，总容量2.5万千瓦，2006年4月并网发电。至2010年，该电站累计发电量2.74亿千瓦时。

1991—2010年泉州市发电装机容量、发电量情况表

表6-1-1

年份	装机容量（万千瓦）	其中			发电量（亿千瓦时）	其中		
		水电	新能源	火电		水电	新能源	火电
1991	21.04	16.75	—	4.29	4.78	4.53	—	0.25
1992	23.63	19.35	—	4.28	7.12	6.82	—	0.3
1993	23.46	20.24	—	3.22	7.24	7.01	—	0.23
1994	25.67	21.77	—	3.9	9.21	8.91	—	0.3
1995	33.9	24.29	—	9.61	9.07	7.55	—	1.52
1996	38.25	28.17	—	10.08	11.39	8.08	—	3.31
1997	42.86	30.4	—	12.46	12.22	9.47	—	2.75
1998	46.69	33.67	—	13.02	14.17	11.05	—	3.12
1999	51.6	37.63	—	13.97	15.38	11.26	—	4.12
2000	53.81	40.24	—	13.57	16.48	12.99	—	3.49
2001	58.47	44	—	14.47	18.1	14.45	—	3.65
2002	69	53.94	—	15.06	18.48	13.67	—	4.81
2003	73.61	58.07	—	15.54	20.31	13.36	—	6.95
2004	75.92	61.38	—	14.54	20.45	12.78	—	7.67
2005	88.41	68.72	0.75	18.94	29.16	21.53	0.13	7.50
2006	165.82	74.37	1.5	89.95	64.06	26.41	0.58	37.08
2007	169.2	78.33	1.5	89.38	77.74	24.82	0.74	52.17
2008	176.51	84.14	3	89.37	74.74	23.63	0.83	50.27
2009	358.8	84.08	4.5	270.22	89.05	19.38	1.92	67.76
2010	431.22	87.58	5.75	337.90	138.09	37.05	2.06	98.98

2010年泉州市各县（市）电网发电情况表

表6-1-2

县（市）	年末发电厂个数（座）				年末装机容量（万千瓦）				年末发电量（亿千瓦时）			
	总计	水电	新能源	火电	总计	水电	新能源	火电	总计	新能源	水电	火电
晋江市	4	—	1	3	167.6	—	—	0.02	—	—	—	—

续表 6-1-2

县（市）	年末发电厂个数（座）				年末装机容量（万千瓦）				年末发电量（亿千瓦时）			
	总计	水电	新能源	火电	总计	水电	新能源	火电	总计	新能源	水电	火电
南安市	113	112	1	0	12.51	11.76	0.75	0	4.05	0.39	3.65	—
石狮市	3	—	1	2	63.3	—	1.5	61.8	2.71	0.67	—	2.04
惠安县	2	2	—	—	0.23	0.23	—	—	0.02	—	0.02	—
安溪县	234	232	—	2	38.87	28.57	—	10.3	18.51	—	14.14	4.36
永春县	194	190	—	4	14.49	11.39	—	3.1	6.69	—	5.87	0.81
德化县	172	171	—	1	30.05	27.65	—	2.4	12.1	—	11.36	0.75
泉港区	2	—	—	2	96.2	—	—	96.2	45.83	—	—	45.83
直供区	3	3	—	—	0.18	0.18	—	—	0.03	—	0.03	—

第三节 新能源发电

一、晋江垃圾焚烧发电厂

位于晋江市华表山西北侧，是全省首个垃圾焚烧发电厂，安装发电机组 2 台，容量 1.5 万千瓦，2005 年 6 月 30 日 1 号发电机组并网发电，同年 11 月 15 日 2 号发电机组并网发电。初期日处理量垃圾 500 吨，年发电总量 7500 万千瓦时，年处理垃圾 18.25 万吨；最终日处理垃圾量 600 吨，年发电量 9000 万千瓦时。至 2010 年，累计发电 4.25 亿千瓦时，上网电量 3.63 亿千瓦时。

二、晋江 LNG 燃气电厂

位于晋江市金井镇石圳村，配备 6 台 F 级燃气—蒸气联合循环机组，总容量 35 万千瓦，2008 年年底并网发电。至 2010 年，累计发电 48.57 亿千瓦时，上网电量 44.87 亿千瓦时。

三、南安市垃圾焚烧发电厂

位于南安市柳城街道杏莲工业区，有 2 台 300 吨 / 日垃圾焚烧炉及 2 台装机容量 7500 千瓦的汽轮发电机组。2009 年 6 月 21 日一期工程并网发电（2011 年 5 月二期工程并网发电）。至 2010 年，累计发电 0.54 亿千瓦时，上网电量 0.48 亿千瓦时。

第二章 供 电

第一节 输电线路

一、35 千伏线路

1991 年，泉州市有 35 千伏线路 72 条，长 812.76 千米。其中，有省属 35 千伏线路 4 条，长 24.61 千米；

县（市）属35千伏线路68条，长788.15千米。其中，晋江县9条、82.7千米，南安县13条、126.4千米，石狮市2条、34.2千米，惠安县8条、70.15千米，安溪县17条、231.51千米，永春县8条、111.99千米，德化县11条、131.2千米。

1991年后，全市经济快速发展，供电负荷不断提升，市政府为适应用电需求，加大电力基础设施建设。至1995年，泉州电网35千伏及以上输电线路增长到2295千米，比1991年增长48.31%。

1998年3月，泉州电网供电电压提升到500千伏，220千伏送出配套工程在全市铺开，侧重发展区域110千伏输电网络。直供区和晋江市、石狮市、惠安县逐步淘汰35千伏网络结构，安溪、永春、德化县及南安市充分利用小水电优越资源，继续发展35千伏网络。

2002年年底，全市共有35千伏线路132条、1379.26千米。其中，省属线路4条、37.08千米；各县（市）128条、1342.18千米。其中，晋江市1条、8千米，南安市25条、213.84千米，石狮市2条、13.48千米，惠安县2条、27.17千米，安溪县44条、484.12千米，永春县26条、286.9千米，德化县27条、311.33千米。

2003年后，35千伏网架无法满足沿海县（市）经济发展需求，直供区35千伏线路仅有双罗、双马线2条，主要供罗溪、马甲边远山区用电。晋江市35千伏网架全部退出运行，石狮市、惠安县35千伏网络也相继淘汰，逐步被110千伏网架所取代。至2005年，全市仅南安市、安溪、永春、德化县4个小水电发达县（市）35千伏网络继续运转。

2005年后，泉州市35千伏网络发展停滞不前，并有所削弱。

2010年年底，泉州市有35千伏线路94条，长1047.2千米。其中，省属2条、24.61千米，南安市14条、144.18千米，安溪县33条、406.88千米，永春县20条、145.2千米，德化县15条、236.58千米，以及部分企业自备线路。

2010年泉州市35千伏输电线路情况表

表6-2-1

主管单位	条数（条）	长度（千米）	主管单位	条数（条）	长度（千米）
泉州市电业局	2	24.61	惠安县电业局	2	27.17
石狮市电业局	—	—	安溪县电业局	33	406.88
晋江市电业局	—	—	永春县电业局	20	145.20
南安市电业局	14	144.18	德化县电业局	15	236.58

二、110千伏线路

1991年，泉州市共有110千伏输电线路12条、长288.12千米。其中，省属6条，长178.77千米；各县（市）6条、长109.35千米。

1991年4月，为保证省炼油化工有限公司用电需求，泉州电力开工建设110千伏惠仙线（4.84千米）、惠炼Ⅰ回、惠炼Ⅱ回3条输电线路，工程于1991年6月竣工。

1995年11月，泉州市建设110千伏池淮线，用以保证市区南部城乡接合部电力供给，工程于1996年1月竣工。

1997年7月，泉州市开始架设城东变电站至凤山变电站110千伏城凤Ⅰ、Ⅱ回输电线路。

1998年，泉州市架设220千伏城东变电站至110千伏院前变电站、110千伏大淮变电站各双回共4条110千伏输电线路。同年，还架设220千伏清濛变电站至110千伏池店变电站清店Ⅰ、Ⅱ回。

1999年，德化县架设220千伏井山变电站至110千伏德化变电站110千伏井德线，使德化县110千伏网架联入省电网。

2000年，泉州市架设投运220千伏井山变电站至110千伏浮桥变电站、220千伏清濛变电站到110千伏浮桥变电站，至220千伏官桥变电站的井浮桥线、清浮线、清官线3条110千伏输电线路。

2001年，泉州市架设投运220千伏井山变电站至110千伏西郊变电站的110千伏井郊线、220千伏城东变电站至110千伏西郊变电站110千伏城郊线。

2002年，泉州市架设220千伏城东变电站至110千伏滨城、双阳变电站110千伏东滨线、110千伏城双线及110千伏滨城变电站至大淮变电站110千伏滨淮线3条输电线路。至2002年，泉州市有省属110千伏输电线路25条，总长301.87千米，均为泉州电业局管辖。至2002年末，全市共有110千伏线路94条，总长1404.83千米。

2003年，泉南部分区域负荷加大。同年7月，国家电力公司批复同意建设晋江500千伏输变电工程，为配套相关工程，泉州电网加快110千伏输电线路建设，至2005年，全市新建110千伏输电线路58条，总长551.68千米。

2006年，为实现“十一五”电力发展规划，泉州电网投入巨资加强建设。同年12月，泉州第三座500千伏输变电工程在河市大园奠基。同时，全市110千伏输变电线路加快建设步伐，向各县（市）扩展。至2010年，全市5年新增110千伏输电线路107条，总长957.94千米。

2010年末，全市投运110千伏输电线路203条，总长1940.3千米。

2010年泉州市（省属）110千伏输电线路情况表

表6-2-2

序号	名称	起点	终点	长度（千米）	导线型号	杆塔基数（千米）	投运时间
1	惠仙线	惠安变电站	仙境变电站	4.84	LGJF-240/30	16	1992年3月
2	惠炼Ⅰ回	惠安变电站	炼油厂变电站	8.33	LGJF-240/30	31	1992年3月
3	惠炼Ⅱ回	惠安变电站	炼油厂变电站	8.35	LGJF-240/30	29	1992年3月
4	池淮线	池店变电站	大淮变电站	3.74	LGJ-240/30 LGJ-240/55	12	1996年1月
5	城凤线	城东变电站	凤山变电站	6.00	LGJX-240/30	23	1997年10月
6	城院Ⅰ回	城东变电站	院前变电站	8.95	LGJX-240/30	34	1998年7月
7	城院Ⅱ回	城东变电站	院前变电站	8.95	LGJX-240/30	34	1998年7月
8	城淮线	城东变电站	大淮变电站	12.98	LGJX-240/30	43	1998年11月
9	清店Ⅰ回	清濛变电站	池店变电站	2.57	LGJX-240/30	20	1999年9月
10	清店Ⅱ回	清濛变电站	池店变电站	2.54	LGJX-240/30	19	1999年9月
11	城郊线	城东变电站	西郊变电站	9.20	LGJX-240/30	37	2001年5月
12	井郊线	井山变电站	西郊变电站	5.89	LGJX-240/30	27	2001年5月
13	城双线	城东变电站	双阳变电站	7.81	LGJX-240/30	23	2002年8月
14	井双线	井山变电站	双阳变电站	11.69	LGJX-240/30	36	2003年9月
15	清高Ⅰ回	清濛变电站	高坑变电站	6.90	JL/LB1A-240/30	28	2003年10月
16	清高Ⅱ回	清濛变电站	高坑变电站	6.90	JL/LB1A-240/30	28	2003年10月
17	惠普红线	惠安变电站	普安变电站	7.57	JL/LBIA-240/30	29	2004年7月
18	清树线	清濛变电站	树兜变电站	9.51	LGJX-240/30	44	2005年7月
19	井临线	井山变电站	临漳变电站	9.88	LGJ-240/30	20	2005年9月
20	东院线	东星变电站	院前变电站	3.63	LGJ-240/30 LGJX-240/30	12	2006年12月

续表 6-2-2

序号	名称	起点	终点	长度(千米)	导线型号	杆塔基数(千米)	投运时间
21	东滨红线	东星变电站	滨城变电站	3.41	LGJX-240/30	13	2007 年 2 月
22	东滨蓝线	东星变电站	滨城变电站	3.41	LGJX-240/30	13	2007 年 2 月
23	东淮线	东星变电站	大淮变电站	6.05	LGJ-240/30 LGJ-240/40 LGJX-240/30	40	2007 年 2 月
24	东凤线	东星变电站	凤山变电站	5.52	LGJ-240/30 LGJX-240/30	21	2007 年 3 月
25	井南线	井山井线变电站	江南变电站	8.87	LGJX-240/30	34	2007 年 11 月
26	城华线	城东变电站	华大变电站	6.10	LGJX-240/30	28	2008 年 5 月
27	东华线	东星变电站	华大变电站	5.71	LGJX-240/30	26	2008 年 5 月
28	东万线	东星变电站	万安变电站	12.39	LGJX-300/25	20	2008 年 9 月
29	官加线	官桥变电站	加工区变电站	16.58	LGJ-240/30 LGJX-240/30	68	2008 年 11 月
30	东淮芸线	110kV 东淮线 #23 杆	中芸洲变电站	0.07	LGJX-240/30	1	2008 年 12 月
31	清加线	清濛变电站	加工区变电站	7.87	LGJX-240/30 LGJX-630/55 LGJX-240/30	46	2008 年 12 月
32	城雅线	城东变电站	释雅变电站	8.55	LGJX-240/30	23	2009 年 2 月
33	井雅线	井山变电站	释雅变电站	12.38	LGJX-300/25	40	2009 年 2 月
34	南井临线	江南变电站	临漳变电站	6.80	LGJX-240/30	16	2009 年 2 月
35	南树红线	江南变电站	树兜变电站	4.71	LGJX-240/30	25	2009 年 2 月
36	南浮红线	江南变电站	浮桥变电站	5.40	LGJ-240/30 LGJX-240/30	40	2009 年 8 月
37	南浮蓝线	江南变电站	柴塔变电站	5.44	LGJ-240/30 LGJX-240/30	42	2009 年 8 月
38	南塔线	江南变电站	柴塔变电站	7.47	LGJX-240/30	38	2009 年 8 月
39	惠港红线	惠安变电站	港区变电站	9.99	JL/LB20A-240/30	63	2009 年 12 月
40	冠罗线	罗塘变电站	晋江创冠电厂	2.41	LGJX-240/30	11	2010 年 1 月
41	城万线	城东变电站	万安变电站	11.86	LGJX-300/25	11	2010 年 8 月

三、220 千伏线路

1990 年年底，泉州建成 220 千伏线路 5 条、总长 359.68 千米。

1999 年，220 千伏清濛变电站建成投运，220 千伏线路由原井（山）—（山）兜线开断改造成井山至清濛变电站和山兜变电站的 220 千伏泉清线和泉兜线，从而使泉州南部 220 千伏网络更新为泉州变—官桥变—永和变—山兜变—泉州变和泉州变—清濛变—井山变—泉州变两个环形网络，使网络结构得到更大优化。此后，220 千伏送出配套工程在全市铺开。

2002 年年底，泉州电网共有 220 千伏输电线路 20 条。

2010 年年底，220 千伏输电线路 72 条。

2010 年泉州市 220 千伏输电线路情况表

表 6-2-3

序号	线路名称	起点	终点	长度（千米）	导线型号	杆塔数（个）	投运时间
1	惠城 I 路	惠安变电站	城东变电站	39.02	LGJX-300/25	98	1997 年 12 月
2	泉官 I 路	泉州变电站	官桥变电站	3.49	LGJX-400/35	13	1998 年 3 月
3	泉官 II 路	泉州变电站	官桥变电站	3.49	LGJX-400/35	13	1998 年 3 月
4	井清线	井山变电站	清濛变电站	18.25	LGJX-240/30	50	1999 年 9 月
5	泉清 I 路	泉州变电站	清濛变电站	21.66	LGJX-630/55	70	1999 年 9 月
6	泉清 II 路	泉州变电站	清濛变电站	21.66	LGJX-630/55	70	1999 年 9 月
7	惠城 II 路	惠安变电站	城东变电站	37.53	LLBJ-300/25	95	2001 年 9 月
8	晋宝线	宝盖变电站	晋江变电站	15.40	LGJX-400/35	66	2004 年 6 月
9	晋塘 I 路	晋江变电站	罗塘变电站	4.73	LGJX-500/35	19	2004 年 6 月
10	晋塘 II 路	晋江变电站	罗塘变电站	4.73	LGJX-500/35	19	2004 年 6 月
11	晋永 I 路	晋江变电站	永和变电站	4.95	LGJX-400/35	21	2004 年 6 月
12	晋永 II 路	晋江变电站	永和变电站	4.95	LGJX-400/35	21	2004 年 6 月
13	泉龙 I 路	蟠龙变电站	泉州变电站	20.93	LGJ-240/30 LGJX-240/30	47	2004 年 6 月
14	泉龙 II 路	泉州变电站	蟠龙变电站	22.59	LGJ-240/30 LGJX-240/30	53	2004 年 6 月
15	永峰 I 路	永和变电站	山峰变电站	18.22	LGJX-400/35	43	2004 年 7 月
16	永峰 II 路	永和变电站	山峰变电站	18.22	LGJX-400/35	43	2004 年 7 月
17	湖官 I 路	官桥变电站	湖池变电站	16.45	LGJX-300/25	54	2005 年 4 月
18	湖官 II 路	官桥变电站	湖池变电站	16.45	LGJX-300/25	54	2005 年 4 月
19	晋湖 I 路	湖池变电站	晋江变电站	8.65	LGJX-400/35	29	2005 年 4 月
20	晋湖 II 路	湖池变电站	晋江变电站	8.65	LGJX-400/35	29	2005 年 4 月
21	南惠 I 路	南埔电厂	惠安变电站	9.63	JL/LB20A-400/35	33	2005 年 6 月
22	南惠 II 路	南埔电厂	惠安变电站	9.63	JL/LB20A-400/35	33	2005 年 6 月
23	南涂 I 路	南埔电厂	涂寨变电站	34.29	JL/LB20A-400/35	54	2005 年 6 月
24	南涂 II 路	南埔电厂	涂寨变电站	34.29	JL/LB20A-400/35	54	2005 年 6 月
25	翔龙 I 路	翔安变电站	蟠龙变电站	42.20	JL/LB20A-300/25 LGJX-240/30 LGJQ-240	105	2006 年 5 月
26	翔龙 II 路	翔安变电站	蟠龙变电站	43.64	JL/LB20A-300/25 LGJX-240/30 LGJ-240/30	110	2006 年 5 月
27	长城 I 路	城东变电站	长新变电站	16.12	LGJX-400/35	43	2006 年 12 月
28	长城 II 路	城东变电站	长新变电站	16.12	LGJX-400/35	39	2006 年 12 月
29	长涂 I 路	长新变电站	涂寨变电站	12.45	LGJX-400/35	32	2006 年 12 月
30	长涂 II 路	长新变电站	涂寨变电站	12.45	LGJX-400/35	32	2006.12 月
31	城星 I 路	城东变电站	东星变电站	8.13	JL/LB20A-400/35	32	2006 年 12 月
32	城星 II 路	城东变电站	东星变电站	8.07	JL/LB20A-400/35	32	2006 年 12 月

续表 6-2-3

序号	线路名称	起点	终点	长度（千米）	导线型号	杆塔数（个）	投运时间
33	晋西Ⅰ路	晋江变电站	西湖变电站	13.27	LGJX-400/35 NRLH58GJ-400/35	53	2007年7月
34	晋西Ⅱ路	晋江变电站	西湖变电站	13.27	LGJX-400/35 NRLH58GJ-400/35	53	2007年7月
35	罗新Ⅰ路	新塘变电站	罗塘变电站	12.38	LGJX-630/55	57	2007年7月
36	罗新Ⅱ路	新塘变电站	罗塘变电站	12.38	LGJX-630/55	57	2007年7月
37	惠进Ⅱ路	东进变电站	惠安变电站	29.03	JL/LB20A-240/30	74	2007年8月
38	仙后Ⅰ路	仙苑变电站	后溪变电站	21.41	LGJX-400/35	53	2007年10月
39	仙后Ⅱ路	仙苑变电站	后溪变电站	21.09	LGJX-400/35	53	2007年10月
40	井南Ⅱ路	井山变电站	江南变电站	30.36	LGJX-400/35 LGJX-240/30	91	2007年12月
41	泉南Ⅱ路	泉州变电站	江南变电站	31.94	LGJ-240/30 LGJX-400/35	83	2007年12月
42	石峰Ⅰ路	晋江LNG电厂	山峰变电站	6.00	LGJX-630/55	21	2008年5月
43	石峰Ⅱ路	晋江LNG电厂	山峰变电站	6.00	LGJX-630/55	21	2008年5月
44	大惠Ⅰ路	大园变电站	惠安变电站	43.91	JL/LB20A-630/55	87	2008年11月
45	大惠Ⅱ路	大园变电站	惠安变电站	45.65	JL/LB20A-630/55	72	2008年11月
46	大惠Ⅲ路	大园变电站	惠安变电站	46.12	JL/LB20A-630/55	72	2008年11月
47	大井Ⅰ路	大园变电站	井山变电站	10.61	JL/LB20A-630/55	38	2008年11月
48	大井Ⅱ路	大园变电站	井山变电站	10.05	JL/LB20A-630/55	33	2008年11月
49	泉塘Ⅰ路	泉州变电站	罗塘变电站	20.94	LGJX-300/25 LGJX-630/55	48	2008年11月
50	泉塘Ⅱ路	泉州变电站	罗塘变电站	20.76	LGJX-300/25 LGJX-630/55	48	2008年11月
51	大仙Ⅰ路	大园变电站	仙苑变电站	57.58	JL/LB20A-400/35	148	2008年12月
52	大仙Ⅱ路	大园变电站	仙苑变电站	59.31	JL/LB20A-400/35	162	2008年12月
53	大玉Ⅰ路	大园变电站	玉叶变电站	20.10	JL/LB20A-400/35	52	2008年12月
54	大玉Ⅱ路	大园变电站	玉叶变电站	20.10	JL/LB20A-400/35	52	2008年12月
55	泉贵线	贵峰变电站	泉州变电站	29.69	LGJX-630/55 LGJX-300/25	72	2009年1月
56	玉贵线	贵峰变电站	玉叶变电站	30.88	LGJ-300/25 LGJX-300/25	76	2009年1月
57	新香Ⅰ路	新塘变电站	香山变电站	10.52	LGJX-630/55	52	2009年4月
58	新香Ⅱ路	新塘变电站	香山变电站	10.52	LGJX-630/55	52	2009年4月
59	西峰Ⅰ路	西湖变电站	山峰变电站	9.27	LGJX-300/25 LGJX-630/55	34	2009年5月
60	西峰Ⅱ路	西湖变电站	山峰变电站	9.27	LGJX-300/25 LGJX-630/55	34	2009年5月
61	惠耕线	惠安变电站	耕丰牵引站	9.19	LGJX-240/30 LGJF-240/30	28	2009年11月
62	耕进线	东进变电站	耕丰牵引站	21.96	LGJX-240/30 LGJF-240/30	58	2009年11月

续表 6-2-3

序号	线路名称	起点	终点	长度(千米)	导线型号	杆塔数(个)	投运时间
63	泉顶线	泉州变电站	顶溪园牵引变	23.32	LGJX-400/35	28	2009年11月
64	南顶线	江南变电站	顶溪园牵引变	10.38	LGJX-240/30	27	2009年11月
65	高后线	高垄变电站	后溪变电站	39.80	LGJX-400/35	89	2010年5月
66	高金Ⅰ路	高垄变电站	金锁变电站	12.10	LGJ-400/35	26	2010年5月
67	高金Ⅱ路	高垄变电站	金锁变电站	12.10	LGJ-400/35	26	2010年5月
68	清梅线	清濛变电站	梅岭变电站	4.20	LGJX-630/55	17	2010年10月
69	香鸿Ⅰ路	鸿山热电厂	香山变电站	7.81	JL/LB20A-630/45	39	2010年10月
70	香鸿Ⅱ路	鸿山热电厂	香山变电站	7.81	JL/LB20A-630/45	39	2010年10月
71	罗梅Ⅰ路	罗塘变电站	梅岭变电站	13.95	LGJX-630/55	41	2010年12月
72	罗梅Ⅱ路	罗塘变电站	梅岭变电站	13.95	LGJX-630/55	41	2010年12月

四、500千伏线路

1998年3月，全省首座500千伏泉州变电站投运，水口水电站至泉州500千伏的水（口）—莆（田）—泉（州）线同时建成投入运行，使泉州市供电电压等级提升至500千伏超高压等级，从而形成以500千伏泉州变电站为中心、220千伏网络初具规模、110千伏网络覆盖全市各县（市、区）的供电格局。

2002年年底，泉州电网共有500千伏输电线路4条。

2004年6月，在晋江安海建成投运泉州第二座500千伏晋江变电站。同时，泉州市加快相配套的输电网络建设，改善网络结构。

2010年年底，泉州电网共有500千伏输电线路10条。泉州电网规模跨入全国地级市前列。

2010年泉州市500千伏输电线路情况表

表 6-2-4

序号	线路名称	起点	终点	长度(千米)	导线型号	地线型号	铁塔数量(座)	投运时间
1	泉莆Ⅰ回	泉州变	郊尾变	87.58	LGJX-400/35	GJ-70 LGJ-95/55 OPGW	179	1998年3月
2	厦泉Ⅱ回	厦门变	泉州变	35.23	LGJ-400/35	LGJ-95/55 LB20J-80	69	1999年9月
3	泉莆Ⅱ回	泉州变	莆田变	87.63	LGJX-400/35	GJ-80 LGJ-95/55 OPGW	177	2002年6月
4	漳泉Ⅰ回	漳州变	泉州变	111.07	JL/LB20A-400/35 LGJ-400/35	GJ-70 LGJ-95/55 JLB20A-80 LB20J-80 JLB40-150 GJ-80	233	2003年1月
5	大泉Ⅰ回	大园变	泉州变	76.16	LGJ-400/35	GJ-70 LGJ-95/55 GJ-80 OPGW-1 OPGW-2	160	2009年1月

续表 6-2-4

序号	线路名称	起点	终点	长度(千米)	导线型号	地线型号	铁塔数量(座)	投运时间
6	大泉Ⅱ回	大园变	泉州变	77.14	LGJ-400/35	LGJ-95/55 GJ-80 OPGW-2 OPGW-1 OPGW(SC-42/58/637)	165	2009年1月
7	漳泉Ⅱ回	漳州变	泉州变	111.56	JL/LB20A-400/35 LGJ-400/35	GJ-70 JLB20A-80 LGJ-95/55 JLB40-150 GJ-80 OPGW-(1) OPGW-24B1-140	236	2010年2月
8	泉江Ⅰ回	泉州变	晋江变	24.43	LGJX-400/35	LGJX-95/55 OPGW(1)	62	2010年5月
9	厦江线	厦门变	晋江变	59.83	LGJX-400/35 LGJ-400/35	LGJ-95/55 LB20J-80 LGJX-95/55 OPGW(1)	133	2010年5月
10	厦泉Ⅰ回	厦门变	泉州变	35.15	LGJ-400/35	LB20J-80 OPGW-120	75	2010年5月

第二节 变电站

一、35 千伏变电站

1991年年底，泉州市有35千伏变电站53座，主变压器86台，总容量33.04万千伏安。其中，省属35千伏变电站4座，主变压器7台，总容量5.96万千伏安。各县（市）35千伏变电站49座，主变压器79台，总容量27.08万千伏安。

1991年后，110千伏电压等级逐渐替代35千伏电压等级，成为城市主要配电电压，市区原有35千伏变电站已不适应电网发展要求，逐渐退出运行。

2001年，35千伏江南、华大变电站先后退出运行。

2002年2月6日，泉州市区最后一座35千伏东郊变电站退出运行。县（市）属35千伏变电站，在沿海经济较发达的石狮、晋江、南安、惠安等县（市）也逐渐被110千伏变电站替代，成为高压配电电压。

2002年，惠安县35千伏变电站已全部退出运行或拆除。

2003年1月，晋江市最后一座35千伏金井变电站退出运行，晋江、石狮35千伏变电站全部退出运行。安溪、永泰、德化等县，充分利用丰富的小水电资源，35千伏变电站则有较快发展。

2010年年底，泉州市有35千伏变电站53座，主变压器91台，总容量56.11万千伏安。

2010年泉州市35千伏变电站情况表

表 6-2-5

主管单位	座数（座）	主变台数（台）	总容量（万千伏安）	名称	座数（座）	主变台数（台）	总容量（万千伏安）
泉州电业局	2	3	3	惠安电力公司	—	—	—
石狮电力公司	—	—	—	安溪电力公司	22	42	22.24

续表 6-2-5

主管单位	座数（座）	主变台数（台）	总容量（万千伏安）	名称	座数（座）	主变台数（台）	总容量（万千伏安）
晋江电力公司	—	—	—	永春电力公司	14	21	11.44
南安电力公司	11	18	14.03	德化电力公司	4	7	5.40

二、110千伏变电站

1991年，泉州市拥有110千伏变电站8座，主变压器10台，总容量31.5万千伏安。其中，省属110千伏变电站2座，主变压器3台，总容量9.45万千伏安。

1996年，泉州市投运的110千伏大淮变电站，是省电力系统第一座按无人值班技术设计的变电站，首次采用组合电器（GIS）。1996年后，省属及部分县（市）110千伏变电站全部按无人值班技术设计建设，同时对原有变电站进行无人值班技术改造。

1998年3月，泉州变电站电压等级跨入500千伏超高压时代。泉州电业局为优化布局，搞好相关配套工程，加快变电站建设步伐。省属及沿海经济发展较快的石狮、晋江、南安、惠安等县（市）110千伏电压等级变电站逐渐替代35千伏电压等级，成为主要高压配电电压。

2002年年底，泉州市共投运110千伏变电站48座，主变压器83台，总容量332.45万千伏安。其中，省属110千伏变电站9座，主变压器18台，总容量82.3万千伏安。

2003—2006年，晋江市新建投运110千伏变电站9座，主变压器20台，总容量8.6万千伏安。

2005年年底，泉州市110千伏变电站增至70座，主变电压器136台，总容量559.1万千伏安。

2006年，泉州新建110千伏变电站46座，仅省属110千伏变电站新建8座，扩建3座。同时启动智能电网试点，全省首座110千伏智能变电站——西郊变改造工程正式启动。

2010年年底，全市投运110千伏变电站108座，主变压器201台，总容量157万千伏安。省属110千伏变电站20座，主变压器38台，总容量167万千伏安。运行模式均采用无人值班、集中监控方式。

2010年泉州市（省属）110千伏变电站情况表

表 6-2-6　　单位：万千伏安

名称	主变压器			
	编号	主变型号	容量	投运时间
池店变	1	SFZ7-50000/110	5	1993年8月
	2	SFZ9-50000/110	5	1999年6月
大淮变	1	SFZ7-50000/110	5	1996年1月
	2	SFZ7-50000/110	5	1996年1月
	3	SZ10-50000/110	5	2006年3月
凤山变	1	SFZ9-50000/110	5	1997年12月
	2	SFZ9-50000/110	5	1997年12月
仙境变	1	SZ10-50000/110	5	2001年6月
	2	SFZ9-50000/110	5	1999年1月
浮桥变	1	SZ10-40000/110	4	2000年9月
	2	SZ10-40000/110	4	
西郊变	1	SFZ10-50000/110	5	2001年5月

续表 6-2-6

名 称	主 变 压 器			
	编号	主变型号	容量	投运时间
滨城变	1	SZ10-40000/110	4	2002 年 1 月
	2	SZ10-40000/110	4	
双阳变	1	SFSZ10-50000/110	5	2003 年 8 月
	2	SFSZ10-50000/110	5	
高坑变	1	SZ10-40000/110	4	2003 年 10 月
	2	SZ10-40000/110	4	
	3	SZ10-40000/110	4	2007 年 12 月
普安变	1	SZ10-40000/110	4	2004 年 8 月
	2	SZ10-K-40000/110	4	2009 年 8 月
树兜变	1	SZ10-40000/110	4	2005 年 7 月
	2	SZ10-40000/110	4	
临漳变	1	SZ11-40000/110	4	2005 年 9 月
	2	SZ11-40000/110	4	2005 年 9 月
华大变	1	SZ10-40000/110	4	2008 年 5 月
	2	SZ10-40000/110	4	
万安变	1	SZ10-40000/110	4	2008 年 10 月
	2	SZ10-40000/110	4	
中芸洲变	1	SZ10-40000/110	4	2008 年 12 月
	2	SZ10-40000/110	4	
加工区变	1	SZ10-40000/110	4	2008 年 12 月
释雅变	1	SZ10-40000/110	4	2009 年 2 月
	2	SZ10-40000/110	4	
柴塔变	1	SZ10-50000/110	5	2009 年 9 月
	2	SZ10-50000/110	5	
溪林变	1	SSZ10-50000/110	5	2009 年 11 月
港区变	1	SZ10-40000/110	4	2009 年 12 月

三、220 千伏变电站

1991 年，泉州市有省属 220 千伏变电站 2 座，主变电器 3 台，总容量 36 万千伏安。

1992 年后，为解决水口水电站电力输出及泉州沿海地区的供电，改变工农业生产用电紧张情况，水口水电站送出配套工程——220 千伏惠安变电站和官桥变电站竣工投运。

1997 年，泉州市新建福州电厂二期送出配套工程——220 千伏永和变电站和城东变电站竣工并投运。

1998 年 3 月，泉州市新建成 500 千伏泉州变电站，泉州电网电压等级跨入超高压时代，为搞好相关配套工程，省属 220 千伏变电站加快建设步伐，逐步向各县（市、区）扩展。

1999 年 9 月，泉州市新建 220 千伏清濛变电站竣工并投运。

2001 年，泉州市新建 220 千伏宝盖变电站投运，扩建 220 千伏永和变电站和城东变电站。

2002 年，泉州市新建 220 千伏玉叶变电站。至 2002 年年底，泉州市有省属 220 千伏变电站 8 座，主变压器 15 台，总容量 234 万千伏安。

2003 年后，为使泉州南部电网 220 千伏变电站布局更加合理，建设 500 千伏晋江变电站配套工程，泉州市先后新建 220 千伏宝盖、玉叶、涂寨、仙苑变电站。同年，220 千伏电压等级扩展至安溪县。

2005 年年底，泉州市有省属 220 千伏变电站 15 座，主变压器 29 台，总容量 486 万千伏安。

2006 年后，为加快 220 千伏输变电工程建设，解决用电紧张情况，泉州市新建 220 千伏永和、东星、长新 3 座变电站。

2007 年，泉州市新建 220 千伏西湖、新塘、江南 3 座变电站。

2008 年，泉州市新建 220 千伏官桥、金锁 2 座变电站。

2009 年，泉州市新建 220 千伏贵峰、后溪、香山 3 座变电站。

2010 年 5 月，泉州市新建 220 千伏高垄变电站，使 220 千伏电压等级扩展至永春县，泉州市在全省率先实现县县建有 220 千伏变电站。同年 10 月，泉州市新建 220 千伏梅岭变电站。2010 年年底，泉州市有省属 220 千伏变电站 27 座，主变压器 51 台，总容量 984 万千伏安。

2010 年泉州市（省属）220 千伏变电站情况表

表 6-2-7　　**单位：万千伏安**

变电站名称	主变压器			
	编号	主变型号	容量	投运时间
井山变	1	CR-CUB-MRM-120000/220	12	1988 年 6 月
	2	CR-CUB-MRM-120000/220	12	
山兜变	1	SFPSZ7-120000/220	12	1990 年 7 月
	2		12	1994 年 12 月
惠安变	1	SFPSZ7-120000/220	12	1992 年 3 月
	2	SFPSZ7-120000/220	12	
清濛变	1	SFPSZ10-180000/220	18	1999 年 9 月
	2	SFPSZ10-180000/220	18	
	3	SFSZ10-180000/220	18	2008 年 8 月
城东变	1	OSFPSZ9-180000/220	18	2007 年 3 月
	2	OSFPSZ9-180000/220	18	2001 年 5 月
宝盖变	1	SFPSZ9-180000/220	18	2001 年 12 月
	2	SFSZ10-180000/220	18	2004 年 6 月
玉叶变	1	SFSZ11-180000/220	18	2003 年 1 月
	2	SFSZ10-180000/220	18	2004 年 6 月
罗塘变	1	SFSZ9-180000/220	18	2003 年 8 月
	2	SFSZ10-180000/220	18	2003 年 12 月
山峰变	1	SFSZ9-180000/220	18	2004 年 7 月
	2		18	
涂寨变	1	SFSZ10-180000/220	18	2004 年 11 月
	2	SFSZ10-180000/220	18	

续表 6-2-7

变电站名称	主变压器			
	编号	主变型号	容量	投运时间
蟠龙变	1	SFSZ10-180000/220	18	2005 年 8 月
	2	SFSZ10-180000/220	18	2005 年 4 月
湖池变	1	SFSZ9-180000/220	18	2005 年 5 月
	2		18	
仙苑变	1	SFSZ10-180000/220	18	2005 年 7 月
	2	SFSZ10-180000/220	18	2006 年 12 月
永和变	1	SFSZ10-180000/220	18	2006 年 3 月
	2	SFSZ9-180000/220	18	2007 年 3 月
东星变	1	SFSZ10-180000/220	18	2006 年 12 月
	2	SFSZ9-180000/220	18	
长新变	1	SFSZ9-180000/220	18	2006 年 12 月
	2	SFSZ9-180000/220	18	
西湖变	1	SFSZ9-240000/220	24	2007 年 7 月
	2		24	
新塘变	1	SFSZ9-240000/220	24	2007 年 7 月
	2		24	
江南变	1	SFSZ9-240000/220	24	2007 年 12 月
	2	SFSZ9-240000/220	24	
官桥变	1	SSZ9-180000/220	18	2008 年 6 月
	2	SSZ9-180000/220	18	2008 年 7 月
金锁变	1	SFSZ10-180000/220	18	2008 年 6 月
贵峰变	1	SFSZ9-180000/220	18	2009 年 1 月
	2	SFSZ9-180000/220	18	
后溪变	1	SFSZ10-180000/220	18	2009 年 3 月
香山变	2	SFSZ9-180000/220	18	2009 年 6 月
	3		18	
高垄变	1	SSZ10-180000/220	18	2010 年 5 月
梅岭变	1	SFSZ9-240000/220	24	2010 年 10 月

四、500 千伏变电站

（一）泉州变电站

泉州 500 千伏变电站位于南安官桥镇曾厝村，占地 10.41 公顷，建筑面积 8800 平方米，是福建省首座超高压变电站，也是 500 千伏福建省电网网架重要的枢纽变电站。1996 年 10 月 31 日开始“三通一平”，由铁道部第十七工程局厦门工程处负责施工。主体工程于 1997 年破土动工，由福建省第二电力建设公司建筑分公司负责施工。

1997 年 4 月 28 日，主控综合楼封顶，建筑面积 3874 平方米。1997 年 9 月 6 日，电气安装开工，

1998 年 3 月 10 日竣工。工程安装强油风冷自耦有载调压变压器 1 台，容量 90 万千伏安，称 1 号主变压器。

1998 年 3 月 16 日，工程进入系统调试阶段，3 月 29 日并网带电，经 24 小时带负荷运行和测试，运行情况正常，各项设施性能均达到国家标准，即日交付泉州电业局负责运行和管理。同时，投运 500 千伏泉州—水口线；220 千伏泉州—官桥Ⅰ、Ⅱ回。变电站实际总投资 3.73 亿元，单位造价 414.10 元／千伏安。投运后由泉州电业局负责运行和管理。2001 年 4 月划归省超高压输变电局管理。500 千伏泉州输变电工程。由福建省 500 千伏泉州输变电工程筹建处代表省电力局负责项目建设及日常管理，西北电力设计院和福建省电力勘测设计院联合勘察设计、福建省第二电力建设公司承建，福建省电力试验研究所负责系统调试，中国超高压武汉监理公司承担施工监理。变电站设计规模：90 万千伏安主变压器 2 台，一期 1 台；500 千伏规划出线 6 回，一期 3 回；220 千伏规划出线 12 回，一期 9 回。二期工程，增装日本三菱公司制造的 1 台 90 万千伏安主变压器，于 2003 年 6 月 27 日竣工投运，称 2 号主变压器。

2010 年年底，500 千伏泉州变电站有主变压器 2 台，总容量 180 万千伏安；500 千伏线路 8 回，220 千伏 11 回。

（二）晋江变电站

2003 年 7 月 21 日，经国家电力公司批复，同意兴建晋江 500 千伏输变电工程，工程位于晋江市安海镇，该变电站是泉州地区第二座 500 千伏变电站。变电站设计规模：首期安装 100 万千伏安变压器 1 组，500 千伏出线 2 回（泉州Ⅰ、泉州Ⅱ），220 千伏出线 8 回。远期按 100 万千伏安变压器 3 组，500 千伏出线 5 回、220 千伏出线 14 回。全站建筑面积 1410 平方米。概算投资 22816 万元。首期于 2004 年 6 月 3 日，安装全省单机容量最大的重庆 ABB 变压器公司制造的 OISF-334000/500 型主变压器 1 台，容量 100 万千伏安，正式投入运行。

2005 年 12 月 2 日，增装同公司制造的相同型号的 100 万千伏安主变压器 1 台，称 3 号主变压器。至此，变电站有主变压器 2 台，总容量 200 万千伏安。

2010 年年底，晋江变电站有 500 千伏主变压器 2 台，容量 200 万千伏安；500 千伏线路 2 回，220 千伏线路 9 回。

（三）大园变电站

2006 年后，泉州市在洛江河市建设泉州第三座 500 千伏大园变电站。该变电站计划安装 4 台 100 万千伏安主变压器，总容量 400 万千伏安。

2009 年 1 月 4 日，变电站安装主变压器 1 台，并投入运行，称 2 号主变压器。同月 6 日，又安装主变压器 1 台，容量 100 万千伏安，称 3 号主变压器。至此，全站有主变压器 2 台，总容量 200 万千伏安。

2010 年年底，500 千伏大园变电站有主变压器 2 台，总容量 200 万千伏安；500 千伏线路 2 回，220 千伏线路 9 回。

2010 年泉州市 500 千伏变电站情况表

表 6-2-8　　**单位：万千伏安**

变电站名称	主变压器			
	编号	主变型号	容量	投运时间
泉州变电站	1	AFLOIC-AMN-YCCP	90	1998 年 3 月
	2	SUB-MRR	90	2003 年 6 月
晋江变电站	1	ODFS-334000/500	100	2004 年 6 月
	3		100	2005 年 12 月
大园变电站	2	ODFS-334000/500	100	2009 年 1 月
	3		100	2009 年 1 月

第三节 配电网

一、直供区配电网

泉州电业局直供区包括城区和泉港区、清濛区、洛江区四部分及晋江、南安的部分乡镇，总面积1087.67平方千米。1990年年底，直供区有10千伏配电线路34条，总长491.4千米，400伏及以下低压线路83.8千米；配电变压器947台，总容量15.37万千伏安。1991—1998年，历经8年的配网建设与改造，配电网络结构更趋合理。1999年开始，通过11年的配电网建设改造，直供配电网络发展迅速。至2010年年底，市中心区域有11座变电站，其中220千伏变电站1座。10千伏配电线路186条，总长度1121千米。其中，架空线路301千米，电缆线路737千米；400伏及以下低压线路1425千米；配电变压器4250台。其中，公用变1450台、专用变2800台，总容量156.5万千伏安。泉港区域有4座变电站，其中220千伏变电站1座。10千伏配电线路52条，总长度553.44千米。其中，架空线路453.82千米、电缆线路99.62千米；400伏及以下低压线路1007千米；配电变压器1103台。其中，公用变417台，专用变686台，总容量31.06万千伏安。洛江区域有7座变电站，其中220千伏变电站2座。10千伏配电线路85条，总长度699.99千米。其中，架空线路547.05千米、电缆线路152.94千米；400伏及以下低压线路724.21千米；配电变压器1822台。其中公用变压器674台、专用变1148台，总容量442.71万千伏安。清濛区域共有7座变电站。其中220千伏变电站2座、110千伏变电站9座。10千伏配电线路148条，总长度987.07千米。其中，架空线路726.62千米、电缆线路260.45千米；400伏及以下低压线路807.8千米；配电变压器3214台，其中公用变压器869台、专用变压器2345台，总容量1024.78万千伏安。

二、县（市）配电网

1991年，泉州市7个趸售县（市）配电网络结构单一，电源布点不合理，主干线路线径小，供电半径长，设备老旧，配电网络设施滞后于工农业生产的迅速发展和人民生活水平不断提高带来的用电需求的增长。1991年初，全市各县（市、区）配电网拥有高低压配电线路1.95万千米，配电变压器5873台，总容量54.99万千伏安。其中，石狮市6～10千伏配电线路259千米，配电变压器480台、总容量6.56万千伏安；晋江县6～10千伏配电线路483千米，配电变压器1128台、总容量14.3万千伏安；南安县6～10千伏配电线路1582千米，配电变压器1541台、总容量13.51万千伏安；惠安县6～10千伏配电线路606千米，配电变压器872台、总容量6.5万千伏安；安溪县6～10千伏配电线路1522.1千米，配电变压器984台、总容量7.38万千伏安；永春县6～10千伏配电线路922.2千米，配电变压器375台、总容量2.79万千伏安；德化县6～10千伏配电线路979千米，配电变压器341台、总容量3.16万千伏安。

1991年后，各县（市）在不断拓展其配电网络的同时，侧重于更新改造其网络薄弱环节。1991年，石狮市根据电网发展规划，率先进行城区配网建设改造，初步形成与经济发展相匹配的城区配网。制定《石狮市区10千伏网络1995年整改方案》，加快供电区域10千伏配网主干线改造，向农村延伸，不断拓展配电网络，全年配网改造投入资金1660万元，新架设10千伏架空主干线20.82千米，电缆2.25千米；增加配电变压器1260千伏安，新增断路器57台。德化县完成东环路陶瓷加工小区的城东Ⅱ回3.4千米配电线路及配电变压器34台，容量1126千伏安配网工程；城后工业区、马丘泽陶瓷工业小区的城北Ⅱ回10.65千米及配电变压器68台、容量2.01万千伏安配网工程。

1992年，晋江市电力公司依据总体规划，全面实施配网建设改造工程；惠安加快35千伏变电站建设；德化城关110千伏变电站竣工投运，城区配网建设进一步加速。

1993年，南安撤县建市后，对全市配电网络分3个阶段进行布置，加快建设力度。同年，南安市申报农村电气化市，制定5年规划期的发展规划，加快实施农村电气化建设，全市配电网络建设得到迅速发展。惠安县建成35千伏崇武变电站。

1995年，晋江在市中心敏月公园新建10千伏开关站，采用2条10千伏电缆进线，6条10千伏出线，实现市中心6个片区供电。同时，新建及技改10千伏配电线路300.5千米。安溪县新增6～10千伏配电线路245千米，配电变压器164台，总容量3.83万千伏安。永春县电网西片区6座35千伏变电站进行规划及容量调整，使配电网络更加合理、完善。

1996年，石狮市农村10千伏配电主干线网络形成，农网干支线覆盖石狮市各自然村，实现户户通电。晋江市10千伏配电线路增至112条，总长900千米。惠安县扩建110千伏霞光变电站。

1997年，晋江市加大配电网络技术改造，10千伏母线采用热缩材料进行综合绝缘保护，10千伏少油断路器改用真空断路器，对供电辖区内部分10千伏馈线进行改造。惠安县新建110千伏洛阳、东园、赤湖3座变电站，新增10千伏线路31条，总长186千米。各变电站之间通过10千伏线路相互联络，最大供电半径由原来的22千米缩短至10千米，配电主线均采用大线径导线，配电网络的供电可靠性及电压质量有很大提高。

1998年，南安市全市10千伏配电线路增至2136千米，0.4千伏配电线路3500千米；配电变压器5176台，总容量62.08万千伏安。安溪县建设35千伏龙涓变电站，架设10千伏出线9回，实现全县统一配电网络，提高安溪配电网络供电可靠性和电能质量。永春县新建10千伏开关站2座，新增10千伏配电线路18回，89.5千米；新建35千伏变电站5座，新增10千伏配电线路41回，总长192.77千米；新建110千伏变电站1座，新增10千伏配电线路5回，总长34.7千米。德化县有10千伏配电线路1913千米，0.4千伏低压线路2071千米；配电变压器787台，总容量8.77万千伏安。

1999年始，泉州市实施“两改一同价”工作，各县（市）加快开展农村电网建设与改造，改善农村配电网架状况，完善配网结构，增强配网装备规模与供配电能力。

2002年年底，全市7个县（市）配电网络共投运高、低压线总长3.1万千米，配电变压器23109台，总容量385.81万千伏安。

2003年，石狮市扩建110千伏宅后、永宁、祥芝3座变电站，新建110千伏古浮、蚶江、灵秀、锦向、上浦、城西6座变电站；扩建220千伏宝盖变电站；新建220千伏香山变电站；新建10千伏配电线路132条，总长524.4千米，新增配电变压器2168台，总容量119.51万千伏安。同年底，石狮市的配电网络建设和改造，配网结构得到很大改善，布局更加合理，供电质量和供电可靠性明显提高，用电量有较快增长。城乡用电实现同网同价。

2004年，石狮市配电网GIS应用系统投入使用。2010年，石狮开展智能配电网试点建设，完成2座开闭所、4条架空线路的自动化装置安装。

2010年年底，全市趸售县（市）配电网络总计有高低压配电线路3.4万千米；配电变压器29428台，总容量7377万千伏安。其中，石狮市有10千伏配电线路198条，总长1078千米，0.4千伏及以下低压线路1006.15千米；配电变压器4368台，总容量181.18万千伏安；配电主干线形成环网结构。晋江市投运10千伏配电线路3544千米，配电变压器1.23万台，总容量389.3万千伏安；投运18座110千伏变电站，新架10千伏配电线路597千米、0.4千伏线路800千米；加装和更换配电变压器1425台，总容量52.66万千伏安。南安新建35千伏变电站3座、扩建2座；新建110千伏变电站16座，扩建2座；新建10千伏配电线路118条，总长1279.2千米；新增10千伏配电变压器5536台，总容量179.64万千伏安；投运10千伏配电线路312条，总长3528.2千米，0.4千伏线路6364千米；10千伏配电变压器11592台，总容量259.26万千伏安。惠安县新建110千伏变电站4座（扩建3座），新增10千伏出线78条；新增10千伏配电线路90条，总长744.2千米；新增10千伏配电变压器2309台，总容量77.02万千伏安；有10千伏配电线路161条，总长1703千米。配电变压器5339台，总容量119.21万千伏安。安溪新建35千伏变电站10座、扩建4座；新建110千伏变电站6座、扩建2座，共新增10千伏配电线路42条，总长 31.87 千米；新增 10 千伏配电变压器 916 台，总容量 31.12 万千伏安；共有 10 千伏配电线路 201 条，总长 3614.4 千米；10 千伏配电电压器 3350 台，总容量 49.43 万千伏安。永春再续配网改造工程 81 项，新建和改造配电变压器 110 台，总容量 2.71 万千伏安；新建 35 千伏变电站 6 座、110 千伏变电站 2 座、220 千伏变电站 1 座；新增 10 千伏配电线路 93 条，新建配电变压器 297 台，总容量 5.86 万千伏安；建设投运 10 千伏电缆 45 条，总长 4.75 千米；共有 10 千伏配电线路主干线 120 条，总长 1222.65 千米。德化新建、改造 10 千伏配电线路 232.5 千米，配电变压器 2.2 万千伏安，新建改造低压线 496.53 千米；新建 35 千伏变电站 4 座，新增 10 千伏配电线路 33 条，扩建 3 座，新增 10 千伏配电线路 10 条；新建 110 千伏变电站 4 座，新增 10 千伏配电线路 63 条，扩建 2 座，新增 10 千伏配电线路 8 条；新建 220 千伏变电站 1 座，新增 10 千伏配电线路 4 条；有 10 千伏主干线 80 条，总长 1307 千米；配电变压器 1844 台，总容量 44.27 万千伏安。

2010 年泉州市配电网络设备情况表

表 6-2-9

主管单位	配电线路			配电变压器	
	条数（调）	10 千伏（千米）	0.4 千伏（千米）	台数（台）	容量（万千伏安）
泉州电业局	—	7325.50	—	10389	1635.00
石狮电力公司	198	1078.00	1006.15	4368	181.18
晋江电力公司	—	3544.00	1512.00	12285	389.30
南安电力公司	312	3528.20	6364.00	11592	259.26
惠安供电公司	161	1703.00	2896.00	5339	119.21
安溪供电公司	201	3614.40	5100.98	3350	49.43
永春供电公司	120	1222.65	1627.00	1510	31.65
德化供电公司	80	1307.00	3098.09	1844	44.27

第三章 用 电

第一节 用电水平

1991 年，泉州市用电主要由泉州电业局进行直供和趸售两种方式进行，直供区包括鲤城、丰泽、洛江、泉港区四区及城区沿边晋江、南安部分乡镇；趸售（县级供电公司向大电网购电，再卖给区域内的用户，就用一块电表计量。）包括晋江、南安、石狮、惠安、安溪、永春、德化等县（市）。全社会用电户 5.84 万户，用电量 13.85 亿千瓦时，年人均用电量 233.98 千瓦时，最高供电负荷 25.62 万千瓦。

1994 年，泉州市全社会用电量达 37.87 亿千瓦时，比 1993 年增长 66.39%，年人均用电量 624.99 千瓦时。

1995 年，全市供电最高负荷 65.24 万千瓦，全社会用电量 46.75 亿千瓦时，网供电量 39.12 亿千瓦时，售电量 3.77 亿千瓦时，供、售电量跃居全省第一位。

1998 年，泉州市供电量 66.11 亿千瓦时，网供电量 53.44 亿千瓦时，售电量 51.69 亿千瓦时，约占全省的四分之一，连续 4 年跃居全省各地、市之首，供电最高负荷 100.79 万千瓦，首破百万千瓦大关。

2000 年，泉州市社会用电量 89.58 亿千瓦时，最高负荷 139.6 万千瓦。“九五”期间，全市用电量年均增长 13.6%，最高负荷年均增长 15.4%。全市 100% 的村通电，年人均用电量 1361.23 千瓦时。

2002 年年底，泉州电网最高供电负荷 177.86 万千瓦，全社会用电户 61.90 万户，用电量 118.17 亿千瓦时，售电量达 102.45 亿千瓦时，双双突破百亿千瓦时大关，全市年人均用电量 1798.45 千瓦时，是全国人均用电量的 1.41 倍，连续 8 年居全省各地市之首，泉州成为用电强市，泉州电业局也成为福建省首个年供售电量超过百亿的地级市电业局。同年，全市年人均生活用电量 230.86 千瓦时，是全国年人均生活用电量的 1.48 倍。

2004 年，泉州市电力供应出现紧张局面，全年累计限电 142 天，限电量 4.53 亿千瓦时，限负荷 4320.57 万千瓦，压荷 1.43 万条次，拉工业线路及支线 3575 条次。全市最高限负荷 80.4 万千瓦，最大日限电量 1128.5 千瓦时，最高限电幅度达到 31%。

2005 年，总体供电形势良好，除 1 月对个别高耗能企业限电外，全年没有限电。

2008 年，泉州市社会用电量达 268.48 亿千瓦时，同比增长 7.35%，用电量连续 14 年位居全省首位。全市最高负荷 409.19 万千瓦，同比增长 4.55%，日最大电量为 8781.60 万千瓦时，同比增长 3.22%。网供最高负荷 383.70 万千瓦，同比增长 3.84%，网供日最大电量 7997.77 万千瓦时，回落 0.07%。

2009 年，泉州地区全社会累计用电量 298.9 亿千瓦时，同比增长 11.3%。7 月底，泉州市出现 35 度以上高温天气，地区负荷快速上升，泉州地区用电最高负荷 466.1 万千瓦，同比增长 13.9%，网供最高负荷 447.6 万千瓦，同比增长 16.7%。

2010 年，全社会用电量 340.30 亿千瓦时，同比增长 13.84%。年人均用电量 4965.87 千瓦时。全地区最高负荷 540.09 万千瓦，同比增长 15.9%，增速同比提高 2.0 个百分点。网供最高负荷达到 504.33 万千瓦，同比增长 12.67%。

1991—2010 年泉州电业局供售电量及市、网供电最高负荷情况表

表 6-3-1

年份	供电量（亿千瓦时）	售电量（亿千瓦时）	网供最高负荷（万千瓦）	全市供电最高负荷（万千瓦）
1991	13.85	13.21	20.18	25.62
1992	18	17.26	21.63	29.71
1993	22.76	21.85	26.25	36.84
1994	31.7	30.49	41.42	53.72
1995	39.12	37.75	47.52	65.24
1996	43.17	41.71	55.23	73.61
1997	48.9	47.28	61.68	84.25
1998	53.44	51.69	70.3	100.79
1999	63.87	62.02	98.47	111.88
2000	77.21	75.61	123.2	139.6
2001	86.32	84.5	127.22	151
2002	104.58	102.45	157.91	177.86
2003	125.3	122.78	205.03	217.4
2004	145.71	143.19	230.57	249.15
2005	169.6	166.83	277.97	303.22
2006	192.68	189.62	301.18	336.96
2007	224.87	221.31	369.5	391.3
2008	241.9	238.17	383.7	409.19
2009	265.34	261.37	447.6	466.1
2010	284.99	281.13	504.33	540.09

1991—2010 年泉州市年人均用电量情况表

表 6-3-2

年份	全社会用电量（亿千瓦时）	年末总人口（万人）	年人均用电量（千瓦）
1991	13.85	591.72	233.98
1992	18.00	598.68	300.68
1993	22.76	605.99	375.62
1994	37.87	605.99	624.99
1995	46.75	612.63	763.1
1996	52.69	625.92	841.77
1997	59.71	645.02	925.69
1998	66.11	650.13	1016.82
1999	76.89	654.19	1175.29
2000	89.58	658.05	1361.23
2001	98.99	654.62	1512.19
2002	118.17	657.08	1798.45
2003	141.93	662.62	2141.93
2004	163.90	665.28	2463.99
2005	190.00	667.66	2845.12
2006	218.06	670.40	3252.66
2007	250.10	674.29	3709.13
2008	268.48	677.73	3961.51
2009	298.92	680.85	4390.34
2010	340.30	685.27	4965.87

第二节 用电结构

1991 年，泉州市全社会用电量 13.85 亿千瓦时。按行业分类，农林牧渔水利业用电量 3.06 亿千瓦时，占 22.13%；工业用电量 5.53 亿千瓦时，占 39.94%；商业公共饮食物资供销仓储业用电量 4882 万千瓦时，占 3.53%；建筑业用电量 1750 万千瓦时，占 1.26%；交通运输邮电通信业用电量 4554 万千瓦时，占 3.29%；城乡居民生活用电 2.94 亿千瓦时，占 21.27%；其他事业用电 1.19 亿千瓦时，占 8.58%。

1995 年，泉州市全社会用电量达 46.75 亿千瓦时。当年，各行各业用电量除地质普查和勘探业外，增长速度基本在 20% 左右，其中建筑业用电量增长速度为 31.63%，居各行业首位；其次为城乡居民生活用电量，其增长速度为 28.26%，主要原因是人民生活水平日益提高，电气化水平也相应提高。同年，农林牧渔水利业用电量 3.98 亿千瓦时，占全社会用电量的 10.18%，比 1990 年增长 93.87%，年均增长 14.16%；工业用电量 24.87 亿千瓦时，占全社会用电量的 63.57%，比 1990 年增长 550.73%，年均增长 45.44%；地质普查勘探业用电量仅 21 万千瓦时；建筑业用电量 9688 万千瓦时，占全社会用电量的 2.48%，比 1990 年增长 733.73%，年均增长 52.83%；交通运输邮电通信业用电量 8355 万千瓦时，占全社会用电量的 2.14%，比 1990 年增长 188.10%，年均增长 23.57%；商业公共饮食业物资供销仓储业用电量 1.06 亿千瓦时，占全社会用电量的 2.77%，比 1990 年增长 250.58%，年均增长 28.52%；城乡居民生活用电量 4.61 亿千瓦时，占全社会用电量的 11.79%，比 1990 年增长 134.06%，年均增长 18.54%；其他事业用电量 2.79

亿千瓦时，占全社会用电量的 7.14%，比 1990 年增长 222.91%，年均增长 26.42%。

1998 年，泉州市对农村用电结构比例进行调整。经济不发达且企业少的片区的比例为 7 ：1 ：2（照明、企业、抽水），综合电价低供为 0.35 元 / 千瓦，高供为 0.34 元 / 千瓦；其他片区 6 ：2 ：2（照明、企业、抽水），综合电价低供为 0.38 元 / 千瓦，高供为 0.37 元 / 千瓦。源头降低电价 0.02 元 / 千瓦～0.06 元 / 千瓦。

2000 年，泉州市全社会用电量 89.58 亿千瓦时，比 1995 年增长 91.61%，“九五”时期（1996—2000 年）年均增长 13.89%。其中农林牧渔水利业用电量 1.53 亿千瓦时，占全社会用电量的 1.71%；工业用电量 67.58 亿千瓦时，占全社会用电量的 75.45%，比 1995 年增长 118.86%。建筑业用电量 3886 万千瓦时，占全社会用电量的 0.43%；交通运输邮电通信业用电量 8820 万千瓦时，占全社会用电量的 0.98%；商业公共饮食物资供销仓储业用电量 2.10 亿千瓦时，占全社会用电量的 2.35%；其他事业用电量 5.10 亿千瓦时，占全社会用电量的 5.70%；城乡居民生活用电量 11.99 亿千瓦时。

2002 年，泉州市全社会用电量 118.17 亿千瓦时，其中农牧渔水利业用户 891 户，用电装接容量 7.82 万千瓦，用电量 1.02 亿千瓦时，占全社会用电量的 0.86%；工业用户 2.54 万户，用电装接容量 307.18 万千瓦，用电量 89.85 亿千瓦时，占全社会用电量的 76.03%；建筑业用户 786 户，用电装接容量 4.00 万千瓦，用电量 9926 万千瓦时，占全社会用电量的 0.84%；交通运输邮电通信业用户 1263 户，用电装接容量 7.79 万千瓦，用电量 1.32 亿千瓦时，占全社会用电量的 1.12%；商业公共饮食物资供销仓储业用户 2.45 万户，用电装接容量 22.4 万千瓦，用电量 2.42 亿千瓦时，占全社会用电量的 2.05%；其他事业用户 6067 户，用电装接容量 104.32 万千瓦，用电量 4.68 亿千瓦时，占全社会用电量的 3.96%；城乡居民用户 56.00 万户，用电装接容量 201.36 万千瓦，用电量 17.88 亿千瓦时，占全社会用电量的 15.13%。其中，乡村用户 36.30 万户，用电装接容量 116.62 万千瓦，用电量 10.78 亿千瓦时；城市用户 19.70 万户、用电装接容量 84.74 万千瓦，用电量 7.11 亿千瓦时。

2009 年，泉州市全社会累计用电量 298.92 亿千瓦时，同比增长 11.3%。其中，第一产业累计完成用电量 0.9 亿千瓦时；第二产业累计完成用电量 220.8 亿千瓦时；第三产业累计完成用电量 25.9 亿千瓦时；城乡居民生活用电累计完成用电量 51.3 亿千瓦时，同比增长 15%。其中，城镇居民生活用电量 18.4 亿千瓦时，乡村居民生活用电量 32.9 亿千瓦时。

2010 年，泉州市全社会用电量 340.30 亿千瓦时，同比增长 13.84%；全市工业用电 248.82 亿千瓦时，同比增长 14.56%。

第三节 用电营业

一、电能计量

1991 年，泉州电业局用户计量共装分时计量高压电能表 126 只，低压电能表 1.76 万只。运行中的电能表，全部由该局供电公司试表班和装表班负责按周期校验和轮换。试表室有电能表标准校验台 6 座，单、三相试验标准仪表 17 只，均有专人保管，每只标准仪表均建立原始资料、图纸、历次试验、检验报告等技术档案。同年，根据泉州电业局企业升级及计量上等级的标准要求，加强电能计量基础管理工作，全面修订电能计量管理制度，并使用全省统一的电能计量器具资产卡、台账及报表，按新的标准集中力量重新整理计量器具台账，做到账、卡、物一致。购置数字式互感器校验仪及 10 千伏标准电压互感器，全面开展 10 千伏电流互感器及 10 千伏电压互感器现场试验工作。配合福建电力试验研究所完成泉州电业局 3 个 0.5 级单相试验台及 1 个 0.5 级三相试验台升级改造及认证工作，电能表试验台全部配置误差运算器进行检定。

1992 年后，泉州电业局电能计量管理工作严格执行新实施的《电能计量装置管理规程》（DL448-1991），高压用户实行一户一档，建立现场运行卡，加强功率因数管理，采用双向计度器的无功电能表，用户逐步淘汰止逆的无功电能表；开展电压互感器二次压降测量及补偿工作，取得良好的经济效益。

1994年，泉州电业局开展一户一表改造工作，试表量突增，为确保一户一表改造工作如期完成，对在用的电能表试验台配置电能表智能检定机，利用电能表智能检定机取代误差运算器校表，提高校表的准确度及工作效率。同年5月，根据省电力局下达的新峰、谷时段，完成400多户分时用户时段调整工作。

1995年8月，开始对电能计量器具资产实行微机化管理，完成4万多只电能表及9千多只互感器的资产卡微机录入工作，建立电能计量管理数据库。1996年，省电力局统一采用多功能电能表，泉州电业局关口及趸售用户按要求完成进口表的安装及压降测量补偿工作，提高计量的准确度。5月，新购置1台0.2级单相电能表自动检定装置，由程序控制自动完成电能表检定项目。1997年，开展电能表调前检定及在库表的抽测工作。1998年，泉州电业局国产多功能电能表开始试用。1999年，农电“两改一同价”工作进入实施前的准备阶段，承担农网表的检定工作，购置2台0.2级24表位单相电能表标准装置及1台0.1级6表位三相电能表标准装置，逐步淘汰效率低的电工校表台；同期，还完成永宏输变电大楼电能表试验室的改造。

2000年，省电力局统一开发的用电管理系统——电能计量子系统投入运行，电能表资产编码实行条形码管理，泉州电业局根据电能计量发展需要重新制定《泉州局电能计量管理规定》。同年，开始大规模的农网表的检定工作，购置0.2级单相电能表标装置及0.1级三相电能表标准装置各2台，原有的6台检定装置（1991年购置）全部报废。为提高防窃电能力，泉州电业局对户外计量箱逐步改造，选用分体式计量箱，开始试用电子式电能表。2001年，对电能计量实行集约化管理，取消肖厝供电公司二级检定机构，该公司的电能计量人员、装置合并到电能计量中心；同年，DL/T448-2000《电能计量装置技术管理规程》实施，对电能计量装置实行全过程管理，电能表执行新表验收制度。2002年，试表班更名为计量部。

2002年年底，泉州电业局电能表、互感器试验面积达165平方米；计量人员15人，除2位资产管理员外，13人均取得计量检定员证；有电能表标准装置8套，电压、电流互感器标准装置各1套，均已建标；标准电能表22只，检定用标准互感器6只，互感器校验仪、压降测试仪3台，每年均按计划送检，确保量值传递准确可靠；在运计费用电能表28.5万只，在运计费用高压互感器1750只，在运计费用低压电流互感器约11.5万只，电能计量器具的流转采用计算机管理。

2003年后，电能表使用种类多样化，不再是单一的普通感应式电能表，泉州电业局在用的电能表按工作原理分感应式、电子式、机电式三大类型，感应式电能表有普通、长寿命、亚长寿命型；电子式电能表有普通、多功能型；机电式电能表有复费率、最大需量+复费率型。电能计量技术管理通过电能计量管理子系统实现全过程管理。

2010年，全市启动智能小区应用试点，共安装智能电表1579架；开展客户用电信息采集系统建设，安装公变采集终端4107套，专变采集终端4950套，公变、专变终端安装覆盖率100%，自动抄表率99.56%，实现“全覆盖、全采集、全预付费”。

二、电费收缴

1991年，泉州电业局分点设立3个营业窗口坐收电费。收费班建立收费、欠费日报表制，对积欠电费用户采取分片包干、专人催缴。年底，历史拖欠电费累计达59万元。20世纪90年代初，抄、核、收工作仍采用手工作业方式，抄表工带纸质卡到现场抄录表计读数，用手工开票转记核员复核。记核员复核电量、电费计算。在泉州电业局北门供电公司、新华路供电所、南岳宫口3个地方设网点坐收电费，记核班每月到网点进行盘点。每个网点设2个收费员、1个催收员，催收主要采取上门催费、贴通知单的形式。1993年，泉州电业局制定《电费回收考核管理办法》，开始使用计算机计算电费，打印电费发票。1994年，电费回收率实现当年及旧欠“双结零”。1996年，全市开始逐步使用抄表机进行抄表。同年，开始委托银行代收电费，把需缴的电费发票送到银行定点代收，先后与工商银行、兴业银行合作代扣电费，客户每月可到固定银行网点缴费。2000年，营销信息管理系统投入使用，通过电子信息传递应收电费、欠费情况，由银行实时反馈，在银行代收费平台进行收费后由银行打印收据。欠费情况由银行实时反馈后，催费员直接在营销系统上打印欠费催收单到现场进行催费。2002年年底，泉州电业局全部实现计算机抄表计费，实现电费回收连续9年“双结零”，开通银联实时代收费系统，客户可在合作银行的任意网点缴纳电费。2005年继续优化电费缴交渠道。至2010年，直供区收费网点达1200个。

三、增供促销

1991年，泉州电力供不应求。1995年后，电力供应紧张情况得到改善，泉州电力市场出现供大于求的状况，电力行业进入买方市场，形成与其他能源竞争市场的态势，转变观念，拓展电力市场，增供促销提上电力部门的议事日程。

1999年，泉州电业局对趸售、直供两个市场一起抓。主动与趸售县市沟通联系，宣传省电网安全、优质、可靠、经济的电力供应优势和一系列用电优惠政策，协助趸售县、市做好市场分析，参加趸售县市电网建设的规划工作，在趸售市县建设220千伏输变电项目，为改善电网结构、达到多供降损、经济可靠运行创造条件，也为省电网开拓了市场。部分趸售县主动取消一些小火电、小水电基建项目，使有限的投入资金取得较好经济效益。在直供区实施开拓电力市场策略，通过报纸、广播、电视等新闻媒介，宣传省电力局关于鼓励用电的措施和供电优质服务及电能特点、用电知识等，增强用户对电能的了解和用电信心，为电力营销创造舆论环境；加强业扩流程管理，压缩流程时限；全力推行优质服务，做好大用户的主动服务和跟踪服务，提供勘测、缴费、装表的“一条龙”服务，便利用户报装。年度内泉州电业局新增及增容高压动力用户361户、10.03万千瓦，低压用户119户、2422千瓦；新增照明用户7651户、1.29万千瓦。全年完成售电量62.02亿千瓦时，比1998年同期增长19.99%。

2000年，泉州电业局重组营销体系，加强营销队伍的培训。当年，抽调专业技术人员加强客户服务中心的力量，下设市场营销工作组，突出其营销职能，成立市场开发班，配备人员8名，隶属于供用电部的市场开发部，主要负责能源替代、居民电气化小区、光亮工程、一户一表改造和农村精品化工程五大工程项目，进行市场的分析及预测，摸清全地区小水、火电上省电网情况。4月1日，德化县结束长期自发自供历史，正式纳入省电网趸售，增加电网供电量9159万千瓦时。同时加强与地方小火电厂生产经营情况的沟通联系，控制自备电厂发电量。对晋江市晋源发电厂实行趸售电价优惠折让，该电厂全年少发电13925万千瓦时；对石狮大堡热电厂实行代购代销、关口前移，从而增加电网供电量5191万千瓦时；对全市的客户自备柴油机电源，则以丰水期优惠电价政策和油价攀升的成本比较说服其少发或停发，累计增加电网供电量7218万千瓦时。全年推进市场营销“五大工程”，累计完成容量10.04万千瓦，新增电量2.38亿千瓦时。其中，能源替代工程累计完成容量5.02万千瓦，新增电量2.32亿千瓦时；居民电气化小区工程累计完成容量8180千瓦，新增电量46.530万千瓦时；光亮工程累计完成容量1320千瓦，新增电量166.76万千瓦时；一户一表改造工程累计完成容量3.98万千瓦，新增电量324.83万千瓦时。业扩累计新增用户1.02万户，容量22.30万千瓦。全年完成售电量75.61亿千瓦时，比1999年同期增长21.91%，增供促销取得阶段性的成果，在全省电力系统排名位列首位。

2001年，泉州电业局开展“电力市场整顿和优质服务年”活动，通过组建流程总部，实现“一站式”服务，引导柴油机组停（少）发，加强可靠性管理，灵活使用丰水期政策。继续开展“五大工程”的促销工作，全年“五大项工程”累计新增容量18.92万千瓦，新增电量1.94亿千瓦时，拉动售电量增长3.75个百分点。为使市场开发有序进展，对机构进行重组，成立泉州电业局客户工作部，市场开发班归属城区供电公司，工作职责中的市场分析预测等工作划归客户工作部，建立趸售县电力市场营销分析制度，使电力市场营销工作延伸到趸售县的每一个供电所，做到全市电力市场的可控、在控。

2002年，泉州市电业局继续实施增供促销工程，全局供、售电量持续增长，首次双双突破百亿千瓦时大关。能源替代等增供促销“五大工程”均全面超额完成年度计划。其中，一户一表工程新增容量13.32万千瓦，新增电量2257万千瓦时；光亮工程新增容量4200千瓦，新增电量755万千瓦时；能源替代工程新增容量8342千瓦，新增电量2141万千瓦时；居民电气化小区工程新增容量2.39万千瓦，新增电量644万千瓦时；电气化文明新村新增容量4.90万千瓦，新增电量3108万千瓦时。“五大工程”共新增容量21.87万千瓦，增加电网供电量8905万千瓦时；拉动售电量增长1.94个百分点。泉州电业局供、售电量已连续8年位居全省地市级电业局首位，成为全国少数、福建省首个售电量超百亿的地级市电业局。

2005年后，泉州市开拓替代能源市场，开展“蓄冷蓄热、共促节能减排”、“电能助力，共闯致富新路”、家庭电气化等能源替代专项行动。

2010年，泉州市完成能源替代4.05万千瓦，市场开拓电量累计2.6亿千瓦时，完成年度指标值的138.3%。全面推进自供区清理，增加上网电量2.2亿千瓦时。开展配网带电作业775次，增供电量1576.98万千瓦时；完成电费充值卡销售931.87万元，电费回收率100%。

第四节 用电价格

1991年1月1日，泉州地区电价构成由省电网电价和电力建设基金、燃料附加费、地方附加费、燃运加价、营业性加价等附加费组成。其中，电网电价又分为老价电、新价电和华能电，华能电厂分配电量每千瓦时0.28元。直供网内各类营业性用电除车站、码头、机场等用户外，取消1985年平价基数，每千瓦时按0.35元计收电费。认购电力建设债券兑现的电量不加价。1991年12月1日起，为加强对全省营业性用电的管理，决定对由福建省电网供电的营业照明用户及营业加价用户的全部用电电价，按不同对象分别以每千瓦时0.25元、0.45元计收电费。从1992年2月1日起，调整一般性照明用电电价，每千瓦时按0.20元计收电费。

1993年11月1日起，泉州市建立新的电价形成机制，促进用户合理、节约用电，经国务院批准，改革现行燃运加价办法，即按照保持合理的电价结构及比价关系的原则，将近年来累计的燃运加价标准并入目录电价，执行新的目录电价：居民生活电价每千瓦时调高0.05元计收电费，即每千瓦时按0.22元计收电费；设立“非居民照明电价”类，适用于居民生活用电外的其他照明电价，每千瓦时按0.25元计收电费；改变原实行折扣核定趸售电价办法，根据联网趸售单位实际的各类用电情况，按新目录电价表规定的趸售电价分别计收电费。

1994年1月1日起，福建省电网各类别电价调整为老价电、中价电、新价电、县及县以下代购代销电。泉州市电价按各类用电最低等级标准调整为居民生活用电按每千瓦时0.22元计收费，非居民生活用电按每千瓦时0.27元计收电费，大工业用电按每千瓦时0.11元计收电费，非工业、普通工业用电按每千瓦时0.17元计收电费，农业用电按每千瓦时0.13元计收电费。

1996年2月1日起，泉州市为进一步增强电力企业还本付息能力，缓解煤价、运价等变动对电力生产成本影响，经福建省政府批准，调整省电网新价电、中价电销售价格。新价电为直供用户0.47元／千瓦时，趸售用户0.41元／千瓦时。中价电为直供的非工业、普通工业用电0.26元／千瓦时，大工业用户0.23元／千瓦时；趸售0.22元／千瓦时。

1997年5月1日起，泉州市统一按国家计委、电力部下发的目录电价表规定的分类销售电价执行（按最低电压等级标准）。每千瓦时居民生活用电按0.37元，非居民生活用电按0.43元，商业用电按0.89元，大工业用电按0.589元，非工业、普通工业用电按0.629元，农业用电按0.15元计收电费。

1998年，泉州市实行省电网峰谷分时电价。工业及非工业用户低谷时段用电按基价下浮50%；宾馆、饭店、酒家及各类娱乐场所等用户高峰时段用电按基价上浮30%；工业及非工业用户高峰时段用电按基价上浮60%；宾馆、饭店、酒家及各类娱乐场所等用户低谷时段用电按基价下浮40%。同年，农村电价分农村生活照明、农业生产和农村工业用电三大类计收电费。

1999—2000年，泉州市施行省电网丰水期浮动电价。即从每年4月1日起至7月31日结束。电价为0.28元／千瓦时。2000年，取消新、老电价，对新、老电价实施并轨，实行统一销售电价。对实行统一销售电价后电费支出增加较多的部分用户，按产业结构调整相结合的原则给予优惠。销售电价（按各类用电最低电压等级标准）每千瓦时的居民生活用电按0.367元、非居民生活用电按0.408元、商业用电按0.728元、大工业用电拨0.522元，非工业、普通工业用电按0.615元，农业用电按0.149元，趸售电价按0.403元计收电费。

2002年，泉州市实行城乡各类用电同价（按各类用电最低电压等级标准），同价水平为每千瓦时城乡居民用电按0.42元，非居民用电按0.51元，非工业、普通工业用电按0.62元，农业生产用电按0.2元，商业用电按0.78元，大工业用电按0.48元，趸售电按0.4元计收电费。

2004年1月，泉州市联动部分燃煤机组上网电价调高，除居民生活、农业生产、化肥生产用电外，省电趸售电价每千瓦提高1分，其他类别的销售电价每千瓦提高0.8分。调整后的用电价格（按各类用电最低电压等级标准）为：非居民用电0.52元／千瓦时，非工业、普通工业用电0.63元／千瓦时，商业用电0.79元／千瓦时，大工业用电0.49元／千瓦时，趸售电价0.41元／千瓦时。同年6月，为解决电网企业建设与改造投资还本付息、煤炭价格上涨、新投产发电企业核定上网电价等问题，除居民生活、农业生产、化肥生产用电外，省直供区销售电价平均每千瓦提高1.88分。调整后的用电价格（按各类用电最低电压等级标准）为非居民用电0.57元／千瓦时，非工业、普通工业用电0.64元／千瓦时，商业用电0.85元／千瓦时，大工业用电0.51元／千瓦时，趸售电价0.42元／千瓦时。同年11月，居民生活电价实行分档累进加价制度：月用电量在150千瓦时及以下部分按每千瓦时0.43元执行，月用电量在151～400千瓦时的部分按每千瓦时0.44元执行，月用电量在401千瓦时以上部分按每千瓦时0.5元执行，合表用户不实行分档累进加价，按每千瓦时0.44元执行。

2005年8月，省电网直供区居民生活电价每千瓦提高1.8分，继续实行分档累进加价。调整后各档次电价为月用电量在150千瓦时及以下部分执行0.44元／千瓦时，月用电量在151～400千瓦时的部分执行0.46元／千瓦时，月用电量在401千瓦时以上部分执行0.56元／千瓦时。

2006年6月，泉州市为筹措水库移民后期扶持资金、地方水库及水电站移民后期扶持资金，省电网除居民生活和农业生产用电外，其他类别用电均有一定的加价，同时可再生能源电价附加也计入销售电价，城乡中小学校教学用电价格统一执行居民生活电价。为解决这些电价调整对销价的影响，省电网销售电价每千瓦平均提高0.79分，泉州同时作调整，调整后的用电价格（按各类用电最低电压等级标准）为居民用电（合表）0.46元／千瓦时，非居民用电0.61元／千瓦时，非工业、普通工业用电0.67元／千瓦时，农业生产用电0.20元／千瓦时，商业用电0.87元／千瓦时，大工业用电0.54元／千瓦时，趸售电价0.44元／千瓦时。同时，居民生活用电继续实行分档累进加价，月用电量在150千瓦时及以下部分执行0.45元／千瓦时，月用电量在151～400千瓦时的部分执行0.47元／千瓦时；月用电量在401千瓦时以上部分执行0.57元／千瓦时。

2008年7月，大工业用电调整为0.57元／千瓦时，非工业、普通工业用电调整为0.73元／千瓦时，趸售电价调整为0.47元／千瓦时。

2009年11月20日起，商业、非居民照明与非普工业用电价格合并为“一般工商业及其他用”电价类别，分三年过渡到位（即2011年11月20日起过渡到位），调整农业生产用电分类执行范围，种植养殖业生产用电调整为执行农业生产用电价格，单设“农业排灌用电”。同时不再实行统一趸售电价，综合趸售电价水平每千瓦时提高2.97分。此次改革除居民生活用电外，其他用电类别销价均有所提高，调整后的用电价格（按各类用电最低电压等级标准）为非居民用电0.68元／千瓦时，非工业、普通工业用电0.75元／千瓦时，商业用电0.88元／千瓦时，农业生产用电0.67元／千瓦时（其中农业排灌用电0.21元／千瓦时），大工业用电0.61元／千瓦时，趸售电价0.98元／千瓦时。

2010 年，为推进城乡用电同价改革，全省首次实行临时差别趸售电价，省电网销售给泉州地区各县市的趸售电价分别为晋江 0.52 元／千瓦时、石狮 0.51 元／千瓦时、南安 0.5 元／千瓦时、惠安 0.49 元／千瓦时、安溪 0.5 元／千瓦时、永春 0.45 元／千瓦时、德化 0.5 元／千瓦时。同年 11 月 20 日后，商业、非居民照明与非普工业用电价格合并为“一般工商业及其他用”电价类别的第二年过渡期，其过渡用电价格（按各类用电最低电压等级标准）为非居民用电 0.74 元／千瓦时，非工业、普通工业用电 0.76 元／千瓦时，商业用电 0.83 元／千瓦时。

第四章 电网调度

第一节 泉州电网

1991 年，泉州电网形成以 220 千伏井山变电站为中心和 110 千伏电压等级输变电系统相配套的地区网络，构成福建电网的重要区域。其网络由 5 条 220 千伏线路和 4 条 110 千伏线路形成主网架；北部经 220 千伏井石Ⅰ、Ⅱ回连接莆田笏石变电站，以 110 千伏莆泉线与莆田市筱塘变电站相连；南部经 220 千伏井李Ⅰ、Ⅱ回连接厦门李林变电站，以 110 千伏杏泉线与厦门杏林火电厂相连；东南部经 220 千伏井兜线与石狮山兜变电站相连；西部经 110 千伏山泉线与山美水电站相连。该网络有 220 千伏井山、山兜 2 座变电站，主变压器 3 台，总容量 36 万千伏安；110 千伏变电站 8 座，主变压器 10 台，总容量 31.5 万千伏安；35 千伏变电站 53 座，主变压器 86 台，总容量 33.04 万千伏安。基本形成 220-110-35-10 千伏的供电格局。联网总发电装机容量 14.68 万千瓦，供电最高负荷 18 万千瓦，年供电量 14.28 亿千瓦时，其电源主要由福建电网输入，输入电量 8.1 亿千瓦时。网络覆盖惠安、晋江、南安、安溪、永春、德化县及鲤城区、石狮市六县一区一市，其中永春、德化两个县网经山美水电站以 35 千伏连入泉州电网，电压等级低，输入电量受限制。

1992 年 3 月，在惠安南埔塘头村兴建 220 千伏惠安变电站，安装 12 万千伏安主变压器 2 台，把泉州井山变电站至莆田笏石变电站的 2 回 220 千伏线路开断接入惠安变电站，形成井惠Ⅰ、Ⅱ回和石惠Ⅰ、Ⅱ回 4 条 220 千伏线路。同时，配合福建省电网新建华东地区最大水电站——水口水电站的电能输出，相继建设水口水电站至惠安变电站的 220 千伏水惠Ⅰ、Ⅱ、Ⅲ回 3 条线路，把水口水电站 3 台机组的强大电力直送泉州供电区，为泉州地区网络提供强有力的电源支撑，改善泉州电网结构。竣工投运后，惠安变电站成为省电网规模最大的 220 千伏枢纽变电站。

1994 年 3 月，为满足泉州南部区域经济快速发展的用电之需，在南安官桥镇建成投运 220 千伏官桥变电站，主变压器 1 台，容量 18 万千伏安。紧接着对官桥变电站进行二期扩建，增加主变压器 1 台，容量 18 万千伏安，1995 年 8 月 8 日投入运行。与此同时，在各县市建成大批相配套的 110 千伏、35 千伏输变电工程。

1995 年，泉州电网以 220 千伏和 110 千伏电压等级为主网架，供电范围覆盖泉州市区和晋江、南安、惠安、安溪、永春、德化、石狮 7 个县（市），网络建设取得长足的发展，输变电设施“卡脖子”现象基本得到缓解。电网供电最高负荷 65.24 万千瓦，比 1990 年增长 2.62 倍，年平均增长 18.1%；网供电量 47.52 亿千瓦时，比 1990 年增长 3.15 倍；售电量 37.75 亿千瓦时，比 1990 年增长 3.22 倍。供、售电量首次双双跃居全省各地市之首。

1996 年 1 月，泉州电业局配合泉州市旧城区改造和新城区扩大的城建工程，在中心城区南部建成投运 110 千伏大淮变电站，主变总容量 10 万千伏安，该变电站是泉州电业局首座也是全省第一座按无人值班技术要求设计建设的变电站。此后，该局新建 110 千伏变电站全部按照无人值班技术要求设计建设，对原有 35 千伏和 110 千伏变电站进行全面无人值班技术改造。

1997 年，泉州电业局建成投运 220 千伏永和、城东 2 座变电站。永和变电站位于晋江南部永和镇马坪村，主变压器 1 台，容量 18 万千伏安，由官桥 220 千伏官（桥）永（和）Ⅰ、Ⅱ回供电，与石狮 220 千伏山兜变电站联络，形成 220 千伏惠安变电站—官桥变电站—永和变电站—山兜变电站—井山变电站—惠安变电站的 220 千伏地区环网。

1998 年 3 月，全省首座 500 千伏泉州变电站 1 台 90 万千伏安主变压器及水口至泉州 500 千伏水（口）莆（田）、莆（田）泉（州）线建成投入运行，是福建省电网发展新的里程碑，泉州电网从此进入超高压网络时代。500 千伏泉州变电站投运后，把泉州井山变电站至厦门李林变电站的 220 千伏井李Ⅰ、Ⅱ回开断接入泉州变电站，使其成为省电网 500 千伏与 220 千伏系统的联络枢纽。同时，由 220 千伏泉（州）官（桥）Ⅰ、Ⅱ回向 220 千伏官桥变电站供电，从而形成以 500 千伏泉州变电站为中心的泉州南部 220 千伏网络。即泉州变电站—官桥变电站—永和变电站—山兜变电站—井山变电站—泉州变电站的环型输电网，大大提高供电可靠性。当年，电网最高供电负荷达 100.79 万千瓦，突破百万千瓦大关。同年，泉州市被批准为全国“城网改造重点城市”。

1996—2000 年，泉州电网加快电源点建设，新建、扩建的 1 万千瓦以上水火电厂（站）有晋源发电厂 5、6 号机组，石狮大堡热电厂、安溪蓝田水电站、山美水电站 3 号机、龙门滩三级电站、德化涌溪三级电站，共 11 台发电机组，总容量 15.35 万千瓦。电网年供电最高负荷达 139.6 万千瓦，平均增长 16.43%。2000 年底，泉州电业局管辖的输电线路有 500 千伏 3 条，长 158 千米；220 千伏 21 条，长 737.36 千米；110 千伏 21 条，长 265 千米；35 千伏 6 条，长 33 千米；10 千伏配电线路 199 条，总长 1908.09 千米。有 500 千伏变电站 1 座，总量 90 万千伏安；220 千伏变电站 6 座，总容量 156 万千伏安；110 千伏变电站 7 座，总容量 62.6 万千伏安；35 千伏变电站 4 座，总容量 8 万千伏安。年供电量 77.21 亿千瓦时，售电量 75.60 亿千瓦时，其中趸售电量 56.96 亿千瓦时，线损率 2.08%。泉州电业局供、售电量五年翻一番，平均每年以 20% 的速度增长。

2002 年年底，泉州电网有 500 千伏线路 4 条、合计 245.57 千米，220 千伏 20 条、合计 620.81 千米，110 千伏 94 条、合计 1404.83 千米，35 千伏 132 条、合计 1379.26 千米，总计有 35 千伏及以上高压输电线路 250 条 3650.57 千米，比 1990 年增加 160 条、合计 2103.13 千米，增长 1.36 倍。有 500 千伏变电站 1 座，主变压器 1 台，容量 90 万千伏安；220 千伏变电站 8 座，主变压器容量 234 万千伏安；110 千伏变电站 48 座，主变压器容量 332.45 万千伏安；35 千伏变电站 62 座，主变压器容量 42.58 万千伏安。总计有 35 千伏及以上变电站 119 座，总容量 699.03 万千伏安，比 1990 年增加 56 座，增加容量 598.94 万千伏安，增长 5.95 倍。网内总发电装机容量 38.24 万千瓦，其中水电 27.32 万千瓦，火电 10.92 万千瓦。供电范围覆盖泉州市的鲤城、丰泽、洛江、泉港 4 个区，石狮、晋江、南安 3 个市，惠安、安溪、永春、德化 4 个县，共 11 个县（市、区），直供用户 12.2 万户。石狮、晋江、南安市及惠安、安溪、德化县为趸售县（市），泉港区以直供为主，部分为趸售。网供电最高负荷 157.91 万千瓦，年供电量 104.58 亿千瓦时，售电量 102.45 亿千瓦时，其中趸售电量 77.26 亿千瓦时。供、售电量连续 8 年居全省各地、市之首，线损率 2.04%。

2005 年年底，泉州电网有 500 千伏变电站 2 座，主变 4 台，总容量 380 万千伏安；220 千伏变电站 15 座，主变 29 台，总容量 486 万千伏安；110 千伏变电站 70 座，主变 136 台，总容量 559.1 万千伏安；35 千伏变电站 2 座，主变 3 台，总容量 3 万千伏安。220 千伏电网形成南、北分片供电格局，南部电网的 220 千伏官桥、永和、清濛、罗塘、山兜、宝盖、山峰等变电站由 500 千伏泉州变、晋江变供电，北部电网的井山、城东、玉叶、惠安、涂寨等 220 千伏变电站由区域外的 500 千伏莆田变或湄洲湾电厂供电。区内没有足够的大型电源，仅有南埔电厂 1 台 30 万千瓦的机组以及以小水电为主的地区电源装机总容量 68.72 万千瓦。2005 年泉州市全社会用电量 189.96 亿千瓦时，最高负荷 303.2 万千瓦，电量、负荷年均同比增长 15.9%、10.3%。相继投产 220 千伏蟠龙、湖池、仙苑变，新增 220 千伏变电容量 90 万千伏安，全年新（扩）建110千伏变电站10座，新增变电容量69.7万千伏安，电网建设依然跟不上负荷增长的需要;区域内缺乏大型电源支撑，影响电网的安全稳定运行；部分地区电网如石狮电网为单回路环网，影响输电能力。

2009年，全市有220千伏变电站22座、主变45台、变电容量798万千伏安，110千伏变电站102座、主变214台、变电容量875.55万千伏安。

2010年12月底，全市发电总装机容量431.22万千瓦，年发电量138.09亿千瓦时，其中水电装机87.58万千瓦，年发电量37.05亿千瓦时。全市有35千伏及以上变电站195座，总容量2589.85万千伏安、35千伏及以上输电线路381条，线路总长5079.28千米。电网规模跨入全国地级市前列。全市用电量从2005年的189.6亿千瓦时增加到2010年的340.3亿千瓦时，用电最高负荷从2005年的303.22万千瓦，增加到2010年的540.09万千瓦，泉州市用电量连续16年居全省首位。

第二节 电力调度

一、地、县两级调度

泉州地区设有两家地调，分别是泉州电力调度室（泉州地调）、石狮电力调度室（石狮地调），设有6家县调，分别是晋江、南安、惠安、安溪、永春、德化电力调度室。泉州地调与石狮地调同为省调的下级调度单位，接受省调的领导和指挥；泉州地调是6家县调的上级调度单位，负责对各县调的领导和指挥，负责地区山美、龙门滩一级电站等地区主力电厂的调度。

1991年，2家地调与6家县调基本按照供电区域划分调度管辖范围，泉州地调负责泉州供电局供电区域内10～110千伏电网及110千伏以下变电站的调度，石狮地调负责石狮电力联营公司供电域内10～110千伏电网及110千伏以下变电站的调度及管理。各县调负责各县域管辖范围内35～110千伏电网及110千伏以下变电站的调度（永春此时尚无110千伏电压等级电网），变电站外的配电网业务由各乡镇供电所按照调度、操作一体化负责管理。各地县调均在各自管辖范围内开展电网调度、运行方式、继电保护、电力通信及自动化专业业务。7月，石狮地调首套调度自动化主站系统投运。

1992年，泉州地调增加运行方式、继电保护、电力通信及自动化专职人员配置，加强对班组长及专职人员的管理。10月，永春110千伏桃城变投运，永春县调首次开展110千伏电压等级的调度业务。12月，晋江市调自动化系统投运。

1993年，泉州地调配电网络操作班划归泉州市各区供电公司，除10千伏专线仍属地调管辖外，其余配网管辖由各区供电公司区调负责，泉州地调与各区调以变电站的电缆出线杆刀闸作为管辖范围的分界点。为提高电力系统安全、优质、经济水平，泉州地调当年开始编制年度运行方式。11月，泉州各地县调贯彻国务院《电网调度管理条例》，进一步规范电网调度行为。

1993—1996年，随着泉州地区经济迅速发展，泉州各县市普遍出现电力供应不足的情况，日用电负荷及电量缺口较大。泉州各地县调根据实际情况采取有序用电、限电措施，包括实行停二开五，即每周生产五天，停电二天，严重缺电时实行停三开四，即每周生产四天，停电三天。

1994年1月，石狮地调调度自动化主站系统升级为山东大学ES-400系统。5月，泉州地调更名为泉州电力调度所；惠安县调更名为电力调度所。7月，地调由泉州北门街办公大楼五楼搬迁到温陵路南段泉州电业局调度大楼现址办公。泉州地调SCADA软件升级为山东大学IES400版本，调度自动化系统接入后茂、井山、院前、大淮、江南、东郊、华大7座变电站遥测。同年，泉州地调建立调度早会制度，总结加强电网调度运行管理。

1995年9月，南安市调度自动化主站系统升级为集成电子ES400系统。

1996年，晋江市调完成调度自动化主站系统升级改造，采用积成电子ES-450五机调度自动化主站系统；南安市调自动化主站系统成为全省首套通过省局实用化验收的县级调度自动化系统。

1998 年，泉州地调同除石狮以外的 6 家县（市）电力公司签订 110 千伏电网并网协议，包括先后同晋源电厂、蓝田水电厂、龙门滩水电站、山美水电站等单位签订并网协议，泉州地调加强入网电量调度管理。惠安县调山东大学 ES450 调度自动化系统投入运行。泉州地调、晋江市调开始承担部分无人值守变电站的监控运行业务，晋江市调是全省最早开展变电站监控业务的县调之一。

1999 年 2 月，省调将泉州、石狮片区的 220 千伏变电站主变压器调度权分别下放泉州地调、石狮地调，泉州地调、石狮地调开始开展 220 千伏变电设备的调度管理。同年 9 月 1 日，泉州地调装设启用负荷预测计算机管理系统，设专责人员从事负荷预测工作，加大负荷预测的管理力度。泉州地调 SCADA 软件升级为积成电子 IES-500 版本；石狮地调主站系统升级为积成电子 IES-500 系统；德化县调首套调度自动化主站系统积成电子 IES-500 系统投入运行。

2000 年，泉州地调开始编制电网黑启动方案，明确蓝田、涌溪、山美水电站为地区黑启动电源，组织以上单位开展机组黑启动试验，地区电网黑启动机制逐步完善。晋江市电力公司调度室更名为晋江市电力公司调度所。安溪县调首套调度自动化主站系统东方电子 DF8002 投运。

2000—2003 年，泉州地调历时 4 年，将所管辖的各县市 110 千伏变电站调度权分批下划给晋江、南安、安溪、惠安、德化和永春县（市）调。

2001 年，泉州电业局电力调度所更名为“泉州电力调度所”；石狮地调更名为电网调度中心；南安、德化、永春县（市）调更名为电力调度所。南安市调度自动化主站系统升级为东方电子 DF8002 系统；永春县调度自动化主站系统 iES-500 投运。

2002 年 7 月，泉州地调首套电网调度管理系统 DMIS 系统投运，开始推进无纸化办公管理，运行日记、交接班记录、电网调度指令票、继电保护定值单、日运行方式安排、安全管理等实行微机化管理。5 月，晋江调度自动化主站 iES-450 系统升级为 iES500 系统。惠安县域最后一座 35 千伏变电站退役，惠安县调自此再无 35 千伏电网调度业务。

2003 年，晋江市域最后一座 35 千伏变电站退役，晋江市调自此再无 35 千伏电网调度业务。惠安县调度自动化主站系统升级为东方电子研发的 DF-8002 系统。石狮地调更名为电力调度所。由于电网建设跟不上经济的快速发展，泉州地区再次出现电力供需矛盾的局面，泉州各地县（市）调根据实际情况执行有序用电方案，力保电网安全稳定运行。

2004 年，晋江市调自动电压无功控制系统 TOP3000 投入使用。随着一批新建发输变电设备的陆续投运，电力供需矛盾得以解决，当年迎峰度夏用电高峰平稳度过。

2005 年，推进县（市）调标准化管理。南安市调负责部分无人值守变电站运行监控业务。晋江市调完成三套集控中心系统东方电子 DF8900 建设，实现无人值守变电站的分区域监控。泉州地调“泉州地区水库调度与决策支持系统”投运，为水力发电调度提供信息辅助决策。

2006 年，泉州地调进一步规范调度运行岗位资格管理，对 6 家县调及直调电厂、用户变开展调度可接令人员持证上岗培训。县（市）域变电站无人值守改造。德化县调度自动化主站系统升级为积成电子 iES-500 系统。泉州地调调度员参加福建省海西电网杯及华东地区电网调度技能竞赛，获得福建省个人第二、华东地区个人第四的名次。泉州地调调度班被共青团中央、国家安全生产监督管理总局授予“全国青年安全生产示范岗”称号。

2007 年，泉州地调加强对各县（市）调的规范化管理工作，当年底 6 家县（市）调全部通过规范化验收。泉州各地县（市）调度生产管理系统 OMS1.0 投入使用，该系统促进调度生产管理的规范化。泉州地调“泉州地区水库群自动化优化联调决策支持系统”投运，为地区水力发电优化调度提供辅助决策。安溪县调更名为电力调度所。南安市调电压无功优化运行闭环控制 AVC 系统投入使用。

2008 年，安溪县调度自动化主站系统升级为东方电子 DF8900 系统。泉州地调电网调度安全防护及闭锁系统投运，电网倒闸操作管理朝智能化发展。

2009 年，泉州、石狮地调先后通过调控一体化运行模式验收，承担各自公司资产变电站的集中监控业务，相关变电站全部实现无人值守化。晋江市调完成配网自动化系统积成电子 DMS1000 安装调试。

2010 年，泉州地调开展地区大运行体系建设前期调研、准备工作。石狮地调调度自动化主站系统升级为积成电子 iES-600 系统；惠安县调度自动化主站系统升级为东方电子研发的 DF-8003C 系统。

2010 年泉州电网各级调度人员情况表

表 6-4-1 **单位：人**

<table>
<tr><th>岗位</th><th>泉州地调</th><th>石狮地调</th><th>晋江市调</th><th>南安市调</th><th>德化县调</th><th>永春县调</th><th>惠安县调</th><th>安溪县调</th></tr>
<tr><td>调度运行</td><td>17</td><td>9</td><td>12</td><td>8</td><td>8</td><td>9</td><td>8</td><td>8</td></tr>
<tr><td>监控运行</td><td>15</td><td>9</td><td>10</td><td>8</td><td>4</td><td>5</td><td>3</td><td>6</td></tr>
<tr><td>配网运行</td><td>14</td><td>0</td><td>15</td><td>9</td><td>4</td><td>0</td><td>0</td><td>4</td></tr>
<tr><td>运行方式</td><td>4</td><td>1</td><td>1</td><td>2</td><td>2</td><td>2</td><td>1</td><td>1</td></tr>
<tr><td>保护专业</td><td>3</td><td>1</td><td>2</td><td>1</td><td>1</td><td>1</td><td>1</td><td>2</td></tr>
<tr><td>通信专业</td><td>25</td><td>4</td><td>9</td><td>7</td><td rowspan="2">5</td><td>2</td><td>1</td><td>3</td></tr>
<tr><td>自动化专业</td><td>9</td><td>4</td><td>6</td><td>4</td><td>2</td><td>2</td><td>3</td></tr>
<tr><td>合计</td><td>87</td><td>28</td><td>55</td><td>39</td><td>24</td><td>21</td><td>16</td><td>27</td></tr>
</table>

二、城市配调

城市配调负责管辖 10 千伏直供区配电网的调度管理，由配电网络操作班发展变化而来。1991 年初，泉州地调下设配电网络操作班，负责指挥直供区变电站外 10 千伏及以下配电网的运行、操作及事故指挥，以变电站的电缆出线杆刀闸作为与调度组管辖范围的分界点。1993 年 1 月，泉州供电局电力调度室随企业名称更名，改称泉州电业局电力调度室。此时，城市配电网划归供电公司配电网络操作班调度管理，泉港（原肖厝管委会）辖区的配电网划归肖厝供电公司配电网络操作班调度管理。供电公司 10 千伏配网主要覆盖现今的鲤城区、丰泽区、洛江区、泉州市经济技术开发区（1996 年设立），晋江市池店、紫帽镇，南安的丰州镇和霞美镇、官桥镇的部分。主要管辖范围有 220 千伏井山变，110 千伏大淮变、院前变，35 千伏后茂变，东郊变、华大变、江南变、马甲变等的 10 千伏馈线及其配网设备。由于当时人员紧缺，实行 24 小时值班“两班一倒”模式。

肖厝供电公司（后改称泉港供电公司）配电网络操作班自公司成立开始，归肖厝供电公司自行管理，主要管辖范围有 220 千伏惠安变、110 千伏仙境变、10 千伏馈线及其配网设备。

泉州市直供区 10 千伏配电线路主接线图板，实时进行异动管理，配网调度模拟操作使用。1994 年 5 月，供电公司配电网络操作班办公地址由北门办公大楼搬迁到温陵路南段泉州电业局调度大楼现址办公。1997 年随着配电网规模的扩大，图标无法展示所有线路及设备，开始应用 CAD 软件工具绘制电子图纸，在电脑本机就地使用或者打印成纸质图纸。异地全部采用人工绘制处理方式，纸质图纸需要人工实时标绘。

1999 年年底，配电网络操作班随供电公司搬迁至刺桐东路永宏输变电基地大楼 A 幢办公。同年，泉州市中心区开始试点配电自动化建设。2000 年 3 月，投运由积成电子开发的 DMS1000 配电自动化系统，结合温陵路、涂门街的电缆化改造，对开闭所和环网站投运 9 台配电自动化终端，这是福建省第一套配电自动化系统，实现配电网开关“三遥”（遥测、遥信、遥控）功能，给配电网调度实时监视、遥控操作、故障判断带来技术支撑，缩短故障处理时间。此后，泉州市中心区配电自动化厂站终端逐年在配电网架相对成熟区的市区建设。

2001 年 3 月，随着业务量增大和组织模式优化，配电网络操作班拆分为配网调度班、配网操作抢修班。此时，配网调度班正式成立，配调负责组织、指挥、指导、协调辖区内 10 千伏配电网的运行和调度、工作任务许可，工作职责与操作抢修班从此分开，配网调度在专业上同时接受地调的领导，配网调度开始专业化、规范化管理工作。至2002年年底，由“两班一倒”改为“三班一倒”值班模式。配网操作抢修班负责辖区内配电网的现场倒闸操作和故障抢修，业务上接受配网调度班的指挥。

2004年6月，供电公司分为城区供电公司、清濛供电公司、洛江供电公司，配网调度班也一拆为三，每个供电公司各自成立配网调度班，管辖范围按照各个供电公司的供电区域划分。10千伏直供区的配电网归属城区、清濛、洛江、泉港4个供电公司管辖，各个供电公司均设置配网调度班配置人员为6至7人，实行“三班一倒”值班模式。

2006年8月，城区供电公司开始应用配电GIS/GPMS系统，配网调度全网接线图由手工绘制的CAD图纸进入系统数据时代，配网接线异动采用系统管控，确保及时更新发布，所有配网调度、生产业务共享使用唯一图源，配网调度业务的有关模块也正式上线运行，实现无纸化办公和业务规范化管理，进一步提升工作效率和异地业务流转。

2007年，城区、清濛、洛江、泉港4个供电公司分别相应更名为供电分局。

2010年1月，泉州电业局营配组织机构按照扁平化、集约化、专业化管理进行改革，撤销4个供电分局的配网调度班，集约后成立配网调控中心，下设配网调度班、配网自动化班、综合组三个班组，在专业上接受地调的领导，在业务上归属营销部管理，办公地点设置在永宏输电基地大楼B幢六楼。配网调控中心总人数25人，其中配网调度班13人执行“三班一倒”值班模式、配网自动化班8人，实现减员增效。调度范围覆盖鲤城区、丰泽区、洛江区、泉州市经济技术开发区、泉港区，晋江、南安的部分乡镇。2010年4月，随着泉港供电公司的辖区的配电GPMS数据上线运行，标志着泉州电业局10千伏直供区配电图纸和生产业务全部在配电GPMS系统上线运行。至2010年年底，光纤通信网80.5千米，安装111套监控终端，实现61回10千伏馈线（42座开闭所、60座环网站、9台柱上开关）共570个开关的“三遥”监控，市中心区馈线自动化率31%。

第三节　调度自动化

1991年，泉州电业局北门办公大楼调度室使用“一对四”的8位微机远动装置，配以瑞安电力仪器厂的电量采集变送器。年底，投入使用的主要远动装置有调度主机及220千伏井山变电站、110千伏后茂、院前变电站的远动装置构成一个调度自动化系统。可采集64路遥测、128路遥信量。调度室至井山、后茂变电站采用音频通道，至院前变电站采用载波复合远动通道，井山变电站至省电网中心调度所采用微波复合远动通道，信息以无线方式（小微波通信）发送，从而提高调度安全监控手段。远动班有专业技术人员3人。该系统主要通过分站远动终端装置采集变电站的遥信、遥测信息，远动信号以电力载波和音频电缆为主要载体，由变电站端向调度端的单向传输，实现最基本的实时数据采集监控（SCADA）功能，所采信息少，质量粗放，只能起到为地区调度提供参考作用，达不到实用程度。这套设备一直沿用至1994年6月，配有自动化专业人员5人。

1994年7月，泉州地调从北门办公大楼搬迁到温陵路泉州电业局调度大楼，设立专用的远动机房及电源室，改善自动化环境条件。自动化设备引入山东大学的ES-400调度自动化系统，原调度室使用的DCF-5远动主站逐步退出运行。ES-400系统以当时先进的486计算机构成的新一代自动化设备，功能强大，运行速度快，处理能力强，可实现“四遥”（遥测、遥信、遥调、遥控），最大容量可接16个分站，满足不断新增投运的变电站，可实现事故报警、越限报警、调度日报表事项打印、存储数据库等各项功能。该微机自动化系统以它的多功能及可靠性能使调度员解脱大量繁琐的日常事务，对网络安全及经济调度起到重要作用。1995年，泉州地调调度自动化在省电力局组织的对调度自动化系统进行实用化验收中获通过。

1996年1月，泉州110千伏大淮变电站投运，该变电站属全省首座按无人值班技术要求设计建设的无人值班的变电站，由地调调度员监视、遥控操作。此后，泉州电业局开始进入大规模进行变电站无人值班改造阶段。4月，南安市电网调度自动化系统通过省电力局验收，成为全省第一个通过验收的县级单位。随着无人值班变电站不断建设和改造，ES-400系统的负荷量在75%以上，CPU负担较重。当年，自动化主站ES-400升级为ES-450系统，更换部分486型计算机为586型计算机，软件进行相应提升。通过升级处理后的自动化主站系统，功能进一步扩大，可管理更多的无人值班站，更便于进行“四遥”操作。1997年对院前等110千伏变电站及东郊等35千伏变电站进行无人值班改造，采用常规远动RTU模式，统一使用山东大学的ES-60远动分站。当年，新建的110伏凤山变电站按无人值班设计，新建的110千伏浮桥、西郊、滨城变电站以及扩建的池店变电站均按无人值班设计。西郊、滨城等变电站均采用综合自动化系统。

1999年年底，泉州地调自动化系统再次升级为iES-500系统，采用山东大学的升级产品。该系统性能更先进，功能更强大，IES-500系统以阿尔法服务器为后台机，配以工控机为前置及PIV微机作为调度员工作站和远动工作站，通过配置一台网关服务器向泉州电业局WEB发布泉州网络实时信息，使局属各部门科室随时可以了解到电网的情况，为领导的决策提供有力依据。其强大的应用软件功能，使得该系统不仅轻松完成常规功能，更可以在实时数据采集监控基础上进一步开展多种高级应用，如高级应用软件（PAS）功能等。

2000年，泉州地调技术组设2个自动化专责负责其管理工作。2001年，建设永宏和清濛集控站，集控站主机设备安装在远动机房，工作站安装在永宏和清濛集控站，均为山东大学的IES-50K调度自动化系统。永宏集控站主要控制对象是市区及周边110千伏变电站。其清濛集控站主要控制对象是其周边110千伏变电站，有110千伏池店、浮桥等变电站。同年，开展高级应用软件功能实用化的工作，主要有网络拓扑、负荷预测等，完善自动化的功能。同时开展电量采集系统建设，采用福州力之源电量系统，对220千伏变电站进行电量实时采集。

2002年，泉州市调度自动化高级应用软件（PAS）的状态估计、负荷预测、网络拓扑、潮流分析等四个模块通过省电力公司组织的实用化验收。当年，随着变电站数量的不断增加，又引入广州科立电量系统，对110千伏变电站进行电量实时采集。该系统的投运，对地区网络的电压稳定、无功功率自动补偿起到重要作用，同时减轻调度员的工作量。至2002年年底，接入主站系统的分站达18个及2个集控站，采集到的遥测量近3000个，遥信量达8000多个，遥调、遥控量达1000个以上。

2003年，泉州地调采用国电南瑞科技股份有限公司生产的NS200系列变电站综合自动化系统对220千伏官桥、永和、惠安3座变电站进行综合自动化改造，通过改造实现220千伏变电站自动化由常规RTU四遥方式向综合自动化转变。同年，采用国电南瑞科技股份有限公司生产的NS2000型集控系统，分别建成220千伏官桥、永和、惠安集控站。开展调度数据网的建设，实现地区调度数据网接入省网，实现变电站远动信息传输方式转变，网络传输方式逐渐代替传统的串行传输方式，传统的串行远动规约（CDT等）逐渐被网络远动规约（IEC104）所替代。

2004年，泉州地调开展二次安全防护体系建设，即通过在调度自动化主站部署物理隔离装置，实现生产控制大区与管理信息大区的物理隔离，部署防火墙设备实现生产控制大区内部控制区和非控制区的逻辑隔离。配合省调电能量计量系统主站建设，在所有220千伏变电站分别安装1套珠海兰吉尔公司生产的FFC2000电量采集终端，接入采集220千伏主变三侧的关口电能表的电量数据；与此同时，开始在各110千伏变电站建设电量采集终端，同时在每座220千伏变电站增加1套终端用于采集非关口电表电量数据，该工程于2004年中竣工。同年，完成罗塘、山峰2座新建220千伏变电站综合自动化系统调试任务。

2005年，泉州地调根据二次专业分工细化要求，自动化专业分割为主站自动化和厂站自动化两个专业；成立检修部继自班组，承担变电站端综合自动化系统的检修职责；组建新的调度所自动化管理中心，继续承担主站自动化系统的运行维护职责。

2006年，泉州地调全面开展变电集控系统建设，先后完成220千伏东星、长新集控系统建设和清濛集控系统改造，采用集成电子新一代的变电集控系统IES500K，应用图模一体化和自动光字牌成图技术，提高主站自动化维护效率。福建省调组织开展四级电力调度数据网络建设，建成后的网络共计包含 2 个骨干节点，9 个汇聚节点，各变电站分别设置接入节点上联到汇聚节点。与南京河海电力软件公司合作，开展地区电网无功电压管理地、县 AVC 互联课题研究实践，实现泉州地调与所辖县调 AVC 系统互联，充分运用县公司无功调节资源参与地区电网力率控制，项目成果获得 2007 年福建省政府科技进步三等奖和泉州市政府科技进步奖一等奖。

2007 年，泉州地调完成 220 千伏仙苑集控系统建设，根据省调统一部署，开展调度自动化主站防病毒系统中心建设。

2008 年，泉州地调完成对 220 千伏永和集控系统改造。对 AVC 功能进行改造，首次在 AVC 功能中加入图模编辑功能，同时对 AVC 功能与 SCADA 的接口方式进行改造，实现基于规约传输的四遥功能接口。开展变电站远程集中抄表错误数据检测辨识课题的研究实践，通过应用电量指标的相关特性，开发出一套电量数据错误检测辨识软件，有效提高系统日常检查工作效率，该成果获得 2008 年福建省电力有限公司群众性创新二等奖。

2009 年，泉州市开展新一代地区电网 EMS 系统建设，采用积成电子的 IES600 系统作为新一代地区电网调度自动化主站，同年 6 月系统进入现场安装和变电站信息接入调试阶段，11 月完成所有厂站实时信息接入，11 月底通过福建省调组织验收。

2010 年，根据国家电网公司“三集五大”（人力资源、财务、物资集约化管理、大规则、大建设、大运行、大检修、大营销）体系建设工作要求，开展电网运行集中监控系统建设工作。

第五章　农　电

第一节　农电管理

一、直供区农电管理

1999 年农网改造前，泉州电业局直供区农村电网包括鲤城区、丰泽区、洛江区和肖厝开发区三个乡镇，以及跨区供电的晋江市池店、紫帽 2 个镇和陈埭、磁灶镇的部分村，以及南安市的霞美、官桥、丰州镇的部分村，19 个乡、镇、农场，225 个行政村，人口 48.57 万人。

1999 年，福建省农电“两改一同价”工作全面展开，随着农村电网改造的逐步推进，农电管理体制改革也逐步深入，逐步撤销区内乡镇电管站，同时成立供电所，由泉州电业局直接管理。2008—2010 年，为适应国家电网公司专业化、标准化和规范化管理的要求。泉州电业局推行农村供电所作业组织专业化，将专业化管理要求向农电基层组织延伸，持续改进，不断完善供电所管理工作。

二、石狮市农电管理

1991 年，石狮农村用电采用趸售到村，由各村自行管理直供到户的供电方式。1996 年 1 月，石狮市各乡镇建立电管站，加强农村用电管理。

1999 年，泉州电业局着手进行农村电力管理体制改革。

2000 年 12 月，石狮电力公司蚶江供电所获省电力公司授予“供电营业规范化服务达标单位”称号。

2001 年 8 月，“两改一同价”工作基本结束，石狮市 102 个（1999 年以前为 96 个）行政村全部实行由石狮电力公司直供直管。

2002年4月，通过泉州市农网“两改一同价”竣工验收委员会的正式验收。

2009年，石狮市完成农村电气化示范村4个。

2010年，石狮市农村全部实现电气化。

三、晋江市农电管理

1999年4月6日，晋江市成立农村电网“两改一同价”领导组，开展农网改造。2000年，建设深沪、罗山、金井、英林、永和供电所及31个农村电工点。

2001年8月8日，成立城关供电所仕头电工点，试行农电点管理模式。同年9月，陈埭所梧埭、安海所灵水、磁灶所张林、龙湖所许厝、深沪所镇区、罗山所后洋6个农电点相继成立。

2002年，晋江电力公司实现供电营业区城乡用电同网同价。

2007年4月17日，晋江市电力公司完成股份制改革工作，改制为福建省晋江市电力有限责任公司，成为福建省电力有限公司的控股子公司，注册资本20亿，福建省电力有限公司和晋江市能源投资有限公司分别占股比51%和49%。

2010年，供电营业区涵盖全市。

四、南安市农电管理

1993年10月，地方国营南安电力公司更名为南安市电力公司。

1999年5月26日，南安市电力公司由南安市人民政府委托省电力局代管。

2000年4月30日，南安农电交由南安市电力公司统一管理。

2002年，第一批12个供电所达到规范化管理标准，通过泉州电业局组织的验收，占南安市乡镇供电所总数的50%。同年，率先在全省实行城乡同网同价，平均到户电价从网改前每千瓦时1元下降到0.544元。

2007年12月29日，南安市电力公司完成股份制改革工作，改制为福建省南安市电力有限责任公司，成为福建省电力有限公司的控股子公司，注册资本4亿，福建省电力有限公司和南安市贸工农投资经营有限公司分别占股比51%和49%。

2010年，供电营业区涵盖全市。

五、惠安县农电管理

1999年5月，由省电力局代管。

2002年，开展农村供电所管理年活动，推行规范化管理和规范化服务，全县8个乡镇供电所全部达到规范化管理标准。

2007年12月27日，惠安县电力公司完成股份制改革，改制为福建省惠安县供电有限责任公司，成为福建省电力有限公司的控股子公司，注册资本2亿元，福建省电力有限公司和惠安县国有投资经营有限公司分别占股比51%和49%。

2010年，供电营业区涵盖全县。

六、安溪县农电管理

1991年，安溪县电力公司属国有电力企业管理直供区的4个乡镇、77个行政村用电，其他20个乡镇供电公司或电管局隶属乡镇政府管理。

2000 年 4 月 26 日，撤销原 20 个乡镇供电企业、电管站，由县电力公司统一管理。

2006 年 12 月 30 日，安溪县电力公司完成股份制改革，改制为福建省安溪县供电有限责任公司，成为福建省电力有限公司的控股子公司，注册资本 8000 万元，福建省电力有限公司和安溪县国有资产投资有限公司分别占股比 60% 和 40%。

2010 年，供电营业区涵盖全县。

七、永春县农电管理

1991 年，永春县各小水电发电企业发供合一，划分供电区域，管理错综复杂，乡镇电网由电管站承包经营，村网由村电工承包管理，各自为政。

1995 年，除桃城、五里街、下洋 3 个乡镇 7 个村由县电力公司直供外，其余各乡镇均与县电力公司实现联网实行趸售供电。农村电价偏高，平均到户电价大都在 0.99 元 / 千瓦时。1999 年，永春县开展农电“两改一同价”工作。

2000 年 5 月，永春县撤销 22 个乡镇电管站，成立由县电力公司直接管理的 22 个供电所。

2001 年，全县农村用电量达 10000 万千瓦时，到户电价从 0.99 元 / 千瓦时降低至 0.75 元 / 千瓦时。

2002 年 4 月，全县厂网分离工作全面完成。

2004 年 8 月 12 日，永春县电力公司完成股份制改革，改制为福建省永春县供电有限责任公司，成为福建省电力有限公司的控股子公司，注册资本 4000 万元，福建省电力有限公司和永春县国有资产投资经营有限公司分别占股比 60% 和 40%。

至 2010 年末，供电营业区涵盖全县 22 个乡（镇、街道办事处）209 个行政村和 27 个居委会。

八、德化县农电管理

1991 年，德化县成立德化县水利水电勘测设计室和德化县电力开发公司。

1992 年 10 月，成立德化县水利电力总公司，原电力开发公司同时撤销。

1996 年 10 月，德化县水利电力局更名为德化县水利水电局。

1998 年 7 月，德化县水利电力总公司与原德化县电力公司合并，成立新的德化县电力公司。

1999 年 5 月，德化县实施农村电力体制改革和改造农村电网、实现城乡用电同网同价的“两改一同价”农网改造工程。

2004 年 1 月 4 日，德化县电力公司完成股份制改革，改制为福建省德化县供电有限责任公司，成为福建省电力有限公司的控股子公司，注册资本 3000 万元，福建省电力有限公司和德化县国有电力投资经营有限公司分别占股比 60% 和 40%。

2010 年，德化县供电营业区涵盖全 18 个乡（镇）192 个行政村、10 个居委会。

第二节　农网改造

一、直供区农网改造

1991—1999 年，由于直供区农村用电管理体制及资金不足，泉州市区农村电网投入严重不足，农村电网基础设施老化，电价高，制约农村用电市场的开拓发展。

1999 年起，福建省农电“两改一同价”工作全面展开。5 月，泉州电业局成立农网“‘两改一同价’工作领导小组”，与各行政村签订“两改协议书”，办理电力资产移交手续，将原有农村电力资产无偿划归泉州电业局。2002 年 6 月，泉州市农村电网建设与改造一期工程顺利通过省政府验收。2002 年年底，通过实行农村电网改造，农村电价大幅下调，全市直供区农村到户电价降幅为 0.2 ～ 0.4 元 / 千瓦时，当年共为农民减负金额 9578.84 万元，“两改”后累计减负金额 1.29 亿元。

泉州市通过农电“两改”，供电的线路变压器损耗由改造前的 25% ～ 30% 普遍降到 12% 以下，泉州市区电网已基本满足居民及工商业发展的用电需求。

2002—2010 年，泉州市区电网投资由之前的农网改造专项投资，改为以提高供电可靠及提供优质电力服务的城市配电网改造投资，农村电网改造专项资金转为下达给泉州市所辖晋江、石狮等电网结构较为薄弱的 7 个县市作为专项农网改造投资。

二、石狮市农网改造

1991 年，石狮农村用电采用趸售到村的供电方式。同年 7 月 1 日，110 千伏祥芝变电站投运。1994 年 6 月，35 千伏蚶江临时变电站竣工投运。1995 年 3 月，110 千伏仑后变电站投运。1996 年，石狮市开展农村电气化建设达标和电力“三为”服务达标活动，至 1999 年共筹集资金 5500 多万元用于改造农村配电设施，网架结构得到改善，供电可靠性和电能质量提高，转供电价逐步下降。

1999 年，福建省农电“两改一同价”工作全面展开。2000 年，省电力局共下达农网改造计划 81 个村。

2001 年 6 月，石狮农村配电网建设与改造单项工程全部审批下达完毕，计划改造面 100%。至当年 8 月，石狮市完成省电力公司审批下达 7 个镇、96 个行政村、17 条 10 千伏线路、113 个单项工程（10 千伏及以下）的农网改造任务。直接改造农户 5.76 万户。

2002 年，省电力公司继续下达石狮市二期农网单项工程 112 个。同年 7 月，实现城乡同网同价。全市 7 个乡镇共 102 个行政村累计完成农网改造，受益人口达 25.69 万人。

2003 年 8 月 10 日，位于祥芝镇古浮村海洋科技开发区内的古浮变电站竣工投运。

2004 年 6 月 12 日，220 千伏宝盖变电站二期扩建工程竣工投运。当年，投资 194 万元开发的石狮配网 GIS 应用系统投入使用。

2005 年 6 月 30 日，竣工投运灵秀变电站。2006 年竣工投运 5 个 110 千伏变电站。

2007 年，完成 10 千伏配网新建、改造工程 31 项，大修工程 7 项。2008 年 1 月，共完成新装、增容公用变 169 台，增加容量 7.85 万千伏安。

2009 年 6 月，石狮第三座 220 千伏输变电工程——香山变电站竣工投运。7 月，110 千伏城西变电站竣工投运。

2010 年，石狮市开展智能配电网试点建设，完成 2 座开闭所、4 条架空线路的自动化装置安装。至年底，石狮市供电区域共有 10 千伏配电线路 198 条，总长度 1078 千米；0.4 千伏及以下低压线路总长度 1006.15 千米。配电变压器 4368 台，总容量 181.18 万千伏安。开闭所达到 41 座，配电房 833 座，配备环网开关 1427 台，配电主干线形成环网结构。

三、晋江市农网改造

1991 年初，晋江县境内有 35 千伏变电站 8 座，主变压器 14 台，总容量 9.41 万千伏安；110 千伏变电站 1 座，主变压器 2 台，总容量 6.3 万千伏安。

1992—1994 年，陆续建成龙湖、磁灶、青阳、安海、内坑、晋源 6 座 110 千伏变电站，新增 110 千伏变电站容量 56.3 万千伏安。

1999 年 4 月 6 日，晋江市成立农村电网“两改一同价”领导组，确定第一期 10 个试点改造村。至 2002 年，共完成 270 个村农网改造任务（不包括东石、内坑），受益用户 18.8 万户（单相 15.74 万户，三相 3.06

万户），累计完成投资 3.15 亿元。

2003—2010 年，晋江市先后投产 18 个变电站。新架 10 千伏线路 597 千米，加装和更换配变 1425 台，容量 52.66 万千伏安。

四、南安市农网改造

1993 年以前，南安电力公司有 3 座 110 千伏变电站，全市供电量 3.1 亿千瓦时。

1999 年，南安市进行“两改一同价”，被列为首批农改县（市）之一，其间，完成改造 382 个村。

2000 年 5 月，完成乡镇电力体制改革工作，撤销 13 个电管站，成立 24 个基层供电所。

2001 年 10 月，全面完成省电力公司下达的 1.58 亿元网改投资计划，网改村 296 个。当年全市农村用电量达到 3.35 亿千瓦时，比 1999 年增长 26.84%。

2003 年 7 月底，南安市全面完成一、二期 394 个单项工程的改造项目。

2003—2010 年，南安市完成配网建设投资 3.08 亿元，新架设 10 千伏线路 164 条，长度共 925.76 千米；新建 2061 个配变台区、增加配变容量 32.3 万千伏安。至 2010 年年底，南安配电网已建成并拥有 10 千伏公用配变 3943 台，总容量 75.14 万千伏安，10 千伏线路 312 条，总长 3528.2 千米。

五、惠安县农网改造

1999 年 5 月，惠安县实施农网改造，涉及全县 16 个乡镇、共 288 个行政村，直接受益农户约 22.3 万户。通过农网建设与改造，农村居民电价降至 0.68 元 / 千瓦时（网改过渡期电价）。

2003 年，惠安县完成架设线路 20 千米，铺设电缆 7 千米；完成沿海大通道配电线路的迁移和 257 个用户变压器的增容和线路架设；完成农村专用变的增容扩容 39 台。

2004 年，全年新架 10 千伏线路 52 千米，铺设电缆 7.61 千米，新增专用变 257 台，容量 5.45 万千伏安。

2005 年，惠安县新架设 10 千伏线路 44.89 千米，新铺设电缆 138 条共 49.136 千米。

2006—2007 年，惠安县新架设 10 千伏线路 74 千米，新铺设电缆 10.6 千米，新增变压器 327 台，容量 92100 千伏安（专用变），农网全年新增 211 台变压器容量 1.8 万千伏安，全年新增单相用户 3483 户，三相用户 142 户。

2008 年，惠安县新建投产 15 条 10 千伏线路，总长 77.7 千米，新装变压器 313 台，新装容量 11 万千伏安。

2009 年，惠安县新建、改造配网 10 千伏线路 132 千米，新增、扩容用户专用变压器 300 台，新增容量 10.5 万千伏安。

2010 年年底，惠安县拥有 10 千伏配电线路 161 条，总长度 1703 千米。其中，架空裸导线 1047 千米，架空绝缘导线 420 千米，电缆 236 千米。0.4 千伏及以下低压线路总长度 2896 千米，配电变压器 5339 台，总容量 119.21 万千伏安。

六、安溪县农网改造

1990—1999 年，安溪农电网错综复杂，管理薄弱，线路年久失修，安全隐患多，故障停电事故时有发生，供电可靠性差。2000 年 6 月，安溪农网改造全面开工，全县农改工程分一、二期实施。一期工程共涉及 23 个乡（镇）、314 个行政村、311 个单项工程。新建与改造 10 千伏线路 407.37 千米，0.4 千伏线路 2437.58 千米，接户线路 3684.26 千米；改造配电变压器 1079 台，总容量 7.64 亿千伏安；改造单相电能表 14.97 万只，三相电能表 4.07 万只，决算完成农改投资 1.25 亿元。二期工程共涉及 86 个行政村、235 个单项工程。新建 110 千伏线路 41.42 千米，35 千伏线路 14 千米；新建和增容改造 35 千伏变电站 3 座，总容量 25.2 万千伏安；新建与改造 10 千伏线路 312.53 千米，0.4 千伏线路 811.26 千米，接户线路 1231.72 千米；改造配电变压器，改造综合配电箱 401 台，总容量 2.73 万伏安，更换高耗能配电变压器 158 台，总容量 1.08 万伏安，改造单相电能表 3.94 万只、三相电能表 1.71 万只，决算完成农改投资 5212.24 万元。

2003 年 11 月，安溪农网改造经省农网“两改办”正式验收获高质量通过，全县投资农改工程资金 2.132 亿元，全县 24 个乡（镇）458 个行政村改造 448 个行政村，其工程、资金投入相当于再造一个农电网。2003 年度全县平均低压线损率为 9.91%，比农网改造前的 1999 年度降低 23.29 个百分点。

2005 年后，安溪县农网改造进一步巩固和加强。至 2010 年年底，安溪农网 10 千伏线路 201 条，线路总长 3614.4 千米，低压线路总长 5100.98 千米；10 千伏公用配电变压器 3350 台，总容量 49.43 万伏安。

七、永春县农网改造

1999 年 3 月，“永春电网‘两改一同价’工作领导小组”成立。

2000 年 4 月，永春县农村电网建设与改造工作全面启动。

至 2001 年，永春县一期农网改造完成 19 个乡（镇）、162 个行政村。同年，完成 35 千伏蓬壶变、达埔变二期、五里街变扩建、改造。

2003—2004 年，永春县完成配网改造工程 81 项，新建和改造配电变压器 110 台，总容量 2.71 万千伏安。

2003 年，永春县农网建设提前两年达到水电部颁发的《水电农村电气化标准》。2004 年 11 月，通过预验收。2005 年 3 月通过《永春县水电农村电气化》达标验收。

2005 年，永春新建一都 35 千伏古格变电站 10 千伏出线 5 回。110 千伏榜德变电站投入运行，新建、改造 10 千伏线路 33.49 千米，0.4 千伏线路 5.79 千米。

2006 年，永春县电网新建 110 千伏榜德变电站。

2007 年，永春县建设配电变压器 147 台，总容量 2.80 万千伏安；建设投运 10 千伏电缆 1 条，共 0.09 千米；建设 0.4 千伏线路长 222 千米。

2008 年，永春县建设 35 千伏变电站 3 座；建设配电变压器 150 台，总容量 3.06 万千伏安；建设投运 10 千伏电缆 45 条，共 4.75 千米；建设 0.4 千伏线路长 222 千米。

2009 年，永春县建设投运 110 千伏变电站 1 座、35 千伏变电站 1 座。

2010 年，永春县建设投运 220 千伏高垅变电站。至 2010 年年底，区域共有 19 座变电站，其中 220 千伏变电站 1 座。10 千伏配电线路条数达到 120 条，总长度达到 1222.65 千米。配电变压器 1510 台，其中公用变 870 台、专用变 640 台，总容量 31.65 亿千伏安。

八、德化县农网改造

1999 年，“德化县农网‘两改一同价’工作领导小组”成立。

2000 年 5 月，德化县启动一期农网改造工程，涉及全县 18 个乡（镇）、148 个行政村。

2001 年，德化县投资改造西郊 110 千伏变电站工程和曾坂、村场、桥兜 3 座 35 千伏变电站改造工程，建设（改造）赤水 110 千伏输变电一期工程。

2002 年 5 月 31 日，德化县农电体制改革和一期农网改造工程通过正式验收。当年，全县城乡用电实现同网同价。随后，继续实施第二期农网工程。

2003—2005 年，德化县完成新建、改造 10 千伏线路 232.5 千米，配电变压器容量 2.2 万千伏安。新建、改造低压线路 496.53 千米。

2006 年 12 月，德化县建成投运 110 千伏龙浔变电站二期工程、赤水变电站二期工程。

2008 年 12 月，德化县投产 35 千伏桂阳变。

2009 年 12 月，德化县竣工投产 110 千伏乐陶变电站二期工程、110 千伏南埕变电站二期工程、110 千伏城关变电站增容改造工程、35 千伏三班变电站工程。

2010 年 10 月，德化县开展新一轮农网改造升级工作，涉及 18 个乡镇中的 137 个行政村。2010 年年底，德化配网有 10 千伏主干线 80 条，总长 1307 千米；配电变压器 1844 台，总容量 44.27 万千伏安；0.4 千伏线路 3098.09 千米。其中，市区（电缆）总长 191 千米，农村低压线路以架空裸导线为主，总长 1829.69 千米。

第三节　农村电气化

1991 年至 2010 年年底，全市共 7 个县、72 个镇、979 个村完成新农村电气化建设，通过验收和命名，提前和超额完成“十一五”规划数，实现全市县县通过电气化县建设目标，电气化县、乡镇、村比例分别达到 100%、55%、47%。

一、石狮市农村电气化

1991 年，石狮市对加快农村电网建设进行布局。1993 年 12 月，完成《石狮市 1993—2000 年农村电气化规划》编制。

1995 年，石狮市实现 10 千伏配电网全面覆盖农村。石狮乡镇通电率 100%、村通电率 100%、农户通电率 100%、农村排灌用电保证率 100%。1996 年，电力工业部授予石狮市“农村电气化县（市）”，授予石狮电力公司“三为”服务达标单位。石狮市成为福建省首个农村电气化县（市），石狮电力公司也成为福建省县级农电企业首家获“三为”服务达标的单位。

2000 年，石狮市开展农村“两改一同价”工作。2001 年，开展“电力市场整顿和优质服务年”活动。2002 年，开展“农电管理年”活动，巩固“两改一同价”成果。

2002—2007 年，石狮市新建 110 千伏变电站 5 座，扩建 1 座。

2006 年，石狮市完成 6 个镇、40 个村新农村电气化建设，通过国家电网公司组织新农村电气化县建设考评验收，被授予“新农村电气化县建设示范单位”称号，成为全国首批 11 家新农村电气化建设试点单位。

2007 年，石狮市完成 1 个镇、62 个村新农村电气化建设。至此，石狮市完成全部 1 个县、7 个乡镇、102 个村的新农村电气化建设任务。

2010 年年底，石狮市综合线损率 4.62%，高压线损率 3.72%，低压线损率 2.64%；综合电压合格率 99.13%，D 类电压合格率 97.15%；县城供电可靠率（RS3）99.96%，农村供电可靠率（RS3）99.77%。

二、晋江市农村电气化

1991 年，晋江市购电 4.13 亿千瓦时，实际销售电量 3.57 亿千瓦时，节约电量 1839.49 万千瓦时，节约金额 420.93 万元。1992 年，全年购电 5.66 亿千瓦时，实际售电 4.97 亿千瓦时，比 1991 年增长 28.1%。

1995—1999 年，晋江市工业用电年平均用电比率在 90%，农业用电一直呈下降趋势。同时，电价总体水平呈现逐年上升趋势，1999 年，晋江市开始实施农村电网改造结合“两改一同价”工作，晋江电力公司先后 3 次调整电价，供电价水平逐年下降。至 2002 年年底，实现镇通电率 100%、村通电率 100%、农户通电率 100%，农村排灌溉用电保证率 100%，城乡用电同网同价。

2007 年开始，晋江市全面开展新农村电气化建设工程，完成 5 个镇、87 个村新农村电气化建设。

2008 年，晋江市完成 8 个镇、50 个村的新农村电气化建设，通过省新农村电气化建设领导小组的新农村电气化县验收。建成4个精品村、2个社区服务示范点。

2009年，晋江市提前两年完成1个县、15个乡镇、286个行政村新农村电气化建设任务，实现“户户通电、供电可靠、安全经济、供用和谐”的新农村电气化建设目标。

2009年，晋江市推广清洁能源替代，协助企业实施绿色照明改造、推广变频电机，降低企业用电成本，增强市场竞争力；推广节能产品，推广蓄热式电锅炉，大大降低能耗。

2010年年底，晋江市综合线损率3.16%，高压线损率2.65%，低压线损率3.04%；综合电压合格率99.35%，D类电压合格率97.22%；县城供电可靠率（RS3）99.93%，农村供电可靠率（RS3）99.82%。

三、南安市农村电气化

1993年，南安撤县建市，经济增速较快，对电力需求日益迫切，带动南安电力建设。1995年3月，南安市申报列入1998年实施农村电气化市（县）发展规划。

1999年，南安市开始实施“两改一同价”的农网建设与改造工程，2000年实现乡镇、村、农户通电率均达100%，农村排灌溉用电保证率100%的农村电气化指标。2001年全面完成省电力公司下达的网改投资计划。2002年，第一期农网改造工程通过验收。

2006年12月，南安市启动新农村电气化建设工作。2007年，完成11个镇、122个村的新农村电气化建设，通过省新农村电气化建设领导小组的新农村电气化县验收；2008年，完成1个镇、11村的新农村电气化建设；2009年，完成12个村的新农村电气化建设。

2010年通过改造配变台区24个，建成新农村电气化典型供电模式村5个。2006—2010年，完成全市12个乡镇、150个村新农村电气化建设。2010年年底，综合线损率5.77%，高压线损率3.96%，低压线损率7.58%；综合电压合格率98.72%，D类电压合格率96.47%；县城供电可靠率（RS3）99.826%，农村供电可靠率（RS3）99.695%。

四、惠安县农村电气化

1996年3月，惠安县列入全国第三批300个农村初级电气化建设县之一，1998年通过农村初级电气化县达标验收。

1999年，惠安县开始农网建设与改造，建设改造完成后，全县达到农村电气化县要求。

2002年，惠安县实现全县由110千伏变电站供电。

2004年，惠安县实现境内的110千伏变电站主电源均由本县境内220千伏变电站供电，且每个110千伏变电站均为双电源供电。

2005年，惠安县所有110千伏变电站实现无人值守。

2007年后，惠安县开展新农村电气化建设。当年，完成1个镇、22个村的新农村电气化建设。

2008年，惠安县完成4个镇、25个村的新农村电气化建设。

2009年，惠安县完成3个镇、54个村的新农村电气化建设，通过省新农村电气化建设领导小组的新农村电气化县验收；2010年，完成5个村的新农村电气化建设。

2010年年底，惠安县综合线损率5.44%，高压线损率3.95%，低压线损率5.04%；综合电压合格率96.01%，D类电压合格率96.16%；县城供电可靠率（RS3）99.91%，农村供电可靠率（RS3）99.5%。

五、安溪县农村电气化

1991年3月，安溪县被列入全国第二批（200个县）农村水电初级电气化县之一。同年6月成立“安溪县农村水电初级电气化领导小组”。

至1994底，安溪县100%自然村用上电、户通电率98.5%，满足达标指标90%以上。

1996年4月，国家计委、水电部批准安溪县为全国第二批农村水电初级电气化县。5月，安溪县被国家计委、水电部、中国水利电力工会授予全国第二批农村水电初级电气化建设先进集体。

2001年11月，经国务院同意，水利部批准，安溪县列为全国400个水电农村电气化建设县之一。

2007年，安溪县成立新农村电气化建设领导小组。同年，完成10个村的新农村电气化建设。

2008年，安溪县完成2个镇、19个村的新农村电气化建设。

2009年，安溪县完成5个镇、58个村的新农村电气化建设。

2010年，安溪县完成4个镇、75个村的新农村电气化建设，通过省新农村电气化建设领导小组的新农村电气化县验收。同年底，安溪县综合线损率7.79%，高压线损率4.87%，低压线损率6.62%；综合电压合格率98.06%，D类电压合格率96.28%；县城供电可靠率（RS3）99.93%，农村供电可靠率（RS3）99.78%。

六、永春县农村电气化

20世纪80年代，永春县被列为首批全国农村电气化试点县。

1995年9月，龙门滩三级电站完成注册，装机容量16000千瓦。1997年，永春县共有电站105座，装机146台，总容量2.25万千瓦，年发电量6800万千瓦时。

1999年，永春县列入实施新农村电气化县发展规划。同年，永春县开始实施“两改一同价”。

2000年，永春县4万多户用电达到《农村电气化标准》要求。

2001年，永春县再次列入国务院“十五”期间，全国建设400个小水电农村电气化县之一。

2002年11月，永春县第一期农网改造工程通过省农网“两改办”组织正式验收。

2007年，永春县完成1个镇、8个村的新农村电气化建设；2008年，完成1个镇、10个村的新农村电气化建设；2009年，完成3个镇、26个村的新农村电气化建设；2010年，完成5个镇、37个村的新农村电气化建设，通过省新农村电气化建设领导小组的新农村电气化县验收。

2010年年底，永春县综合线损率7.6%，高压线损率4.28%，低压线损率7.81%；综合电压合格率98.04%，D类电压合格率97.03%；县城供电可靠率（RS3）99.94%，农村供电可靠率（RS3）99.81%。

七、德化县农村电气化

1991年，德化县18个乡镇通电率达100%，190个行政村通电率100%，户通电率95.9%。

1996年，德化县成立 “整顿农村电网领导小组”，整顿农村电价。

2000年，德化县进行农村“两改一同价”工作。

2001年，德化县开展“电力市场整顿和优质服务年”活动。

2002年，德化县开展“农电管理年”活动。

2005—2008年，德化县新建或改扩建的变电站全部满足N-1（电力系统在失去任一条线路或任一台变压器的运行方式）的要求，且全部实现无人值守变电站。

2006年，德化县开展“户户通电”工程，安装小型水力发电机1台，为4户未通电户根本解决无电之忧，泉州市全面实现户户通电。

2007年起，德化县开展新农村电气化建设，完成3个镇、18个村的新农村电气化建设。

2008年，德化县完成5个镇、43个村的新农村电气化建设，通过省新农村电气化建设领导小组的新农村电气化县验收。

2009年，德化县完成1个镇、10个村的新农村电气化建设。

2010年，德化县完成5个村的新农村电气化建设。年底，全县综合线损率7.48%，高压线损率4.96%，低压线损率8.96%；综合电压合格率98.07%，D类电压合格率97.23%；县城供电可靠率（RS3）99.93%，农村供电可靠率（RS3）99.81%。

第六章 管理机构

第一节 泉州电业局

1991年，泉州供电局为部属中一型企业，县团级建制单位，隶属于省电力局，既是部属供电企业又是地方政府管电的职能部门，是具有法人资质的非独立经济核算的企业单位，实行局长负责制，设生产、经营、行政副局长及总工程师、总经济师，协助局长进行生产指挥、行政管理和经营管理决策。职能管理机构设十一科两室，4个生产部门。

1993年1月，泉州供电局更名为“泉州电业局”，仍归属省电力局领导，为部属企业，县团级建制，人、财、物归省电力局统管，局级领导人由省电力局任免，局中层职数由省电力局下达，人员进出须经省电力局审批。

1996年，开始实行局长4年任期目标责任制。

1999年2月，泉州电业局成立城乡电网建设改造工作办公室（简称“网改办”），统一协调城乡电网建设改造工作。5—6月，受省电力局委托，对晋江、南安、安溪、永春、德化、惠安等县级供电企业实行代管，并代表省电力局签订委托代管协议书。

2000年8月，泉州电业局调度所更名为“泉州电力调度所”，履行泉州电网的调度和泉州电业局生产调度双重职能，强化泉州电网调度工作。同年9月，该局与省电力局签订第二轮局长任期目标责任制。

2001年2月，泉州电业局根据省电力系统实施第二轮“三改”方案，按照适应社会主义市场经济体制深化改革的需要、加快实现两个根本性转变和建立现代企业制度、实现“客户满意、政府放心”的企业价值观的要求，制定《企业组织机构重组实施方案》，对业务、流程和功能的重组，重新设置组织机构，设职能部室12个，生产部门设一所两部两公司（城区、泉港供电公司）。3月，首设局级总会计师。

2002年，泉州电业局升级为国家大型一级企业。1月，成立局洛江供电公司。4月，成立局清濛供电公司。

2003年10月，肖厝电力有限公司正式上划归福建省电力有限公司，纳入泉州电业局直供直管，对电网实行统一规划、统一管理。

2005年12月，泉州电业局组建民营“福建亿兴电力设计院有限公司”经建设部审查核准，获电力行业（送电、变电）乙级设计资质。

2007年，城区、清濛、洛江、泉港4个供电公司分别更名为供电分局。

2009—2010年，调整泉州电业局营销配电组织机构设置，撤销供电分局，成立作为生产部门机构管理的专业中心。全局设置14个本部职能部门，13个直属生产营销机构。

2010年，全局职工1949人，其中工程技术人员610人。固定资产9.49亿元，比1990年的5247.7万元增长17.08倍，年供电量284.99亿千瓦时，比1990年的9.42亿千瓦时增长29.25倍，全员劳动生产率118.4万元／人，比1990年2.39万元／人增长48.56倍。

第二节　县（市）电力公司

1991年，泉州各县（市）电力管理机构设置有石狮电力联营公司（省电力工业局和石狮市人民政府合资兴办）、晋江县电力公司、南安县电力公司、惠安县电力公司、安溪县电力公司、永春县电力公司、德化县电力公司。各电力公司分别分管各自电网区域划分的发电及供用电业务。

1992年3月，晋江改县设市，其电力公司改称晋江市电力公司；1993年5月，南安改县设市，其电力公司改称南安市电力公司。

1999年后，加快农村电力体制改革，加强农村电力管理，农电“两收一同价”工作正式启动。全市对农村电力体制进行改革，逐步撤销区内乡镇电管站，同时成立供电所。计撤销乡镇电管站149个，建立由县级供电公司管辖的供电所126个，精减农村电工2450人，进行乡镇供电所整章建制和收支两条线等内部管理的改革，完成农村“一户一表”工程。供电质量得到切实保证。农村电网结构布局更趋合理，供电可靠，用电安全、电压质量以及优质服务等方面都有较大提高，有力地促进农村经济发展。

2003年后，全市对各县级供电企业先后进行股权改革，2004年1月14日，泉州市农电首家股份制县级供电企业——德化县供电有限责任公司揭牌成立；8月13日，永春县供电有限责任公司正式挂牌成立。

2007年1月12日，安溪县供电有限责任公司挂牌成立。4月17日，晋江市电力公司完成股份制改革工作，改制为晋江市电力有限责任公司；12月27日，惠安县电力公司完成股份制改革，改制为惠安县供电有限责任公司；12月29日，南安市电力公司完成股份制改革，改制为南安电力有限责任公司。改制后的晋江、南安电力有限责任公司和惠安、安溪、永春、德化供电有限责任公司均成为省电力有限公司的控股子公司。

2010年，7个县级电力公司通过推行科学管理模式和统一服务规范，初步形成现代企业管理模式，实行营销工作差错考核、质量评价等管理办法，不断提升供电服务质量。

卷七 交 通

1991年起，泉州市委、市政府把加快交通基础设施建设摆上重要日程，实施“公路年”“交通年”“基础设施建设年”和高速公路、干线公路和农村公路建设三大战略。先后拓宽改造国道324线、省道203线、206线、306线、308线泉州市境，建设一大批县道、通机场、火车站公路、通港公路。1994年6月，福厦高速公路泉州段开工建设，实现泉州高速公路零的突破。1995年年底，全市公路总里程达7952.7千米，公路主骨架拓宽改造建设任务基本完成，进入建设高等级公路的新阶段，形成以鲤城为中心、四通八达的内外辐射的交通运输网络。港口建设累计投资1.76亿元，形成大中小泊位齐全、具有一定生产规模的区域性港口群体。后渚港区和福建炼油厂专用码头列为国家一类口岸，内港、肖厝、东石、祥芝和石井港区列为国家二类口岸。泉州港与世界20多个国家和地区通航，进入全国中型港口行列。1996年，泉州晋江机场扩建工程竣工，12月正式通航。1998年12月，漳泉肖铁路正式运营，运营里程244千米。1996—2000年，全市港口建设共投资6.8亿元。2001年后，泉州市持续加大干线公路和农村公路以及桥梁和隧道工程建设力度，先后完成一大批省、市、县重点工程，全市交通网络不断完善。2005年年底，泉州在全省率先基本实现通行政村公路硬化任务，受到省政府的表彰。2010年，全市形成陆海空主体交通网络。全市建成投产码头泊位93个，其中万吨级以上泊位18个，拥有万吨级以上船舶近20艘；开辟国内航线50多条，与23个国家有水运往来。全市公路通车里程1.43万千米，其中高速公路215千米，公路密度达131.2千米／百平方千米。全市有道路客运站92个。全市100%的乡镇和93%的建制村通班车。基本形成以泉州中心市区为核心，以沈海高速公路和泉三高速公路为主干线，国道324线、7条省道（省道201线、203线、206线、207线、306线、307线、308线）为主骨架，以县乡村公路和城市道路为集散网的公路交通网络格局。当年4月，过境泉州的福厦高速铁路正式运营，使泉州境内铁路运营里程达300多千米。晋江机场有厦航、南航、深航、国航等航空公司运营客运航班，开通21条国内航线和马尼拉国际航线，每周进出口港航班386班次。

第一章 交通基础设施

第一节 公 路

一、公路线

1991—2010年，泉州市公路经过20年建设，路网结构发生较大变化，实现跨越式的发展。1991年末，全市公路通车里程为4405千米，公路密度40.54千米/100平方千米。1992年，全市继续加大投资加快公路建设。1992年起，泉州市境内公路主干道拓宽改造工程全面铺开。1997年年底，泉厦高速公路投入运营，结束福建省和泉州市没有高速公路的历史。1998年，全市公路通车里程9006千米，公路密度

82.9千米/百平方千米，公路密度居全省前列。1999年，泉州—福州高速公路通车。2001年建设连接全市6个县（市、区）四湾十八港的沿海大通道。2006年实现村村通水泥路。泉州至三明高速公路泉州境内段通车。至2008年全市公路密度提升至128.12千米/百平方千米。至2010年年底，泉州市公路通车总里程达1.43万千米。其中，高速公路里程723.23千米；国道1条（福昆线，又称324线），泉州境内长98.82千米；省道7条1140.04千米；二级及二级以上公路里程1951.88千米。公路密度达131.2千米/百平方千米。

（一）高速公路

1991年，泉州市没有高速公路。1992年11月，在晋江池店开工建设福建第一条高速公路——泉厦高速公路试验段，开启泉州市高速公路建设的先河。2010年，全市有过境高速公路7条、自有高速公路1条，共721.23千米，其中泉州自有的环城高速公路201.65千米。

1.泉厦高速公路泉州段

泉厦高速公路，是国家重点建设的沈海（辽宁沈阳至海南海口）高速公路组成部分，被交通部列为“八五”计划期间第一批公路建设重点项目，1994年6月全线开工建设。泉厦高速公路泉州段起于泉州西福，途经丰泽、晋江、南安、同安，止于厦门。全长81.90千米，主线按高速公路平原微丘区标准设计、双向四车道，路基宽度26米，核定工程建设总概算27.68亿元。1997年12月全线通车，12月20日投入营运。

2008年1月，泉厦高速公路扩建工程开工建设，泉厦高速公路扩建工程泉州段起点位于洛江区万安街道的过坑，经丰泽区城东、华大、东海、泉秀街道，晋江市池店、西园街道、磁灶、内坑、安海镇，南安市水头镇，终点为南安市水头镇泉州与厦门交界处，全长45.65千米，概算总投资41亿元。2010年9月2日扩建竣工通车，扩建后泉厦高速公路由原来的四车道变为八车道，路面宽度增加1倍，日最高通行能力由5万辆提升至10万辆。

2.福泉高速公路泉州段

福泉高速公路是沈海（辽宁沈阳至海南海口）高速公路的一部分，是国家“九五”期间重点建设项目，1996年11月18日开工建设。福泉高速公路起点位于福州长乐营前，途经福清、莆田、泉州，终点位于泉州西福。全线长154.42千米，全线工程总概算46.96亿元。1999年6月建成通车。2009年7月，福泉高速公路扩建工程开工建设，2010年年底，路基工程基本完成。泉州段起点位于泉州市泉港区与仙游县交界处，途经泉港、惠安、洛江，终点位于洛江区过坑高架桥（泉厦起点），全长41.38千米。

3.泉三高速公路泉州段

泉州至三明高速公路是泉南（泉州至广西南宁）高速公路的组成部分，也是海西“三纵八横三环三十三联”高速公路网的其中一横。2005年9月，泉三高速公路泉州段开工，2009年竣工。泉三高速公路起点位于泉州晋江磁灶，连接同三高速国道主干线福州至厦门高速公路，经南安、永春、大田、永安，止于三明大源，接建成的京福国道主干线三明连接线，全长270.95千米。另建德化连接线13.19千米，三明南连接线4.90千米。核定工程总投资162.27亿元，其中泉州段76.6亿元，全长128千米。

4.泉三高速公路南惠支线

泉三高速公路南惠支线是泉州环城高速一期工程，也是斗尾港的疏港干线。该项目起点于南安市霞美镇的张坑，经南安、丰泽、洛江、惠安，终点与斗尾港通港大道平交，全长56千米，设计行车速度100千米/时，2008年7月1日开工建设，工程预算43.88亿元，2010年路基工程完成89%，桥梁工程完成75%，隧道工程完成62%。泉三高速公路南惠支线草埔园枢纽位于惠安县黄塘镇草埔园村的西北角，连接沈海高速公路和泉三高速公路南惠支线的互通立交，是福建省时建的最大枢纽互通工程。泉三高速公路朋山岭隧道，长1500米，是泉三高速公路南惠支线最长的隧道，因与朋山岭普通公路隧道立体交叉，成为泉三高速公路南惠支线的一道景观。

5. 沈海复线南安金淘至厦门泉州段

南（安）厦（门）高速起于南安（金淘）亭川枢纽互通（与泉三高速公路相连接），经南安市眉山乡、安溪县参内乡、城厢镇、官桥镇、龙门镇至双溪口进入厦门市境内，全长57.20千米，投资49.5亿元，2009年2月开工，2010年尚未竣工。设计行车速度除安溪龙门溪坂至同安云埔段为80千米/时外，其余路段均为100千米/时；南安金淘至安溪凤城枢纽段为准双向六车道，凤城枢纽至官桥枢纽段为双向六车道，官桥枢纽至同安界为双向四车道。

6. 晋江至石狮高速公路（环城高速二期工程）

环城高速公路晋江至石狮路段全线总里程34.1千米，投资40.08亿元，2009年12月动工，2010年年底路基土建工程完成41.2%。其中，主线起自晋江市柑市村，与沈海高速公路连接，终于晋江市南塘村，里程约17.9千米，设计行车速度为100千米/时；围头疏港支线从主线的樟井互通引出，止于晋江市东华村，里程16.2千米，设计行车速度为100千米/时。主线及围头疏港支线起点至龙湖枢纽互通段采用六车道高速公路标准；围头疏港支线龙湖枢纽互通至终点采用四车道高速公路标准。

7. 南石高速

环城高速公路南安至石井段起于泉三高速公路张坑枢纽互通，经南安市霞美镇、柳城街道、官桥镇、水头镇和石井镇，终于规划的泉厦漳城市联盟高速公路预留互通，与省道201线连接，项目概算投资42.02亿元，2010年10月开工建设，同年底完成部分征地拆迁工作。路线全长42.08千米（其中，主线全长40.85千米，连接线长1.23千米）。主线路基宽33.5米、双向六车道、设计行车速度100千米/时；连接线路基宽24.5米、双向四车道、设计行车速度80千米/时。

8. 莆永高速公路泉州段

莆永高速公路泉州段（分为"永春至永定泉州段"和"仙游至永春泉州段"）起于莆田与泉州交界处的永春县湖洋镇白鸽岭，经湖洋镇、东关镇、东平镇、桃城镇、岵山镇，接泉三高速公路并共线至达埔镇，再经达埔镇至安溪县的金谷镇、湖头镇、白濑乡、湖上乡、剑斗镇、感德镇、福田乡，接龙岩市漳平县界，全长99.77千米（新建里程93.11千米，与泉三高速公路共线6.66千米），概算投资89.44亿元，2010年12月20日开工建设，同年底完成施工、监理招投标工作。全线设计行车速度80千米/时。其中，永春达埔至安溪金谷路段（约5.96千米）按双向六车道设计，路基宽度32米，其余路段按双向四车道设计，路基宽度24.5米。

9. 沈海高速公路复线仙游至金淘泉州段

沈海高速公路复线仙游至南安金淘泉州段，是海西"三纵八横三环三十三联"高速公路网中第二纵沈海复线（福广线）的一部分。起于洛江区虎头山，顺接沈海复线仙游段，经洛江区罗溪镇、南安市乐峰镇、罗东镇、梅山镇、金淘镇，终于金淘镇亭川村，设亭川枢纽互通与泉三高速公路相接，全长约35.38千米，概算投资31.77亿元，2010年12月20日开工建设。项目按双向准六车道（隧道内按六车道）高速公路标准建设，设计速度100千米/时，路基宽度28米，汽车荷载等级：公路—Ⅰ级，交通工程及沿线设施等级A级。

10. 泉州环城高速公路

泉州环城高速公路环绕中心市区，途经鲤城、丰泽、洛江、惠安、南安、晋江、石狮、台商投资区，全长约100千米，总投资约149亿元。沈海高速泉厦共用段（晋江牛山互通至晋江内坑大宅）里程3.5千米，1997年12月通车；泉三高速公路晋江牛山至南安张坑共用段里程18.4千米，2005年11月开工建设，2009年3月通车；环城高速一期工程（泉三高速公路南安至惠安段）全长56千米（环城路段里程33.6千米）。环城高速二期晋江至石狮段全长34.1千米（环城路段里程17.9千米），2009年12月动工。环城三期泉州湾跨海大桥全长26.7千米，其中跨海大桥12.7千米，2009年底奠基，2010年12月31日跨海大桥石狮段栈桥架设完成。泉州环城高速公路通过大小互通实现高速公路、普通公路和城市道路之间的有机衔接，使环泉州湾区域内的城镇基本上实现在15分钟内上高速公路，打造以行政中心为核心，半小时左右到达外围任何一个组团的“30分钟交通圈”。

（二）国道

1991—2010年，泉州境内有1条国道，即324国道，该道即福昆公路，从福州出发，过境泉州至广州，经广西、南宁至昆明。国道324线全面拓宽改造工程，是1994年福建省公路“先行工程”的重点项目，1994年6月1日，泉州市政府在惠安城关路段启动泉州路段开工仪式。国道324线泉州路段按福建省交通厅要求基本沿旧路拓宽改造，起点于仙游县枫亭与泉港区界山交界处（桩号为139K+920）经泉港、惠安、洛江、丰泽、泉州市区中心环岛、晋江前埔至南安官桥，辟新线绕官桥镇区于221K+369接上旧路，再经大盈、水头至小盈岭与厦门段对接，终点桩号为239K+110，全长99.19千米。扣除因高速公路建设交叉影响4个路段以及泉州城区道路，本次拓宽改造91.4千米，铺设水泥混凝土路面82千米，工程总投资达4.28亿元。拓改工程于1995年3月完工。

1998年，泉州市委、市政府为了解决泉州市区出入口交通拥挤问题，确定对国道324线泉州大桥南端至清濛、长3.43千米的路段进行改造，该项目称迎宾路一期改造工程，工程于1998年7月开工建设，同年10月全面竣工。

2002年6月，泉州市启动对国道324线华侨大学至侨乡体育中心路段拓宽改造，以改善泉州城区东大门交通状况。同年9月开工，2003年5月交工验收，总投资3580万元，全长2.164千米。

2004年4月，国道324线华侨大学到侨乡体育中心拓改工程仕公岭立交桥和东湖街工程完工。

2007年5月，国道324线清濛坪至孙缄路口段开工改造，当年2007年12月竣工，总投资283.9万元。

2007年11月，泉州市公路局组织对国道324线泉州路段的慢车道和水头路段的部分主车道路面实施改造，以及对水头国道上跨高速公路跨线桥进行加长重建，总投资1.3亿元。

2010年，国道324线南迎宾大道拓改建工程项目启动，年底确定工作方案。

（三）省道

1991年，泉州市境内有5条省道的过境路段，分别为省道福三线，编号13-103，由福州经闽清水口入永泰，从嵩口经德化水口、德化城关、永春下洋、永春一都入龙岩漳平青口后抵永定三层岭，泉州境内长160.8千米；省道新集线，编号13-205，起点将乐县新路口，由长泰入安溪罗岩、双格、虎邱、官桥、龙门入厦门同安、集美，泉州境内长129.7千米；省道郊柏线，编号13-212，起点仙游郊尾，经永春惠格岭、永春城关、南安诗山、南安高来格、安溪城关、官桥、龙门入厦门同安，终点漳州平和县柏松关，泉州境内长134千米；省道后茅线，编号13-305，起点泉州后渚，经南安丰州、洪濑、金淘、诗山，入永春、苏坑进德化城关、赤水、上春洋、飞龙格入大田，终点永安茅坪，泉州境内长215.6千米；省道围禾线，编号13-306，起点晋江围头，经英厝头、石狮西环、晋江罗山、南安四黄、城关、安溪城关、安溪官桥、罗岩、深内，入漳州华安，抵龙岩武平仓坑，泉州境内长181.06千米。2002年，调整省道网。至2010年，全市有7条省道的过境路段。

1.省道漳东线（S201）泉州段（泉州沿海大通道）

省道漳东线（S201），起点于宁德市蕉城区漳湾，终点于漳州市东山县。该路线是福建省重新规划的省道路网的“八纵九横”中的南北第一纵路线，沿福建省海岸线经宁德、福州、莆田、泉州、厦门、漳州6个地市。省道201线泉州段，又称泉州沿海大通道，起点于泉港区界山镇鸠林村，终点为南安市石井镇与同安交界处的前坂，途经泉港、惠安、丰泽、石狮、晋江、南安6个县（市、区），全长220.19千米，复线42.4千米，共计262.59千米，主要连接线有20条210千米。省道201线泉州段总投资30多亿元，2003年全面开工，2006年基本竣工。2010年2月，省道201线晋江境内陈埭外线建成通车，全长8.50千米。

2.省道漳下线（S203线）泉州段

省道漳下线起点福州市长乐的漳港，终点龙岩市永定县的下洋。该路线是福建省重新规划省网的“八纵九横”中南北纵向的第五纵路线，跨越福州市、泉州市、龙岩市三个地市。泉州市起点为德化县与永泰县交界处的德化县水口镇湖坂村，桩号为173K+050，终点为永春县与漳平市交界处的永春县一都镇鲁山村，桩号为343K+120，泉州境内全长170.07千米，其中断头路26.35千米，实际里程143.725千米，大部分路段为原省道福三线（S103线）泉州路段。经过的主要控制点：德化水口、德化城关、德化英山格、永春苏坑、永春锦斗、永春大荣。1993年，投资3379万元，按山岭重丘二级标准提级改造龙浔镇丁溪村至龙浔镇英山村7.82千米路段；1995年，改建德化水口镇湖板村至龙浔镇丁溪村路段为沥青路面。2007年，德化水口镇湖板村永泰交界处至水口镇区路段改建为二级水泥路；按三级、四级公路标准改造永春蓬壶至下洋32千米长路段，完成永春大荣至一都21.2千米路面改善。2008年，分三期改造德化水口至德化路段共40多千米。2010年，完成德化水口至南埕路段二级水泥路改造；永春马跳临崖路段改建项目施工。

3. 省道西厦线（S206线）泉州段

省道西厦线起点为三明市尤溪县的西城，终点厦门市。跨越三明、泉州、厦门三个地市。泉州段起点为德化县与尤溪县交界的德化县葛坑镇，桩号为55K+020，终点为安溪龙门隧道与厦门同安交界处，桩号为259K+540，全长204.52千米。其中，断头路26.93千米，重复路段里程18.18千米。1992—1994年，安溪魁斗至龙门安溪与同安界改建为二级水泥路，其中魁斗至龙门为四车道、龙门至安溪与同安界为两车道。1994年5月8日，永春桃溪至长潭桥路段开工改建为二级水泥路面。1995年，南安诗山至安溪魁斗和德化上涌镇区至德化城关路段改为沥青路面。1997年，德化上涌镇山茶至上涌镇区路段改建为沥青路面。1999，德化城关至上涌长34.79千米路段提级改造为二级水泥路，总投资1.41亿元，全线按山岭重丘二级标准建设，2007年竣工。2000年11月，省道206线永春城关环岛至站山6.2千米路段再次进行拓宽，2001年5月完成工程建设。2002年12月至2003年11月，南安诗山往蓬华方向7.5千米路段改建为水泥路面。2006—2007年，魁斗至官桥改建为六车道。2010年12月30日，德化上涌至尤溪界路段提级改造工程30.3千米全线贯通。

4. 省道官九线（S207）泉州段

省道官九线起点为泉州市安溪县官桥镇，终点为漳州市平和县的九峰镇，跨越泉州、漳州两个地市，泉州市境内起点为安溪县官桥车站，桩号为0K+000，终点为安溪县与长泰县交界处，桩号为40K+155，全长40.16千米，为原省道郊柏线（S212线）144K+500～185K+050路段。

5. 省道秀里线（S306）泉州段

省道秀里线起点莆田市秀屿港，终点三明市建宁县里心镇，跨越莆田、泉州、三明三个地市。泉州市起点为永春县与仙游县交界处的永春县外山乡四帮院，桩号为75K+020，终点为永春县与大田县交界处的永春下洋镇石门格，桩号为173K+411，长98.39千米。其中，重复路段里程16.5千米，大部分路段为原省道三郊线（S311线）永春路段。省道秀里线泉州路段共分8个阶段进行建设。1993年4月，改造永春石鼓至永春湖尾3.5千米路段、永春达埔至石鼓12.3千米。1994年11月，改造永春玉斗至达埔23.5千米路段。1995年，先后改造永春困牛至玉美7.3千米路段和永春湖尾至东关10.5千米路段。1996年8月，改造永春石门格至下洋、困牛路段和永春东关至内格路段。1997年初，改造永春内格至四邦院路段，1997年12月全线通车，总投资4.04亿元。2005年，改造达捕至下洋段路面38.12千米；2006年，完成石鼓至达埔6.9千米路面改善工程；2007年，实施外碧至外山段路面改善工程20千米。

6. 省道东石线（S307）泉州段

省道东石线起点为泉州市丰泽区东海后渚港，终点至三明市宁化县石壁，跨越泉州、三明两个地市。泉州市境内起点为泉州市丰泽区东海后渚，桩号0K+000，终点为永春县下洋镇风草格，桩号为182K+781，全长182.78千米。其中，断头路16千米，重复路段里程21.18千米，大部分路段为原省道福三线（S103线）、新集线（S205线）、郊柏线（S212线）、后茅线（S305线）和县道官罗线、普贤路部分路段组成。2010年，省道307线洛江凤屿至双阳前埭须、永春横口至溪塔格段改建项目施工中。

7. 省道金上线（S308）泉州段

省道金上线起点泉州晋江市金井围头村，终点龙岩市上杭县蛟洋镇，跨越泉州、漳州、龙岩3个地市。泉州市境内起点为晋江市金井围头村，桩号为 0K+000，终点为安溪县祥华镇与华安县交界处，桩号 223K+927，全长 223.93 千米。其中，断头路 39.36 千米，重复路段里程 18.99 千米，大部分路段为原省道新集线（S205 线）、围禾线（S306 线）和县道梅灵线（X314 线）、巨科线（X332 线）、长美线（X333 线）、湖植线（X335 线）的部分路段组成。2010 年 9 月，省道金上线安溪尚卿至祥华地园路段开工建设，工程全长 53.1 千米，设计时速 40 千米 / 时。

（四）县道

1990 年，全市有县际公路 58 条 928.2 千米。其中，鲤城区 6 条 64.12 千米，惠安县 7 条 101.8 千米，晋江县 13 条 140.3 千米，南安县 8 条 156.77 千米，安溪县 8 条 204.6 千米；永春县 13 条 175.29 千米，德化县 3 条 85.32 千米。2010 年，全市有县际公路 69 条 1284.24 千米。其中，丰泽区 3 条 16.83 千米，洛江区 4 条 44.38 千米，泉港区 4 条 51.17 千米，晋江市 10 条 245.47 千米，石狮市 6 条 67.98 千米，南安 12 条 153.64 千米，惠安县 8 条 143.01 千米，安溪县 8 条 174.96 千米，永春县 7 条 126.29 千米，德化县 7 条 260.51 千米。

2010 泉州市县道公路一览表

表 7-1-1

所在县（市区）	路线名称	路线编号	起点地名	终点地名	沿线乡镇	公路里程（千米）	路面等级	路面宽度（米）
丰泽区	东北线	X302	东海中芸州	北峰招丰	东海	9.32	高级	16
丰泽区	城紫线	X303	丰泽客运站	溜石入点	泉秀	2.28	高级	23
丰泽区	洛浮线	X306	北峰	浮桥路边	北峰	5.23	高级	17
洛江区	双虹线	X304	双阳	罗溪	河市、马甲	29.57	高级	9 ～ 12
洛江区	罗东线	X305	罗溪安内	洛江与南安交界	罗溪	1.67	高级	6
洛江区	洛浮线	X306	新峰村入点	新峰村	双阳	2.23	高级	6
洛江区	辋洪线	X310	河市禾格头	坝田	河市	10.91	高级	6
泉港区	驿峰线	X311	路口	郭厝入点	涂岭、前黄、山腰、后龙、峰尾	13.02	高级	30.5
泉港区	涂南线	X312	龙头岭	倒桥	涂岭、南埔	6.53	高级	41
泉港区	涂洪线	X313	龟山岭	洛江马甲	涂岭	23.31	高级	6.0
泉港区	上郭线	X315	上西	郭厝车头	后龙、峰尾	8.31	高级	6.0
晋江市	城紫线	X303	池店溜石	紫帽紫星	池店、紫帽	16.69	高级	7 ～ 23
晋江市	池灵线	X317	池店华洲	罗山荆山	池店、青阳、罗山	19.33	高级	24 ～ 24.5
晋江市	陈磁线	X318	陈埭陈村	磁灶新安	陈埭、青阳、磁灶	26.91	高级	6 ～ 29
晋江市	陈英线	X319	青阳双沟	南安英都	青阳、磁灶、内坑	18.35	高级	9 ～ 24.5
晋江市	罗安线	X320	罗山福山	安平开发区	罗山、安海	14.64	高级	15.5 ～ 24.5
晋江市	龙英线	X321	龙湖衙口	英林加排	龙湖、英林	15.22	高级	7.5 ～ 15
晋江市	内深线	X322	内坑柑市	深沪后山	内坑、安海、东石、金井、深沪	46.63	高级	6 ～ 22
晋江市	蚶东线	X325	永和玉湖	东石三居	永和、东石	15.64	高级	6 ～ 18
晋江市	大深线	X328	安海外曾	深沪土屿	安海、永和、深沪	32.46	高级	24
晋江市	霞金线	X336	磁灶钱坡	金井玉山	磁灶、罗山、英林、金井	39.60	高级	5.5 ～ 30
石狮市	池店—灵秀	X317	华山	八中环岛	灵秀	1.53	二级	30

续表 7-1-1

所在县（市区）	路线名称	路线编号	起点地名	终点地名	沿线乡镇	公路里程（千米）	路面等级	路面宽度（米）
石狮市	宝祥—祥芝	X323	曾坑	祥芝码头	蚶江、鸿山、祥芝	14.85	二级	27.5
石狮市	宝盖—锦尚	X324	塘后	将军山	宝盖、锦尚	8.70	二级	22.5
石狮市	蚶江—东石	X325	石湖码头	彭田	蚶江、宝盖、凤里、灵秀	18.65	二级	22
石狮市	永宁—安海	X326	梅林	仕林	永宁、宝盖、灵秀	13.27	二级	24
石狮市	蚶江—永宁	X327	大厦	沙美	蚶江、鸿山、永宁	10.98	二级	7.5
南安市	江霞线	X301	江南南安入点	霞美	霞美	0.66	二级	27
南安市	罗东线	X305	S307 入点	东田	洪濑、康美、溪美、美林、东田	46.10	二—四级	16～21
南安市	辋洪线	X310	坝田	洪濑	洪濑	4.1	四级	6
南安市	陈英线	X319	立新	G324 出点	官桥	3.56	二—三级	15～17
南安市	大深线	X328	大盈	安海	水头	1.93	二级	15
南安市	金官线	X329	金淘朵桥	美林居委会	金淘、省新、美林	18.26	二级	16～21
南安市	诗康线	X330	诗山山二	朴山村	诗山、码头、梅山	20.86	四级	12～14
南安市	梅罗线	X332	梅山（竞丰）	梅山	梅山、罗东	16.10	二—四级	5.5～14
南安市	梅东线	X333	梅山（罗东维新界）	九都	罗东、九都	8.81	二—三级	10
南安市	霞金线	X336	霞美金鸡大桥	晋江前埔	霞美、官桥	16.28	三—四级	6～16
南安市	眉龙线	X337	联盟村出点	良山村入点	仑苍、英都	9.03	二—四级	7～14
南安市	岵蓬线	X347	仙夹夹际	蓬华	蓬华	7.95	四级	7
惠安县	洛浮线	X306	洛阳白沙村	洛阳陈坝	洛阳	15.3	三级	7～8
惠安县	黄东线	X307	黄塘谢厝	东园秀涂	黄塘、洛阳、东园	21.34	二级	7.5～18
惠安县	黄崇线	X308	黄塘镇	崇武	黄塘、紫山、螺阳、涂寨、山霞、崇武	31.95	二级	7.5～45
惠安县	涂斗线	X309	涂寨岩峰村	斗尾港区	涂寨、东桥、东岭、净峰	18.41	二级	18
惠安县	辋洪线	X310	辋川玉围村	南安洪濑	辋川、紫山、黄塘	24.5	二级	7～23
惠安县	—	X311	辋川钱埔	辋川小山	辋川	3.2	三级	8～12
惠安县	通港公路	X314	涂寨岩峰	百崎百崎	涂寨、张坂、百崎	22.56	二级	18～24
惠安县	东张线	X355	东园东园	张坂张坂	东园、张坂	5.75	二级	18
安溪县	金凤线	X331	福美（安溪入点）	砖文南门桥头	参内、凤城、城厢	11.33	四级	3.5～12
安溪县	眉龙线	X337	南安南源桥头	龙门桂瑶	龙门	11.38	四级	3.5
安溪县	彭蓬线	X338	蓬莱彭亭桥头	蓬莱岭南	蓬莱	5.39	四级	6
安溪县	湖漳线	X340	湖头汤头	福田	湖头、湖上、剑斗、感德、福田	27.08	二—四级	5
安溪县	长龙线	X341	长坑华美	龙涓下洋	长坑、蓝田、芦田、龙涓	61.45	三—四级	3.5～5
安溪县	西祥线	X343	西坪巨港	祥华石狮	西坪、芦田、祥华	28.90	三—四级	4～6

续表 7-1-1

所在县（市区）	路线名称	路线编号	起点地名	终点地名	沿线乡镇	公路里程（千米）	路面等级	路面宽度（米）
安溪县	杨剑线	X354	坑仔口福地村桥兜	剑斗小庵	剑斗	12.74	四级	3.5～6
安溪县	双大线	X356	虎邱双格	同安小坪	虎邱、大坪	16.69	四级	3.5
永春县	梅东线	X333	东关东美	桃城济川	东关、桃城	6.84	四级	6～12
永春县	桃仙线	X345	桃城桃溪	湖洋惠格	桃城、湖洋	32.38	四级	6～12
永春县	五盖线	X346	五里街华岩	介福	五里、介福	20	四级	5～7
永春县	岵蓬线	X347	岵山和林	仙夹夹际	岵山、仙夹	16.53	四级	6
永春县	一横线	X348	一都仙阳	横口云贵	一都、横口	19.75	四级	4～7
永春县	盖坑线	X350	呈祥西村	坑仔口西坪	呈祥、坑仔口	17.30	四级	3.5～5
永春县	杨剑线	X354	下洋上姚	坑仔口西坪洞口	下洋、桂洋、坑仔口	13.49	四级	5～7.5
德化县	五盖线	X346	塔岭	洋田	三班	35.95	四级	5.5
德化县	龙南线	X349	龙浔	南埕	龙浔	32.50	四级	6
德化县	盖坑线	X350	盖德	福阳	盖德	10.11	四级	3.5
德化县	雷春线	X351	雷峰	佛岭格	雷峰	16.10	四级	5
德化县	龙东线	X352	龙门滩	冷水坑	龙门滩	13.96	四级	5
德化县	水下线	X353	冷水坑	下刘坑	桂阳	54.56	四级	4.5
德化县	杨剑线	X354	十字格	阳山	杨梅	97.33	四级	5

二、桥梁

（一）公路桥

1991 年，泉州 100 米以上的桥梁 40 座。2010 年年底，全市专养公路桥梁 2725 座 /12.52 万米。1991—2010 年间建造的比较有代表性的桥梁如下：

1. 泉厦高速路沉州特大桥（详见卷五城乡建设第二章城市建设第一节市政建设）
2. 泉州刺桐大桥（详见卷五城乡建设第二章城市建设第一节市政建设）
3. 后渚大桥（详见卷五城乡建设第二章城市建设第一节市政建设）
4. 泉州晋江大桥（详见卷五城乡建设第二章城市建设第一节市政建设）
5. 泉州湾跨海大桥（详见卷五城乡建设第二章城市建设第一节市政建设）
6. 百崎湖大桥

百崎湖大桥位于惠安县百崎乡风浦村“五一”围垦的垦区内，横跨百崎湖，由泉州路发交通规划设计研究院及泉州城市规划设计研究院联合设计，福建省第一路工程公司承建。2005 年 9 月动工，2007 年 10 月竣工通车。大桥长 488 米，宽 40.5～43.3 米，高 10.5 米。引桥上部构造均采用预应力混凝土连续箱梁，通过现浇连续接头及张拉负弯矩钢束形成连续体系，桥跨布设为一联 5×30 米双幅桥；两岸桥台为肋式台，钻孔注桩基础；引桥下部结构桥墩采用钢筋混凝土三柱式墩身，钢筋混凝土钻孔灌注桩基础。桥梁设计荷载为汽车 - 超 20，挂车 -120。

7. 铭选大桥

铭选大桥位于安溪县城东隅，跨越兰溪，由旅外侨亲钟江海、钟明辉捐款 800 万元建造，为纪念其父钟铭选，取名“铭选大桥”，由福州大学土木建筑设计院设计，铁道部第十六局承建。1994 年 1 月动工，

1995年7月1日竣工。大桥连接城厢过溪和参内乡圆潭2个村，沟通泉安、凤参两线，构成城东环城路。大桥全长240米，车行道宽9米，两边人行道各1.5米。桥型中孔为中承式钢管拱，净跨90米；两边孔为上承式钢筋混凝土拱，净跨各48米。中孔钢管拱成弧形如彩虹。大桥设计荷载为汽车-超20，挂车-100。

8.柳城大桥

位于南安市城东埔头村，跨越晋江西溪。全长387.21米（含立交桥），桥面宽度24.6米。主桥上部结构为35米预应力砼T形梁，下部结构为直径1.5米钻孔灌注柱，双柱式桥梁，设计荷载汽车-超20、挂车-100。1994年建成通车，1997年12月启动加宽工程，1998年10月8日加宽工程竣工通车。

9.笋江大桥（详见卷五城乡建设第二章城市建设第一节市政建设）

10.顺济新桥（详见卷五城乡建设第二章城市建设第一节市政建设）

11.内格大桥

位于永春县湖洋镇石厝村，桥长228米、宽10米、高93米，单跨120米，由福建省交通规划设计院设计，省公路二公司四处施工，1996年10月开工，1997年9月建成通车，总投资1060万元。大桥跨越V形大峡谷，处于深山中，周边地势险要，两侧地形坡度约为45度，呈对称形，沟底宽度较小，约10多米宽。施工采用缆索吊装工艺，分5段预制，拱箱最大吊装重量为50吨，片立柱最大吊装重为40吨，拱箱合拢温度为15度。设计荷载为汽车超-20，挂车-100。由于车辆多、负荷大，桥面破损严重，桥身结构也存在裂缝等问题，2006年8月至11月对其进行全封闭维修，对桥立柱、横梁进行加固、桥面进行重新铺设。

12.仕公岭立交桥（详见卷五城乡建设第二章城市建设第一节市政建设）

（二）渡改桥

1.南安丰州双溪大桥

位于南安丰州镇双溪村晋江的东西溪汇合处，是渡改桥项目。大桥长153米、宽7米，为预应力砼空心板梁桥。该渡口是泉州市仅存的两个渡口之一。2003年8月进行渡改桥工程建设（2007年7月渡口取消），工程总投资300万元。

2.南安丰州大桥

位于霞美镇杏埔村，主桥长464.62米，桥头接线507.96米，宽12米，为预应力砼T形梁空心板梁桥。工程总投资1644万元，于1995年10月开工，其间因资金和设计问题经多次停工、复工，2001年9月告竣，渡改桥项目完成。

三、隧道

1991年，全市没有公路隧道。至2010年年底，全市有普通公路隧道15座（不含高速公路隧道）、下穿通道3座。

（一）公路隧道

1.南安梅花岭隧道

位于南安至官桥公路梅花岭越岭地段，长818米，1993年4月27日开工，1994年10月15日通车，是南安市第一座公路隧道，总投资2400万元。

2.安溪龙门隧道

位于省道西厦线（S206）安溪县境内，长1006米、宽10.5米、高7米，双向两车道，设计行车时速40千米/时，为直墙式、单心圆拱结构。1993年开工，1995年5月建成通车，工程总造价2100万元。该隧道建成通车后，安溪通往厦门缩短里程13千米。

3.永春东关隧道

位于省道秀里线（S306）永春县境内，长278米、宽10.5米、高7米，双向两车道，设计时速40千米/时，为双心圆拱结构。1994年2月开工，1997年12月建成通车，工程总投资560万元。

4. 永春下洋隧道

位于省道秀里线（S306）永春县境内，长825米、宽10.5米、高7米，双向两车道，设计时速40千米/时，为双心圆拱结构。1996年9月5日开工，1997年12月建成通车，总投资1500万元。

5. 永春青溪隧道

位于省道秀里线（S306）永春县境内，长311米、宽8.5米、高7米，双向两车道，设计时速40千米/时，为双心圆拱结构。1993年1月开工，1998年10月建成通车，总投资600万元。

6. 南安保福岭隧道

位于县道金官线（X329）南安市境内，长959.4米、宽12米、高7.36米，双向两车道，设计行车时速40千米/时，为双心圆拱结构。1998年2月12日开工，1999年12月18日通车，总投资1.28亿元。

7. 洛江朋山隧道

位于省道东石线（S307）洛江区境内，长1320米、宽10.5米、高5米，双向两车道，设计行车时速60千米/时，采用新奥法设计与施工，为曲墙式、单心圆拱结构。1999年1月10日开工，2000年3月建成通车，总投资7600万元。

8. 永春芳草格隧道

位于省道203线永春境内K294+395处，长180米，净宽9+2×0.75米，净高7米。2000年1月开工，2001年8月建成通车，总投资360万元。

9. 南安深格隧道

该隧道位于县道罗东线（X305）南安市境内，长1713米、宽12米、高7.4米，双向两车道，设计行车时速为40千米/时。按新奥法原理（在利用围岩本身所具有的承载效能的前提下，采用毫秒爆破和光面爆破技术，进行全断面开挖施工，并以形成复合式内外两层衬砌来修建隧道的洞身，即以喷混凝土、锚杆、钢筋网、钢支撑等为外层支护形式，称为初次柔性支护，系在洞身开挖之后必须立即进行的支护工作）进行设计与施工，为三心圆拱结构。1999年12月18日开工，2002年5月1日通车，工程总投资4006万元。工程建成后，拉近南安与厦门的距离。

10. 洛江金光隧道

位于洛江万虹公路马甲至罗溪段，长769米，2006年1月动工，2007年10月1日竣工通车。总投资2174万元。

11. 德化九仙山隧道

位于省道西厦线（S206）德化县境内，长391米、宽10米、净高5米，双向两车道，设计时速40千米/时。2007年2月动工，2008年2月建成通车，总投资1500万元。

12. 德化深海格隧道

位于省道203线德化境内，长500米、宽10米、净高5米，双向两车道，设计时速40千米/时。2010年5月开工，2011年11月竣工。

13. 德化石冻岐隧道

位于省道206线德化境内，长136米、宽10米、净高5米，双向两车道，设计时速40千米/时。2008年3月10日开工，2009年12月建成通车，总投资480万元。

14. 永春石门格隧道

位于省道306线永春境内，长559米（永春县境内200米，其余在大田县境内）、宽10.5米、净高7米，1997年1月通车。

15. 永春古岭隧道

位于省道306线永春境内，长17米、宽9米、净高7米。1993年2月开工，1997年12月建成通车，总投资250万元。

（二）下穿通道

1. 省道 307 线西湖路段下穿通道

通道长 741 米，设计标准为城市Ⅰ级主干道，设计车行速度为 50 千米 / 时。2003 年 11 月开工，2004 年 12 月竣工。

2. 坪山路下穿通道

通道长 700 米，设计标准为城市Ⅰ级主干道，设计车行速度为 50 千米 / 时。2004 年 6 月 20 日开工，2005 年 1 月 30 日竣工。

3. 泉州大桥桥南立交桥主线下穿通道

通道长 523.242 米，设计标准为城市 II 级主干道，设计行车时速 40 千米 / 时。2006 年 4 月 10 日开工，2007 年 7 月 9 日建成通车。

第二节 水 路

一、港口

泉州位于中国东南沿海，海岸线长 541 千米，规划港口自然岸线 113.7 千米，其中深水岸线长达 57.2 千米。可建设万吨级（含）以上深水泊位 158 个，其中可建 5 万吨级（含）以上深水泊位 88 个。规划综合通过能力可达 5.682 亿吨，其中集装箱 1990 万标箱。

1991—1995 年，泉州港口建设投资 1.76 亿元，建成码头 19 个、1000 吨以上泊位 28 个。

1996 年始，按照泉州港“发展中心港口、建设大型泊位”的总体规划，进行“上规模、大型化”的码头建设，并开始建设集装箱码头，完善码头的配套设施。

1996—2010 年，共投资港口建设 59.44 亿元，建成投产码头 35 个，1000 吨以上泊位 37 个。

1991—2010 年，泉州港建成投产码头 69 个、泊位 90 个，其中万吨级以上深水泊位 18 个。拥有福建省最大的斗尾作业区 30 万吨级原油专用码头；专用集装箱泊位 6 个，最大靠泊能力 10 万吨级。基本形成以肖厝、斗尾和泉州湾为中心港区，大中小码头泊位优势互补、配套设施比较完善、分工比较明确的码头群体。

（一）港区

1. 肖厝港区

位于泉州市泉港区南埔镇沙格村，港区范围北起白埕礁，经横屿向南 5 千米以西，岸线总长 14.6 千米，面积 3430 万平方米；陆域东起沙格水产站，南至瑞云殿，西北临海边，面积 5.4 万平方米，可建万吨级以上泊位 24 个。

1996 年，肖厝口岸作为国家一类口岸，正式对外开放。自此，肖厝正式开辟为一个新港口，成为泉州港三大港区（肖厝港区、斗尾港区、泉州湾港区）之一。

2007 年，泉州港肖厝港区确定由肖厝、鲤鱼尾 2 个作业区及峰尾作业点组成。该港区是泉州港对外水运主要综合作业区，以服务石化基地为主，同时承担装卸杂货、煤炭、粮食、铁矿砂、工业盐等。

至 2010 年，肖厝港区年通过能力为 1647 万吨；仓库及堆场面积 6.27 万平方米；码头已利用自然岸线长 26.1 千米，其中深水岸线 12 千米。水域面积 390 万平方米，陆域面积 131 万平方米。

2. 斗尾港区

位于湄洲湾西南岸辋川溪入海口右岸，地处惠安县净峰镇斗尾，港区范围北起辋川镇开发区，南至崇武镇大岞村外的妈祖印礁，自然岸线长 29.3 千米（含黄干岛岛屿岸线），水域 4 万平方米，水深条件较好，是福建省为数不多的天然深水良港之一。斗尾港区是 2007 年形成的港区，是泉州市中心港口之一，由斗尾、外走马埭 2 个作业区和小岞作业点组成，分为液体化工码头作业区、修船造船作业区、油品码头作业区、散杂货码头作业区。外走马埭与斗尾作业区主要以发展液体化工品厂区、仓储用地、集疏运，以及综合物流区为主；小岞作业区则主要发展散杂货。

3. 泉州湾港区

位于泉州湾西北岸晋江与洛阳江汇合处。港区范围东起祥芝灯塔，西至泉州顺济桥，北至惠安洛阳桥，自然岸线长达68千米，水域面积166平方千米，陆域面积152.5万平方米。泉州湾港区是泉州港的老港区，由秀涂、石湖、祥芝、后渚、锦尚5个作业区及崇武、内港、大岞3个作业点组成，是闽南三角地区内外贸易的主要口岸之一，泉州湾历史悠久，湾内的后渚港区被誉为“中世纪世界第一大港”，是“海上丝绸之路”的起点之一。泉州湾港区是泉州市的中心港区，担负着泉州市所属区、县的物资集散和外贸进出口，是泉州港集装箱通过能力最大的港区。港区与广州、香港、浙江、上海、山东等地的港口有货物对流，与上海、香港有定期货班轮，同30多个国家和地区有贸易往来。是泉州港百吨以上至5万吨级船舶进行海河、海铁、海公、海海运输的交通运输枢纽。

4. 深沪湾港区

位于泉州湾口西南侧，是一个自然海湾，湾口介于深沪角和永宁嘴之间，向东敞开，略呈半圆形，东濒临台湾海峡，距泉州湾和围头湾各约22.2千米。港区范围北起点为永宁镇北侧的观音山，沿北岸向湾内环绕至南岸深沪镇东侧的塔屿，自然岸线长7.7千米。该港区分深沪、梅林作业区，分别担负晋江市、石狮市货物进出口业务，其中深沪作业区为国家一类口岸。深沪湾港区是泉州港港口规模最小的港区，对外贸易少，主要作为中外往来船舶避风港。

5. 围头湾港区

围头湾位于泉州湾的西南侧，厦门港东侧约30海里，湾口介于围头角和金门岛之间，该湾东北背靠大陆，西南面向金门岛；北接安海港，西部与东石相连。港区范围东起金井镇南侧的围头角，向西延至与厦门市交界的石井镇菊江村，自然岸线长11.8千米。港区分围头、石井、安海（水头）、东石、菊江5个作业区（其中围头作业区为闽台贸易商货海运集散口岸之一，1998年省政府批准为国轮外贸运输装卸点，2006年8月获国务院批准为一类对外开放口岸，口岸设有检查检验机构；石井作业区为对台贸易口岸之一；东石作业区为省政府批准为国轮外贸运输装卸点，国家二类口岸），主要服务于晋江市、南安市的地区经济发展，承担着两市的物资集散、外贸及对台进出口，与金门有贸易往来。

（二）码头、泊位

1. 肖厝港区码头、泊位

1991—2010年，肖厝作业区建设投产码头5座泊位5个，码头全部为万吨级以上大型码头，其中最大为7万吨级散杂货码头。鲤鱼尾作业区建设投产码头14座泊位16个。其中，10万吨级大型码头2座，3万吨级大型码头1座；峰尾作业点因渔业生产需要，主要作为地方渔业港口。

2. 斗尾港区码头、泊位

1991—2010年，斗尾作业区建设投产青兰山30万吨级原油专用码头1座，泊位1个；外走马埭作业区码头、泊位在建；小岞作业点因渔业生产需要，主要作为地方渔业港口。

3. 泉州湾港区码头、泊位

1991—2010年，秀涂作业区码头、泊位尚未开工建设；石湖作业区建设投产1000吨～10万吨码头9座、泊位9个，主要承担集装箱、件杂货装卸、成品油装卸；祥芝作业区没有新建码头、泊位；后渚作业区建设投产码头3座、泊位4个，作业区综合通过能力248万吨，包括散杂货通过能力129万吨、集装箱14万标箱、客运5万人次；锦尚作业区建设投产码头1座、泊位2个；崇武作业点、内港作业点没有新建码头、泊位；大岞作业点主要作为地方渔业港口。

4. 深沪湾港区码头、泊位

1991—2010年，深沪作业区建设投产5000吨码头和万吨级多用途重力式沉箱结构码头2座、泊位2个，前方货物堆场面积2.5万平方米、仓库建筑面积2500平方米，后方货物堆场面积两万平方米、液体化工原料罐区可容纳两万吨，配有门座式起重机5台，流动吊机、叉车、装载机等各类平面运输机械；梅林作业区建设投产500吨级码头和5000吨级对台技改码头2座、泊位3个，码头水、电设备齐全，配备有16吨电吊1台、50型装载机3台、10吨～30吨门座式吊机3台、100吨地磅2台，仓库3000平方米。

5. 围头湾港区码头、泊位

1991—2010年，围头作业区建设投产码头3座、泊位3个，作业区有集装箱堆场11万平方米，内、外贸拆箱仓库各1座，有2000型集装箱装卸桥吊2台、门式起重机3台、正面吊机3台、堆高吊机1台及其他各类装卸搬运机械近百台，并全面实行计算机网络管理；石井作业区建设投产500吨～5000吨码头15座、泊位17个，泊位岸线长度1878米，综合通过能力365万吨；安海（水头）作业区建设投产码头7座、泊位19个（其中安海桂林日盛码头2004年停用），泊位岸线长度1035米，年通过能力160万吨；东石作业区建设投产码头6座、泊位8个；菊江作业区建设投产码头1座、泊位1个，码头长度84米。

1991—2010泉州市港口码头一览表

表7-1-2

港区	作业区	码头名称	结构形式	投产年份	码头长度（米）	泊位（个）	靠泊能力（吨级）	用途
肖厝港区	肖厝作业区	肖厝三梅万吨级码头	重力式	2003年	140	1	10000	多用途
		肖厝三梅码头五万吨级码头	重力式	2003年	290.8	1	50000	多用途
		国电福建南埔电厂煤码头	重力式	2005年	280	1	50000	煤炭
		肖厝岸壁码头	重力式	2006年	280	1	70000	散杂货
		肖厝作业区4号码头	重力式	2009年	300	1	50000	多用途
	鲤鱼尾作业区	鲤鱼尾福炼油10万吨级码头	重力式	1992年	297	1	100000	成品油
		鲤鱼尾福炼油5000吨级码头	重力式	1992年	235	1	5000	成品油
		鲤鱼尾福炼油3000吨级码头	重力式	1992年	145	1	3000	成品油
		鲤鱼尾福炼油1000吨级码头	重力式	1992年	102	1	1000	成品油
		辋川盐业码头	简易	1998年	150	3		通用件杂货
		鲤鱼尾泰山石化5000吨级液化码头	高桩式	2006年	150	1	5000	液化
		鲤鱼尾泰山石化3000吨级液化码头	重力式	2006年	175	1	3000	固化
		福炼油码头成品油改扩建5000吨码头1号位	高桩式	2009年	223	1	5000	成品油
		福炼油码头成品油改扩建5000吨码头2号	高桩式	2009年	223	1	5000	成品油
		福炼油码头成品油改扩建3000吨级码头1号	高桩式	2009年	223	1	3000	成品油
		福炼油码头成品油改扩建3000吨级码头2号	高桩式	2009年	223	1	3000	成品油
		东港石化码头储运工程3万吨级码头	高桩式	2010年	290	1	30000	液化
		东港石化码头储运工程2000吨级码头	高桩式	2010年	110	1	2000	液化
		福建泰山石化仓储发展有限公司码头	高桩式	2010年	359	1	100000	液化

续表 7-1-2

港区	作业区	码头名称	结构形式	投产年份	码头长度（米）	泊位（个）	靠泊能力（吨级）	用途
斗尾港区	斗尾作业区	福炼原油码头 30 万级码头	钢筋混凝土沉箱箱	2009 年	497	1	300000	油、液化散货
泉州湾港区	石湖作业区	石湖万吨级码头	重力式	1998 年	200	1	10000	集装箱
泉州湾港区	石湖作业区	大坠岛石材码头	简易	1999 年	91.5	1	8600 吨	石材
泉州湾港区	石湖作业区	石湖 3000 吨级杂货码头	重力式	1999 年	115	1	3000	通用件杂货
泉州湾港区	石湖作业区	石湖 3 万吨级码头	重力式	2002 年	300	1	30000	集装箱
泉州湾港区	石湖作业区	石湖中油油库专用油万吨级码头	高桩梁板	2002 年	250	1	10000	成品油
泉州湾港区	石湖作业区	石湖中油油库专用油 3 千吨级码头	高桩梁板	2002 年	150	1	3000	成品油
泉州湾港区	石湖作业区	石湖中油油库专用油千吨级码头	高桩梁板	2002 年	100	1	1000	成品油
泉州湾港区	石湖作业区	石湖码头扩建技改二期工程	重力式	2005 年	354	1	50000	集装箱
泉州湾港区	石湖作业区	石湖作业区 4 号码头	重力式	2009 年	350	1	100000	多用途
泉州湾港区	后渚作业区	后渚 1000 吨级杂货码头	高桩式	1996 年	100	1	1000	通用件杂货
泉州湾港区	后渚作业区	后渚 5000 吨级集装箱码头	高桩式	1997 年	266	2	5000	集装箱
泉州湾港区	后渚作业区	后渚港丰 3000 吨级石化码头	高桩式	2004 年	130	1	3000	成品油
泉州湾港区	锦尚作业区	福建石狮鸿山热电厂煤码头	重力式	2010 年	310	2	100000	煤炭
深沪湾港区	深沪作业区	深沪 5000 吨级码头	重力式	1995 年	145	1	5000	多用途
深沪湾港区	深沪作业区	深沪万吨级码头	重力式	2000 年	230.85	1	10000	多用途
深沪湾港区	梅林作业区	梅林 500 吨级码头	重力式	1993 年	98.2	2	500	通用件杂货
深沪湾港区	梅林作业区	梅林 5000 吨级对台技改码头	重力式	1998 年	150	1	5000	多用途
围头湾港区	围头作业区	围头闽台贸易码头	重力式	1998 年	205.9	1	10000	集装箱
围头湾港区	围头作业区	长城石化码头	简易	1999 年	130	1	3000	成品油
围头湾港区	围头作业区	围头作业区 3 号码头	重力式	2009 年	441	1	50000	多用途
围头湾港区	石井作业区	中兴石油（原南燃）码头	高桩式	1995 年	76	1	1000	成品油
围头湾港区	石井作业区	石井 500 吨级技改码头	重力式	1997 年	120	2	500	通用件杂货
围头湾港区	石井作业区	石井 5000 吨级码头	重力式	1998 年	172	1	5000	多用途
围头湾港区	石井作业区	石井新锦江 3000 吨级码头	高桩式	2000 年	140	1	3000	成品油
围头湾港区	石井作业区	石井海洋船舶物资 3000 吨级油码头	高桩式	2000 年	130	1	3000	成品油
围头湾港区	石井作业区	石井龙田 3000 吨级油码头石井新锦江特种油码头	高桩式	2001 年	140	1	3000	成品油
围头湾港区	石井作业区	石井新锦江特种油码头	高桩式	2002 年	130	1	3000	成品油
围头湾港区	石井作业区	石井成功盘兴 3000 吨级油码头	高桩式	2002 年	130	1	3000	成品油
围头湾港区	石井作业区	石井龙祥码头 1000 吨级码头	高桩式	2002 年	145.86	1	1000	通用件杂货
围头湾港区	石井作业区	石井龙祥码头 2000 吨级码头	高桩式	2002 年	145.86	1	2000	通用件杂货
围头湾港区	石井作业区	石井龙祥码头 500 吨级码头	高桩式	2002 年	65.7	1	500	通用件杂货

续表 7-1-2

港区	作业区	码头名称	结构形式	投产年份	码头长度（米）	泊位（个）	靠泊能力（吨级）	用途
围头湾港区	石井作业区	石井宏展码头	高桩式	2004 年	93	1	2000	成品油
		石井客运码头	重力式	2006 年	190	2	500	客运
		石井作业区二期 5000 吨级码头	重力式	2009 年	201	1	5000	通用件杂货
		泉州港石井客运码头	浮码式	2010 年	50	1	—	客运
	安海（水头）作业区	水头建源码头	简易	1997 年	120	2	500	通用件杂货
		水头蓬莱码头	简易	1997 年	90	2	500	通用件杂货
		水头顺发码头	简易	1997 年	285	5	500	通用件杂货
		水头闽海码头	简易	1997 年	120	2	500	通用件杂货
		水头顺达码头	简易	1997 年	100	2	500	通用件杂货
		安海桂林日盛码头	简易	1997 年 2004 年停用	80	2	—	通用件杂货
		安海安平码头	简易	1998 年	240	4	2000	通用件杂货
	东石作业区	晋江东石永盛 1000 吨级码头	高桩式	1999 年	1502	2	1000	通用件杂货
		东石杂货 2000 吨级码头 2 号泊位	高桩式	2000 年	51.3	1	2000	通用件杂货
		晋江东石永盛 2000 吨级码头	高桩式	2001 年	130	2	2000	通用件杂货
		东石杂货码头 2000 吨级扩建码头	高桩式	2003 年	58	1	2000	通用件杂货
		东石石化 1000 吨级码头	高桩式	2004 年	86	1	1000	石化
		东石良兴码头	高桩式	2006 年	120	1	2000	通用件杂货
	菊江作业区	菊江杂货码头	高桩码头	2005 年	84	1	1000	通用件杂货

二、航道

中华人民共和国成立初期，泉州港所辖进港航道都处于自然通航条件，只适航于百吨以下的船舶。1991 年起，为适应运输船舶的大型化和泉州经济的快速发展，重点开展泉州湾、湄洲湾、围头湾航道建设，提高通航等级。2007 年年底，建成湄洲湾一期航道工程；2008 年 11 月建成湄洲湾 30 万吨级（公共）航道；2010 年 3 月，建成泉州湾石湖至湾口航道工程；2010 年上半年建成围头湾 10 万吨级通海航道工程（湾口至围头码头）、围头湾口至石井作业区 5000 吨级航道。

（一）通海航道

泉州港所辖通海航道包括湄洲湾、泉州湾、深沪湾、围头湾航道，进港航道通航里程 126.5 千米。其中，泉州湾、深沪湾、围头湾共 69.7 千米，湄洲湾 56.8 千米。

1. 湄洲湾航道

湄洲湾位于福建沿海中部，是福建沿海较大的海湾之一，北邻兴化湾，南邻泉州湾。湾内三面为山丘环抱，湾口朝向东南，由湾口深入内陆约 33 千米，由湄洲岛、大竹岛、小竹岛、大生岛、盘屿、横屿、罗屿等岛屿形成 3 道屏障，掩护条件优越，水深港阔。海岸线全长 187 千米，面积 424 平方千米。口门进港航道水深为 20 ～ 40 米，大生岛至内澳航道水深在 13 米以上，除大生岛附近有暗礁需要设标助航外，进港航道不受潮水限制可自由通航 5 万吨级船舶。

2006 年，湄洲湾建设一期航道工程，工程项目有航道疏浚、炸礁、灯标浮鼓抛设和移位，建设标准为全天候通航 10 万吨级海轮。

2007 年 8 月，湄洲湾 30 万吨级（公共）航道开工建设。2008 年 11 月通过验收并投入使用。湄洲湾 30 万吨级航道建设与湄洲湾深水航道一期工程的后期同步实施。该航道全程长度共 38.72 千米，为 30 万吨级油船乘潮通航的单向航道，设计代表船型为 30 万吨级原油船。

2010 年，湄洲湾航道二期工程在建。

2. 泉州湾航道

泉州湾位于崇武东部的大岞与祥芝角一线的西部海域、向东南敞开，宽约 18.52 千米，向西北纵深约 22.2 千米，湾内浅滩发育，岛礁众多。其中，公牛礁、小坠岛、大坠岛、西屿等岛屿呈北北东向横亘于湾内，把内外湾分割成四个汊道。大坠门水道是以前海轮进出港的主要通道，1987 年后改为小坠门水道。

1996 年，后渚通海航道整治一期工程动工，整治后水深 4.5 米，航宽 100 米，航道通航等级为乘潮通航 5000 吨级海轮。

1997 年，改造后渚通海航道导航设施（灯浮、导标），设置发光设备，实现夜航。

1998—2002 年，实施石湖万吨级航道建设，主要实施小坠门航段炸礁清淤，整治后小坠门航道水深 9.5 米、航宽 120 米。实现湾口至石湖乘潮通航 3 万吨级海轮。

2007 年，实施泉州湾石湖至湾口深水航道建设，2010 年 3 月完工，工程投资 1.7 亿元。工程完工后小坠门航道水深 14 米，航宽 160 米。泉州湾口至石湖乘潮可通航 10 万吨级海轮。

2010 年，泉州湾通海主航道通航里程为 35 千米（泉州内港顺济桥至小坠门外湾口）。其中，泉州湾 3 万吨级航道（从口外引航联检锚地至石湖港区）13 千米，后渚 5000 吨级通海航道（从石湖至后渚港区）8.8 千米，泉州内港 1000 吨级通海航道（从沪坑口外至泉州内港作业区）13.2 千米。

3. 深沪湾航道

深沪湾位于泉州湾的西南角，湾口介于深沪角和永宁咀之间，向东敞开，宽约 5.19 千米，纵深约 3.704 千米，略呈半圆形。湾之中部水深 5～9 米，水深变化较有规则，向内渐浅。深沪湾航道通航里程 10.2 千米。其中，梅林码头至深沪 5000 吨级航道 3.8 千米，深沪至湾口万吨级航道 6.4 千米。

4. 围头湾航道

围头湾口介于围头角和金门岛之间。湾内水域开阔，但海底极复杂。除湾口附近外，湾内充塞着大片泥滩。安海史称“安平港”，古代曾是泉州著名港口之一。围头湾主航道通航里程为 41.7 千米。其中，水头至石井 500 吨级航道 9.8 千米，石井至围头 5000 吨级航道 18.5 千米，石井至金门客运航道 13.7 千米。

2010 年泉州港港口航道情况表

表 7-1-3

序号	港区名称	航道名称	航道起点名称	航道讫点名称	航道长度（千米）	航道等级（吨级）		是否为双向航道	航道水深（米）	航道宽度（米）	乘潮历时（小时）	航道乘潮水位（米）	航道底质
						乘潮	不乘潮						
1	斗尾作业区	30 万吨原油码头航道	湾口	斗尾	11.83	10 万～30 万	—	否	21.0	500～750	2～2	3～3	岩石底
2	沙格作业区	湄洲湾公用航道	斗尾	沙格	31.21	—	10 万	否	14.5	300	—	—	岩石底
3	肖厝作业区	洋屿支航道	蜂尾锚地	洋屿	1.73	10 万	—	否	10～13	250	2～2	3～3	岩石底

续表 7-1-3

序号	港区名称	航道名称	航道起点名称	航道讫点名称	航道长度（千米）	航道等级（吨级）		是否为双向航道	航道水深（米）	航道宽度（米）	乘潮历时（小时）	航道乘潮水位（米）	航道底质
						乘潮	不乘潮						
4	石湖作业区	后渚三万吨航道	湾口	石湖	13.44	3万	—	否	9.5～12	160	2～2	3～3	岩石底
5	后渚作业区	后渚五千吨航道	石湖	后渚	8.81	5000	1000	否	4.2～4.6	80～100	2～2	3～3	泥沙底
6	后渚作业区	大坠航道	湾口	石湖	11.02	5000	1000	否	4.5～5	80～100	2～2	3～3	岩石底
7	内港作业区	内港航道	秀涂	顺济桥	13.71	500～1000	—	否	黄（1.0）	66	2～2	3～3	泥沙底
8	深沪作业区	深沪航道	深沪1号锚地	深沪码头	3.47	10000	3000	否	7.5	150～220	2～2	3～3	岩石底
9	梅林作业区	梅林支航道	梅1	梅2	1.63	5000	—	否	9.5	160	2～2	3～3	泥沙底
			梅2	梅林码头	0.70	5000	—	否	5.5	120	2～2	3～3	泥沙底
10	围头作业区	围头湾十万吨航道	湾口	二号锚地	2.50	5万～10万	1万～2万	否	10.0	250	2～2	3～3	泥沙底
11	石井作业区	围头湾五千吨航道	围头	石井	18.82	5000	1000～3000	否	5.6	100	2～2	3～3	泥沙底
12	东石作业区	安海湾航道	石井	东石	5.97	2000	—	否	2.0	50～70	3～2	3～3	泥底
13	安平作业区	安海湾航道	东石	安平	3.15	500	—	否	0.3	60	3～2	3～3	泥底
14	水头作业区	安海湾航道	东石	水头	1.26	500	—	否	0.2	60	2～2	3～3	泥底
15	石井客运码头	泉州南安至金门航道	石井	8号灯浮	20.62	500（泉州轮专用）	—	否	3.0	100	2～2	3～3	岩石底
16	菊江作业区	菊江航道	石井	菊江码头	10.60	3000	1000	否	2.0	80	2～2	3～3	岩石底

（二）内河航道

泉州市境内内河主要有晋江、洛阳江和闽江（支流大樟溪）三大水系，大小河流多达34条，总长1620千米。大部分河流不通航。1991—2010年期间，主要河流航道有晋江干流航道、晋江东溪航道、晋江西溪航道、洛阳江航道、后渚航道、大樟溪航道等。

1.晋江水系航道

晋江是福建省主要河流之一，其中上游有东溪、西溪。东溪发源于德化县云格路，流经永春县境后，在今南安市英兜双溪口与西溪会合。西溪亦名清溪、碧溪，发源于安溪县桃舟乡达新村梯仔岭东南坡，流经安溪，至南安双溪口与东溪会合。双溪口以下为晋江干流。晋江干流从南安丰州进入泉州市区，在蟳埔入海。水系航道总里程250.64千米，通航里程111.34千米。晋江水系航道主要包括晋江干流航道，晋江西溪，晋江东溪及其支流山美库区航道、晋东内河航道，北渠航道。江中有水利闸坝16座。其中，仅1座建有船闸，其余15座均无船闸，阻碍航运。晋江入海口平均潮差在4米以上，可乘潮通航500吨级海轮。

（1）晋江干流航道

晋江干流航道从秀涂至双溪口航道里程 32.33 千米，分 3 个航段。其中，秀涂到顺济桥段又称为泉州内港，里程 14.41 千米，水深 1.60 米，航宽 66 米，可乘潮通航 500 ～ 1000 吨级海轮，为四级航道；顺济桥至金鸡拦河闸航段，位于泉州市区，航段里程 10.55 千米，航宽 12 米，水深 1.10 米，航道最小弯曲半径 90 米，为七级以下航道，可通航，有枢纽 1 座，即金鸡拦河闸。2006 年起不通航。金鸡拦河闸至双溪口航段位于南安市境内，航段里程 7.37 千米，航宽 60 米，水深 1.20 米，为七级以下航道，是金鸡拦河闸形成的库区航道，可通航。过河建筑物有桥梁 1 座，达标。未配布航标。

（2）晋江东溪航道

晋江东溪自永春以下至南安九都一段。水流急，溪底多岩礁。第一次航道普查，通航里程 41.1 千米，分段通航里程 23.6 千米，季节通航里程 13 千米，有水利闸坝 10 座，均未建通航设施。

（3）晋江西溪航道

西溪较东溪流深，安溪以下溪底为沙质，利于通航。南安境内的晋江西溪双溪口至英溪航道。1979 年，第一次内河航道普查，航道通航里程 75.9 千米。2002 年，全国第二次内河航道普查，航程 26.99 千米，分为 2 个航段。航道内水深 0.70 ～ 0.90 米，航宽 6 ～ 10 米，为七级以下航道，可通航。航道内未配布航标。航道内过河建筑物有桥梁 10 座和过江电缆 3 条，均达标。

（4）山美库区航道

从山美水库大坝至武功桥，航道里程 21.07 千米，分为 2 个航段。山美水库大坝至东关大桥航段，位于南安市境内，航段里程 18.14 千米，航宽 35 米，水深 2 米，为五级航道，可通航，属自然航道，没有配布航标，过河建筑物有桥梁 1 座。该航段为水库库区航道，以旅游及轮渡为主，主要通航游艇及渡轮。东关大桥至武功桥航段，位于永春县境内，为山美水库的尾水区域，航段里程 2.93 千米，航宽 5 米，水深 0.50 米，为七级以下航道，过河建筑物有桥梁 3 座，属自然航道，没有配布航标，主要通航游艇。

（5）晋东内河航道

晋东内河航道包括九十九溪和南渠，九十九溪航道于 20 世纪 80 年代已不能通航。1991—2001 年仅有南渠通小船。南渠通航里程 15 千米，航道水深 2 米，通航 5 ～ 15 吨木船。2002 年全国第二次内河航道普查时，为七级以下航道，里程 11.4 千米，水深 0.70 米，航宽 8.00 米。该航道为人工引水渠道，从晋江干流金鸡拦河闸南岸引流至鲤城区、晋江市、石狮市，是这三市（区）的主要工农业和生活用水的水源，且该渠道大部分处于城区，各种桥梁、供水管道、排污管道、电线电缆等过河建筑物繁多，有的过河管道净空不足 0.3 米。为保护水资源环境，2002 年泉州市政府严禁一切船舶在南渠通航。

2. 洛阳江水系航道

洛阳江位于泉州市境内，分为两条航道，分别为洛阳江航道和后渚航道，航道里程合计 28.61 千米。

（1）洛阳江航道

洛阳江航道起自洛阳桥闸经村兜至云庄桥，航道位于惠安县境内，里程 7.03 千米，航宽 30 米，水深 1.20 米，为六级航道，均为自然航道，没有配布航标。有桥梁 2 座，均达标。该航道为洛阳桥闸拦河形成的水库库区航道，主要通航游艇，兼有少量运载沙石等建材的船舶。

（2）后渚航道

后渚航道主要是从后渚港区至石湖通海航道，航程 8.8 千米。

3. 闽江水系大樟溪支流航道

大樟溪是闽江下游最大支流，发源于德化县赤水镇的戴云山，源头为国宝溪，德化至南埕称浐溪，南埕以下称大樟溪，有后亭溪、潼关溪等汇入。大樟溪支流航道，包括水口航道、南埕航道、石垄溪航道，航道里程共 16.54 千米，水深 0.50 米，航宽 5 ～ 6 米，为七级以下航道，可通航，过河建筑物共有桥梁 3 座。均为季节性旅游航道。

三、渡口

泉州市水路网络比较发达，为出行方便，历史上泉州各港湾和晋江流域曾设置146个渡口，由于道路交通的发展和河道淤积废弃，渡口逐渐减少。至1990年年底，全市有海湾及内河的渡口71个。

1991年后，泉州市渡口变迁较大，管理也不规范。1998年3月5日，市政府发出《关于进一步加强乡村船舶安全管理责任制的通知》，明确由乡（镇）人民政府负责渡口的设置、迁移、撤销和渡运航线的审查，并报当地县（市、区）人民政府批准。按照市政府通知的要求，各县（市、区）由所在交通局牵头对辖区内的渡口进行调查整顿，审批手续不完备的渡口重新补办手续。2001年7月31日，通过整顿登记，由县（市、区）人民政府批准的渡口有33个，经检验发证并核定载客人数的渡船有43艘。

2001年7月后，泉州市继续实施建桥撤渡工程并随着乡村道路交通迅速发展，渡运逐渐被道路运输取代，原来的渡口又先后被撤销。

2007年12月，泉州市只剩2个渡口，即泉港区肖厝渡口和南安市变电站渡口。

肖厝渡口位于泉港区南埔镇肖厝村，肖厝渡口有两条渡运航线：肖厝—惠屿和肖厝—秀屿。肖厝—惠屿是惠屿岛居民往返大陆的唯一渡口。肖厝村的渡口码头为钢筋混凝土架构，因年久失修，损坏严重。1999年11月由省、市、区交通主管部门投资重新修建，2000年5月竣工投入使用，重建后的码头可供100吨级客渡船停靠。惠屿村陆岛交通码头于1997年10月开工建设，1999年6月竣工投入使用，该码头可供100吨级客渡船停靠。肖厝渡口有“闽泉州惠屿渡1”（核定载客37人）和“闽泉州肖厝渡1”（核定载客40人）两艘，均系木质机动渡船。

变电站渡口位于南安市九都镇新东村，渡船系“闽泉州0818”，核定载客19人。渡运航线为变电站—金奎—红星—天桥。

2010年，肖厝渡口、变电站渡口航线不变。

第三节 铁 路

一、漳（平）泉（州）肖（厝）铁路

漳泉肖铁路西起鹰厦线漳平市以南20千米的梅水坑车站，向东经漳平市芦芝乡大深村，从安溪县福田乡后坪山进入泉州市境内，经安溪县、南安市、丰泽区、洛江区、惠安县，止于泉港区南埔镇肖厝火车站，全长239.5千米。其中，梅水坑—泉州东—肖厝正线203.12千米，天湖山支线23.63千米，肖厝港支线12.53千米，联络线0.22千米。漳泉肖铁路营业里程244千米，全线共设置19个车站，泉州境内18个。其中，安溪县9个、永春县1个、南安市3个、丰泽区2个、惠安县1个、泉港区2个。

1991年年底，梅水坑至安溪湖头段、天湖山支线基本建成。1992年9月7日，漳泉铁路湖头—泉州东—肖厝段（含肖厝支线、后渚港专用线）开工建设，1997年年底建成（其中肖厝至施厝的肖厝支线于1996年5月建设动工，1999年4月建成，长7千米）。该铁路段全长143.8千米，由铁道部和省政府共同投资，并利用日本政府海外经济协会（后改为日本国际银行）贷款修建，为福建省第一条合资铁路，由泉州市漳泉肖铁路指挥部负责建设，总投资16.69亿元。1998年12月，该铁路正式运营，并入全国铁路网。

2003年，漳泉肖铁路线路延展长度293.91千米。其中，正线233.75千米，站线60.16千米。道岔230组、道口44处，桥梁136座1.41万米，隧道90座3.54万成洞米（桥梁、隧道各部位完成按折合系数计算桥梁、隧道完成长度的一种统计方法），涵渠911座1.98万米，另有代维修专用线12条19.46千米。

2007年4月，施厝至沙格港区5.61千米（其中，肖厝支线2.3千米，通港铁路3.31千米）动工建设，9月29日试通车，12月14日编组运营，在福建省首次实现火车通至深水港区码头泊位。至此，漳泉肖铁路除后渚港专用线外全部通车。

二、福厦铁路

福厦铁路从福州火车站引出，经莆田、泉州到厦门，全长约 274.9 千米，其中泉州段总长 86.98 千米。铁路等级为国家Ⅰ级，双线电气化铁路，设计时速：旅客列车 200 千米 / 时，普通货物列车 120 千米 / 时。设车站 17 个，泉州境内有泉州站、晋江站、惠安西站。工程概算 152.9 亿元，实际投资约 214 亿元，为铁道部与福建省（四地市）合资共建。泉州站站房面积 2.89 万平方米，晋江站站房面积 1.15 万平方米，惠安西站站房面积 3587 平方米，泉州站与惠安西站为客运站，晋江站为客货兼营。

2005 年 9 月 30 日，在福州、莆田、泉州、厦门 4 地市举行福厦铁路开工典礼，2006 年 5 月泉州段开工，总投资约 38 亿元，中铁二十一局负责惠安紫山（与泉港交界处）至南安水头小盈岭（与厦门交界处）段的施工（站前工程），中铁九局负责泉港境内路段的施工，中铁十二局负责泉州站站房施工，中铁建工集团负责晋江站施工。2010 年 4 月 26 日，福厦铁路泉州段竣工，开通客运试运行（每日 25 对）。

第四节　机　场

泉州晋江机场位于晋江市和平中路 118 号，濒临台湾海峡，东距泉州湾 4 千米，北距泉州市区 12 千米，东南距石狮市 7.5 千米，交通便利。1980 年 8 月 7 日，泉州晋江机场开通民航航线。1983 年 12 月 1 日，厦门高崎机场建成通航，晋江机场因客源不足，暂停航。

1993 年 7 月 1 日，总参谋部、国家计委批准晋江机场扩建并恢复民用航站。1993 年 9 月 1 日，福建省计委批准《关于泉州晋江机场扩建工程可行性研究报告的批复》，同意泉州晋江机场飞行区工程按 4C 级标准进行扩建。扩建工程主要有场道工程、候机楼工程、航管工程、供油工程和相关配套工程，工程于 1993 年 12 月 28 日动工，1996 年 9 月 8 日竣工通过验收，9 月 10 日试航北京成功，12 月 12 日正式通航。

2002 年起，随着航班量不断增加，晋江机场对各项软、硬件进行配套升级完善建设。同年 11 月 20 日，停机坪续建工程开工建设，2003 年 6 月 27 日完成建设。

2003 年 1 月，晋江机场建设 3 条登机廊桥。

2006 年，泉州晋江机场完成 21 号仪表着陆系统建设项目报批和选址。2007 年开工建设，8 月 9 日通过初步验收，8 月 26—28 日通过校飞。

2008 年，晋江机场完成民航Ⅱ、Ⅲ专项整治项目，改造 6 千米巡场路和 10 千米围界，更新助航灯光系统和机场的监控系统，购置驱鸟车和驱鸟设备、活动道面及挂具，对跑道、滑行道进行修补、嵌缝料施工，完成安装 7 台隔离区门禁系统以及一号门岗设置防冲撞系统，新购 X 射线液体安检仪，对安检信息系统、油库消防系统进行改造升级，完成双盲降系统的校飞工作。

2009 年，晋江机场启动停机坪扩建，新建航站楼和货运中心、5 个登机廊桥，改造候机楼及飞行区安全设施等工程。2009 年 4 月 12 日，国务院同意福建泉州晋江机场对外开放，批准泉州晋江机场设立一类航空口岸。11 月 9 日，开通泉州至香港临时包机航班，2009 年飞行 91 架次，进出港旅客 11770 人次，为开辟更多国际（地区）航班奠定基础。

2010 年 3 月，晋江机场候机楼改造及飞行区安全设施各主要工程项目陆续开工建设，航站楼、停机坪和货运中心项目完成基础施工，保障用房 2 号楼主体建至 5 层，航空口岸配套用房完成外立面装修。

第二章 运 输

第一节 公路运输

一、旅客运输

（一）班车客运

1991年，泉州市有城乡班车、普通班车、直达班车等客运。当年客运车辆665辆、26330客位，完成客运量3181.55万人次，客运周转量12.34亿人/千米。

1993年1月，福建省泉州汽车运输总公司在全省汽车运输体制改革中成建制下放泉州市，改称为福建省泉州市汽车运输总公司，在全市班车客运中占主导地位。至1996年营运汽车1431辆3.38万个客位，其中市汽车运输总公司1155辆3.16万个客位，分别占80.71%、93.46%。

1996年起，全市班车客运范围不断扩大，客运量不断攀升。至2000年，全市完成班车客运8085万人次，周转量60.18亿人/千米。

2010年，全市载客企业45家、汽车3188辆，其中市汽车运输总公司1900辆，占60%，完成客运量1.34亿人次，客运周转量65.18亿人/千米。道路客运班线逐步完善，基本建立省际、市际、县际、农村客运协同发展，快速旅客运输与普通旅客运输相结合的多层次旅客运输网络，覆盖江西、河南、安徽、湖北、湖南、四川、重庆、贵州、云南、广西、广东、浙江、江苏等19个省（自治区、直辖市）。开通市际班线191条，开通县际班线207条。

2010泉州市道路客运线路发展状况一览表

表7-2-1

	跨省线路			跨市线路			县际线路			县内线路			总计		
	班线（条）	车辆（辆）	班次（班）	班线（条）	车辆（辆）	班次（班）	班线（条）	车辆（辆）	班次（班）	班线（条）	车辆（辆）	班次（班）	班线（条）	车辆（辆）	班次（班）
合计	204	369	122.5	191	455	604.5	207	1267	4450.5	154	766	3984	756	2857	9161.7
鲤城区	29	53	18.4	26	48	61	18	275	1124	0	0	0	73	376	1203.4
丰泽区	44	83	29.5	16	51	68	5	11	52.5	0	0	0	65	145	150
洛江区	0	0	0	1	1	1	5	32	141	0	0	0	6	33	142
泉港区	3	6	2	5	26	62.5	9	55	147	8	62	121	25	149	332.5
石狮市	80	139	43	27	61	68.5	17	67	347	0	0	0	124	267	458.5

续表 7-2-1

	跨省线路			跨市线路			县际线路			县内线路			总计		
	班线（条）	车辆（辆）	班次（班）	班线（条）	车辆（辆）	班次（班）	班线（条）	车辆（辆）	班次（班）	班线（条）	车辆（辆）	班次（班）	班线（条）	车辆（辆）	班次（班）
晋江市	23	38	11.1	15	25	33.5	20	174	672	14	149	797	72	386	1513.6
南安市	6	13	4	27	57	63.5	23	133	627	28	192	1405	84	395	2099.5
惠安县	3	14	4.5	18	65	87.5	37	227	787	33	211	1136	91	517	2015
安溪县	8	12	5.75	28	69	107.5	36	117	282	37	92	413	109	290	808.25
永春县	3	4	1.25	14	24	24	22	73	126	13	29	50	52	130	201.25
德化县	5	7	3	14	28	27.5	15	103	145.2	21	31	62	55	169	237.7

（二）出租汽车客运

1991—1995 年为泉州市出租车迅速发展时期，主要特点为个体经营“趴窝”待客，议价经营，车辆杂色杂牌，车型主要以皇冠、尼桑、丰田等二手轿车为主。

1996—2002 年为整顿提高时期，主要特点为轿车型出租汽车（俗称“轿的”）与面包型出租汽车（俗称“面的”）共存，出租汽车统一车身颜色（上黄下红）和规范装置（安装顶灯、计价器、服务监督卡、安全防护网、使用字头为 T 的专用车牌号），实行流动经营，打表计费。

1996 年，市区（城区）的“面的”列入城市公共客运交通车辆，车身统一颜色（上黄下红），安装规范装置（安装顶灯、计价器、服务监督卡、安全防护网），强调出租汽车流动经营，按照计价器收费。

2000 年，全市“面的”车因达报废期，全部退出泉州出租汽车市场，更换为轿车，更换后新的出租车为 1504 辆。

2003 年后，停止行政审批出租汽车，经营权进行招投标。根据《国务院办公厅关于进一步规范出租汽车行业管理有关问题的通知》，对出租汽车行业进行清理、整顿和规范。

2006 年，出租汽车的车容车貌进行专项整治，鲤城区出租汽车为浅蓝色，色号为 466B6；丰泽区出租汽车为草绿色，色号为 443C6；洛江区出租汽车为浅紫色，色号为 489C6；其他县（市、区）出租汽车为刺桐红色，色号为 413C4；市直出租汽车按公司注册地所属辖区使用当地出租汽车颜色。

2007 年，全市出租汽车企业 30 家，出租汽车 1770 部，从业人员 4266 人。

2008 年，泉州市汽车运输总公司旅游出租汽车公司中标出租汽车客运经营权，服务质量招投标 100 个经营权。

2009 年，成立永春县闽兴出租汽车有限公司、南安市闽兴出租汽车有限公司、晋江顺通出租汽车有限公司、石狮市出租汽车有限公司，全市出租汽车企业 34 家。按辖区分，中心市区 18 家（鲤城 4 家、丰泽 10 家、洛江 1 家、市直 3 家），其他县（市、区） 16 家，分别为惠安 1 家、泉港 1 家、南安 3 家、晋江5家、石狮2家、安溪1家、永春1家、德化2家。当年，完成泉州南安至金门航线50部出租汽车运力投放工作，全市共有出租汽车2120辆，按区域划分，中心市区（鲤城、丰泽、洛江）及市直出租汽车1221辆，占总数的57.6%；其他县（市、区）出租汽车899辆，占总数的42.4%，全市共有出租汽车从业人员4800人。

2010年，成立泉州市出租车有限公司，取消泉州市汽车运输总公司旅游出租汽车公司。全市出租汽车企业34家，出租汽车车辆2820辆。其中车辆数在100辆以下的营业户有27家。规模较大企业有石狮市大众出租汽车有限责任公司、泉州市出租车有限公司、泉州市振兴交通综合服务公司、泉州市长城汽车出租有限公司、泉州市畅安出租汽车有限公司。

（三）客运站

2010年，泉州市共有道路客运站87个，其中，泉州汽车站、泉州客运中心汽车站、石狮长途汽车站、晋江长途汽车站4个一级站；泉州汽车东站、石狮东阳汽车站、惠安汽车站、惠安二运汽车站、惠安县运汽车站、德化龙湖汽车站、南安汽车站、晋江市运输公司汽车站、泉港汽车站、安溪汽车站、安溪茶都汽车站、永春汽车站、德化汽车站13个二级站；安溪官桥汽车站、安溪恒兴客运站、湖头汽车站、安溪西坪汽车站、洛江罗溪汽车站、永春达埔汽车站、永春蓬壶汽车站、德化东方汽车站、南安诗山汽车站、南安水头汽车站、南安梅山汽车站、南安洪濑汽车站、晋江安海汽车站、晋江金井汽车站、清濛长途汽车站15个三级站；泉港龙头领车站、晋江安平汽车站、陈埭鞋都汽车站、晋江公交公司汽车站、安溪长坑汽车站、永春下洋汽车站、石狮服装城汽车站、丰泽客运站、码头汽车站、剑斗汽车站10个四级站和45个五级站。

附：部分客运站简介

1. 泉州汽车站（新车站）

位于温陵南路与泉秀路的交叉口南侧，隶属于泉州市汽车运输总公司。1987年6月动工兴建，1990年9月竣工，占地面积34667平方米，建筑面积11092平方米，为道路一级客运站。1990年11月30日投入试运营，1991年1月1日正式营业。2001年12月，该站完成“人车分流”改造建设。2010年，日均发送旅客10000人次，高峰时可达35000余人次，日发班次1500班左右，是闽南地区重要的交通枢纽站。

2. 泉州客运中心汽车站

位于泉州市泉秀路与坪山路交叉口（324国道市区段）西北侧，2003年7月28日动工兴建，2005年7月29日试营业，同年9月30日正式开业，隶属于泉州市汽车运输总公司，为道路一级客运站。总占地面积27181平方米、总建筑面积28685平方米，拥有发车位37个，日均发送旅客18000人次，日发班次2250班左右，是泉州市最大的道路汽车客运枢纽站，福建省、闽南地区最重要的道路交通枢纽站之一。

3. 石狮长途汽车站

位于石狮市塔前石泉路217号，1995年6月18日奠基，同年7月动工兴建，1996年12月竣工投入使用，是石狮通往福、厦、漳、泉的中心枢纽，也是石狮商贸旅游集散中心，隶属于泉州市汽车运输总公司，为道路一级客运站。总占地面积21666.4平方米，建筑面积10688平方米，停车场面积17470.4平方米，日发班次700余班次，日均发送旅客5500人次。

4. 晋江长途汽车站

位于晋江青阳泉安中路238号（晋江市区主干道泉安公路与迎宾路交汇处），隶属泉州市汽车运输总公司，20世纪50年代始建，原称青阳运输站，后改称晋江长途汽车站，1997年选址重建，同年8月1日动工建设,1999年2月落成试营业，2000年9月30日正式运营。总占地面积约8524.5平方米，建筑面积6394.06平方米，为道路一级客运站。设计日发送旅客1万人次。该站拥有区间班线3条，市际班线38条，省际班线134条，日发班车280余班次，营运线路辐射全国16个省份、4个直辖市、1个自治区和香港特别行政区，日平均发送旅客6000余人次。

5. 惠安汽车站

位于惠安县建设南路116号，1949年9月14日始建，后改称惠安运输站，1993年1月又改称惠安汽车站，1997年3月迁址惠安县惠泉北路，1997年10月10日竣工，1998年1月15日正式投入运营，占地面积5272.8平方米，建筑面积6000余平方米，为道路二级客运站。

6. 南安汽车站

位于南安市成功街231号。1949年10月称为溪美汽车站，属民营公司管理。1953年底并入国营闽运总公司，1956年更名为南安运输站，1963年升为县站。1978年12月建南安运输站新址。1993年2月，与原泉州公司南安车队合并组建泉州市汽车运输总公司南安公司，改称泉州市汽车运输总公司南安汽车站，为道路二级客运站。至2010年，年发客运班次29.2万班，年发送旅客160.2万人次。

7. 安溪汽车站

位于安溪县北石，1954年创建，1955年迁入县城，1993年2月，与原泉州公司湖头车队合并组建泉州市汽车运输总公司安溪公司，改称泉州市汽车运输总公司安溪汽车站，1994年因安溪旧城改造迁址安溪县龙湖，同年9月23日动工兴建，1995年11月20日完工，1996年1月交付使用。1998年，被核准为二级汽车客运站。2010年，年发班次26万多班，日均发送旅客6000人次以上。

8. 永春汽车站

位于永春桃溪南环路377号（城雕边），前身为永春环岛汽车站。2000年重建,2002年11月20日竣工,2003年1月16日正式投入营运。总占地1.25公顷，主站房占地面积1400平方米，建筑面积6170平方米，为道路二级客运站。至2010年年底，日发班次210班次。

9. 德化汽车站

原址位于德化城关西门桥北侧，1954年3月1日创建，始称德化运输站，1993年2月，与泉州市汽车运输总公司德化货车队合并组建泉州市汽车运输总公司德化公司，为道路二级客运站。至2010年底，班线32条，其中省际客班线3条，市际班线11条，县际班线14条，县内班线4条。年发班次5.4151万班，年发旅客人数52.86万人次。

10. 泉州东区汽车站

位于华侨大学斜对面，紧邻国道324线。该站占地面积24000平方米，2004年投入运营，为道路二级客运站。

11. 泉州客运西站

位于泉州市新华北路与西环城北路交叉口，占地面积6000平方米，2005年投入运营，为道路二级客运站。日发班次260班，旅客1200人。2010年7月30日关闭。

12. 泉港汽车站

位于泉港区南山中路，2002年投入运营，建筑面积达6000平方米，为道路二级客运站。日发班次300余班，日发送旅客约3600人。

13. 石狮服装城汽车站

位于石狮市南洋路85号，2008年7月23日开工建设，2009年12月24日完成初检，2010年元月10日试营业，2010年4月投入使用，占地面积14311平方米，隶属于泉州市汽车运输总公司石狮分公司，为道路二级客运站。

二、货物运输

1991年，泉州市有普通载货汽车10117辆，其中私人货车4964辆，完成货运量78.98万吨，周转货物7200.04万吨千米。

1996年，货运车辆2.51万辆80453载重吨位，其中私人货车4851辆46549载重吨位。当年，全市货运量 1.18 亿吨，货物周转量 82.52 亿吨千米。

2000—2005 年，年均完成货运量 6300 万吨、货物周转 170 亿吨千米。

2010 年，全市道路货运量 11843 万吨，货运周转量 812.05 亿吨千米。

2005—2010 年货物运输情况表

表 7-2-2

年份	运输企业数（个）	个体运输户数量（个）	汽车辆数（万辆）	货物运输量（万吨）	货物运输周转量（亿吨千米）
2005	64	7	2.77	7811	287.93
2006	69	5305	2.99	8891	394.44
2007	238	5291	3.98	10129	491.06
2008	271	4363	3.76	10725	595.79
2009	358	6271	4.57	9834	618.75
2010	433	7389	4.91	11843	812.05

三、主要运输企业简介

（一）福建省汽车运输总公司泉州公司

福建省汽车运输总公司泉州公司前身为泉州汽车运输公司，1950 年成立，历经改制，1987 年 1 月改称福建省汽车运输总公司泉州公司。1991 年初，公司下辖 8 个客、货车队，1 个汽车修理厂，各县县级客、货运输站 10 个，区乡级运输站 28 个，代办站 74 个。拥有客车 528 辆 2.18 万个座位，货车 276 辆 1765 吨位，日发客运班次 1427 班，年客运量 2047.28 万人次、年客运周转量 9.36 亿人千米，年货运量 63.15 万吨、年货运周转量 6770.15 万吨千米。

1993 年 1 月 1 日，全省公路交通运输体制改革，公司改称为福建省泉州市汽车运输总公司，归属泉州市交通局管理。同年，公司组建 17 个二级公司。其中，成立 11 个客、货运输公司，1 个汽车改装总厂、4 个实业公司、1 个综合服务公司。至 1993 年年底，总公司拥有客车 428 辆 1.76 万个座位；货车 201 辆 1460 吨位。

1996 年，泉州运输公司发展跨区班线 6 条，区内班线 25 条，客车 759 辆 2.08 万个座位。因货运市场竞争激烈，货运量大幅度下降，货车减到 73 辆 475 吨位。至 1997 年年底拥有客车 927 辆共 2.28 万个座位，货车 52 辆共 342 吨位。企业总资产增至 1.94 亿元，比 1996 年同期的 1.53 亿元增加 4089 万元，增长 26.77%。

1998—2000 年，泉州运输公司建设、改造运输站点，加快车辆更新改造，加快对外投资，运输生产持续发展。2000 年年底，公司年利润 837.52 万元，年缴纳各种税金 1067.32 万元（不含企业、个人所得税）。

2007 年 5 月 29 日，成立泉州市第二公共交通运输发展有限公司，于同年 10 月 1 日投入运营。同年，总公司获得全国“道路旅客运输一级企业”经营资质。2010 年 4 月 30 日，成立泉州市交通运输集团，总公司下辖泉州旅游汽车出租分公司成建制划归交通运输集团直属管理。

2010 年年底，泉州汽车运输总公司下辖 16 个分公司，拥有 8 个全资子公司，对外控股、参股 14 家公司。主要经营业务有长、短途道路旅客运输，城市出租车，城市公交。拥有 35 个等级汽车站、营运车辆 1900 辆（其中，客车 1349 辆、出租车 453 辆、旅游客车 25 辆、公交车 56 辆、货车 17 辆），营运客车总座位 41852 座位，营运货车总吨位 88.5 吨。客运营运线路 430 条，日发 7000 多班次，日发送旅客 7.6 万人次。企业还经营货物运输、汽车维修、检测、销售、售后服务、配件销售、技术培训、驾驶培训、旅游及旅游运输，货物起重装卸和物业开发租赁等业务。

（二）泉州货物快运分公司

泉州货物快运分公司创建于20世纪50年代初期，前身为泉州货运站，地址在泉州市鲤城区天后路南校场旧车站斜对面，是泉州市汽车运输总公司下辖的唯一从事货运业务专业货运公司。1989年后，随着运输市场的进一步开放，该站货运生产受到了很大冲击，整车、零担货运量逐年减少。1993年2月，由于企业现行运输结构设置调整，该站人员和业务分别划归总公司所属的货运一公司和货运二公司管理。1994年8月，重新组建泉州货运站。2002年3月25日更名为福建省泉州市汽车运输总公司泉州货物快运分公司，5月18日举行揭牌仪式。2003年3月，在厦门湖里区设立货运经营部。2005年8月，该公司接管泉州旧车站场地，建立货物配载中心。2007年3月，撤销厦门货运经营部。至2010年年底，全年完成货运量3.49万吨、周转量299.57万吨千米。

（三）泉州市振兴交通综合服务公司

1992年12月成立，1996年开始经营出租汽车。2001年，为规模化经营，泉州劲强运输有限公司并入泉州市振兴交通综合服务公司。2001—2003年，泉州市汽车出租联营公司分3批转入51辆出租汽车。2010年有出租车136辆，维持运行。

（四）泉州市长城汽车出租有限公司

1995年12月11日成立，原名泉州市长城汽车客运出租中心。1999年企业改制，更名为泉州市长城汽车出租有限公司。2010年有出租车133辆，维持运行。

（五）泉州市畅安出租汽车有限公司

1995年11月成立，原名福建泉州鲤城畅安汽车出租有限责任公司，地址在泉州市温陵北路34号拍纱厂内。2000年11月14日，为实现规模化经营，与泉州市鲤城通达汽车运输公司合并，成立泉州鲤城畅安汽车出租有限公司。2005年9月1日，与泉州市鲤城新华客运有限公司合并成立泉州市畅安汽车出租有限公司。2010年有出租汽车101辆，维持运行。

（六）石狮市大众出租汽车有限责任公司

2002年6月26日成立，由石狮市交通综合服务中心与石狮市永信有限公司合并组成，地址在石狮市北环路北侧交通联运综合楼一楼，2010年有出租汽车194辆，维持运行。

第二节 水路运输

一、海洋运输

（一）航线

1. 国际近洋航线

1991-1995年，泉州港与世界20多个国家和地区通航，辟有泉州至日本的定期杂货、集装箱班轮航线。1996—2000年，海运航线进一步延伸，开辟泉州至日本、韩国、菲律宾集装箱班轮航线和经香港转口至中东、欧洲、美洲等国际航线。2010年，泉州港与菲律宾、韩国、日本、阿拉伯等23个国家和地区有水运往来。

2. 近海航线

1991年，泉州市水路运输船舶经营近海航线北至浙江、上海，南至汕头、广州。1994—1997年，重新恢复中断7年之后的泉州至香港航线。1995年后，随着船舶逐步优化，单船吨位不断提高，抗风能力增强，船舶设备现代化，从业人员驾驶船舶的技能提高，中国南北港口货物流量每年都大幅度增长，泉州市水路运输船舶近海航线逐步向南北延伸。至2010年，开辟泉州船舶北至福州、温州、宁波、上海、连云港、日照、丹东、烟台、黄骅、京唐、天津、秦皇岛、营口、大连，南至厦门、汕头、深圳、广州、三亚、海口、湛江、北海、防城港、钦州和长江中下游南通、张家港、江阴、镇江、南京、马鞍山、芜湖、九江、武汉及珠江三角洲水系各港等50多条国内航线及泉州至中国香港的集装箱航线。

3. 泉台航线

2003年开通泉州—厦门—高雄（基隆）集装箱航线，2006年开通泉州—澎湖货运直航航线、开启泉州经金马澎赴台游直达通道，2008年底开通泉州至台湾主要港口间的海上集装箱班轮和散杂货不定期双向航线。2010年，实现泉州港直航台湾本岛集装箱班轮运输常态化。

4. 港澳航线

20世纪80年代，经交通部批准，泉州船舶开始从事泉州至港澳航线货物运输。泉州港装货港点主要是后渚、东石、石井等。20世纪90年代后，泉州船务公司、泉州海运公司福建安达船务有限公司、福建长安船务有限公司、石狮市闽捷海运公司、泉州通达船业有限公司、泉州市锦程海运有限公司、泉州市丰泽船务有限公司等航运公司及其所属诸多船舶，先后被批准从事福建沿海对外开放港口至港澳航线货物运输或国内各对外开放港口至港澳航线货物运输，有的船舶被批准从事福建、广东、广西、海南四省（自治区）至港澳航线货物运输。

（二）运输量

1. 船舶货物运输量

1991年，泉州市有海上水运货船430艘，当年货运量58.41万吨，货物周转量6.68亿吨千米。1991—1995年，泉州海上运输货运量、货运周转量逐年增长，1995年货运量166万吨，货物周转量8.62亿吨千米。1998年起，泉州市加大海运交通设施建设力度，航道通航能力不断增强及船舶质量逐步优化，海运货运量快速增长，1999年货运量307万吨，货物周转量32.58亿吨千米；2010年，泉州市海运货运量4544万吨，货运周转量733.02亿吨千米。

1991—2010年泉州船舶水路运输年货运量和周转量一览表

表7-2-3

年 份	货运量（万吨）	周转量（亿吨千米）	年 份	货运量（万吨）	周转量（亿吨千米）
1991	58.41	6.68	2001	491.00	54.02
1992	99.77	7.74	2002	655.00	74.38
1993	113.00	8.06	2003	835.80	115.37
1994	133.00	8.53	2004	1074.63	152.17
1995	166.00	8.62	2005	1463.10	218.45
1996	156.94	8.06	2006	2086.90	320.02
1997	136.20	7.91	2007	2669.00	405.71
1998	140.20	10.20	2008	3363.77	495.40
1999	307.00	32.58	2009	3424.40	549.62
2000	286.00	27.13	2010	4544.00	733.02

2. 港口吞吐量

（1）货运吞吐量

1991年，泉州港货物吞吐量125.28万吨。1992年起，泉州港港口货物吞吐量呈高速增长趋势，当年货物吞吐量217.27万吨。1997年，首次突破千万吨。1997年后，泉州港港口货物吞吐量平稳发展，至2004年全港年均增长率16.89%；2005—2008年，泉州港港口吞吐量剧增，增长率最高达到30.8%，最低为16.2%。2009年、2010年虽然受到金融危机的影响，泉州港港口吞吐量还是处于增长态势，2010年，泉州港货物吞吐量8455.37万吨。

1991—2010年泉州港货物吞吐量一览表

表 7-2-4 **单位：万吨**

年份	吞吐量		年份	吞吐量	
	总计	其中外贸吞吐量		总计	其中外贸
1991	125.28	23.01	2001	2102.08	597.34
1992	217.27	53.53	2002	2122.85	493.9
1993	469.54	137.95	2003	2511.52	569.54
1994	558.06	92.23	2004	3093.82	594.58
1995	680.47	180.73	2005	4046.16	634.64
1996	803.9	227.14	2006	5134.93	660.59
1997	1006.2	316.15	2007	6215.32	723.82
1998	1111.3	261.2	2008	7224.3	671.4
1999	1521.2	430.54	2009	7666.34	1406.20
2000	1712.18	529.83	2010	8455.37	1865.25

（2）集装箱吞吐量

1990年11月，泉州港开办泉州（后渚）—香港集装箱海运，结束泉州港没有集装箱运输的历史。至2010年8月，泉州港开通航线83条，与菲律宾、韩国、日本以及阿拉伯等23个国家和地区有水运往来。其中，开通日本（关东）、菲律宾（马尼拉）、韩国等外贸集装箱班轮航线，以及上海、天津、营口等50多条内贸集装箱航线，集装箱吞吐量136多万标箱。

1990—2010年泉州港集装箱吞吐量一览表

表 7-2-5 **单位：标箱**

年 份	集装箱吞吐量		国内排名
	总计	其中外贸吞吐量	
1990	180	—	—
1991	1584	—	—
1992	2645	—	—
1993	5672	—	—
1994	12625	—	—
1995	15781	—	—
1996	14158	—	—
1997	23109	—	22
1998	35772	—	19
1999	81381	—	—
2000	158895	—	—
2001	226074	37503	12
2002	273077	30612	13
2003	410250	34846	12
2004	542579	37659	12
2005	631479	29852	12
2006	838981	33492	14

续表 7-2-5

年 份	集装箱吞吐量		国内排名
	总计	其中外贸吞吐量	
2007	1019426	50934	14
2008	1207000	47300	14
2009	1251200	64388	12
2010	1369500	79600	—

3. 泉州—香港客运

1994 年 3 月 15 日，恢复 1987 年停航的泉州至香港客轮航线。1998 年以后停航。

1994-1997 年泉州港客运旅客进出量一览表

表 7-2-6 单位：人次

年 份	旅客进出量			
	总 计	进	出	备 注
1994	24049	5578	18471	泉州一香港
1995	25868	5028	20840	泉州一香港
1996	14688	1716	12972	泉州一香港
1997	476	—	476	泉州一香港

4. 泉州港至金门马祖货运业务

（1）货运量

2001 年 8 月 31 日至 9 月 2 日，经国务院台湾事务办公室、外经贸部和交通部个案批准，以个案形式组织晋江商会直航金门。2002 年 5 月 31 日，经国务院批准，增开泉州港（不含围头港区）为对台通航港口。2001—2010 年，泉州港对金门、马祖货运直航累计达 4130 航次、货物 279.06 万吨，货值 1.48 亿美元，成为福建沿海地区与金马货运直接往来货物吞吐量最大、来往最频繁的口岸。

（2）客运量

2001 年，泉州首次开通泉州南安至金门航线。至 2010 年年底，泉州南安至金门航线运行 6714 航次，运载旅客 31.36 万人次。其中，台籍旅客 24.79 万人次，大陆游客 6.57 万人次。

1991—2010 年泉州港对金门马祖货物运输吞吐量情况表

表 7-2-7 单位：万吨

年份	吞吐量			年份	吞吐量		
	总计	进	出		总计	进	出
1991 年	0.59	—	0.59	2001 年	0.41	—	0.41
1992 年	2.83	—	2.83	2003 年	0.37	—	0.37
1993 年	4.98	—	4.98	2004 年	14.58	4.15	10.43
1994 年	6.85	—	6.85	2005 年	33.2	2.16	31.04
1995 年	4.84	0.27	4.57	2006 年	14.02	12.43	1.59
1996 年	6.64	—	6.64	2007 年	11.47	9.12	2.35
1997 年	7.49	—	7.49	2008 年	20.49	20.33	18.46
1998 年	0.85	0.85	—	2009 年	58.53	18.03	40.50
1999 年	3.04	0.38	2.66	2010 年	90.71	37.61	53.10

2001—2010 年泉州港与金门、澎湖间客运基本情况表

表 7-2-8 单位：人次

年份	航线	参航船舶	航次	客运量
2001	泉州港—金门	鼓浪屿	1	169
2002	泉州港—澎湖	超级星	1	132
2003	泉州港—金门	东方之星	1	120
2006	泉州港—金门	泉州、新金龙、满天星 1 号	473	15064
2007	泉州港—金门	泉州、泉金、新金龙	1016	47264
2008	泉州港—金门	泉州、泉金、新金龙	1430	64074
2009	泉州港—金门	泉州、泉金	1668	86161
2010	泉州港—金门	泉州、泉金	2136	100664

二、内河运输

1. 航线

1991 年，晋江各条长途航线已断航、停航多年，其中泉州市区至永春航线因建山美水库断航 20 年，泉州—安溪航线因沿途筑坝灌溉发电造成泥沙淤积，航线渐浅而断航 10 余年。晋东内河九十九溪航线因各种桥梁排污管道电缆等横穿河道，断航 10 余年；南渠属工业和生活用水水源保护区，停航 10 多年。

1991—2001 年，渡运航线有后渚—百崎、泉州市区（内港）至晋江溜石、仙石、海尾和今丰泽区法石、蟳埔航线，南安变电站（九都新东村）—金奎—红星—永春东关大桥航线。2003 年后渚大桥建成通车，后渚至百崎的渡运航线停航。其余航线因撤渡建桥大量停航，至 2010 年渡运航线仅有南安变电站经金奎、红星至东关航线。

2. 运输量

1991 年，全市有内河水运船舶 238 艘，内河水运量 9.6 万吨。1992—2010 年，货物运输量逐年下降，船舶减少，船工改行。统计部门不再统计内河货物运输量。

三、水路运输企业

1991 年，泉州各县（市、区）和乡（镇）属下有 32 家集体所有制水运企业，2000—2002 年，企业改制，有的改制为股份合作制企业，有的解散，而多数则由于经营不善等原因倒闭。至 2007 年 12 月，泉州市在册水运企业有 56 家，其中有限责任公司 51 家、股份合作制 2 家、其他类型 3 家。至 2010 年，泉州市有 52 家省际航运企业，拥有船舶 211 艘，运力规模为 138.5 万载重吨、41402 标箱。2 家省内水运企业，拥有船舶 11 艘，运力规模为 650 载重吨、91 客位。总运力规模位列全省设区市第二位。

第三节 铁路运输

1997 年起，漳泉肖铁路由泉州铁路有限责任公司经营。

1999 年，泉州铁路有限责任公司正式运营的第一年，漳泉肖铁路全年开行客货列车 8.5 对。其中，货车 6 对（长线 4 对、短线 2 对），客车 2.5 对。全年共装车 2.8 万辆，发送货物 164.87 万吨，卸车 2.58 辆，到达货物 153.34 万吨，旅客发送 50.75 万人次，运输进款 5498 万元，代国铁收运输款 1.25 亿元。

全年经营总收入 8578 万元，全年盈利 30 万元。

2000 年，泉州铁路有限公司开行客货列车 15 对。其中，货车 13.5 对，客车 1.5 对。全年发送货物 206.5 万吨，卸车 3.55 万辆、旅客 56.8 万人次。全年经营总收入 1.31 亿元，全年实现利润 2015 万元。公司利用自备的货车，在管区内运输煤炭、河沙等货物，全年运送 2913 车、17.5 万吨。

2001 年，泉州铁路有限公司开行客货列车 15 对。其中，货车 13.5 对，客车 1.5 对。全年发送货物 243.3 万吨、旅客 47.3 万人次。全年经营总收入 1.7 亿元，经营总支出 2.31 亿万元，实现利润 4000 万元的年度经营目标。

2002 年，泉州铁路有限公司开行客货列车 17 对。其中，货车 15 对，客车 2 对。由于受经兜大桥中断行车近 40 天的影响，全年发送货物 245.8 万吨、旅客 35.7 万人次，运输进款 1.24 亿元。公司利用自备货车，在管区内运输煤炭、河沙等货物，完成货物运输 43.6 万吨。

2003 年，泉州铁路有限公司完成经营总收入 1.73 亿元，经营总支出 2.79 亿元，实现净利润为 -1.05 亿元。货物运输量 613.4 万吨，货运周转量 7.2 亿吨千米。受“非典”影响，公司全年完成旅客发送量 28.4 万人次，旅客周转量 5761 万人千米，分别下降 20.4% 和 6.8%。

2004 年，泉州市铁路营业长度 232.33 千米。发送旅客 37.3 万人，运输货物 805.3 万吨，货物周转量 9.71 亿吨千米。

2008 年，泉州市铁路营业长度 232.33 千米，旅客发送量 91.2 万人，货物运输量 1012 万吨，货物周转量 12.9 亿吨千米。其中，泉州铁路有限公司实现运输收入 3.69 万元，实现利润 500.16 万元。公司完成旅客发送量 91.16 万人次，开行客车 2 对。货物运输量为 1012.4 万吨，换算周转量为 15.09 亿吨千米，到达货物主要以煤炭、粮食、水泥、钢材、焦炭、非金矿、矿建、石油、零担、集装箱为主；发送货物主要以煤炭、水泥、金矿、油品、非金属矿、钢铁、瓷砖、石板材、零担、集装箱为主。在泉州站开办集装箱运输业务，在泉州、肖厝站专用线开办危险货物运输业务，安溪、泉州西和肖厝站为主要的货运站。

2010 年，泉州铁路营业长度 324.97 千米，其中高铁里程 86.97 千米。旅客发送量 75.5 万人，货物运输量 1017 万吨，货物周转量 14.2 亿吨千米。同年 4 月 26 日，福厦客运专线自通车运营，泉州站乘车人数持续上升，每日开通动车 56 对，车站发送旅客 140 余万人，日均 5700 余人，到达旅客日均 6000 余人。晋江站发送旅客量日均 2600 余人，到达旅客量日均 3000 余人。当年，福厦线完成货物运输量为 600.32 万吨，换算周转量为 14.20 亿吨千米。到达货物主要以煤炭、粮食、水泥、钢材、焦炭、非金矿、矿建、石油、零担、集装箱为主；发送货物主要以煤炭、水泥、金矿、油品、非金属矿、钢铁、瓷砖、石板材、零担、集装箱为主。

第四节 航空运输

一、航线航班

1996 年 9 月 10 日，泉州晋江机场进行首次试航，由厦门航空公司波音 737-500 型试航北京成功。12 月 12 日，泉州晋江机场正式通航，厦门航空公司开辟晋江至宁波、上海、深圳、武夷山、北京航线，每周 19 个航班。

1997 年，机场开通晋江至北京、上海、广州、深圳、宁波、南京、南昌、西安、郑州、珠海、杭州、舟山、武夷山等 13 条航线，每周进出航班多达 84 班。

1998 年，有厦门、浙江、四川、武汉等航空公司投入晋江机场运营，新开辟晋江至温州、成都、长沙、武汉等航线，每周进出航班 70 多班。当年厦航开通晋江至香港临时包机航班。1999 年南方航空公司开通晋江至马尼拉临时包机航班。

2001 年起，机场开展包租航空公司业务，走与航空公司联合经营道路，先后引进东方航空公司、北方航空公司、南方航空公司到晋江机场飞航班。至2002年，机场开通晋江至国内22个城市的航线，每周进出航班150多班；开通晋江至澳门的临时包机航班。

2003年后，机场航线航班延伸到全国主要经济发达城市和重点旅游城市。

2004年，机场航空口岸临时开放，分别于9月12日和9月29日恢复马尼拉和香港航班。同年，共开通22条国内航线和马尼拉国际航线、中国香港航线，武夷山临时加班航线。每周进出港航班约230班次。

2005—2009年，机场开通晋江至全国25个城市的航线及至香港、台湾的航班；开通至菲律宾马尼拉国际航线；每周进出航班约292班次。

2010年，晋江机场有厦航、南航、深航、国航、奥凯航、春秋航等航空公司运营客运航班，开通北京、上海、天津、重庆、广州、深圳、南京、无锡、杭州、舟山、温州、武汉、长沙、成都、郑州、南昌、济南、太原、昆明、西安、南宁等21条国内航线，香港、澳门2条地区航线和马尼拉国际航线。每周进出港航班386班，航线航班结构日趋合理。顺丰速递公司开通货运航班，每天3架全货机开通北京、杭州、深圳、无锡货运航班。12月30日，泉州晋江机场正式获批为对台客运直航点。

二、客货运输

1996年9月10日，泉州晋江机场首次试航。当年12月12日通航，厦门航空公司投入运营，至月底，厦航运营20天，运输旅客7378人次、货邮57.9吨。

1997年，晋江机场通航第一年，运输旅客23.71万人次，列全国141个通航机场旅客吞吐量第48位。

1998—2000年，晋江机场运载量增长缓慢，连续3年客流量在36万人次左右。

2001年，晋江机场注册成立机场客货代理公司，包租国内航空公司飞机，开创中国民航机场经营新模式。当年客货运输量均大幅增长，首次扭亏为盈，同时机场包租航空公司飞机也成为中国民航机场的开创性经营手段。此后，随着包租飞机取得较好经济效益，吸引更多航空公司来本场运营。

2003年，受“非典”影响，民航旅客吞吐量呈急剧下滑趋势。泉州晋江机场逆势而上，坚持不减少包租航班量，旅客吞吐量再次大幅度上升。

2004年，泉州晋江机场继续保持良好发展势头，旅客吞吐量首次突破百万人次。

2005—2010年，机场吞吐量进入相对平缓的阶段，每年保持小幅增长。

1996—2010年泉州晋江机场客货吞吐量一览表

表7-2-9

年份	旅客吞吐量（人次）	货邮吞吐量（吨）	航班起降（架次）	旅客吞吐量全国排名
1996	7378	58	110	—
1997	237114	—	—	48
1998	353129	4695	5066	41
1999	359423	6247	5382	43
2000	360662	6548	5249	47
2001	481301	8083	6043	43
2002	690806	11683	7688	42
2003	893023	14474	9449	36
2004	1160985	16693	11950	37
2005	1185792	10073	12323	39
2006	1172284	9503	12274	41

续表 7-2-9

年份	旅客吞吐量（人次）	货邮吞吐量（吨）	航班起降（架次）	旅客吞吐量全国排名
2007	1195916	9947	12682	44
2008	1401958	11214	14677	42
2009	1655986	13792	16842	43
2010	1997126	22938	20123	39

第三章 管 理

第一节 公路交通管理

一、公路养护

国道、省道和部分重要县道、疏港公路由福建省泉州市公路局下属各分局的公路站（道班）专业养护；一般的县、乡公路由县（市、区）交通局组织沿线群众组成的养路组养护；林业、厂矿等专用公路由使用部门自修自养，或由使用部门出资委托公路部门或乡（镇）代养。

1. 公路养护机制

1991—1999 年，泉州专养公路实行“道班承包、责任到人，考核养路成本、有奖有罚”的公路养护经济责任制。根据交通运输部、省交通厅、省公路管理局有关公路养护运行机制改革方案，从 2000 年起，泉州公路系统启动专养公路养护机制改革，引入竞争、激励、风险、制约机制。2000—2010 年，实行公路站长竞争上岗、职工双向选择，养护经费内部公开竞标，小修养护工程费制。

2. 公路养护管理

泉州市公路养护管理主要由计划管理、养护质量、养护成本为中心构成的公路养护管理体系。根据小修保养年度、季度、月度计划和短期作业计划，组织公路站对公路路面、路基构造物、桥涵隧道、沿线设施、绿化等项目进行养护，并按年度通过优、良、次、差四个等级，以百分制的比例评定出公路综合好路率、干线公路好路率、养护质量综合值。1991 年泉州市境内专养公路综合好路率 79.1%、干线好路率 82.9%，养护质量综合值 76.3；2000 年泉州市境内专养公路综合好路率 83%、干线好路率 91%，养护质量综合值 83；2010 年泉州市境内专养公路综合好路率 92.88%、干线好路率 96.6%，养护质量综合值 90.31。

3. 公路水毁防治

按照“预防为主、防治结合”的方针，泉州公路系统组建 9 支公路应急抢险队伍，分别在南安市霞美镇、各公路分局建立综合物资储备仓库和小型物资仓库。一旦发生毁情立即启动水毁抢修预案，确保国道在 24 小时内抢通，省道发生水毁阻车在 48 小时内抢通。组织对 1997 年 5 月南安市遭受历史罕见大暴雨造成的专养公路水毁，2000 年 9 月 2 日省道 103 线 196K+050-200 德化县英山格左右两侧边坡大面积裂缝，2002 年 12 号台风造成永春县专养的 4 条省道 5 条县道交通中断，2006 年 6 月省道 203 线德化县境内 204K+800 山体大滑坡，2006 年 7 月强热带风暴“碧利斯”造成的省道 206 线安溪县龙门路段挡土墙外倾、路面裂缝，2010 年 6 月大暴雨给泉州专养公路带来严重水毁等重大毁情的处置。

4. 文明样板路和生态公路创建

1995 年，泉州市委、市政府制定“抓一线”（国道 324 线）、“带二线”（省道 305 线、306 线）公路绿化、美化决策，把公路绿化、美化辐射到通各县（市、区）的省道、部分运输比较繁忙路段的县道和疏港公路，在全市范围内开展公路标准化、美化工程和文明样板路创建活动。提高国道 324 线路容路貌和管理水平，全线可绿化路段全部绿化，达到“畅、洁、绿、美”的文明样板路建设要求。

1997 年 3 月，省委办公厅、省政府办公厅联合发出通知，要求各地市、各部门借鉴泉州创建国道 324 线文明样板路的经验。

1998 年 12 月，泉州市获“福建省公路绿化先进单位”称号。

2000—2010 年，泉州市及各县（市、区）人民政府和交通、公路部门加大公路绿化的引导和投入，使公路绿化呈现“平面绿化”向“立体绿化”延伸；从城镇路段公路绿化向乡村路段公路绿化延伸；从注重人造景观建设向自然生态绿化转变。

5. 公路安全保障工程建设

2004 年始，在国、省道干线公路上实施以“消除隐患、珍视生命”为主题的“公路安全保障工程”建设。至 2010 年，泉州市公路部门实施公路安全保障工程 1924 处，灾害防治 23 处，施划路面标线 45.23 万平方米，设置波形防护栏 1.84 万米、钢筋混凝土防护栏 5.92 万米，加固改造危桥 58 座，提高公路行车安全性。

二、 公路路政管理

1991 年 8 月至 1996 年 4 月，泉州市公路路政管理工作由省公路局泉州分局路政科（与公路派出所合署办公）负责，主要依据《中华人民共和国公路管理条例》，开展日常管理，并清理整治侵占公路堆积物、违规建房、占路为市等工作。1996 年 5 月，泉州市成立泉州市公路路政管理分局，公路路政管理工作由市路政管理分局及各县（市、区）公路路政管理所负责。当年，由泉州市政府牵头，交通、公安、土地、城建、工商行政管理、公路等部门参加，在全市范围内开展清理整顿公路两侧违章建筑专项治理行动。组织交通、公安、土地，分期分批对违章建筑进行清理拆除，依路建房建街的现象得到有效遏制。

1997 年，泉州市公路路政部门按照省政府办公厅印发《关于进一步做好清理公路路障的通知》精神，开展制止公路上打场晒粮专项行动。在每年夏、秋季谷子收割季节加强对公路上打场晒粮危害的宣传和劝阻工作，并同当地乡镇政府协调，解决农民打场晒粮场地问题，防止农民在公路上打场晒粮。

1998 年，泉州市公路路政部门在全市范围内组织开展占道加水专项整治行动。主要采取调查摸底、制订方案、宣传发动、规范设点、疏堵结合 5 个步骤，以国道 324 线泉州段及境内 7 条省道及部分交通繁忙路段的县、乡道为重点，对占道加水场点进行整治。1999 年 7 月，福建省公路路政管理局在漳州召开总结表彰会，永春县公路路政管理所被评为整治占道加水工作先进集体，其先进事迹在福建电视台、泉州电视台播出。

1999 年 7 月起，泉州市公路路政部门组织开展平面交叉道口的专项整治行动，要求毗邻公路的路边店、开发区设置的平面交叉道口与公路搭接的部位要做到路宅分家，设置排水沟，排水沟内径 60×60 厘米，盖板规范、搭接处纵坡适度、标高低于公路标高，排水不冲刷到公路路面、路基，设置地点不影响交通安全。

2000 年起，泉州市执行交通部颁布《超限运输车辆行驶公路管理规定》，开展治理超限运输车辆专项行动。3—5 月，先后在全市组织开展《超限运输车辆行驶公路管理规定》宣传周活动，宣传月活动，广泛宣传超限运输车辆行驶公路的危害性和治理超限运输车辆的必要性。

2001—2002 年，泉州市公路路政部门贯彻省公路路政管理局下发的《关于开展占道贸易整治活动实施方案的通知》和《继续开展占道贸易专项整治的通知》，因地制宜制定整治计划，重点整治国道 324 线、省道 306 线、307 线、308 线并辐射到省道 203 线、206 线、207 线。路政部门协同工商行政管理、城管、交警、乡镇等部门针对不同情况分门别类地进行整治，对有农贸市场的地方规劝群众到市场内贸易，对没有农贸市场的地方或临时性、季节性路边摊采取用栏杆隔离的办法与公路隔开，对少数屡教不改的占道贸易商贩依法取缔。

2000 年 6 月至 2003 年 9 月，泉州市交通局协调各县（市、区）路政所，在国道 324 线和省道交通繁忙路段设立 8 个反超限工作点，采取定点与不定点、定时与不定时相结合的办法开展反超限运输工作，在国道 324 线水头、省道 308 线彭亭、省道 306 线石鼓路段设立 3 个超限运输检测站，泉州市公路路政管理分局也成立治超稽查队。

2004年5月，泉州市人民政府成立由市交通、公安、发改委、工商行政管理、财政、物价、质量监督、安全监督、法制等部门组成的治超领导小组，召开全市治理车辆“双超”电视电话会议，部署治理车辆超限超载工作；组织全市各县（市、区）交通路政、公安交警部门组织人员依托水头、彭亭、石鼓三个超限检测站坚持24小时检测处理工作，对经检测超过认定标准的车辆强制实施卸分载和进行处罚。

2005年6月21日，泉州市执行《福建省交通厅关于进一步加在路面执法力度坚决遏制车辆超限超载运输的通知》，规定：凡超限1吨（含1吨）以上的车辆，要严格实施卸载、处罚、收取补偿费“三管”齐下，还规定5个层次的罚款标准，以及驳载、外挂、暴力抗法的处罚标准，同时规定对于整车运输蔬菜等鲜活农产品的超限车辆，坚持不扣车、不卸载、不罚款，按规定收取补偿费。同年交通、公安、交警、公路、稽征等13个部门负责人为成员的治理车辆外挂领导小组，开展闽车外挂专项治理工作联合行动。严重超限超载和外挂车辆现象得到遏制，治超工作逐步建立起长效机制。

2010年，泉州市继续治理超限运输。8月1日至9月5日，泉州泉厦路政大队治超班在水头入口共检测车辆6082辆次，劝退超限运输车辆1385辆次，查处超限运输车辆12辆次，共卸载84.4吨，处罚金1.2万元。

三、公路通行费征收管理

1991年7月，在泉州大桥收费站的基础上组建成立泉州大桥征收管理所，征收车辆通行费用，筹集福建省高速公路建设资金。

1994年起，经省政府批准，在泉州市境内先后设置晋江安海、永春石鼓、石狮、安溪彭亭、安溪曾坑（分站）、安溪官桥（分站）、南安城关、南安石砻、南安桃园、南安梅花山、南安官桥（分站）、南安保福岭、安溪龙门、惠安涂岭、惠安曾厝、惠安锦厝（分站）、永春石门格、德化、泉州刺桐大桥、泉州顺济桥（分站）、泉州笋江桥（分站）、南安大霞美22个公路通行费收费站。其中，主站16个、分站6个。

1998—2004年，泉州市按照《福建省公路规费征收管理条例》和国务院颁布的《收费公路管理条例》，加强收费公路管理，规范公路收费行为。同时，泉州市境内的公路通行费征收和管理进行清理、整顿。2001年3月，泉州大桥征收管理所、顺济桥征管所、笋江桥征费站调整合并，设置为新的泉州大桥征收管理所，隶属泉州市公路局领导的正科级事业单位。2003年7月20日，根据《福建省人民政府关于公布福建省普通公路和城市道路收费站（点）的通知》，安溪彭亭、石狮、惠安、永春石鼓收费站收费期限均至2018年2月3日。

2004年6月，泉州大桥征收管理所撤销。

2005年起，全市收费站陆续停止收费，机构撤销。

2009年1月1日起，全市取消公路养路费等收费。泉州市境内除南安梅花岭隧道收费站（南官公路收费站）和泉州刺桐大桥收费站属于民营企业投资经营予以分别保留至2025年3月31日和5月18日外，其余设置在由政府贷款修建的普通公路上的收费站全部停止收费。

2010年12月31日24时，南安梅花岭隧道收费站停止收费，提前15年免费通行，其民营企业投资的股权由政府收购。

四、运输市场管理

（一）道路运输行业管理

1991—2010年，泉州道路旅客运输业根据《中华人民共和国道路运输条例》《道路旅客运输及客运站管理规定》《道路货物运输及站场管理规定》《道路危险货物运输管理规定》《道路运输从业人员管理规定》等法规、规章，管理、监督道路运输行业，规范市场经营行为。实施道路运输经营行政许可，核定客运站站级，规范货运站各项服务操作规程，制定突发公共事件的应急预案，建立健全安全生产责任制。常年开展道路客运站专项检查和超限超载运输和非正常外挂车辆整治，做好客运车辆、客运经营、客运站经营管理以及货物运输车辆、货运经营货运站经营管理等。

（二）营运车辆管理与汽车维修行业管理

1. 营运车辆管理

1991年起，泉州市依据《中华人民共和国道路运输条例》、交通部《汽车运输业车辆技术管理办法》和《机动车维修管理规定》等行业法规相关要求，泉州市道路运输管理机构维修行业管理部门负责指导和监督道路运输经营者对运输车辆进行维护修理、定期检测和车辆技术等级评定等，保持车辆良好的技术状况，推广先进车辆技术，实施运输车辆节能减排，保障车辆运行安全等车辆技术管理工作。

1992年5月，市交通局对全市营运客、货车辆实行统一的技术档案管理。凡是营运车辆，从购买到报废全过程的技术管理，均应系统地记入档案，内容包括车辆登记卡、运行记录、维修记录、车辆技术等级鉴定记录、总成、基础件更换记录、车辆肇事记录、轮胎使用记录和车辆报废技术检验8个部分。6月，市交通运输管理处实行车辆技术等级鉴定。营运车辆除按规定免检的外，必须到交通主管部门委托或认定的鉴定单位接受技术状况等级检查鉴定；按车辆技术状况划分为一至四级，凡跨省、跨地（市）长途营运车辆，其技术状况必须符合一、二级车的要求，四级车和没有经过技术状况等级鉴定的车辆，不得申办营运证、线路牌和年审。

1995年，交通部门规定每一部营运车辆除必须参加营运资格年度审验及办理道路运输证外，营运客车须挂交通主管部门制发的客运线路标志牌，同时应在车辆显著位置贴上市交通运输管理处颁发的“敬告旅客书”，如在一年度中连续3次违规者，将勒令其停业整顿，对没有营运资格而参加营运者，没收全部非法收入，并处以非法收入额1～3倍的罚款。

1997年4月，市政府制定《泉州市客运出租小汽车管理暂行规定》，5月1日起施行。8月，开始对出租车的运行、行业管理、规范着色、挂靠公司、“老龄”车报废、非法营运车辆的处理、行业轮训教育和违规处罚等问题专项整治。

2003年10月，交警部门强化以整治出租车、公交车为重点的营运车辆管理力度，重点查处占道等客、违章掉头、争道抢行、不按道行驶、超速等严重违章行为。

2006年8月，泉州市车辆技术管理网建成，为全市近5万台营运车辆建立车辆管理电子档案。

2007—2010年，结合省部相关法律法规和泉州市实际，适时健全完善，基本形成一套行之有效的车辆技术档案管理模式，严把运输经营者市场准入关、营运车辆技术状况关、营运驾驶人从业资格关，整治非法营运、非法售票，规范运输市场。

2. 汽车维修行业管理

泉州市行业管理部门探索行业发展方向，按照“严把一、二类、鼓励连锁快修”的指导方针，合理调整市场结构，促进维修行业和谐发展。鼓励在全市知名度高、有规模的大型维修企业建立快修、连锁业，扩大全市快修连锁市场的发展；加强服务指导，引导有规模的、分散的“路边店”，增加投资，使其上规模、上水平，形成市容美化的快修、连锁化经营模式。构建为社会提供“多层次、全方位、全天候、全过程”优质服务的现代化维修网络体系。

至2010年，全市有机动车维修企业1185家（其中，一类55家、二类190家、三类940家）；A级机动车综合性能检测机构5家，诊断（竣工）检测机构14家，竣工检测车间26个；维修从业人员12000余人，检测人员近400人，泉州市汽车维修行业形成以一类企业为龙头，二类企业为骨干，三类企业为补充，以汽车综合性能检测站为技术支持的多功能、全方位的市场格局，为汽车安全运行提供可靠的技术保障。

（三）驾驶培训行业管理

1991至2004年6月30日，泉州市驾驶培训行业管理由公安交警部门负责。2004年6月30日，全市登记在册的驾培机构59家，由于没有出台相关的资格条件标准和管理规定，驾培机构的基本处于“三无一靠”（无经营实体、无训练场地、无办公场所和教练车挂靠经营）状态，教练员自行招收学员、以师带徒开展培训。

2004年7月起，全市驾驶培训行业管理由市交通局道路运输管理处负责。2004年11月至2005年12月31日，按照福建省运输管理局的工作部署，省、市、县三级道路运输管理机构依照交通行业标准《机动车驾驶培训机构资格条件》，联合开展集中资格条件审验许可，对申请许可驾培机构的主体资格、人员条件、教学车辆、教练场地、设施设备等进行资质审验，经资质审验合格的驾培机构分批予以许可公布。12月底，泉州市第一批经审验合格许可的驾培机构5家。

2006年，泉州市贯彻落实交通部《机动车驾驶员培训管理规定》，引导、督促驾培机构进一步完善基础设施条件，按照规定进行公司化组合，变更企业主体资格，妥善解决个别驾培机构异地设立教练场地的历史遗留问题。组织开展驾培机构资质条件复核和重新划类定级工作，对符合规定的驾培机构换发道路运输经营许可证。当年底省运管局组织进行全省驾培机构资质条件交叉检查，泉州市驾培机构基础设施条件和行业管理工作在全省名列前茅。

2007年，泉州市组织起草《福建省机动车驾驶员培训工作指南（试用）》系统介绍驾培行业的业务知识、管理内容、管理手段和管理办法，规范许可程序和管理程序，通过省运管局审定后编印成册，发行至全省。

2008年，全市开展驾驶培训行业整顿活动，改善市场经营环境，强化行业管理工作，鼓励和引导驾培机构走品牌化、规模化和规范化经营道路，推动泉州市驾培市场健康、有序、和谐发展。加强与市公安交警部门的协作，联合制定规范驾培机构教学车辆管理要求。

2009年，全市开展年度机动车驾驶培训机构质量信誉考核工作，并对考核结果进行汇总通报公示。当年10月，引导、指导驾培行业组织成立行业协会——泉州市机动车驾驶培训行业协会，并重视其发挥桥梁作用、自律作用和行业内的交流作用。

2010年12月31日，全市经许可的驾驶培训机构103家（其中，一级2家、二级6家、三级95家），教学车辆4571辆，教练员5729人，具备大中型客车、城市公交车、大型货车及小型汽车等车型的培训资格，2010年度报名参加培训学员13.4万多人次。

第二节 水路交通管理

一、港口管理

1991年，泉州港务管理局按照省政府公布的《泉州港章程》，负责编制泉州港口建设规划、审核审批使用港区岸线（即与岸线相连的陆域、滩涂），审批在港口水域测量或施工，有权制止未经批准使用岸线、测绘或施工等违章行为。

2002年，市政府颁发《泉州市港口管理暂行规定》，开始开展港口经营许可工作，规范泉州港口企业港口业务经营资质。

2003年，泉州市贯彻执行《中华人民共和国港口法》，规定从事港口经营，包括码头和其他港口设施的经营，港口旅客运输服务经营，在港区内从事货物的装卸、驳运、仓储的经营和港口拖轮经营等，应当向港口行政管理部书面申请取得港口经营许可。

2004年1月1日，泉州港务管理局制定出台《泉州港港口经营许可管理实施细则》，规范泉州港港口经营许可，维护港口经营秩序。同年4月起，执行交通部《港口经营管理规定》，保障和监督港口经营许可的正确实施。

2007年4月，泉州市港口管理局开通“泉州市网上审批服务平台”，港口经营业务申请人可向市行政服务中心申请办理港口相关行政审批业务，除了到办事窗口提交书面申请外，还可以通过登录“市行政服务中心网上审批服务平台”，提交港口经营许可资质申请，经泉州市港口管理局承办部门网上预审，预审通过后递交纸质申请材料，通过初步审核后进入审批流程。在受理行政许可申请人申请材料后，泉州市港口管理局必须在15个工作日内作出行政许可决定。同时，为加强管理，泉州市港口管理局相关部门，除日常加强巡查及专项检查外，还强化对港口经营人经营活动的监管。

2006—2010年，泉州港口管理局办理港口经营许可证的港口企业有102家。

2010年3月起，泉州港口管理局根据交通部2009年修订的《港口经营管理规定》精神，制定《泉州港口许可证管理办法》。

二、航道管理

1991—2003年，泉州市辖区航道先后由省航道处、省航道局泉州航道处负责，2004年省航道局泉州管理处下放隶属泉州后，改由泉州市航道管理局负责。省、市航道管理部门按照《中华人民共和国航道管理条例》及建设部《航道管理条例实施细则》、建设部《内河通行标准》对泉州各类航道实施管理。

（一）内河航道定级与普查

1994年，省航道管理局泉州处执行省交通厅《关于开展全省内河航道定级工作的通知》，配合泉州市航道定级工作领导小组开展航道定级试点工作。

1996年初，全面开展航道定级工作，经交通部、省政府及省交通厅审查批准，泉州市内河航道通航里程：四级航道13千米、五级航道21千米、四级航道6.65千米、地方一级航道21.35千米、地方二级航道298.6千米、地方三级航道17.9千米。经批准的航道技术等级是航道建设和管理的法规依据。

2003年4月，泉州市交通局成立由市、县（市、区）和省航道局泉州航道处领导参加的泉州市交通局第二次全国内河航道普查领导小组，5—7月开展全面普查。普查泉州市内河航道14条，航道总里程295.84千米（通航里程156.54千米）。其中，一级航道17.24千米，四级航道21.65千米，五级航道18.14千米，六级航道4.13千米（以上航道均通航），七级以下航道234.68千米（通航里程95.38千米）。

2004年后没有再开展内河普查工作。

（二）通海航道养护与建设

1.后渚通海航道建设

1996年，后渚通海航道整治一期工程，主要项目是抛设丁坝五道；疏浚浅滩、港池，抛设深水灯浮。整治后水深4.5米，航宽100米。航道通航等级为乘潮通航5000吨级海轮。总投资2253.83万元。

1997年，对后渚通海航道导航设施（灯浮、导标）进行改造，设置发光设备，实现夜航。

1998—2002年，实施石湖万吨级航道建设，主要实施小坠门航段炸礁清淤，整治后小坠门航道水深9.5米、航宽120米，实现湾口至石湖乘潮通航3万吨级海轮。

2007年，开始实施泉州湾石湖至湾口深水航道建设，工程投资1.7亿元。工程完工后小坠门航道水深14米，航宽160米，泉州湾口至石湖乘潮可通航10万吨级海轮。

2.泉州内港通海航道整治

1994—2001年，实施泉州内港通海航道整治。整治项目有丁坝、浅滩、抛设发光灯浮、灯浮安装航标卫星定位与遥测遥控系统、大沙浅滩炸礁。整治后内港航道最大通航能力乘潮可通航1000吨级船舶。

3.围头湾航道建设

2000年，泉州市实施安海湾航道整治，项目为抛设灯浮、设置灯桩。整治后，可乘潮通航500吨船舶。

2006年7月，泉州市建设泉州南安至金门客运航线航道，建设项目主要是航道疏浚，航道炸礁，抛设助航灯标。建设航道里程20.6千米，建设标准的航道宽度100米、水深3米，乘潮可通航500吨船舶的客运专用航道。工程于2007年3月完成，5月投入使用。工程总投资672.78万元。

2008 年，泉州市实施围头湾围头作业区 10 万吨级航道建设工程，建设规模为 10 万吨级集装箱船乘潮通航单向航道，航道自围头湾口锚地附近至围头作业区，航程 2.4 千米、航宽 250 米、水深 13 米；主要项目有疏浚工程、炸礁工程，配有航标。工程投资 7060 万元。2010 年，项目尚未完工。

2010 年，围头湾石井 5000 吨级航道工程竣工。

4. 湄洲湾航道建设

2006 年，湄洲湾一期航道工程建设，工程包括主航道扩建和洋屿支航道新建工程两个部分。其中，主航道剑屿至肖厝长 31.46 千米，航道设计底宽度 300 米，设计底标高－14.5 米（当地理论最低潮面，下同）转弯半径 R ＝ 1500 ～ 3000 米；洋屿支航道新建工程由鲤鱼尾作业区 10 万吨级航道终点至泉港石化码头前沿，通航里程 1.73 千米，航道设计底宽度 220 米，设计底标高－10.0 米，转弯半径 R ＝ 1100 米。工程主要建设项目有航道疏浚工程、航道炸礁工程、航标工程，建设标准为全天候通航 10 万吨级海轮，工程总投资 4265.63 万元。

2007 年，湄洲湾公共航道二期工程建设，工程于 2007 年 8 月动工。设计 30 万吨级航道始于崇武半岛南侧（大岞山南约 13 千米处）的设计候潮锚地，沿 20 米深槽向北经大岞山东侧、剑屿东侧水域，在湄洲湾湾口处沿现 10 万吨级航道轴线至黄干岛，再转向码头前沿，与设计船舶回旋水域衔接，全程长度共 38.72 千米；本航道为 30 万吨级油船乘潮通航的单向航道，设计代表船型为 30 万吨级原油船。航道疏浚设计 3 个疏浚区，工程量 115.7 万立方米。航标工程新设置灯浮标 ∮ 3.0 米 12 座，改标别并加装雷达应答器的灯浮 ∮ 2.4 米 1 座，移动调整的灯浮 ∮ 2.4 米 4 座，合计 17 座。工程建设总投资 2134.6 万元（其中航标投资 524.6 万元），工程于 2008 年 11 月 11 日通过工程交工验收投入使用。

1991—2010 泉州航道养护疏浚量情况表

表 7-3-1 **单位：万方**

年份	疏浚量	年份	疏浚量	年份	疏浚量	年份	疏浚量
1991	2	1996	10	2001	15	2006	19.26
1992	5	1997	10	2002	15	2007	113.86
1993	4	1998	10	2003	15	2008	19.00
1994	5	1999	10	2004	8	2009	79.00
1995	10	2000	15	2005	9.5	2010	16.00

（三）航标管理

1991 年，福建省航道处泉州办事处负责泉州港泉州湾内航标维护和管理。2000 年以前，湄洲湾公用航道航标维护和管理由福建省航道湄洲湾办事处负责（隶属于福建省航道处第一航道段），2001—2002 年由福建省航道局泉州航道处负责；2004 年全省航道体制改革，湄洲湾公用航道航标的维护、管理隶属于泉州市航道局。2007 年 8 月管理职能移交上海海事局厦门航标处履行。之前，泉州市航道管理局所维护、管理、建设航标共有 120 座（包括泉州内港航道 25 座，均为发光标。其中，浮标 9 座，灯桩 16 座）。泉州湾后渚通海航道发光标 26 座。其中，3 米浮标 2 座，2.4 米浮标 7 座，1.8 米浮标 12 座，导标 4 座；围头湾航道 2.4 米发光标 3 座；石井航道灯桩 3 座，安海湾航道 17 座，主要为 1.2 米浮标和杆桩标；湄洲湾航道 35 座。其中，导标 2 对共 4 座，灯桩 2 座，浮标 15 座；泉州南安至金门航道 11 座浮标。

三、船舶管理

1991 年起，泉州沿海船舶由省船舶检验处、泉州港务监督负责，对泉州籍船舶进行检验丈量、颁发证书、注册登记、进出口签证。

2003 年，泉州市船舶检验所负责内河船舶检验。泉州市交通局所属泉州市水上运输管理处负责监督检查泉州地方船舶运力投放、船舶修造等工作。

2006 年，泉州市政府出台《关于促进航运业规模发展的若干意见》，鼓励航运企业发展，开展节能减排、老旧船更新，鼓励发展万吨级以上散装、货物运输船及千箱以上集装箱运输船。

2009 年起，泉州海事局执行鼓励航运业发展优惠政策，引导企业开展节能减排、老旧船更新，鼓励发展万吨级以上散装、货物运输船及千箱以上集装箱运输船。

2010 年，全市注销老旧、小型、油耗高的船舶 34 艘，13.8 万载重吨，新增大吨位船舶 35 艘，39 万载重吨，其中万吨以上 16 艘，29 万载重吨。

四、水路运输安全管理

（一）内河运输安全管理

1991 年，泉州市交通局安全监督科履行全市内河运输安全管理职责，对船舶设施和驾驶人员实施证照管理，监督船舶人员遵守安全规定。

1993 年起，泉州市渡口、船舶按照“谁主管，谁负责”的原则，落实水上管理“三长”，即县（市、区）长、乡（镇）长、村委会主任负责制，渡口实行“五定”（定渡口、定渡船、定渡工、定载客额、定制度）。

1995 年始，为解决渡口的安全隐患多的问题，泉州市结合农村公路建设，逐年改渡为桥。

1998 年，全市贯彻市政府《关于进一步加强农村船舶安全管理责任制》的通知，进一步健全“三长”责任制，明确由乡（镇）人民政府负责渡口的设置、迁移、撤销和渡运航线的审查，并报当地县（市、区）政府批准。2002 年，全市内河水路运输安全由泉州市水路运输管理处负责。

2003 年 3 月起，内河水路运输的安全监督管理工作由泉州市地方海事局履行职责，负责全市内河四等级以下船舶进行登记和发证。确认其所有权和批准其航行权；负责内河船舶、浮动设施、船员和水上交通安全的监督检查，对违反内河安全管理规定的单位和个人进行处罚；负责内河运输事故调查处理。

2003—2010 年，泉州市内河水路运输安全监督部门不定期组织安全检查，重点检查山美水库、安溪大龙湖、泉州西湖等处的渡船、旅游船，检查内容包括渡船、游船的技术状况、设施配备使用情况、船员安全优质服务等。开展船员日常航行安全知识、雾季安全航行知识、最低安全配员和救生演练教育，加强水上执法力度，严查超速超载等违章行为。

（二）海上运输安全管理

1991 年，泉州市海上运输安全由泉州港务管理局海上安全监督处（简称“泉州港务监督”）负责。1999 年，经交通部、中央机关编制委员会批准，泉州港务监督与泉州港务管理局分离，成立中华人民共和国泉州海事局。自此，泉州海上运输安全管理监督工作归属泉州海事局。

1991—1998 年，泉州港务部门和此后泉州海事局贯彻执行国家有关海上交通安全的法规，开展“安全第一”宣传；根据船舶最低安全配员规则，签发船员最低安全配员证书；负责辖区船舶、浮动设施和落实水上交通安全责任制和安全质量监督检查；处理辖区海上交通事故，强制清除碍航物体。

2000 年起，泉州海事局加大海上搜寻救助指挥设施和力量建设。当年，出台搜救和溢油应急预案，建立和完善综合信息管理平台和专家决策系统。成立辖区沿海 6 个县（市、区）搜救分中心。

2002 年，泉州海事局对“三无”（无国籍证、无船舶检验证、无航名）船舶、侵占航道障碍航行航船进行处理，纠正违章行为 120 次。

2008 年，泉州海事局投资上亿元建设泉州海巡基地、湄洲湾船舶交管系统、台湾海峡水域船舶溢油应急设备库三大海事监管项目陆续动工。

至 2009 年，泉州海事局投资 300 万元建成海上搜救指挥大屏幕显示系统；话台、甚高频系统（VHF）、码头远程网络图像监控系统（CCTV）、巡逻艇移动视频系统、船舶自动识别系统（AIS）、小型船舶监控系统、全球定位系统运行良好。

2010年，泉州海事局拥有8艘海巡艇、22辆执法车；利用民间力量建起覆盖整个辖区的5个溢油应急设备库；指定具有救助能力的船舶或单位（包括政府部门、社会和渔业部门的搜救力量，共有16艘公务船艇、5艘专业救助船、4艘交通船、35艘渔船）承担海上搜寻救助任务或提供相应的搜救力量，遇到特殊事故险情还可以通过省海上搜救中心协调交通运输部东海救助局厦门飞行分队出动直升机协助抢险搜救，以提高海上搜救的效率，最大限度地减少人员伤亡和财产损失，维护社会公共利益。2000—2010年，泉州海事局共成功组织救助150艘遇险船舶，使1780名船员、乘客脱离险境，搜救成功率达97.6%，挽回直接经济损失4.62亿元。成功组织“舟顺7”油轮汽油大量泄漏、“大庆93”轮与“闽狮渔2380”船碰撞、“骏马输送者”轮与“海角”轮2艘10万吨级外籍油轮碰撞、“同信”集装箱轮搁浅、泉州南安至金门直航客轮“泉州”轮事故等多起事故的搜救指挥协调和成功抢险工作。

第三节 铁路运行安全管理

1999年，泉州铁路有限责任公司正式投入运营。当年，设立安全管理部，建立健全安全管理规章制度和安全奖惩办法，严格安全逐级负责制，初步形成管理有力、有章可循的安全管理网络；同时，加强员工岗位业务技能培训和安全知识教育，提高员工岗位技能和安全意识。

2000年，泉州铁路有限责任公司继续坚持安全第一的思想，加强专业安全管理和班组建设，抓好防洪、道口、接发列车等安全措施落实和员工技术业务学习培训，提高作业技能。公司加大行车设备、设施的改造和资金投入，加强行车、生产设备的日常养护维修，提高设备质量，初步建立质量动态管理体系。至12月31日，实现无行车特别重大、大事故762天，无责任行车险性事故294天，无责任职工因工重伤、死亡事故762天。

2007年，南昌铁路局对福建境内合资铁路公司进行体制改革，实行委托经营管理及运输资产经营和运输生产经营分离。

2009年4月8日至10日的13时—15时，为保证福厦铁路泉州段高洋大桥与漳泉肖铁路跨越位置在这一时段的施工安全，漳泉肖铁路停止货车运营。

2010年4月15日至11月15日，泉州铁路部门对乘坐火车的旅客携带物品和通过铁路托运行李包裹实行安全检查制度。严禁携带枪支、弹药、管制刀具等可能危害公共安全的物品进站乘车；管制刀具以外的菜刀、餐刀等利器、钝器，一律放入行李中托运，不得随身携带；严禁在托运的普通货物中夹带危险物品，行李包裹托运人要实行实名登记制度，收货人应凭本人有效证件领取。

第四节 民用航空管理

一、航空保障

飞机过站维护 1996年，泉州晋江机场开航前部分维修人员分别到福州和厦门机场见习。通航后，设置机务工程部（后更名为机务保障部）。1997年起机场分别派人到各航空公司（在晋江机场执行航班任务的公司）参加机型培训和执照培训，3人获得执照，可以独立对波音737型200/300/400/500、波音757型200号、MD82/90、BAE146-100/300、冲-8、福克-100、TU-154M等飞机进行航前、航后、短停维护。

至2010年，泉州晋江机场具备保障波音737-300、500，737NG600、700、800、900，A320系列，EMB145等机型的航前、航后、短停维护能力。

航空油料供应 2010年，机场油库储油量为9000立方米，使用3辆运油车进油。3辆15000L“斯泰尔”加油车，具备每小时保障5架次飞机、加油量4立方米的能力。

水电供应 1996年，泉州晋江机场建成民航独立的双路供水系统，最高日供水量可达2000立方米。机场内建有一个600吨的蓄水池，配有全自动恒压供水设备一套，可满足机场生产、生活用水需要。供电方面，采用双回路一级专线供电，变压器总容量7137千伏安。机场自备电源：变电站配有2台250千瓦油机，灯光站配有3台150千瓦油机。

2010年，泉州晋江机场改造水电配套设施，满足年旅客吞吐量400万人次、货邮吞吐量3万吨的使用要求。

飞行管制 1996年9月，泉州晋江机场通航后，民航厦门航务管理站在晋江机场设立派出机构民航晋江机场航管站，下设航站调度室和机场管制塔台，处理晋江机场的航管事务，考虑到晋江、厦门两地的直线距离不足50千米、两机场的空域交错重叠因素，民航晋江机场航务管理站的行政和业务均属厦门航管站领导，便于行政和业务统一协调。

2003年起，泉州晋江机场航管站并入泉州晋江机场，实行统一管理。

2007—2010年，泉州晋江机场持有民航执照空中管制员16人。

二、安全监管

1996年，泉州晋江机场建设指挥部会同地方政府，拆迁机场南北两端净空带所有超高建筑物113处33685平方米。同时，机场西侧净空区16幢高层建筑物全部安装飞行障碍灯。经民航华东局和民航福建管理局审核，机场净空条件良好，符合飞行要求。

1997年，泉州晋江机场统一组织飞行器失事应急演练，提高实战能力；与民航福建管理局签订年度安全生产目标责任书，并将全年安全目标层层分解到各个岗位。

1998年，健全安全生产责任制，严格执法，组织常态化安全大检查，保证空防安全，

2001年，泉州晋江机场制定《关于加强空防安全管理的暂行规定》，加强控制区管理，投入228万元改造安检流程。

2002年，泉州晋江机场全面检查安检、机务和飞行控制区、候机楼、货运仓库、油库等重要部位，预防安全事故发生；落实持证上岗制度严把安全关口，确保持证上岗率100%；投入510万元用于维修改造飞行区助航灯光、新建消防车库、安装货运仓库监控系统、改造航班动态显示屏，添置各种通信、消防设备和应急救援器材。

2003年，机场继续强化安全教育培训，组织基层班组开展“安康杯”竞赛和“安全生产月”活动，在候机厅设立安全咨询台，向旅客发放安全宣传材料。严格检查监督，制止周边村镇焚烧工业废料、燃放烟花、空飘气球、拆除违章超高建筑。

2004年，泉州晋江机场制定完善《航空安全检查制度》和《航空安全信息管理暂行办法》，进一步规范安全监察和安全信息管理。重新制发《机场职工安全档案》，开展“争创安全飞行500万小时实现2004年安全年”活动，

2005年，泉州晋江机场层层签订航空安全目标责任状，重新修订《安全工作奖励标准》，全年共表彰为安全工作作出成绩的个人600多人次。加大检查爆炸物品力度，全年查获证件不符317起，查获管制刀具、易燃易爆品等违禁物品1295件，协助公安分局查获犯罪嫌疑人1起，制止无证闯机坪人员373人次。

2006年，泉州晋江机场组织消防应急救援演练13次，出动车辆32台次、人员97人次。坚持对旅客乘机携带液态物品开封检查制度，对所有货物实行百分之百过X光机检查。加强对飞机的监护、对机场围界、飞行区的治安巡视和各道口的管理，制止无证闯入飞行区51人次，查获无证闯入隔离区32人次，发现空飘气球等异常情况111次。

2007年，泉州晋江机场成立航空安全保卫委员会，开展安全隐患整治活动，全年对飞行冲突、机坪秩序、

危险品运输、净空安全、油料安全、飞行区安全、航空器适航维修、载重平衡及货物运输安全监管8个安全隐患重点区域，开展安全生产隐患排查治理专项行动，共查出56个安全隐患，投入320多万元，改造飞行区的巡场路、围界、灯光系统及油料设备设施。制定应急救援演练计划，组织“候机机受爆炸物威胁”及“大面积停电”处置的综合性演练2次，值机离港系统故障桌面推演、油库消防灭火、危化品事件处置、安检现场应急事件处置等14次单项演练，提高应对突发事件的快速处置和紧急救援能力。

2008年，泉州晋江机场安保会通过电视广播、报刊进行广泛宣传，在中小学校开展机场净空保护有奖征文活动，提高全民净空保护意识；联合有关部门及街道办事处，开展为期3个月的专项清理整治活动，先后组织7次活动，有效控制鸽害问题；建立鸟害防治长效机制，飞行区南端加盖网罩，切断鸟类饮水源，更新驱鸟车，增派专职人员，增加巡场驱鸟次数。

2009年，泉州晋江机场做好国庆60周年安全工作，成功处置一起非法信息干扰事件，开展为期2个月的鸽害专项整治活动，共组织各类安全检查12次，日常安全隐患整改率100%。更新改造21号盲降系统和目视助航灯光系统，增配应急救援工具和部分应急救护用品，配置专人24小时值守。加强对货运中心、候机楼、航管楼、油库、中心变电站等重要部位的保卫工作，严格飞行区管理，新增配巡场车和巡场人员，每天对飞行区巡视不少于20次，严防无证人员进入飞行区。

2010年，泉州晋江机场成立安全管理体系建设领导小组，加强宣传培训，完成安全管理体系融入《机场使用手册》工作，推进风险源管理，全面排查风险源，初步建立风险源数据库。“8·24”伊春空难后，按照民航局统一部署，晋江机场开展全面安全大检查，整改隐患；制定安全保卫方案，落实应急响应措施，完成世博会和亚运会空防安全工作；进行航班延误旅客群体性事件应急处置桌面演练，组织离港系统故障、摆渡车起火、候机楼起火、跑道应急抢修、冲击安检道口等单项演练，提高应急处置能力。

三、经营管理

1996—1997年，机场与各有关航空公司联系，介绍泉州情况和本地区客货源情况，请求航空公司到晋江开辟航线，建立20余个销售网点，促销航空公司机票。

1999—2000年，机场详细调查分布在泉州各县（市、区）航空售票点和旅行社的销售情况，掌握已有航线的总体市场状况和机场旅客状况，以此引导航空公司开辟航线。

2001年，泉州晋江机场采取灵活经营策略，注册成立机场客货代理公司，开始包租航空公司飞机，果断走与航空公司联合经营的新路，将航空的利益和机场的效益捆绑在一起，当年旅客吞吐量由前3年年均36万人次上升至48万人次，结束连年亏损局面。

2002年，泉州晋江机场继续走包租飞机或航线的路子，引进东航、北航、南航公司到泉州晋江机场飞航班，使泉州晋江机场的航线航班初步形成规模。到2003年，航线航班延伸到全国主要经济发达区域和重点旅游城市。

2004年，泉州晋江机场开通机场至晋江长途汽车站、安溪、莆田免费接送班车，免费接送旅客，扩大机场客源辐射范围。推出精品旅游线路促销机票，开展延伸服务，免费接送外地旅客到本场乘坐飞机。

2005—2006年，因国内航空市场竞争日趋激烈、航油价格不断飙升，以及民航总局对闽浙沿海机场航班量进行严格限制等不利因素，泉州晋江机场调整包租航空公司运力结构，降低包租经营风险。

2007年，泉州晋江机场调整主业经营方式，以航空公司自主经营为主，机场全力做好销售服务的航班经营模式。及时引进深航、南航、奥凯航新运力，增加厦航2架飞机，加大深圳、上海航班密度，补齐西南航线，新开天津航线，同时对相关产业开发资源进行细分和重组，将管理与经营职能分开，拓展三产经营空间。

2008年，泉州晋江机场提请市政府分别与厦航、深航召开合作座谈会，出台为航空公司提供办公场所和住宿投资以及扶持骨干航班航线等优惠政策，构建市场销售网络，吸引航空公司到泉州运营。当年，厦航新增1架运力，深航新开辟泉州经杭州至济南航班、广州经泉州至舟山航班，国航开辟泉州至北京航班，航班从上年每周250班次增加到高峰时的320班。

2010年，泉州市政府成立泉州民航发展协调领导小组，研究民航发展扶持措施，发放航班奖励补贴300多万元，沟通厦航、深航，加强与深航、顺丰速递公司的战略合作，通过出台优惠政策，协助获取航班时刻资源，改善保障条件，帮助开展市场组织等措施吸引航空公司到泉州运营。当年，厦航新增澳门航班、加密北京航班，深航投放1架过夜飞机，加密香港、上海浦东、南京等航班，其他航空公司增开上海虹桥、杭州、南宁等航班。

四、服务质量管理

1997年起，泉州晋江机场改进服务方式，向社会公布服务承诺。对残疾旅客、要客、婴幼儿、无成人陪伴儿童提供特殊优质服务，推出电话订座、送票上门等服务项目，设置“爱心服务台”，免费提供报纸杂志、鞋油鞋刷、针线等，广泛征求社会各界对机场工作意见，针对不正常航班制定服务预案，协助航空公司为旅客提供住宿和餐饮服务，被评为“省级文明机场”。

2000年，泉州晋江机场开展“百日优质服务活动”，推出各岗位服务承诺，开展员工服务专题培训，提高机场整体服务水平。

2001年，泉州晋江机场建立检查考评制度和旅客投诉网络，完善服务设施，规范服务标识，帮助旅客寻回贵重物品和现金10余万元。

2003年，因天气、航行管制、机械故障等原因造成备降外场27架次，转场13架次，外场航班备降本场9架次，取消航班20架次，旅客均得到妥善安置。

2004年，泉州晋江机场建立旅客丢失物品归还程序，全年共捡到并归还旅客遗失物品共100多件，价值20多万元。启动防“非典”预案，对北京进港航班旅客实施体温监测，加强对机舱、候机室的消毒以及航空垃圾的处理。

2005—2006年，泉州晋江机场安检站根据旅客候检情况及时增开通道，减少旅客等候时间，为晚到旅客提供优先安检通关，设立病残旅客通道，为老幼、病残旅客提供方便。做好高致病性禽流感防控工作，重新修订机场《航空临时交通卫生检疫预案》，加强航空配餐、餐厅、食堂等食品饮食单位卫生管理和督查；加强对航空垃圾消毒处理。加强服务质量监督管理工作，共收到投诉26起，投诉处理率100%。

2009年，泉州晋江机场开展“旅客引导”“流动问讯”“50分钟快件绿色通道”“迎宾服务”“旅客服务箱”等特色服务。

2010年，泉州晋江机场推出“巾帼文明示范岗”和“惠女贵宾安检组”，通过增开值机柜台和安检通道，提供便民措施，开展特色服务。

第五节 机 构

一、行政管理机构

（一）泉州市交通局

1991年，延续设置泉州市交通局，负责全市交通建设与管理。1995年12月25日，交通局内设办公室、人事教育科、执法监督科（挂行政复议办公室牌子）、计划财务科、生产安全管理科、工程建设科、监察审计室、公路路政科、港航管理科。人员编制34名，局长1名、副局长3名、科级职数11名（含机关党委专职副书记1名）。机关工勤人员按有关规定核定事业编制5名。

2002年7月，内设办公室、执法监督科、工程建设科、港航管理科、计划财务科、安全监督科、公路路政科、人事教育科。人员编制为27名。机关工勤人员按有关规定核定事业编制3名。挂靠单位：泉州市交通战备办公室，核定编制3人，主任1名，副主任1名，工勤事业编制1名。

2002年10月25日，撤销泉州市交通运输管理处，设立泉州市道路运输管理处和泉州市水路运输管理处（挂福建省泉州市地方海事局牌子），2个处均为副处级事业单位，隶属市交通局领导。

2007年3月，撤销港航管理科，设行政审核审批科。

2010年，市交通局内设办公室、执法监督科、工程建设科、计划财务科、安全监督科、公路路政科、人事教育科、行政审批科、道路运输管理处、水路运输管理处。

（二）县（市、区）级交通局

1991年，全市8个县（市、区），分别是晋江市交通局、石狮市交通局、惠安县交通局、鲤城区交通局、南安市交通局、安溪县交通局、永春县交通局、德化县交通局。

1997年年底，因鲤城区拆分设为鲤城区、丰泽区、洛江区，增设丰泽区交通局、洛江区交通局。

2002年4月，设立泉港区交通局。

2010年，全市有11个县（市、区）交通局。各市、区交通局履行辖区的交通建设和管理。

二、行业管理机构

（一）泉州市港口管理局

1991年6月，泉州港务管理局划归泉州市经济委员会直接领导，市交通局对泉州港务管理局负责行业管理。

1998年6月，根据泉州市政府《关于泉州港口管理体制改革方案的批复》文件精神，泉州港务管理局实行政企分设。体制改革后的泉州港务管理局为副处级事业单位，受市政府委托，负责全市港口、港务、港政管理，业务接受市交通局领导。港务局机关设置办公室、计划财务科、港口管理科、规划建设科、船舶引航管理科5个职能科室和海上安全监督处、船舶检验科2个专门职能机构，设置肖厝港税务分局、围头港务分局2个派出机构和泉州市水运工程质量监督站、后渚港区派出所2个直属单位。

2001年10月，泉州港务管理局进行机构编制调整，内设机构4个，即办公室、计划财务科、港口规划建设科、港口管理科，保留2个派出机构：泉州港务管理局泉港分局、泉州港务管理局围头分局，保留2个直属机构：泉州港务管理局引航站、泉州市港口水运工程建设质量监督站。

2003年1月，泉州市委办、市府办印发《泉州港务管理局主管职责、内设机构和人员编制方案》文件，明确指出泉州港务管理局是受泉州市政府委托，主管全市港口、港务、港政工作的市政府直属事业单位，机构规格正处级，归口市交通局管理。泉州港务局机关内设办公室、计划财务科、规划建设科、港政管理科、安全生产监督科5个科室及党委办公室（港政管理科负责直属站点的管理工作），下设肖厝港务分局、围头港务分局、石井港务分局3个派出机构。

2004年3月，泉州市人民政府、省交通厅下发《关于省属航道管理机构下放交接的协议》，航道管理职能下放归属港口城市。2004年7月2日成立泉州航道管理局，与泉州港务管理局“实行一套班子两块牌子”合署办公，实现港政、航政管理的统一。

2006年12月，在原泉州港务管理局基础上，设立泉州市港口管理局，加挂泉州市航道管理局牌子，为市政府直属正处级事业单位，受市政府委托行使港口、港务、港政和航政等行政管理职能。内设办公室、计划财务科、港航规划建设科、港政管理科、安全生产监督科、执法监督科、行政审核审批科、机关党委、纪检监察室9个正科级科室；下设肖厝、围头、石井、石湖、斗尾港口分局5个派出机构，规格正科；下辖引航站、航道站、港口水运工程建设质量监督站3个直属事业单位，规格正科。

2010年，泉州市港口管理局人员编制数135名，实有正式干部职工116名。其中，处级4名，科级21名，科员20名，专业技术人员52名，工勤人员19名。

（二）泉州海事局

泉州海事局前身是泉州港务监督。1998 年 12 月，泉州港务监督设置综合科、法制科、船员管理科、通航监督科、船舶监督科、船舶检验科 6 个科室和肖厝、后渚、围头 3 个监督站（下辖 17 个签证站）及泉州海岸电台。

1999 年 11 月 1 日起，泉州港务监督与泉州港务局分离，划转交通部领导，实行垂直管理体制；经交通部海事局批准于 11 月 4 日成立泉州海事局筹备组。

2000 年 6 月，中央机构编制委员会办公室批复批准成立中华人民共和国泉州海事局，机构级别正处级，是福建海事局分支机构。同年 10 月 17 日泉州海事局正式成立。

2001 年 1 月，泉州海事局设置通航管理科（值班室）、船舶监督科、危管防污科、船员管理科、财务会计科、政工科 7 个内设机构。

2006 年 10 月，泉州海事局设立泉州海事局执法支队，级别正科级，为局属单位。取消原有内设机构设置，重新设置政务中心、值班室（水上交通指挥中心）、业务管理处、船舶检验处、法制督察处、综合办公室、组织人事处、财务审计处 8 个正科级内设机构。

2007 年 9 月，泉州海事局对局机关内设机构及其办事机构、2 个副处级海事处的内设部门进行调整，局机关设置指挥中心、监管处、督察处、办公室、党群工作部和财务处 6 个正科级处室和政务中心 1 个正科级办事机构。

至 2010 年，泉州海事局人员编制数 152 名，实有正式干部职工 151 名。其中，处级 7 名，科级 39 名，科员 46 名，专业技术人员 47 名，工勤人员 12 名。

（三）泉州市航道管理局

1994 年 6 月，福建省航道处撤销，同时成立福建省航道局。同年 6 月，福建省航道局泉州办事处升格更名为福建省航道局泉州处，主要负责泉州辖区航道及航道设施的维护、管理、建设。1996 年，泉州航道处组建成立测量队。1997 年，泉州航道处全面负责泉州辖区航标的抛设维护管理，负责泉州辖区泉州湾、围头湾、深沪湾的航道航标维护、建设、管理工作。1999 年，泉州港务局维护的内港灯桩全部移交泉州航道处维护管理。2001 年，福建省航道局福州分局体制改革，福建省航道局湄洲湾办事处隶属于泉州航道处，莆田行政辖区内航道航标同时归属于泉州航道处维护管理。2002 年，划归省航道局莆田办事处管理。2004 年全省航道机构体制改革，原省航道局泉州处下放泉州市属，成立泉州市航道管理局，与泉州市港务局实行“一套班子，两块牌子”合署办公，下设立航道管理科和泉州航道站，履行辖区航道的建设、管理、维护职能。至 2010 年保持不变。

（四）泉州市公路局

福建省泉州市公路局的前身为福建省公路局泉州分局，1990 年下属的各公路段、工程队、机修厂由副科级升格为正科级建制。至 1992 年年底，福建省公路局泉州分局内设机构为政治处、办公室、工程科、监理科、总工室、财务科、审计科、劳工科、教育科、物资供应科、机电科、征收科、离退办 13 个科室，以及工会、团委会和公路派出所，下辖泉州、晋江、惠安、南安、安溪、永春、德化 7 个公路段和机修厂、工程队及泉州大桥通行费征收站。

1993 年 1 月 1 日，福建省公路局泉州分局更名为“福建省泉州市公路局”，其下属的各公路段、工程队、机修厂分别更名为“福建省泉州市公路局 xx 分局”“福建省泉州市公路局工程处”“福建省泉州筑路机械厂”。

1996 年 5 月 6 日，根据《福建省机构编制委员会关于全省公路路政管理机构编制问题批复》和《泉州市编制委员会关于全市公路路政机构编制问题的通知》，设立泉州市公路路政管理分局，为正科级单位，内设检查科、综合科（副科级）2 个科室，隶属泉州市交通局，挂靠泉州市公路局管理，业务受福建省公路路政管理局指导。

2001 年 3 月 22 日，根据《中共泉州市委机构编制委员会关于设立泉州市公路局泉港分局及泉港区公路路政管理所的批复》，设立泉州市公路局泉港分局，为隶属泉州市公路局领导的科级事业单位；设立泉港区公路路政管理所，隶属泉港区经济贸易发展局（交通局），挂靠泉港公路分局管理，业务受泉州市公路路政管理分局指导。

2010年，福建省泉州市公路局内设机构为政治处（人事科）、纪委（监察科）、通行办、办公室、工程科、监理科、总工室、财务科、审计科、物供科、机电科、劳工科、教育科、离退办15个科室及工会、团委会等群团组织，下辖直属、晋江、石狮、惠安、泉港、南安、安溪、永春、德化9个公路分局及路政分局、筑机厂、工程处。

（五）福建省公路稽征局泉州稽征处

1993年1月1日，泉州稽征处成立。泉州稽征处机关内设纪委（监审）、政工科、办公室、征费科、稽查科、稽查大队、财务科及科技教育科7个正科级职能部门。泉州稽征处下辖泉州稽征所（及其派出机构泉港分所、洛江分所）、惠安稽征所、晋江稽征所、石狮稽征所、南安稽征所、安溪稽征所、永春稽征所和德化稽征所8个正科级事业单位。各稽征所内设办公室、征费股、稽查股、财务股，均为股级建制。至2010年，单位建制不变，仍隶属省公路稽征局。

（六）泉州晋江机场股份有限公司

1994年1月20日，泉州市人民政府决定组建泉州晋江机场公司，负责机场投入使用后的生产运营工作。经报民航华东管理局和福建省编委批准，泉州晋江机场公司为正处级事业单位，实行企业化管理，独立核算，自负盈亏，行政上由晋江市人民政府代管，并接受民航福建省管理局的行业管理和业务指导。3月15日，该公司在晋江市工商行政管理局注册登记，注册资本8000万元。

1999年，泉州晋江机场进行管理体制改革，由泉州市及所辖晋江、石狮、南安市，鲤城、丰泽、洛江区，惠安、安溪、永春、德化县和肖厝管委会共同发起成立“泉州晋江机场股份有限公司”，同年12月31日获省政府批准。2000年2月28日，省工商局核准注册，5月31日，泉州晋江机场股份有限公司正式挂牌，并按公司章程，依法成立股东大会、董事会和监事会，实行董事会领导下的总经理负责制。

2003年，根据国务院颁发的《民航体制改革方案》精神，结合泉州晋江机场实际，原隶属民航厦门航管站的晋江航管站并入泉州晋江机场，实行统一管理。航管站并入机场后，机场继续优化内部机构设置，按照管理、保障、经营等不同职能进行组合和调整，成立指挥中心、现场保障部，使机构设置更加符合现代机场运作的需要。

至2010年，机构设置不变。

卷八 邮政 通信

1991年，泉州市邮政和电信同属泉州市邮电局。1991年，泉州市有邮电局、所共338处，全市邮电业务总量1.89亿元。1992年，泉州晋江邮电业务总收入上亿元，名列全国百强第四名。1996年全市邮政储蓄余额突破10亿元大关；特快专递业务已被万国邮联纳入世界邮政业务范围，受各国法律保护，享有航运和海关验关优先权；商业信函业务也以其信息量大、针对性强等特点，逐步成为泉州市一大信息传播媒体。其他传统业务如平挂信函、报刊发行、汇兑包裹等也有大幅度提高。泉州市有9部邮集分别获得国际、国内邮展特别奖、大金奖、镀金奖、银奖。1997年始，全国邮电分营。1998年10月，泉州市邮电局撤销，分别成立泉州市邮政局、泉州市电信局。10月8日，泉州市各县（市）均已成立邮政局和电信局。1999年7月，移动通信业务从电信剥离，另设泉州移动通信分公司。至此，连同之前已成立的国信寻呼公司，泉州邮电形成“一分为四”格局。1999年，邮政总收入达2.93亿元，收入绝对值居全国地级市邮政局第三位，提前两年实现扭亏增盈。2000年，全市邮政总收入达3.45亿元，增幅连续两年居全省同行业第一。2009年，泉州市邮政局完成邮政总收入4.22亿元。2010年，全市邮政营业局所789个，邮政服务网点365个，完成邮政总收入4.68亿元。

泉州市电信自20世纪90年代起，随着科技进步，发展较快。电话用户从1991年的6.3万户至2010年增为330万户；移动通信用户从1991年初的250户至2010年增为797.7万户；1995年，因特网开办时，泉州地区仅有分组交换用户410户，DDN用户138户。至2010年年底，泉州市移动通信交换机总容量为1287万门，互联网用户118.66万户，城乡固定电话总用户247.52万户，拥有各类无线电台站801万个，全年邮电业务总收入94.35亿元，其中电信业务收入86.78亿元。

第一章 邮 政

第一节 邮 路

1991年初，泉州市邮路总长度达4366千米（其中，自办汽车邮路650千米、委办汽车邮路1495千米、摩托车邮路34千米、自行车邮路2052千米、步班邮路135千米），农村投递路线9355千米，共13721千米。当年，泉州市继续实施农村邮政改革，全市推广惠安农民承包邮路经验，农村信报受投到户率提高到82%。

1992年2月20日，泉州试行夜间专线特快邮路。同年3月1日，全国首条夜间专线特快邮路在福建省开通。这条邮路北起福州、南至厦门，途经长乐、福清、莆田、惠安、泉州、南安、晋江、石狮、同安等县市，全程300多千米，每晚9时由福州厦门两地双向对开，使福厦沿线11个县市互寄特快专递邮件全程时限缩短12～36小时，实现邮件当日收寄、次日上午到达。

1993年6月1日起，泉州市区《泉州晚报》从以前的下午投递改为上午投递，郊区从以前的次日投递改为当日投递。

1994年，惠安县继续推行农民承包邮路，全县邮路就从原来的29条扩大到116条，通邮面99.8%，亲投率达99.8%，位居全国前列。全县所有乡镇党报党刊均能当日到达，有8个乡镇当日能看到《福建日报》《泉州晚报》等主要报刊。

1996年1月1日，泉州扩大市区邮政投递范围，从崇福路口向北延至少林路以西；田安路以西至泉秀路交叉路口；泉秀路沿街两侧至埔西路口及聚宝新城凡具备市区通邮条件的区域［即道路畅通、街道商住房统一编挂门牌号，住宅楼房安装信报箱（群）者］，市区投递范围，日投两班。具体区域是仁风村，仁风新村，东湖村，东湖新村，丰泽商住区，前坂东区商住区，泉秀路沿街两侧至埔西路口及聚宝新城。

1996年，市邮政局组建城市区域邮政快递网络，增加邮路3条，覆盖85个乡镇，增加邮路单程2045千米。市邮电部门增加8个投递道段，把少林路、田安路以西划入市区投递范围，扩大投递面积3平方千米。同时，加快信报箱群建设和安装。市区新建信报箱间2座、信报箱群2处、设收发室3处、安装联体信报箱205个，解决205幢5612户住宅楼房的通邮问题。对新投到户的报刊信件不收费，市区信报安全妥投率始终保持在100%，郊区妥投率达96%，高于全省、全市平均水平。

1997年，泉州市实行邮区中心局体制，出口邮件直发泉州邮件中心局经转。泉州区域内开通12条汽车邮路，衔接省内公路干线和航空邮路，每天行程达270千米；全市邮电部门每日处理信函、包裹30多万件，处理投递报刊30万份；全市设有邮政服务网点近400个，邮政网络遍布城乡各地。

2000年年底，泉州市共有城乡投递邮路768条。其中，城市投递邮路218条，农村投递邮路550条。218条城市投递邮路单程总长度为10481千米。其中，空中邮路4条，总长3909千米；自办汽车邮路53条，总长2133千米，委办汽车邮路33条，总长929千米；摩托车邮路59条，总长1561千米；自行车邮路38条，总长740千米；步班邮路1条，总长1千米。此外，全市设有信报接转点929个，是邮政投递网络的延伸和组成部分。城市投递全市日均投递频次1.5次，信报定位妥投率达100%，居民住宅楼房信报箱装箱率达64%。其中，泉州市局日均投递频次2次，居民住宅楼房信报箱装箱率达91%；农村投递全市每周平均投递5.9次，邮件、报刊妥投率达100%，其中泉州市局每周平均投递6.4次，邮件、报刊妥投率达100%。

2005年，泉州邮政服务网点656个；由汽车、摩托车、自行车等方式运输的邮路218条，拥有邮运汽车330辆。城乡投递邮路768条。其中，城市投递邮路218条，农村投递邮路550条。

2009年，泉州城乡运输投递报刊的邮路总长度已达7000多千米，报刊收订局所1000多个，零售网点400多个。

2010年，全市城乡投递邮路901条。其中，城市投递邮路296条，农村投递邮路605条。同年，投入520万元建成36个投递网点。打造邮政在农村的物流网络平台，全市邮政2批次82家农家店（其中，乡级店21家、村级店61家）通过“万村千乡”市场工程验收合格。

第二节 设 施

1991年后，泉州邮政先后投入使用信函捆扎机、过戳机、邮政营业多功能电子秤、邮政计息计算机、特快专递邮件查询传真机、订销报刊汇总要数微机、邮政储蓄微机等设备，提高工作效率。

1993年1月1日，晋江市邮电局邮政营业邮件内部处理全部应用微机管理，成为全省邮电系统第一家应用微机进行邮政业务处理的县（市）局。

1999年起，泉州邮政进行邮政综合计算机网的建设和网络信息中心建设，完成绿卡主机系统应急扩容，割接绿卡中心系统，归并到省储汇局福州金融计算中心，绿卡四期工程V4．4版本应用系统的替代原系统运行，客户呼叫中心及业务信息中心（“185”“183”）建设论证，邮政作业逐步由劳动密集型向技术密集型转化。

2000年年底，泉州市邮政局拥有邮运汽车42辆，邮储专用车21辆，速递专用车38辆。

2002年，泉州完成“185”中心一期工程建设，实现新旧“185”系统的线路割接。开通综合网代办移动业务，组织完成全市电子汇兑系统、报刊订销系统的上线等工作。

2003年，泉州市实施电子汇兑工程建设，实现电子汇兑全国联网。

2004年，泉州市邮政局组织实施邮储统一版本配套改造工程建设，并对邮政和绿卡系统计算机网络、应用系统进行改造，建成中间业务综合服务平台；完成邮资票品管理系统、中心局生产作业系统、邮运指挥调度系统、报刊零售系统等综合网建设上线工作，并开发集邮一体化管理系统、代收水费、电费等系统；搭建电子邮政信息平台，丰富“11185”（国际邮政包裹）客户服务中心的业务功能，“11185”二期工程完成技术、业务测试，并投入试运行。

2005年，泉州邮政实施邮政电子化支局系统全国统一版本工程建设。同年5月16日，储汇业务两网互通工程正式上线。

2006年，全市实施报刊订销、报刊零售全国统一版本工程建设。同年9月4日，指纹认证系统上线。

2010年，泉州邮政完成集团公司、省公司下达的全网性系统上线与本地区域性工程项目，做好绿卡网、综合网建设与运行维护工作。完成物流信息平台一体化项目、速递二期营收子系统、中邮物流连锁配送系统、理财规划系统、个人网银系统等应用系统建设任务。组织推荐“校园一卡通系统”“代收有线数据电视费”等13个项目参加福建省“6•18”成果交易博览。函件、包件、邮储、汇兑到报刊发行等各个系统基本实现数字化、网络化。

第三节　业　务

一、函件

（一）业务

1991年后，泉州市国内函件主要业务种类有信函、明信片、印刷品、邮送广告、盲人读物、邮简等。1月，开办商业信函业务。7月，寄往台湾地区函件，开办收寄国内（大陆）的航空挂号函件业务；台湾寄来的函件，一律按港澳地区发来的同类函件投递。

1992年，泉州市邮政速递局开办电子信函。

1995年1月1日，泉州邮政开办邮政电子信函业务，收寄方式为上门揽收、窗口交寄和用户机上寄发3种。电子信函业务通达美国、英国、瑞士、日本等22个国家，以及中国香港地区。

1998年，随着电话普及，信函类业务量逐渐减少。泉州市邮政局在普通信函基础上，开发商业信函、账单、广告邮资明信片、个性化明信片、门票邮资明信片、中邮专送广告等业务。

2000年，随着境内工业企业发展，泉州市商业性广告信函发展迅速。同年，泉州邮政局商业信函收入2848万元，居全省第一。

2001年，全市函件收入4325万元，同比增长9.55%，其中商函广告收入从1998年的480万元，上升至2001年的3415万元，同比增长19.9%，居全省第一，成为泉州邮政新兴的一项支柱业务。市县各局重点发展三大商函“品牌业务”：中邮专送广告、对账单业务、明信片业务。石狮邮政局推行“分行业营销”方式，每月定期出版中邮专送广告，成为全省第一个发布全省版中邮专送广告的县市邮政局。同年，泉州邮政局发展移动、联通公司等6家账单客户，每月账单制作量达30万件以上。

2003—2006年，全市平常函件业务量4.75亿件，给据函件业务量608.51万件。2006年，商函业务突出抓好“双十”工程，即选择10个行业、每个行业选择10个客户进行数据库营销，加大邮资封片可持续项目开发，全年商函业务收入3625万元，占函件收入的83%，同比增长21%，其中促销类商函累计收入1725万元，同比增长76.6%，对账单与促销型商函业务占商函收入比重从2005年的32.6%提高到51.9%。

2007—2009年，泉州市由于函件资费调整，企业、商家改用电视、报刊做商品广告，加上电话迅速普及等因素，个人信函量逐年减少，全市平常函件9641万件，给据函件346万件。

2010年，全市平常函件2694万件，比2009年增加36.7%。给据函件111万件，比2009年减少3%。

（二）资费

1991年，信函每重20克或其零数，国际1.5元。其中，亚太地区1.3元，明信片0.4元，印刷品0.3元。

1994年，信函每重20克或其零数，国际2.2元。其中，亚太地区1.9元，明信片1.3元，印刷品1.5元。

2007年，信函每重20克或其零数，国际5元。其中，亚太地区3.5元，明信片4.5元，印刷品4元。

1996年，信函每重20克或其零数，不分本埠外埠均为0.5元，台港澳地区0.4元，明信片0.4元，印刷品每重100克或其零数0.3元，盲人读物按水陆路平常邮件寄递免费。

1999年，信函首重100克内每重20克，本埠0.6元、外埠0.8元；明信片0.6元，印刷品首重100克本埠0.3元、外埠0.6元。

2006年，信函首重100克以内每重20克，本埠0.8元、外埠1.2元；明信片0.8元，印刷品首重100克本埠0.4元、外埠0.7元。

2010年，继续执行2006年资费标准，台港澳地区1.5元。

二、包件

（一）业务

1991年12月，按《国内邮件处理规则》，泉州邮政将包裹分为民用包裹、纸质包裹和商品包裹（包括大件商品包）。

1996年，随着全球邮递网络不断优化，泉州市包件寄递时限缩短，国际和中国台港澳地区包件量稳步上升。

1997年，泉州市各支局（所）、各代办所均有办理包裹业务。

1998年，泉州市包件主要寄递物品型，最高限重20千克，主要种类有民用普通包裹、快递包裹、特快小包、保价包裹、航空包裹、商品包裹。

1999年，泉州市取消商品包裹，所有包裹按民用包裹寄递。

2000年12月，国家邮政局颁发《国内邮件处理规则》，规定除国家法律法规规定禁止寄递的物品以外，凡适于寄递的物品，均可按包件寄递。包裹重量由20千克提高到30千克，脆弱包裹限重保持10千克不变，取消原100克为起算计费单位，重新规定500克为一个计费单位（不足500克的按500克计算）。资费标准按照寄递里程分区核定。新增直递包裹项目，实行直收、直运、直投处理，其计费标准由国家邮政局另行规定。当年，全市包件业务量11.17万件。

2003年，全市包件业务量66.83万件。随着快递行业的兴起和民营物流业的冲击，件收寄业务量呈逐年下降趋势。

2010年，全市包件业务量降至33.53万件。

（二）资费

1990年7月1日，全市国内包裹处理费改为每件0.5元，保价费1%（需客户有要求）。

1999年3月，全市国内包裹资费调整，每500克为一计费单位，按寄递里程分区核定，每件加收挂号费2元，保价费1%。小包100克及其以下台港澳地区资费4.4元，国际资费7.8元。

2001年11月，全市国际包件资费调整，改为一国（或地区）资费由起重1000克和每续重1000克两部分构成，收寄时须按起重资费+续重资费×包裹续重重量计算收取。

2007年9月，国内包裹资费又做调整，每500克为一计费单位，按寄件里程分区核定，每件加收挂号费3元，保价费1%。

2010年情况不变。

三、汇票

（一）业务

1991年，泉州邮政汇兑主要以普通汇款和电报汇款为主，后加上航空汇票、定额汇票和快件汇票3种。同时，加大农村邮政汇款网络信息化建设，改善农村邮政汇款服务方式，提高农村邮政汇款服务时限和服务质量，促进邮政汇兑业务发展。

1992年7月1日起，泉州邮政开办中日、中美间的邮政汇兑业务。根据规定，中国开发日本兑付的汇票用日元，每张汇票的最高限额为20万日元，日本开发中国兑付的汇票用美元，每张汇票的最高限额为2000美元；中国、美国开发和兑付的汇票都用美元。7月1日，东街邮政储蓄所开中日、中美间的邮政汇兑业务。

2000年，全市开通电子汇兑业务，结束多年的信汇汇兑形式，实现汇兑电子化，大大缩短汇兑时限。2000—2001年，泉州邮政局汇票收入3952.82万元。

2002—2005年，泉州市邮政汇票业务量849.79万件。

2006年，泉州市邮政汇票归入“代办金融”业务，当年汇票业务量192.4万件。随着银行业的快速发展，汇票业务出现负增长。

2008年，泉州市邮政汇票业务量358.29万件。

2010年，全市汇票业务量降至346.43万件。

（二）资费

1991年，每笔汇款最低汇费改为0.30元，电报汇款汇费每件2元。

1996年12月，修订的汇费每汇1元（不足1元按1元计算）汇费0.01元，每笔汇款汇费最低1元。

1999年3月，调整后的汇费为每汇1元收0.01元，每笔汇款汇费最低2元，最高50元，附言费每个汉字0.01元。退款、改汇、挂失每笔2元。

2010年情况不变。

四、速递邮件

（一）邮政快件

1991年，泉州市邮政快件分信函型和包件型两类，实行单独标志、专袋寄递、赶班封发和投递。寄件人认为贵重的包件，可按保价金额的1%交寄。邮政快件每件以5千克为限，省内互寄的放宽至25千克。

1995年11月1日，泉州市邮政快件最高保价限额由1万元提高到5万元，保价费率不变。同时，取消快件退回费按原资费50%计收的规定，改为按水陆普通挂号邮件退回交寄人。此后，随着特快专递业务服务网络的健全，国内邮政快件业务的功能逐步淡化。

1998年7月1日，全市停止办理邮政快件业务。

（二）特快专递邮件

1991年，泉州市邮政特快专递业务迅速发展。实行特快特办，收寄、封发、转运、投递一条龙操作，当天收寄，当天发运，并采用电脑跟踪查询。泉州市邮局在九一路支局、华大支局、浮桥支局办理邮政特快专递业务。全市特快专递业务通达76个国家和地区、国内178个城市。1—7月，全市业务量逾5.7万多件，收入超280万元，分别是1990年同期的121.92%和224.13%。

1994年，全市开通邮政EMS跟踪查询网，实现快件网上跟踪查询。

1995年6月1日，安溪邮政试办国际EMS邮件保值赔偿业务，不论文件资料或物品类，均可按保值邮件交寄，实行保值赔偿，每件最高保值额为5万元，保值费按1%收取，每件最低保值费收取1元。同年8月，全市开办邮政礼仪速递业务，根据用户委托，专派礼仪专车和礼仪人员，用邮政专递形式，将用户选定礼品投交给受礼人。邮政礼仪专递业务分同城和异地两种，资费均按EMS邮件标准收取，每件另收服务费10元，礼品费用由用户承担。

1998年，全市特快业务收入6278.87万元。

2000年，全市特快业务收入6471万元，比1998年增长3.06%。同年，特快专递通达200个国家和地区，国际汇兑业务能够通达20个国家和地区。7月1日起，市邮政局按照国家邮政局新的资费标准，降低寄往东南亚部分国家及中国香港地区的包裹业务资费，资费的平均下调幅度为30%。根据市场需求，增加寄往柬埔寨的水陆路包裹业务资费，对寄往白俄罗斯、乌克兰和孟加拉国的包裹资费一并进行调整。为推动国际通信往来，满足社会对国际特快专递邮件寄递的需求，国际特快专递业务资费标准也随之全面调整，资费的平均降幅约10%，部分资费降幅达到20%。

2001年，全市特快收入7350万元，同比增长13.58%。

2003年，全市累计特快业务收入5200万元。

2004年，全市国内快件业务量159.1万件，国际特快业务量5.83万件。速递基础业务收入4867万元，同比增长3%，实现正增长目标。单证照特快业务列入为民办实事项目，搭乘政府快车快速发展，全市单证照收入654万元，同比增长124.5%，占特快收入的12.7%。抓好“卡哈拉”（集团性国际邮政业务合作项目）等优势地区发展，促进国际业务发展，实现国际基础业务收入1763万元，其中“卡哈拉”地区实现617万元，占国际基础业务收入比重35%。同时，抓住“全夜航”提速不提价，实现国内基础业务3104万元，占速递收入比重60%，其中实现“全夜航”地区累计收入726万元，占国内基础业务收入比重23%。以闽东南为区域快递新亮点和增长点，加快省内业务的发展，全市发展闽东南次晨递邮件3124件、限时递邮件109件。

2005年，泉州市国内特快业务量183.95万件；国际特快业务量5.32万件。

2006年，泉州邮政速递业务提升能力，推行“3+1”（即“营业网点做散户、营销队伍做大户、全分公司联动做市场”和“做优服务稳客户”）营销模式，扩张营业部网络，开展针对中小客户精细化营销，全年市县邮政速递收入6210万元，同比增长17.1%。其中，国内同比增长15%，国际同比增长4.6%，单证照同比增长60%。全市组建35个营业部，全年营业部收入达2800万元，新增中小用户1527户，国内异地速递增幅居全省前列，国际基础业务单价达329元，居全省第一。当年，全市国内特快业务量212.8万件，国际特快业务量5.84万件。

2008年，泉州邮政速递物流类完成1.18亿元，完成108%，同比增长39.8%；国内特快业务量377.82万件；国际特快业务量8.2万件。2009年，速递物流收入1.34亿元。

2010年，国内特快业务收入651.8万元，国际特快收入7.65万元，分别比2009年度增长40.7%、14.3%。

五、报刊收订

1991年，泉州报刊发行实行“订阅为主，零售为辅”原则，邮电局设立报刊组，负责全市报刊收订、零售业务。

1992年10月，全市恢复报纸破月、杂志破季订阅。

1997年，市邮电局成立书投公司，兼营报刊、图书、音像。

1999年，随着全市投递段的拓展，泉州市订户进一步增加，报纸杂志期发数快速增多。

2001年，泉州邮政局报刊收入3116.87万元。

2002—2003年，全市报刊累计份数2.36亿件。

2004年，全市报刊收订、投递“一条龙”，市邮政局强调报刊的投递质量，保证报刊的收订数量，并强化党报党刊的收订工作。当年，报纸累计份数 1.28 亿件，杂志累计份数 493.59 万件。

2005 年下半年，泉州对各县市的市区、城关及全市报刊流转额排名前 30 名的重点乡镇实施提速计划，确保报刊重点区域上午投递，重点区域周边乡村当天投递。2005 年，报纸累计份数 1.29 亿件，杂志累计份数 638.63 万件。

2006 年，全市报纸累计份数 1.45 亿件，报刊续订流转额累计 780 万元，全年总流转额突破亿元大关，刷新全省市级年度报刊订阅流转额最佳业绩，保持全省领先地位。

2008 年，泉州的报刊发行上了一个新台阶，实现报纸期发数达 1.74 亿件、杂志期发数 676.59 万件。这个势头一直延续到 2010 年。同时，发展社会报刊发行站，设置农村信报箱，进一步加强报刊发行工作。

2010 年，全市报纸累计份数 1.82 亿件，杂志累计份数 576.27 万件。

六、集邮

1991 年 2 月 15—17 日，泉州市集邮协会、工人文化宫举办“海上丝绸之路”专题集邮展览。专题邮展采用中英文介绍，展品计 76 框、300 多个贴片，1000 枚邮票以及 100 多个“实寄封”和考察队莅泉纪念封。同年 5 月，泉州市职工集邮协会成立，该协会星期日定期举办邮票交换活动、邮票（品）义卖拍卖会，10 月 1—3 日，该协会举办“泉州市首届职工集邮展览”。

1992 年 8 月 5 日，泉州市安溪、永春、德化和三明市大田、沙县、尤溪六个县的集邮协会联合举办“六县集邮文化活动”，展出邮集 12 部 67 片。同时，组织邮学讲座、集邮猜谜和邮品展销等活动。同年 10 月，在中华全国集邮联合会成立 10 周年庆祝大会暨集邮先进表彰大会、第五次全国邮票工作会议上，泉州市集邮协会和泉州市邮票公司分别被评为先进集体。同年 12 月 15 日，市青联暨市集邮协会联合成立青少年集邮工作委员会。

1994 年 12 月 15 日，国家邮政局发行《中国古塔》特种邮票一套 4 枚，邮票图案名分别是西安慈恩寺大雁塔、泉州开元寺镇国塔、杭州开化寺六和塔、开封祐国寺塔。镇国塔登上国家名片，在泉州尚属首次。泉州市集邮协会和市职工集邮协会配合“泉州镇国塔（东塔）邮票”的发行，举办 1994 泉州集邮展览。

1995 年 9 月 3 日，市集邮协会、职工集邮协会和市直机关集邮协会联合举办“1995 泉州市集邮展览”，纪念中国人民抗日战争胜利 50 周年、抗日战争胜利 50 周年，展览会共展出邮集 16 部 1008 个贴片，非竞赛级邮集 6 部。

1996 年，全市集邮组织已达 35 个，会员 2 万多人，有集邮爱好者 4.5 万人以上。全市共举办各种邮展 28 次。王朱唇的《侨批邮政史》等 8 部优秀邮集先后在省、全国邮展中获奖。各集邮组织不定期举办邮展，开放集邮交换市场，促进泉州集邮业务发展。

1997 年，在 1997 福建省集邮展览会上，泉州市参展的邮集获得 4 个金奖、4 个镀金奖、3 个银奖、2 个铜奖和 1 个纪念奖，金奖数占全省一半。获金奖的 4 部邮集分别是：陈国成的《中国人民邮政普通邮票（1950—1954 年）》、魏文彬的《中国欠资邮票》、王朱唇的《侨批》、吴宝国的《人民军邮（1945—1955 年）》。

1998 年 9 月 4 日，《福建风光》邮资明信片首发式及福建省集邮展览系列活动在泉州举行。展览邮品丰富且种类齐全，共 262 个展框。邮展开辟泉州集邮成果专门展厅，共展出 138 个展框、35 部各种类别的邮集。

2000 年，泉州集邮公司利用中国、巴西联合发行《木偶和面具》特种邮票首发式和泉州国际木偶节同期举行等重大商机，加大商业化运作，以木偶为题材开发 20 多种邮品。

2001 年，全市集邮收入 7095 万元，同比增长 9.95%。晋江邮政局成功策划《中国鞋都》专用邮资明信片 500 万枚，有 100 多家鞋类企业参与制作。泉州市邮政局配合《古代帆船》特种邮票首发式，推出《古代帆船》系列邮品，并组织开发《古代帆船》原地封、极限片等；同年，市邮政局还配合《郑成功收复台湾340周年》纪念邮票发行，推出该套邮票的原地封、原地明信片等。

2002年，市邮政局配合“海上丝绸之路泉州史迹”项目申报世界遗产活动，制作发行“海丝”邮票专用图案邮资封500万枚。惠安县邮政局、安溪县邮政局、永春县邮政局分别开发的崇武旅游风景区门票明信片、《安溪茶艺》邮资明信片、百丈岩风景区个性化服务邮票首发并投入使用，其中永春百丈岩风景区个性化服务邮票率先实现全市邮票个性化服务业务“零的突破”。

2003年4月，泉州市5部邮集和2部文献在全国集邮展上获奖。其中，陈国成的《新中国普票（1950—1954年）》获大金奖，万维生的2部集邮文献《万维生邮票艺术馆馆藏集》和《我画邮票的故事》获得镀银奖。

2004年，泉州市集邮量达569.53万枚，业务收入2358万元；全市集邮主营业务收入2252万元，占集邮收入比重91.92%；实现进销差额913.98万元，进销差价率比2003年同期增长34.8%；综合差价率37.42%，比上年同期增长25个百分点；盘活库存205万元。

2005年，全市完成集邮业务649.2万枚。

2006年，泉州市集邮业务突出开展主题营销，实施大项目集中策划、分区营销，全市出售邮票544.5万枚，全年完成1889万元，实现进销差额852万元，综合差价率为36.3%。

2007年，市政府发行“农运会明信片”，并将其作为2008年新年贺卡及其他业务信函用品。“农运会明信片”分城市形象篇和企业篇两大类，其中企业篇主要由邮政部门面向企业定向合作开发。各级机关、企事业单位选用的种类主要为农运会明信片城市形象篇。城市形象篇按普通型和贺卡型两种款式分别设计制作。普通型农运会明信片以泉州的主要城市名片和第六届全国农运会主场馆——海峡体育中心为主体图案，并可根据各县（市、区）的实际情况，选择各地的多幅代表性图片作为组合图案，为各县（市、区）制作更具地方特色的系列明信片。该种明信片一套12张（枚），规格为100毫米×148毫米，可单张邮寄，也作为馈赠纪念物品。贺卡型农运会明信片每套5张（枚），包括邮资信封和内件，内件规格为270毫米×210毫米，适用于各单位新年新春等节日问候函件，也可用于集邮收藏。

2010年7月11日，中国航海日集邮展览在泉州海交馆举行。邮票展围绕“海洋·海峡·海员”主题，共征集展出近百幅中外古代海图和24部86框以海洋、航海为主题的邮集，多视角展示泉州“海丝”文化浓厚的历史底蕴、闽台独特的“五缘”关系和世界航海文明的发展历史。2010年，全市集邮邮票量达871.46万件，集邮业务收入123.9万元，比2009年增长17.4%。

七、物流配送

2001年，泉州市邮政局成立物流配送公司，在丰泽区组建物流配送网络。与航空货代公司、航空公司、海关等部门联合，促进航空货运业务发展，筹建物流配送服务公司，介入商务配送等领域。

至2002年，泉州市邮政局的物流配送陆续发展伊莱克斯洗衣机、科龙空调、小天鹅空调仓储配送服务以及厦华彩电、海尔电器、联通基站设备配送服务。

2003年，泉州邮政速递公司成立仓储配送中心，全年辖区物流业务收入比2002增长71.38%。

2004年，泉州邮政以仓储配送带动辖区物流业务全面发展，发展张裕葡萄酒等20家区域配送客户。仓储配送业务比上年成倍增长。

2007年，泉州市辖区邮政物流进一步整合社会资源，开通泉州—广州等货运专线，实现快货业务与“三网”（华东、华南、华北区域物流集散网）全面对接。

2008—2010年，中邮物流成立项目小组，投资组建省内物流专线网络以及搭建全国省际直达运输网络，为泉州知名品牌鞋服企业以及各省品牌总经销商提供一个鞋服产业物流解决方案，为鞋服企业各销售门店、专卖店、加盟店、品牌专柜提供门到门物流配送、仓储管理、产品理货、喷码、贴标签等包装加工以及门店之间产品调货与退货等综合性、一体化物流服务。在服务中，项目组对企业提供十项承诺：一体化、一站式物流服务；专职项目小组服务；24小时人员派驻；85%以上货物及时派送车；100%货物信息反馈率；信息系统链接；航空、火车、汽车交叉运输；门到门派送服务；部分产品回收服务；部分省份提供代收货款服务；提供仓储管理服务，包括产品理货、贴标签、上条码、产品包装等仓储延伸服务。

八、业务收入

1991年，泉州市邮电业务收入1.89亿元。

1998年，泉州市邮电分营时，泉州邮政亏损达6866万元。

1999年，泉州市邮电业务实现收支差额1330万元，提前两年实现扭亏增盈的战略目标。邮政总收入2.93亿元，收入绝对值居全国地级市邮政局第三位。

2000年，全市邮政总收入3.45亿元，同比增长达18%，比泉州市地区生产总值增幅高出6.2%，邮政总收入增幅连续两年居全省同行业第一；企业每百元主营业务收入利润率连续两年居全省邮政企业第一名。

2001年，泉州市邮政总收入38.47亿元，同比增长11.41%。

2002年，泉州邮政局在全国邮政系统率先试行“模拟公司”运作模式，对市区分局、储蓄营业部、集邮公司、速递公司和函件广告局等5个二级单位试行模拟公司承包经营管理。在岗位分析、岗位描述的基础上，建立以岗位工资为主体的薪酬分配体系和以业绩为主的绩效考核体系，形成现代人力资源管理3P基础平台。“模拟公司”经营运作良好，收入大幅增长，本部广告公司、集邮公司、储蓄营业部收入比增分别达33.35%、14.07%、9.85%。“模拟公司”准收支差额比上年增长283万元。泉州局、石狮局、晋江局、安溪局获得省邮政经营管理一等奖，惠安局获省邮政经营管理二等奖。全年邮政总收入3.87亿元，比2001年增长0.52%。全市邮政完成收支差额5470万元，同比增长34.43%，百元收入利润率居全省第二，人均劳动生产率17.7万元。

2004年，全市邮政业务收入3.77亿元，下降7.3%。邮递类和金融类业务收入之和占邮政总收入的84.2%，其中金融类业务收入同比增长17.6%，占总收入比重比上年提高10.6%，对全市邮政增收增效发挥重要的拉动作用。主营收差比重进一步提高，核心业务创收能力进一步提升。全市完成收支差额5792万元，完成省局计划的102.6%，同口径比增9%；主营业务收差比重从上年的76%提高到2004年的77.5%；邮储、速递、汇兑等三大高效业务为收入贡献7454万元，占盈利专业收差的84.8%。

2006年，泉州邮政全年实现邮政业务收入1.09亿元，比上年增长10.5%。泉州市邮政业全年实现收入4.57亿元，同比增长13.2%。

2008年，全年邮政业务总收入完成5.71亿元，完成预算的103.8%，同比增长18.6%，是分营以来增长最快的一年。

2010年，泉州市邮政总收入4.68亿元，比2009年增长10.5%。

第四节　网　点

一、泉州市邮政局

1993年，根据国务院《全民所有制工业企业转换经营机制案例》，落实企业各项自主权，实行“三包”（包修、包换、包退）、“三保”（保证产品质量、保证技术服务、保证零部件更换）和经营责任书制度。

1997年1月，邮电部决定在全国实行邮电分营，泉州市邮电分离。5月16日，全省首家邮电通信交易中心在泉州创办并投入使用。

1998年，泉州市邮电部门完成各县（市）局的分营工作，各县（市）均成立邮政局和电信局。这标志着泉州市邮电分营工作迈出实质性的第一步。

2000年4—6月，泉州市邮政局先后成立行管法规室和行管工作小组，在加强与当地的公安、工商行政管理、安全部门沟通协作的同时，在全市开展邮票市场和速递市场清理整顿工作。

2002年4月，泉州邮政局通过ISO 9001:2000国际标准质量管理体系认证，成为福建省首家获颁2000版ISO 9001标准证书的邮政企业。认证范围覆盖全市邮政系统8个县（市）局、2个分局和各个专业，内容包括一般邮政服务、邮政储蓄服务、邮政特快专递服务、邮政报刊图书服务、集邮服务等传统业务和商函广告服务、邮购服务等邮政新业务，网点总数253个，认证通过局所数量与专业数量在全国邮政系统内均位居前列。同月，中国质量认证中心厦门评审中心向泉州邮政局颁发质量体系认证证书和国际认证联盟（IQNET）ISO 9001认证证书，泉州邮政成为全国邮政系统中首家通过国际认证联盟认证的企业。

2010年，泉州市邮政局下设邮政金融局、保险业务局、函件局、电子商务局、报刊发行局、集邮公司、报刊零售公司、分销业务局、邮递公司、邮区中心局等部门和21个直属支局。

二、网点建设

1991年，泉州邮电局、所338处。其中，自办局、所119处，代办所219处。

1995年，泉州邮电局、所（处）319处。

1997年，在全国邮电百强地市局排名中，泉州邮电局名列第七；在百强县市局排名中，石狮、南安、惠安分别排名第一、第七和第二十二。

2000年1月，市邮政局贯彻以改革创新促发展的“简政放权”思路，在全省率先开展创建农村“星级邮政支局”活动，按照“抓大、带中、促小”的经营管理思路，给予“星级支局”适当的政策倾斜，推进星级支局规模发展，在全省率先创建陈埭、安海2个业务收入上千万元的明星支局，并创建上500万元明星支局2个，上300万元明星支局4个，上百万元明星支局27个，起到典型的示范促进作用。当年，全市邮政局所319个。

2001年，泉州邮政在全省率先实施“四进”（邮政进企业、进社区、进学校、进农村）工程，建设营业和收投2个平台：以“特许经营”模式，设立自办网点、委办网点和流动网点等，提供邮、电一揽子服务，促进营业平台向企业和学校延伸；居委会、社区物业管委会等设立营业或接转点，促进收投平台进社区、进经济发达农村。全市建设“四进”工程网点22个，促进邮政末梢服务网点建设，提高邮政网点的服务水平和覆盖面，方便群众用邮需求。

2002年，全市“四进工程”进驻网点新增118个，其中新增社区服务中心10个。沿海区域配送网络基本形成，为17家企业提供物流配送服务。组建专业营销网络和综合营销网络，营销人员1032人。

2005年，泉州邮政营业局所共848个，下辖晋江、石狮、南安、惠安、安溪、永春、德化7个县（市）局及泉港区分局。

2010年，全市有营业局所789个，邮政服务网点365个。其中，邮政营业网点231个，邮政储蓄网点134个。

第二章 通信

第一节 电报

一、业务

1991年以后，全市电报通信继续办理的国内公众电报种类有天气电报、水情电报、公益电报、政务电报、新闻电报、普通电报、汇款电报、传真电报、礼仪电报、用户电报和公电 11 种。取消防空电报、公务电报，其下列子项业务并入普通电报。公电仍保留业务、纳费业务和公务 3 种。军政电报改为政务电报，并对其使用服务范围进行调整，调整之后可供县以上的党政机关和军分区及以上军事机关交发电报时使用。电报的传递顺序和时限为 4 级的标准（国内电报传递顺序和时限要求）。特别业务种类如特急、加急、邮送、分送、改发、专送、代译和电报挂号、预存报费等也有所调整，只保留“特急 IMD”“加急 LIGT”和邮送 PO3 种。“邮送”业务不能与“特急”“加急”业务并国内电报传递顺序和时限要求用；取消分送业务，若有发同一收报地点不同收报人的电报，可按同文电报受理。取消“改发”业务，若有收报人或其代表人要求使用，应重发电报。

1991—1992 年，泉州市电报业务量 62.35 万份。

1993 年，随着长途电话自动拨号开通和用户电报的使用，特别是 1992 年开通程控电话及 1997 年 6 月村村通程控电话工程的实现，分流大部分国内、国际电报业务，电报业务量逐年趋于下降。国际公众真迹传真业务量逐年下降，很少有用户使用，1997 年 4 月 1 日起取消国际公众真迹传真电报业务。

2005 年 12 月 1 日起，全国 31 个省（区、市）取消公众礼仪和鲜花礼仪电报业务种类。2006 年 8 月 1 日起，全省正式停止除航运外的所有行业电报退网工作。

2006 年 5 月 20 日起，泉州只保留一个电报业务营业网点，地点设在东海营业厅，取消夜间电报窗口，改为正常营业时间受理公众电报业务。各县市（区）分公司营业网点不再受理公众电报业务。2006 年 6 月底，中国电信福建公司和福州分公司与省地震局、省水利局和省气象局协商取消地震、水情和民航气象电报。

2010 年，无电报相关统计数据。

二、网络与设施

1990 年，全市业务电报电路 49 路（泉州局 15 路）、架空明线 29 路（泉州局 7 路）。其中，电缆载波电路 8 路（泉州局 5 路），电缆实线电路 12 路（泉州局 12 路）。泉州局有省际二级长话 24 路，省内二级长途电路 589 路（泉州局 402 路）。泉州市长途电话传输方式有架空明线、地下电缆、载波、微波电路等，共有业务话路 787 路（泉州局 570 路）。其中，有线电路 473 路（泉州局 276 路），微波电路 314 路（泉州局 294 路）。

1992 年泉州市邮电局二级省内电报电路 16 路，市区电路 10 路，各县（市）邮电局电报电路 69 路。

1995 年，泉州全局电报电路数 15 路，省内二级电路数 5 路，市（县）内电路数 10 路。

2000 年，随着现代通信工具的使用，全市电报设备使用频率逐年下降。

2006 年 9 月底，省内普通电报（含军队电报）业务在各本地网之间采用普通传真终端完成，省际电报业务由各地市传真至省会传真终端 / 分集器，由人工转换成电报格式，通过省会电报分组服务器完成，地市一级电报终端、分组服务器停止使用；11 月底省内电报业务各本地网之间采用传真完成，省际电报业务分别通过上海、广东电报联网中心汇接完成。2006 年 11 月底，各省级公司停止使用省会一级电报分组服务器。

第二节　电　话

一、固定电话

1991 年，泉州市内电话交换机容量 4.77 万门，电话机 3.95 万部；农村交换机总容量 3.48 万门，电话机 1.53 万部。

1992 年 12 月，泉州市境内程控电话扩容改制工程割接开通并网运行，电话号码由 5 位升为 6 位，全境实现电话交换程控化、传输数字化、电话当地网化。

1994年3月6日，泉州市境内固定电话号码统一升为7位。

1995年3月28日，晋江陈埭镇建成全省第一家“电话万户镇”，用户数达10674户。至年底，全市交换机容量34.74万门，电话机18.43万部，市内电话用户17.28万户，农村电话用户17.69万户。

1996年3月9日，泉州市邮电局举行新闻发布会宣布全国第一个程控电话、无线寻呼双百万的地（市）级本地通信网在泉州建成投产。同年11月25日，晋江陈埭镇安装15243部电话，成为全省第一个“电话明星镇”。同年，泉州市共新建行政村电话点243个。其中，光缆进村60个，电缆进村183个。

1999年，泉州电信分公司建成以光纤和数字微波为主的传输网，以及先进的数字同步网、7号信令网和电信网管系统3个支撑网。同年10月15日，全市城乡电话用户100.13万户，成为全省第一个、全国第三个城乡电话超百万户的地级市。

2000年1月，泉州联通开通IP电话（又名宽带电话或网络电话）。它是在因特网上采用数字压缩和包交换技术传输语音，联通IP电话网提供国内、国际长途IP电话及IP传真业务，可通达全国172个大中城市和160多个国家和地区。同年3月21日，根据福建省通信管理局、省物价局《关于调整固定本地电话资费标准的通知》精神，固定电话按国家新资费标准和改革后计费执行。10月，全市城乡电话交换机容量达180万门，接入网容量达23万门，城乡固定电话用户128.42万户，互联网端口数6000多个，覆盖全区的本地网光缆总长度达10万芯千米以上。泉州电信加快城乡电话普及化进程，全年发展城乡电话（含“泉灵通”）44.5万户，为历史上固定电话（“泉灵通”）发展最快的一年。至年底，全市电话用户172.9万户，电话主线普及率26.4部/百人。其中，城市电话普及率72.1部/百人，农村电话普及率17.3部/百人。全市农村电话用户数超过85万户，农话住户普及率66.15%，平均不到3家农户就拥有2部电话。在管线到位地段和经济发达的农村，成批发展农村电话用户。晋江市三峡移民村——西滨镇思进村，城乡电话用户总数达到70户，户均普及率达100%。晋江市青阳镇固定电话总数4.17万户，户均普及率达178.7%，主线普及率44.8部/百人，成为福建省第一个固定电话四万户镇。

2001年，全市实现村村通电话，城乡电话交换机总容量达192.01万门，比上年增长20.1%；城乡固定电话用户达172.91万户，分别增长34.6%和34.1%。其中，城市电话普及率72.1部/百人，农村电话普及率17.3部/百人。

2002年，全市城乡电话交换机总容量达243万门，比上年增长10%；城乡固定电话用户达217万户，移动电话用户达165.7万户，分别比年初净增43.6万户和28.2万户，增长25.1%和20.6%。

2003年，全市城乡电话用户总数265万户，“小灵通”用户在全国率先突破100万户。

2004年8月8日凌晨，泉州本地网固定电话号码成功升至8位，与福州一起成为福建省第一批固定电话升8位的城市。这次升位工作分为三个阶段：自2003年至2004年5月为升位实施准备阶段，主要工作是成立升位工作领导组织机构，研究制定升位实施计划和具体操作方案；5月23日至8月7日为升位实施测试阶段，这个阶段进行三次大规模的技术测试和全网演练，均取得成功；2004年8月8日进入正式升位阶段。当年，电信业务收入48.91亿元，增长15.9%。固定电话交换机总容量达346.98万门，比上年增长14.5%；全市城乡固定电话用户达298.74万户，移动电话用户达295.28万户，分别比年初净增29.25万户和82.23万户，增长10.9%和38.6%。

2005年，泉州电信电话用户总数300多万户，总数均位居全省首位。

2007年年底，全市电信固话用户350万户。随着移动电话普及，电信固话用户呈下降趋势。

2008年年底，全市电信固话用户340万户。

2010年，泉州市城乡电话用户总数达330万户，其中全市农村电信固话用户总数达120万多户，农村电话人均普及率达24.5部/百人，示范村的通信信息水平明显提升，固定电话户均普及率超90%。

二、无绳电话

2000年8月18日，泉州市电信分公司推出的“泉灵通”公众无线环路无绳电话，“泉灵通”以话费低廉、绿色环保在辖区迅速走俏。同时，利用与“泉灵通”的网络互补优势，开发经营“泉灵宝”多功能信息寻呼业务。当年，泉州移动客户总数104.18万户。

2004年8月8日凌晨，泉州本地网固“泉灵通”号码成功升至8位。

2005年1月，“泉灵通”短信实现与中国移动、中国联通全国互通。

2007年，由于受移动资费调整及市场趋向饱和等因素影响，“泉灵宝”用户发展呈现负增长现象。

2010年，全市移动电话用户79.21万户，其中“泉灵通”用户减少至34万户。

三、电话资费

（一）装移机及其他服务项目资费

1991年，泉州市每部固定电话初装费：党政机关和事业单位1200元，工商企业和个体工商户1800元，村（居）委会和个人900元。每部改制费：党政机关事业800元，工商企业和个体工商户1000元，村（居）委会和个人500元。改名、过户、注销、换机每号（户、部）收取手续费3.6元。

1993年，泉州市每部固定电话初装费：党政机关、事业单位和个人3000元，工商企业4500元。

1995年9月，泉州市每部固定电话甲类（住宅）3600元，乙类（办公）2400元。

1997年3月，泉州市固定电话不分甲、乙类，每部统一1500元。

1998年，全市所有私人、宿舍固定电话初装费每号3000元，单位电话每号4500元。

1999年3月1日起，全市固定电话初装费统一调整为每号线1000元。

2001年6月22日，全市取消固定电话初装费。

2007年，全市固定电话改名免收手续费，过户手续费每号8元，注销手续费每部3元，停机保号每部3个月收取手续费15元。

至2010年情况不变。

（二）月租费

1991—1992年，全市电信用户种类分甲种电话和乙种电话，采用包月制方式计费。通电话每部包月制月租费甲种13.2元，乙种21.6元。

1995年起，全市实行住宅电话月租12元/部，办公电话月租25元/部。

1998年，全市实行电话月租费单位用户11.6元，私人用户13.6元。同年3月10日起，月租费调整为私人用户18元，单位用户21元。后又数次调整提高。至2007年，私人电话月租费调整为15元，办公电话调整为25元。

2010年，电话月租费不变。

（三）通话费

1. 市内电话资费

1991—1997年，泉州市老城区内前3分钟0.2元，后0.1元/分钟。拨打不加“0”的移动/联通手机按区内标准计费（即不分区内/区间）　区间0.4元/分钟。

1998年，全市区间（市内）内通话以每次3分钟计费，集体电话每次0.4元，私人电话每次0.5元；区间超过25千米通话以每次24秒计费，区间25千米以下则以48秒计费，集体电话均为每次0.15元，私人电话每次0.12元。

2001年3月21日起，营业区（市内）内通话费，由按3分钟1次计费，改为按首次3分钟，以后每1分钟计费1次。住宅电话由每次3分钟0.16元调整为首次3分钟0.2元，以后每1分钟0.1元；办公电话由每次 3 分钟 0.22 元调整为首次 3 分钟 0.22 元，以后每 1 分钟 0.11 元，私人电话在营业区内每月免费通话金额每号线 6 元，超过 6 元的，则按上述规定另外缴纳。

2010 年，通话费不区分住宅单位：首次 3 分钟 0.2 元，以后每 1 分钟 0.1 元。

2. 国内长途电话资费

1992 年 3 月 1 日，泉州邮政调整长途电话夜间、节假日减半收费时间，取消节假日长途电话减半收费规定。8 月 1 日，全市内地长途电话附加费由原每分钟 0.1 元调至 0.2 元。

1995 年 1 月 31 日，长途电话（不含国际、台港澳地区部分）半价收费时间改为每日 21 时至次日 7 时，法定节假日和休息日为半价收费时间。半价收费均不含地方附加费。

1996 年 2 月 10 日，长途电话附加费改为每分钟 0.4 元。12 月，内地长途电话计费等级由 12 级简化为 3 级，省内长途通话费每分钟 0.6 元；省外 800 千米以内每分钟 0.8 元；省外 800 千米以上每分钟 1 元。

1997 年 7 月 1 日，为迎接香港回归，拨打台港澳地区电话按标准资费降低 30% 收取。

1998 年 7 月 1 日，泉州邮政实行国内午夜长话优惠办法。

2001 年 2 月 21 日，全市施行长话以 6 秒钟为计费单位，国内长话为 0.07 元 /6 秒，优惠时段 60% 收费，为 0.04 元 /6 秒。

2001 年 2 月 21 日起，台港澳地区电话资费 0.2 元 /6 秒，即 2 元 / 分（不实行分时段优惠）。

2010 年，内地长途电话资费不变。

3. 国际电话资费

1992 年，国际、台港澳地区电话每分钟征收附加费 1 元。

1994 年 9 月 1 日，国际、台港澳地区电话资费上调 50%。1996 年 9 月 1 日，国际、台港澳地区电话资费下调 30%。

1998 年 1 月 1 日，国际电话通话费实行分时段计费，优惠时段按 60% ～ 80% 计费。

2001 年 2 月 21 日起，国际长途 0.8 元 /6 秒，即 8 元 / 分。优惠时段，每日 24 时至次日 7 时按 60% 收取，即 0.48 元 /6 秒。拨打日本、美国、新加坡、澳大利亚、新西兰、法国、英国、泰国、意大利、马来西亚、德国、加拿大、菲律宾、印度尼西亚、韩国 15 个国家享受优惠时段。超短话单（小于 3 秒的话单）长话直拨时不计费。

四、服务电话

1996 年 4 月 20 日，鲤城公安分局向社会开通“110”报警服务台。

1997 年 6 月初，泉州开通“120”急救电话；8 月，全市各县（区、市）公安局均开通“110”报警服务台。

至 2010 年，“112”（电话故障查询）、“114”（电话查询）、“119”（火警）均开通，还先后开通纠风、信访、劳动保障、安全监督、药品卫生、消费者权益保护、民政、就业、水资源管理、供电故障报修等公开服务电话。

第三节 移动通信

一、无线寻呼

1988 年 5 月，泉州市邮电局建立无线传呼中心站。6 月，向广大用户提供 24 小时服务。

1991 年 2 月，泉州市无线寻呼用户数 6911 户，无线寻呼机与电话一起走进“寻常百姓家”。春节期间，利用 BB 机相互拜年，通过无线电波送去新年祝愿。

1992 年 1 月，泉州市邮电局开通“183”自动寻呼系统。6 月 1 日，德化县邮电局无线寻呼系统正式开通投产，至此，泉州 8 个县（市）全部开通无线寻呼。11 月 24 日，容量 6 万部的泉州市第二频点无线寻呼系统投入使用，至此，泉州市无线寻呼本地网容量扩至 9 万部。

1993 年 5 月 17 日，泉州市开通并使用无线寻呼第三频点。同日，无线寻呼号“183”全省统一改为“127”，泉州市传呼机号码升为 6 位。12 月 28 日，泉州 5 万门无线寻呼系统开通，泉州 8 个县（市）全部纳入泉州寻呼本地网。

1995 年 5 月 28 日，全省移动电话、无线寻呼升位。无线寻呼自动特服台“127”改为“129”。当年，泉州无线电寻呼机数 31.44 万部。

1998 年 12 月，福建电信寻呼有限责任公司泉州分公司成立，标志着无线寻呼业务从邮电部门剥离。该分公司拥有技术先进、国内领先的 120 万门全自动寻呼系统，建成 11 个频点、50 多个发射基站、覆盖全市各乡镇的寻呼网，寻呼信号覆盖面达 99% 以上，用户达 50 万户，寻呼市场占有率达 90%，居全省先进行列。

1999 年 7 月，泉州市电信局的寻呼业务并入中国联通泉州分公司。当年联通寻呼用户有近 3 万户。

2000 年 9 月，中国联通泉州分公司拥有联通寻呼和联通国信寻呼 2 个寻呼网。有无线寻呼发射基站 70 个、频点 13 个，拥有 120 万门全自动全省联网寻呼系统和 280M 全国联网寻呼系统，服务功能涉及人工与自动、中文与数字、多种速率兼容等多种通信手段。服务种类包括“126/127”“128/129”省网寻呼、“198/199”全国网寻呼和可提供实时股票行情、综合新闻、生活百科等 20 多类信息的信息通，以及可提供荟萃电子邮件、股票资讯、电子杂志、个人商务处理、中文寻呼五大功能的个性化信息终端产品——信息宝典。2000 年年底，泉州联通寻呼用户突破 30 万户，市场占有率超过 50%。

2001 年，泉州联通寻呼业务利用综合业务优势，推出“如意呼”“泉州呼”等新业务，使其成为业务收入新的增长点。

2002 年，随着移动电话的进一步发展，全市无线寻呼用户快速下降。

2004 年后，泉州市无线寻呼业务退出市场。

二、移动电话

1991 年 1 月，泉州市邮电局开始使用蜂窝式移动电话，拥有 250 个用户，手机型号为 8500 型，建立泉州、惠安、石狮 3 个基站。

1992 年 6 月 10 日，泉州邮电局移动电话（大哥大电话机）交换机硬件测试。8 月中旬开通，全年大哥大用户达 1300 多户。

1995 年 4 月，中国联通泉州分公司成立，同年 11 月 18 日，泉州市邮电局开通“GSM”数字移动电话，当年，泉州移动客户总数 4.6 万户。

1998 年，邮电分营，成立泉州市电信局。

1999 年 1 月，福建省第一个 DCS1800 双频移动交换系统在晋江双沟建成开通，容量 10 万门，BSC 数量 2 个。DCS1800 系统与 GSM900 系统完全兼容，两者互为补充和延伸，形成更先进的数字移动电话网络。10 月，泉州移动通信分公司正式独立运营，在辖区开通 GSM900 和 DCS1800 移动通信双频网，当年净增移动电话客户 2.6 万户。

2000 年，泉州市电信局全面完成公司化改制，成立福建省电信公司泉州市分公司，实行市管县体制。6 月，中国网络通信有限公司泉州分公司成立。

2001 年，泉州移动通信公司推出可向第三代移动通信技术平滑过渡的 GPRS 业务；建成 900 兆 /1800 兆双频自动切换数字移动通信网络，信号覆盖率 95% 以上，主要交通干线、旅游景点基本做到无缝覆盖。公司拥有数字移动电话客户 12 万户，业务代办点 50 多个，缴费网点近 80 个，业务范围包括语音通信、短消息、移动数据 / 传真、移动 IP 电话、信息点播、手机上网、“全球呼”、“一卡双号”、“一号通”、“770 放心听”、“880 轻松打”、“526 移动聊天”等众多的服务项目。同年，中国联通泉州市分公司在辖区推出 58 元、78 元等五档包月套餐、“新上网非套餐用户‘话费 1 ＋ 1’”活动，其无线系统掉话率、IP

电话（17910、17911）忙时接通率、GSM 业务交换机阻断、GSM 网络接通率等均达到省公司的要求。

2002年4月8日，泉州联通CDMA网络放号运营，同月，中国铁通泉州分公司在泉州市区、石狮市两地放号。

2003年，泉州在全省率先实行CDMA与GSM共用天线方案，有效解决C网、G网共站问题。移动通信公司完成GSM、DE34设备扩容等多个工程项目的建设，独家建成900兆/1800兆双频自动切换数字移动通信网络，其信号覆盖全辖区，全区各村均可通移动电话。在市区，启动移动通信网络“室内覆盖计划”，加快包括高楼、电梯、地下商场、地下停车场等在内的基站建设，室内覆盖达85%以上，主要商业区、办公区、住宅区、交通干线、旅游景点基本做到无缝覆盖，同时与155个国家和地区的近200家移动通信运营商开通国际漫游业务。

2004年9月27日，联通公司“泉灵通”短信实现全国互发；同年11月7日，泉州短信平台投入运行，“泉灵通”短信业务进入快速发展阶段。泉州SHLR的各种业务进入商用阶段，混合放号、同振、一号通、预付费、彩铃等业务开始商用推广。同年，移动公司主要经营移动话音、数据、IP电话和多媒体业务，拥有计算机互联网国际联网单位经营权和国际出入口局业务经营权，拥有“全球通”“动感地带”“神州行”等品牌业务。

2005年1月，泉州市“泉灵通”短信实现与中国移动、中国联通全国互通，移动通信网基本实现乡乡通。其中，GSM网络的乡镇覆盖率达到97.89%，CDMA网络的乡镇覆盖率也有97.18%，国道、高速公路、重要旅游景点、风景区等覆盖率达到100%。当年全市移动客户总数314.08万户。移动公司增加“全球通2000”“神州行2000”“移动梦网”等业务，网号有“139、138、137、136、135”等。

2007年，中国移动通信、中国联通2家运营商在辖区的信号覆盖100%以上，主要商业区、办公区、住宅区、交通干线、旅游景点、电梯等基本做到无缝覆盖，泉州湾近海海面50千米以内基本覆盖。

2008年11月，中国电信在泉州推出全新移动通信品牌“天翼”。

2009年3月，泉州移动开通泉州首个3G基站。

2010年，泉州市实现“天翼”3G网络村村通，成为全省首个“天翼”用户规模超百万的本地网，当年，泉州移动客户总数792.10万户。

第四节 互联网 宽带

一、固网宽带

1995年，因特网开办时，泉州地区仅有分组交换用户410户，DDN（数字数据网络）用户138户。

1996年，中国公用计算机互联网（CHINANET）泉州节点建立，境内用户需拨号“163”进入互联网，主要提供“163”互联网接入、电子邮件（E-MAIL）、文件传递（FTP）、远程登录（TELNET）、信息查询浏览（WWW）等服务。

1997年，泉州拨号“163”进入互联网用户数迅速增长。

1998年12月，泉州市电信分公司率先在全省实现乡乡开通数据通信，分域、有步骤地加快宽带高速多媒体通信网建设。

1999年初，“政府上网工程”正式启动，泉州市政府成为全国首批上网百家省市级试点单位之一。泉州市政府利用电信公众通信基础网络，加快实施“电子政府”，建立政务决策网上“绿色通道”，启动“政府上网工程”。10月，全市建成信息专业网2个、网站225个、网上主页248个。各种有地方特色的专业网站也纷纷建立，如企业专网、人才专网、陶瓷网站、蔬菜网站、鞋帽网站等。12月，网上用户发展到2.3万户。同年，中国联通泉州分公司在辖区开通数据通信和互联网业务。

2000年7月，泉州市政府启动“万家企业上网工程”，市电信分公司协助市乡镇企业局创建“中国泉州企业信息网”，配合市政府“市场开拓年”“科技兴市”活动的开展，分别举办昆明世博会福建特色展、福建省农业精品展、泉州商品（宁波）展销会以及泉州“9·9”商品交易会等展会的网上展示，“泉州名优特新产品网上博览会”荟萃全市重点企业1500多家、20多个大类2万种名优特新产品，形成一个庞大的展示群体。300多家企业获得产品咨询和订单，在网上达成协议和成交逾1000万美元。12月，全市所有县、市、区政府全部实现上网，19个市直部门建立网上主页；乡镇企业上网达1万多家。除了政府上网、企业上网外，泉州中心市区有11%以上的家庭实现上网，石狮全市14%以上家庭实现上网。全市361所普通中学中，通过DDN专线和ISDN线路及电话拨号上互联网的有269所，上网率74%；小学上网的有237所，其中有100多所学校建立自己的网页。全市共投入信息技术教育基金上亿元，建成市县级4个教育信息网。中小学校拥有电脑2.1万多台和专用计算机教育网络，曙光工程建设走在全省前列。同年12月，教育部批复泉州市作为首批27家“全国中小学教师远程教育试点地区”之一。当年，网上用户增至12万户，位居全省前列。

2001年，泉州市建成泉州、晋江、石狮、南安、惠安为骨干节点覆盖全市的宽带多媒体通信网，其规模位居全省首位。以FTTX+LAN接入为主的泉州信息化智能小区76个，数码大厦、酒店10座，进入市场运营。全省最大的宽带网示范小区——晋江竹园住宅小区，全市第一家“智能家居示范室”高速宽带信息化智能小区——泉州云谷邮电小区以及全市第一个宽带社区——市交警支队职工住宅区宽带数字网络等相继建成。当年，建成全国第一个本地网综合网管平台，网管系统技术水平保持全国领先。泉州电信率先在全国建成第一个市、县、镇三级的万门程控本地网。全网统一规划、统一技术标准、统一设备选型，以C3为中心超常规、跳跃式地发展C3电话本地网。泉州电信推进“政府上网”“企业上网”“家庭上网”“学校上网”四大上网工程，全年净增因特网用户15.04万户，因特网用户总数突破27.15万户；宽带接入业务用户4770户。9月28日“泉州宽带网”正式开通，提供以下几个方面的宽带应用服务：新华社视频节目、视频点播、网络游戏、网上教育、购房直通车、CCTV部分热点栏目。建立了一个大型、多功能的多媒体应用平台，为将来50万宽带用户提供高品质的视听服务。泉州市最大的综合性网站——“泉州信息超市”形成集政府、教育、电信、证券、生活、娱乐、二手货市场、网上商城等各方面的资讯和交互式服务的“网上信息港”，其访问量于6月10日突破1000万大关，网站的排名位居全省第二位。

2002年7月23日，泉州市电信分公司与省无线通信局合作，利用卫星通信技术，独家为泉州与台湾地区的首次直航——泉州天后宫妈祖直航澎湖会香活动提供电视转播、现场直播传输通道。同年，开通专为本地宽带用户服务的网站——泉州电信宽带网，2002年访问量突破1000万人次。同年，泉州第一个“数字化社区”——开元街道办事处网上社区开通。同年，与市教育局在“数字泉州”展示厅内联合推出“数字泉州”重要的应用项目——“数字泉州”教育资源平台。全市71%以上的中小学校上网。其中，采用光纤接入方式有70多所，采用ADSL接入的有323所，采用DDN专线接入的有24所，有127所学校建有校园网。全市所有中学均通过电信网络上网，上网率100%。至年底，泉州市电信分公司加快建设“数字化社区”，泉州市区300多个小区通过ADSL、LAN等不同方式100%实现宽带接入。一些新建、在建小区也都与房地产开发商达成宽带建设合作协议，全市宽带接入上网用户突破5万户。

2003年1月1日，泉州市区300多个小区实现100%开通宽带业务，用户可通过ADSL（网络快车）、LAN（宽带通）等多种方式实现宽带上网。3月，泉州电信宽带网络覆盖到全市各个乡镇，实现“宽带镇镇通”。5月，首个高校宽带小区—华大新南区教工宿舍小区建成。7月23日，泉州电信互联星空绿色网吧联盟成立。9月20日，泉州宽带用户数达10.03万户，位居全省首位。

2005年，泉州市各县（市、区）电子政务横向接入网相继竣工验收，市直机关和各县（市、区）均建成覆盖各级党政机关、上连全省政务网的横向接入网，泉州市政务信息网现接通全省208个省直单位、8个设区市、84个县（市、区），全市有585个接入点；市政府办公室、丰泽区、石狮市、安溪县等在政务办公无纸化、网络化方面进行创造性探索并取得阶段性成效。在电子商务方面，永春的芦柑、德化的瓷器、南安的建材、晋江的鞋业等行业均开始开展网上推介和网上营销；举办“网博会”；众多企业利用网络开展品牌宣传和产品销售。在教育信息化方面，“百校通光纤工程”深入开展；泉州市教育网络资源共享中心投入使用。当年，泉州互联网用户达56.52万户；宽带网用户23.57万户。

2006年，泉州市全年发展宽带用户16万户、累计达49万户，光纤用户发展1370条、总条数达4614条。

2007年，全市宽带用户突破52万户，并针对中高端家庭客户推出“我的e家”（中国电信为有效满足家庭日益多元化和个性化的通信及信息应用需求而量身打造的客户品牌，是中国通信市场第一个面向家庭的客户品牌，根据不同的家庭对综合信息服务的需求，有不同档位套餐）。

2008年，泉州市宽带用户达60万户，“我的e家”客户到达36.6万户。其中，e8客户达30.7万户，尊享e8客户达1.53万户。2008年11月底，泉州在全省率先实现全市所有行政村100%通宽带和ITV。当年，泉州互联网用户达76.89万户，宽带网用户68.99万户。

2009年，重点加快“我的e家”、商务领航移动融合套餐的发展，“我的e家”客户到达60.9万户。同年，泉州互联网用户达97.89万户，宽带网用户88.04万户。

2010年12月，泉州电信宽带用户近百万户，实现“5个100%”，即全市行政村电话100%覆盖、有线宽带100%覆盖、光纤100%覆盖、电信宽带互动电视100%覆盖和天翼3G率先100%覆盖，基础网络建设达世界先进水平，并形成了固话、移动、互联网全网融合优势。当年，泉州互联网用户达118.66万户，宽带网用户116.49万户。

二、移动手机宽带

2000年5月17日，新成立的中国移动通信集团公司在全国开放全球通WAP服务（即手机上网）。使用WAP手机的全球通客户仅需申请数据业务，并通过手机设置，就可随时随地上网，获取在线信息和各类应用及服务。泉州移动通信公司推出WAP手机上网。同月，GPRS（通用分组无线业务）在泉州投入试商用，100名泉州移动的客户成为世界最先进的2.5代移动通信技术在泉州的首批使用者。手机上网速率40K。

2002年5月17日，中国移动率先在全国范围内正式推出GPRS业务（2G），峰值网速75K/秒，同年11月18日，中国移动通信与美国AT&T Wireless 公司联合宣布，两公司GPRS 国际漫游业务正式开通。

2005年，联通移动宽带推广Wi-Fi（无线路由器），手机只要是2G以上即可使用，手提电脑Wi-Fi网速4～6M。同年，泉州晚报社依托无线互联网技术全力打造主流新闻媒体的手机新闻门户网站——泉州无线新闻网。

2007年，石狮移动在泉州率先实现EDGE网络的100%覆盖。

2008年，全市实现泉州全网CDMA网络升级，升级为CDMA20001X EVDO网络，下行速率最高3.1M/秒，上行速率最高1.8M/秒，适用于2G和3G手机用户。随着宽带业务占收入比重的拉动，电信公司加强移动网宽带建设，增加、扩容及扩板。

2009年，泉州开通2000多个3G基站，“天翼”3G网络全面覆盖泉州市区、各县市城区和全市所有的乡镇。6月底，“天翼”3G网络覆盖到所有行政村，实现城区、乡村、高速公路、国道省道等成片覆盖。无线宽带的上网速度3.1M/秒，是2G上网速度的20倍，借助中国电信有线、无线宽带相结合的立体无缝网络，实现随时随地高速上网；“天翼手机影视”整合互联星空、ITV等丰富节目；“天翼全球眼”则可以满足远程视频查看、远程应急指挥等需求；另外，移动办公、超级对讲机、定位导航等3G业务也给工作、生活带来极大方便。

2010年，泉州市电信公司推出的“我的e家”尊享e9-149套餐，中国电信WLAN信号覆盖的地方，家庭宽带账号实现有线、无线上网。

三、互联网电视

2004年8月，中国电信成立IPTV项目虚拟工作团队。12月，成立IPTV（交互式网络电视）工程指挥部，正式在UT平台上开展IPTV业务试验工作。2005年初，泉州电信着手在泉州地区发展试验用户。3

月18日，泉州市分公司与中央电视台中视网络发展有限公司签订合作运营泉州“星空视界”项目协议书，成为省内第一个与中视网络实质性合作运营“星空视界”的本地网。

2006年，泉州电信局为进一步促进IPTV业务的正规化，将原来的EPG页面更改为文广的EPG页面，原来的“星空视界”业务品牌更换成总局颁发给上海文广的IPTV呼号“BesTV百视通”。

2007年，泉州市ITV（交互式电视）用户规模近6万，是全省唯一用户成规模的本地网，全年实现ITV收入798万元。6月28日，安溪县委在县政府大会堂举行了IPTV“党员干部现代远程教育平台”开通仪式。6月30日，中共永春县委在庆祝中国共产党成立86周年暨深化党的建设“三级联创”活动表彰会上，举行永春党建网和IPTV党建频道开通仪式，开通永春党建网和IPTV党建频道。12月4日，全市农村科技信息服务工作会议在市科技局举行，开通“泉州星火科技”频道。

2008年，泉州电信配合市委组织部建设全市“农村党员远程教育系统（ITV)”项目，当年共发展党员ITV4200多部，其中泉港分公司通过加快网络调整、电缆建设、ITV整治、传输改造及接入网改造等方法，在全市率先实现村村通党建频道。10月30日率先在全省实现所有行政村通宽带和电信互动电视。

2010年，泉州市互联网用户达到118.66万户。

第五节 通信运营商

一、中国电信股份有限公司泉州分公司

1998年10月22日，邮电分营，泉州市设立泉州市电信局（驻丰泽区刺桐路电信大楼），包括固定电话与移动电话业务。

1999年7月16日，福建省邮电管理局批复泉州电信员工250人，分流人员66人，离退休人员59人，招聘工31人，划归泉州市移动通信公司［含县（市）移动通信公司］。泉州市电信局完成电信重组任务。泉州移动通信与泉州电信分营，电信的寻呼、卫星和移动业务剥离出去，电信拆分成新电信、移动和卫星通信等3个公司，寻呼业务并入联通公司。

2000年8月18日，市电信局改制为福建省电信公司泉州市分公司。2003年12月，中国电信股份有限公司收购福建等6个省级电信公司，福建省电信公司泉州市分公司改制为福建省电信有限公司泉州市公司。

2008年2月2日，“福建省电信有限公司泉州市公司”更改为“中国电信股份有限公司泉州分公司”。至2010年情况不变。

二、中国移动通信集团福建有限公司泉州分公司

1999年7月，泉州移动通信与泉州电信分营；10月，中国移动通信集团福建有限公司泉州分公司挂牌运作，办公地址在丰泽区刺桐路。下辖8个县市分公司，市区由泉州市公司直接经营管理。

2010年，中国移动通信集团福建有限公司泉州分公司下辖8个县市分公司及丰泽、鲤城2个营销中心，拥有员工2300多人。

三、中国联合网络通信有限公司泉州分公司

1995年4月，中国联合网络通信有限公司泉州市分公司成立。

1999年7月，原泉州市电信局的寻呼业务并入联通公司。

2001年，中国联通泉州分公司下设行政部、人力资源部、计划财务部、基础网络部4个职能部门及数据、互联网与固定通信业务部、移动通信业务部、寻呼事业部3个业务部门，办公地址位于丰泽区刺桐北路

瑞祥大楼。

四、中国网络通信有限公司泉州分公司

2000年6月，中国网络通信有限公司泉州分公司成立，主要从事泉州市宽带网络建设和运营，办公地址位于丰泽街与凤池巷交叉处。

2004年，中国网络通信有限公司泉州分公司下设业务发展部、建设运维部、公共事务部和财务部，有员工60余人。

2007年，中国网络通信有限公司泉州分公司员工增加到70余人。

第三章 无线电管理

第一节 频率台站

20世纪90年代初期，无线电通信开始广泛应用于社会各行各业。无线电业务主要有广播电台、电视发射电台和差转台、短波和超短波电台、水上交通和渔业电台、无线寻呼发射台、第一代移动通信业务等。

1995年年底，泉州市各类无线电台站2565个（不含移动和寻呼用户）。其中，对讲机用户1100个，交通与渔业船舶电台668个、固定电台591个、移动基站89个、其他电台117个；无线寻呼用户33.5万户、移动用户1.5万多户。这一时期，泉州市无线寻呼和第一代移动通信业得到较快发展。

1996—2005年，泉州市无线电管理事业进入快速发展时期，无线电业务广泛地应用在国民经济的各个行业、各个部门，成为人们生产生活的重要组成部分。无线寻呼、移动通信、微波台站、超短波台站（对讲机）的生产、销售、设置、使用业务迅猛发展。设置使用领域迅速扩展到广电、交通、港口、渔业、防汛、电力、通信、公安和小区物业、酒店、建筑、大型商店等产业部门或单位。2005年年底，全市拥有各类台站达到502万个。其中，移动电话用户378万个，小灵通用户122万个，各类台站1.82万个（其中，小灵通基站1.05万个、蜂窝基站0.42万个、其他0.35万个），核准生产发射设备企业38家，备案销售发射设备单位1000余个。其间，泉州市无线电管理局先后开展无线电寻呼、移动基站、“三高”（高山、高塔、高层建筑）台站、广播电视台站、微波台站及大功率无绳等专项清查工作。“九五”和“十五”期间，无线电管理基础设施建设不断加强，办公及业务用房增至4000平方米，总资产超过1500万元。技术设施也得到加强，泉州市区福华固定监测站和大坪山测向站完成机房装修、天馈线架设、防雷系统工程建设、监测设备、仪器安装与调试等，并投入运营；完成在用监测网络的软件升级。

至2010年，泉州市无线电管理局建成无人值守固定监测站5个、可搬移监测站1个、移动监测车2部、检测屏蔽室1个，并配备多台便携监测设备和警示设备以及频谱仪等数台高精度检测仪器。

第二节 监 测

1991年后，在日常管理中，泉州市无线电管理局采取日常监测和非常监测相结合、重点频段和一般业务监测相结合、集中突击检查与平时常规监督相结合、专门机构督查与有关部门协同作战相结合、主动出击与接受群众投诉举报相结合，加大对无线电发射设备生产、销售和使用的监管力度。敏感时期，坚持24小时值班，并加强对广播电视、民航、水上、公安、公众通信等重要频段监听、监测。在无线电干扰处理方面，认真受理排查各类信号干扰，受理并立案各类干扰投诉50起，排查并结案50起，排查

率达 100%。

2008 年，第六届全国农民运动会在泉州召开，泉州市无线电管理局圆满完成农运会无线电安全保障任务，被省委、省政府授予“第六届全国农民运动会筹办工作贡献奖”。同年，市无线电管理局完成 2008 年北京奥运会火炬接力传递（泉州站）无线电频率安全保障工作。

2010 年，泉州市无线电管理局与泉州市公安局、泉州市文化广电新闻出版局、泉州市海洋与渔业局、泉州海事局、泉州晋江机场股份有限公司、中国移动通信集团福建有限公司泉州分公司、中国电信股份有限公司泉州分公司、中国联合网络通信有限公司泉州市分公司 9 个相关部门协商，成立泉州市无线电干扰协调联动机制。市无线电管理局所属固定站开机监测 3.48 万小时，移动监测 3030 小时；完成监测月报 53 份；检测发射设备 989 台；完成电磁辐射测试 50 次，电磁环境测试 41 次，受理排查无线电干扰投诉案件 50 起，排查不明信号 27 起。

第三节　管　理

1991 年，泉州市无线电管理局由泉州市政府无线电管理委员会（下设办公室）管理。

1995 年，泉州无线电管理由原来的三级管理变为二级管理（取消地、市级无线电管理委员会）。

2003 年起，市无线电管理局相继开展“三高”台站清理整顿、广播电视台站清理整顿、保护民用航空专用频率专项整顿、水上移动业务频率台站清理整顿等活动。

2005 年，市无线电管理局更名为“福建省信息产业厅泉州市无线电管理局”，为省政府无线电管理委员会办公室的派出机构，为正处级行政机构，行政和事业编制 14 人，内设综合科、频率台站科、执法检查科和泉州市无线电监测分站。

2006 年，市无线电管理局开始入驻市行政服务中心。

2007 年，市无线电管理局会同市工商行政管理局联合开展“移动电话售后服务市场专项检查”。与工商行政管理部门一起查处鉴定移动手机 360 部，其中鉴定无型号核准、不合格产品手机 149 部，出具鉴定书 19 份，为工商行政管理局的行政处罚提供依据。联合检查组在手机市场售后服务专项检查工作中，检查手机销售、维修单位 1856 家，查获不合格手机、走私手机 271 部，立案查处 59 起（其中查处资质不合格经营户 29 家），案值 25 万元，罚没 12.85 万元。共受理消费者手机市场申诉举报 465 件，为消费者挽回经济损失 32.68 万元。

2008 年 3 月，市无线电管理局在行政中心设立独立的审批窗口，并派人常驻，为设台用户提供无线电管理行政许可及非行政许可审批事项的受理、审核和办结服务，做好频率台站数据库的录入维护、电台执照的发放，以及收取频率占用费，开展无线电台站年检核验等工作。据统计，2006—2010 年，审批窗口共受理行政许可审批 2000 余件、非行政许可 800 余件，全部提前办结，服务对象满意率达到 100%，年收取频率占用费超过 230 万元。

2010 年 5 月，福建省信息产业厅泉州市无线电管理局正式更名为泉州市无线电管理局。至 12 月，市无线电管理局拥有办公、监测、检测用房 4000 多平方米，固定资产投资达 3400 多万元。在技术设施方面，有区域控制中心 1 个及监测网、计算机网络、无线电设备检测室、电磁兼容分析室（即“两网”“两室”）等。20 年间，市无线电管理局检查近百个生产厂家和设台单位，对违法单位发出 291 份责令限期整改通知书，依法立案并查处 95 起违法行为，结案 95 起；没收大功率无绳电话及其他设备 689 部，并罚款 17.75 万多元，有效遏制违法生产、销售、设置、使用无线电发射设备等行为。